辩论

美国制宪会议记录

JOURNAL OF
THE FEDERAL CONVENTION

辩论

美国制宪会议记录

[美] 詹姆斯·麦迪逊 著

尹宣 译

译林出版社

目　录

推荐序：问学者的好奇心　何帆

译者例言

联邦制宪会议记录的解密和成书　尹宣

第一阶段　1787 年 5 月 25 日至 6 月 19 日

001 围绕弗吉尼亚方案提出的十五点建国计划展开辩论

003 5 月 25 日星期五

006 5 月 28 日星期一

010 5 月 29 日星期二

018 5 月 30 日星期三

024 5 月 31 日星期四

031 6 月 1 日星期五

037 6 月 2 日星期六

047 6 月 4 日星期一

057 6 月 5 日星期二

065 6 月 6 日星期三

074 6 月 7 日星期四

080 6月8日星期五
086 6月9日星期六
091 6月11日星期一
099 6月12日星期二
107 6月13日星期三
112 6月14日星期四
113 6月15日星期五
117 6月16日星期六
124 6月18日星期一
137 6月19日星期二

第二阶段 1787年6月20日至7月26日

149 围绕全体委员会报告辩论
151 6月20日星期三
160 6月21日星期四
166 6月22日星期五
172 6月23日星期六
178 6月25日星期一
191 6月26日星期二
201 6月27日星期三
205 6月28日星期四
213 6月29日星期五
222 6月30日星期六
234 7月2日星期一
241 7月5日星期四
249 7月6日星期五

257 7 月 7 日星期六
261 7 月 9 日星期一
266 7 月 10 日星期二
273 7 月 11 日星期三
284 7 月 12 日星期四
290 7 月 13 日星期五
296 7 月 14 日星期六
304 7 月 16 日星期一
309 7 月 17 日星期二
321 7 月 18 日星期三
330 7 月 19 日星期四
338 7 月 20 日星期五
345 7 月 21 日星期六
356 7 月 23 日星期一
366 7 月 24 日星期二
374 7 月 25 日星期三
381 7 月 26 日星期四
390 第二阶段辩论小结
第三阶段 1787 年 8 月 6 日至 9 月 10 日
395 围绕详情委员会报告辩论
397 详情委员会报告(宪法初稿)
407 8 月 6 日星期一
408 8 月 7 日星期二
418 8 月 8 日星期三
428 8 月 9 日星期四

439 8 月 10 日星期五
447 8 月 11 日星期六
452 8 月 13 日星期一
464 8 月 14 日星期二
473 8 月 15 日星期三
479 8 月 16 日星期四
485 8 月 17 日星期五
491 8 月 18 日星期六
500 8 月 20 日星期一
509 8 月 21 日星期二
518 8 月 22 日星期三
528 8 月 23 日星期四
537 8 月 24 日星期五
546 8 月 25 日星期六
554 8 月 27 日星期一
561 8 月 28 日星期二
569 8 月 29 日星期三
578 8 月 30 日星期四
587 8 月 31 日星期五
595 9 月 1 日星期六
596 9 月 3 日星期一
600 9 月 4 日星期二
606 9 月 5 日星期三
613 9 月 6 日星期四
621 9 月 7 日星期五

628 9月8日星期六
635 9月10日星期一
642 第三阶段辩论小结

第四阶段　1787年9月11日至9月17日

653 检查与通过文字排列和风格委员会报告
655 文字排列和风格委员会报告(宪法成稿)
666 9月11日星期二
667 9月12日星期三
673 9月13日星期四
676 9月14日星期五
684 9月15日星期六
697 9月17日星期一

附录

707 附录一　独立宣言
712 附录二　邦联条款
722 附录三　平克尼制宪方案
732 附录四　汉密尔顿制宪方案
743 附录五　对制宪会议代表的性格描述
756 附录六　联邦制宪会议决议
758 附录七　致邦联议会的信
760 附录八　美利坚联邦宪法
774 附录九　联邦宪法修正案
785 附录十　制宪会议代表的出勤情况

附表

791 表一　从开始殖民,到制定邦宪法建立邦政府,到批准联

邦宪法加入联邦的过程
792 表二 联邦制宪会议召开以前和召开期间的北美临时政府
794 表三 制宪会议前后各邦的人口、土地面积、众议员席位与 1990 年的比较
796 表四 1790 年 13 个邦的人口、奴隶人数、奴隶在人口中的比例

索引

801 介绍 13 个邦和 55 名制宪会议代表情况的脚注编号
803 译者简介

推荐序：问学者的好奇心

何　帆[1]

一

一直相信，人与人之间，因从事相同志业，冥冥中会有缘分牵连。2011年初，因译了些法政作品，我开始对美国宪法感兴趣，拟重新译注，汇以心得，结集成书。当时，尚不知此事难易深浅，还未着手，就想好《美宪译疏》这一书名，并与译林出版社张远帆先生谈定了出版事宜。然而，译事甫一展开，就感举步维艰。美国宪法条文不多，译成中文不到两万字，但一字一句都经过缜密推敲，不少字词含义已缠讼百年，别说译成中文，单是辨明语境、确定语义，就得花上很大的考证功夫，远不是一蹴而就的工程。与远帆交流，他提议：不妨暂搁译事，沉下心来，读读尹宣先生的两本译著：《辩论：美国制宪会议记录》与《联邦论：美国宪法述评》。

---

① 何帆（1978—　），湖北襄樊人，最高人民法院法官，业余从事法政作品著译。著有《大法官说了算：美国司法观察笔记》，译有《九人：美国最高法院风云》、《美国最高法院通识读本》、《批评官员的尺度：〈纽约时报〉诉警察局长沙利文案》、《谁来守护公正：美国最高法院大法官访谈录》和《五位首席大法官：最高法院杂忆》等。

对法学界来说，尹宣是一个陌生的名字，若不用搜索引擎，公共视野几乎看不到他什么作品。刚拿到两套“大部头”时，我对能否啃完，乃至有没有必要啃完它们，内心尚存疑虑。不过，随着阅读推进，疑虑很快消散。其实，无论创作或翻译，人的文字皆有“看相”。决定这种“看相”的，一是遣词用句，二是字里行间的节奏感。尹宣先生的文字，就很有“看相”，用词简洁、洗练、精准，诵读起来，也颇具音韵美。其中奥妙，正如他在“《联邦论》汉语译本序言”中所言：2007 年聘请了两位大学生，“一位定时朗诵《古文观止》，另一位定时诵读《红楼梦》，目的，是要寻找并使自己处身于汉语的音乐感之中”。

“看相”之外，还有内容。对文字有如此严苛要求的人，对译文更不会轻慢。《辩论》与《联邦论》卷首，都有译者巨细靡遗的翻译说明与版本考证。《辩论》正文有 600 余条注释，《联邦论》有 300 多条，内容皆以背景性介绍为主。正文之后，还附主要注释索引，方便读者凭关键词检索。译注是译者理解、把控能力的体现，用之得当，有助于丰富读者对原作的理解；过多过滥，妄加点评，则有喧宾夺主、卖弄学问之嫌。尹宣的译注，要言不繁，自成系统，累加起来，完全可以独立成书。《联邦论》译本序言还对注释出处逐一做了说明，足见译者学风之严谨。用他自己的话说：“都云译者痴，谁解其中味？”

面对这样两部用心之作，我俨然已成译者“粉丝”。巧的是，《联邦论》一书的责任编辑，也是远帆。当我打算致电远帆，联系拜访尹宣先生时，才注意到《联邦论》后勒口上一则说明：“尹宣，祖籍湖南邵阳，1942 年 5 月生于广西桂林。……2009 年元月，心脏病突发，病逝于武汉。”

二

尹宣 1963 年毕业于华中师范学院（现华中师范大学）外语系俄语专业，同年起在武汉市第一中学教授俄语。1969 年，他因点评时事，遭人举报，被打为现行反革命，下放到湖北黄梅，1972 年调回一中任教。

因中苏交恶，俄文不再吃香，尹宣自学英语，并改任英语教师。

那么，这位半路出家的中学教师，是如何走上翻译之路，最终进入美国宪制研究这块广阔天地的呢？由于这段经历并无正式记载，我只能尝试从尹宣先生的自述和友人的追忆中，简单梳理一些脉络。

1981年，尹宣初涉译事，翻译了伊丽莎白·布什的《现代美国文学简介：1919—1980》。1982年到1984年，又译出麦克米伦版《美国文学选读》四卷。在此期间，因联系考研，尹宣结识了武汉大学刘绪贻教授。尽管考研之事未成，但他受刘绪贻教授邀约，参与了《美国式民主》、《多难的历程：四十年代至八十年代初美国政治生活史》的翻译，对美国宪制有了初步了解。

1988年，尹宣成功申请到奖学金，赴美主修社会学，1991年毕业于伊利诺伊大学社会学系，获社会学硕士学位。毕业后，尹宣自感数学基础欠缺，难以在重视量化分析的美国学界出头，曾报考多项专业技术执照，还在康涅狄格州做过一段时间中文家教。

1995年是一个转折点。这年8月，尹宣开始在纽约《侨报》从事新闻编译工作。这是一家面向华人的中文报纸，他每天的任务，就是编译《纽约时报》、美联社、路透社等名报大社的新闻稿。由于美国涉讼新闻较多，报道常援引联邦宪法条文，许多字词含义，貌似直白易懂，译法却无常规。如宪法第五修正案中的"Infamous Crime"，有人译为"重罪"或"褫夺公权罪"，也有人译为"不名誉罪"或"失信罪"。为了避免重复劳动，并且更好地理解美国社会，尹宣逐渐有了重译美国宪法的想法。

其实，美国宪法的汉译工作，从清末丁韪良主持翻译《星轺指掌》即已开始，自1902年到民国成立，就有章宗元、舒高第、王振元、严善坊、沈元昌等多个译本。早期译本多由西人口译，再经国人笔述润色而成，错漏之处较多，语言艰涩难懂。直到上世纪七十年代末，才出现较受学界认可的译本。据粗略统计，截至今日，中文世界已有20多个美国宪法译本，最新一版收录于2012年出版的《世界各国宪法》，译者为中国社科院莫纪宏教授。从援引频率和通行程度上看，排前三位的依次为李道揆译本、赵一凡译本和谭君久译本。不过，由于美国宪法正文句式复杂，语义多元，上述三个译本也都有不尽如人意之处。2001 年，李道揆先生曾呼吁中华美国学会成立一个专门小组，依照集体智慧，博采众家之长，打磨出一个“信、达、雅”兼备的完美译本。十三年过去了，这个“完美译本”仍未出现，当然，也没必要出现。

1996 年 2 月到 5 月，尹宣用三个月时间，译完了美国宪法正文与 27 条修正案，配套译出了《独立宣言》和《联盟条款》等早期文件。翻译过程中，他查证了大量历史文献，进而对制宪历史产生兴趣。在美国，制宪题材的著作早已汗牛充栋，但史学界、法学界、评论界公认的最权威读本，仍是马克斯·法兰德编撰的三卷本《1787 年联邦制宪会议记录汇编》(下简称《汇编》)。尹宣认真比对了《汇编》收录的制宪会议记录，最终决定翻译詹姆斯·麦迪逊的会议笔记，并根据麦迪逊笔记原名，将这部作品命名为《辩论》。

从成本角度考虑，守着原始素材做翻译，远不如就地取材再创作。马克斯·法兰德本人就从《汇编》撷取素材，写成《设计宪法》(*The Framing of the Constitution*)，垂范至今。女作家凯瑟琳·德林克·鲍恩以《汇编》为材料来源，创作了畅销书《民主的奇迹：美国宪法制定的 127 天》(*Miracle at Philadelphia*)一书，赚到盆满钵满。翻译《辩论》期间，尹宣也想过以改编方式，重新讲述美国制宪故事，并尝试写了些普及性文章，但最终因效果不佳而作罢。他因此感慨，“越是深入，越难浅出”。相信这亦是他日后以译介工作为主的原因。

经过两年努力，63 万字的《辩论》顺利译完。按理说，在当时国内的出版环境下，如此篇幅的学术译著，出版会是大难题。幸运的是，1997 年，尹宣曾在纽约遇到沈昌文先生，谈到了正在进行的《辩论》译事。沈先生当时刚从三联书店总经理位置上退下来，但还参与辽宁教育出版社“万象书坊”的策划工作。他对《辩论》这一题材非常有兴趣，在回信中告诉尹宣：“一俟译稿杀青，立即付排。”

2001 年，尹宣回国定居。两年后，《辩论》由辽宁教育出版社出版。

尽管首版只印了5 000册，但受到学界的广泛关注，成为国内研究美国制宪史无法绕过的关键文献。

为什么说《辩论》"无法绕过"？试想，无论解释美国宪法，还是将之转换成异国文字，弄清原意应当是基本要求。尽管约瑟夫·斯托里大法官的《美国宪法评注》对宪法含义有过权威解读，但具体到某个分句、字词的形成背景，还是应从制宪过程中探寻。要知道，美国宪法是妥协的产物，很多说法看似简单，背后却隐含重大争议，有些甚至险些酿成令联邦分崩离析的宪政危机。

从上世纪八十年代末开始，美国司法界大兴"原意解释"之风，要求对宪法条文的解释，如"自由"、"平等"等词汇的理解，不能依今时今日的立场解读，而应揣摩十八世纪末宪法起草者(Framer)、批准者(Ratifier)们的原始意图(Original Intent)。安东宁·斯卡利亚、克拉伦斯·托马斯两位大法官，更是"原意解释论"的忠实拥趸。问题是，美国宪法是"吵"出来的宪法，经不同观点碰撞形成，很难判断哪些是起草者的真实意图，哪些是妥协的结果。至于宪法批准者的想法，那就更难考证了，各州当年批准宪法的会议记录汗牛充栋，法官哪儿有时间去一一查证。但是，受上述原则约束，一旦宪法争议出现，大法官为证明本人观点才体现制宪者"原意"，还是不得不担当起历史学家的角色，上穷碧落下黄泉，动手动脚找资料，当年参与制宪者的笔记、日记、书信、文章，都成为厘清原意的重要线索。《辩论》垂范久远的历史文献价值，显然无法被替代和超越。

三

2006年10月26日，尹宣在《南方周末》发表《是"联邦党人文集"，还是"联邦主义文集"》一文，以"一名之立、旬日踌躇"的态度，考证*The Federalist Papers*的译法。这篇文章受到译林出版社的关注，不久就派人赶赴武汉，邀请尹宣重译《联邦论》。尹宣先生爽快接下这一邀约。

2006年12月，《联邦论》译事开启。尹宣"每日全天候，别无旁骛，专做这一件事”。这位时年65岁的老人，仅用十三个月时间，就完成了60万字的翻译。2007年12月31日晚，他通过电子邮件，将85篇译稿、300多条注释发给出版社。

尽管我的“译龄”只有七年，但深知译事之难，更何况是两百多年前的制宪先贤之作。用《现代语言版联邦论》(*The Federalist Papers in Modern Language*)作者玛丽·韦伯斯特的话说，《联邦论》有两难：一难在句式翻卷回旋、宛若盘龙；二难在辞藻华丽、气势恢宏。这两难，在汉密尔顿笔下体现得最为明显。尽管美国人把《联邦论》视为继柏拉图《理想国》之后第二伟大的政治学著作，但真正能将全文通读下来的，却没有多少。尹宣结合自己对三位作者不同写作风格的理解，以简约、平直的文风，完成了翻译工作。除译注外，他还做了不少“加法”，如注明发表85篇文章的报刊名称、具体时间，并逐一标明文章主旨，自拟了1 071段段落要点，以方便读者提纲挈领。这些“增量”工作说来容易，背后需要付出的查证、复核苦功，却远非常人可以想象。

在友人林达眼中，尹宣是一个工作狂，干起活来废寝忘食，一头扎进某项事务后，日思夜想都会与之相关，几乎到了如痴如狂的地步。稿件交付后，他与编辑通了无数次电话，许多地方都是一而再，再而三的商讨。商榷译文的电子邮件，循环往复，累积起来亦近千封。对一位年逾花甲的老人来说，这样的工作强度，已经趋近体力极限。因此，前辽宁教育出版社社长俞晓群在得知尹宣逝世的信息后，第一反应是：“他的早逝，一定与著译的劳累有关。”

凭着尹宣这种著译热情，《联邦论》杀青后，一定会有新的规划。在2008年初发表于《读书》杂志的《再次燃起的宪法寻根热忱》一文里，或能管窥他后续的翻译计划：“政治辩论中，常见的现象，是陷人以网：编造对方没有的观点，横加批判，或夸大对方的观点，横加指责。汉密尔顿、麦迪逊、杰伊在《联邦论》里的行文，每篇都是批评对方的观点。可是，他们只用自己的语言列举对立面的观点，从不点明具体对手，从不援引对方原话。这当然有出于形势考虑的一面、采取策略的一面。可是，对于读者来说，也有要求历史公允的权利：反对派到底说了些什么？为了公允，我正在译《反联邦论：与‘联邦论’针锋相对的85篇论文》。”

这里谈到的《反联邦论》(*The Anti-Federalist Papers*)，由莫顿·博顿编撰，出版于1965年。博顿从当年质疑宪法的文章里，精选出85篇，序号与《联邦论》85篇对应，内容上逐一针锋相对，便于读者对照比较。国内虽有学者做过类似文献的编译，但内容相对零散、不够系统，《反联邦论》若能译出，定会成为国内美国制宪史研究的重要文献。

除《反联邦论》外，尹宣还有更多宏伟计划。据刘苏里先生回忆，列入尹宣重译书目的，还有托克维尔的《论美国的民主》。此外，他还对著名首席大法官厄尔·沃伦的传记很感兴趣，甚至已试译若干章节。若老天假以时日，凭着他的孜孜努力，还将有更多优质法政译著问世。

四

余光中先生曾在一篇文章中，对作者、学者、译者之关系作了生动解读。在他看来，译者应当是不写论文的学者，没有创作的作家。也就是说，译者要有学识，也要擅于运用语文，既能尽窥其妙，亦能运用自如，前者接近学者，后者接近作家。例如，同样是北美波士顿抗议英国征税的Tea Party，有人直译为“茶党”，但当年其实并无这个党派。清楚这段历史的译者往往将之译为“茶会”，并点出Tea除本义外，还是Tax Enough Already的缩写，有“税已够多，不宜再加”的双关义。

尹宣就是一位兼具学者、作者多重身份的译者，他虽述而不作、不落言筌，但学问尽化在译文、说明与注释当中，从他对“联邦”、“邦联”、“联盟”、“州”、“邦”与“联邦党人”等词汇含义的细致辨析间，可以看到他求真务实的钻研精神；从他兼具音律美与节奏感的译文中，则能感受到深厚的中文功底。

“信、达、雅”之关系如何处理，是译界永恒的难题。归根结底，“信”字最难做到。基本的“信”，是对原文忠实，恰如其分地用中文表达原意；更高程度的“信”，则是令译文的情感、思想、风格、节奏接近原作，这亦是诗不可译的原因。试想，将“灵妃顾我笑，粲然启玉齿”，译为“灵妃看我笑，明亮露白牙”会是何效果？古文译白话尚且如此，更何况是古英文译为今白话？为贴近原意、还原语境，尹宣在翻译时，已充分考虑了话语背景、作者个性与行文风格，在译文中注入了自己对原作的理解，但是，也有极少数译文为兼顾“达、雅”，在“信”上打了折扣，甚至不乏硬伤。所以才说，一个译本，承载着译者对原作的解读，或正或谬，又或正谬混杂，世上没有完美的译本，也没必要有完美的译本。

翻译也是一个学习的过程。好的译者，会通过译介获取新知，不知不觉间又将译介推向深入。尹宣初学俄语，后习社会学，与法政研究本无渊源。但在好奇心的指引下，翻译领域逐层递进，从《独立宣言》、《联盟条款》到《联邦宪法》，从制宪记录到为批准新宪法摇旗呐喊的《联邦论》，从抵制新宪法的《反联邦论》到探寻行宪之后政制奥妙的《论美国的民主》，再到为推动宪法实施做出卓越贡献的沃伦首席大法官传记，他的译介之路，展现了一位问学者的学思轨迹。

无独有偶，近年来，国内译介、推广美国宪政题材作品影响最大的，都不是法律人。林达通过“近距离看美国”系列，从宪政、司法切入，向国内读者介绍了一个“形而中”的美国。南京大学的任东来教授，早年治中美外交史，后来受历史学家王希教授的著作影响，开始对美国宪政史的研究，既勤写普及文章，又主持系统翻译，取得了丰硕成果。我与东来先生素未谋面，内心却一直视他为良师益友。2013 年 5 月 2 日傍晚，得悉东来先生因癌症而早逝，内心分外悲凉，忍不住又想到壮志未酬的尹宣先生。

当今社会，学问早已不是独伴青灯的事业，申几项课题、开几个短会、攒几篇文章、编几条外文脚注，都可以美其名曰“做学问”。一些以美国宪法研究为业的学者，别说《联邦论》，连《联邦宪法》原文都没通读过。在所谓“学术圈”里，翻译更被视为笨功夫，译者评不上职称，上不了台面，还会遭遇“水平不行，才搞翻译”的非议。尹宣、东来两位先生因偶然机缘，闯入美国宪政研究这片丛林，在好奇心和责任感的驱使下，开始了研究与译介之旅。与东来老师相比，尹宣更像一个学术“个体户”。他的研究，没有学术立项，也无机构资助，却栉风沐雨、不计名利。这些问学者的好奇心，是取之不尽的动力源泉，激励着我辈后学薪火相传。

《辩论》2003 年面世至今，十年间不曾再版。2014 年，译林出版社受尹宣先生家人所托，校订重版《辩论》一书，嘱我撰文推荐。我与尹宣先生缘悭一面，身为读者和同行，只能从译著的字里行间怀想斯人，不免有强作解人之处。而我不揣浅见、尝试作文的初衷，惟望有更多的读者，能关注到尹宣先生译介和研究的成果，让这位前辈“破愚暗以明斯道”的志业得以继续。

译者例言

1995年8月，我开始在纽约的一家中文报社工作。每天晚上九点到办公室，先阅读中、英文报刊约40分钟，然后开始编译刚从美联社、路透社发来的新闻稿，把经过挑选的几篇英文电讯稿，从相当汉语两三千字的篇幅，按报纸的需要，编译成几篇七八百汉字的新闻稿，用作报纸的头版、国际新闻版和美国新闻版的内容；午夜十二点左右，《纽约时报》、《纽约邮报》、《每日新闻》等报刊的深夜版，陆续到达路边的售报摊亭。报社派人买回来后，按同样的方法选稿编译，补充美国新闻版的内容，用作纽约地方新闻版的内容。有时，也从《美国新闻与世界报道》、《商业周刊》、《时代》、《众生相》(*People*)和其他刊物或从因特网上取来的电视新闻稿和其他新闻稿里取材。每编译完一篇，随即交给校对组，他们再依次交给排版组和印刷厂，流水作业。到凌晨三点以前，译完三千到三千五百汉字的新闻稿，与其他同仁的译稿和其他中文稿源一起，清早出报，与美国的中文读者见面。

编译半年，感觉法律内容在美国新闻稿中所占比例可观。法律新闻稿的内容，常常超越案情本身，深入案例引起的法理之争。许多案例非常普通：某大学当局分配给各类学生业余团体的经费，学生认为不公平；某个地区打算取消对少数民族学生降低录取分数标准的政策；某所军校历来只收男生、不收女生；某公司男上司性骚扰女下级或女上司性骚扰男下级。经过初审裁决和上诉裁决，原告或被告依然不服，上诉到最高法院，诉求不是核准事实，而是看初审裁决和上诉裁决是"符合宪法"还是"违宪"。新闻稿中时常出现双方援引的宪法原文，或短语，或分句，或全句。日积月累，宪法正文的条、款、项、句、分句、短语，就这样被反复援引，反复辩论，反复应用，最高法院最后总要对这些相关的宪法条文作出一种解释、对原来的裁决作出"符合宪法"还是"违宪"的判断。有时，最高法院采取不接受某项上诉的做法，意味着他们也没有把握摆平。这个过程，延续两百多年，民众对法律的意识和认识，逐渐深化和拓宽，违法现象从大量发生、随处可见，到逐渐减少；与此同时，又出现新的违法内容、新的违法形式，对法律提出新的挑战。显然，层次逐渐升高、内容日益细密的法治(government by law)，是美国社会生活的突出特征之一。

为了更好地理解美国社会、增强在这个社会中的应对能力，1996 年 2 月，我开始利用业余时间翻译美国宪法，译译改改，到 5 月，译完联邦宪法正文和截至 1992 年的 27 条修正案。这些正文和修正案，加起来不过两万汉字。有些句子的结构，如九曲连环，有的关键词，不仅有前置的限定词、后置的限定短语，有时还拖上不止一个后续的限定分句或条件分句。要想不削弱关键词前置的着重语气和分量，尽量顺置，既要忠实原文，又要符合汉语阅读习惯，译文的词序和句子结构的安排，颇费斟酌；有些重要概念，又在其他条文里受到制约，全篇译文的前后呼应，需要仔细推敲。我的这篇美国宪法译文，作为本书的附录，放在卷末。

后来，我在纽约中文书店买到李昌道先生写的《美国宪法纵横谈》，从他的《前言》里了解到：复旦大学法律系已经收集了国内先后出现的十二种美国宪法译文，并据此译出了他们的第十三种译文。可见，国人对美国宪法的研究和介绍，源远流长，绵延不绝。

美国宪法像一套精巧的连环体系，由三个机组构成。我不禁想走进设计美国宪法的现场,212年前在费城独立厅举行的联邦制宪会议。了解了解这套体系的设计者们是些怎样的人物,看看每个机组由哪些部件组成,装配时增加了哪些配件和附件,打听打听他们为什么要把这套体系设计成这样,而不是别样,出于哪些动机,是否有人提出过不同的设计方案,制宪代表们彼此如何商讨协调,如何达成共识,最后怎样完成这项工作。

研究和评论美国宪法制作过程的书籍,满屋满架。其中,马克斯·法兰德的三卷本《1787年联邦制宪会议记录汇编》(以下简称《汇编》),被美国史学界、法学界、书评界公认为“研究制宪过程的权威读本”。②

法兰德的《汇编》三卷本于1911年问世。第一卷和第二卷,收齐了制宪会议秘书杰克逊的会议正式记录和10名制宪代表留下的记录笔记,按日期顺序排列,便于读者比较他们对同一席话的不同记述。第三卷精选了制宪会议期间和稍后代表们的日记、书信、讲话等等,共403件,此外,还有六篇附录。在1937年的增订第四卷里,法兰德增补了两份索引。一份是全书中出现的人名和题材总索引,为撰写美国制宪人物和宪法各项内容专题论文的人,提供极大方便。法兰德还专门制作了一份宪法分句索引。运用这份索引,可以追溯每个分句由谁于哪一天提出,哪些人在后来的哪些日子里提出了哪些修改意见,发生过哪些辩论,最后如何定稿的全过程。50年后,在美国国会图书馆手稿部主任詹姆斯·哈特森主持下,遍收1937年以后新发现的制宪代表手稿376件,保留法兰德的两份索引,编成增补卷,于1987年问世。③

反复浏览法兰德和哈特森的四卷书,我仿佛置身于费城的独立厅,在当年联邦制宪会议的会场里,看到一个个制宪代表的面孔,听见他们一段段的发言,感受到辩论的激烈、两派争执不下、几乎要散场的紧张气氛,体会到富兰克林那时的心情:提议聘请牧师每天开会前来主持祈

---

② 关于法兰德的研究成果,参见译者所写《联邦制宪会议记录的解密和成书》一文。

③ 关于哈特森的研究成果,参见译者所写《联邦制宪会议记录的解密和成书》一文。

祷、请代表们放弃“惟有自己正确”的观念，目睹许多代表最后签名时意犹未尽的惋惜和遗憾。美国宪法不再神秘，它的一词一句的奥秘，逐渐展现出来。我想把这套书译出来。可是篇幅太大，若把四卷全部译成汉语，约合两百万汉字。许多考据性的内容，不是专门研究美国宪法的人，也不一定会感兴趣。

制宪会议记录中最精彩的，是麦迪逊的记录。在现存10名制宪代表的记录里，惟有麦迪逊的记录自始至终，一天不缺，内容涵盖所有议题的辩论过程。麦迪逊的写法，类似连续剧，记下代表（人物）们每天开会（场景）的发言（台词）。从中，不但可以看到剧情（议题）的进展，而且，透过台词，可以观察出人物们的思想和性格。笔记（全剧）收尾时，有一种悲剧的气氛，掩卷后，令人陷入长久的沉思。

我决定先把翻译目标集中于麦迪逊一人的记录，选用盖拉德·亨特编的九卷本《麦迪逊文集》中的第三卷和第四卷，作为翻译的蓝本，用法兰德和哈特森的研究成果，核实补充。第三卷和第四卷副题《制宪会议记录》，1902年由纽约普特南诸子公司出版。④

麦迪逊本人把这些笔记取名为《辩论》，晚年特别为之作序，可惜来不及修改成文，就去世了。亨特没有收录这篇未能修改成文的长篇手稿。此前，美国政府已将秘书杰克逊的会议正式记录和少量其他资料汇编成书出版，取名《会议记录》。秘书的“记录”和麦迪逊的“笔记”，英文都是Journal。为示二者的区别，我把并非会议正式记录的麦迪逊文本，译为“笔记”；为了不混同于美国各邦的制宪会议记录，中文译本的书名，采用麦迪逊原来的命名《辩论》，副题《美国制宪会议记录》。

1787年制宪会议中发生的大辩论，肇源于1776年的《独立宣言》和《邦联条款》。

1776年7月2日，大陆会议讨论《独立宣言》时，修改了最后一段，

④ *The Writings of James Madison*, Edited by Gaillard Hunt, Vols. Ⅲ & Ⅳ, *The Journal of the Constitutional Convention*, G. P. Putnam's Sons, New York and London, 1902.

引起后来制宪会议的争议。一位中文译者把其中的一句译为:“作为一个独立自由的国家,我们完全有权宣战、缔和、结盟、通商和采取独立国家有权采取的一切行动。”[5]按照这位译者的理解,1776 年 7 月,北美已经是“一个独立自由的国家”。另一位中文译者把其中一句译为“这些殖民地是并且应该是自由和独立的诸州”,[6]按照这位译者的理解,独立的不是“一个国家”,而是“诸州”。可是按照《辞海》对“州”这个字的解释[7],“州”是不可以“自由和独立”的。

制宪会议的代表们,有些人坚持《独立宣言》宣布的是 13 个各自拥有主权的国家独立,邦联议会不过是个外交机构;有些人则认为《独立宣言》含有联合为一个国家的因素。制宪会议的主要争论内容之一,就是当时北美究竟存在 13 个主权,还是 1 个主权,若是 13 个,能否联合为 1 个主权。为此,译者把《独立宣言》重译一遍,把引起争议的原文注出,作为本书的附录一。

1776 年 7 月 2 日,大陆会议讨论是否公布《独立宣言》时,《邦联条款》起草委员会主席约翰·迪金森投了反对票。9 天以后,迪金森向大陆会议提交了《邦联条款》。《邦联条款》中后来在制宪会议上引起最大争议的是第二条。一种中文译本把第二条译为“凡未经本邦盟召集之国会明确授予合众国者外,各州保留其主权、自由与独立、领域与权利”。[8] 按照这种译法,1777 年 11 月 15 日大陆会议通过《邦联条款》时,“邦盟”同时又是一个“合众国”,有自己的“国会”;这个“邦盟”不是由“邦”组成,而是由“州”组成,而且,每个“州”又各自保留“主权、自由与独立”。

本书把 State 译为“邦”。通过制宪会议,最初的 13 个邦联合成为联邦(the United States)。今天,加入联邦的邦数虽然增加到 50 个,各

⑤ 《美国读本:感动过一个国家的文字》,三联书店,1995 年版,第 52 页。
⑥ 《美国开国三元勋——杰斐逊》,中国社会科学出版社,1996 年版,第 130 页。
⑦ 《辞海》缩印本,上海辞书出版社,1979 年版,第 94 页。
⑧ 《联邦党人文集》,商务印书馆,1995 年版,第 414 页。

邦仍然声称自己拥有主权。每邦各有自己的宪法，各有自己的法律文字体系，各有自己的司法范围和法院体系，每邦人民各按本邦宪法选举自己的官员，不受联邦政府左右。但是，各邦法律，尤其是外交和军事决策，不得背离联邦最高法律——联邦宪法。美国的50个邦，是用法——作为最高法律的联邦宪法——联合起来的。各邦“主权”的含义，接近于“充分自治”。

1787年制宪会议的发起者麦迪逊等人，名义上是要修订《邦联条款》，实际上是要用他们另外拟定的《联邦条款》取代《邦联条款》，用按《联邦条款》建立的“全国”“最高”政府，取代按《邦联条款》结成的邦联。制宪会议辩论的全部内容，就是如何用最后形成的《联邦宪法》取代《邦联条款》。会议期间，代表们随意换用“邦联”、“联邦”这样的词语，交替使用形容词federal同时指代“邦联”或“联邦”；有的代表发言时，一会儿说自己的邦(state)是一个国家(country)，一会儿又用country指“邦联”或“联邦”。代表们用相同的词语，表示各人心中不同的意念；用不同的词语，指代相同的内涵。语言的混乱，源于思想的混乱。制宪会议虽然开了116天，代表们仍然只能对一部分问题达成明确的妥协，体现于联邦宪法中措辞清晰明朗的条文；对一部分问题形成大体的共识，表现为联邦宪法中笼统含糊的条文；对一部分问题始终达不成协议，只好把这些内容从联邦宪法条文中隐去。直到会议结束，代表们根本没有时间讨论首都究竟设在哪里，国旗和国徽应该是什么样子。

译者把《邦联条款》重译一遍，注出引起主要争论的部分原文，作为本书的附录二。制宪会议的发起者们提出了一系列的新概念，为便于读者对照比较发起者们究竟要对《邦联条款》作出哪些修改、如何修改，译者在新概念出现的正文下端，用脚注注出这些概念原来在《邦联条款》中的对应提法。

制宪会议并非沿着一条思路前进。麦迪逊拟定的《弗吉尼亚方案》，想要建立一个“全国”“最高”政府，想要废止或至少大幅削弱各邦政府，力图把权力尽量集中到“全国”“最高”政府手中；《平克尼制宪方案》含有一些不同的意向；佩特森提出的《新泽西方案》，与《弗吉尼亚方案》针锋相对，要求继续“邦联体制”，坚持保留各邦的主权；《汉密尔顿制宪方案》，既反对《新泽西方案》，又不赞同《弗吉尼亚方案》，提出一种类似君主立宪的体制。《弗吉尼亚方案》和《新泽西方案》，都已出现在本书的正文里，《平克尼制宪方案》和《汉密尔顿制宪方案》，译出作为本书的附录三和附录四，便于读者比较分析制宪代表们思想差异的幅度。

探索美国宪法的奥秘，需要了解制宪会议的代表们是些怎样的人物，他们的经历，他们的性格，他们所代表的邦的基本状况，思考代表们发言内容背后的利益驱动力。亨特为介绍代表而作的脚注，是把制宪代表威廉·皮尔斯对代表们性格描述的一篇文字拆开，分别放在各位代表出现的页下端。法兰德把皮尔斯的这篇文字，安排在《汇编》第三卷里，作为附录的第119件。皮尔斯对若干代表的性格描述相当俏皮，特别注重描绘他们的演说技巧；对有些代表的描述则三言两语带过。他对代表们年龄的猜测，一般比实际年龄小几岁。译者把皮尔斯的这篇文字整体译出，作为本书的附录五。

从1902年以来，美国制宪史学者对制宪代表的研究，已经取得长足的进展。1998年10月，译者第二次去费城独立厅，参观联邦制宪会议会场，在那里买到《宪法的签名者》⑨一书。这本供参观者看的书介绍了39位签名者的生平简历，文字比较松散随意，内容时有跳跃。可惜，此书没有介绍三位拒绝在宪法上签名的代表，因提前离开会议未能签名的代表，和反对制宪会议不愿签名的代表。这些没有签名的代表，尤其是拒绝签名和反对制宪会议的代表，在制宪会议期间发言踊跃、争辩激烈，对制成宪法的贡献，远远超过好些在会议期间一言不发或很少发言的签名者。为此，译者综合编写出制宪会议代表简介，和他们所代表的邦的基本情况，列在正文下端，作为脚注。主要参考书包括阿尔弗雷

⑨ R. E. Ferris and J. H. Chaleton, *The Signers of the Constitution*, Flagstaff, 1986.

德·凯里和温弗雷德·哈比森合著的《美国宪法：其渊源和发展》[10]，理查德·伯恩斯坦的《我们要不要成为一个国家?》[11]，马克斯·法兰德的《宪法的父亲们》[12]，克林顿·罗西特的《1787年制宪盛会》[13]。这些中文脚注的内容，最后以列奥纳德·列维主编的四卷本《美国宪法百科全书》[14]为准核实。书后的四份表格和脚注中的统计数字，早期数字取自《美国历史统计〈从殖民时代到1970年〉建国两百周年版》[15]，近期数字取自《1996年美国统计摘要》[16]和近年出版的《世界年鉴》[17]与《宇宙年鉴》[18]。

亨特脚注的另一内容，是注出秘书杰克逊的记录和代表雅茨的笔记中与麦迪逊笔记对同一席话的不同记述。1902年，亨特编的《麦迪逊文集》第三、第四卷出版时，法兰德《汇编》收集的一些其他代表的笔记，还没有问世；1987年，哈特森的《补充卷》又增加了后来发现的其他代表的笔记。仅仅译出亨特的这类注释，只是文中的一小部分；若把所有代表的不同记述全部注出，本书篇幅无法容纳。[19] 因此，这个中文译本只保留少数说明麦迪逊笔记与事实明显不符的注释，事实相同、记述详略程度不同、语气不同的注释，从略。有志研究制宪会议代表们笔记之间差异的人，可阅读法兰德和哈特森的研究成果。

为什么要研究美国宪法和它的产生过程?

1993年，一对康涅狄格的地产开发商夫妇，拥有600英亩土地，正

---

⑩ A. H. Kelly & W. A. Harbison, *The American Constitution: Its Origins & Development*, New York, 1970.

⑪ R. B. Bernstein, *Are We Going To Be A Nation?* Harvard University Press, 1987.

⑫ Max Farrand, *The Fathers of the Constitution*, Yale University Press, 1975.

⑬ Clinton Rossiter, 1787 *The Grand Convention*, New York, 1987.

⑭ Leonard W. Levy, *Encyclopedia of the American Constitution*, Claremont, CA. ,1986.

⑮ *Historical Statistics of the United States, Colonial Times to 1970*, Bicentennial Edition, Washington, DC, 1975.

⑯ *Statistical Abstract of the United States 1996*, Washington, DC, 1996.

⑰ *The World Almanac*, Mahwah, New Jersey, 1996,1997,1998,1999.

⑱ *The Universal Almanac*, Kansas City, Missouri, 1996,1997,1998,1999.

⑲ 关于其他代表的笔记，参见译者所写《联邦制宪会议记录的解密和成书》一文。

在修建一个由540栋房子组成的休闲小镇，却要为他们的一儿一女聘请一位中文老师。洽谈中，我问他们："为什么不选别的语言，例如日语？"男方说：日本现在还不错，可是就那么大个地方，长久难以为继。在康涅狄格的各个大学里，班上的前列名次，大多被中国留学生夺去，给我们的印象深刻。中国人的智商、文化、涵养，令人很难不尊重。中国经济这些年来的发展速度和势头，如果继续下去，再过二十年，世界上就是两个强国。那时，我们这两个孩子正好三十岁左右，那就是他们要面对的世界。不论做生意，还是别的交往，他们免不了要面对中国，面对中国人。如果不会说中国话，不了解中国文化，不会和中国人打交道，他们会被动吃亏的。我们现在就要及早为他们筹划，作好准备。

我接受了这项每周工作5天、每天工作4小时的任务，连同他们提供的，位于康涅狄格山丘上的单栋工作住宅和到附近小镇上去存钱、发信、购物也离不开的工作用车。同时明白：要尊重对手。因为尊重对手，就要了解对手，而学会与对手较量周旋的能力和技巧，可以构成学习和研究的目标和动力。

完成一项工作，需要许多理解、支持、帮助、条件。译者需要感谢的人很多，难以一一列举。首先要感谢辽宁教育出版社。云南大学国际学术教育交流中心主任赵政民先生，1999年春天邀我到中心做一学期访问学者，给我提供了宽敞的套间，专购电脑一部，方便我的工作，在昆明宜人的气候里，我完成了本书上半部分初步编译工作。纽约市皇后区的瑞吉伍德图书馆离我家八百步，这个分馆没有1902年出版的《麦迪逊文集》，图书馆员 Nick Buron 利用网络联系，从皇后区总馆调借过来。我说明用途后，他很高兴，同意我超期借用。他本人也是"一本优秀的工具书"，解决我翻译过程中的不少疑难，并提供我所需要的一切帮助和方便。

为保留历史原迹，法兰德的版本，都按麦迪逊的手稿排印。麦迪逊用鹅毛笔在会上和会后抢记时出现的拼写错误，一律保留，麦迪逊自已创造的缩写,不予复原,麦迪逊笔记中提到的历史典故和人物,不予注释说明,这些,译者都一一予以补注。但愿我的传译,不致背离代表们的本意。现在,中国读者中懂得英文的人越来越多。我的翻译原则,是尽量避免使用汉语中的现成词语,尤其是由典故生成的汉语成语,以免不必要的思维混同。译文中出现汉语的现成词语时,译者尽量用脚注注出这些译法的英语原文词语,注出英语原文辞典对这些词语的英文解释,希望有助于读者把捉和品尝制宪代表发言的原汁原味。

译者努力传情达意,讹误在所难免,敬请读者指正。

尹　宣

纽约市皇后区瑞吉伍德

2000 年 11 月改于武汉

联邦制宪会议记录的解密和成书

尹　宣

大不列颠帝国由于卷入欧洲和北美的七年战争（1756—1763），用兵开支繁重，大不列颠议会通过种种立法，向北美增加各种名目的赋税，意图把财政危机部分转嫁到北美。北美的13个殖民地一向主要与英国直线联系，为着抗税的需要，开始横向联合起来，出现联合政府的雏形。由于英国议会下院独享通过税务提案的立法权，北美各地下院从自己立法开始，领导抗税，到提出"在英国议会中无议员，不纳税"，争取北美自己的立法权，到矛盾激化，铤而使用武力夺回立法权。到独立战争胜利、经济破败、政治分裂，最后，又终于通过联邦制宪会议，联合为一个国家。美国的这段开国历史中，出现过许多重要政治文件，包括向大不列颠国王呈递的一系列请愿书。从今天的眼光回溯既往，为了给走过的道路清理出一条明朗的线索，便于叙述历史，许多曲折的细节被略去。如今，美国史学家们公认有三个文件，经过两百多年历史的冲刷，仍然具有活力，堪称"伟大"：《独立宣言》、《邦联条款》、《联邦宪法》。

1776年的《独立宣言》，是一篇煽情的革命檄文，标榜"人人生而平等"，可以自我授权建立政府，把北美从微澜推向大波，民主得到一次绝妙的展现机会。汉密尔顿说："民众一旦追求建立政府的伟大目标，这个目标就抓住了他们的激情，像野火一样燃烧蔓延，变得无可抗拒。”①可是，到了1787年制定《联邦宪法》时，联邦制宪会议却标志着革命的浪漫年代到此结束，社会需要由乱而治。同一个汉密尔顿指出：出席会议的许多代表，“当年紧紧抓住共和主义不放的人，如今也和大家一样，大声挞伐民主的罪孽吗?”的确，在联邦制宪会议上，美国的建国之父们，拿民主当球踢。把民主当歌唱，是后来的事。而在《独立宣言》和《联邦宪法》之间，促成结盟的《邦联条款》，则是当中的桥梁。

今天，在20世纪即将结束的1999年，联邦宪法和对它的修正案，居于美国法律体系金字塔的顶端，占据至高无上的地位，成为美国的第二部圣经，世俗的圣经。《联邦宪法》的特色之一，是不包含“终极追求”，摆脱“神的旨意”，把世俗生活和宗教生活分开，实行政教分离。修改宪法时，对于宪法中已被历史否定的文字，包括美国的历史耻辱，不是抹掉，而是原封不动地保留在宪法原文里，显示出美国的后人对宪法的尊重和信心。这实在超出制宪者们的梦想。

发起制宪的人们，想要解决的问题成堆，至少有两个最为突出：一、能否不通过武力，而通过谈判，通过立法，把革命和战争时团结拢来、胜利后却分道扬镳、各自愈益伸张主权和独立的13个邦联合起来，组成一个国家，建立一个“全国”“最高”政府？二、如果能联合，能否把这个政府设计得尽量合理，让组成政府的人们，如麦迪逊所说，各以自己的ambition②去制约他人的ambition，达到一种接近平衡的状态，把政府难以避免的恶，抑止在一定限度以内，至少，是个共和国，永远埋葬君主制？

今天，根据我在美国12年的观察，第一个目标，是实现了，而且扩大和巩固了；第二个目标，是老问题不断解决，新问题层出不穷。不过，这些已经实现的目标，也远非联邦宪法一制定成功，就一步到位，而是

① 见本书6月18日汉密尔顿的发言。

② ambition可同时表示“雄心”和“野心”，注重道德褒贬的汉语，似乎没有对应的中性词。

渐进积累，慢慢形成，包含着许多宣誓忠于宪法者的努力。

当初，不论是制宪会议开始之时，还是制宪会议结束之日，制宪者们都没有这样的信心。

1787年5月28日，制宪会议刚刚开始，讨论开会规则，马萨诸塞代表鲁弗斯·金就提出要求，取消一条规则：每个代表都有权要求对任何一项动议展开表决，而且，把所有代表投的是赞成票还是反对票，都记录在案，以备查询。虽然这本是邦联议会一贯奉行的老规矩。金的理由是，制宪会议所立的法，对选民并没有约束力，没必要把这种证据公之于众；他担心的是，代表在会议过程中改变观点，是常有的事，如果公布，会议记录会显得矛盾，不妥。弗吉尼亚代表梅森附议，一旦公布记录，他担心会授人以柄，被反对派用来攻击会议的成果。通过表决，会议一致通过取消这条规则。可见，代表们人人不愿会外的人知道他们在会上到底说了些什么话。南卡罗来纳代表巴特勒想得更周到，提议会议增加一条规则：制止代表随意向外公开会议内容。5月29日，通过表决，会议一致同意增加若干规则，其中之一就是：非经许可，会议中的任何发言，不得付印、不得发表、不得传播。取消前一条规则，因为对会外的人信不过；增加后一条规则，因为对会内的人不放心。③

联邦制宪会议，就此对外贴上了封条。从5月25日到9月17日，费城的天气越来越闷热，代表们穿着呢绒燕尾服，不仅关上房门，而且紧闭窗户，宁可汗流浃背，惟恐隔墙有耳。经过116天辩论，代表们终于达成若干妥协。他们取得明确一致的看法，体现为宪法中的刚性条文；取得大体共识的部分，体现为宪法中的柔性条文；取得初步共同意向的部分，体现为宪法中留待联邦议会完成和继续发挥的条文；达不成一致看法的部分，一律在宪法中隐去；此外，他们为后人修改宪法留下可行，但不易实现的途径。

9月15日，宪法制成。许多人的最初意见，都被其他代表改得失去

③ 金、梅森、巴特勒的发言和会议决定，见本书5月28—29日的记录。

原貌。对于珍视自己思想的人，很难对这种结局满意。9月17日，会议结束。这天，富兰克林的发言，代表了许多代表的心声。他说：我承认，这部宪法的若干部分，我现在还不能同意，但我没有把握说，我将来永不同意。的确，大多数的人，也和宗教中的大多数教派一样，认为自己拥有全部真理，凡是别人的不同观点，即认定是谬误。尽管许多人私下认为自己一贯正确，自信程度之高，就和他们所属的教派一样。但很少人表达得像一位法国太太那么自然，她与妹妹发生争执时说，"妹妹，我也不明白这是怎么回事，可是，我这辈子从未遇到一个永远正确的人，除了我自己。"从这种感觉出发，我同意这部宪法。为了公益，我牺牲我认为宪法中有错误的私人之见。不论代表们还有什么反对意见，请大家和我一起，稍微怀疑一下自己的一贯正确，为了我们之间真实的或表面的一致，在宪法上签名。会议结束时还在场的42名代表中，39人签名。伦道夫、梅森、格里三人拒绝签名。汉密尔顿十分焦虑。他说：几位有影响的人物反对，可能引起无穷后患，燃起潜在的火花，民众拥护宪法的热忱，可能很快就会消失，拒绝签名，犹如釜底抽薪。大家知道，在座者中，没有一个人的观点，比他本人的观点离这部宪法更远；可是，要么是无政府状态和动乱，要么是循此宪法而出现良好转机，请三位先生深思。伦道夫说：这部宪法如果得不到9个邦的批准，混乱局面将接踵而至。拒绝签名，是良心对他的驱使，不再改变。格里表述了他的痛苦感情：这部宪法能否获得人民批准，还在未定之天。如果被拒绝，可能引出一场内战。④

这时，鲁弗斯·金再次提醒：制宪会议记录，要么销毁，要么由制宪会议主席保存。他担心，万一记录内容走漏，那些想要阻止批准宪法的人，可能会以不妙的方式使用这些记录。宾夕法尼亚代表詹姆斯·威尔逊说，他原来也觉得销毁记录是上策。可是，谬种流传，可能不胫而走，记录一毁，将来就无可对证了。会议表决结果：记录由会议主席保

---

④ 上述各位的发言，见本书9月17日的笔记。

存。华盛顿问：他拿着这些记录，将来怎么办？会议再次表决，一致决定："如果按照宪法选出了联邦议会，就由议会处理，否则，由他保存会议记录和其他文件。"换言之，代表们作了两手准备：万一宪法得不到批准，会议记录就永远存放在华盛顿那里了。

华盛顿估计，倘若这部宪法能维持20年，就不错了。富兰克林则说："我进一步相信，这一次有可能治理得好若干年，但最后还是会以专制收场，就像过去其他的(共和)政府形式一样，等人们腐化到需要专制政府时，就没有能力建立别样的政府。"

宪法批准了。内战避免了。按宪法设计的新政府产生了。可是，华盛顿执政的八年，并不比独立战争轻松。革命和战争，使不相识的人们结成亲密战友；取得政权与和平，使革命和战争中结成的亲密战友，变成权力斗争中的对手。第一任国务卿杰斐逊，与第一任财政部长汉密尔顿，因政见分歧，水火不容，双方各办一份报纸，互相攻击。制定宪法时没有预料到的政府内的党派之争，迅速出现。1792年，杰斐逊担任国务卿不到四年就辞职，开始组建共和党。当年与汉密尔顿联手、合作撰写《联邦论》、争取宪法获得批准的麦迪逊，现在是杰斐逊组建共和党的主要帮手，变成汉密尔顿的政敌。1792年，共和党的第一战，是推出当年反对制定宪法、组成全国政府的纽约邦长克林顿，与亚当斯争夺副总统职位。虽然失败，政府内部的政党现象，已浮出水面。反对杰斐逊的人们，集结在汉密尔顿周围，汉密尔顿成了联邦党人的领袖。美国初年，人才济济，才能超出华盛顿者，不乏其人，而德行和容人，无出其右。宪法并未规定总统连任次数，许多人希望华盛顿继续连任，稳住政府。华盛顿尽力调停两党，终无效果。他把制宪会议记录保存了八年，到第二任总统任期即将届满的1796年，才把记录交给国务院。华盛顿宣读了由麦迪逊、汉密尔顿先后修改的《告别演说》，回到弗农山庄，享受政治斗争以外的安宁。

1776年，大陆会议选举《独立宣言》起草委员会，杰斐逊得票第一，亚当斯仅低一票。杰斐逊谦让，让亚当斯执笔；亚当斯回答：当然由你写，你的文采比我强十倍。1796年，华盛顿腾出舞台，麦迪逊催促辞职在家的杰斐逊与自称华盛顿接班人的副总统亚当斯竞选总统。结果，亚当斯以71票当上总统，杰斐逊以68票屈居副职。杰斐逊一算，再争取2票，总统就归他了。杰斐逊拉拢纽约政客艾伦·伯尔，努力扩展共和党在北部的势力。亚当斯担任总统期间，极力整肃共和党人。1800年，杰斐逊以73比65票把亚当斯赶下台，二人从此反目。共和党人把全部选票投给本党候选人，伯尔得票与杰斐逊相同。伯尔原来只是想支持杰斐逊，一见票数相等，便要当“任”不让。汉密尔顿讨厌伯尔更胜于杰斐逊，在复选中，指使联邦党人议员支持杰斐逊，帮助杰斐逊登上总统宝座。四年后，伯尔改为竞选纽约邦长，汉密尔顿再次作梗，伯尔再次失败。伯尔要求与汉密尔顿决斗，49岁的汉密尔顿，死于枪下。事隔几年，杰斐逊又起诉他的竞选盟友伯尔，指控伯尔犯有叛国罪。制宪会议期间反对宪法的代表路德·马丁，挺身为伯尔辩护，免去伯尔的叛国罪名。1804年，宪法修正案第12条获得批准。这条修正案的关键，是宪法承认政党的合法化。就像联邦宪法隐去“奴隶”二字一样，这一条修正案中看不到“政党”二字。联邦政府成立后的第一阶段，真是一场又一场的精彩厮杀；不过，双方都按宪法所定的规矩，公开进行，留下了文字记录，有案可查。

第三位总统杰斐逊连任一次后，把总统职位顺利地移交给在他手下当了八年国务卿的麦迪逊；第四位总统麦迪逊连任一次后，再把职位顺利地移交给在他手下当了六年国务卿的门罗。1820年，联邦党人推出的最后一位总统候选人鲁弗斯·金，以34∶183票败于门罗，标志联邦党人退出历史舞台，共和党一党掌握立法和行政部门，惟有联邦党人第四任首席大法官约翰·马歇尔还在努力耕耘最高法院，对立法和行政部门加以制约，更多地采取法律手段。联邦政府终于稳定下来，巩固了对自身的信心。作为联邦政府合法基础的美国宪法，也逐渐稳定下来。

到1818年，独立战争期间产生的五位总统，华盛顿（57—65岁在职)已经去世,亚当斯(61—65岁在职)、杰斐逊(57—65岁在职)、麦迪逊(57—65岁在职)先后离职,只剩门罗(59—67岁在职)还在执政。这时,美国已进入"和睦时代"⑤。第二代政治家纷纷登上舞台,开始新一轮的政治角逐。

联邦宪法面临向下一代传承的需要,制宪会议记录解密的时机到来。

1818年3月27日,联邦议会参众两院举行联席会议,通过决议:"制定今日美利坚联邦宪法的制宪会议记录,现存国务卿办公室,制宪会议的全部行动和议程,现存联邦政府,兹决定由联邦总统督导出版……印一千册,现任联邦议员人手一册,余数保留,由今后的议会处置。"⑥

门罗总统下令,由国务卿约翰·昆西·亚当斯编辑制宪会议记录。1819年,小亚当斯编成的《会议记录,制定联邦宪法的制宪会议的行动和过程》⑦(以下简称《会议记录》)在波士顿出版。制宪会议记录向美国人民保密30年后,终于由联邦政府自己揭去了封条。1824年,约翰·昆西·亚当斯也当上了美国第六位总统。

小亚当斯编的《会议记录》以制宪会议秘书威廉·杰克逊的会议正式记录为主。在制宪会议开始时制定的种种保密规则的约束下,杰克逊少校的记录往往是:"有人提出某项动议。""有人附议。"很少写出提出动议的人是谁,附议的人是谁。更重要的是,杰克逊一般不记录代表们辩论时的发言内容。

不过,杰克逊的记录里仍有三项可贵的内容。一、出席者姓名:第一天哪些人到会,后来,迟到的人们哪天第一次出席;可惜,他没有记录每天的缺席者,也没记录哪些人离开会议多少天,哪天又回来,或一去

---

⑤ 和睦时代:Era of Good Feeling。

⑥ 按马克斯·法兰德《汇编》第三卷附录第323件译出。

⑦ John Quincy Adams, *Journal, Acts and Proceedings of the Convention,... which formed the Constitution of the United States*, Boston, 1819.

不返。法兰德后来花了很大的力气，才恢复出一份代表出勤表，也很粗疏。二、会议程序，读者从中可以看出：5 月 30 日选出戈汉姆担任全体委员会主席后，大会主席华盛顿每天只在会议开始和结束时上台就主席座，作为会议开始和结束的礼仪。然后，他就坐到弗吉尼亚代表团的桌子旁，参加讨论和投票。据麦迪逊的笔记，华盛顿在整个会议期间仅发言三次。第一次是 5 月 25 日会议开始那天，当选会议主席后，致简短答谢词；第二次是 9 月 17 日会议结束那天，对戈汉姆的动议表示附议：把从每四万人口中产生一名众议员，改为每三万人，让选民选出更多代表；第三次就是问：他保存会议记录后怎么办？他在附议戈汉姆的动议时说明，由于担任主席，限制了他在辩论过程中表达个人感情的自由，以免影响他人充分表达自己的观点。⑧ 三、杰克逊用了一个专门的笔记本，记下了会议的 569 次表决结果。记第一页时，由于缺乏经验，画出 13 竖格，每格记下各邦投的是赞成票还是反对票，却没有多画一格，记录表决所针对的问题，只是在不出席的罗德岛格内归纳赞成票和反对票的总数，偶尔在尚未到会的新罕布什尔格内，用短语记下问题。结果，小亚当斯和后来的法兰德费尽心机考据：前 28 次表决，究竟针对哪些问题。幸好，从第二页的第 29 次表决起，杰克逊多画一竖格，记下了问题，只是格子甚小，用语极简略，须对照他的记录，才能恢复出全句，十分费劲。

法兰德认为杰克逊少校渎职，并举出证据：他是到处托人帮忙，才谋取到秘书职务的。

1821 年，雅茨的笔记在纽约首府奥本尼出版，题为《为形成美利坚联邦宪法而于 1787 年在费城召开的制宪会议的秘密过程和辩论》，副题《摘自已故纽约邦首席大法官罗伯特·雅茨的笔记，由约翰·兰欣抄写》。雅茨和兰欣是纽约邦派出的三名制宪代表之二，只同意给联邦议会略微增加一些权力，保留它的协调功能，坚决反对建立强有力的中央

---

⑧ 见本书 5 月 25 日和 9 月 17 日的笔记。

政府，力图保留和扩张纽约的主权和独立。由于制宪会议遵循邦联议会旧例，表决以邦为单位，按代表团内的多数意见，决定投赞成或反对票，他们以二比一的多数，使纽约的第三名代表汉密尔顿处境尴尬。纽约代表团对弗吉尼亚方案的大多数主张坚持投反对票。到7月上旬，他们两人相信：即使继续留在会内反对，也已经无法扭转会议达成妥协的趋势，联合势在必行。于是，雅茨和兰欣指责会议超越各邦和邦联议会的授权，于7月10日离开会议。雅茨一书的出版，带有论战性质，矛头主要指向麦迪逊。对于同一席发言，由于立场不同，雅茨笔记的着重点和用词的感情色彩，与赞同联合的代表们的笔记，不尽相同。宪法史家亨特和法兰德认为：由于他是反对派，雅茨笔记的重要性，仅次于麦迪逊的笔记。可惜，雅茨的笔记只记到7月5日。这本书的书名太长，下文简称雅茨的《揭秘》。

1836年6月27日，麦迪逊去世。这时，制宪会议已过去49年，麦迪逊是制宪会议代表中最后一个辞世的。他在遗嘱里希望把他题名为《辩论》的制宪会议笔记出版。1837年3月3日，联邦议会通过决议，由国库出资，用三万美元从他的遗孀手中购买麦迪逊的手稿，委托财政部法务次官亨利·吉尔平编辑出版。1840年，吉尔平编的《詹姆斯·麦迪逊文存》[9]三卷本问世，其中一半以上篇幅记述制宪会议过程中代表们的辩论内容。同年，吉尔平被美国第八位总统范布伦任命为联邦检察总长。

1902年，盖拉德·亨特编辑的《麦迪逊文集》九卷本，先后由纽约的普特南诸子公司出版。[10]

《詹姆斯·麦迪逊文存》问世50年后，其他代表在制宪会议期间的笔记相继浮现，时间顺序如下：

---

⑨ Henry D. Gilpin, *The Papers of James Madison*, 3 vols. , Washington, 1840.

⑩ 关于亨特编《麦迪逊文集》第三卷和第四卷，参见《辩论：美国制宪会议记录》的《译者例言》。

1892 年，凯特·梅森·罗兰德写的《乔治·梅森生平》出版，书中重印了她的祖父弗吉尼亚代表梅森制宪会议期间的笔记和备忘录的一部分。现代宪法学认为，宪法是一种社会契约：打算组织政府的人们，在从人民手中拿走治理人民的权力以前，首先要保证把哪些权利保留给人民，作为交换条件，使人民有避免、揭露、抵制、制止政府作恶的手段。世界上永远不会出现不犯错误、不生罪孽的政府。因此，评断一部宪法的好坏，人民的权利得到多少保障，是第一标准。这就是梅森的宪法观。联邦制宪会议不是一个得到人民授权的会议，它的着重点，按麦迪逊最初的设想，是没收各邦政府的权力，集中于“全国”“最高”政府。在众多邦权主义者的抵制下，会议变成主张增加联邦政府权力和主张保留各邦政府权力的两派代表之间的分权谈判，联邦宪法就是这种分权谈判的折中协议。正因为双方寸土必争，一字一句不让，许多权和利的关系划分得相当明确，后来的争吵、变化就少一些。可是对于普通百姓，在制宪会议对民主的一片挞伐声中，就很少顾及，甚至排斥。梅森始终坚持民主是政府的基础。当年，梅森是弗吉尼亚宪法中民权宣言的起草人。在制宪会议后期，梅森提出设立委员会，制定人民权利条款，被会议否定。梅森的回答是：一、指责宪法最后定稿授予总统权力太多太重，有君主制的倾向；给予人民的权利太少，不像共和制的宪法，拒绝签名。二、会后，向全社会公布自己的不同意见，在弗吉尼亚讨论批准联邦宪法的大会上，以增加民权条款为批准前提，不少邦起而效法。联邦宪法由此而增加前十条修正案，梅森可以说是公民权利条款之父。美国宪法史家称梅森为历史的超前人物。梅森留下不少自己发言的书面底稿，后来收入法兰德的《汇编》。就我所译出的一些篇目来看，梅森对于自己的主张必胜，充满历史信心。

1894 年，查尔斯·金博士编辑出版了《鲁弗斯·金的生平和通信》，书中重印了他的祖父马萨诸塞代表鲁弗斯·金会议期间的记录，作为该书附录。

1898 年，《美国历史评论》刊印了佐治亚代表威廉·皮尔斯制宪会议期间的记录。皮尔斯的笔记不仅包括制宪会议的工作记录，还写下了对其他代表的性格描述。[11]

1903—1904年，《美国历史评论》分期刊印了南卡罗来纳代表查尔斯·平克尼的制宪方案。这份方案是制宪会议中出现的第二种制宪方案。[12]

1904年1月，《美国历史评论》刊印了新泽西代表佩特森制宪会议期间的笔记。1787年6月13日，佩特森第一个站出来挑战作为会议讨论基础的弗吉尼亚方案。6月14日，佩特森要求休会，提供时间，拟出一个与弗吉尼亚方案方向迥然不同的方案。6月15日，佩特森向大会提出新泽西方案，成为制宪会议过程中出现的第三制宪方案，与会议的主流方案分庭抗礼的方案，震撼会议，影响深远。[13] 皮尔斯说："他在选择切入辩论的时机和方式上，真是炉火纯青，不到把握主题，绝不轻易开口。"

1904年10月，《美国历史评论》重印了纽约代表汉密尔顿在制宪会议期间的笔记。6月18日，汉密尔顿发言五个多小时，既反对新泽西方案，也不赞同弗吉尼亚方案，向会议陈述了第四种制宪方案。[14]

1906年，《美国历史评论》刊印了马里兰代表麦克亨利在制宪会议期间的笔记。麦克亨利后来担任过战争部长。会议中途因兄长生病，6月1日离开，8月6日才赶回来。他的笔记不多，但很详尽。

富兰克林在会上多半采取书面发言，麦迪逊《会议记录》对富兰克林的书面发言，都是照录；富兰克林有一部分口头发言，麦迪逊采取综述；这些口头发言的书面底稿后来收入《富兰克林文集》。法兰德把富兰克林的书面底稿的手迹，与《富兰克林文集》一一对照，把富兰克林的手迹抄出，作为脚注，附在麦迪逊笔记相关发言的下端。富兰克林发言

---

⑪ 见本书附录五《对制宪代表的性格描述》。

⑫ 见本书附录三《平克尼制宪方案》。

⑬ 见本书6月9日、13日、14日、15日笔记。

⑭ 见本书6月18日笔记和附录四《汉密尔顿制宪方案》。

中体现的幽默、智慧、人生经验和政治经验，令人叹为观止。

综上所述，除会议中立官员秘书的记录外，55 名参加过制宪会议的代表，到 20 世纪初年，法兰德开始他的编书工作时，已出现 10 名代表留下的笔记。

如果一次会议只留下一份记录，那么，后人只好相信这份记录句句是真。如果一次会议留下的记录不止一份，而且记录者的立场观点又不一样，后人就难以判断真伪虚实。马克斯·法兰德(Max Farrand)是里兰·斯坦福初级大学的教员，这所大学至今并不出名。面对已有的出版物，作为宪法的教学和研究者，法兰德和他的同行们，仍然遇到许多疑问。制宪文件原件的保存、编辑、出版，一直掌握在联邦议会、政府高级官员和政府文献机构手中。作为一个普通大学的教员，法兰德决定对政府正式出版物的权威性提出挑战。

经验告诉法兰德："长期以来，人们一直发现：比较重要的记录，一经出版成书，多数不可信以为真，以为书中所言，字字句句都是原话，因为，把手稿编辑成书时，随意自由改动的做法，屡见不鲜。"[15]

法兰德坚持认为：一、只有原始手稿可信。二、最可信的是会议期间写于当时当地的手稿。事后的发言，由于形势已对宪法作出肯定，发言者的说法可能改口。事后的回忆录，由于事隔有年，记忆模糊，常常不再客观。时间隔得越久，记忆模糊对真实性的损害越大。

为此，法兰德走遍各地，寻找这些出版物的原始手稿。他很幸运，20 世纪初年去寻找这些 18 世纪的手稿时，各个政府机构和民间图书馆都一一向他开放绿灯。后来，他在《序言》里有感而发："这项工作肯定是旷日持久，似乎永无尽头——好像无法完成——若非所到之处都提供协助：提供文件浏览，把抄件甚至照片特别让编者使用；每项要求，都得到热情有礼的合作。结果，遇到的麻烦似乎并不那么巨大。每当遇到已经出版的资料，都轻而易举地得到各方授予的重印许可。毋庸赘

⑮ 见马克斯·法兰德《汇编》的《导言》。

言，在美国历史学术的源流中，这种‘服务精神’，乃是基本信条之一。”

更幸运的是，这些存放了一百多年的原始手稿，保存完好。麦迪逊在会议期间用鹅毛笔蘸墨水写下的字迹，与他后来两次补充修改记录时的墨迹，由于墨水的年代不同，退色程度不同，清晰可辨。

通过甄别，法兰德发现："亚当斯付出了大量的时间和劳动，也没少独出心裁。""他在汇总资料和编辑成书方面，没有任何指南，错误在所难免，其中重要之处，并非少数。""吉尔平更改原始手稿，吉尔平版本中发现大量错误（一般都是小错）。"

1911 年，耶鲁大学出版了法兰德的三卷《1787 年联邦制宪会议记录汇编》[16]，以下简称《汇编》。

法兰德版本的最大特点是"以真取胜"。在法兰德以前，上述记录都以书籍形式出版，或在杂志上发表，已经经过编辑的手笔。法兰德的《汇编》，除雅茨的《揭秘》找不到原始手稿外，全部按手稿刊印，保留手稿的原初形态，连被麦迪逊划掉的词语或句子也用脚注一一注出。对已经读过正式出版物的美国读者，尤其是那些读过之后发生疑问的读者，这种"真"的价值自不待言。

法兰德版本的第二个特点是"全"。耶鲁大学出版社在每卷的封底都加上说明：法兰德把制宪会议参加者所写所印的全部可以搜索到的资料，全部融于他的版本。前面提到的秘书和 10 位制宪代表的记录全部收录。法兰德在《汇编》一书的《导言》中宣布："我们现在已经不知道一些一度存在过的资料，它们或许有朝一日会被发现。不过，任何这类的新资料，都不大可能再次大幅度地修改我们对制宪会议工作的认识。因此，把联邦制宪会议的现存记录搜集起来，汇编成现在的这几卷书，看来是值得一为。"

法兰德版本的第三个特点是"顺"。过去出版或发表的记录，都是

---

⑯ *The Records of the Federal Convention of 1787*, 3 vols., Edited by Max Farrand, Yale University Press, 1911, 1937, 1966.

按人分开，各有自己的顺序。法兰德尝试了各种排列方法以后，决定按5月25日到9月17日的时间顺序排列。秘书记录先行，麦迪逊笔记紧随，然后是雅茨和其他代表的笔记。对于研究联邦宪法的人来说，对照比较同一天的记录，相当方便。

麦迪逊的《辩论》是全书的主体。《汇编》前两卷共1273页，麦迪逊的笔记有588页，占46%。法兰德的脚注，主要附于麦迪逊笔记的下端。如果说杰克逊的记录像一个学生同时听许多老师讲课，自己事先并未预习，只好就自己的能力抢记一通结论；雅茨的笔记像一个带着反对情绪的学者，参加会议，特别注意记下自己赞赏或反对的意见；麦迪逊的笔记，就像一位教科书的编者出席对这本教科书的研讨会，居于主导地位，先宣读一个草案，随着其他专家提出赞同或反对意见，他就逐步把自己早有准备的细节，一一说出，先是尽量说服众人，然后认真听取众人的不同意见，努力记录，当提反对意见的人越来越多，并以韧性坚持时，他也同时在思索修改，斟酌需要和可能让步到何种程度。麦迪逊在会议期间发言150多次，皮尔斯说，"他把政治家的深谋远虑与学者的博闻强记集于一身。每当处理一个重大问题，他在制宪会议上总是处于引导地位。他虽然称不上是演说家，但说话流畅，说服力强，能取得别人的同意。在辩论的任何关头，他总是作为一个最了解情况的人，走在前面，展现出他深明事理而又善于运用的突出特点。在联邦范围内，大概数他最能正确了解联邦的各种事务"。《辩论》的特点，是麦迪逊敢于记下反对者的基本意见，包括语气、感情。麦迪逊也以不忌讳自己青年时代的误言误行而赢得声望。

法兰德对麦迪逊《辩论》的主要指责，是两次补充和修改自己的手稿，认为这是麦迪逊对自己笔记历史真实性的最大伤害。麦迪逊补充的部分，包括杰克逊对代表们于哪天第一次到会的记录，表决结果中麦迪逊记漏、而秘书记录中有的部分，代表发言中，雅茨记下了，而麦迪逊却记漏的部分。法兰德指出，麦迪逊仅从雅茨笔记中取材补充自己笔记的地方，就不下50处，而他们却是会议中的政敌。如果麦迪逊作的这些补充都正确，对于只读《辩论》中文译本的人来说，自然是有益无害。不过，麦迪逊第二次补充修改时已70多岁，事隔30多年，他自己对许多细节也记不清了。结果，麦迪逊有时把杰克逊记错、自己本来记对的地方，从正确改成错误。这多半指各邦对某些问题投的究竟是赞成票还是反对票。我把法兰德的这类脚注，都收入了中文译本。

麦迪逊的笔记，记下了部分代表，尤其是他本人的大段法理性议论，其中，许多构成今日美国政治学的渊源和理论基础。理解和传译都需要下功夫。但愿我的传译，不致背离代表们的本意。

其他代表的笔记，有些部分不成篇，有些部分不成句，有的是用单词和短语写成的发言提纲或记录摘要，但不乏有价值的史料。法兰德刊印这些资料的目的：一、若秘书、麦迪逊、雅茨的记录发生分歧，其他代表的笔记可以作为参考，对照比较；二、从中可以了解各位代表的思路形成及其发展变化。

法兰德版本的第四个特点是自成体系。全部会议期间的工作记录，都编入前两卷。会议期间和会议以后的日记、书信、追记、发言，都编入第三卷附录A，共403件。他在《导言》里强调：这些文件经过筛选，“仔细区别对会议过程的事实陈述，和对分句的理论解释，只收入前者”。附录B是按字母顺序排列的代表名单，按选举代表日期先后排列的各邦政府给予代表的授权书，法兰德整理的代表出勤表。附录C是对弗吉尼亚方案的说明。附录D是平克尼方案。附录E是新泽西方案的原稿。附录F是汉密尔顿方案。在前两卷中，法兰德不断用脚注指示读者：“参见”第三卷中的编号附录。

法兰德版本的第五个特点，是大量的考据和大量的脚注，这也是自成体系的一种体现。法兰德用〈 〉号标出麦迪逊《辩论》中补入和经过修改的文字，用脚注一一说明：麦迪逊的补充，哪些取自秘书记录，哪些取自雅茨记录，或同时根据二者。

1911年《汇编》前三卷首次出版后，得到美国读书界的欢迎，书评界的承认。第一版于1923、1927、1934年重印三次。1937年出第二版时，法兰德加了一个增订第四卷，包括一份对前三卷的勘误表，补充说明了前三卷中文献的收藏处所，联邦宪法修正案的前21条，两份经过修订的索引，和1911年初版问世后新发现的制宪会议文件。题材索引已成为美国学术著作的必备。法兰德制作的《宪法分句索引》对读者特别有用：它按宪法顺序，列出各个分句从提出、辩论、修改到定稿在他的三卷书中出现的页码。

《国家》(*Nation*)杂志说："历史学家和宪法法律师们久已渴望看到：把联邦宪法形成过程的全部现存资料汇编成书，其中的内容又正确、又关键、又综合。现在，他们已经如愿以偿。"

《美国比较法杂志》说："不使用法兰德的汇编，无人能开始研究1787年制宪会议。"

纽约时报书评栏称法兰德的《汇编》为"研究1787年制宪会议工作的标准权威"。

1980年，为纪念联邦宪法制定两百周年，霍尔姆斯遗产管理委员会决定担任赞助者，对法兰德《1787年联邦制宪会议记录汇编》的增订第四卷做修补工作，吸收1937年以来在全美各地已经发现的制宪代表手稿，并继续搜寻查找，整合为一卷。美国历史学会和87工程主动募集了必要的经费。全国人文捐赠基金会为完成他们纪念宪法制定两百周年的捐赠计划，慷慨捐赠了需要的钱数。国会图书馆长、霍尔姆斯遗产管理委员会执行主席，热情倡议并鼓励该馆手稿部主任出任补充卷的主编。

耶鲁大学出版社决定：法兰德1937年编的增补第四卷虽然将被取代，但不能当作"卷外"处理；因为此书仍在出售，而且存于图书馆和私人藏书中。因此，那一卷仍被称为第四卷，用来替代的这一卷，在图书编目中则称为"补充卷"，代号S(表示Supplement)。

值得注意和饶有趣味的是，国会图书馆长热情倡议并鼓励詹姆斯·哈特森出任主编的补充卷，不以国务卿亚当斯和法务次官吉尔平编辑的版本为基础，不以国会档案图书局编辑的三卷本《制宪文献史》

为基础，而以法兰德的版本为基础。历史证明：法兰德版本作为“研究1787年制宪工作的标准权威”，从1911年起到1987年的漫长岁月里，无人挑战，得到学术界的认可后，又得到国会图书馆这种官方机构的正式承认。民间编书人法兰德，在编辑政府重要政治文件方面，取代了官方的权威性。

1987年，哈特森主编的《对马克斯·法兰德1787年联邦制宪会议记录汇编的补充》[17]出版。哈特森补充卷首先印出1937年以后已经发现和他担任主编以后继续搜寻到的有关制宪会议工作的手稿376件，其中350件是1787年手写的笔记、日记、书信。这一卷里有华盛顿从1787年5月14日到9月17日每一天的日记。华盛顿非常严谨，日记中除“继续参加会议”之类的句子，不提会议内容。但是，他写下了每天在谁家吃晚饭，在谁家喝晚茶，参加了哪家的朗诵会，在哪家听钢琴演奏，费城的各种社交圈子和娱乐活动，有助于了解制宪会议召开期间费城的文化气氛。1998年2月24日，我利用华盛顿生日放假的长周末，开车去参观了华盛顿故居弗农山庄、杰斐逊故居蒙地塞罗、杰斐逊和麦迪逊晚年赞助的弗吉尼亚大学。在华盛顿的住宅前，有一位熟悉华盛顿生平的演员，穿着他当年的将军服、戴着斗篷，仿佛在举行自由的记者招待会，现场回答游客们提出的各种问题。我问了许多问题，其中之一：“将军阁下，您在制宪会议上只发过三次言，是吗？”他答：“是的，在会上，我只说了三次话；不过，在会外，我并不是哑巴。”

哈特森《补充卷》里又增加了8位代表在制宪会议期间写的笔记，分量最多的是纽约代表约翰·兰欣的笔记，其次是南卡罗来纳代表皮尔斯·巴特勒，特拉华代表冈宁·贝德福德。约翰·迪金森，乔治·梅森，詹姆斯·威尔逊，艾尔布里奇·格里的残留手稿，都只有几份。其他主要是会议期间的书信。

---

⑰ *Supplement to Max Farrand's The Records of the Federal Convention of 1787*, Edited by James H. Hutson, Yale Univerisity Press, 1987.

哈特森专门增加了一份制宪会议期间费城逐日的天气情况表，照刊法兰德第四卷内的题材索引和宪法分句索引，只删去了 1937 年增补第四卷中的勘误表，宪法修正案和文献的收藏处所。

法兰德的《汇编》和哈特森的《补充卷》都取得了出版的成功。笔者 1998 年购买这套书时，1966 年修订第三版的《汇编》前三卷，已印到第 12 次，1987 年版的《补充卷》，已印到第 10 次。

1911 年，《汇编》三卷初次问世后，特纳写信给他的朋友法兰德说：“再无一人像我这样明白，你这样的作品，会把你的姓名与世界政治史中最有生命力的记录永远连在一起，随着时间的推移，我的解说将如鸿毛飞逝，而我独具慧眼所见之书，却会走进寻常百姓之家，成为百谈不厌的话题，我自以为明白却未真懂的内容，将幸运地散落于街头巷尾，排成长队的学者，将会感戴你的这份深恩厚德。”

1999. 07. 05—07 昆明

1999. 11. 25—28 纽约

第一阶段

1787 年 5 月 25 日至
6 月 19 日
围绕弗吉尼亚方案提出的
十五点建国计划
展开辩论

5月25日星期五

1787年5月14日星期一，是联邦制宪会议预定开始的日期，目的是修改联邦的政府体制。那天只有少数人到会。直到5月25日，出席的人才足以代表七个邦[①]。

他们是：马萨诸塞的鲁弗斯·金；纽约的罗伯特·雅茨，亚历山大·汉密尔顿；新泽西的戴维·布瑞利，威廉·丘吉尔·豪斯顿，威廉·佩特森；宾夕法尼亚的罗伯特·莫里斯，托马斯·费兹西蒙斯，詹姆斯·威尔逊，古文诺·莫里斯；特拉华[②]的乔治·里德，理查德·巴塞特，雅可布·布鲁姆；弗吉尼亚的乔治·华盛顿[③]，爱德蒙·伦道夫，约

① 邦(state)：本书把制宪会议时期的 state 译为“邦”，以便与“邦联”(Confederation or confederacy)和“联邦”(United States or the Union)对应一致。“邦联”是邦的联盟，“联邦”在制宪会议开始时是联盟的名称，到制宪会议结束时是一种新型的国家体制。

② 特拉华(Delaware)旧译“德拉瓦”，现译“特拉华”。

③ 乔治·华盛顿(George Washington，1732—1799)，弗吉尼亚代表，出席会议时55岁；身高1.89米，只念过小学。1775年，北美13个殖民地的人口已快速增长到近250万，约为母国的六分之一；土地面积109万平方公里，比四个英国还大；最早建立的弗吉尼亚已有268年历史，最晚建立的佐治亚也有143年的历史，北美正在向独立的道路上疾驰。1775年5月18日和19日，独立战争首先在马萨诸塞的列克星敦和康科德打响，接着一万多北美民兵向波士顿进发。华盛顿曾担任过弗吉尼亚民兵总司令，指挥过700名官兵；他在弗吉尼亚议会上说：“我要自己出钱招募1 000名士兵，亲自带领他们去支援波士顿。”1775年5月，第二届大陆会议开始。6月16日，华盛顿被推选为总司令，去接收波士顿城外的民兵。1781年秋，坚持(转下页)

翰·布莱尔，詹姆斯·麦迪逊，乔治·梅森，乔治·韦思，詹姆斯·麦克朗；北卡罗来纳的亚历山大·马丁，威廉·理查森·戴维，理查德·多布斯·斯佩特，休·威廉逊；南卡罗来纳的约翰·拉特里奇，查尔斯·科茨沃斯·平克尼，查尔斯·平克尼，皮尔斯·巴特勒；佐治亚的威廉·费尤。

罗伯特·莫里斯先生对到会代表说，他受宾夕法尼亚代表团委托，以宾夕法尼亚代表团的名义，提议由前总司令乔治·华盛顿先生担任大会主席。约翰·拉特里奇先生附议，他相信这一选择会得到各邦一致赞同，指出：有华盛顿将军在，在场的人中就再也没有更合适的人选。

经过书面投票，华盛顿将军得到出席的七个邦一致赞同。于是，莫里斯[④]先生和拉特里奇先生引他登上主席座位；华盛顿在主席座位上以非常着重有力的语气，感谢与会代表授予他的殊荣，提醒代表，他对将要履行的任务，有创新之感，深愧自己缺乏担任此职所需的更佳资格，

(接上页)六年以后，华盛顿率8 846名美军，拉斐德率7 800名法军，联合围攻康华理率领的6 000名英军主力。10月19日，康华理率部投降，独立战争的主要战斗结束。1783年9月3日，英国签署英美和平条约，承认北美独立。独立战争期间，美国上过前线的人共25万，超过人口的十分之一；美军死亡4 435人，其中一半以上，死于艰苦条件下困守时的冻饿，尤其是丛林中的传染病，伤6 188人。经过八年战争，北美土地荒芜，经济破败，邦联无力支付军饷。1783年3月10—15日，军官们在纽堡酝酿政变，打算用武力夺取邦联议会的政权，取消文官政府，建立军政府。刘易斯·尼古拉上校写信给华盛顿说，现在有人把君主政体混同于暴政，使人难以区别，可以先给君主政体首脑一个温和头衔，条件成熟，再改为国王。华盛顿回信，“对此，我极其憎恶并严加斥责。使我困惑不解的是，究竟我有哪些举措足以鼓励你向我提出这种请求。”华盛顿到邦联议会所在地，经过谈判，决定解散军队，给复员军人继续发放五年军饷。劝阻政变后，12月23日，华盛顿把总司令委任状归还邦联议会，回到弗农山庄。美国避免了君主制和军政府。联邦制宪会议后，1789年，华盛顿就任第一届联邦总统，当时联邦有陆军军官46人，士兵672人，没有海军。八年任期内(57—65岁)，华盛顿共请病假108天。虽然联邦宪法对总统连任次数并无规定，1796年，华盛顿发表《告别演说》，“我已下定决心，谢绝把我列为候选人”。离开临时首都纽约，回到弗农山庄。美国避免了总统终身制。华盛顿有所为，领导美国人打出独立，促进他们谈成联合；华盛顿有所不为，美利坚民族不受其害。

④ 罗伯特·莫里斯(Robert Morris，1734—1806)，宾夕法尼亚代表，出席会议时53岁。生于英格兰，1747年移民到马里兰。在费城短期上学后，进入著名的威林斯航运银行，担任该行董事近40年。1775年，大陆会议与他的银行订立协议，由该行承办外国军队和军火的输入工作。1781年2月20日，大陆会议任命他为财政总监，允许他公私兼顾，同时从事公务和银行业务。莫里斯努力向法国和西班牙贷款，向各邦催款，有时私人解囊，保证华盛顿军(转下页)

倘若由于经验不足，偶尔出现并非有意的差错，请会议予以宽容。

这项提名来自宾夕法尼亚，实为一种特殊礼遇，因为富兰克林⑤博士一直被认为是惟一可与华盛顿竞争的人选。提名华盛顿将军的，正是博士本人。由于天气不好，外加健康原因，他只好待在家里。

威尔逊先生提议，委任一位秘书，并提名坦普·富兰克林⑥先生。

汉密尔顿上校提名杰克逊少校。

投票结果，杰克逊少校得5票，富兰克林先生得2票。

宣读各邦议会给代表们的授权书时，大家注意到，特拉华议会的授权书，禁止代表参与改动邦联条款中关于各邦平等、每邦一票表决权的规定。

平克尼先生提议，选举一个开会规则起草委员会。投票结果，韦思、汉密尔顿、平克尼三位先生当选，是这天后来完成的惟一工作。

(接上页)队的给养。他的战时铁腕财政，支持了华盛顿军队的决战胜利。1781年12月，莫里斯利用法国贷款的部分余额创办北美银行，成为美国历史上第一家由政府主持的筹款银行。战后，莫里斯成为北美第一富豪，买下了宾夕法尼亚前领主小威廉·宾的豪宅，这里曾经被英军用作司令部。制宪会议期间，他邀请华盛顿到那里下榻，被辞谢。莫里斯曾派船远航中国，寻找商机，连续三年垄断向法国出口烟草的生意，每年运去两万大桶。宾夕法尼亚议会中掌权的一派被称为"莫里斯党人"。莫里斯是始终出席制宪会议的29名代表之一。他在宾夕法尼亚议会发言时，声势夺人。但在制宪会议的辩论中，没有发言。经过两百多年的历史冲刷，今天，以回溯的眼光，历史学家认为，在美国众多的早期政治文件中，只有三份堪称伟大：《独立宣言》宣布了独立，《邦联条款》开始了结盟，《联邦宪法》完成了联合。在这三份文件上都签过名的只有两人，一个是罗伯特·莫里斯，另一个是罗杰·谢尔曼。在出席过制宪会议的55名代表中，有10人最后下场凄惨，罗伯特·莫里斯是其中之一。1789年，华盛顿当选总统，提名莫里斯为财政部长，他辞谢了这份年薪不到两万元的官职，宁愿做生意发财，尤其是土地投机买卖。1798年，莫里斯投机破产负债，被扔进费城的债徒监狱。联邦通过破产法后，莫里斯于1801年获释。他的朋友古文诺·莫里斯在他妻子名下买了一个小房子和年金，莫里斯在穷愁潦倒中度过晚年。无人能弄清莫里斯的多头债务，据信，他身后留下的未偿债务，至少超过三百万美元。

⑤ 本杰明·富兰克林(Benjamin Franklin, 1706—1790)，宾夕法尼亚代表，出席会议时81岁，是年纪最大的代表。生于波士顿，自学成才。1776—1779年，富兰克林为大陆会议派驻法国的三名使者之一，1779—1785年，他在法国单独代表邦联。法国和西班牙各向美国贷款100万两白银，法国向美国派去成千上万的援军，是美国战胜英国、取得独立的重要外交因素。1781年6月14日，邦联议会委派富兰克林、杰伊、杰斐逊、劳伦斯增援正在与英国谈判的亚当斯，谈判拉锯长达一年半，到1783年1月20日，终于达成和平条约初稿，9月3日，正式签订。独立从宣言变成现实。富兰克林被任命为制宪会议代表时，担任宾夕法尼亚最高行政会议主席。

⑥ 坦普·富兰克林(Temple Franklin)，本杰明·富兰克林的孙子。

5月28日星期一

马萨诸塞的纳撒尼尔·戈汉姆和卡立巴·斯特朗到会。康涅狄格的奥立维·艾尔斯沃斯到会。特拉华的冈宁·贝德福德到会。马里兰的詹姆斯·麦克亨利到会。宾夕法尼亚的本杰明·富兰克林，乔治·克莱默，托马斯·米弗林⑦，贾雷德·英格索尔到会。他们分别就坐参加会议。

韦思⑧先生代表开会规则起草委员会作报告，成为当天会议讨论的

---

⑦ 托马斯·米弗林(Thomas Mifflin, 1744—1799)，宾夕法尼亚代表，出席会议时43岁。生于费城的贵格派教徒富商家庭，是英格兰移民的第四代后裔，16岁毕业于费城学院，此校后来扩建为宾夕法尼亚大学。独立战争开始担任过华盛顿的副官，后升任少将。1777年10月，盖茨将军在萨拉托加大捷，击败英军5 000人。联邦议会谋划用盖茨取代华盛顿的总司令职务，米弗林参与其事：改组军事委员会，任命盖茨为委员会主席，米弗林和皮克林为委员。此计未成，米弗林声誉受挫。后来，他与华盛顿重修旧好。1783年6月到11月，米弗林担任邦联议会主席。1787年，米弗林作为宾夕法尼亚议会议长，率代表团出席制宪会议。在坚持参加制宪会议的29名代表中，不少人只参加本邦投票，不发言或很少发言，包括宾夕法尼亚的罗伯特·莫里斯、乔治·克莱默、贾雷尔·英格索尔、托马斯·费兹西蒙斯。米弗林属于只投票、不发言的代表之一。在出席过制宪会议的55名代表中，有10人在出席会议时的财产状况被列为“富人”，米弗林是其中之一。其他9人是：朗东、格里、兰欣、罗伯特·莫里斯(虽然债务繁多)、卡乐尔、杰尼弗、默塞、梅森、华盛顿(虽然手头现金时常周转不灵)。制宪会议后，米弗林接替富兰克林，担任宾夕法尼亚最高行政会议主席三年。

⑧ 乔治·韦思(George Wythe, 1726—1806)，弗吉尼亚代表，出席会议时61岁。他和另一位代表约翰·布莱尔当时是弗吉尼亚高等衡平法庭三名法官中的两名。生于弗吉尼(转下页)

内容。

金先生反对报告中的一条规则：每个代表都有权要求把某项议题付诸表决，并把表决结果记录在案。他强调说，这次制宪会议所立的法，对选民并没有约束力，没必要把这种表决证据公之于众；开会过程中改变观点是常有的事，如果公布，会议记录会显得矛盾百出，实为不妥。

梅森上校附议。他补充说，用这种办法记录代表们的观点，会变成一个障碍，妨碍已被说服的代表改变自己的观点；倘若今后公布出来，会授人以柄，被反对者用来反对会议的成果。

全体一致通过，取消报告中的这条规则。会议通过的规则如下：

开会规则

开会议事，出席者不得少于7个邦⑨的代表；一切问题，由出席代表足够⑩的各邦投票，由多数邦作出决定；出席者不足以代表7个邦时，得逐日休会。

主席就坐，代表入席后，秘书即宣读前一天的会议记录。代表起立发言，需先向主席致意；代表发言时，其他人不得中途走动，不得交头接耳，不得读书、读小册子、读印刷或手写的文件；若两名代表同时起立，由主席决定先听取谁的发言。未经特别许可，一名代表不得就同一议

（接上页）亚，幼丧父母，由兄长养大，随叔父学法律，20岁成为律师。他最大的兴趣是教学，1779年杰斐逊等人在威廉马丽学院创设美国第一个法律教授职位，聘请韦思担任。韦思的学生包括美国第三任总统杰斐逊，第五任总统门罗，联邦最高法院第四任首席大法官约翰·马歇尔。1776年，韦思参与起草弗吉尼亚宪法，又花了三年时间修订弗吉尼亚法典。55名制宪代表中，16人的经济境况被列为“小康”，韦思是其中之一。因为妻子生病，他6月4日请假回家，6月16日辞去制宪会议代表职务。

⑨ 7个邦超过13个邦的半数。

⑩ 各邦授权书对“足够”的规定不同。康涅狄格和马里兰规定，只要有一名代表出席，即可代表本邦投票；新罕布什尔、纽约、南卡罗来纳、佐治亚规定，至少两名代表出席，才能代表本邦投票；马萨诸塞、新泽西、特拉华、弗吉尼亚、北卡罗来纳规定至少三名代表出席；宾夕法尼亚规定至少四名。

题发言两次以上；若一名代表决定就同一议题作第二次发言，需等在座静听其他代表把他们对这个议题的意见全部说完之后，才能开始第二次发言。

提出动议，表示附议，都需要重复一遍，若有代表要求书面发言，应由秘书朗读，再开始辩论；宣布表决结果以前的任何时候，都可以收回自己的动议或附议。

读完前一天的会议记录后，即宣读当天的议程，会议或就议程展开讨论，或决定推迟讨论某项议题，然后才能提出其他事务。

一旦开始辩论一项议题，代表只能对这项议题本身提出修改意见，或深入发挥这项议题，或要求推迟讨论这项议题，会议中途不接受其他动议。

一项议题，若内容复杂，经任何一名代表要求，提出者需将议题分解，根据主题，把议题的各个组成部分拆开，逐一划分为单项主张。

对一项议题作出决定之前，即使已经经过充分辩论，只要有一个邦坚持要求，即应推迟到次日再议。

书面发言，若包含要求会议讨论的内容，需先从头至尾朗读一遍，让全体代表知情，然后逐段辩论，若有修改，需作二读；然后再把整个问题连贯起来，或修改，或批准其原来的形式。

设立委员会需由投票决定；得票最多的代表，即当选为委员，即使得票未超过半数；两人或多人得票数字相等时，唱票时排名在前者优先。

全体代表也和主席一样，可以要求其他代表遵守秩序；若要申饬一名代表，也应允许他解释自己的行为，表述自己的想法。一切由规则引起的问题，均由主席裁定，不必征求会议同意，不再辩论。

在一天的会议进程中，任何时候有人提出休会动议，只要有人附议，即予执行，不再辩论。

每天会议结束时，全体代表起立，待主席走过身边后，方可离席。

罗德岛[11]多人写来一封信给制宪会议主席，由古文诺·莫里斯先生呈交给主席台，当场宣读，然后放在桌上，供进一步讨论参考。

巴特勒先生提议：会议应制止代表因缺席而中断会议进程，制止随意向外公开会议内容。斯佩特先生提出动议：一方面，会议不得以一次表决对任何议题定案，使代表们后来看出理由时无法回头对此问题再议；另一方面，对已经讨论成熟、达成成果的决议，也不要匆忙取消。

会议决定：把以上两项动议提交规则起草委员会考虑，由委员会下次开会时再提出报告。

休会，明天上午 10 点继续。

---

⑪ 罗德岛(Rhode Island)并不是岛，实际只有南面一面靠海；是移民在北美创建的第一个契约殖民地。1636 年冬天，部分持不同见解的人，在罗杰·威廉斯率领下脱离马萨诸塞湾公司，来到罗德岛，按居民之间自己的约法，建立了一个自治领。后来向英国提出自己的约法，与英国签订 charter(可译为宪章或章程)，取得自治。1776 年 5 月，罗德岛把宪章中有关英国和国王的词语去掉，改为罗德岛的宪法，按宪法组成了邦政府。在 13 个邦中，罗德岛面积最小，1790 年为 2 753 平方公里；人口倒数第二，1780 年仅 5.3 万，1790 年 6.9 万(见表三)。罗德岛议会屡次拒绝批准或执行邦联议会通过的法案，由于担心制宪会议上会出现大邦联合起来吞并小邦的局面，没有派代表参加制宪会议。这封由 13 名商人署名的信，开头说："由于本邦议会最终有失于派代表来开会"；中间说，"这封信的主要目的，是避免参加会议的姊妹邦对罗德岛的商业利益形成不利印象"。

5月 29 日星期二

特拉华的约翰·迪金森和马萨诸塞的艾尔布里奇·格里到会。根据韦思代表委员会所作的报告，增加了以下开会规则：

补充规则

未经许可，任何代表不得缺席，以免中断邦的代表性。

大会期间，委员会需单独议事时，可以不出席会议。

开会期间，未经会议同意，任何代表不得抄录会议记录。

代表只能查询会议记录。

会议当中的任何发言，未经许可，不得付印，不得发表，不得传播。

提出动议，要求再议已经由多数邦投票决定的事情，需在表决当天提出，得到所有的邦一致批准，方可再议；否则，需提前一天预先提出，若会议同意，可指定一个后来的日期再议。

查尔斯·平克尼先生提议：选举一个委员会督察会议记录。

古文诺·莫里斯先生反对：制宪会议进程的记录，属于作为中立官员的秘书。一个委员会按自己的观点和愿望去塑造会议记录的模式，可能会带上自己的利益和偏见。

表决结果，5 邦反对，4 邦赞成，会议没有同意平克尼的动议。

接着，伦道夫[12]先生揭开了会议的主题。

他表示抱歉，揭开他们使命的伟大主题，本应该由年龄更长、政治经验更丰富的人承担，结果，这个使命却落到他头上。不过，联邦制宪会议既然由弗吉尼亚发起[13]，他的同事们推想，会议总会指望他们提出一些主张，他的同事们已把这项任务委托给他。

然后，他对当前危机所带来的困难作出评价，提出必须防止美利坚垮台的预言变成现实。他指出，回顾联邦体制[14]时，我们应该探究，

---

⑫ 爱德蒙·伦道夫(Edmund Randolph, 1753—1813)，1776年起担任弗吉尼亚邦检察总长，1786—1788年，任弗吉尼亚邦行政首脑，率领弗吉尼亚代表团出席制宪会议，时年34岁。按1776年弗吉尼亚宪法，担任行政首脑一次后，接连三次不得当选。他的叔父佩顿·伦道夫为大陆会议第一任主席，他的后母和弟弟却效忠英王，逃往英国。伦道夫身材伟岸，相貌英俊，声音洪亮。他代表弗吉尼亚宣讲弗吉尼亚方案，成为后来联邦宪法的骨架。会议结束前，由于对若干条文持保留意见，要求再召开一次制宪会议，被会议否决，他拒绝在联邦宪法上签名。华盛顿担任总统后，任命他为第一任联邦检察总长。1793年，杰斐逊因与华盛顿政见发生分歧，辞去国务卿；华盛顿任命伦道夫接替。一年后，伦道夫又对华盛顿的政见有所保留，辞去国务卿职务。两人的行动，开创美国政坛先例：部长与总统政见不合，不留在内阁。

⑬ 弗吉尼亚(Virginia)原为公司殖民地。伦敦成立弗吉尼亚公司，1607年在北美建立英国的第一个殖民地，按获得英国女王批准的公司章程建立地方自治政府，开创美国按公司章程组建政府的传统。1776年6月29日，《独立宣言》发表前5天，弗吉尼亚通过自己的宪法，按宪法组建邦政府(见表二)。在当时的13个邦中，弗吉尼亚历史最悠久；人口最多，1780年英国殖民当局的粗略统计为53.8万，1790年美国第一次人口普查为74.8万；土地面积第二，1790年为16.7万平方公里(见表一)；在美利坚联邦从无到有的过程中，起举足轻重的作用。1774年9—10月第一次大陆会议期间，马萨诸塞代表和"自由之子"社部分成员达成协议：凡事由弗吉尼亚人担任头头。第一届大陆会议选佩顿·伦道夫为主席，第二届大陆会议选华盛顿为总司令，选杰斐逊为《独立宣言》起草委员会主席，除他们自身的人品才干外，他们是弗吉尼亚人，也是因素之一。战争解决了独立问题，但由《邦联条款》开始的结盟过程却面临危机，13个邦是否能通过和平谈判实现联合？1776年10月16日，弗吉尼亚众议院和参议院举行联席会议，通过法案，决定发起制宪会议，提议1787年5月在费城举行，目的是修改《邦联条款》。两院联合投票，各院选出一个监票委员会，结果得票最多的是：乔治·华盛顿，帕特里克·亨利，爱德蒙·伦道夫，约翰·布莱尔，詹姆斯·麦迪逊，乔治·梅森，乔治·韦思。众议院议长约瑟夫·普兰蒂斯和参议院议长约翰·琼斯联名签署授权书，规定他们七人或其中任意三人代表弗吉尼亚出席会议。法案说明，若上述代表出现死亡、辞职、拒绝委任，授权行政首脑提名补齐。帕特里克·亨利拒绝委任，伦道夫征得顾问委员会同意，任命詹姆斯·麦克朗顶替。

⑭ 联邦体制(federal system)：第二届大陆会议虽然在1775年6月16日任命华盛顿为总司令，开始了实际的对英战争，但经过一年争议，才放弃向英王请愿，走向独立和联合。1776年6月7日，弗吉尼亚代表理查德·亨利·李向大会提出三项动议：一、起草宣言，宣布独立；二、起草条款，建立13个邦的联盟；三、委派代表，争取与法国、西班牙结盟，共同对付(转下页)

一、这个政府应该具备的特征，二、邦联制的缺陷，三、我们局势的危急，四、校正办法。

一、这样一个政府的性质，应该保证：1. 抵御外来入侵；2. 防止联盟内部各邦相互倾轧和个别邦发生暴乱；3. 为各邦提供各种福利，这是彼此孤立无法办到的；4. 有能力捍卫自己的权力不被各邦蚕食；5. 对各邦宪法处于最高地位。

二、提起邦联的缺陷，他首先表示对邦联条款[15]作者们的高度尊敬，承认在宪法和邦联制科学还处于襁褓时期时，他们做了爱国者所能做的一切工作。当时，向各邦分摊款项不足的情况尚无人知晓，邦与邦之间的商业纷争尚未兴起，马萨诸塞的起义尚未发生，偿还外债的事还不紧迫，纸币引起的混乱尚未能预料，对外条约尚未被违反，或许，最了不得的事情，不过是各邦在主权问题上争风吃醋。

然后，他开始列举缺陷。

（接上页）英国。7月2日，大会通过李的动议。7月4日，大陆会议主席约翰·汉考克和他的秘书在《独立宣言》上签名。杰斐逊起草的《独立宣言》经过大陆会议修改后，最后一段改成："这些联合起来的殖民地，是——而且名正言顺地是——自由独立的国家（States）；他们从此摆脱对英王的任何效忠，与大不列颠国家（State）的一切政治联系，从此——而且应该——一刀两断；作为自由独立的国家（States），它们拥有宣战、媾和、结盟、通商以及一切独立国家（States）享有的立法和行事全权。"（参见附录一《独立宣言》）由此生出歧义：宣言宣布的是13个国家同时独立，还是"联合独立"？杰斐逊因担任驻法大使，没有出席制宪会议。

⑮ 《邦联条款》（The Articles of Confederation）：1776年7月12日，《独立宣言》公布8天后，大陆会议开始审议由《邦联条款》起草委员会主席约翰·迪金森起草的《邦联条款》。迪金森投票反对发布《独立宣言》。而大陆会议各邦代表对《邦联条款》也有许多分歧，辩论一年多，直到1777年11月15日，大陆会议才批准经过大量修改的《邦联条款》，交各邦议会审批。经过修改以后的《邦联条款》第二条采取了主权分割："各邦保留自己的主权、自由和独立、每项权力、管辖范围和权利，邦联议会召开期间通过这项结盟明确授予联邦者除外。"各邦基本交出外交权，"任何邦不得与外国举行会议、达成协议、结成同盟、缔结条约"，但可以开展贸易；基本交出军事权，"任何邦不得宣战，不得媾和，按白人人口比例分摊兵员，招募军队在指定时间开往邦联议会指定的地点"，但组织军队，任命本邦的军官；基本保留财政权，"邦联财政由各邦按全部土地价值分摊"，但只有各邦政府才能直接向居民征税；基本保留各邦政府对邦内事务的立法、行政、司法权。每邦在邦联议会上各有一票表决权，任何问题必需九个邦（三分之二强）同意才能决定。布尔斯廷说，邦联是联合国的雏形，其实是外交会议。邦联议会通过的一切法案，都要通过各邦政府执行，邦联不能直接管辖各邦居民。（参见附录二《邦联条款》）

1. 邦联无法提供安全，制止外来入侵；邦联议会并未得到授权避免一场战争或者支持一场战争。这方面，他援引了许多例证，多数例证表明，对入侵行为无法按违背条约或违反国际公法予以惩处；个别邦的行为失去控制，可能引发战争；遇到这种情况，没有应战的民兵和分遣队，只有征兵制[16]才能奏效，但征兵就需要有钱才能办到。

2. 联邦政府无法制止各邦之间的争执，无法制止任何一邦内发生的叛乱，既没有宪法授予的权力，也没有宪法规定的手段，来对付这类紧急局势。

3. 联邦可能获得的许多好处，在邦联制下都得不到，例如对产品征收关税，对其他国家的商业规则采取反制行动，推动商业发展，等等。

4. 联邦政府没有能力捍卫自己，无法使自己的权力不被各邦政府蚕食。

5. 邦联条款甚至并不高于各邦宪法[17]，不像许多邦的宪法那样，经过批准手续。

三、然后他列举了我们局势的危险，向联邦的好朋友们发出呼吁，由于到处的政府都处于松弛状态，无政府状态可能引发的前景，以及其他问题。

四、然后，他开始讲校正办法；他说，这些办法的基础只能是共和原则[18]。

---

⑯ 征兵制(enlistments)：《邦联条款》第六条第四款规定：和平时期不得保留常备军。

⑰ 各邦宪法(the state constitutions)：1776年1月5日，新罕布什尔率先通过了自己的宪法，按宪法组建了邦政府；3月26日，南卡罗来纳通过宪法，组建邦政府；5月，罗德岛把殖民地宪章改为新宪法，组建邦政府；5月10日，第二届大陆会议通过法案，号召各邦制定宪法，按宪法组建政府，15日，约翰·亚当斯加写法案序言，发给各地。其他邦通过宪法的日期如下：1776年6月29日，弗吉尼亚通过宪法；7月2日，新泽西通过宪法；9月21日，特拉华通过宪法；9月28日，宾夕法尼亚通过宪法；10月，康涅狄格采取罗德岛的做法；11月8日，马里兰通过宪法；12月18日，北卡罗来纳通过宪法；1777年1月5日，佐治亚通过宪法；4月20日，纽约通过宪法；这些地方通过宪法后，都按照自己的宪法组建了邦政府；1780年6月16日，马萨诸塞通过了新宪法，取代1776年宪法，并开创交全民讨论批准的先例。

⑱ 共和原则(republican principle)的对立面是君主制。

他有条有理地阐述他的想法，提出以下决议，逐条加以说明。

弗吉尼亚方案

1. 决议[19]：邦联条款应予纠正和扩展，以便实现设立这个机构时的目的；具体而言，就是“提供共同防御，保障公民自由，提供普遍福利[20]”。

2. 决议：因此，全国议会[21]的席位，应该根据各邦的财政贡献，或根据各邦自由居民的人数，在邦与邦之间按比例分配，各邦可根据自己的情况在两种办法中选取自己认为最佳的办法。[22]

3. 决议：全国议会应由两院组成[23]。

4. 决议：全国议会第一院[24]的议员，应由各邦从每______人口中选出一名，任期______年；年龄至少满______岁，领取宽裕的薪水，补偿他们为公众服务奉献的时间；任期以内及任期届满后______年内，除第一院职能内的职务，不得担任由任何邦设立的任何官职，或联邦授权的任何官职；任期届满后______年内，不得再次当选，但应服从再次征召。

5. 决议：全国议会第二院[25]的议员，应由第一院议员从各邦议会提

---

[19] 决议(resolution or resolved)指弗吉尼亚代表团通过的主张，提出供制宪会议讨论。

[20] 《邦联条款》第三条说，“上述各邦就此单独和分别加入一个牢固的友好盟约，彼此结盟，以增强它们的共同防御，保障它们的公民权利，促进它们相互和共同的福利，彼此约束，相互支援……”

[21] 全国议会(National Legislature)：邦联议会是 Congress。

[22] 席位分配：《邦联条款》第五条第一款说，“为安排联邦的共同利益，各邦按本邦议会认为适当的方式，逐年派出代表，于每年 11 月第一个星期一举行会议，各邦保留在年内召回部分或全部代表、委派其他代表顶替的权力”。第二款说，“每邦派往邦联议会的代表，不得少于二人，不得多于七人，任何人在 6 年中担任代表不得超过 3 年”。第三款说，“每邦需在邦际委员会中保留代表，他们在委员会工作期间，决定联邦事务时，每邦各有一票表决权”。

[23] 两院(two branches)：邦联议会实行一院制；13 个邦从殖民地时期起，就仿照英国模式建立了上院和下院。各邦制定宪法后选出的议会，12 个邦实行两院制，只有宾夕法尼亚议会实行一院制。

[24] 第一院(first branch)：各邦宪法所设立的相当于众议院的机构，英文名称不同，例如，新罕布什尔议会的第一院叫 House of Representatives，特拉华的第一院叫 House of Assembly，弗吉尼亚的叫 House of Delegates，北卡罗来纳的叫 House of Commons。

[25] 第二院(second branch)：各邦宪法所设立的相当于参议院的机构，英文名称也不同，例如，新罕布什尔和弗吉尼亚议会的第二院叫 Senate，新泽西和特拉华的第二院叫 Council。

名的适当人数中选举产生，年龄至少满______岁；任期的时间长度，要足以保证他们具有独立性，领取宽裕的薪水，补偿他们为公众服务奉献的时间；任期以内及任期届满后______年内，除第二院职能内的职务，不得担任由任何邦设立的任何官职，或联邦授权的任何官职。

6. 决议：两院均应具备提出法案的权利；应授权全国议会享有邦联议会的既得立法权，而且，对各邦单独无能为力立法的所有事务，对执行各邦议会立法可能干扰联邦和谐的情况，都具有立法权；各邦通过的立法，若全国议会认为违背联邦条款㉖，可以否定；可以征召联盟的武装力量，对付任何一个不履行联邦条款规定义务的成员。

7. 决议：设立全国行政官㉗；由全国议会选举，任期______年，在规定的时间内，因提供服务而领取固定薪水，任职期间薪水不增不减，以免增减造成对行政官的影响，不得连任；除执行各项全国性法律的一般权威之外，应享有邦联条款赋予邦联议会的既得行政权。

8. 决议：应由行政官和全国司法部门适当数量的成员，组成一个复决会议㉘，授权复审全国议会尚未实施的每项法案，和各邦议会的每项立法，具有最后否定权；复决会议的不同意见最高为否决，除非全国议会再次通过该项法案，或某邦议会两院中各院______㉙的议员再次反对，才能压倒否决。

9. 决议：设立全国司法部门㉚，由一所或几所最高法院和若干低一级的法院组成，法官由全国议会选举，行为良好则继续任职；在规定的时间内，因其服务按期领取固定薪水，薪水不增不减，以免这种增减影

㉖ 联邦条款(Articles of Union)：弗吉尼亚方案提出“联邦条款”，取代“邦联条款”。

㉗ 全国行政官(National Executive)：邦联议会立法行政合一，只设立了会议休会期间处理日常事务的“邦际委员会”(a meeting of the states)，由13个邦各派一名代表组成，此外，邦联议会有权设立委员会和任命其他官员。(见附录二《邦联条款》第九条第五款)弗吉尼亚方案提出的Executive在英文中既可指执行者，也可指执行机构，本书根据前后文有时译为“行政官”，有时译为“行政部门”。

㉘ 复决会议(Council of Revision)。

㉙ 空白要求用一个比例，如二分之一、三分之二、四分之三，填空。

㉚ 全国司法部门(National Judiciary)：《邦联条款》第九条禁止联邦设立法庭，只能仲裁。

响当时在职的法官。下级法院的司法权，为审理和裁决初审案件，最高法院的司法权，为审理和裁决终审案件、所有公海上的海盗罪和重罪、俘获案；这种司法权，对适用于外国人或他邦公民的案件，对涉及全国岁入的征税案件，可能会有兴趣；弹劾任何全国政府官员，处理涉及全国和平与和谐的问题。

10. 决议：应制定条款，以便批准联邦范围内合法兴起的新邦，不论是自愿将政府和领土联合起来，还是采用别的途径，只要得到全国议会内少于全体议员[31]的唱票同意，即可加入。

11. 决议：联邦应向各邦保证在每邦建立一个共和政府，保障其领土完整，除非政府和领土自愿合并。

12. 决议：应制定条款，让邦联议会继续享有他们的权威和特权，直到一个指定日期，联邦条款的改革被采纳后，即让他们完成全部工作。[32]

13. 决议：应制定条款，以便修改联邦条款中任何显得不再必要的内容，修正案通过后，就无需再征得全国议会的同意。

14. 决议：各邦的立法、行政、司法权，应受到支持联邦条款誓言的约束。

15. 决议：对邦联条款的这些修改意见，应提交邦联，制宪会议取得邦联议会认可后，用一次或几次适当时机，或一次提交一个全体各邦代表大会，或分别提交各邦代表大会，代表由各邦议会推荐，由人民直接选举，认真讨论这些修改意见，作出决定。[33]

他的结论，是一项劝告：切勿失去当前奠定联邦和平、和谐、幸福、

㉛ 少于全体议员(less than the whole)：这等于只要有新邦提出申请，只要部分议员口头赞同，即可通过，反映出方案提出者希望西部早日出现新邦、早日加入联邦的急切愿望。

㉜ 弗吉尼亚方案明确提出，在“联邦条款”取代“邦联条款”后，要用按“联邦条款”组成的新政府取代邦联议会。

㉝ 弗吉尼亚方案(The Virginia Plan)：以上弗吉尼亚方案的15条决议，是麦迪逊的手迹。麦迪逊注：伦道夫先生把他的讲话摘要给了詹姆斯·麦迪逊，是伦道夫的手迹。经证实，麦迪逊笔记可靠，伦道夫手迹的原文从略。

公民权利的大好时机，坐失良机而无所作为。

然后，会议作出决议：会议明天采取全体委员会的形式，讨论美利坚联邦的现状，把伦道夫先生提出的各项主张交给全体委员会讨论。

查尔斯·平克尼[34]先生向会议提出他准备的一份联邦政府草案[35]，希望得到美利坚自由独立各邦赞同。会议决定把平克尼先生的方案也提交将要讨论美利坚联邦现状的全体委员会。

休会。

---

[34] 查尔斯·平克尼(Charles Pinkney, 1757—1824)，南卡罗来纳代表，出席会议时不满30岁。生于南卡罗来纳首府查尔斯顿。父亲平克尼上校是富有律师，给他留下一份产业。1777年20岁起就被南卡罗来纳议会选派参加大陆会议，1779年开始当律师。独立战争期间他从军担任中尉，1779年，查尔斯顿被英军攻陷，他被俘囚禁两年多。当选制宪会议代表时任南卡罗来纳邦议会议员。制宪会议以后，他三次当选南卡罗来纳行政首脑(1789—1792，1796—1798，1806—1808)，被杰斐逊任命为驻西班牙大使(1801—1805)。南卡罗来纳派出两位同名同姓的代表：29岁的查尔斯·平克尼和41岁的查尔斯·科茨沃斯·平克尼，本书把前者译为"平克尼先生"，把后者译为"平克尼将军"，以便区别。

[35] 平克尼方案(The Pinkney Plan)：平克尼先生向会议讲述和提交的制宪方案，既没有纳入会议的讨论议程，也没有留在会议记录里。1818年，制宪会议结束30年后，联邦议会两院通过联合决议，要求把以制宪会议秘书杰克逊的会议记录为主的政府文件编辑出版，公之于众。第五届总统门罗根据联邦议会决议任命国务卿约翰·昆西·亚当斯担任编辑工作。亚当斯致函平克尼，希望得到他1787年5月29日在会上提出的方案，平克尼寄了一份抄件给亚当斯，纸上的水印为1818年。平克尼制宪方案收入本书附录三。

5月30日星期三

康涅狄格的罗杰·谢尔曼到会就坐。会议采取全体委员会的形式讨论联邦的现状。通过投票，戈汉姆[36]先生当选全体委员会主席。伦道夫先生向委员会提出的各项主张，提上议事日程。根据古文诺·莫里斯的建议，伦道夫提议推迟讨论他昨天提出的第一项主张，即“邦联条款应予纠正和扩展，以便实现设立那个机构时的目的；即提供共同防御，保障公民权利，提供普遍福利”。伦道夫建议改为讨论以下三条：

一、各邦仅仅采用联邦[37]方式结成一个联盟[38]，无法实现邦联条款

---

[36] 纳撒尼尔·戈汉姆(Nathaniel Gorham，1738—1796)，马萨诸塞代表，赴制宪会议途中度过49岁生日。生于马萨诸塞，15岁到康涅狄格学徒，21岁回乡经商，很快致富。33岁进入殖民地议会(1771—1774)，转入革命后的马萨诸塞邦议会(1774—1775)。英军进攻马萨诸塞时毁其家产。他参加海上缉私队，掳掠敌船，兼做投机生意，恢复大部分家产。他参加制定马萨诸塞宪法(1779—1780)。后来三次当选邦众议院议长(1781，1782，1785)，48岁当选邦联议会主席(1786.6.6—11.7)。根据制宪会议秘书杰克逊记载，选举全体委员会主席时，戈汉姆得六票，南卡罗来纳的拉特里奇得一票。戈汉姆和罗伯特·莫里斯一样，没有在制宪会议设计的新政府里任职，热衷于土地投机。1788年，他与同伙贷款100万马萨诸塞元，买进纽约西部600万英亩未改良的土地，转手出售给新移民。1790年，马萨诸塞货币突然增值四倍，出售土地所得不够抵还贷款，戈汉姆破产，从社会顶端坠入底层。58岁时，戈汉姆死于穷愁无闻。

[37] 联邦(federal)：这个形容词来自拉丁词foedus(条约)。会议开始时，它的含义是“用条约连接的”，可用作Confederation(邦联)的形容词；会议结束时，它成为United States的形容词。

[38] 联盟(Union)，名词，常与词组United States交替使用，指“联邦”。

提出的目的：提供共同防御，保障公民权利，提供普遍福利。

二、由单独享有主权的所有的邦或一部分邦，通过一项或几项条约结盟，是不够的。

三、应该建立一个由“最高”立法、行政和司法部门组成的“全国”政府。

伦道夫要求推迟讨论原来的第一项主张，得到古文诺·莫里斯的附议，并得到会议一致同意。

一些代表对新的第一条颇有微词，巴特勒先生提议：直接讨论新提出的第三条。伦道夫先生附议，会议同意。大家便议论起新的第三条来，不过，主要不是讨论这一条的内容，而是议论“全国”和“最高”这两个词的分量和范围。

平克尼先生想弄明白伦道夫的意思：是否要完全废除各邦政府。

伦道夫先生回答说，他提出这些一般性的主张，只是抛砖引玉，希望引出具体的主张，解释和勾画出他心目中的体制。

巴特勒先生说，对这个问题，他事前还没有拿定主意，思想是开放的，希望能通过讨论得到启发。经过前段的一般观察，可以得出结论：不能再给邦联议会扩权，因为，邦联把全部权力都集中于一个机构。现在伦道夫先生提出把权力分散到不同的部门，就改变了局面，由此引出他的长篇大论。

平克尼将军怀疑：邦联的决议，各邦的授权书，是否允许我们避开邦联条款、另立不同的“体制”？

格里先生看来也有同样的疑惑。

古文诺·莫里斯先生解释了“联邦”政府与“全国”“最高”政府之间的区别：前者仅仅是出于各方良好意愿的一种结盟；后者则有完整而且强制性的操作。他指出，在所有的社会里，都必须有一个最高权力，而且只有一个。

梅森先生指出，现存邦联的缺陷，不仅在于无法以强制和处罚手段对付违规的邦。他以雄辩的语气指出，处罚就其本质而言，不可施加于作为集体的邦，因此，必须建立一个能直接管理个人的政府，处罚那些罪有应得的个人。

谢尔曼先生今天刚刚到会。他承认邦联条款授予邦联议会的权力不足，给邦联议会补充些权力，实属必要；特别是筹款权。不过，他说，筹款问题也会牵涉到许多其他权力。他还认为，联邦的普遍管辖和各邦的具体管辖，任何情况下都不应该双管齐下。他似乎不愿过多改变现行体制；他表示，一点修改也不做，是错误的，硬把各邦不同意的改动强加于人，也行不通。

里德先生提议，要求推迟辩论伦道夫今天提出的第三点，即"应该建立一个由'最高'立法、行政和司法部门组成的'全国'政府"，改为讨论以下议题："为实现各邦参加这次制宪会议的宗旨，实现邦联议会提出的目的，应该建立一个由立法、行政、司法部门组成的更为有效的政府。"平克尼将军附议。

表决结果，会议否定里德先生的动议。

巴特勒先生提议，要求通过伦道夫先生今天提出的第三点。表决结果，马萨诸塞赞成，康涅狄格反对，纽约[39]代表赞成反对各半（汉密尔顿上校赞成，雅茨[40]先生反对），宾夕法尼亚赞成，特拉华赞成，弗吉尼亚

---

[39] 纽约（New York）原为领主殖民地。1664年，英国国王查理二世的弟弟约克公爵詹姆斯率领英国海军到北美，击败荷兰人，攻占新阿姆斯特丹，查理二世把这片土地封给约克公爵，改名新约克，音译纽约。13个殖民地中，纽约最后通过自己的宪法——1777年4月20日，按宪法组成邦政府。在13个邦中，纽约人口1780年为21万，1790年达34万，上升到第五位；土地面积第四，1790年为12.3万平方公里（见表一）。在邦长乔治·克林顿一派的主持下，纽约正向其他没有优良海港的邻邦征收关税，成为该邦的重要财政收入，又意图吞并东边的佛蒙特，特别反对建立强有力的中央政府。1787年2月21日，邦联议会作出召开制宪会议的决议后，纽约到5月才同意派出代表。纽约参议院和众议院先后分别提名，结果两份推荐名单一样：纽约邦最高法院首席大法官罗伯特·雅茨，纽约邦首府奥本尼市长约翰·兰欣，纽约市代表亚历山大·汉密尔顿。授权书由纽约行政首脑、将军兼全邦民兵和海军总司令乔治·克林顿签署，日期为"纽约邦独立第11年5月9日"。

[40] 罗伯特·雅茨（Robert Yates，1738—1801），纽约代表，出席会议时39岁，在制宪会议上没有发言。他和兰欣一起，以2∶1在纽约代表团内压倒汉密尔顿，纽约代表团对弗吉尼亚方案的许多主张投反对票。到7月上旬，雅茨和兰欣相信，即使他们留在会议内坚持反对，也无法扭转会议的方向。他们指责制宪会议超越授权，7月10日离开费城，回到纽约，（转下页）

赞成，北卡罗来纳赞成，南卡罗来纳赞成。全体委员会决定：应该建立一个由“最高”立法、行政和司法部门组成的“全国”政府。

会议接着讨论伦道夫先生昨天提出的第二条决议：“全国议会的席位，应该根据各邦的财政贡献，或根据各邦自由居民的人数，在邦与邦之间按比例分配，各邦可根据自己的情况在两种办法中选取自己认为最佳的办法。”

麦迪逊先生说，“自由居民人数”这样的措辞，可能引起辩论，或许会把全体委员会从是否实行席位比例分配这个根本原则上分散开去。他提议先把这一点搁置。

金先生说，把财政贡献作为席位分配规则，行不通；且不论其他相关因素，从今以后，国库的岁入就要由一个总体政府来征收，从各邦收到的钱数无法预料；而且，各邦财政负担的比例，每年也会不同。

麦迪逊先生承认，应该弄清各邦的财产，找出一个更好的规则。汉密尔顿上校提议，把决议的措辞改为：“全国议会的席位，应该按照自由居民的人数，在各邦之间实行比例分配。”斯佩特先生附议。然后，有人提议，要求推迟讨论汉密尔顿的动议，会议同意推迟讨论。于是，伦道夫先生和麦迪逊先生提议：“全国议会的席位，应按比例分配。”有人提议，得到附议，增加“不再按现行体制”的提法。会议通过，决定增加这一提法。于是，有人动议，得到附议，把这项决议改为：“全国议会的席位分配，不再遵循现行体制。”

有人提议，得到附议，要求推迟讨论伦道夫和麦迪逊提出的动议。会议同意推迟讨论。

为了绕过难点，麦迪逊先生提议：“邦联条款规定的表决权平等原

（接上页）留下一个没有表决权的汉密尔顿。1821 年，纽约邦首府奥本尼出版了一本书：《1787 年为形成美利坚联邦宪法而在费城举行的制宪会议的秘密进程和辩论》，副题《已故纽约邦最高法院首席大法官罗伯特·雅茨的笔记，由约翰·兰欣抄写》。美国宪法史学家亨特和法兰德都认为，由于雅茨和兰欣是会议中的反对派，在现存的秘书会议记录和其他代表的会议笔记中，雅茨笔记的重要性仅次于麦迪逊的笔记，不过，雅茨的笔记只记到 7 月 5 日为止。

则，不应再在全国议会中占主导地位，用比例平等代议制取代。”这项动议得到古文诺·莫里斯先生附议，并引起普遍兴趣，似乎就要通过；这时，里德[41]先生提议，要求推迟讨论关于代议制的整个句子。他提醒委员会：特拉华代表团的使命，受到邦议会授权书的限制，不得同意改变每邦一票的平等表决规则。倘若一定要把这种改变固定下来，那么，特拉华代表团的使命，就变成从制宪会议撤回。

古文诺·莫里斯先生说，可不能失去这些代表的宝贵帮助，这事得认真考虑。制宪会议才开始，就出现这样的分歧，弄得一个邦要撤回，这样下去，值得追悔的事会更多；可是，修改席位分配规则，对建立全国政府而言，又是具有奠基作用的条款，不容悬而不决。[42]

麦迪逊先生说，不论平等表决制当初形成时有多少理由，由拥有主权的邦之间建立的联盟，总不过是联邦；建立全国政府的使命一旦提上日程，这种状况就应该终止。他提出一项变通办法，先照顾代表们的感情，不要把特拉华弄得尴尬，先把这个问题提交全体委员会，再向大会报告（到了大会一级，无疑会被推迟讨论）。可是，即使这样，看来也无法使里德先生满意。

㊶ 乔治·里德(George Read, 1733—1798)，特拉华代表，出席会议时54岁。生于马里兰的爱尔兰移民家庭，不久迁居特拉华。15岁到费城跟随一位律师学法律，1753年20岁时获准开律师业。1763—1774年一直担任英国王室任命的特拉华检察总长。1765年当选殖民地议会议员，连任十余年。他先后参加第一、第二届大陆会议(1774—1777)，1776年7月2日投票反对公布《独立宣言》，公布后，他在8月签了名。回到特拉华，他出任特拉华宪法起草委员会主席，主持特拉华制宪会议。1779年，他为特拉华议会起草法案，指示该邦代表在《邦联条款》上签名。他率领特拉华代表团出席制宪会议。制宪会议后，他参与促成特拉华首先(1787.12.7)以30∶0批准宪法，成为联邦的第一个成员。他是第一届联邦参议员(1789—1793)。离开联邦参议员职务后，他接受特拉华最高法院首席大法官职务，直到去世。

㊷ 5月28日，麦迪逊记下会议规则时，曾经作过一段注释：“早在半数以上邦的代表到达会议之前，已经到达的代表就讨论过制宪会议的投票规则问题。古文诺·莫里斯提出，大邦应该团结起来，坚决压倒小邦对平等表决权的要求，每邦一票不合理，大邦不论提出什么合乎情理的建立政府的方案，如果一邦一票，都会被小邦以平等原则否定。罗伯特·莫里斯和其他一些人附议。弗吉尼亚的代表们提出，这样做会给大邦小邦之间的关系造成致命伤害，随着讨论展开，让小邦自己看在建立有效政府的需要上，自己放弃他们的平等权利，把这个要求放到后面再提出，比较容易成功，一上来就夺去小邦的平等表决权，好像把他们扔到听大邦摆布的可怜地位，欠周全，可能把事弄坏。”

好几位代表说，特拉华这样做没有道理，居然要撤走代表，还自认为有理，连把决议交给全体委员会和大会都不行。不过，会议最后还是达成协议，决定推迟讨论这个句子。人们开始明白：改变席位分配的建议终将实现，因为，除特拉华外，其他的邦都没有出现反对意见，没有制造困难。

然后，全体委员起立。主席报告进展，大会决定明天继续开全体委员会，讨论这个题目。

休会，明天十点继续开会。

5月31日星期四

佐治亚的威廉·皮尔斯到会就坐。

全体委员会继续讨论伦道夫先生提出的各项主张。

会议讨论第三条:“全国议会应由两院组成。”未经辩论,无人反对,会议通过,只是宾夕法尼亚有些保留,大家都知道,富兰克林博士偏向于立法机构一院制。

会议讨论第四项决议的第一个分句:“全国议会第一院的议员应由各邦人民选举”。

谢尔曼先生:反对由人民选举,坚持应该由各邦议会选举。他说,老百姓眼下对建立政府的事还插不上手。他们缺乏信息,老是被人误导。

格里先生:我们所经历的罪过,都是源于民主过于泛滥。人民并不缺乏德行,但总是受到假装爱国的人蛊惑。马萨诸塞的经历证明,一些人精心炮制出各种虚假报告,到处传播,老百姓每天都被误导去做些最作孽的事,说些最作孽的话,这些虚假报告又无人可以当场戳穿。一个主要的罪过,是说要对政府雇员实施正当程序,仿佛把公仆都饿死才是民主的极致。他提到马萨诸塞的骚乱,人们攻击邦长,要求降低他的薪水,虽然这薪水是受到邦宪法保护的。他说,自己过去是太共和主义了，虽然现在还是主张共和，不过经验已经告诉他，这种一味拉平的共和精神是多么危险。

梅森先生：坚决主张第一院由人民选举。第一院是政府体现民主原则的最大宝库。可以说，第一院就是我们的下议院；它应该对全社会的每个阶层都了解熟悉，感情上息息相通；因此，第一院的议员不仅应该来自共和国的各个邦，而且应该来自共和国大量人口的各个不同阶层。目前已经有许多这样的例子，特别是在弗吉尼亚，来自不同的地区和阶层的议员，代表着不同的利益和观点。他承认，我们过去是太民主了，不过，他担心，若不谨慎，我们有可能走向另一极端。我们应该关注每个阶级的权利。他常常感到费解：社会的上层阶级对这种人道的做法和政策为何如此冷漠；须知，不论他们现在多么富，地位升腾得多么显耀，这种处境总不过是过眼烟云。富不过三代，他们的子孙后代，不仅可能，而且必然会散落到社会的较低层次中去。因此，出于自私的动机也好，出于家庭纽带的考虑也好，都要求建立一套体制：对下层人民权利和幸福的关心，不得少于对社会最上层的关心。

威尔逊先生：坚信议会第一院应该由人民直接选举。他认为，联邦金字塔应该达到一种可观的高度，为此，他希望这个金字塔的基础尽量宽广。没有人民的信心支撑，世界上的任何政府都不可能长治久安。对共和政府来说，人民的信心是不可或缺的基础。他认为，让各邦议会选举全国议会议员，以此抬高各邦议会的地位，是错误的。总体政府和地方政府的相互干扰，应该削减到最低限度。仔细观察就会发现，各邦对联邦措施的抵制，主要是来自邦政府的官员，而不是来自各邦的老百姓。

麦迪逊先生：要想建立一个自由政府，全国议会至少有一院必须由人民选举。如果全国议会的第一院由各邦议会推选，第二院议员由第一院议员推选，行政官由第二院和第一院议员联合推选；行政部门的下级官员又由行政官任命，那么，在这整个过程中，就再也看不到人民的作用，人民与其治理者及官员之间那种必不可少的感情上的息息相通，就会荡然无存。他主张用老百姓层层筛选的办法，来净化官员队伍，不过，他觉得这种做法可能走得太远。他希望，推选的成分，只限于议会第二院、行政官和司法部门的产生。不过他还是认为，整个政府的巨大网状结构，若不仅靠各邦议会支撑，而且能够建立在人民的坚实基础上，一定会更稳定、更持久。

格里先生：不喜欢由人民选举。我们的情况和英国完全不同，把英国宪法的模式，硬套到我们的局面里来，很难做到。他说，经验已经证明，直接由各邦人民选举的邦议会，也并不是总能维系人民的信心。他脑子里想的，似乎是由人民提名一定数量的候选人，再由邦议会挑选。

巴特勒先生：由人民选举是一种无法实施的方式。

表决结果，马萨诸塞[43]赞成由人民选举，康涅狄格代表赞成反对各半，纽约赞成，新泽西反对，宾夕法尼亚赞成，特拉华代表赞成反对各半，弗吉尼亚赞成，北卡罗来纳赞成，南卡罗来纳反对，佐治亚赞成。会议通过：全国议会第一院议员由人民选举。代表们一致同意推迟讨论第四项决议中的其他分句，因为涉及议员当选资格，牵涉的细节问题太多。

全体委员会继续讨论第五项决议：全国议会的第二院（或参议院），应由各邦议会提名适当人数，由第一院议员选举。

斯佩特先生：第二院应由各邦议会推选，并为此而提出一种修改

㊸ 马萨诸塞（Massachusetts）原为英国人在北美建立的两个公司殖民地的第二个，第一个是弗吉尼亚。1620年，在荷兰的部分英国分离派教徒，得到伦敦弗吉尼亚公司的同意，乘五月花号轮，到弗吉尼亚去安家，在海上漂泊66天，到达的不是弗吉尼亚，而是马萨诸塞，他们在船上盟誓：我们将按照誓约制定对殖民地人民最适合、最方便的法律、规章、条例，设立公职。马萨诸塞既有商业进取精神，又对英国国教带反叛意识，成为独立思想和运动的发源地。马萨诸塞认为1776年的邦宪法没有经过人民讨论批准，1780年再制定一部宪法，交国民讨论，6月16日，经国民代表大会批准，创下宪法交人民批准的先例。在13个邦里，马萨诸塞人口第四，1780年为26.9万，1790年为37.9万；土地面积第九，1790年为2.1万平方公里（见表一）。1787年3月10日，马萨诸塞议会通过法案，决定委派弗朗西斯·达纳，艾尔布里奇·格里，纳撒尼尔·戈汉姆，鲁弗斯·金，卡立巴·斯特朗为代表，五人或其中任意三人即可代表马萨诸塞。邦行政首脑詹姆斯·鲍多英于4月9日签署授权书。弗朗西斯·达纳没有出席制宪会议。

提法。

巴特勒先生：担心已经提出的建议，从各邦手中夺取的权力如此之多，恐怕会摧毁与邦政府之间的利益平衡和安全保障，而保持各邦政府，目前仍有必要；因此，他要求这项决议的动议者伦道夫先生解释一下他的想法的宽广程度，尤其是他心目中设想的这个第二院，将由多少人组成。

伦道夫先生：他当时只是提出自己的主张，陈述自己的思想，说明总体主张的性质；至于细节，还没有成为方案的内容，或许，直到现在也还拿不出全套具体细节。若要他说对第二院人数的看法，他想，应该比第一院人数少得多；规模小到能够避免任何激情冲动的开会程序；人数众多的会议，往往容易陷入这种局面。他说，总的目标，是对邦联议会时期七嘴八舌、争论不休的弊病，提出一个治疗办法；追溯这些弊病的根源，人人都会发现，就是民主带来的狂暴行动和愚蠢念头。因此，需要寻求一种制约手段，制止我们政府中存在的这种趋势；一个好的参议院，似乎能够达到这个目的。

金先生提醒委员会，斯佩特先生提议的第二院推选办法，即由各邦议会推选，其实无法实行，除非第二院人数异常之多，否则，只好放弃各邦按比例分配议员的构想。若要遵循这种构想，那么，需要有 80 到 100 个参议员名额，特拉华才够资格产生 1 名。于是，斯佩特先生收回他的动议。

威尔逊先生：既反对由各邦议会提名，也反对由全国议会第一院的议员选举，因为第二院应该既独立于各邦议会，又独立于全国议会第一院。他认为，全国议会的两院，都应该由人民选举，不过他还没有想好具体方案。他提到纽约邦参议员的选举方法，把几个众议员选区合成一片，选举参议员，是个好模式。

麦迪逊先生：在较小的邦与较大的邦跨邦构成参议员选区时，这种办法可能会使小邦失去影响力；因为大邦的人自然会选举本邦的人，而比较优秀的人才可能正好出在小邦。弗吉尼亚选举参议员时，常把大县小县结合为一个选区，就出现过这样的结果。地方主义情绪，往往偏向于选举本县本邦的人，即使住在外地的候选人德才兼备，也选不上。不过，一个人的德行不足，在自己本邦以内也更出名。

谢尔曼先生：还是每个邦的议会各推举一名参议员好。

平克尼先生提议：删去决议中的“由各邦议会提名”。

表决结果，马萨诸塞反对平克尼先生的动议，康涅狄格反对，新泽西反对，宾夕法尼亚反对，特拉华代表赞成反对各半，弗吉尼亚反对，北卡罗来纳反对，南卡罗来纳反对，佐治亚反对。会议否定平克尼先生的动议，不同意删去“由各邦议会提名”。

对第二院由各邦议会提名、由第一院选举这整个提法表决。马萨诸塞赞成，康涅狄格[44]反对，纽约反对，新泽西反对，宾夕法尼亚反对，特拉华反对，弗吉尼亚赞成，北卡反对，南卡赞成，佐治亚反对。

于是，这个分句被否定，造成弗吉尼亚方案的一个缺口。

会议接着讨论第六条：全国议会的立法权限。关于两院都应该拥有发起提案的权力，未经辩论，一致通过。关于把邦联议会的立法权全部移交全国议会，大家也以沉默表示一致赞同。

会议讨论下一个分句：“全国议会对各邦单独无能为力立法的所有事务，都具有立法权。”

平克尼先生和拉特里奇先生反对“无能为力”一词的模棱两可，说：

㊹ 康涅狄格(Connecticut)是北美两个契约殖民地的第二个，第一个是罗德岛。1639年，康涅狄格河畔的一些城镇——哈特福德、温莎、韦瑟斯菲尔德的殖民者，联合起来订立了“基本盟约”：全体居民每年举行一次选举大会，选举总督一人和一个行政委员会；三个镇各选四名代表，与总督和行政委员会一起组成代表大会，掌握立法权，包括如何征税，如何批准殖民地的新成员，如何分配尚未开发的公共土地。总督不得否定代表大会的决定，只有赞成、反对票数相等时，总督才能投关键的一票。康涅狄格取得英国批准的章程后，自治过一段时间，后来被英国收回作为皇家殖民地。1776年10月，康涅狄格删除原章程中关于英国和皇室的词语，把章程改成自己的宪法，建立了邦政府。在13个邦里，康涅狄格人口第八，1780年为21万，1790年为24万；土地面积第十一，1790年为1.2万多平方公里(见表一)。1787年5月第二个星期四，康涅狄格行政首脑、参议院、众议院代表联席会议签署授权书，委任威廉·萨缪尔·约翰逊，罗杰·谢尔曼，奥立维·艾尔斯沃斯三人或其中任何一人出席即可代表康涅狄格。

在列举这个定义所涵盖的具体权力以前，他们无法决定如何投票。

巴特勒先生：再次表示担心，在夺取各邦权力方面，我们正在走向另一极端。他要伦道夫先生解释他的意图的宽广程度。

伦道夫先生：否认这是企图授予全国议会无限的权力，他彻底反对那种事事都阻拦各邦管辖权限的做法，他说，无论别人怎么说都不会改变他的这种想法。在这一点上，他的观点十分坚定。

麦迪逊先生：他来开会时脑子里有一种强烈的愿望，主张一一列举全国议会的各项必要权力和这些权力的具体定义，不过他也怀疑，这种做法是否切实可行。现在他的愿望依然存在，而怀疑则有增无减。他的观点最终会走到哪里，他现在也说不准。但是，为整个社会构架一个能提供安全、自由和幸福的政府结构，只要他觉得是具有奠基意义的意见，他都不会轻易退缩。这就是我们在这里认真讨论的最后目的，只要对构架这样一个政府是必要的，不论自己还多么拿不定主意，都要提出来坦率讨论。

会议对这个分句表决，结果，马萨诸塞赞成，康涅狄格代表赞成反对各半（谢尔曼反对，艾尔斯沃斯赞成），纽约赞成，新泽西赞成，宾夕法尼亚赞成，特拉华赞成，弗吉尼亚赞成，北卡赞成，南卡赞成，佐治亚赞成。会议通过：全国议会对各邦单独无能为力立法的所有事务，都具有立法权。

会议未经辩论，也未出现异议，一致同意第六条决议的以下分句：全国立法机构“对所有执行各邦议会立法可能干扰联邦和谐的情况，都具有立法权；各邦通过的立法，若全国议会认为违背联邦条款，可以否定”。根据富兰克林博士的动议，在“违背联邦条款”后增加“或违背联邦授权签订的一切有效条约”。

接着讨论第六项决议的最后一个分句：“可以征召联盟的武装力量，对付任何一个不履行联邦条款规定义务的成员。”

麦迪逊先生：对于使用武力这个问题，他反思的次数越多，越是觉得，邦是人民的集合，对邦使用武力，而不是针对个人，就越怀疑这样做是否可行，是否正当，是否有效。由邦组成的联盟，包含这种做法，似乎是在自取灭亡。使用武力对付一个邦，听起来倒更像是宣战，而不是处罚，而在被攻击的一方眼中看来，很可能认为过去的一切盟约就此全部解除，而它本来倒是受到盟约的约束的。他希望能想出一种体制，做到无需使用这种追索权，并提议，推迟讨论这个分句。会议一致同意推迟讨论这一分句。

然后，委员起立，休会。

6月 1日星期五

佐治亚的威廉·豪斯通到会就坐。

全体委员会讨论第七项：设立全国行政官；由全国议会选举，任期______年，不得连任，应享有邦联议会的既得行政权。

平克尼先生：主张设立 位生机勃勃的行政官，但是担心邦联议会现有各项行政权力会扩展到决定和平与战争的程度[45]，那就会把行政官贬低为君主，而且是最坏的一种，即一个选出来的君主。

威尔逊[46]先生提议：行政官应由一人担任。平克尼先生附议，于是

㊺ 《邦联条款》第八条第四款规定，任何邦不得在和平时期保留战舰和地面部队；第五款规定，未经联邦在邦联议会上决定，任何邦不得开战，开战以后，只能作战到联邦在邦联议会上规定的时间。

㊻ 詹姆斯·威尔逊(James Wilson，1742—1798)，宾夕法尼亚代表，出席会议时45岁。他的才干在制宪会议上得到最佳发挥，发言160多次，仅次于古文诺·莫里斯。他提的许多具体建议，成为弗吉尼亚方案骨架上的血肉，最后被纳入联邦宪法。威尔逊生于苏格兰，曾就读于圣安德鲁斯大学、格拉斯哥大学和爱丁堡大学。1766年，24岁时接受费城学院拉丁文教职，来到北美。不久，跟随约翰·迪金森学习法律，三年学成律师，建立起为数可观的客户群，包括罗伯特·莫里斯。又在费城学院兼职教授英国文学。作为宾夕法尼亚派往大陆会议的代表，在《独立宣言》上签名。1781年，他被邦联议会任命为北美银行董事。制宪会议后，他想当联邦最高法院首席大法官，但华盛顿只任命他为六名大法官之一，他的表现险遭弹劾。1792—1795年间，威尔逊在多处大宗不明智的土地投机中失利。他不甘心，1796年，利用欧洲资本大搞把欧洲人移民到北美西部安家的计谋。1797年，他因担心负债被捕，从费城迁居新泽西；1798年，跑到北卡罗来纳的一个朋友家，精神已经严重崩溃，三个月后去世，终年56岁。

读作“设立由一人担任的全国行政官”。

接着，是一阵长时间的沉默。主席问：他是否应将此议付诸表决？

富兰克林博士：这可是个极其重大的问题，希望先生们还是把自己对这个问题的想法说出来，然后再表决。

拉特里奇先生责备代表们讨论起问题来往往羞于启齿。看来，大家都已预见到，现在如果直言，以后势必又要改变自己的观点。其实，也未必都是如此。他赞成把行政权委托给一个人，虽然他不会赋予这个人决定宣战和媾和的权力。一个人会感到自己肩上的责任极其重大，能最佳执行公务。

谢尔曼先生：行政官不过是一种设制，只是把立法机构的意志付诸实施，这一人或数人，只有议会才能委任，并且只对议会负责，议会才是社会最高意志的宝库。因为，只有议员们，才是行政官应做之事的最佳判断者，所以，人数可以因时而易。他希望人数不要固定下来，立法机构可以根据实际经验，自由决定委任一人或数人。

威尔逊先生：还是由一人担任行政官好，赋予这一职务以当机立断的能量和责任。不列颠君主的特权，并非定义行政官权力的恰当指南。君主特权中有一些属于立法性质。其他特权还包括宣战、媾和等等。按他的理解，行政官仅仅应有的权力，就是执行法律，任命与立法无关、也不由议会任命的官员。

格里先生：最好的办法，是在行政官身边安排一个顾问委员会(Council)，权衡轻重，激励信心。

伦道夫先生：坚决反对把行政权集于一人(unity)。这是君主制的胚胎。我们的动机，并非以英国政府为模本，统治我们的头脑。不过，他的意思，也并非全不参考那个杰出的网状结构。倘若我们现在的处境就是要抄袭那个原型，他不知道自己是否会起而反对；不过，美利坚人民固有的禀赋，要求建立一种不同的政府形式。他不明白，行政官何以需要巨大的生机、决断和责任，这些，如果说无法在三个人身上找到，那么，也无法在一个人身上找到。行政部门应该独立。为了维护行政部门的独立，就应该由一人以上组成。

威尔逊先生：行政集于一人，不仅不是君主制的胚胎，反而是防止暴政的最佳安全保障。他反复说明，他的思想并不受英国模式主宰，英国模式不适用于这个国家的局面；这个国家的幅员如此辽阔，人们行事的方式如此共和，除了建立一个巨大的联邦共和国，别的方案都不能奏效。

威尔逊设立一人为行政官的动议，大家一致认为应该推迟讨论，全体委员会看来对此问题也还没有思想准备，无法作出决定；于是，会议只同意了这个分句的第一部分："设立全国行政部门。"

麦迪逊先生：决定一人还是多人担任行政官以前，最好先明确行政官的权力范围；因为，某些权力就其性质而言属于行政，不论一人还是多人行政，都应该授予这个部门，定义这些权力的范围，有助于判断，把这些权力委托给一名官员，能达到多大的安全程度。他提议先把这个分句中有关行政部门由几人组成的问题放一放，在"应设立全国行政部门"后，增加以下词语："有权执行各项全国性立法，任命其他条文未明文规定的官员，行使就其性质而言既不属于立法，又不属于司法的其他权力，由议会每隔一段时间因势授予"。

麦迪逊的修改意见，受到平克尼将军的启发。平克尼将军认为，若不用"既不属于立法，又不属于司法"这样的词语限定，可能导致授予不适当的权力。威尔逊对麦迪逊的动议表示附议。

平克尼先生对麦迪逊的修改意见提出再修改，删除"行使既不属于立法，又不属于司法的其他权力，由议会每隔一段时间因势授予"。他说，这些词语都没有必要，它们的主旨已经包含在"有权执行各项全国性立法"之中。伦道夫先生表示附议。

麦迪逊先生不明白这些词语何以没有必要。其实，连前面的词语，如"任命官员"等，或许整个都包含在"执行各项全国性立法"的权力之中了。不过他还是看不出来，保留这些词语有何不妥，因为，确实可能出现这样的情况，这些词语或许能避免疑义和歧义。

表决结果，康涅狄格、纽约、新泽西、宾夕法尼亚[47]、特拉华、北卡和佐治亚同意平克尼先生的意见；反对平克尼动议的有马萨诸塞、南卡和弗吉尼亚；于是，只保留"有权执行各项全国性法律"。

会议接着讨论第七项决议的下一个分句：行政官的产生办法和任期。威尔逊先生说，他简直不想把他的想法说出来，因为他已经意识到，这种产生办法或许会被视为幻想甚至妄想。不过，他至少要表达一下：就理论而言，他主张行政官由人民选举；实际经验，尤其是纽约和马萨诸塞的实际经验已经表明：由人民选举第一行政官，既方便可行，又能取得成功。在以上几个邦的选举中，当选的都是德才兼备、得到普遍承认的人物。

谢尔曼先生主张，由全国议会选举，并且要行政官绝对依赖议会，因为行政要做的事，就是执行议会的意志。他说，世上若有所谓暴政，其实质就是行政独立于最高立法部门。

威尔逊先生提议：行政官任期年限的空白，用3填空。他说，他偏爱这种短任期，并且主张不连任。

平克尼先生提议：任期7年。

谢尔曼先生：任期3年，但反对轮流坐庄的原则，免得把最符合资格的人冷到一边。

梅森先生：任期至少7年，但禁止连任，这样既可以防止议会愚妄

---

[47] 宾夕法尼亚(Pennsylvania)原为北美的7个领主殖民地之一。英王查理二世欠贵族威廉·宾1.68万英镑的债，1681年，把一大片北美土地封给宾的儿子小威廉·宾，取名宾夕法尼亚。领主们把英国的议会制移植到北美的领地上。1776年9月28日，宾夕法尼亚通过宪法，建立邦政府。在13个邦里，惟有宾夕法尼亚议会只设一院；人口居第二位，1780年为32.7万，1790年为43.4万；土地面积第五，1790年为11.6万平方公里。1786年12月23日，宾夕法尼亚议会通过法案，"衡量了邦联目前的困难，充分相信必须修改联邦宪法，以适应公务的紧急需求。鉴于弗吉尼亚邦已经通过法案……议会充分意识到这个对联邦可能带来好处的重要机会，愿与弗吉尼亚和其他各邦合作。"特委任托马斯·米弗林，罗伯特·莫里斯，乔治·克莱默，贾雷德·英格索尔，托马斯·费兹西蒙斯，詹姆斯·威尔逊，古文诺·莫里斯组成本邦代表团，他们全体或其中任意四人出席即可代表宾夕法尼亚。1787年3月28日，议会通过补充法案，"第一款，本邦主席本杰明·富兰克林阁下亦作为本邦代表参加制宪会议。第二款，富兰克林享有与其他代表同等的权力"。授权书由邦议会议长托马斯·米弗林签署。

自满，采用不称职的人物，又可以控制行政官，免受诱惑，老想与议会勾结，争取连任。任期较长，但又不得连任，是最佳办法。

贝德福德先生：坚决反对任期长达7年之久。他请委员会考虑：倘若第一行政官掌权这么长的时间，国家会出现什么样的局面？这个人所踏出的道路，将会被人发现：他并不具备赋予他的那些资格；或许，他被推上这个职位之后，也会丧失这些资格。他说，弹劾治疗不了这种罪孽，因为弹劾只有出现犯罪时才能使用，不能对付无能。他主张每3年改选一次，离任9年之后，方可再次当选。

会议对任期7年表决，结果，马萨诸塞代表赞成反对各半，康涅狄格反对，纽约赞成，新泽西[48]赞成，宾夕法尼亚赞成，特拉华赞成，弗吉尼亚赞成，北卡反对，南卡反对，佐治亚反对。

5邦赞成，4邦反对，1邦代表赞成反对各半。有人问：这算不算多数通过？

主席裁决：算多数通过。

接着，又回到行政官的产生办法。

威尔逊先生再次重申他的主张：由人民选举。他希望，不仅议会两院议员由人民选举，不受各邦议会干扰，行政官的产生也应该如此；这样，行政部门既能与立法部门彼此独立，又能独立于各邦。

梅森上校：赞同这个想法，只是觉得不容易办到。他要威尔逊先生

---

[48] 新泽西（New Jersey）原为领主殖民地。1664年，约克公爵詹姆斯得到英王对纽约的封地诏书三个月后，把纽约南面的泽西封给他的部下约翰·伯克理和乔治·卡特列特，开始分为东泽西和西泽西，后来合为新泽西。1776年7月2日，新泽西通过宪法，建立了邦政府。在13个邦里，新泽西的人口第九，1780年为18万，1790年为21万；土地面积第十，1790年为1.93万平方公里。1786年11月23日，新泽西行政首脑、民兵准将兼总司令威廉·利文斯顿签署授权书，"由于邦参议院和众议院的特别信任，联席会议决定委派戴维·布瑞利，威廉·丘吉尔·豪斯顿，威廉·佩特森，约翰·尼尔逊四人或其中任意三人代表新泽西参加制宪会议"。5月18日，新泽西议会两院增加委派威廉·利文斯顿和阿伯拉罕·克拉克为制宪会议代表。6月5日，新泽西议会两院再增派乔纳森·戴顿为制宪会议代表。约翰·尼尔逊和阿伯拉罕·克拉克没有出席制宪会议，克拉克曾代表新泽西在《独立宣言》上签名。布瑞利是新泽西邦最高法院首席大法官，佩特森是新泽西邦检察总长，豪斯顿（1746—1788）出席会议仅一周就因病离开，1788年8月死于肺病。

花点时间推敲一下，想出自己的模式来。

于是，行政官"由全国议会选举"这一分句，便被推迟讨论。

拉特里奇先生建议：行政官由全国议会第二院单独选举。

全体委员起立，休会。

6月2日星期六　在全体委员会上

康涅狄格的威廉·萨缪尔·约翰逊，马里兰[49]的圣托马斯·杰尼弗的丹尼尔，纽约的约翰·兰欣到会就坐。有人提议，得到附议，推迟讨论关于全国行政官的第七条决议，改为讨论关于议会第二院的第五条决议。表决结果，这项动议被马萨诸塞、康涅狄格、特拉华、弗吉尼亚、北卡、南卡、佐治亚否定，支持的只有纽约、宾夕法尼亚和马里兰。[50] 于是，继续讨论行政官的产生方式。

威尔逊先生提出一项选举全国行政官的动议，取代伦道夫先生提

---

[49] 马里兰(Maryland)是英国在北美建立的第一个领主殖民地。1632年，查理一世把马里兰封给乔治·卡尔弗特，授予巴尔的摩男爵封号，让他在马里兰建立一个自治公国。1776年11月8日，马里兰通过宪法，组成邦政府。在13个邦里，马里兰人口第五，1780年近25万，1790年近32万；土地面积第七位，1790年近2.5万平方公里。由于马里兰向西扩张领土的可能被弗吉尼亚拦住，加上其他原因，直到1781年，弗吉尼亚承诺保持原有边界、不向西扩张，西部领土被不公平瓜分的潜在危机消除，马里兰才于3月1日在邦联条款上签字，使邦联条款正式生效。马里兰邦参议院(Senate)和众议院(House of Delegates)曾经选出查尔斯·卡乐尔，加布里尔·杜瓦尔，罗伯特·汉森·哈里森，托马斯·西姆·李，托马斯·斯通为制宪会议代表，这些人都拒绝担任代表。1787年5月26日，马里兰议会两院再次举行联席会议，委任詹姆斯·麦克亨利，圣托马斯·杰尼弗的丹尼尔，丹尼尔·卡乐尔，约翰·弗朗西斯·默塞，路德·马丁为制宪会议代表，其中任意一人出席即可代表马里兰。

[50] 麦克亨利5月28日到会，因兄弟生病，6月1日赶回巴尔的摩；杰尼弗的到达，延续了马里兰的投票权，使有表决权的邦达到11个；这次投票和下一次投票，都缺新泽西。

出的产生办法。“行政官按下列方式选举：把各邦分为若干选区，每个选区内有选举全国议会第一院议员资格的选民，从各自选区内选出若干人，担任行政官选举人。行政官选举人在指定时间、地点集合，由他们或其中符合规定比例的人投票，选出全国政府的行政官，行政官选举人不得选举本邦成员。”

威尔逊先生再次说明：不要让各邦干预行政官的选举。他认为，这种方式，比起由全国议会选举行政官，更能增强人民对第一行政官的信心。

格里先生：反对由全国议会选举行政官。这会造成一种后果，为了当官连任，周而复始地相互勾结。议员与行政官候选人之间会讨价还价、搞互相交易的把戏。议员从行政官那里得到许愿、投票选他，行政官以继续让他们当议员、或者把议席安插给他们的朋友，作为回报。他喜欢威尔逊先生动议中由人民直接选举选举人、再由选举人间接选举行政官的原则，只是担心这样做会惊动各邦热衷党派活动的人，给他们一个把柄；这些人总是拉帮结派，轮流把持各邦的权势。他认为，整个社会尚未达到成熟水平，人民还不足以剥夺结党营私之徒手中把持的各邦权力，或许，各地人民的这种要求目前还没有觉醒。他主张等待，直到人民更为深切地感受到这种必要时再说。他似乎还是倾向由各邦议会，而不是由选举人选举行政官，或者，让各邦议会提名，再由选举人选举。他还不明白：即使在挑选选举人方面，人民也应该直接行动，因为，在人口众多的选区里，候选人罕为人知，拉帮结派之徒容易设计骗局。

威廉森先生：我看不出引入这种由人民选举候选人的办法有什么好处。人民与行政官选举人的关系，还是会和他们与邦议会的关系一样。此外，要注意，这种办法实施起来很麻烦，会耗费许多钱财。

表决结果，会议否定威尔逊提出的行政官选举替代办法：马萨诸塞反对，康涅狄格反对，纽约反对，宾夕法尼亚赞成，特拉华反对，马里兰赞成，弗吉尼亚反对，北卡反对，南卡反对，佐治亚反对。

表决结果，会议同意行政官由全国议会选举、任期7年：马萨诸塞赞成，康涅狄格赞成，纽约赞成，宾夕法尼亚反对，特拉华赞成，马里兰反对，弗吉尼亚赞成，北卡赞成，南卡赞成，佐治亚赞成。

富兰克林博士提议：推迟讨论行政官薪水的提法，改为讨论一种替代方案——“行政官的必要开支可予支付，但不得因为他们提供的服务而领取年薪、定期津贴或奖励报酬”。他说，由于自己年事已高，记忆衰退，只好写下来。他一直不愿请人代劳，因为，这样做好像是要别人支持他的动议。所以，请委员会批准，由人代读，作为发言。威尔逊先生主动代劳，大家同意让威尔逊朗读。下面是对富兰克林原文的逐字抄录：

“先生，

一位可敬的先生把一项方案提到我们面前、引起我们如此认真的讨论，要我起来责备方案中的任何一项，实在是慎之又慎。从第一次宣读这个方案起，我就对它怀有好感，总的说来，我希望这个方案能取得成功。在行政官年薪这个具体问题上，我刚好有不同的看法；我的看法或许会显得别出心裁，甚至愚妄，但我内心的信条认为这个看法正确，出于责任心，我不惜冒险一试。委员会听取了我的意见后，会对它作出判断，委员会的决定也许会改变我的看法。我想，我从年薪中看到了不当；我看，没有人会拒绝年薪，相反，倒会认为这是巨大的好处。

先生，世上有两种激情，总是对人间事务产生强有力的影响。这两种激情就是野心和贪婪：爱权和爱钱。分开来说，其中任何一种都有巨大的力量，促使人们采取行动；若把二者结合起来，看待这同一个问题，它们就会在许多人的头脑中产生出最为暴烈的效果。在这些人眼前设置一个荣耀的职务，同时又是一个有利可图的地位，就足以使天上地下都趋之若鹜。正是大量这样的职位，把英国政府弄得骚然动乱。争夺这些职位，是所有党派的真正根源，他们无时无刻不在分裂国家，把处理国事的人们弄得昏乱若狂，时而匆匆忙忙到处打些一无成果却留下遍野哀鸿的战争，常常迫使对方屈服投降，攫取肮脏的媾和条件。

那么，什么样的人会来争夺这种有利可图而又声名显赫的职位呢？这些人要冲破所有到处策划的密谋之徒，穿越激烈的人际对抗，闯过彼此永无休止的朋党攻讦，直到把性格完美的人撕成碎片。这些人不会是智者和谦逊的人，不会是和平和良好秩序的爱好者，不会是值得信任委托的人。这些人一定是胆大妄为、行事暴烈、激情膨胀、为实现自私追求而百折不挠的人。这些人会千方百计地钻进你们的政府，成为统治你们的人。这些人在寻求自身幸福的途中，必然错误百出，因为被他们击败的那些竞争者，与他们本是一丘之貉，出于同样的动机，失败者会无休无止地破坏干扰得势者的施政，阻挠和挫败得势者的措施，使他们在人民心中显得面目可憎。

先生，除了这些罪孽之外，虽然我们开始或许只是提供温和的年薪，我们终将发现，先例一开，这种局面终将无法长期继续。提出加薪，总是不愁找到理性的说明。而且将来总会出现一个朋党，主张增加对统治者的报酬，指望统治者或许也会给他们更多的犒赏。于是，就像全部历史告诉我们的那样，在每一个国家和王国里，治人者和被治者之间，总是存在着不停的战火：治人者努力博取更多人的支持，被治者却给得越来越少。仅此一端，过去就时不时地引起巨大的社会震荡动乱，真刀真枪的内战，结果既未能推翻废黜君王，也未能使人民就范接受奴役。的确，治权总是带有这种特点，君王的岁入总是不断上升，我们已经看到，他们又永远不会知足，总是还想要得更多。人民对压榨性的征税越是不满，君王对钱财的要求也越多，以便发给他的党徒和军队，因为，正是依靠这些党徒和军队，才能压服一切抵抗，才能高枕无忧。在一百个君王中，很难找到一个能这样干而不这样干的人：仿效埃及法老的先例，首先把人民的钱财搜刮殆尽，然后侵占他们所有的土地，再要他们和他们的子子孙孙永远做仆为奴。事实将证明，我们并不想提议设置一个国王。我心里明白这一点。可是在人类心里，总是有一种自然的倾向：需要一个国王式的政府。王政有时把人们从贵族的主宰下解脱出来。人们宁可供养一个暴君，胜过供养五百个暴君。王政有时在公民中间带来更多的平等外貌，公民也喜欢这个。因此，我总是担心，或许是过于担心：这个联邦政府，到将来的某个时候，总会以君主制告终。但是，我想，这种巨大灾难或许可以尽量推迟，如果在我们提出的制度里，能够不把我们的职位弄成集荣耀和利润于一身的官职，我们就不至于播下互相倾轧、拉帮结派、大肆骚动的种子。如果我们播下种子，我担心，即使我们最初就设立一群人，而非一个人，这一群人到时候也无法幸免，因为这些种子只会滋润培育国王的胚胎，就像弗吉尼亚这位可敬的先生直言不讳的那样，一位国王就会迅速地降临到我们头上。

或许在某些人的想象中，这只是一个乌托邦的念头，倘若我们不因其服务而提供优厚的报酬，我们就永远找不到人来为我们的行政部门服务。我以为这是一个谬误。一些现成的事实，就摆在我眼前，使我坚持一种相反的看法。在英格兰，一个县的高级行政兼司法官员(The high Sheriff)，是一种荣耀职务，但无利可图。担任这个职务，自己还要贴许多钱，因此，无人追逐。可是，这个职务总还是有人在做，而且做得很好，通常都是由本县一些讲究原则的绅士担任。在法兰西，咨议员(Counsellor)的职务或司法院(Judiciary Parliament)的成员，更加荣耀。结果，要花钱才能买到：那里的确要收法律诉讼费，而且由成员平分，可是每个案子交费不得超过三分钱。而那里要求使法律利益达到五分钱。他们实际上还要自己付两分钱，才能取得资格为国家办理司法业务；国家则完全免除了付给他们年薪、换取他们服务的包袱。当然，我并不打算推荐这种模式，作为我们司法部门的合格标准。我只是援引这个例子说明：做好事和为自己的国家服务给他们带来的乐趣，还有这种行为给他们带来的当之无愧的受人敬重，在某些人的心中，就构成足够的动机，愿意把自己的大部分宝贵时光奉献出来，为共和国服务，心中不受金钱满足的任何卑劣引诱。

另一个例子，是个受人敬重的社团。他们的试验一百多年来一直是成功的。我所指的，就是贵格派[51]教会。他们之间立了一条规则：有事不求法律，遇到争议，可以在每月、每季或每年召开的会议上提出。这些教会的委员会坐下来，静听有关各方的申述，花大量时间折中调和各方之间的分歧。支持他们这样做的，就是一种责任感，一种因为能解决问题而受到的敬重。被人这样使用，是件荣耀的事，但从不因领取年薪、手续费用、临时津贴而获利。其实，在所有为公众服务的场合中，获利越少，荣誉越高。

把事情拉近一点，说到国内来，我们不是已经看到，在我们的全体军官中，伟大而最重要的一位，我们军队的总司令，连起码的年薪也不要[52]，执法率军达八年之久，仅凭一颗爱国的赤子之心，此刻，我不想用别的赞扬之词，来贬低爱国者这顶桂冠；正是这种共同的信念，促使他和其他勇敢的男子汉，他的军中朋友和伙伴，挺过了多少艰辛劳累，痛苦悲伤，还有他所处地位所特有的持续不断的如焚忧心？我们会不会怀疑，在整个美利坚联盟以内，能找到三个或四个人，出于足够的公心，坚持担任和平时期的执政职务，达到或许与前所述的相同任期，仅仅主持我们对民事的关切，负责我们的法律能公正地贯彻始终？先生，我对我们的国家有一种更好的看法。我认为，我们今后绝不会缺乏足够的具有智慧的好人，起而承担行政工作，担任上述职位，忠心耿耿，把它做好。

先生，省下这笔年薪[53]，首先由我提出，并非我的目的。防止今

---

[51] 贵格派(Quakers)：基督教的一个派别；有人译作教友会或公谊会，他们的创始人定下教规：祈祷时要颤抖以示敬畏，因此，也称颤抖派，在费城十分流行，“贵格”一词成为费城的别称。

[52] 连起码的年薪也不要(without the smallest salary)：1775 年 6 月 15 日，大陆会议决定每月向总司令支付 500 美元，作为薪水和津贴。6 月 16 日，华盛顿当选，表示不要薪水，“我将把一切开支如数入账”。1789 年，第一届国会给总统定的年薪是 25 000 美元。参见注释⑯。

[53] 1776 年 6 月，杰斐逊参与起草的弗吉尼亚宪法第三稿，也是最后草稿，规定：“除非(转下页)

后的错误，及早提出，防微杜渐，才是我的忧虑所在。为此，我提出这项修正案，作为动议。倘若无人附议或不被接受，我也会感到心满意足：坦率地陈述了我的看法，尽到了我的责任。”

这一动议得到汉密尔顿上校的附议。他感慨系之，说：仅仅是把这个如此令人敬重的主张提交给委员会，这番含义深刻的议论，也会得到加强。没有辩论后随，这一动议便被推迟。这番议论受到敬重，主要因为它的作者并非常人。问题在于：这条建议是否具有明显的说服力，使人觉得它是上策，行得通？

迪金森[54]先生提出动议：“应多数邦议会的要求，全国议会得罢免行政官。”他说，把罢免权置于某个机构之手，实属必要。他不喜欢弹劾国家高级官员的方案。他不知道，除了他提出的这项条文之外，还有什么别的条文能用更好的办法罢免国家高级官员。他无意废止各邦政府，而有些先生似乎一心一意想要这样做。在他看来，这个国家的幸福，要求把可观的权力保留在各邦政府手中。

贝德福德先生对此表示附议。

（接上页）根据立法机构今后通过的某项法令，不得向任何官员发放薪水和津贴。”这样，只有从土地和其他渠道取得足够收入的人才能从政，从政是没有收入的业余工作。弗吉尼亚方案提出选举制、任期制和宽裕薪水制，把立法和行政官员变成由选举产生、有任期限制、有稳定收入的政府雇员。

[54] 约翰·迪金森（John Dikinson，1732—1808）是特拉华代表，出席会议时 55 岁。《独立宣言》问世前 9 年，华盛顿、富兰克林、杰斐逊头脑中还没有出现与英国决裂的念头之前，1767—1768 年，迪金森以《一个宾夕法尼亚农场主的来信》为题，在费城的报纸上发表连载文章，提出“外税”（国与国之间的关税）“内税”（国内的营业税等）有别，说英国对北美征关税合理，征“内税”是篡夺北美人民自己的立法权，英国征税由下院立法，北美在英国下院没有代表，不能参与决策，“无议员，不纳税”；预言北美与英国的关系最终势必武力解决，被誉为“革命文人”（Penman of Revolution），成为美国独立运动初期的精神领袖，被视为世俗圣人。生于马里兰，8 岁随家迁往特拉华，18 岁到费城学法律，21 岁到伦敦著名的中寺进修，25 岁回费城成为突出的律师。1760 年 28 岁时担任特拉华众议院议长，1761 年兼任宾夕法尼亚议员，1763 年成为宾夕法尼亚议会中保守一翼的领袖，触怒了富兰克林领导的一翼。

1775 年 5 月，北美人民已在列克星敦和康科德打响独立战争，迪金森依然行走在向英王请愿与求和的道路上。1776 年 7 月 2 日，他投票反对发表《独立宣言》。他起草的《邦联条款》成为制宪会议的修改对象。1781 年，迪金森任特拉华最高行政会议主席，1782—1785 年，他在富兰克林之前任宾夕法尼亚最高行政会议主席。制宪会议之后的 20 年，他不再担任公职，晚年编自选集两卷。

谢尔曼先生坚持认为：全国议会应当有权按自己的意愿罢免行政官。

梅森先生：设计某种方法，把不称职的官员罢免去职，势不可免，不仅因为选举的人可能上当受骗，也因为被选出的人可能腐化堕落。他断然反对仅仅由议会选举行政官，这违反建立良好政府的基本原则。

麦迪逊先生和威尔逊先生指出：强调多数邦政府联合起来就拥有罢免权，就要求小邦和大邦一样在首都设立代理机构；这样做，会为各邦开放门户：行政官正当施政时，会受到各方相互勾结，群起而攻，使他的施政不得人心；也可能引诱他去讨好某些邦，一旦他对那些邦的头面人物心怀畏惧，或许会和他自己的党徒一样，想去笼络疏通。两人都认为，引进这样一种各邦议会权力的混合体，是一项坏政策。

迪金森先生：这项措施事关重大，无人可以沉默，保留意见不说出来。他作了长篇发言，要点是强调立法、行政、司法部门应该安排得尽量独立；可是有些人头脑中所构想的这个行政官，与共和国的精神背道而驰；强有力的行政官，只能存在于一个小小的君主国里。在英国政府里，行政官位高言重，来源是附着于王位的势力，并非仅仅来源于国王的天赋特权。为了取代这些附着势力，我们必须另寻他法。稳定的根基之一，是把立法分为两院。国家分为若干独树一帜的邦，也是构成稳定根基的一项原理。因此，邦的划分应该保持，而且要把相当可观的权力留给各邦政府。他认为，国家未来的命运要想长治久安，这是基石。没有这个基石，若把这些邦硬性融合到一个巨大的共和国里去，未来我们或许会在若干小国的历史里读到它的命运。迪金森认为，受到限制的君主制，是世界上最好的政府形态之一。目前还不能断定的是：其他政府形态是否也能得到这样的祝福。可以断定的是：任何共和制的政府形态，都永远不会得到与此同等的祝福。可是，受到限制的君主制，却不在会议的讨论范围之内。时代的精神——我们面临的现状，禁止拿社会做试验，即使有些人一心想这样做。而且，就事物的本质而言，要引入共和制，即使困难不如想象的那样无法逾越，是否切实可行呢？

对政府来说，贵族院(A House of Nobles)势不可少。这些人是否吹一口气，或挥舞一下笔杆，就能创造出来？不可能。这些人需要随着时代而成长，而且只有在错综复杂的局势中崛起，而这种时代和局势，目前我国都不具备。即使共和本身是完美无缺的形态，或许也是可望而不可即，我们也不必因此绝望。若说古代的那些共和国仅仅只是繁荣兴盛了那么短短的一段时间，然后就消逝，一去不返，只能证明它们构建得不好。我们应该想出一切办法，来弥补它们的弊病。他认为，起矫正作用的因素之一，是这个国家碰巧正好分为各树一帜的邦；可是，在有些人的脑子里，却必欲除之而后快。

至于全国议会的席位分配问题，影响到大邦小邦的关系，最后很可能还是需要相互让步。他希望，每邦至少在全国议会的两院之一里保持平等的声音；他还表示，各邦所作的财政贡献，或许比人口数字或财产数量，更适合于作为另一院席位的分配基础。

有人提议删去“应多数邦议会的要求”，被否定，只有康涅狄格、南卡罗来纳、佐治亚赞成，其他邦反对。迪金森提议的“应多数邦议会的要求，全国议会得罢免行政官”的动议也被否定，表决结果，除他本人所属的特拉华投赞成票外，其他邦都反对。

会议通过“行政官任期 7 年，不得连任”，马萨诸塞赞成，康涅狄格反对，纽约赞成，宾夕法尼亚代表赞成反对各半，特拉华[55]赞成，马里兰

---

[55] 特拉华(Delaware)原来是纽约南部的三个县，称为“下三县”，后来划归宾夕法尼亚领主宾氏家族，成为一个领主殖民地。1699 年，宾与地方议会谈判，1701 年颁布著名的“自由宪章”，宪章的一个副产品，是特拉华仍与宾夕法尼亚共一个总督，但在三年内单独建立自己的议会。1776 年 9 月 21 日，在乔治·里德等人领导下，特拉华通过自己的宪法，建立了邦政府。在 13 个邦里，特拉华人口最少，1780 年仅 4.5 万，1790 年为 5.9 万；土地面积倒数第二，1790 年为 5 070平方公里(见表一)。1787 年 2 月 3 日，特拉华众议院和参议院举行联席会议，认为必须修改联邦宪法，既然弗吉尼亚已经通过法案，特拉华愿意合作，特委任乔治·里德，冈宁·贝德福德，约翰·迪金森，理查德·巴塞特，雅可布·布鲁姆为代表，前往费城参加制宪会议，五人或其中任意三人出席即可代表特拉华。由于特拉华人少地小，授权书上特别说明，制宪会议势必要修改邦联条款和提出补充条款，但修改不得涉及邦联条款第五条规定的“开会时每邦各有一票表决权”。授权书由众议院议长约翰·库克，参议院议长乔治·格拉赫德，行政首脑兼民兵准将、总司令托马斯·柯林斯签署。

赞成，弗吉尼亚赞成，北卡赞成，南卡赞成，佐治亚反对。

威廉森先生提议，戴维先生附议，在最后一个分句里增加："在确证违法和渎职的情况下，可以通过弹劾，罢免职务"。会议通过这项动议。

拉特里奇先生和平克尼先生提议：设"一人"为全国行政官。平克尼先生认为理由显而易见，而且大家也赞成一人，没人会反对这一动议。

伦道夫先生：真心实意反对这种做法。他虽然不是这个国家的最后裁判，既然身为国事代表，绝不能沉默忍受这种把行政部门集于一人的建制。他对此安排深为反感，只要他还活着，他相信这种感觉就会继续下去。他强调说，一、人民心中已经根深蒂固的情绪，反对这种类似君主制的设制；二、在一群人具有同等资格能够胜任这一职务、实现这个部门全部目标的情况下，集于一人实无必要；三、独树一人为行政官，永远无法激起民众足够的信心；四、这种安排总是会有利于靠近社会中心的居民，结果，住在边远地方的人，就无法平等涉足。他主张，从全国的不同地区挑选三人组成行政部门。

巴特勒先生：坚决主张设立一人为行政官，认为这样最能回应边远地区的要求。倘若设立一人，这个人就要对全局负责，不会偏向自己一隅的利益。倘若从几个地区挑选三人或三人以上，他们就会各为自己一隅的好处而争斗不休。在军事上，这样安排特别容易导致错误。他说，他有机会形成这一观点，因为他有在荷兰的亲身经历，荷兰人受到外国入侵威胁时，一群军事头目把国家弄得四分五裂。一个头目把军队调去守卫自己的势力范围，另一个人又照顾自己的那一部分。他自己偶尔陷入偏见和私利时，也会那样，思想摇摆不定。

于是，决定推迟讨论这项动议。委员起立，休会。

6月4日星期一　在全体委员会上

会议继续讨论平克尼先生的动议：全国行政官应由“一人”担任。威尔逊先生附议。

威尔逊先生：这一动议遭到伦道夫先生的反对。不过伦道夫先生所说的理由，并不能说服他。他认为，伦道夫先生所说的理由，要点不在反对这种做法，而是强调这样做不得人心。可是放眼四顾，他看不出人民有伦道夫先生所说的那种反感。反之，事实倒使他相信，这种反感并不存在。人人明白，由一人担任行政官并非设立一个国王。他认为以下事实十分重要：所有的十三个邦，虽然在其他问题上很少一致，但在设立一人担任政府首脑这一点上，却是一致的。由三个人担任政府首脑的事，在任何邦都没有出现。各邦首脑的权力的确不同，但没有一个邦出现几名首脑并立。除他已经说过的理由外，再补充一点：政府的稳定，重要性不亚于政府的生机勃勃，是一种需要。若设立三名平等的行政官，他可以预见，除了一事无成，还会失去控制。会出现持续不断、形式暴烈的互相敌视怨毒；这种敌视怨恨不仅干扰施政，还会把行政官之间的互相敌视怨毒，发散到议会两院里去，发散到所有各邦去，甚至远播民间。倘若三名行政官之间的权力分配不均，那么，反对集于一人也就失去了意义。若要分均，把他们的人数定为奇数，也非矫正办法。

在大法官组成的合议庭上，双方只争论一个问题。在立法和行政部门，许多问题通常会有许多方面。因此，每个成员只能拥护一个方面，任何两个人都不会完全一致。

谢尔曼先生：这个问题事关重大，作决定以前，应该好好讨论。他说，威尔逊先生注意到，每个邦都是设立一名行政官作为政府首脑。他承认，事实确实如此，而且也恰当，他希望同样的做法也能在联邦实现。不过，也应该指出，所有的邦都有一个顾问委员会(Council of advice)，没有顾问委员会的同意，第一行政官不得采取行动。他认为，要让人民接受设立一人为行政官这种做法，设立顾问委员会是必要的。即使在大不列颠，国王也有一个枢密会；虽然枢密会由国王本人任命，枢密会的忠告对国王仍旧有分量，而且吸引人民的信心。

威廉森先生问威尔逊先生：他的意思是否要附设一个顾问委员会。

威尔逊先生的意思是不要，顾问委员会起的作用，更多的是掩盖违法，而不是避免违法。

格里先生听说设立三名行政官，觉得茫然。在许多场合下，这样安排极不方便，尤其是军事，不论对民兵、陆军、海军，都是如此。那会成为一位长了三个脑袋的将军。

对设立一人为行政官表决，结果，马萨诸塞赞成，康涅狄格赞成，纽约反对，宾夕法尼亚赞成，特拉华反对，马里兰反对，弗吉尼亚赞成(伦道夫先生和布莱尔[56]先生反对，麦克朗[57]博士、麦迪逊先生和华盛顿[58]将

---

[56] 约翰·布莱尔(John Blair, 1732—1792)，弗吉尼亚代表，出席会议时55岁。生于弗吉尼亚，毕业于他们的家族创办的威廉马丽学院，曾到伦敦中寺学法律，回弗吉尼亚后开律师行。1776年参与制定弗吉尼亚宪法。被邦议会选为普通法院首席大法官。又与韦思一起担任高等衡平法院法官。认真参加制宪会议，从不发言。1789年起担任联邦最高法院六名大法官之一。

[57] 詹姆斯·麦克朗(James McClurg, 1746—1823)，是一位医生，因为帕特里克·亨利拒绝担任制宪会议代表，伦道夫在顾问委员会的同意下任命麦克朗顶替空缺。麦克朗没有从政经历，兴趣也不浓厚，在制宪会议上觉得自己插不上手，8月5日以后不再出席。他支持联邦宪法，但没有签名。

[58] 根据杰克逊秘书对开会程序的记载，每天开会前，华盛顿登上主席座，会议开始后，由全体委员会主席戈汉姆主持辩论，华盛顿下台来参加弗吉尼亚代表团的讨论和投票，会(转下页)

军赞成，梅森上校反对，但不在会场，韦思先生赞成，但回家了)，北卡赞成，南卡赞成，佐治亚赞成。会议通过：设立一人为全国行政官。

会议讨论第八项决议的第一个分句：设立复决会议(a Council of Revision)。格里[59]先生怀疑，司法部门的成员是否应该进入这个会议，因为，通过解释法律，法官已经拥有对付侵蚀法官权力的足够制约力量，解释法律涉及判断立法是符合宪法还是违宪。在有些邦里，法官确实裁判一些法律违宪。这还可以采取全体公民复决的方式。让法官对涉及公共政策的措施作出判断，与法官职务的本质实不相容。他提议推迟讨论复决会议这个问题，另外提出“全国行政官应该有权否决议会通过的任何法案，除非议会两院______[60]的议员分别再次通过，方可压倒这种否决”。

金先生附议。他说，把法律放到法官面前之后，不同于在此之前，不应该授予法官指责立法的能力，他们应该超脱参与制定法律过程中的偏见。

(接上页)议结束前，他再次登上主席座位。整个会议期间，华盛顿讲话两次，第一天当选会议主席后致简短答谢辞，9月17日会议结束前，他说他的处境抑制他表现情感，不便对正在辩论的议题表示态度，现在，他支持戈汉姆的一项动议：把众议员从每四万人选举一名改为每三万人选举一名，以保障人民的权利和利益，会议一致同意。由华盛顿署名、代表制宪会议给邦联议会的信，由文字排列和风格委员会事先拟定，并交制宪会议投票通过。

[59] 艾尔布里奇·格里(Elbridge Gerry，1744—1814)，马萨诸塞代表，出席会议时43岁。生于马萨诸塞，18岁毕业于哈佛大学，加入家里的生意，把干鳕鱼出口到巴巴多斯和西班牙。1772年28岁时当选马萨诸塞殖民地议会议员(1772—1774)，追随萨缪尔·亚当斯争取独立。30岁起参加马萨诸塞自己组织的第一届和第二届议会(1774—1776)，与约翰·汉考克、萨缪尔·亚当斯等人组织公安委员会，筹备对英作战，格里担任供应委员会主席。在第二届大陆会议期间，他先后在《独立宣言》和《邦联条款》上签名。1779年进入第二届大陆会议的财政委员会，主持过一段工作。他反对设立常备军，但主张军饷优厚，得到“士兵之友”称号，主张以“合理价格”供应军需，自己也在军需工作中发了财。1780年，大陆会议财务工作问题成山，引起大哗。邦联议会决定改组财政委员会，他大吵一架，愤而出走，此后三年不参加邦联议会工作。制宪会议期间，有代表说“凡不是格里提出的动议，他都要发表不同意见”；会议结束时，他拒绝在联邦宪法上签名；回到马萨诸塞，他带头反对批准联邦宪法；过了一年，他宣布支持联邦宪法。1813年，69岁的格里出任麦迪逊总统的副总统；1814年，格里在去参议院的路上中风，去世。

[60] 空白要求用一个比例，如二分之一、三分之二、四分之三，填空。

威尔逊先生：不论原先的主张，还是现在的修改，都走得不够远。倘若立法、行政、司法应该各当一面，相互独立，那么，行政官就应该拥有绝对否决权。没有这样的自卫能力，议会随时可能把行政官的位置降低为虚设。他主张把这个提法变通一下，授予行政和司法部门联合实施对立法的绝对否决权。

对是否推迟讨论关于复决会议的分句、改为讨论格里提出的动议表决，结果，马萨诸塞赞成，康涅狄格反对，纽约赞成，宾夕法尼亚赞成，特拉华反对，马里兰反对，弗吉尼亚反对，北卡罗来纳赞成，南卡罗来纳赞成，佐治亚赞成。于是，推迟讨论原有意见，改为把格里的动议提交全体委员会讨论。

威尔逊先生和汉密尔顿先生提议：把最后一部分，即“除非议会两院______的议员分别再次通过，方可压倒这种否决”删掉，以便授予行政官对立法的绝对否决权。他们认为，不存在过分使用这一权力的危险。有人（汉密尔顿上校）提到，自英国革命以来，英国国王从来没有动用过否决权。

格里先生：没有必要对议会加以如此之大的控制，因为议会两院将由全社会最优秀的人物组成。

富兰克林博士：虽然不论什么场合他都极其尊重他的同仁，但在这个问题上，却只好遗憾地发表不同的意见，可说是情不自禁。在宾夕法尼亚领主政府时期，他曾对行政官制约议会的做法有过一些体验。总督的否决权被频繁地用来搜刮钱财。不私下与总督讨价还价，不论什么好的立法都通不过。给他增加年薪，或者提供捐款，总是成为条件之一，直到成为常规惯例；议会下令充实他的国库，总是与总督签署立法并行，于是，总督就先把好处捞到手，再签署立法。每当印第安人袭击西部居民，警报传来，在答应总督对他的财产实行免税之前，总是得不到总督下达的自卫命令，结果，老百姓得为保护他的财产而打仗，总督却无须分担税务负担。这是一种导致谬误的制约。倘若行政官要有一个咨议会，这种权力就会变得更不客观。有人提到，自英国革命以来，英国国王确实从未动用过否决权，个中道理，解释起来十分容易。把贿赂和犒劳送到议员手中，就用不着使用否决权，一切事情都可以按大臣们的意见处理。国王是害怕，倘若动用授予他的否决权，议员会要求更多的权力和金钱。最后，他对议会施加的影响和贿赂，足以使议会完全成为他的臣仆。

谢尔曼[61]先生：反对让任何一个人的能量达到足以制止全体的意志。迄今为止，还无法找到一个人，高于他以外的众人的智慧。他认为，在复决立法方面，我们应该让我们大家有益于他的智慧，而不允许他居高临下，对议会已经感觉到并加以冷却的观点予以否决。麦迪逊先生认为，若两院一定比例的议员再次投票能压倒行政官的否决，那么，设立绝对否决权的目的也同样能实现。按我们这种办法设立起来的行政官，有足够的力量抵制议会，出现这种局面的次数会很罕见[62]，除非议会背后还有人支持。就是大不列颠国王，禀赋气度庄严，也经不住议会两院一致的意见和恳切的要求。授予这样一种特权，显然不合于这个国家的情形；至少是它现在的情形。

威尔逊先生和其他人一样，相信这一权力会很少使用[62]。议会既然

---

[61] 罗杰·谢尔曼(Roger Sherman，1723—1793)，康涅狄格代表，出席会议时64岁。生于马萨诸塞，移居康涅狄格。青年时开了一家铺子，做过木匠、铁匠，兼做县里的土地测量员，逐渐发迹，就自费印刷自己的货币论文，又出版年历，把自己对宇宙的观察和创作的诗歌印在里面。1754年当上律师，接着成为康涅狄格殖民地议会议员(1755—1761)。1761年移居纽黑文，在耶鲁大学开餐馆、书店，常作捐赠，后来长期担任耶鲁大学司库。他从地方治安法官做起，升为县法官，升为康涅狄格最高法院大法官之一。谢尔曼参加过第一、第二届大陆会议，是康涅狄格驻大陆会议的长期代表(1774—1781，1783—1784)，先后担任《独立宣言》起草委员、《邦联条款》起草委员、财政委员、军事委员。他主张高税收，低贷款，反对发行纸币。1783年协助编撰康涅狄格行政法，又当选纽黑文市长(1784—1786)。他和艾尔斯沃斯设法打破大邦、小邦之间在议会席位分配问题上的僵局，提出众议院按人口分配、参议院每邦两席的折中方案，实现了制宪会议的"伟大妥协"(Great Compromise)。他促成康涅狄格于1788年1月9日以128比40票批准联邦宪法。新政府成立后，他当选第一届联邦众议员(1789—1791)，在联邦参议员任上(1791—1793)去世。只有他和罗伯特·莫里斯两人在《独立宣言》、《邦联条款》、《联邦宪法》上都签过名。

[62] 华盛顿使用否决权1次，亚当斯和杰斐逊0次，麦迪逊7次，林肯7次，富兰克林·罗斯福使用否决权635次。现在，否决权常被用来作为谈判手段：在议会辩论一项提案之前和途中，总统不断发出呼声：若不如何，就要动用否决权，威胁施压；议会可以努力反制，以压倒否决威胁，或坚持不让。

知道有这么一种权力，就会避免制定明知会被否决的立法。这样一来，这种权力的无言实施，就能保全和谐，避免谬误。宾夕法尼亚过去的例子，和它现在的情况已经大不相同。那时的行政官，不像现在这样，由人民选举。现在的情况，已不像被援引的过去的例子那样，当时，行政官受到一个大帝国首脑的支持，对人民的利益无动于衷，有时甚至反其道而行之。官员的年薪现在也已明确提出要用宪法固定下来，或者，若富兰克林博士的意见得到采纳，所有的年薪都会予以禁止。要求两院大多数议员分别再次通过，才能压倒行政官的制约，可能会用于和平时期；但也可能出现风暴般的骚动时刻，行政官与议会两院相互敌对怨恨，出现这种局面时，行政官应该有能力捍卫自己。

巴特勒先生：一直赞成设立一人为行政官；但他是否也赞赏授予行政官以否决立法的全权呢？他断然采取了非常不同的立场。他说，长期以来的观察表明，在所有的国家里，行政权一直处在不断扩张的过程之中。大不列颠的情况无疑就是这样。先生们似乎以为：我们从滥用行政权中一点教训也没有吸取。可是，这个国家难道不会像其他国家那样，出现卡塔莱恩(Cataline)和克伦威尔式的人物？

贝德福德先生：反对对议会实行任何制约，包括前面提到的复决会议。他认为，在宪法里具体列举议会的立法权限就够了，这样就能保障其他部门必要的各项权利。人民的议员是人民利益的最佳判断者，不应受议会以外的任何控制。在全国议会内部，两院会产生出足够的控制。

梅森上校注意到，在他离场的时候已经展开了一次表决，把行政权委托给一个人。行政权还包括了在某些场合任命官员的权力。他说，否决权可能带来的滥权，富兰克林博士已作了精湛的解释，并且用各种检验办法中最好的一种——过去的经验，加以证明。同样的大门在我们这里是否就不会敞开呢？行政官可能拒绝批准必要的立法，直到向他提交新的任命名单；等到一步一步把所有的权力都抓到自己一人手中，美利坚的行政官，也会和英国的行政官一样，搞贿赂，施影响，为自已免去麻烦，此后再也无须使用否决权，免得引起公愤。主席先生，我们在这个问题上已经走得很远了。的确，我们不是在为英国政府制定宪法，而是在构建一个更加危险的君主制，一个选举出来的君主制。我们正在向我们的制度中引进一项新的原则，一项就像在英国政府里一样不必要的原则，那里的问题，就是行政官的权力过大。先生们的意思，是否想为世袭的君主制铺平道路？先生们是否正在自我恭维，说什么人民也会同意这种发明创新？倘若真是这样，那么，我要冒昧地告诉先生们，他们错了。人民绝不会同意。而且，先生们是否考虑过批准宪法被整个推迟的危险？莫非一定要等到宪法被人民拒绝，造成更大危险？人民不是一时不批准，而是永远不会批准这个终究要提交他们批准的宪法。尽管我们经历过民主带来的压迫和不公正；人民的情绪却赞同民主，而人民的情绪必须考虑。他不能眼睁睁看着联邦制度被这个制宪会议弄得实际解体，人民委托我们来开会，是为了制定出一部更好的宪法。先生们是否向前看到：在废除旧制度和建立新政府之间，在可能随之而来的困惑感中，存在着一个危险的中断时期[63]？他希望，在这个国家里，永远不再看到恢复君主制的任何企图。对君主制压迫的仇恨，已经带领人民经历了一场刚刚过去的革命。难道授权行政官暂时搁置过分的立法，还不够吗？难道让这些已经通过一次的立法，再次受到冷峻的复议，需要议会的大多数议员再次通过，才能压倒否决，还不够吗？他绝不同意放弃人民的所有权利，拱手交给由一个人担任的行政官。如果固定下来的不止一个人，那么，还可以考虑对行政官委托更大的权力。他希望，授予这种权力的这种企图，变成一种意见，能在今后讨论增加行政部门人数时发挥力量。

---

[63] 制宪会议于 1787 年 9 月 17 日结束。9 月 28 日，邦联议会把联邦宪法和讨论批准办法提交各邦，各邦先后召开大会，展开激烈辩论。1788 年 7 月 2 日，邦联议会议长塞鲁斯·格利芬宣布，新罕布什尔的批准，使批准的邦达到联邦宪法要求的 9 个，宪法生效。邦联议会指定委员会拟订计划，准备把政权移交给有待选举出来的新政府。但直到 1788 年 11 月 20 日和次年 2 月 5 日，弗吉尼亚和纽约议会依然作出决议，要求再召开一次制宪会议。直到 1789 年 4 月 30 日，华盛顿和亚当斯才宣誓就任新政府的总统和副总统。

富兰克林博士：前两天，南卡的一位先生（巴特勒）提醒我们注意荷兰联邦的例子。他希望先生们回顾一下那个政府的起源，头脑会更充实。过去，那里的人处在奥伦治郡王极其负责的治理之下，他的智慧和勇敢救过他们，人们就选他做邦长（Stadtholder）。他干得很好。不过，在他掌权之下，人们也感到有些事办得不妥；这些不妥的做法逐渐变得越来越具有压迫的性质，最后只好放弃。可是，奥伦治郡王的一伙党徒还在，这时他的职位已经由他的儿子继承，他的儿子挑起一些民众造反，造成许多流血，杀了一些掌握地方权力的人，权力重新回到邦长手中。后来，又一位郡王的权力足以再次挑起民众造反，就干脆把邦长职位变成世袭制。现在的邦长，又准备打一场浴血内战，建立一个王朝。梅森[64]上校提到任命官员可能引起的麻烦。他明白安排这件事的难点。迄今为止，在宾夕法尼亚，每次任命新人，无不带来痛苦，只好把这件事交给行政官处理；于是，所有有利可图的官职，都由行政官决定任命。第一个被放在掌舵位置上的人，会是个好人[65]。今后的后继者会是怎样的人，就无人知道了。这里也和别的国家一样，行政官的地位总是会不断提高，直到以君主制告终。

会议对是否删去多数议员可以压倒行政官否决，从而授予行政官绝对否决权问题表决，结果，马萨诸塞反对，康涅狄格反对，纽约反对，

---

[64] 乔治·梅森（George Mason，1725—1792），弗吉尼亚代表，出席制宪会议时62岁。他参与制定弗吉尼亚宪法，起草了其中的公民“权利法案”，是最初13部邦宪法里惟一具备权利法案的。梅森是农场主，有300多名奴隶，但他主张废除奴隶制度。他在制宪会议期间提出许多不同意见，最后还向制宪会议提出：联邦宪法应增加公民权利法案，被会议拒绝。因此，梅森拒绝在联邦宪法上签名。会后，他和伦道夫公布自己不签名的原因，格里也公布了自己不签名的原因。在弗吉尼亚讨论批准联邦宪法的大会上，他和帕特里克·亨利、理查德·亨利·李形成反对派领袖，与麦迪逊等人展开舌战。不少邦在讨论宪法时，都以增加公民权利条款为批准条件。1789年，第一届联邦议会遵循这些意见，由众议员麦迪逊等人起草公民权利条文十二条，其中十条获得批准。麦迪逊打算把联邦宪法原文拆散，把这十条嵌进正文，谢尔曼等议员反对，于是，这十条成为联邦宪法修正案前十条，即著名的“权利法案”。

[65] 第一个被放在掌舵位置上的人，会是个好人（The first man, put at the helm will be a good one），富兰克林显然指华盛顿。在制宪会议上，虽然代表很少提到华盛顿的名字，但不少代表都意识到华盛顿将是第一任行政官，因此，在讨论授予和不授予全国行政官哪些权力时，代表们不免按照自己对华盛顿的看法，来思考这些问题和作出决定。

宾夕法尼亚反对，特拉华反对，马里兰反对，弗吉尼亚反对，北卡反对，南卡反对，佐治亚反对[66]。会议不同意删去格里提出的多数议员可以压倒行政官否决的动议。

巴特勒[67]先生提议：把决议改为"全国行政官有权把议会通过的任何提案搁置一段时间"。

富兰克林博士附议。

格里先生指出：搁置权与否决有用的立法一样，可能导致同样的错误；但不能达到制约不公正、不明智立法的正面目的。

关于"授予搁置权"的问题，表决结果，所有的10个邦一致反对。

关于授权议会两院分别以多数通过，才能压倒行政官复决制约的问题，在沉默中通过；并同意对格里先生动议中的空白填空。

表决格里先生的动议：授予行政官一人控制立法的复决，司法不参与，但议会两院分别以三分之二的多数议员再次通过，可以压倒行政官的否决。会议通过，马萨诸塞赞成，康涅狄格反对，纽约赞成，宾夕法尼亚赞成，特拉华赞成，马里兰反对，弗吉尼亚赞成，北卡赞成，南卡赞成，佐治亚赞成。

威尔逊先生提议：对刚才通过的决议作如下修改，在"全国行政官"后面增加"和全国司法部门数量适当的成员"。麦迪逊先生附议。

---

[66] 罗德岛拒绝派出代表，新罕布什尔的代表还没有来，从杰尼弗6月2日到会，到雅茨和兰欣7月10日离开制宪会议，这一阶段的会议一直在11个邦之间举行。上述三次表决之前的一次表决，新泽西投了票，但这三次表决却没有新泽西的投票记录。新泽西没有投票记录的情况，前文有，后文还有，新泽西代表有个别离场引起人数不足的可能，有缺席的可能，甚至有到场不投票的可能。

[67] 皮尔斯·巴特勒(Pierce Butler，1744—1822)，南卡罗来纳代表，出席会议时43岁。他出身于英属爱尔兰的贵族家庭。英国人多地少，担心经过几代遗产瓜分，贵族大庄园将化为小农，实行了长子继承制。皮尔斯非长子，与其他贵族的非长子一样，循例到军中求发展。1768年，他随英军到波士顿执行弹压任务，后留居北美。1771年娶南卡富家女为妻，退役在查尔斯顿一带开始农场主的绅士生活。1778年，当选独立后的南卡罗来纳邦议会议员；1779年，出任南卡民兵副司令，战争中失去大部分家产，只好去荷兰贷款。80年代，成为南卡罗来纳邦议会中民主派的领袖。1787年，当选南卡驻邦联议会代表和制宪会议代表。制宪会议后，他在南卡当选第一届联邦参议员(1789—1796)，届满后回家成为乡绅。

汉密尔顿先生反对：此时提出这种修改违反会议规则，威尔逊先生和麦迪逊先生则提出预告：明天还是要提出同样的动议。于是，指定星期三，即后天，再议格里先生的修改意见。

然后，有人提议，得到附议，要求讨论伦道夫提出的第九项决议。有人要求对第一个分句“设立全国司法部门”展开表决。表决结果，会议一致通过。

然后，有人提议，得到附议，在第九项决议第一个分句之后，增加以下措辞：“由一所最高法庭和一所或多所下级法庭组成”。会议通过了这项动议。

然后，委员起立，休会。

6月5日星期二　在全体委员会上

新泽西邦长[68]利文斯顿[69]到会就坐。对伦道夫方案第九项决议的最后一个分句作了修改，删去了“下级法庭”前面的“一所或多所”。正在讨论以下分句：“全国司法部门由全国议会选举。”

威尔逊先生：反对由全国议会选任法官。经验表明，这种由人数众多的机构任命官员的办法不妥。搞阴谋诡计的人，结党营私之徒，掺杂其中，欺瞒民众，是必然引出的后果。行政官由一人担任，一个重大的理由，就是可以由一个负责的人来任命官员。

---

[68] 邦长(governour)：13个邦的宪法给行政首脑取的名称不同。马萨诸塞、康涅狄格、纽约、新泽西、弗吉尼亚、北卡罗来纳、南卡罗来纳、佐治亚的行政首脑都叫 governour，译为“邦长”；新罕布什尔、宾夕法尼亚、特拉华叫 president，译为“主席”。这些邦长和主席一般都有民兵准将的军衔，并兼任全邦民兵总司令；纽约邦长乔治·克林顿还兼任该邦海军总司令。

[69] 威廉·利文斯顿(William Livingston，1723—1790)是新泽西代表，出席会议时64岁。生于纽约，18岁毕业于耶鲁大学，不愿在奥本尼从事家庭的皮毛生意，决定学法律。22岁娶新泽西富家女，在新泽西定居。1748年开始当律师。不久进入殖民地时期的新泽西议会，反对议会里的英国国教派，1758年已成为议会中激进派的领袖，坚持反对英国议会介入殖民地的事务长达十年。在殖民地议会失势后隐居。独立运动把他推上前台，先后参加第一、第二届大陆会议。1776年离开大陆会议回到新泽西，任民兵少将旅长，1777年当选新泽西第一届邦长，连续担任14年，直到1790年去世。因为忙于邦长工作，6月5日才到会，7月份的大部分时间也未能出席制宪会议。会议结束后，他和佩特森等人促成新泽西于1787年12月18日以38票比0票批准联邦宪法，继特拉华和宾夕法尼亚之后，第三个加入联邦(见表二)。

拉特里奇先生绝不同意把这么大的权力授予一个人。人民会认为我们过于倾向君主制。他只赞成设立一所最高法院，不赞成再设立全国性下级法庭。各邦法庭对一切案件担任初审，再适合不过。

富兰克林博士：已经提出了两种产生法官的办法，议会选任和行政官委任。他希望还有其他先生提出别的办法；这可是一个庄严时刻的重大问题。他愿意提一个他所知道的苏格兰采用的办法。然后，他言简意赅、引人入胜地谈起苏格兰的方式：在苏格兰，法官由律师提名，律师们总是选举他们行业中最能干的人，以便摆脱他的竞争，大家好瓜分他受理的案子。他说，在这个例子里，是选举人的利益在作最佳选择，因此，只要可能，总是选得正确。

麦迪逊先生：不喜欢由议会或任何人多口杂的机构选任法官。有人会搞阴谋诡计，地方偏见将会渗入，主要危险在于，许多议员并不具备识别法官的资格。立法才能与断案才能大不一样，议员通常是一些被人们举荐去参加立法的人。大家知道，他们出席或因故缺席，选举时出场或不出场，对当选不至于带来太大影响。另一方面，他也不满意把委任法官的事交给行政官。他倾向于把选任法官的权力赋予参议院，因为参议院人数有限，不会像第一院那样受众多动机支配；而且，参议院有足够的稳定和冷静，能仔细推敲，作出独立的判断。他提了一个思路：把“由议会选任”删去，把这个空白留待更成熟的反思之后，再来填充。威尔逊先生附议。

对“删去由议会选任”表决，马萨诸塞赞成，康涅狄格反对，纽约赞成，新泽西赞成，特拉华赞成，马里兰赞成，弗吉尼亚赞成，北卡赞成，南卡反对，佐治亚赞成。会议决定删去“由议会选任”。

威尔逊先生预先提出要求：过几天，他还要再次提出动议，要求再议“下级法庭”的问题。

平克尼先生预先提出要求：等委员会再次讨论法官产生问题时，他还要再次提出动议，要求恢复“由全国议会选任”的提法。

会议通过第九项决议中的下列分句，法官“行为良好得继续任职[70]，在规定时间，因服务而领取固定薪水，薪水不增不减，以免这种增减影响实际在职的法官”。会议决定推迟讨论第九项决议中余下的其他分句。

会议同意第十项决议：应制定条款，批准在联邦范围内出现的新邦，不论是自愿把政府和领土结合，还是采取其他办法，只要全国议会少于全体议员唱票即可通过。

宣读第十一项决议：“保证各邦建立共和政府，领土不变。”佩特森先生希望，先讨论解决了议会的席位分配问题之后，再讨论这项议题。他提议推迟讨论这项议题。他的动议得到赞同，只有康涅狄格和南卡罗来纳反对。

第十二项决议：“邦联议会[71]继续工作到一个指定的日期，完成他们的任务。”没有引起辩论。表决结果，马萨诸塞赞成，康涅狄格反对，纽约赞成，新泽西赞成，特拉华反对，马里兰赞成，弗吉尼亚赞成，北卡赞成，南卡赞成，佐治亚赞成。会议通过。

讨论第十三项决议：应制定条款，今后通过修正案后，无需再取得全国议会的同意。

平克尼先生：怀疑这一条款是否恰当，是否必要。

格里先生：赞同这项决议。制定宪法是一项新试验，任务艰巨，需要周期性的修订。这种修订的前景，给政府带来中程稳定。联邦内还

---

[70] 行为良好得继续任职(hold office during good behaviour)是终身任职的一种表述方式，除本人辞职，被弹劾成功，予以罢免外，始终任职。

[71] 邦联议会(Congress)：美国使用Congress一词的历史，至少可以追溯到1765年，九个殖民地的代表在纽约举行“代表大会”，达成决议，各殖民地联合抵制英国的印花税。此后，“第一届大陆会议”和“第二届大陆会议”中的“会议”一词，用的都是Congress，表示“代表大会”。本书把《邦联条款》设计的Congress译为“邦联议会”，从1781年3月1日起生效，到1788年10月10日终止；把《联邦宪法》设计的Congress译为“联邦议会”，以便与Legislature(各邦议会)对应。《邦联条款》先由第二届大陆会议通过，后由各邦议会陆续批准，但是没有交给民众讨论批准。美国坚持采用Congress一词，以别于英国的Parliament。

没有发生过什么情况，证明现存的这一条款有何不宜。[72]

表决结果，马萨诸塞、康涅狄格、纽约、宾夕法尼亚、特拉华、马里兰、北卡赞成推迟讨论这一条，弗吉尼亚、南卡、佐治亚反对。会议决定推迟讨论这一条。

讨论第十四项决议，要求各邦官员宣誓支持全国政府。经过短短的乏味讨论后，展开表决，结果，康涅狄格、新泽西、马里兰、弗吉尼亚、南卡、佐治亚赞成推迟讨论，纽约、宾夕法尼亚、特拉华、北卡反对推迟；马萨诸塞代表赞成反对各半。会议决定推迟讨论这一条。

讨论第十五项决议：建议召开由人民选举的国民大会，讨论和批准新宪法。

谢尔曼先生：这种由全民批准的程序没有必要。邦联条款已经规定，更改条款只需取得邦联议会的同意和各邦议会的批准。[73]

麦迪逊先生：这一条必不可少。现在来看，邦联条款在这一方面本身就有毛病，弄得许多邦的议会以不批准为要挟。结果，各邦的法案与邦联的法案老是发生冲突，尤其是，各邦议会开会日期在后，决定权落到各邦议会手里，必然造成悬而不决的局面盛行，甚至不得不作某些决定，迁就讨好各邦当局。他还指出，倘若各自独立的各邦政府只是把联邦条款视为某种具体条约，就会形成一种惯例：倘若任何一邦违反联邦条款中的任何一项，其他各邦便可以认为他们所承担的整体约束也就此解除。基于这些理由和其他理由，他认为，各邦采取无例外的形式，由人民的最高权威履行批准新宪法的这一程序，必不可少。

格里先生：在东部各邦，邦联已受到人民抵制。他似乎害怕把新体制提交人民批准。那一带的人民此时对于政府的观念，是世界上最狂

---

[72] 有些邦在制宪会议之前修改过宪法，后来，邦宪法修改次数较多，不像联邦宪法那么稳定。

[73] 《邦联条款》第十三条规定："从今以后，除非取得联邦在邦联议会上的同意，并在事后得到各邦议会认可，任何时候不得作任何改动。"（见附录二《邦联条款》）

乱的。他们要废除马萨诸塞的参议院，把政府的全部权力都交给立法机构中的另一院。

金先生：邦联条款最后一条假定各邦议会有批准能力。可是，在南方各邦，邦联条款只得到各邦议会批准，从那以后，人民总是用间接方式抵制邦联。他想，或许有办法，使批准的方式多样化。国民代表大会[74]是一院制，通过宪法比较容易，不像各邦议会那样，要两院通过。而且，各邦议会在批准过程中是权力的失去者，他们最有可能起而反对。人民本来应该拥有政府，现在他们已与他们应有的权力分离，只有另想别的办法，使人民能得到正确对待。

威尔逊先生借此机会举出一系列例证，希望引导委员会接受以下观念：不要弄得多数邦想按更佳原则重新结盟的事业受到拖累，被少数邦不替别人着想的自私反对搞垮。他希望，批准条款可以建立在以下立足点上：承认这是一个愿者加入的部分联盟，然后开放门户，接纳其余的邦。*

平克尼先生希望：万一这项试验不能取得各邦一致同意，可以考虑授权九个邦在新政府下先联合。

会议一致同意推迟讨论第十五条决议。

平克尼先生和拉特里奇先生提议：指定明天再议全国议会第一院的选举办法。

表决结果，赞成明天再议的有康涅狄格、纽约、宾夕法尼亚、特拉华、马里兰、弗吉尼亚，反对再议的是马萨诸塞、新泽西、北卡罗来纳[75]、

---

[74] 国民代表大会(convention)指各邦为讨论和批准本邦宪法或联邦宪法而专门召开的大会，代表人数比议员人数多。这次联邦制宪会议也叫 convention，采取不同译法，以示区别。现在，每隔四年共和党和民主党为批准总统候选人和竞选纲领的全国党代表大会也叫 convention。

* 麦迪逊注：威尔逊这话显然是在暗示新泽西和特拉华，吓吓小邦，但无人回应。

[75] 北卡罗来纳(North Carolina)原为领主殖民地。1662年，英王查理二世把卡罗来纳封给帮他复辟王位的八名大臣，成为继马里兰之后的第二个领主殖民地。1699年，英国政治学家、《政府论》两篇的作者约翰·洛克曾精心设计《卡罗来纳基本宪法》(*The Fundamental Constitution of Carolina*)。后来分为北卡罗来纳和南卡罗来纳。1776年12月18日，（转下页）

南卡罗来纳、佐治亚。会议决定明天再议。

拉特里奇先生事先已取得会议同意，要求再议在全国政府下设立下级法院的分句。现在，他提议把第九项决议中的这个分句删去。他说：各邦法院可以而且应该保留，担任一切案件的初审，把上诉案的审理权授予全国最高法院，足以保证全国政府的权利和裁决的整齐划一。这样，不至于侵蚀各邦的管辖范围，造成不必要的障碍，引起各邦对新体制的反对。谢尔曼先生附议。

麦迪逊先生：除非下级法庭遍布于整个共和国，到处都有，并且对许多案件具有终审司法权，否则，上诉案会成倍增加，压力达到极点；而且，许多案子即使上诉，也得不到校正。在邦的法庭上，带有依附性的法官，在带有偏见的指示下，作出不当裁决，或者，陪审团未经指导，出于地方偏见，作出不当裁决，怎么办？驳回下级法庭的裁决，要求重新审理，并不能解决问题。下令在最高法院重新审理，就要求涉事各方把他们的证人都带来，哪怕他们离最高法院十分遥远。一套与立法权威匹配的有效司法建制，的确是根本大计。一个政府，没有适当的行政和司法部门，就像一个身体只有躯干没有手脚，无法行动。

威尔逊先生以类似的理由反对拉特里奇的动议。他说：海事司法权应该全部授予全国政府，因为它所涉及的案件并不发生在某一个具体的邦，这类案件多半发生在与外国人发生纠纷的场合。

谢尔曼先生：赞同拉特里奇的动议。他强调，既然现存的各邦法院能够实现这个目的，何必要花这么多钱去建立一套新的法院

(接上页)北卡罗来纳通过宪法，建立邦政府。在13个邦里，北卡罗来纳的人口第三，1780年为27万，1790年达39万多人；土地面积也是第三，1790年为12.6万平方公里。1787年1月，北卡罗来纳参议院和众议院举行联席会议，决定委任理查德·卡斯维尔，亚历山大·马丁，威廉·理查德·戴维，理查德·多布斯·斯佩特，威利·琼斯参加制宪会议，五人或其中任意二人出席，即可代表北卡罗来纳。威利·琼斯拒绝担任代表；4月3日，北卡罗来纳邦长、民兵准将兼总司令理查德·卡斯维尔指派休·威廉森顶替威利·琼斯。理查德·卡斯维尔本人也辞去代表职务；4月23日，卡斯维尔指派威廉·布朗特顶替他本人的代表职务。

体系。

迪金森先生坚持认为：既然要建立全国立法部门，就要建立全国司法部门，前者应该有权设立后者。

对拉特里奇的动议表决，结果马萨诸塞代表赞成反对各半，康涅狄格赞成，纽约代表赞成反对各半，新泽西赞成，宾夕法尼亚反对，特拉华反对，马里兰反对，弗吉尼亚反对，北卡罗来纳赞成，南卡罗来纳[76]赞成，佐治亚赞成。会议决定不设立全国性下级法院。

于是，威尔逊先生和麦迪逊先生提议：为了实现迪金森先生的想法，宜在第九项决议后面增加以下措辞，“应该授权全国议会设立下级法院”。他们指出，提出设立这些法院的绝对要求，和任凭各邦议会自由决定是否设立，是不同的。他们反复指出制定相关条款的必要。

巴特勒先生：人民不会忍受这样的标新立异。如此蚕食各邦的权力，他们会起而反叛。就算这种设制有用，我们也不能冒险而为。我们应该追随梭伦的榜样，他提供给雅典人民的，并非他能设计的最好政府，而是雅典人最愿意接受的政府。

金先生：比较两种设制的花费，建立一套下级法院要花的钱，比起这些法院所能避免的大量上诉案件的花费，肯定还是要少些。

对威尔逊先生和麦迪逊先生提出的动议表决，结果马萨诸塞赞成，康涅狄格反对，纽约代表赞成反对各半，新泽西赞成*，宾夕法尼亚赞成，特拉华赞成，马里兰赞成，弗吉尼亚赞成，北卡罗来纳赞成，

---

[76] 南卡罗来纳(South Carolina)原为卡罗来纳的南部。1776 年 3 月 26 日，南卡罗来纳继新罕布什尔之后通过宪法，建立邦政府，然后，4 月，约翰·亚当斯才发表《关于政府的思考》，5 月，大陆会议才发出制定宪法的号召，7 月，《独立宣言》才问世。在 13 个邦里，南卡罗来纳人口居第七位，1780 年为 18 万，1790 年近 25 万；土地面积第六，1790 年为 7.9 万平方公里(见表一)。1787 年 3 月 8 日，南卡罗来纳议会两院通过法案，委任约翰·拉特里奇，查尔斯·平克尼，查尔斯·科茨沃斯·平克尼，皮尔斯·巴特勒参加制宪会议。南卡罗来纳邦长兼总司令托马斯·平克尼在授权书中说，他们四人或其中多数可以代表南卡罗来纳，除非实际出席者不足二人。

* 麦迪逊注：在出版的秘书《会议记录》一书中，新泽西是反对。

南卡罗来纳反对，佐治亚赞成。会议同意由全国议会设立下级法院。⑰

然后，委员起立，休会到明天11点继续。

---

⑰ 麦迪逊的笔记，以记录代表发言内容为主，投票记录不全；制宪会议秘书杰克逊的记录，单独用一个笔记本记下了569次投票的结果。1819年，《会议记录》出版后，麦迪逊按秘书的记录补充了自己笔记中漏记的投票结果。可是，杰克逊投票记录的第一页，记下了前28次投票结果，却没有想到留下空白填写投票所针对的问题，于是，利用缺席的罗德岛的栏目空白，偶尔简单写几个字表示投票内容，利用新罕布什尔的空白，综合赞成票和反对票的数字。上面的一次投票，是第27次，杰克逊写的是："删去下级法院"，结果是5票赞成，4票反对。第28次投票，杰克逊没有写投票针对的问题。这个问题正好是否定上一个问题，结果，7票赞成，3票反对。这样，北卡和佐治亚刚刚赞成删去下级法院，马上又赞成设立下级法院，马萨诸塞从代表赞成、反对各半变成赞成设立。

现在，美国并存两套法律体系和两套法院体系。各邦议会制定本邦的法律，考虑因地制宜，内容一般比较具体细致，但不得违背联邦法律的原则。各邦有自己的初审法院，上诉庭，最高法院，后者的裁决为终审。联邦议会制定联邦法律，在每邦设立联邦地区法院，在若干邦共设一个联邦巡回上诉法庭，全国设联邦最高法院，后者的裁决为终审。因此，原告首先需要确定自己循哪一套司法程序前进。两百年来，两套体系也逐渐形成自己的侧重点。因房地产引起的诉讼，一般会循邦法律和邦法院的路线。黑人和其他少数群体提出民权诉讼，一般会循联邦法律和联邦法院的路线。

6月6日星期三　在全体委员会上

平克尼先生根据预先的要求和会议的许可，再次提议："全国议会第一院议员应该由各邦议会选举，不由人民选举。"他坚持认为，在选举议员这样的事情上，人民的判断力要差些，而且，若各邦议会完全被排斥在外，他们就更不会采取行动促进对新政府的批准。

拉特里奇[78]先生附议。

格里先生：这在很大程度上取决于选举的方式。在英国，只有小部分人享有选举权，人民多半失去公民权利。我们这里的危险却起于相

---

[78] 约翰·拉特里奇(John Rutledge，1739—1800)，南卡罗来纳代表，出席会议时48岁。生于南卡的一个爱尔兰移民家庭，由做过医生、牧师、教师的父亲启蒙。21岁在伦敦著名的中寺完成法律教育，取得在英国开业的资格，但立即回到南卡首府查尔斯顿开律师行。业务很快兴隆，他买地置产，购买黑奴。1765年代表南卡到纽约出席殖民地联合抵制印花税会议，1774年参加第一届大陆会议，1775年参加第二届大陆会议。1776年春赶回南卡，参与起草南卡宪法，组建邦政府，派弟弟爱德华去费城代表南卡签署《独立宣言》。接连担任邦众议院议长两年(1776—1778)。1779年，英军攻陷查尔斯顿时，他是南卡的战时邦长，侥幸逃出，家产被毁，后带兵光复查尔斯顿。出席制宪会议时为南卡众议员(1784—1790)。1789年担任联邦最高法院大法官之一，他没干多久，1791年起担任南卡最高法院首席大法官。1795年，华盛顿提名他顶替辞去联邦最高法院第一任首席大法官的约翰·杰伊，杰伊想去竞选纽约邦长。1794年，拉特里奇曾公开反对杰伊条约，联邦参议院不悦，拉特里奇付出的代价，是对他的提名被联邦参议院拒绝。华盛顿改为提名奥立维·艾尔斯沃斯，1795年，艾尔斯沃斯当上联邦最高法院首席大法官。

反的极端。因此，在马萨诸塞，最坏的人倒进了邦议会。那个机构的好几名议员，后来都被证明罪行昭著。处在底层的贫困无知的人们，毫不留情地用非常肮脏的话语指责那些地位高的人要弄伎俩。他自己并不想趋极端。他的原则还和从前一样，反对贵族制，反对君主制。一方面，有必要让人民选举议会的一院，以便激发人民必要的信心。但是，他希望另一院的选举办法要修改一下，能更有效地偏重于德行。他的想法是，每个选区的人民提名一些候选人，然后，由邦议会从中挑选。

威尔逊先生：希望政府生气勃勃，但是他希望生气勃勃的权威直接来自一切权威的合法源泉——人民。政府不仅应该拥有第一个宝，即力量，而且应该拥有第二个宝，就是全体人民的思想感情。议会应该是全社会民意最准确的转达机构。代议制之所以必要，就是因为人民不可能集体治理。他说，他估计反对势力会来自各邦的政府，而不是各邦的公民。金先生说过，人民已经与他们应有的权力分离；这些权力本来属于人民，由人民实施，如果施行得好，就是他们的。各邦的官员将失去他们的权力。他估计，人民会对全国政府比对本邦政府更亲，会认为全国政府更重要，更能满足他们的自豪感。若采取大选区的办法，不会出现选举不当的危险。坏选举产生于选区太小，给坏人拉帮结派、霸占官位的机会。

谢尔曼先生：如果想要废止各邦政府，那就应该由人民选举。如果想要各邦政府继续下去，那就必须维系全国政府与各邦政府之间的和谐，让各邦政府选举全国政府。人民选举各邦议会，就足以保障他们对全国政府的参与。他认为，组成联邦的目的，不过以下几点：一、抵御外来的危险；二、制止内部争端，不行则诉诸武力；三、与外国缔结条约；四、管理对外经商，并从中抽取岁入。这些，再加上一些次要目的，使各邦觉得有必要结盟。所有其他事务，无论民事刑事，还是放在各邦政府手里要好得多。人们在小邦里生活比在大邦里更幸福。邦或许真的就应该像罗德岛那么小，邦大了，分帮分派就会太多。有些其他的邦可能就是太大，政府的能力弄得鞭长莫及。他主张，把总体政府的立法权和行政权都限定在一个范围以内。

梅森上校：在现行的邦联体制下，邦联议会只是代表各邦，并不代表各邦人民：邦联议会通过的法案，要通过各邦政府贯彻，不能直接施于个人。在设立新政府的方案里，这种情况要变过来。全国政府要代表人民，人民也就要选举议员。真正的代议制，要求议员关心选民的痛痒；应该想其所想，感其所感；为了实现这些目的，议员甚至必须生活在人民中间。他说，人们对民主选举作了许多指责。他承认，是有许多值得批评的地方；但是应该想到，世上没有完美无缺、不生罪恶的政府；而且，在许多例证中，不当选举也与共和制分不开。不过比来比去，还是这种选举优越性多，维护人民的权利，维护人的本性。他相信，如果把选区划分得大一些，不像各邦议会过去的做法那样，那么，由人民选举，选得适当的机会会更多。纸币原来就是邦政府发行的，人民是反对的。如果当时由人民选举，各邦可能不会派那么多支持纸币的代表到邦联议会里去。

麦迪逊先生：议会至少应该有一院由人民选举，作为自由政府的明朗象征，这种选举方式如果配备适当的规则，还会产生其他优点，保证选出更好的议员，避免各邦政府在首都的代理机构过大。谢尔曼先生刚才提到设立全国政府的一些基本目的，他与谢尔曼先生想法不同。谢尔曼先生提到的那些目的，当然重要，而且必需；不过，他要把这些目的与更有效地保障个人权利结合起来，与保障稳定的司法结合起来。消除这些弊端，比消除其他弊端更重要，正因为有这么多弊病，才产生了这次制宪会议。倘若共和主义的公民权利在若干邦政府的实际做法里受到践踏，还能指望这些公民权利长期存在吗？谢尔曼先生已经承认，在一个非常小的邦里，拉帮结派、互相倾轧的现象也在盛行。由此可知，即使小邦，拉帮结派、互相倾轧也是到处盛行。难道这些现象在大邦就不盛行，或者比小邦好一点吗？由此可见，我们不应该指责扩大政府治理范围的要求，因为政府的性质就是如此。政府若采取民主的形式，与之俱生的就是麻烦和不方便，人们之所以指责民主，原因就在这里。所有文明社会的构成，都有富人和穷人、放债者和借债者，拥有土地的人，从事制造的人，经商的人，这一地区和那一地区的居民，这个政治领袖和那个政治领袖的追随者，这个宗教教派和那个宗教教派的信徒。在所有社会里，一旦多数被一种共同利益或共同激情联合起来，少数人的权利就会处于危险之中。经验证明：诚实乃是最佳政策这句至理名言，只有群体才相信，个人则很少奉行。对人物的尊敬，随着指责他的人和赞扬他的人增加，并且分裂，这种尊敬就相应缩减。人们知道：良心，这惟一残留的纽带，在个人身上实为不足。在稠人广众之中，人们对良心实无期待。而且宗教本身也能变成迫害和压迫的动机。这些现象，已为古往今来各国历史证实。在希腊和罗马，富人和穷人、放债者和借债者、贵族和平民，轮番压迫对方，彼此都毫不留情。罗马、雅典和迦太基的初期城邦，对从他们那里发展出来的周边地区，也是压迫。前者拥有权力，而后者与前者的目标不同。北美为何如此义正词严地怀疑英国议会用意不公？因为大不列颠另有不同的利益，真实的利益或者想象中的利益，倘若承认英国的权威，那就会牺牲我们而成就他们的利益。我们已经看到，即使处在今天这样一个非常开化的时代，仅仅肤色不同，就构成人类最残酷压迫的基础。我们之间讨论时所抱怨的那些不公正的法律，它们的根源何在？难道不是多数人的真实或想象中的利益吗？借债者总是欺骗放债者。拥有土地的人，对经商的人总是耿耿于怀。持有一种财产的人，总是想把税务负担扔到持有另一种财产的人肩上。我们从这一切能总结出什么教训呢？那就是：一旦多数人在什么地方被一种共同情绪联合起来，有机会得逞，少数人的权利就会失去保障。在一个共和政府里，多数人一旦联合起来，总能找到机会。惟一的补救办法，就是扩大治理范围，把整个社会划分成为数众多的利益和党派。这样，第一，多数人不大有可能在同一时间形成那种背离整体利益和少数利益的共同利益；第二，万一他们形成了那种利益，也不大可能联合起来追求那种利益。因此，我们义不容辞的责任，就是设法寻求这种补救办法。怀着这种想法，我们设计一套共和政府体制时，就要符合这种标准，具备这种形式，控制人们过去经历过的所有罪孽。

迪金森先生：议会的一院应该由人民直接选举，这点至关紧要；另一院由各邦议会选举，也十分妥当。邦政府和全国政府的这种结合，在政治上既精明，实际上也不可避免。组成参议院时，我们应该贯彻精挑细选的做法，使参议院尽可能像英国的上院。他反复重申他对英国宪政的热烈赞颂。他赞成建立一个强大的全国政府，但也主张保留各邦在政府体制中的可观地位。为防止各邦政府依赖全国政府，应该赋予参议院稳定和不可夺回的权力，让参议员任期三年、五年或者七年。达到这样的独立程度，他们就能取得自由，起到制约和决策的作用。

里德先生：对邦政府的背叛太多了。我们应该看远一点，考虑邦政府延续下去之后的前景。一个全国政府势必很快就会把各邦政府吞掉。各邦政府很快就会被贬低为仅仅主持全国参议院选举的办事机构。他反对仅对旧联邦体制做些修修补补，希望大家能打消这个想法。那不过是在旧袍子外面套新衣服。邦联本不过建立在一些临时性的原则上，不可能持久，也没法修补。如果我们不能在新基础上建立起一个好政府，那么，我们不是走向毁灭，就是把这项工作留待别人再来完成一遍。怀疑人民中的多数对建立一个全国政府抱持反感，是错误的。这种反感，其实是存在于那些目前尚有信心、与此有利害关系的人中间。

皮尔斯先生：主张第一院由人民选举，第二院由各邦政府选举。这样，各邦的议员，既代表作为个体的公民，又代表作为公民集合的邦。

平克尼将军[79]：希望建立一个良好的全国政府，同时，又把相当份

---

[79] 查尔斯·科茨沃斯·平克尼(Charles Cotesworth Pinkney，1746—1825)，南卡罗来纳代表，出席会议时41岁。生于南卡首府查尔斯顿，7岁随到伦敦任职的父亲赴英国，18岁毕业于牛津大学，到著名的中寺(Middle Temple)学法律，1769年获准开律师行，到欧洲游学后，于同年回南卡，当选邦议会议员，担任过几个城市的检察长。1775年参加第一南方卡罗来纳团，任上尉，转战各地，不久升上校。1780年查尔斯顿陷落，他为英军俘虏，一直被囚到 （转下页）

额的权力保留给各邦政府。在许多邦，尤其是南卡罗来纳，居民之间彼此相当分散，无论要他们选举哪一院，都完全不切实际。有些先生认为，由人民选举，比起由各邦议会选举，更有利于防止出现坏措施，他的想法不同。以南卡为例，多数人起劲地要求发行纸币作为合法货币，邦议会在此之前却已经反对发行纸币。原因在于，议会有道德责任感，而且受到这种责任感的制约。他说，如果排除各邦议会的参与，它们会更加嫉妒，更起劲地阻挠建立全国政府。废止各邦政府的想法，是贯彻不下去的。

威尔逊先生：本不准备再说，但里德先生说保持各邦政府的想法应该打消，使他觉得还想说说。他认为，全国政府和各邦政府并非不能兼容并存，只要把邦政府的权力限定在地方性的目的即可；并不存在邦政府被全国政府吞掉的可能。古往今来，所有的邦联体制，曾经发生过的倒是相反的情形：组成总体的部分，总是通过篡权，逐渐使总体政府瓦解消亡。

对平克尼先生的动议表决，结果马萨诸塞反对，康涅狄格赞成，纽约反对，新泽西赞成，宾夕法尼亚反对，特拉华反对，马里兰反对，弗吉尼亚反对，北卡反对，南卡赞成，佐治亚反对。会议否定第一院由各邦议会选举的做法。

威尔逊先生：要求再议司法部门被排除参与立法复决的问题。他提议，在“全国行政官”后面加上“和全国司法部门适当数量的人选”；他指出，运用司法部门的影响力，加强行政部门的力量，是适宜的。

麦迪逊先生：附议。他指出：要使行政官具备自我捍卫能力，巨大

(接上页)1782 年，释放后被授予名誉少将旅长。战后重操律师旧业，出任邦参议员。1789 年到 1795 年，华盛顿先后提名他担任联邦陆军司令、联邦最高法院法官、战争部长、国务卿，他都辞谢了。1796 年接受驻法大使职务，但被法国革命政府拒绝，他只好改去荷兰。1798 年出任美军南方司令。1800 年担任联邦党人副总统候选人，与在职总统约翰·亚当斯一起迎接共和党人杰斐逊和伯尔的挑战，结果败于杰斐逊和伯尔。1804 年，联邦党人提名他为总统候选人，挑战共和党人杰斐逊，他以 14 票比 162 票败北；1808 年，联邦党人再次提名他为总统候选人，与共和党人麦迪逊对垒，又以 47 比 122 票落选。

困难来自共和制本身，这种制度不可能在全体公民眼中把单个公民树立到那种突显的地位，那种位高权重的身份，那种以个人利益顶住压力、捍卫全国利益的威势，那种世袭君主的威势。在一个共和国里，个人的德行可以成为调动政治精神高扬的基础，但这种德行很少如此突显，能在人民中间产生那种普遍的默许。行政官会遭到那些竞争失败的人的嫉妒和攻击；因此，要使行政官坚定，就需要拱卫。行政官不会拥有他的地位所有的那种高额报酬，也不会从公共利益中得到永久的一份，以便摆脱外国的贿赂。因此，行政官需要受命即出，既要受到控制，又要得到拱卫。一批法官参与他的复决职能，会使好处加倍，危险减少；也会使司法部门具备自卫能力，抵御立法部门的侵权。现在有两种反对意见：一、法官不应参与立法，立法涉及利益，势必带有偏见，参与立法，会使法官陷入偏见；二、司法部门应与立法和行政部门完全分开，以便保持自己的特点。第一种反对意见颇有分量；不过仔细想想，其实，有一小部分立法在交到法官手里之前，已经有人征询过他们的意见，这样一想，反对的想法也就人为冰释；这一小部分立法中，又有一小部分文字模棱两可，为法官判案留下解释余地；一位法官一生中遇到这种模棱两可的法律条文，也不过几次而已。可是，编制法典从法官们那里受益该有多少呢？他们使法律条文变得清楚、明白、精练、系统。第二种反对意见没有什么分量，既然要把三种权力绝然分开，那么，如果法官不能参与对立法的复决，行政官也不能。反对司法、行政介入立法的思想基础，是一种流行见解：要求行政、司法与立法分立，彼此隔开。行政官和法官组成立法复决会议，并不存在分立的三权混淆不清的问题。这种流行见解产生于英国，但在英国，行政官也拥有对立法的绝对否绝权；而大法官的最高法庭（上议院），又构成立法机构的另一院。简言之，设立复决会议，就是要限制立法部门侵蚀其他两个地位同等部门的权力，侵蚀人民的权力；制止立法部门按自己的原则，或不正确的方式，制定不明智的立法，借用司法部门的智慧和权位，增强行政官的力量，制止立法部门的不明智立法，看来是无可争辩的。

格里先生：与其要行政官复审立法时受到法官的掣肘，受到法官诡辩的诱惑，不如让行政官单独行使这项权力。

金先生：既然我们偏向于设立一人为行政官，是因为一个人更负责。那么，行政权既然集于一人，复决权也应该集于一人。

平克尼先生：原来主张把主要部门的首长，如战争部长、外交部长等，也加进复决会议。后来打消了这个念头，因为行政官如果认为需要，自然会向他们咨询。他反对把法官加进复决会议。

梅森上校：原来打算再给这个复决会议尽量增添一些分量。现在认为，应该细心保护行政权，防止被立法部门篡夺。钱袋和剑永远不能放到相同的手中，不论是立法部门，还是行政部门。

迪金森先生：保守机密、生气勃勃、速断速决，并非行政官需要的主要品格。这些品格固然重要，更重要的还是责任感，责任感要保存慎用；要保存责任感慎用，就要减少职能。他也认为，让法官加入复决，是权力的不当混淆。

威尔逊先生：我们所需要的责任感，来源于行政官的责任心。复决是一项新颖的责任，目的就是要增加这种责任心。

威廉森先生：主张另设一个分句，替代复决会议，要求议会三分之二的议员通过的立法才有效。

是否让司法部门参与对立法的复决？表决结果，马萨诸塞反对，康涅狄格赞成，纽约赞成，新泽西反对，宾夕法尼亚反对，特拉华反对，马里兰反对，弗吉尼亚赞成，北卡反对，南卡反对，佐治亚反对。会议决定不要司法部门参与对立法的复决。[80]

---

[80] 司法复决(judicial review)：麦迪逊和威尔逊为法官力争的这项权力，后来被约翰·马歇尔部分夺回，而且正好是针对麦迪逊。1800年，杰斐逊领导的共和党竞选获胜，占据总统职位和议会中的多数，开始著名的政党分赃制。亚当斯离开总统府前夜，挑灯夜战，签署大量委任状，任命联邦党人为法官。新国务卿麦迪逊上任后，力图夺回司法部门，扣押部分委任状不发，马布里拿不到委任状，起诉麦迪逊。第四任联邦最高法院首席大法官、联邦党人马歇尔想了很久，在联邦党人势单力薄的形势下，宣读判词：麦迪逊的行为符合第一届联邦议(转下页)

平克尼先生预先提出要求，明天他还要提出动议，要求再议全国议会否定各邦议会立法的问题，虽然委员会已经通过第六条决议中的这个分句。

委员起立，休会到明天上午 11 点继续进行。

(接上页)会制定的《司法法》，同时判 1789 年《司法法》的有关条文违反宪法，这就是说，麦迪逊遵守了联邦议会的立法，但是违反了宪法。从此开始了联邦议会立法是否“违宪”的司法复决。

6月7日星期四　在全体委员会上

平克尼先生根据事先得到的同意，提出动议：再议全国议会有权否定各邦议会立法的问题，虽然委员会已经通过这个分句，他的提议还是得到委员会同意，指定明天再议。前次讨论全国议会第二院产生办法时，会议对第二院议员是否由第一院议员推选议而未决。现在迪金森先生提议，“第二院议员应由各邦议会选举”。谢尔曼附议。他说，这样做一些邦才会有兴趣支持全国政府，才能保持全国和各邦两种政府之间的和谐。他说，这两种政府的管辖权应该分开，各有特点，二者又应该相互支持，形成互利。

平克尼先生：只要允许小邦有 1 名参议员，参议院的人数就会十分庞大，至少达到 80 人。

迪金森先生：说明提出动议的两条理由。一、通过各邦政府，比起直接通过各邦人民，能更好地把握各邦的感觉；二、他希望这个参议院能由最杰出的人物组成，杰出表现为参议员出身高贵、财产丰富，尽量像英国的上院那样坚强有力。他认为，这样的人物只有各邦议会才能选出，比其他方式都好。人数众多在他看来并不成为问题。他希望人数达到 80 名，甚至再翻一倍。如果第二院人数少，就不足以抗衡人数众多的第一院。由众多人口选出的议会，应该是一个人数众多的机构。

威廉森先生：倾向参议员人数以少为好，不过，他希望每邦至少有1名参议员。他认为25人是一个比较适宜的数字。两院采取不同的产生方式，可以相互制衡。

巴特勒先生急于了解议席如何分配，然后才能发表意见。

威尔逊先生：如果我们要建立一个全国政府，这个政府就应该从人民中间产生。如果其中的一院由各邦议会选举，另一院由人民选举，两院就会立于不同的基础，彼此之间自然发生分歧。他希望参议院和另一院一样，也由人民选举。为此目的，可以把人民划分为适当的选区。他提议推迟讨论迪金森的动议，改为讨论由人民选举第二院。

古文诺·莫里斯先生附议。

里德先生提议："参议员应该由各邦议会提名适当数量的人选，由全国行政官任命。"他说，他认为有责任把自己的想法坦率地说出来。他希望先生们不至于对这个想法感到惊诧。不用这个办法，建不成一个适当的政府模式，实现不了目的。他认为，最好的办法，就是一步到位。他的主张无人附议，也无人支持。

麦迪逊先生：如果同意迪金森先生的动议，那么，我们要不就背离按比例分配席位的原则，要不就在参议院里容纳大量议员。第一点显然不公正，通不过。第二点则是失策。采纳参议院，目的是开会程序能更冷静、更有条理、更加明智，胜过人数众多的第一院。扩大参议院的人数，就把想要纠正的毛病重新加进去了。迪金森先生认为，人数越多，参议院越有分量。他的想法与迪金森先生相反。他认为，参议院的能量与它的人数成反比。罗马平民选出的保民官人数可以为例。随着保民官人数的增加，他们便逐渐失去影响和权力。看来原因很清楚，罗马设立保民官，本来是为了关心民众的利益和要求，因为平民人数太多，无法一致行动；民众一多，内部势必分成许多派别，使他们成为贵族对手的牺牲品。随着人民代表的人数增加，甚至翻倍，他们就越来越沾上选民的弱点，内部越来越容易分化，或者因为言行失检，或者因为对立派别之间的尔虞我诈，当然就越来越不能完成民众对他们的委托。

当一批人的分量仅只取决于他们的个人因素时，人数越多，能量越大。当能量取决于赋予他们的政治威权的程度时，人数越少，能量越大[81]。这些考虑，或许可以结合到拟议中的参议院身上来，参议院应该是个有分量的机构。

格里先生：现在已经提了四种参议员的产生办法。一、由全国议会第一院选举。这样会使第二院依赖第一院，违背设想的目的。二、由全国行政官任命，这会大步退回君主制，没有多少人会这样想。三、由人民选举。人民分为两大利益，一是拥有土地的利益，二是经商的利益，后者包括持股。人民主要由拥有土地的人组成[82]，这些人误以为拥有其他利益的人与他们的利益对立。四、由各邦议会选举。通过议会精选出来的人，最有可能提供一些制约，有利于经商的人，抑制拥有土地的人；没有这种制约就会产生压迫，如果发生压迫，自由政府难以长治久安。因此，他主张最后一种办法。

迪金森先生：保留各邦政府，让他们具备一定的能力，这点势在必行。这样做，会在各邦政府与联邦政府之间产生摩擦，正好产生我们所希望的相互制约。完全废止各邦政府的企图，会降低我国政府的水平，实际不可取，会导致毁灭。他把拟议中的全国政府比作太阳系，各邦好比行星，应该让他们在自己的适当轨道上自由运行。他说，宾夕法尼亚

---

[81] 人数越少，能量越大（the smaller the number, the greater the weight）：1789 年，第一届联邦众议院由 65 名议员组成，33 名议员赞成，可以通过提案，44 名议员赞成，可以压倒总统否决，增加 11 名众议员的支持，即可压倒总统否决；1911 年起，联邦众议院把席位定为 435，不再增加，每 10 年人口普查后，席位在各邦之间重新分配；218 名议员赞成，可以通过提案，291 名议员赞成，可以压倒总统否决，需增加 73 名众议员的支持，才能压倒总统否决。1789 年，第一届联邦参议院由 26 人组成，14 名议员赞成，可以通过提案，18 名议员赞成，可以压倒总统否决，只要多争取 4 名议员支持，便可压倒总统否决；目前联邦参议院有 100 席，需多争取 16 名议员支持，才能压倒总统否决。仅过半数通过的提案，反对的议员也接近一半人，难以形成稳定持久的政策；开始就以三分之二多数通过的提案，总统难以否决。

[82] 制宪代表们所说的“人民”，主要指拥有土地的“自由人”。例如，1776 年弗吉尼亚宪法规定的选举人资格是：所有精神健全、自由持有 1/4 英亩城镇土地或 25 英亩乡村土地的成年男子。北美初年的特点之一，是地多人少。华盛顿 17 岁在库佩帕县做土地测量员一年，积攒的钱就买了一个 500 英亩土地的农场。1 英亩合 6 市亩。

的那位先生(指威尔逊先生)想要使这些行星消亡。如果全国政府完全排除各邦政府的代理职能,一切权力直接来自人民,结果就是,全国政府就会采取行动,按现在各邦政府的同样方向施政,陷入所有同样的错误。改革只是把十三条溪流汇成一条大河,追求同样的航程,但是不互相反对。他坚持认为,参议院应该由众多成员组成,他们由出身门第和其他因素形成的影响力,应该因此而提高。他不承认罗马的保民官因人数增加而失去能量,对保民官建制的历史作了一番描述。如果麦迪逊先生的推理恰当,那就要证明,参议院的人数应该削减到 10 人以内,10 人是罗马保民官的最高人数。

威尔逊先生:这个必须把握的主题,被疑点和难点围绕。但是我们必须克服这些疑点和难点。英国政府不能作为我们的典范。我们没有构建一个类似政府的材料。我们办事的方式,我们的法律,我们对不动产的有限继承,对长子继承权的废止,人民的整个原创力,都反对这样做。他看不出各邦政府有被全国政府吞噬的危险,相反,他倒是希望制止各邦政府不要吞噬全国政府。他并不像迪金森先生所说的那样,想要让这些行星消亡,但是,他也不相信这些行星会给太阳带来光和热。在它们适当的轨道内,它们仍然要屈居于服从的地位,它们的存在之所以必要,是因为我国幅员广大,需要从属一级的政府。他不明白,参议院由各邦议会选举,不由人民选举,拥有土地的人的利益,在参议院里何以就会变得不那么突出重要。如果各邦议会,像目前被抱怨的那样,牺牲经商的人的利益,偏袒拥有土地的人,那又有什么理由指望他们改变自己的选择,放弃自己的观点?他主张设立大选区,由人民选举参议员,这样最有可能选出有智慧而又正派的人物;仅仅为了方便选民,才进一步把大选区划分得小一点。

麦迪逊先生:迪金森先生主张,由各邦议会选举参议员,比其他方式更能确保把门第优越的人选进参议院。他弄不明白其中的道理。真正的问题在于:采取什么方式才能选出最好的议员?若由人民选举,或采用各邦议会选举之外的其他渠道,只要能避免作弊,不带偏见,注重德行，肯定没有必要由各邦议会选举。除了由人民选举以外，还有什么方式能产生出更有用的制约手段呢？目前怨声载道的最大弊端，就是不论哪里的人要求发行纸币，各邦议会就搞起计谋来，有的地方甚至不征得老百姓的同意。因此，为了制约全国政府的类似毛病，就要依靠人民的影响力，来促成这种制约。说具有适当制约能力的全国政府会重蹈各邦政府的覆辙，或者说各邦政府是惟一的制约因素，再也没有什么说法比这更自相矛盾的了。

谢尔曼先生：反对由人民在选区里选举，认为不大可能像各邦议会那样选出称职的人。

格里先生坚持：经商的人和理财的人的利益，在各邦议会手里，比在人民手里更有保障。各邦议会更具备尊严感，由于这种尊严感的限制，不至于违法乱纪。邦议会反对发行纸币时，人民还是在要求。在马萨诸塞，各县立法会议宣布，希望发行最后会消失的逐渐贬值的纸币。有些邦的议会分为两院，其中一院更富于贵族意味，因此，有更好的机会挑选人才。看来，他认为，有三个有力的理由反对选区选举。一、不切实际：不能为了选举而把人们都召集到一起来，即使召到一起，也无法避免数不清的营私舞弊；二、小邦的选区里包括大邦的一部分或一大部分，我们无法为小邦的德才兼备人才争取到当选机会；三、同一选区内不同的地方又会产生新的分歧。

平克尼先生：第二院应该稳定、独立；由各邦议会选举，议员会更稳定、独立。这种方式可以避免选区选举产生的对垒和争执事件。他主张把所有的邦按大小分为三组，第一组产生3名参议员，第二组产生2名，第三组产生1名。

是否推迟讨论迪金森的动议，参议员由各邦议会推选，先讨论威尔逊的动议，参议员由人民选举，表决结果，马萨诸塞反对，纽约反对，新泽西反对，宾夕法尼亚赞成，特拉华反对，马里兰反对，弗吉尼亚反对，北卡反对，南卡反对，佐治亚反对。会议决定不采纳威尔逊先生的动议。

梅森上校：不论哪些权力是全国政府必备的，总有必要把一部分权力保留给各邦。总不可能让一种权力在联邦以内扩展到极限，无所不在，没有别的力量与它分庭抗礼，谋求公正。各邦议会也要拥有一些手段来捍卫自己，防止全国政府侵蚀他们的权力。对其他所有部门，我们都认真仔细推敲，赋予它们自卫的能力。难道我们单单不应该赋予各邦政府这种自卫能力吗？除了让它们担任全国政府的选民，我们还能提供什么更好的手段，让他们分得一些份额？毫无疑问，无论偏于哪一边都有危险；不过我们只看到邦政府引出的弊端，它的好的一面还有待于体现。邦联议会的例子不足援引，邦联议会无权贯彻他们的立法，全国政府则有这种权力。

对迪金森先生的动议表决，结果，马萨诸塞赞成，康涅狄格赞成，纽约赞成，新泽西赞成，宾夕法尼亚赞成，特拉华赞成，马里兰赞成，弗吉尼亚赞成，北卡赞成，南卡赞成，佐治亚赞成。会议决定：参议院议员由各邦议会推选。[83]

格里先生预先要求，明天他还要提出动议，再议全国行政官的产生办法，要求用各邦行政官推选的办法取代。

委员起立，休会。

---

[83] 1913年5月31日宪法修正案第十七条获准："联邦参议院由每邦人民选出的两名参议员组成。"

6月8日星期五　在全体委员会上

再议以下分句：全国议会有权否定他们认为违背联邦条款和对外条约的各邦议会立法。

平克尼先生："全国议会应该有权否定一切他们认为不适当的各邦议会立法。"他强调，要想使全国一致，立法行之有效，全国议会必须拥有这种权力；各邦必须适当服从全国；如果允许各邦自行其是，那么，不论纸上写得多么详细，都无法捍卫全国政府的特权；邦联会议的法案，就失败在各邦自行其是上；与外国签订的条约，也累遭违反；这种统一的否定权，乃是一个有效全国政府的基石；在英国政府里，国王的否定权已被证明有益，现在各邦已经是一个国家了，不比过去，只是一些殖民地。

麦迪逊先生附议。他认为：对完善的政府体系来说，否定各邦立法的无限权力，绝对必要。经验已经证明，各邦总有一种趋势，不断地蚕食联邦的权力；违反国家的条约；各邦彼此侵入对方的权利和利益；在各自的势力范围内，压迫较弱的一方。要避免这些错误的行为，否定各邦立法，是最温和、最适度的办法。有这样的制约，才能避免这样的企图。若不预先树立这样的规矩，那么，惟一的补救办法，看来就是诉诸武力。诉诸武力是否恰当？是否可行？全国的力量，是否会在马萨诸塞的几个邻邦的唆使下，就对马萨诸塞动武呢？不可能。社会的一小部分，处于一种防御契约内，遇到极端情况时，随时都有可能挑衅全国的权威。对于联邦来说，政府如果建立在诉诸武力的基础上，用武力对付各邦的违宪行为，就会像邦联议会时期的政府一样，政令不行，令人沮丧。采取否定各邦立法的办法，就不必诉诸武力。这样，邦议会自己即使通过了不当立法也无法施行，就像两院中只有一院通过一样，不能施行。不过，要使否定权达到这样的效力，就不能有例外。采取区别对待的做法，就会在两级权威之间生出新的对抗。总之，可以借用太阳系来比喻，全国政府的特权，是无所不在的大原则，要能控制各邦的离心倾向，没有这种向心力，各邦就会不断地想要挣脱轨道，摧毁这种政治制度的秩序与和谐。

威廉森[84]先生：反对授予这样的权力，若授予，各邦可能连制定自己的内部政策也会受到妨碍。

格里先生：看不出这种权力的限度，他反对一切不必要的权力。他认为，只要对邦政府的不合理立法提出抗议和进谏，就可以把错误立法改正过来。必要时也可以诉诸武力。他不反对授权对发行纸币和类似的立法加以否定。当年，马萨诸塞要把发行纸币的权力加入邦联的特权中，各邦在邦联议会上就进退两难。他说，这种拟议中的否定权，会延伸到民兵的管理中去，而邦的存在，则有赖于民兵。全国议会拥有这种否定权力，可能会把各邦视为奴隶。这样的念头，绝不能同意。从来没有人向人民提出过这样的念头，他们也不会接受。在政治和其他领

---

[84] 休·威廉森(Hugh Williamson，1735—1819)，北卡罗来纳代表，出席会议时52岁。生于宾夕法尼亚，有苏格兰和爱尔兰血统。1757年毕业于费城学院，这所学校后来扩展为宾夕法尼亚大学。又到康涅狄格学神学，取得牧师资格，但没有做牧师。又回到母校教数学。1764年出国学医，先后到爱丁堡、伦敦和荷兰的乌得勒支(Utrecht)，在荷兰拿到学位。回到费城行医。1771年发表《论彗星》，得到科学界的承认。1773年去伦敦筹款，想在特拉华办学，结交科学家本杰明·富兰克林，一起做电学试验。独立战争爆发，他回到祖国，在北卡罗来纳做军医总监。1782年当选北卡邦议会议员，又当选驻邦联议会代表。1789年当选第一届联邦众议员，连任两届。1793年移居纽约，从事写作和慈善事业，参与创办北卡罗来纳大学，又担任纽约州立大学董事，创办纽约文学哲学协会。

域，我们已经有过许多喜欢臆断、提出各种不切实际的方案的人物，但还从来没有人在小册子里或报纸上抛出这样的念头。各邦有不同的利益，有时他们也不知道彼此的利益。因此，这种否定权会被滥用。新邦也会和老邦有不同的看法，如果搞否定权，它们就永远也不会加入联邦。新邦甚至可能会处于外国的影响之下；遇到这种情况，它们难道会服从由其他邦主持的否决权？

谢尔曼先生：或许可以对应当实施否决权的情况作出定义。他希望，在没有正式试过以前，先不要把这一点定下来。

威尔逊先生没有说对这种拟议中的权力要作哪些修改，才能切实可行或恰如其分。他说：这种权力无论如何新颖，只要闭起眼睛来仔细想想，就会觉得其中的原则有道理。世上没有这样的例子：法律说，一个人在某种情况下应该受到约束，而在另一种情况下则让他自己随意判断应不应该服从。这两种情况是并行的。滥权而侵犯某个人，与滥权而侵犯某个邦一样，可能发生。联邦权是针对邦而言，公民权是针对个人而言。各邦之所以愿意让出自己的政治主权，换取联邦权，就像野蛮人让出他在自然状态下享受的个人主权，换取公民权一样。要想对实施否定权的情况作出定义，不切实际。天平是应当偏向这一边，还是那一边？最安全的办法，是否应偏向全国政府这一边呢？第一次大陆会议召开时，最初表现出来的情绪之一是：从此不再有弗吉尼亚，不再有马萨诸塞，不再有宾夕法尼亚；我们现在都是兄弟，组成一个国家。我们应该埋葬一切地区利益和区别。这种说法持续了一段。时间一长，语气就变了。各邦政府建立不久，它们彼此的嫉妒和雄心便显现出来。每个邦都努力从公共的面包上多切一块，放进自己的篮子，最后，邦联被撕得支离破碎，落到今天这种软弱无能的模样。回顾一下邦联条款在邦联议会执政期间的变化过程，比较一下邦联议会当初的雄劲有力和它现在的疲软无能。纠正邦联条款的弊病，是这次制宪会议要做的事情。它的弊病之一，就是总体缺乏对部分的有效控制力。如果总体无谓地牺牲它的部分，危险何在？可是，把情况反过来看看，让总体任凭部分宰割,那么,总体利益难道不会持续不断地成为地方利益的牺牲品吗?

迪金森先生:实施否定权时,要在适当和不适当之间划出一条界线,不可能。我们必须自己在二者之间择一。要么,让各邦政府承受遭到全国政府权力损害的危险,要么,让全国政府承受各邦政府权力损害的危险。他认为,来自各邦政府的危险更大。如果把这种权力暂时存疑,会打开另一种争论的门户,他还是赞成尽量把门户关闭起来。

贝德福德[85]先生:回应在座诸位的问题,说起这种否定权给各邦带来的危险,不由得使他想起自己的邦是多么小,别人只要高兴就可以随意损害,毫不留情。他发现,这一切的意图,不过是要剥夺小邦的平等表决权。按现在说的办法做,特拉华在全国议会里只能得到1/99的席位,而宾夕法尼亚和弗吉尼亚合起来则拥有全部席位的1/3。难道其中没有利益上的区别,没有商业和制造业的竞争?一旦大邦发觉小邦挡住了自己的野心和利益的道路,岂不是要把小邦挤垮?这就说明,要采纳现在讨论的这种体制,或任何改变平等表决权的做法,都不可能。说到底,如果一个邦不服从新体制的立法,不论是这种体制还是别的体制,都不能以武力作为最后手段。看起来,宾夕法尼亚和弗吉尼亚通过它们代表的行为,似乎就是希望提出一种体制,使它们在这个体制中具有巨大的、妖怪般的影响力。再说,想想看,这种拟议中的否定权实际如何实施?在情况十分紧急时,难道要各邦把自己的立法停住,把这些立法送到700或800英里之外的全国议会所在地,让一个或许没有判断能力的机构慢慢细细讨论?全国议会就这样一年开到头,以便复审各邦通过的立法?

---

[85] 冈宁·贝德福德(Gunning Bedford, Jr.,1747—1812),特拉华代表,出席会议时40岁。生于费城,1771年毕业于新泽西学院,曾与麦迪逊为同学和室友,这所学校后来扩展为普林斯顿大学。他在费城随约瑟夫·里德学法律,成为律师。后来移居特拉华。独立战争期间从军,可能担任过华盛顿的副官。他先后当选特拉华邦议会的众议员和参议员,1783—1785年为特拉华驻邦联议会代表。1784—1789年他出任特拉华检察总长。1789年,华盛顿任命他为特拉华联邦地区法院法官,他任此职直到去世。

麦迪逊先生：已经开始出现的困难，值得注意，应该在问题还没有发生之前，先设法解决。关于在紧急需要的情况下立法，全国议会应该给各邦分一些权，至少是暂时同意。这是革命之前皇家殖民地的做法，如果最高否定权确实符合美利坚的利益，而且拥有必要信息，这样做也没有什么不便。他认为，把否定权单独赋予参议院，十分适宜。这样，人数众多、运作昂贵的另一院就没有必要持续开会。他问贝德福德先生，如果联邦瓦解，会给小邦带来怎样的后果？若不对现存的有毛病的制度作有效的更正，联邦瓦解的事，看来很有可能发生。除了实行按比例分配席位以外，还有什么更有效的体制可以替代呢？如果大邦贪得无厌、怀有野心，像它们被指责的那样，那么，一旦全国政府的控制都被解除，与它们为邻的小邦，是否就会感到更为安全？

巴特勒先生：坚决反对把否定权的范围弄得如此广延，遥远各邦应该享受的平等公正，会被砍得精光。他相信，那里的人民决不会答应。

对平克尼先生和麦迪逊先生提出的动议表决，结果，马萨诸塞赞成，康涅狄格反对，纽约反对，新泽西反对，宾夕法尼亚赞成，特拉华代表赞成、反对各半（里德先生和迪金森先生赞成，贝德福德先生和巴塞特[86]先生反对），马里兰反对，弗吉尼亚赞成（伦道夫先生和梅森先生反对，布莱尔先生，麦克朗博士，麦迪逊先生赞成，未征询华盛顿将军的意见），北卡反对，南卡反对，佐治亚反对。3 邦赞成，7 邦反对，会议不同意：全国立法机构把对各邦立法的否决权扩展到所有的情况。

根据格里先生和金先生的动议，会议指定明天再议全国行政官的

---

[86] 理查德·巴塞特（Richard Bassett，1745—1815），特拉华代表，出席会议时 42 岁。出生于马里兰，到费城学法律，1770 年回特拉华开业，买地置产，兼营农场。独立战争期间，巴塞特担任特拉华骑兵上尉，1776 年，参加特拉华制宪会议，先后当选邦众议员和参议员。他在联邦制宪会议上没有发言。1787 年 12 月 7 日，特拉华率先以 30 比 0 票批准联邦宪法，成为联邦第一邦，巴塞特是 30 名投赞成票者之一。巴塞特当选特拉华第一届联邦参议员（1789—1793）。1793 年回特拉华担任邦中级民事法院首席大法官。后当选特拉华邦长（1797—1801）。他是亚当斯离开总统府前夜签署委任状的联邦巡回上诉庭法官，共和党人把对他的委任作废。在特拉华度过退职晚年。

产生方式，除康涅狄格和北卡罗来纳反对外，其他 9 邦均赞成再议。

平克尼先生和拉特里奇先生提议，在委员会已经通过的第四条决议之后，增加："把各邦分为三组，第一组产生 3 名参议员，第二组产生 2 名参议员，第三组产生 1 名参议员；每隔一段固定的时间，重新估价各邦的相对重要性，决定它们的资格宜于产生参议员的名额。"

委员起立，休会。

6月9日星期六　在全体委员会上

马里兰的路德·马丁先生到会就坐。

格里先生根据事前得到的许可提议："全国行政官应该由各邦行政官选举，各邦行政官投票的分量，按该邦参议员的席位数计算。"如果全国行政官由全国议会选举，会损害行政官的独立性，而这种独立性应该树立。议会选举行政官，选举之前，会导致行政官与议员互相串通，搞阴谋诡计，形成腐化之风，选举之后，则造成行政官偏袒帮他当选的朋友。因此，格里认为需要设计另外一种选举方法。他提议由各邦行政官选举全国行政官，原则上是全国议会两院选举办法的类推：第一院由各邦人民选举，第二院由各邦议会选举。他以为这种办法不会遭到反对。他想，各邦行政官一定会选出最适当的人选，支持他们自己选出的人，这也是他们的利益。

伦道夫先生：坚决反对格里先生的方法，这是一种失策。这种方法不能激发人民对行政官的信心。小邦在选举全国行政官方面也会失去机会，无法选出他们本邦的人。结果，会造成不称职的人当选；各邦行政官对自己圈子以外的人物也不甚了解。宪法虽然说各邦行政官独立，实际上，他们总还是受到各邦议会观点的影响，因此，他们要么推选各邦自己喜欢的人，要么推选估计会偏袒本邦利益的人。这样选出来的全国行政官，不会具备警觉性，不能挺身抵御各邦对权力的侵蚀，捍卫国家的利益。而且，总会出现行政官职位空缺的情况。到时候如何填补？他也不认为各邦行政官会出于想象中的利益而支持全国行政官。他们不会爱护那棵参天大树，因为这棵大树使他们显得像是无足轻重的灌木。

对格里先生的动议表决，结果，马萨诸塞反对，康涅狄格反对，纽约反对，新泽西反对，宾夕法尼亚反对，特拉华代表赞成反对各半，马里兰反对，弗吉尼亚反对，北卡罗来纳反对，南卡罗来纳反对，佐治亚反对。0 邦赞成，10 邦反对，会议否定“全国行政官由各邦行政官选举”的动议。

佩特森先生提议：要求委员会再议全国议会席位分配规则。

布瑞利[87]先生附议。他说：很抱歉，要对这一点提出疑问。早在大陆会议组成邦联时，这个问题就曾经引起轩然大波。当时，通过给予每个拥有主权的邦平等的一票，这个问题得到正确解决。否则，小邦势必已被摧毁，而不是幸存下来。现在，要用按比例分配席位的办法取代，他承认，表面上看起来是公正的；不过，如果深入考察，就不公平，不合理。若按各邦缴纳给邦联的税款判断，悬殊很大，弗吉尼亚就会分得 16 席，佐治亚则只有 1 席。其他邦按比例类推，席位总数为 90。那就会有 3 个大邦，10 个小邦。他说的大邦指马萨诸塞、宾夕法尼亚、弗吉尼亚，这些邦会操纵一切。大家都承认，他也明白，新泽西的事实是，凡是把大县和小县联合起来组成选区，按选区选举议员，大县总是得其所求。

---

[87] 戴维·布瑞利(David Brearly, 1745—1790)，新泽西代表，出席会议时 42 岁。出生和成长在新泽西，念过新泽西学院，但没有毕业。学习法律后在新泽西开业。投身独立事业，被英国殖民当局以严重叛国罪拘禁，被同志营救。1776 年参与制定新泽西宪法。独立战争期间，在新泽西民兵中从上尉升为上校。1779 年当选新泽西最高法院首席大法官，一直担任到 1789 年。1780 年，他对霍尔姆斯诉瓦尔顿一案的判词是司法复决原则的先例之一，次年，新泽西学院授予他荣誉硕士学位。在制宪会议上，他追随佩特森，提出新泽西制宪方案。1788 年，他担任新泽西国民大会主席，主持了对联邦宪法的讨论和批准。1789 年，华盛顿任命他为联邦地区法官，一年后病逝。

由此类推，大邦也会如此。弗吉尼亚挟其 16 席之重，势必成为顶梁柱，形成令人生畏的军事方阵。而佐治亚仅仅 1 席，其他小邦也只好频频投靠某个大邦，才能有点分量。他来参加制宪会议，是希望起点作用，给联邦政府灌注力量和稳定。摧毁各邦平等表决权的主张刚一提出，他简直惊呆了，十分警觉。有人会问，佐治亚与弗吉尼亚享有平等的表决权，是否公平？他不会说公平。那么，矫正办法何在？只有一个，把联邦的地图铺开，把现存的边界都擦掉，重新划分，把整体划分为 13 个等份。

佩特森先生：按比例分配席位是要打击小邦的存在。不过，他还是愿意探索一下这个问题，对制宪会议的性质、结构、权力提出一些看法。他说，召开制宪会议，是根据邦联议会的一项决议，好几个邦的授权书都援引了这项决议，尤其是马萨诸塞的授权书。他要求朗读一遍：各邦通过法案和派代表团来的目的都是修补邦联；因此，邦联条款是制宪会议全部议程的适当基础。我们应该恪守这种限度，否则我们的选民就会指责我们篡权。美利坚人民正拭目以待，不容欺骗。我们据以行动的授权书，不仅是衡量我们权力的尺度，也体现出各邦对我们要讨论的主题的情绪。全国政府这个想法，与联邦形成鲜明对照，各邦从来没有想过，公众从来没有想过，而我们必须遵从各邦和公众的想法。我们没有权力超越联邦的框架，即使我们超越，人民对此也还没有准备成熟。我们应该追随人民，人民不会追随我们。不论把我们看成一个国家，还是看成一个结盟，这种主张都站不住脚。结盟的意思，就是承认组成联盟的各个成员的主权，而主权则意味着平等。如果把我们看成一个国家，那么，各邦的所有独特性都应该废止，整个儿扔到一个炉子里，熔化以后再作平等的划分，那时或许可以公平分配席位。他坚持认为，弗吉尼亚、马萨诸塞、宾夕法尼亚是 3 个大邦，其他 10 个则是小邦；他重复布瑞利先生的计算结果，指出表决权将会出现悬殊，断言小邦绝不会同意这种做法。他说，一个贡献多的大邦，就要比一个贡献少的小邦拥有更多的投票权，就像一个富有的公民，就要比一个贫寒的公民拥有更多的投票权一样，没有道理。如果甲的财产衡量出来是乙的40倍，甲是否就有理由拥有乙的40倍的投票权呢？这种原则永远不会得到承认，如果承认，那么乙就会完全听凭甲的摆布。由于甲比乙有更多的财产需要保护，所以，他应该为共同保护作出更多贡献。对于大邦，也可以这么说：它们比小邦有更多的财产需要保护。倘若授予大邦与它们分量成比例的影响力，会造成怎样的结果呢？他们的野心就会成比例地膨胀，小邦就要事事提心吊胆。当年盖罗威等人曾经提出，美利坚应该在英国议会中拥有议席，才能接受英国议会立法的约束。可是，美利坚取得席位的资格，还超不过英国的三分之一，投票还是会败于英国。用这种办法来组成政府，美利坚的权利和利益会安全吗？有人一直在说，如果要组织一个全国政府，直接管理人民，不再通过各邦政府，议员就应该由人民选举。可是这种说法的理由何在？各邦议会是由人民选举的，难道不能由各邦政府管理人民，由各邦议会选举全国议会吗？难道找不出一种切实可行的强制手段吗？他承认，现行体制没有这种手段。他热烈忠实于现行的结盟方案，在这种体制下，人民选举各邦的议员；然后，各邦议会选举派往联邦的代表。邦联条款需要修改的地方，就是准确地勾画出各邦应该遵循的轨迹，提出在什么情况下采取武力，后者才是大问题。佩特森提到威尔逊先生作过的一个暗示：如果其他邦同时拒绝，大邦之间必要时会自己结盟。如果他们高兴，就让他们自己去联合吧，不过他们应该记住：他们没有权力强迫别的邦也联合。新泽西绝不会按目前提交委员会的这个方案联合。新泽西或许会被别人吞噬。可是，他宁可向一个君主投降，臣服于一个专制暴君，也不愿落到这样的命运。他不仅要在这里反对这个方案，回到新泽西，他也要尽自己的一切力量，在那里击败这个方案。

威尔逊：他原来的意思是，万一邦联解体，那么，各邦之中或者多数邦，或者少数邦，为了他们的安全，会联合起来。他详细地说明捍卫按比例分配席位的想法，从自己的第一立场说起，所有的权力，都来自人民，同等数量的人民，应该拥有同等数量的席位，不同数量的人民，应该拥有不同数量的席位。组成邦联时，由于时局紧迫，这条原则被不适当地违背了。至于佩特森先生说到的甲乙投票权问题，他的看法是，即使在像邦那样大的选区里，人口数也是比较它们财富的最佳尺度。因此，不论是用财富还是用人数衡量，比例总是一样。佩特森先生承认，人，而非财产，是分配席位的尺度。难道宾夕法尼亚的公民与新泽西的公民不平等吗？难道需要 150 个宾夕法尼亚的公民，才能与 50 个新泽西的公民平衡？显然，不同地区的议员，彼此应该保持一定的比例，与他们各自选民的人数比例一样。若小邦不愿按此方案结盟，宾夕法尼亚，还有他推想的其他邦，也不会按别的方案联合。有人反复告诉我们，每个邦都拥有主权，所有的邦一律平等。其实，每个人按其自然属性都有自己的主权，因此，所有的人按其自然属性一律平等。等他变成文明政府之下的一员以后，是否还能保持这种平等呢？不能。一个拥有主权的邦，一旦变成联邦政府的一员，主权也所剩无几。倘若新泽西不愿与其主权分手，那么谈论建立政府也是枉然。重新划分各邦疆界虽然是一种愿望，但最终总是完全无法办到。

威廉森先生：把不同邦的情况，比作同一个邦内大小不同的县。他说，在同一个邦内，大小不同的县之间按比例分配席位，大家都承认公平合理，因此，在邦与邦之间也无可非议。

准备对这一问题付诸表决时，佩特森先生表示，这个问题关乎全局，最好推迟到明天再作决定。

他的要求，得到一致同意。

委员起立，休会。

6月11日星期一　在全体委员会上

佐治亚[88]的阿伯拉罕·鲍德温到会就坐。

上星期六再议全国议会席位分配规则问题时，佩特森先生要求推迟作出决定。今天再议。

谢尔曼先生提议：全国议会第一院席位按各邦自由居民人数比例分配；第二院或参议院每邦1席，不再多。他说，既然各邦仍需拥有一些确定的具体权力，就要让各邦有能力保护自己；否则，少数大邦将会统治其余的邦。他说，按照英国宪法，上院享有一些确定的具体权力，因此，他们才能和下院享有同等的表决权，上院才能捍卫自己的权利。

---

[88] 佐治亚(Georgia)是英国人在北美建立的13个殖民地中最后的一个。詹姆斯·奥格尔索普原为英国议员，主持过议会的监狱改造委员会，萌生带领穷人到处女地去开辟新生活，让清教徒到新大陆去建立宗教避风港的想法。获得英国政府特许后，1732年，他带人到佐治亚建立了7个领主殖民地中最后的一个。1777年2月5日，佐治亚通过宪法，建立了邦政府。在13个邦里，佐治亚土地面积最大，1790年达37.5万平方公里，那时的佐治亚包括今天佛罗里达和亚拉巴马的大部分，许多地区还没有开发；人口倒数第三，1780年5.6万，1790年8.3万(见附表一)。1787年2月10日，佐治亚议会两院联席会议决定委任威廉·费尤，阿伯拉罕·鲍德温，威廉·皮尔斯，乔治·瓦尔顿，威廉·豪斯通，纳撒尼尔·平德尔顿参加制宪会议，六人或其中任意二人出席代表佐治亚。议会法案由众议院议长威廉·吉朋斯签名。4月24日，佐治亚邦长、民兵准将兼总司令乔治·马休斯签署授权书。乔治·瓦尔顿曾代表佐治亚在《独立宣言》上签名，但他和纳撒尼尔·平德尔顿没有出席制宪会议。

拉特里奇先生提议：第一院议席的比例，应按各邦所作财政贡献的比例分配。他说，这条规则的公正性无可争辩。

巴特勒先生赞同这一规则，补充说：钱就是权；各邦在政府里的分量，应该与他们的财富成比例。

为了便于讨论，金先生和威尔逊先生提议："全国议会第一院的席位分配，不遵循邦联条款制定的规则，采取某种平等的比例代议制。"这个分句一直被推迟未议。

迪金森先生坚持：应该把各邦实际作出的财政贡献作为第一院席位的分配规则。这样，才能把各邦的利益与他们的义务联系起来，可以保证各邦履行它们的义务。

金先生指出：目前，通过什么办法来筹集全国的岁入还没有确定；看来，进口税很可能成为财政来源之一。[89] 如果把实际作出的财政贡献作为席位分配依据，那么，不大进口的邦，如康涅狄格和新泽西，可能会陷入悲惨境地。说不定会出现它们分不到席位的情况。部分邦的这种境况，引起一种强烈的呼声，要求征收5%的关税。

这个问题正要付诸表决时，富兰克林博士说，他已把他对这件事的想法写在纸上，威尔逊先生向委员会宣读了他的书面意见，全文如下：

"主席先生：

"我以极大的快乐看到，从席位按比例分配问题提到我们面前起，直到现在，大家的辩论都很冷静，没有发脾气。如果任何与此相反的情况在此发生，我希望只可一，不可再；把我们派到这里来，是要我们相互

---

[89] 联邦政府初期，进口税是联邦政府的主要收入。根据《美国历史统计》第2卷第1106页的统计数字计算，在华盛顿的第一任期(1789—1792)，联邦政府四年的进口税收入之和，占联邦政府四年岁入之和的97%；第二任期(1793—1796)，这个比例为86%；在亚当斯执政的四年里(1797—1800)，这个比例为87%；杰斐逊第一任期(1801—1804)，这个比例为88%；第二任期(1805—1808)为96%；麦迪逊第一任期(1809—1812)，开始第二次对英战争，对外贸易减少，这个比例下降到87%；第二任期(1813—1816)，这个比例进一步下降到74%；门罗第一任期(1817—1820)，这个比例回升到81%；第二任期(1821—1824)，这个比例上升到90%。因此，联邦政府的前36年，政府内的主要财政争论，是各个海关和各种进口商品的税率。

磋商，不是要我们来彼此吵架；说什么观点已经固定，主意已经拿定，说什么绝不改变，既不能启发思维，也不能说服我们。一方的坚定和热烈，自然会引起另一方同样的回报；造成和增加在重大问题上的争执和分歧，我们这个会议极其需要的则是和谐与联盟，有效地促进和保证实现共同利益。

“我得承认，我原来以为，邦联议会的每个代表，我们这个国务会议的每个代表，如果更多地把自己看成是全体的代表，而不以某邦利益的代言人自居，情况就会更好。如果这样，每个邦分配多少个席位就不至于那么重要，议员由邦议会选举还是由百姓选举，也不会弄得那么严重。不过，我发现，实际情况与事前期待并不一样。现在，我认为，议员的人数，与被代表的人数应该成比例；决定应该由邦的多数作出，而不是由少数作出。这种看法，与大邦会吞噬小邦的看法相反。眼前，我还看不出来，大邦提出吞噬小邦有什么好处，因此，还无法想象他们会企图这样做。回想起来，本世纪初年，英格兰和苏格兰两个王国提议结盟时，苏格兰的爱国主义者曾经充满恐惧，以为他们若不能在议会里拥有同等数量的席位，就会被英格兰的人多势众摧毁。最后，他们还是同意在联盟中安排轻重不等的席位，苏格兰在下院里只占 40 席，在上院里只占 16 席；这是一种极大的劣势！可是，直到今天，我还想不起大不列颠议会做过任何歧视苏格兰的事；我相信，不论谁查看一下大不列颠的官员名单，不论文职还是军职，都会发现苏格兰人至少享有与他们的比例充分相称的回报。

“先生，可是按照各邦现在的这种表决方式，等于是小邦有权吞噬大邦；这一点可以用数学方式表述。例如，7 个较小的邦在议会中各有 3 名议员，6 个较大的邦各有 6 名议员。遇到一个问题，7 个较小的邦内各有 2 名议员赞成，1 名议员反对，就是 14 票赞成，7 票反对，所有较大的邦的议员一致反对，一共是 36 票反对，

于是	赞成票	14
	反对票	7 + 36 = 43

“由于需要全票一致才能行动，14 票的意见就使 43 票不能行动。这样，就与古往今来一切国家中议会的通常情况相反，少数的权力压倒了多数。

“先生，较大的邦自然不愿意让他们的财产听任较小的邦处置，就像较小的邦不愿意让他们的财产听任较大的邦处置一样。一位受人敬重的先生，为了避免这种难处，已经提出一种使各邦平等的主张。这个主张在我看来是平等的，从我的角度来看，也不应当反对这种做法，这种做法或许切实可行。的确，过去差不多每个省(province)都有一部不同的宪法，有的宪法规定的特权多些，有的宪法规定的特权少些。发生边界争执时，这对边界附近的居民就是一件大事，担心划分边界后，他们会被划到这一边还是那一边。现在，这样的划分已经处理完毕，情况不再那么严重了。一个邦的利益，由它的单个成员们的利益集合而成。如果单个成员的利益不受损害，邦的利益也不会受损害。小邦治理起来比大邦方便、愉快。因此，如果要实行等分，那就有必要把宾夕法尼亚拆散。我不会起而反对把一部分给新泽西，把另一部分给特拉华。不过，真要实施这种划分，肯定会惹起许多困难；而且不论开初的划分看起来多么平等，一些邦的居民人数总会以不同的速度增加，另一些邦则相对稳定；于是，又要不断地重新划分。因此，我请求委员会讨论另一种方法，在我看来，那种方法是平等的，比较容易实施，就其性质而言，也比较长远。

“让力量比较弱的邦说，为了联邦的总体需求，他们愿意和能够付出多少比例的钱财和兵力。

“让所有其他的邦承担义务，每邦分摊平等的份额。

“这些联合供应的总数，听凭议会支配。

“这种情况下的议会，由每邦数量平等的代表组成。

“议会的决定，由全体单个的议员投票，让多数议员作出决定。

“如果这些联合、平等的供应，在特殊情况下不敷使用，让议会向比较富庶和强大的邦摊派进一步的援助款项，让它们自愿缴纳，把考虑这些援助是否必要和如何使用的权利留给每个邦，让每个邦按它们认为适当的比例，多出或者少出。

"这个方法并不新鲜，过去英国政府对待爱尔兰和各个殖民地就是这样做的。我们提供的，有时比他们期待的或认为公平的还多。上次战争[90]时，我们和英国还联合在一起，五年当中，他们还退还我们一百万英镑。每当形势显得这是帝国的共同利益需要时，我们总是继续这种自愿的贡献。直到他们选择对我们使用武力，剥夺我们自愿贡献的荣耀和欢愉，我们才拒绝和抵制。而且，那些贡献是听凭一个我们在其中并无议员的政府使用的。我这才明白，一个议席平等的政府，不会拒绝这种贡献。

"我的有学问的同事（威尔逊先生）已经提到，目前这种按邦投票的方式，起源于设立邦联的时候，当时明知不适当、不平等、不公正，但是作出了让步。这事记载于 1774 年 9 月 6 日，原文如下：

"'决议：这次会议决定问题时，每个殖民地或省各有一票表决权：会议没有、目前也没有能力获取资料确定各个殖民地的重要性。'"[91]

对金先生和威尔逊先生提出的动议表决，结果，马萨诸塞赞成，康涅狄格赞成，纽约反对，新泽西反对，宾夕法尼亚赞成，特拉华反对，马里兰代表赞成反对各半，弗吉尼亚赞成，北卡赞成，南卡赞成，佐治亚赞

---

[90] 上次战争（last war）指欧洲大多数国家都参加了的七年战争（1756—1763），在北美叫法国-印第安人战争。华盛顿青年时代在对法国和印第安人的战争中作战英勇，被英国驻弗吉尼亚总督提拔为英属弗吉尼亚民兵总司令，升为上校。

[91] 约翰·亚当斯对第一届大陆会议的记载如下："纽约代表杜安提出动议：'应该指定一个委员会，制定会议规则。'弗吉尼亚代表帕特里克·亨利：'我现在不要求全部满足我的权力：弗吉尼亚人、宾夕法尼亚人、纽约人、新英格兰人不再存在，大家都是美国人。先把奴隶从这个问题中排除，如果自由人能按人口选出代表，我就满意了。'纽约代表林奇：'我与弗吉尼亚的这位先生有一点看法不同，人口只是决定各殖民地分量的一个方面。我认为，财产应该加进来，应该把人口和财产综合起来考虑各个殖民地的分量。我认为，这个问题现在解决不了。'拉特里奇先生：'我们并未得到授权；我们所作的决定，只有合乎理性，切实可行，而且实属必要，人们才会服从。'弗吉尼亚代表理查德·亨利·李：'我现在只能断定一点，那就是，我们现在还没有适当的数据。'加德森先生：'我看，除了每个殖民地各投一票外，没有别的办法。'平德尔顿先生：'那就让大会采取步骤，在将来的某个时候，再收集人口和财产的数据。'"选自约翰·亚当斯文集，见《美国的目击者》（*Eyewitness to America*）英文版第 62—63 页。

成。7 邦赞成，3 邦反对，1 邦赞成反对各半，通过实行某种平等的比例代议制。

然后，拉特里奇先生提议，巴特勒先生附议，在刚刚通过的“平等比例代议制”前面，加上“依据财政贡献的比例”。

威尔逊先生提出动议，平克尼先生附议，要求推迟讨论拉特里奇先生的动议，改为讨论以下动议，在“实行平等比例代议制”前面，加上“按每邦全体白人和其他自由公民和居民的总数，不分年龄、性别、条件，包括那些受契约约束需服若干年劳役的人，和五分之三前文中没有提到的人，除去不纳税的印第安人”。这本是邦联议会为摊派各邦岁入而提出的一项提案，并要求每隔 5 年、7 年或 10 年举行一次人口普查，已经得到 11 个邦的赞同。

格里先生：财产不能作为分配席位的依据。为什么要把在南方只视为财产的黑人看得比北方的牛和马重要，而列入席位分配的依据呢？

会议对威尔逊和平克尼先生的动议表决，结果，马萨诸塞、康涅狄格、纽约、宾夕法尼亚、马里兰、弗吉尼亚、北卡、南卡、佐治亚 9 邦赞成，新泽西和特拉华 2 邦反对。会议通过上述关于人口的计算标准。

谢尔曼先生提议：对每邦在第二院中各有 1 席的问题表决。他说，一切都取决于这一个问题。除非在第二院中席位平等，小邦决不会同意按其他任何原则形成的方案。艾尔斯沃斯附议。

对谢尔曼先生的动议表决，结果，马萨诸塞反对，康涅狄格赞成，纽约赞成，新泽西赞成，宾夕法尼亚反对，特拉华赞成，马里兰赞成，弗吉尼亚反对，北卡罗来纳反对，南卡罗来纳反对，佐治亚反对。5 邦赞成，6 邦反对。会议没有同意各邦在第二院中各占 1 席。

威尔逊先生和汉密尔顿先生提议：第二院的席位分配规则，应与第一院相同。

对威尔逊先生和汉密尔顿先生提出的动议表决，结果，马萨诸塞赞成，康涅狄格反对，纽约反对，新泽西反对，宾夕法尼亚赞成，特拉华反对，马里兰反对，弗吉尼亚赞成，北卡赞成，南卡赞成，佐治亚赞成。6 邦赞成，5邦反对。会议同意第二院席位的分配规则与第一院相同。

讨论第十一条：联邦保证在每邦建立一个共和政府，保证各邦领土不变，领土和政府自愿合并例外。

麦迪逊先生提议：在“自愿合并”之后加上“或分立”。

表决结果，马萨诸塞、纽约、宾夕法尼亚、弗吉尼亚、北卡、南卡、佐治亚7邦赞成，康涅狄格、新泽西、特拉华、马里兰4邦反对。会议同意加上“或分立”。[92]

里德先生：不喜欢保证领土不变的提法。这会鼓动各邦争夺，成为永久的争论根源。这个弊病没有别的解决办法，只有把各邦拉到一起，把大家联合为一个大社会。

大家又提出各种不同的提法，最后把这一条改为：“联邦应保证各邦制定一部共和宪法，保持各邦现行法律。”会议一致通过这一整句。

讨论第十三条：应制定条款，以便修正联邦条款中任何显得不再必要的内容，修订之后的条文，无须再征得全国议会的同意。

有几位代表认为这条决议完全没有必要，也不明白为什么要提无须再征得全国议会的同意。

梅森上校极力说明这一条的必要性：现在制定的方案肯定有不足之处，就像试行一段已经证明邦联条款有弊病一样。因此，修正势在必然，最好还是现在就制定条文，让修正工作方便，有规可循，有宪法指定的途径，免得听凭机会，或者出现暴力。要求征得全国议会的同意是不恰当的，因为他们可能滥权，拒不同意修正要求。出现滥权的机会，或许就是宪法有毛病，引起了修订的呼声。

伦道夫先生极力赞同这些看法。

会议一致同意这一条前一部分，即“修正联邦条款中任何显得不再必要的内容”，决定推迟讨论“无须再征得全国议会同意”的提法。

---

[92] 后来，西弗吉尼亚从原来的弗吉尼亚邦分立出来，单独成邦；佛罗里达和亚拉巴马也分别从原来的佐治亚邦分立出来，单独建邦。

继续讨论第十四条：要求各邦的立法、行政、司法官员宣誓，遵守联邦条款。

谢尔曼先生：反对这一条，这是不必要地侵犯各邦的管辖权。

伦道夫先生：这一条实属必要，免得全国的宪法和法律与各邦的宪法和法律竞争，这种情况已经可以感觉得到。各邦官员现在已经受到各邦誓言的约束。为了严格保持不偏不倚，他们应该受到全国政府的同等约束。全国政府需要我们所能给予它的一切支持。各邦的行政和司法官员，尽管名义上独立于各邦的议会，实际上极其依赖他们。除非使他们受到全国政府的某种约束，否则，一旦全国政府与邦政府发生争执，他们总是会过于偏向邦政府一边。

格里先生：不喜欢这个分句。他认为，反过来，也有同样多的理由，要求全国政府官员宣誓忠于各邦。

路德·马丁先生提议：删去要求各邦官员宣誓的词语。他说，如果新誓言违背他们已经宣过的誓言，则不恰当；若与原来宣过的誓言一致，则原有誓言就足够了。

对马丁先生的动议表决，结果，马萨诸塞反对，康涅狄格赞成，纽约反对，新泽西赞成，宾夕法尼亚反对，特拉华赞成，马里兰赞成，弗吉尼亚反对，北卡反对，南卡反对，佐治亚反对。4 邦赞成，7 邦反对。会议没有同意马丁动议中删去“各邦”的提法。

对伦道夫所提第十四条决议的全文表决，结果，马萨诸塞赞成，康涅狄格反对，纽约反对，新泽西反对，宾夕法尼亚赞成，特拉华反对，马里兰反对，弗吉尼亚赞成，北卡赞成，南卡赞成，佐治亚赞成。6 邦赞成，5 邦反对，会议同意第十四条决议，要求各邦立法、行政、司法官员宣誓遵守联邦条款。

委员起立，休会。

6月 12日星期二　在全体委员会上

讨论弗吉尼亚方案第十五条：把新体制提交各邦人民批准。

表决结果，马萨诸塞赞成，康涅狄格反对，纽约反对，新泽西反对，宾夕法尼亚赞成，特拉华代表赞成反对各半，马里兰代表赞成反对各半，弗吉尼亚赞成，北卡赞成，南卡赞成，佐治亚赞成。6 邦赞成，3 邦反对，2 邦赞成反对各半会议通过。

谢尔曼先生和艾尔斯沃斯先生提议：第四条中第一院议员的选举间隔，用“每一年”填空。

谢尔曼先生：他这样说，只是为了抛砖引玉。

拉特里奇先生提议：“每两年”。

杰尼弗[93]先生提议：“每三年”。他指出，选举过于频繁，会使人们对

---

[93] 圣托马斯·杰尼弗的丹尼尔(Daniel of St. Thomas Jennifer, 1723—1790)，马里兰代表，出席会议时 64 岁。青年时代担任过马里兰最后两任领主的总税务官。1760 年出任仲裁，调解和处理宾夕法尼亚与马里兰之间边界如何划分的纠纷。1773—1776 年担任马里兰皇家上院议员。虽然与领主和英国关系密切，他后来却转向独立运动。1777—1780 年担任革命后的第一任马里兰参议院议长，1778—1782 年出任马里兰驻大陆会议代表，1782—1785 年任马里兰税收和财政经理。制宪会议期间，马里兰代表詹姆斯·麦克亨利因兄弟生病于 6 月 1 日请假回马里兰，托马斯·杰尼弗和路德·马丁代表马里兰投票，杰尼弗支持弗吉尼亚方案的多数主张，马丁与杰尼弗相反，因此，会议的投票记录中经常出现“马里兰代表赞成反对各半”。

选举无动于衷，最好的人才也不愿意去从事这种毫无稳定感的职务。

麦迪逊先生：附议每三年选一次的动议。职务不稳定，是我们各个共和国的大弊病之一，有待矫正。对一个治理范围如此辽阔的政府来说，三年是必要的，好让议员们了解本邦以外的其他各邦的各种利益，他们处在本邦的形势中，忙于本邦的事务，对其他邦的利益，了解实在有限。一年时间，光是准备工作，往返于本邦和全国政府所在地[94]，忙忙全国性的事务，差不多就耗费光了。

格里先生：新英格兰[95]人决不会放弃一年选举一次的观点。他们知道英格兰的选举已从三年一次改为七年一次。不过，他们会认为，在这里搞这种创新，不过是篡权的前奏。他认为，每年选举一次，是捍卫人民、防止暴政的惟一手段。他反对议会三年选举一次，同样是为了防止出现世袭的行政官。

麦迪逊先生：如果说人民的观点是我们的指南，那就很难说我们应该采取怎样的进程。制宪会议的代表，无人能说出他的选民们此刻是什么观点；如果他们的选民了解代表们在此所掌握的信息和光明，选民会怎样想，就更难说了；要问再过 6 个月或 12 个月选民们会怎么想，能预料的就更少。我们应该商讨：为了构建一个适当的政府，什么是正确的，什么是必要的。按这个想法推敲出来的方案，将会自己推荐自己——这次制宪会议的声望，会给会议推荐的内容增加分量。经验会不断促使人们采纳这部宪法，思想最开明、最受人敬重的公民，会成为宪法的提倡者。如果我们拿不出必要和适当的见解，公民中这些最有影响力的阶层，就会转而反对这个方案，那么，从不大思考的人群中，就很难取得什么支持。

格里先生：重复他的观点，必须考虑人民会批准哪些内容。所有的

---

[94] 政府所在地：1788 年 9 月 13 日，邦联议会选择纽约为联邦政府临时首都。

[95] 新英格兰(New England)在美国东北部，当时指新罕布什尔、马萨诸塞、康涅狄格、罗德岛，后来加上佛蒙特和缅因。

立法者，一直都采取这种做法。如果麦迪逊先生的推理正确，那么，如果我们认为受到限制的君主制是最好的体制，我们也应该推荐，可是人民的情绪却断然反对君主制，我们当中也没有世袭观念，我们缺乏搞这种标新立异的基本条件。

对第一院议员三年选举一次展开表决，结果，马萨诸塞反对（金先生1人赞成），康涅狄格反对，纽约赞成，新泽西反对，宾夕法尼亚赞成，特拉华赞成，马里兰赞成，弗吉尼亚赞成，北卡反对，南卡反对，佐治亚赞成。6邦赞成，5邦反对，会议同意第一院议员三年选举一次。

要求第一院议员年龄至少满______岁的措辞被删去，表决结果，仅马里兰1邦反对删去。

讨论第一院议员应领取丰裕的薪水。

麦迪逊先生提议：加入“固定”一词。要各邦政府支付全国议会议员的薪水不适当，因为这样做会产生不适当的依附；让议员自己对自己的年薪问题立法，是诱人下水的做法，到时候或许会被证明是一种危险的做法。过去一段合理时间内小麦或其他农产品的平均价格，可以构成一个适当标准，形成一种方便的付酬方式。

梅森上校附议：他说，把议员的年薪交给各邦议会管理不恰当，还有别的理由。一、不同的邦会给他们邦的议员提供不同的薪水，议员之间会产生不平等的感觉。议员应该各方面一律平等。二、各邦吝啬小气，可能把议员的薪水降得很低。这种情况在各邦派驻邦联议会的代表身上已经发生，弄得问题不是选举最称职的人，而是谁最愿意当代表。

对是否加入“固定”一词表决，结果，马萨诸塞反对，康涅狄格反对，纽约赞成，新泽西赞成，宾夕法尼亚赞成，特拉华赞成，马里兰赞成，弗吉尼亚赞成，北卡赞成，南卡反对，佐治亚赞成。8邦赞成，3邦反对，会议同意加入“固定”一词。

富兰克林博士：他赞同这项修改只是赞同把年薪尽量固定下来，但他不喜欢“丰裕”（liberal）这个词。如果还可以用别的词替换，他觉得“适中”（moderate）这个词更好。他指出各种情况下的滥权趋势，一旦开始就自我滋长起来。他的议论发人深省：早期基督教的传教者，待遇是逐步增长起来的，耶稣的十二门徒和门徒的门徒，开始传教时是不收费的，可是到了最后，就建立起了教皇制度。会议一致同意删去“丰裕”一词。[96]

皮尔斯先生提议：议员薪水应由全国政府的国库支付。表决结果，马萨诸塞赞成，康涅狄格反对，纽约反对，新泽西赞成，宾夕法尼亚赞成，特拉华赞成，马里兰赞成，弗吉尼亚赞成，北卡赞成，南卡反对，佐治亚赞成。8邦赞成，3邦反对，会议通过。对第一院议员的任期和领取薪水的整个句子表决，马萨诸塞赞成，康涅狄格反对，纽约反对，新泽西赞成，宾夕法尼亚赞成，特拉华赞成，马里兰赞成，弗吉尼亚赞成，北卡赞成，南卡反对，佐治亚赞成。8邦赞成，3邦反对，通过整个句子：每三年选举一次，领取丰裕而且固定的薪水，由国库支付。

对第四条中“全国议会议员任期以内和任期届满后______年内，不得担任任何全国政府和邦的官职”表决，结果，马萨诸塞代表赞成反对各半，康涅狄格赞成，纽约赞成，新泽西反对，宾夕法尼亚反对，特拉华反对，马里兰代表赞成反对各半，弗吉尼亚反对，北卡赞成，南卡赞成，佐治亚反对。4邦赞成，5邦反对，2邦赞成反对各半，会议没有同意这一提法。

对这一分句的修正提法[97]表决，马萨诸塞赞成，康涅狄格反对，纽约

---

[96] 第一届联邦议会立法时，有人提出：每开会一天众议员津贴6元，参议员津贴8元，结果，拉平为7元。给华盛顿总统定的年薪是2.5万元。汉密尔顿担任财政部长6年，嫌部长薪水不敷开支，辞职去做律师。1996年版《宇宙年鉴》(*The Universal Almanac*)第118页列举了1994年美国官员的年薪：总统20万元，旅行津贴5万，副总统兼参议院议长17.15万元，开销津贴1万，众议院议长17.15万元，开销津贴2.5万，联邦最高法院首席大法官年薪17.15万元，其他八名大法官16.41万元，100名联邦参议员、435名联邦众议员，全体联邦地区法官均为13.36万元。1999年版《世界年鉴》(*The World Almanac*)第76—94页列出了上述官员1998年的年薪：总统年薪不变，增加旅行津贴1万，另加官方请客费1.9万，副总统、众议院议长、联邦最高法院首席大法官年薪加为17.54万元，其他八名大法官加为16.79万元，部长加为15.18万元，参议员、众议员、联邦地区法官加为13.67万元。目前法官对薪水提出抱怨：议员和行政官员是任期制，任期以前和任期以后，有从事收入更高职业的时间和机会；法官是终身制，没有这种时间和机会。

[97] 这个句子并没有被修正过，麦迪逊笔记不准。根据：法兰德《汇编》第一卷第217页注释。

赞成，新泽西赞成，宾夕法尼亚赞成，特拉华赞成，马里兰赞成，弗吉尼亚赞成，北卡赞成，南卡赞成，佐治亚赞成。10 邦赞成，1 邦反对。

有人提出：全国议会议员任期届满后三年内不得担任全国政府官员。表决结果，马萨诸塞反对，康涅狄格反对，纽约反对，新泽西反对，宾夕法尼亚反对，特拉华反对，马里兰赞成，弗吉尼亚反对，北卡反对，南卡反对，佐治亚反对。1 邦赞成，10 邦反对，会议没有同意这个意见。

把上述意见修改为：全国议会议员任期届满后一年内不得担任全国政府官员。表决结果，马萨诸塞赞成，康涅狄格赞成，纽约反对，新泽西赞成，宾夕法尼亚赞成，特拉华赞成，马里兰代表赞成反对各半，弗吉尼亚赞成，北卡赞成，南卡赞成，佐治亚反对。8 邦赞成，2 邦反对，1 邦赞成反对各半，会议通过。

平克尼先生提议：删去“任期届满后______年内不得再次当选全国议会第一院议员，但须服从议会再次征召”。表决结果，会议一致赞成删去。

有人提议删去第五条中参议员当选年龄至少满______岁。表决结果，马萨诸塞反对，康涅狄格赞成，纽约反对，新泽西赞成，宾夕法尼亚赞成，特拉华反对，马里兰反对，弗吉尼亚反对，北卡代表赞成反对各半，南卡反对，佐治亚代表赞成反对各半。3 邦赞成，6 邦反对，2 邦赞成反对各半会议没有通过。

把参议员的当选年龄定为至少满 30 岁。表决结果，马萨诸塞赞成，康涅狄格反对，纽约赞成，新泽西反对，宾夕法尼亚赞成，特拉华反对，马里兰赞成，弗吉尼亚赞成，北卡赞成，南卡赞成，佐治亚反对。7 邦赞成，4 邦反对，会议通过。

斯佩特[98]先生提议：把全国议会第二院议员的任期定为 7 年。

---

[98] 理查德·多布斯·斯佩特(Richard Dobbs Spaight，1758—1802)，北卡罗来纳代表，出席会议时不满 30 岁。生于北卡罗来纳的英国、爱尔兰混血家庭，8 岁成为孤儿，监护人送他去爱尔兰，获得良好教育，毕业于苏格兰的格拉斯哥大学，不久，于 1778 年回到北卡。这时独立战争已充分展开，他当上北卡民兵司令的副官，1779 年当选北卡邦众议院议员。1781 (转下页)

谢尔曼先生：7年时间太长。他反对的理由是：如果议员干得好，他们会再次当选；如果议员干得不好，也有机会早点把他们淘汰掉。5年比较适中，正好处在第一院议员任期和行政官任期的时间长度之间。

皮尔斯先生提议：3年。7年会引起民众大哗。英格兰制定的7年选举一次的立法，就遭到他们爱国的政治家们的指责，已经造成很大的弊病。

伦道夫先生：赞成任期7年。各邦议会里出现的民主放肆，证明必须设立一个稳固坚定的参议院。这个第二院的目的，就是要控制全国议会里民主的第一院。如果不把第二院弄成一个稳固坚定的机构，第一院人多势众，而且直接来自人民，会把第二院湮没。按照稳固坚定原则建立起来的马里兰参议院，也几乎没有能力顶住第一院的狂澜。第一院一哄而起，对错误毫无抵制能力，对于某些措施，行政官也见风使舵。行政部门更需要稳固坚定和独立自主，因为它要捍卫宪法，不让立法部门侵蚀行政部门的权力，否则，行政官很容易与第一院那些蛊惑人心的人结合起来。

麦迪逊先生：7年任期根本不长。我们所希望的，就是要使政府稳定，现在，到处都在呼唤这种稳定，共和制的敌人也正在指责，说共和制的本质就是不稳定。他担心的，不是把任期定为7年会造成多余的稳定。他担心的，还是人多势众的第一院过于强大，控制不住。可惜，我们可资借鉴的直接经验实在太少。方案的这一部分，只有马里兰的宪法可资借鉴。还没有例证说明，马里兰参议院的做法，引起人们疑心会造成危险。或许，他犯过的少数错误，就是向众议院让步。他们每次反

(接上页)年辞去军职，全部时间从政，1781—1783年任北卡议会议员，1783—1785年担任北卡驻邦联议会代表，1785—1787年再次当选北卡议会议员，1785年当选北卡众议院议长。他是始终出席的29名代表之一，发言不多；北卡迟迟不批准联邦宪法，他为促成北卡最后批准联邦宪法作了努力。1787年，斯佩特竞选邦长失利；1789年，斯佩特竞选联邦参议员，又失败。1789—1792年，因病暂时离开政坛。1798年，以共和党人身份当选联邦众议员。1802年，与政敌、联邦党人约翰·斯坦利决斗，饮弹而亡，时年44岁。

对众议院的措施，都赢得了他们本邦和其他邦的有识之士和中立人物的赞赏。在参议院与众议院选举办法相同的一些邦里，参议员任期定为 4 年，这种建制看来还不足以制约另一院的不稳定。他认为，一个稳定坚强的政府，按共和原则组成，但坚持不向人民让步，这点至关紧要。如果这一点做不到，让人民生存在现存邦联制度之下，让他们继续对这个政府的所作所为评头品足，指责体制中的弊病，那么，发生令人担心的事情，就为时不远了，在普遍的厌恶愤慨之中，他们就会弃绝他们当初以巨大代价换来的这个政府，随时接受别人向他们提出的任何变革。

对第二院议员任期 7 年表决，结果，马萨诸塞代表赞成反对各半（金先生和戈汉姆先生赞成，格里先生和斯特朗先生反对），康涅狄格反对，纽约代表赞成反对各半，新泽西赞成，宾夕法尼亚赞成，特拉华赞成，马里兰赞成，弗吉尼亚赞成，北卡赞成，南卡赞成，佐治亚赞成。8 邦赞成，1 邦反对，2 邦赞成反对各半会议同意第二院议员任期 7 年。

巴特勒先生和拉特里奇先生提议：第二院议员不应该因其服务而领取薪水或津贴。表决结果，马萨诸塞代表赞成反对各半，康涅狄格赞成，纽约反对，新泽西反对，宾夕法尼亚反对，特拉华赞成，马里兰反对，弗吉尼亚反对，北卡反对，南卡赞成，佐治亚反对。3 邦赞成，7 邦反对，1 邦赞成反对各半，会议没有同意第二院议员不领取薪水或津贴。

有人提议，对第二院议员的薪水和不得兼职的规定，应与对第一院的规定相同。会议通过了，只是康涅狄格不同意对第二院议员的兼职限制与第一院相同。

有人提议，把第九条中的措辞改为“最高法院的司法范围，为听取和裁决终审案、公海上的所有海盗案、重罪案，等等”。得到附议。

有人提议，得到附议，删去“公海上的所有海盗罪和重罪案”。会议同意。

有人提议，删去“关于俘获物的处理案件”。会议同意。

有人提议，把“这种司法权，对适用于外国人和他邦公民的案件”中的"他邦",改为"联邦内的两个不同的邦"。

有人提议,推迟讨论关于司法部门的第九条决议。会议同意推迟讨论。

委员起立,休会。

6月13日星期三　在全体委员会上

再议关于司法部门的第九条决议：设立全国司法部门，由一所或几所最高法院和若干低一级的法院组成，法官由全国议会选举，行为良好得继续任职；法官在规定时间因其服务而领取薪水，薪水不增不减，以免影响实际在职的法官。下级法院的司法权为审理和裁决初审案件，最高法院的司法权为审理和裁决终审案件、所有公海上的海盗罪和重罪、一切俘获物的处理案；这种司法权，对适用于外国人和它邦公民的案件、对涉及全国岁入的征税案件，可能会有兴趣；弹劾任何全国政府官员，处理涉及全国和平与和谐的问题。

会议一致同意删去第九条的后半部分，即关于全国司法部门司法权限的部分，为组织全国司法部门时留下充分余地。

伦道夫先生和麦迪逊先生提议："全国司法部门的司法权应延及下列案件：涉及全国岁入的征税案、对所有全国政府官员的弹劾案，涉及全国和平与和谐的各种问题。"会议一致赞成。

麦迪逊先生：反对法官由议会选举。议员当中许多人对法官所需的资格并没有判断能力。议员受地方偏见的影响太多。一个候选人到场，对立法领域的事务非常在行，或许曾经帮过对立法事务没有经验的新议员，或许帮过他们的选民，或许取得了其他成功；可是，对于解释法律却完全没有素养，结果，却反而压倒了那些精通法律却没有这些优势的人。他提议，法官由参议院选任。参议院人少，成员比较精，更具备挑选法官的判断能力，足以令人放心。

谢尔曼和平克尼先生收回他们的动议[99]，会议一致同意法官由参议院选任。

格里先生提议：限制参议院发起关于钱财的提案。[100] 第一院议员直接来自人民，按常理，人民应该掌握钱袋。如果允许参议院发起钱财提案，他们就会反复这种试验，有朝一日机会到来，第一院的部分议员就会掉进他们的陷阱。

巴特勒先生：这种歧视没有理由。我们总是在追随英国宪政[101]，哪怕英国的理由在我们这里用不上。我们现在要设的参议院，与英国的上院并不存在类比。如果参议院因为受歧视而降格，最优秀的人才会拒绝担任参议员，宁可到第一院去。而且，这样会导致第二院采用其他限制条款去影响钱财提案。

麦迪逊先生：英国宪法的评论家们对限制上院发起钱财提案的理由，迄今没有定论。显然不能把类似的理由套到我们这里来。参议院和第一院一样，也代表人民。如果他们会对钱财提案带来危险的影响，他们可以轻而易举地怂恿一些第一院的议员，通过这些人发起参议院想要通过的提案。由于参议员一般说来都是比较能干的人，剥夺他们参与此事的能力，不明智，尤其是这种头等大事[102]。在我们这些共和国

---

[99] 麦迪逊笔记的前文没有提到谢尔曼和平克尼动议的具体内容。

[100] 关于发起钱财提案问题，参见本书7月5—7日，7月14日，7月16日，8月8日，9月5日，9月8日的记录。

[101] 17世纪英国革命时期，下院与上院决裂，下院独掌一切税收提案的表决权。

[102] 头等大事(most important business)：1996年《宇宙年鉴》第119页列出联邦议会处理钱财提案、通过预算的程序：2月第一个星期一，总统向联邦议会提交分项预算报告，给联邦议会各委员会6周时间评估与他们对口的行政部门所需要的款项，向联邦议会的预算委员会提交评估报告；2月15日，联邦议会预算办公室按自己的计算结果，向联邦议会预算委员会提交联邦议会的独立预算报告；4月1日，参议院预算委员会向联邦议会报告他们对各项拨款意见的决议；4月15日，联邦议会完成众议院和参议院对各项预算的协调决议；5月15日，(转下页)

里，理财的事比别的事都办得糟。那位先生要想追求自己的原则，就应该同时限制参议院提出修正的权利，因为，对已经提出的拨款案，用修正案的办法提出追加项目，与发起钱财提案还是一样。

金先生与格里先生的想法不同，他反对格里先生的动议。

谢尔曼先生说，由于两院必须通过磋商取得一致，参议院不论用什么方式组成，都不至于造成危险。我们之所以要设立两院，就是为了集思广益，在理财的问题上，这一点尤其重要。参议员们要承担起对税务问题的责任，第一院也一样。常言说，托别人做事，自己还是要动手。在康涅狄格，两院都可以发起任何提案，迄今以来还是既安全又方便。不论英国上院办事规则的成因如何，有一点很清楚，现在学它总是不好。平克尼将军说，这种区别对待的做法在南卡罗来纳一直盛行，成为两院之间恶性争执的根源。现在已经避开宪法，参议院已经把非正式的修正案递交到众议院。威廉森先生提出，希望言简意赅，避免重复讨论。这种限制有一个好处，能使下院议员提出动议时有所约束，人民也可以给他评分。

对格里的动议表决，结果，马萨诸塞反对，康涅狄格反对，纽约赞成，新泽西反对，特拉华赞成，马里兰反对，弗吉尼亚赞成，北卡反对，南卡反对，佐治亚反对。会议不同意限制参议院参与决定钱财提案的动议。

委员起立，戈汉姆先生准备向会议报告，可是被要求推迟到明天，有人希望得到机会提出其他的方案。

戈汉姆报告的全文如下。

全体委员会报告　6月13日

一、决议，本委员会认为，应该建立一个全国政府，由最高立法、行

（接上页）联邦议会开始逐项辩论各部门的年度拨款数字；6月10日，众议院拨款委员会向联邦议会报告他们对各项拨款数字的最后决定；6月15日，联邦议会完成对各项拨款提案的两院折中立法行动；6月30日，众议院完成对各项年度拨款数字的批准行动；10月1日开始新的财政年度。

政、司法部门组成。

二、决议，全国议会应由两院组成。

三、决议，全国议会第一院议员应由各邦人民选举，任期三年；议员领取固定报酬，补偿议员奉献于公务的时间，报酬由国库支付；任期内，(除第一院内的职务)不得担任任何邦设立的官职或联邦授权的其他官职；任期届满后一年内，不得在全国政府中任职。

四、决议，全国议会第二院议员应由各邦议会选举；议员年龄不得小于30岁；任职年限的长度应足以保障第二院的独立性，具体定为7年；领取固定报酬，补偿议员奉献于公务的时间，报酬由国库支付；任期内，(除第二院内的职务)不得担任任何邦设立的官职或联邦授权的其他官职，任期届满后一年内，不得在全国政府中任职。

五、决议，两院均有发起提案的权利。

六、决议，应授权全国议会享有邦联条款授予邦联议会的立法权；而且，拥有对各邦无能为力立法的所有事务的立法权；拥有对施行各邦立法时影响联邦和谐的事务的立法权；有权否定各邦通过但全国议会认为违反联邦条款或联邦授权缔结之条约的立法。

七、决议，全国议会第一院的议席分配，不应再遵循邦联条款制定的原则，应按某种平等的比例代议制分配；具体来说，比例按每邦全体白人和其他自由公民和居民的人数分配，不论年龄、性别、条件，包括那些按契约服劳役若干年的人和五分之三前文没有提到的其他人，不计不纳税的印第安人。

八、决议，全国议会第二院的议席分配，应遵循上述为第一院制定的规则。

九、决议，设立全国行政官，由一人担任，由全国议会选举，任期七年，有权执行全国性法律，任命本文未作规定的其他官员，不得连任，可以弹劾，经确证违法或渎职，可予罢免；领取固定报酬，补偿他奉献于公务的时间，报酬由国库支付。

十、决议，全国行政官有权否定议会的任何立法，只有全国议会两院分别以三分之二多数再次通过，才能压倒这种否决。

十一、决议，设立全国司法部门，由一所最高法院组成，法官由全国议会第二院选任，行为良好得继续任职，在规定时间领取固定报酬，补偿他们奉献于公务的时间，任期内报酬不增不减，以免增减影响在职的法官。

十二、决议，全国议会有权设立下级法院。

十三、决议，全国司法部门的管辖权，延伸到征收国税的所有案件，弹劾全国政府官员的所有案件，涉及全国和平与和谐的问题。

十四、决议，应制定条款，以便批准联邦范围内合法兴起的新邦，不论是通过政府和领土自愿合并，还是其他途径，得到全国议会内少于全体议员的唱票同意即可。

十五、决议，应制定条款，以便邦联议会以及他们的权威和特权得以继续，到联邦条款改革批准之日，邦联议会完成其全部工作。

十六、决议，联邦应保证每邦拥有一部共和宪法和各邦现存的法律。

十七、决议，应制定条款，以便在任何必要的时候修正联邦条款。

十八、决议，各邦内立法、行政、司法官员，应受支持联邦条款的誓言约束。

十九、决议，制宪会议向邦联提出的修正条款，经邦联议会认可后，应在一次或几次适当时机，提交一次或几次代表大会，代表由各邦议会推荐，由人民直接选举，讨论并作出决定。

6月14日星期四　在制宪会议上

佩特森[103]先生向制宪会议提出，有几个代表团，尤其是新泽西代表团，希望多给他们一些时间，认真考虑全体委员会报告的方案，整理出一份与报告的方案恰成对照的纯粹联邦制的方案。他说，他们希望在明天以前把这份方案准备好，向制宪会议提出。于是，制宪会议休会，为上述目的提供时间。[104]

---

[103] 威廉·佩特森(William Paterson, 1745—1806)，新泽西代表，出席会议时42岁，个子矮小，身高不到1.6米。生于爱尔兰，2岁时移民到特拉华。父亲卖白铁工艺品，到处迁徙，1750年定居新泽西普林斯顿，成为白铁工艺品制造商，供儿子上私立学校。佩特森18岁获新泽西学院(普林斯顿大学前身)学士学位，21岁获得硕士学位。同时，佩特森从律师理查德·斯托克顿习法律。斯托克顿后来代表新泽西签署《独立宣言》。佩特森先后在新泽西几个城镇做律师。他担任新泽西邦议会议员(1775—1776)，参与制定新泽西宪法(1776)，担任新泽西上院议员(1776—1777)。1777年做过民兵军官。从1776年到1783年，佩特森担任新泽西邦检察总长。1783年到1787年，佩特森潜心法律，不抛头露面。他不同意弗吉尼亚方案的方向，提出佩特森方案或称新泽西方案，这个方案虽然未被制宪会议作为方向接受，但其中许多意向经过折中后体现在宪法的具体内容里。佩特森7月下旬离开会议，最后赶回来，似乎只为签名。会后，他促成新泽西批准联邦宪法。制宪会议后，佩特森当选新泽西第一届联邦参议员(1789—1790)，是起草《1789年联邦司法法》的枢纽人物。1790—1793年，佩特森当选新泽西第二届邦长，接替利文斯顿。他的《新泽西邦法律汇编》于1800年初版，并开始修订衡平法和普通法规则。1793—1806年，佩特森出任联邦最高法院六名大法官之一，主持多起重大案件的审理，直到病逝。

[104] 6月14日，制宪会议秘书杰克逊的记录如下："佩特森先生提出动议，伦道夫先生附议，把对全体委员会报告的进一步讨论推迟到明天。在推迟的问题还未讨论之前，伦道夫先生提出动议，佩特森先生附议：会议休会。"于是，会议休会到明天上午11点。参见马克斯·法兰德《汇编》第一卷第240页。

6月15日星期五　在制宪会议上

佩特森先生向制宪会议提出一份方案。他说，有几个代表团希望用这份方案替代伦道夫先生提出的方案。会议讨论了一下，采用什么方式好让这份方案得到公平的讨论，然后，同意把这份方案提交全体委员会，为了把两份方案作适当的比较，另一份方案也重新提交全体委员会。根据兰欣先生和其他几位先生的恳切要求，会议同意在明天以前不采取全体委员会的方式讨论这个问题，推迟一下，让佩特森先生提出的这份方案的朋友们利用这段时间，好准备解释和支持这份方案，也让全体代表有机会获得一份抄件。*

佩特森先生提出的新泽西方案主张如下。

---

* 麦迪逊注：这项方案是由康涅狄格、纽约、新泽西、特拉华的代表团，或许还有马里兰的路德·马丁，协商制定的，他们有共同的目的，但原则不同。康涅狄格和纽约反对离开邦联的原则，希望给邦联议会补充少数新的权力，而不用全国政府取代。新泽西邦和特拉华邦反对建立全国政府，因为提倡建立全国政府的人，把按比例分配席位作为全国政府的基础。这些从不同的动机反对建立全国政府的代表们，表现出急切的心情，现在开始引起对制宪会议结果的严重焦虑。迪金森先生对麦迪逊先生说：你现在看到逼人太甚的后果了。有些小邦的代表，赞同全国议会设立两院，对建立一个良好的全国政府也持友好态度；可是，我们宁可屈从外面的强国，也不愿让议会两院都按比例分配席位的办法，来剥夺我们的平等地位，那就会被扔进大邦的统治之下。

新泽西方案

一、决议，邦联条款应按以下需要修订、更正和扩展，使联邦宪法[105]足以适应对政府的紧迫需求，并能维系住联盟。

二、决议，除现存的邦联条款赋予邦联议会的既得权力外，应授权邦联议会通过法案[106]征收岁入，包括对进口的一切货物和商品征收一种或几种关税，外国生长外国制造的货物进入联邦内的任何一邦，一律征税，对各类文件一律征收印花税，并对通过联邦总邮政的所有信件和包裹一律收取邮费，岁入所得，用于邦联议会认为适当和应急的目的；制定征税和收费的规章制度；规章制度可按邦联议会认为适宜的方式定期修改补充；通过法案，制定贸易通商规章制度，包括与外国的贸易和各邦之间的贸易；对违反这些法案和规章制度的行为，在其发生的邦，由该邦的习惯法法官审理，裁定处罚、罚金、没收或赔偿，一切诉讼的初审权和起诉权，归邦的习惯法法官；但是，为纠正错判，包括法律和事实两个方面，可向联邦司法部门上诉。

三、决议，凡必须筹款时，不再按邦联条款所说的摊派办法办理，授权邦联议会按比例摊派款项，以各邦白人和其他自由公民和居民人数为基础，不分年龄、性别、条件，包括按契约应服若干年劳役的人，五分之三前文没有提到的其他人，不计不纳税的印第安人；若按此摊派的款项未能按规定的时间缴纳，即指示未缴纳的邦征收，为此目的，可设计和通过法案，指示各邦，授权执行；但是，未经至少______个邦的同意，邦联议会不得实施上述权力，如果今后结盟的邦数增加或者减少，也应遵循上述比例。

四、决议，授权邦联议会选举一个由______人组成的联邦行政部

---

[105] 联邦宪法：佩特森方案用词的英文是 federal Constituion。

[106] 法案(act)：邦联议会时期多用“法案”一词，现在多用“提案(bill)”一词。

门，继续任职期限______年，在规定的时间内，按期领取固定报酬，补偿他们的服务，任期内报酬不增不减，以免报酬增减影响组成行政部门的人员，报酬由邦联公共财库支付；任期内和卸任后______年内，不得担任其他职务，不得接受其他委派；不得连任，经多数邦行政官要求，邦联议会可将他们罢免。行政部门除执行联邦法案的一般权威外，有权任命本文未另作规定的全体联邦军官，指挥所有军事行动；但是，组成联邦行政部门的人，在任何情况下不得指挥任何军队，个人不得以将军身份或其他身份组织军队。

五、决议，建立联邦司法部门，由一所最高法院组成，法官由行政部门任命，行为良好得继续任职；在规定时间内因其服务而领取固定报酬，任职期间报酬不增不减，以免报酬增减影响在职法官；按此办法建立的司法部门，有权听取和裁决弹劾联邦官员的所有初审案；听取和裁决以下上诉案：一切涉及大使权利和特权的案件，一切涉及从敌方取得俘获物的案件，一切公海上的海盗和重罪案件，一切可能涉及外国人的案件，一切因解释条约而产生的案件，一切有关通商规则法案的案件，一切有关联邦征税的案件，有权对上诉案作最终裁决；在司法部门任职的人，任职期间和卸任后______年内，不得担任其他职务，不得接受其他委派。

六、决议，按本文所作的授权规定，并根据邦联条款授予的既得权力，邦联议会的所有法案，联邦授权缔结和批准的所有条约，只要与各邦及其公民或居民有关，即为所有邦的最高法律；各邦法官的裁决，各邦自己制定的法律，均受此约束，不得违背；若任何邦，任何邦内的任何团体，反对或拒不执行这些法案或条约，联邦行政部门有权从联盟内各邦征集军队，根据需要，以武力使其服从这些法案，或遵守这些条约。

七、决议，制定条款，以便批准新邦加入联邦。

八、决议，每邦的入籍规则应当一致。

九、决议，一邦公民在联邦内的另一邦犯法，应视为与该邦公民在该邦犯法同罪。*

休会。

* 麦迪逊注：这里记载的一份佩特森的主张，与出版成书的《会议记录》中的文本有几处不同，那个文本是由佩特森的同事布瑞利先生提供的。不过，相信这个文本是准确的。《会议记录》中收录的那个文本不完全正确。这从以下事实可以看出：威尔逊先生6月16日的讲话中提到了罢免行政官的方式，说弗吉尼亚方案的特点，是提出弹劾，确认违法或渎职，则予罢免，与佩特森方案形成对照，佩特森提出的是，经多数邦的行政官要求，可予罢免。但在《会议记录》收录的文本中，却把两种方式结合到一个句子里。那若不是粗枝大叶，就是自己推想出来的修正。

6月 16 日星期六　在全体委员会上

讨论佩特森先生和伦道夫先生提出的主张

兰欣[107]先生要求把两份方案的第一条朗读一遍。他指出，这两个第一条含有针锋相对的原则。他说，佩特森先生的第一条维护各邦主权，伦道夫先生的第一条扼杀这种主权，后者要求拥有否定各邦所有法律的权力，前者只要求为公益而增加若干整体权力。简而言之，伦道夫方案要掠吞所有的权力，只给各邦留点处理地方小事的权力，这些小权，在最高管辖权眼中，已是不屑一顾。他说，他偏向佩特森方案，反对伦道夫方案，主要有两点原因。一、制宪会议无权讨论和提出伦道夫先生那样的方案；二、伦道夫方案没有什么被采纳的可能。他断言，制宪会议的权力，只限于对联邦的性质作些修补，但要以现存的邦联为基础。邦联议会通过的召开制宪会议的决议，各邦议会通过派遣代表前来开

---

[107] 约翰·兰欣(John Lansing Jr.，1754—1829)，纽约代表，出席会议时33岁。兰欣拥有4万英亩土地，合24万市亩。他的住处兰欣堡是高雅之士喜欢聚会的地方。他是55名制宪代表中10名"富人"之一。虽然年轻，他已经当上纽约邦众议院议长和纽约邦首府奥本尼的市长。独立战争期间，他担任过一位将军的军事秘书(1776—1777)；1784—1785年，他是纽约邦驻邦联议会的代表。兰欣于6月2日到会，指责制宪会议越权，7月10日和纽约的另一位代表雅茨一起离开制宪会议。兰欣是坚持反对弗吉尼亚方案方向的4位制宪代表之一，其他3位是纽约的雅茨，马里兰的路德·马丁和约翰·弗朗西斯·默塞。默塞要到8月6日才到会。

会的决议的总体意向，给各个代表团的授权书，都证明了这一点。把权力限定在对邦联作些修补，就是各邦的观点，说明：越过这个界限，既不必要，也不适宜。他可以肯定，纽约的立场就是如此。如果纽约事先知道讨论内容会转到把各邦联成一体，要建立一个全国政府，纽约绝不会如此合作，派出代表到这里来开会。

各邦从来没有授权我们来提这样的方案，他们怎么可能采纳、批准呢？何况现在又大大超过了各邦认为足够的范围？我们从各邦过去通过的若干法案，就可以看出各邦能接受什么样的思想，尤其是 1783 年，邦联议会超越邦联条款的授权，提出征收岁入的建议时，各邦的态度就很明朗。谁敢说各邦的想法已经发生了如此天翻地覆的变化？指望人民的情绪今后就突然变化，是把太多的信托放在不确定的因素上。我们只知道人民现在的情绪是什么。提出与人民的情绪相抵触的方案，终究不过是枉然。各邦永远不会放心大胆把否定他们一切立法的大权交给一个总体政府。这个计谋本身，完全是标新立异。迄今为止，还没有发现可以与之比拟的方案。人民对于邦联议会的权限范围是熟悉的，扩大邦联议会的权力，倒容易得到他们的批准。

佩特森先生：在前几天的一次会议中，他已经表达了对伦道夫先生所提方案的感觉。现在，他尽量不再重复，只说他偏向于自己方案的理由。他偏向于这个方案，因为这个方案符合：一、各邦制宪会议的权力；二、人民的情绪。如果邦联真是大错特错，那么，我们各回各邦得了，去获取更大的权力，用不着以邦联的事为己任。我到这里来，不是为了诉说我自己的情绪，而是要表达那些派遣我来的人的情绪。我们的目标，不是要建立一个这样的政府，哪怕它本身或许最佳，而是建立一个我们的选民授权我们筹备的政府，一个他们会批准的政府。如果我们的争论建立在并不存在邦联的假设上，就不容否认：所有的邦都立于平等主权的基础上。那么，在约束任何一个邦以前，一切都需要协商。如果按比例分配席位是对的，那么我们在这里开会为什么不按比例投票呢？如果我们的争论是建立在一项联邦的契约确实已经存在的事实上，那么，查查邦联条款，我们就会发现，平等主权乃是邦联的基础。他把邦联条款的第五条读了一遍：每邦各有一票表决权。而且，13个邦宣布：未征得全体一致的同意，不得作任何改动。这是所有条约的本质。一致同意做成的事，必须一致同意才能解除。有人（威尔逊先生）说，当时大邦在这一点上作了让步，并非因为这个原则正确，而是因为当时的环境迫使作出这种让步。那就让它这样吧。难道有了这个理由，就可以任意收回？赠送的人未经接受者的同意，能收回礼物吗？这条原则或许方便，但这是牺牲小邦的原则。当初，大邦是欣然同意结盟。倒是小邦犹犹豫豫，步履蹒跚。新泽西和马里兰是最后加入的，前者的反对意见是：邦联议会缺乏管理贸易的权力；两邦一致的反对意见是：邦联没有足够的权力，把空旷的领土按有利整体的原则分配。如果各邦的主权还要保留，总体议会的议员就应该由各邦议会推选，而不是由人民选举：我们无权改变平等主权这个观念。要解决这个难题，惟一方便的办法，就是把各邦都扔进一个大熔炉。说这种做法不切实际，并不能解决问题。试试看，我们就会看出，到底马萨诸塞、宾夕法尼亚、弗吉尼亚的公民们是不是同意。有人会反对说，强制是不切实际的。可是，强制推行一套方案不切合实际，难道强制推行另一套方案就切合实际？是否切合实际，取决于能聚积多少权力，不在于从各邦拿走多少权力，或者从公民个人那里拿走多少权力；他的方案和伦道夫先生的方案一样，同样是诉诸个人。按他的方案，同样要设立独立的行政部门和司法部门。有人极力怂恿，说立法必须分为两院。为什么呢？说是为了有所制约。可是，谨小慎微的原则在这里用不上。在某个邦，当党派斗争激烈时，或许需要这样一种制约。在邦联议会这样的机构里，就不那么需要了。而且，来自不同邦的议员，本身就会相互制约。总的来说，人民是否抱怨邦联议会呢？没有，他们的希望，就是把邦联议会的权力再扩展一些。如果现在授予邦联议会的权力还不够，人民今后自会补充。有了适当的权力，邦联议会比起拟议中的全国议会，行动起来会更精力充沛，更明智；由于现行的选举方式，邦联议会的代表人数少些，更机密，人选更精。伦道夫提出的这套方案，要花的钱也太多。如果第一院给佐治亚和特拉华各 2 个席位，第一院议员的总数就会达到 180 人。第二院人数即使减半，两院议员的人数加起来也会达到 270 人。每年开会一次，离共和国中心最近和最远的议员都得赶来。我们目前的财政如此紧缺，建立一套如此费钱的政府体制，能认真考虑吗？扩展邦联议会的权力，这笔开销里的大部分就可以省出来，所有的目的又都可以实现。至少，总该尝试一下。

威尔逊先生：他已抽空把佩特森提出的方案研究了一遍。现在，他把两套方案的基本点比较对照如下：一、按弗吉尼亚方案，议会分成两院，某种意义上，甚至分成三院[108]，按新泽西方案，议会只有一院；二、前者以人民为全国议会的基础，后者以各邦议会为全国议会的支柱；三、前者主张按人口分配席位，后者主张各邦表决权平等；四、前者主张设立由一人负责的行政部门，后者主张分散到多人；五、按照前者，在联邦境内，最后是多数人的意志说了算，按照后者，是少数人说了算；六、前者主张，全国议会可以制定各邦议会无能为力制定的一切法律，后者认为，只要在少数方面给邦联议会补充一点权力就够了；七、前者主张全国议会拥有否定各邦立法的权力，后者认为可以用武力替代；八、前者主张通过弹劾和确认违法才能罢免行政官，后者提出只要各邦行政官多数要求就可以罢免；九、前者有条款设立对立法的复决，后者没有这种制约；十、前者主张设立全国性的下级法庭，后者不主张设立；十一、前者主张全国司法部门的司法范围广为延伸，后者把联邦司法权仅限于审理上诉案；十二、前者主张全国司法权可以延伸到一切涉及全国和平与和谐的案件，后者把这种司法权限制在列举的几种案件里；十三、最后，前者主张宪法由人民批准，后者坚持邦联条款的第十三条，要求由各邦议会批准。

制宪会议的权力到底有多大？威尔逊先生认为，制宪会议没有被

---

[108] 三院（three branches）：第三院指威尔逊先生极力主张的立法复决会议。

授权作出任何结论，但可以自由提出任何建议。就这方面而言，他觉得自己对这两套方案是完全不偏不倚的。

说到人民的情绪，他觉得，要准确地了解人民有哪些情绪，很难做到。一个人经常在一个特定的圈子里活动，往往把这个圈子里的情绪误认为是普遍的情绪。他无法相信，人民对各邦政府和邦的主权就那么崇拜，对建立全国政府就那么讨厌，像有些人假设的那样。为什么要假定建立全国政府就不得人心呢？难道全国政府的尊严少些？难道生活在全国政府之下，每个公民享受的自由或保护就会少些？一个特拉华公民变成了联邦公民，难道就会降格丢人？目前，人民到哪里去申冤诉屈，摆脱哪些弊端？难道要他们指望各邦政府从内部改革？不，先生，只有指望全国政府，才能摆脱这些弊端。由于有这些理由，他不担心人民不会追随我们去建立一个全国政府；他们会进一步推荐伦道夫先生的方案。这个方案，应该交给人民批准，而不是交给各邦议会批准。

他进而分析他所比较的第一点。他说，虽然他极力主张扩大联邦的权力，但要他赞同给这个邦联议会扩权，实在是不可能。他有两条理由，其中任何一条都足以说服人。一、邦联议会作为一个立法机构，并不以人民为基础。二、这是一个没有实行分权的单一机构。关于第一点，他不想再重复他已经正式说过的那些关于席位分配的原则。他只想指出：席位分配不平等，从来就是一种毒素，污染着政府的每个部门。在大不列颠，这种毒素已经充分展开，个人权利完全靠法庭的廉洁维护，法官既不由腐败的议会任命，也不靠他们支付薪水。那个国家的政治自由权利，得益于议席的不平等，掌握在统治者手中。他的意思，并非暗示我国目前的形势与英国的形势好有一比。英国议会人数虽少，可是贪污腐化、声名狼藉。这倒是我们不容忽略的一个教训。少数人的影响力，总是比多数人强。切斯特菲尔德爵士曾经告诉我们：荷兰的一个省份落入了法国人的眼光，他用不着补充说：那不是荷兰，只是其中最小的一个省。我们这里也有这样的事实，尽人皆知。别的且不说，他只需要指出：公众如此期待的进口税，在联邦内部，也不是被大邦击败的。说到第二点，邦联议会是个单一的立法机构。他说，专制主义来到人间，采取不同的形态，有时体现为行政专制，有时体现为军人专制。难道就不存在议会专制的危险？理论和实践二者，都说明有这种可能。如果对立法权威不加以限制，公民的自由权利就会丧失，也不可能长治久安；要对议会实施限制，惟一的办法就是把议会从内部分开，分成各有所长而又互相独立的机构。在一个单一的议会里，没有制约，单靠议员的道德和良心是不够的。

另一个重大问题，是行政权集于一人还是分散到多人，对照比较之下，也同样是全体委员会报告里的办法好。全体委员会的报告把行政权交给一名行政官，新泽西方案把这项权力分散给一群人。为了控制立法部门的权威，你得把立法机构分解。为了控制行政部门，你得把它合一。一个人会比三个人负责得多。三个人就会彼此争雄，直到一个人主宰另外两个人为止。罗马三头执政时期，先出了恺撒，后出了奥古斯都，都证明了这个真理。斯巴达的诸多国王，罗马的复数保民官，也证明把行政权分散给一群人，结果会弄成分帮结派，彼此争斗。他已经占用了这么多时间，这次就不再谈其他各点了。他已经阐述的各点，已足够清楚；其他各点的命运，取决于对这几个重大问题的决定。

平克尼先生：在他看来，整个问题已经摊牌。给新泽西一份平等表决权，它就会打消疑虑，携手合作，共建国家体制。他认为，制宪会议得到的授权，在推荐新方案方面，走多远都不为过，只要大家认为有利于校正目前的弊端，正是因为有这些弊端，才促成了这次制宪会议。

艾尔斯沃斯先生提议："联邦的立法权应保留于邦联议会"。他认为，这个提法比较有利于制宪会议集思广益。艾尔斯沃斯先生用这项动议取代新泽西方案的第一点，希望显得更合理，可是无人附议。

伦道夫先生：当务之急是形势紧迫。挽救共和国的命运，已经迫不及待，如果我们不提出我们认为必要的措施，就背叛了对我们的信托。他对现行邦联的低能，极为不满，认为，再推迟实质性改革，十分危险。他指出，对制宪会议及其讨论内容的反对意见，说来说去，无非是拿选民的感情作为托词。他说，按目前的做法，如果每个邦继续各行其是，势必引导制宪会议把大家已经认识到的弊病全都塞进现行的邦联条款里去。第一个发起这场试验的邦，无须辩解自己为什么要走得这么远，它并不了解其他邦的观点，弗吉尼亚充分意识到，这场试验是否成功，无法断定。局势已到危急存亡之际，平时的谨慎就要暂时搁置；眼前就是这种危急存亡之际。他绝不愿意把看来非做不可的事情停下不做。目前时机有利，或许就是历史提供给我们的最后一次机会。

实质问题，是我们死守联邦方案不放，还是实施建国方案。前者的不足，通过以往的实践，已经充分暴露。要建立一个总体政府，只有两种模式：第一，武力统一，如佩特森方案所示，第二，通过真正的立法，如弗吉尼亚方案所示。武力统一已被指为不切实际，耗费钱财，对个人残忍。而且，一旦使用武力，就免不了同室操戈，血流成河，动乱四起，生灵涂炭，最后，是训练他们去为野心效劳。因此，我们必须采取国家对个人立法的方式，这是邦联议会无法胜任的。把这些权力赋予邦联议会，结果是立法、行政混为一体，违背常理。如果过去这些权力混杂在邦联议会一个机构里，居然平安无事，是多亏了这个机构的无能。邦联议会的代表不是民选的，而是各邦议会派的。各邦甚至还保留着召回代表的权力。所以，邦联议会没有自己的意志，不过是个外交机构，总是巴结各邦的想法，各邦则无时无刻不在蚕食联邦的权威。必须制定条款，维护各邦之间的和谐，在贸易、入籍等等问题上取得一致，不论哪里发生造反，即予镇压，还要设法提供某些普遍的福利。为了实现这些目的，要设置各种权力，但绝不能交给像邦联议会那样的机构，那个机构没有适当的代表性，选举方式不对，再也激不起人民的信心了。不论别人说了什么相反的意见，他本人的经历使他相信：不信任邦联议会的情绪，已经根深蒂固，到处蔓延。只有全国政府，如果构建得恰如其分，才能解决问题；他请求讨论这个问题，因为，目前已是建立全国政府的最后时机。再不展开这场机会难得的试验，人民又会陷入绝望之中。

委员起立，休会。

6月18日星期一　在全体委员会上

讨论佩特森先生和伦道夫先生提出的主张

迪金森先生提议，推迟讨论佩特森方案的第一项决议，改为讨论以下提法："邦联条款应予修订和增补，使联邦政府足以应付紧急局势，使联盟巩固繁荣。"

他的提法得到10个邦的赞同，只有宾夕法尼亚的代表赞成反对各半。

汉密尔顿[109]先生对制宪会议上的大事一直保持缄默，一则，是出于

[109] 亚历山大·汉密尔顿(Alexander Hamilton, 1755—1804)，纽约代表，出席会议时32岁。生于英属西印度群岛中的尼维斯岛(Nevis)，母亲是英法混血，离开丈夫出走，到岛上后，与一名苏格兰商人同居，汉密尔顿是非婚生子。他在岛上学会了流利的法语，后来为华盛顿与拉斐德率领的法国友军交流发挥了巨大作用。少年时代母亲去世，汉密尔顿开始在一家商号里做学徒，老板见他智力超人、雄心旺盛，募集了一笔钱财供他求学。1772年，他带着介绍信来到纽约，赞助人先安排他到新泽西巴博学堂念书。他遇到威廉·利文斯顿并在他家住过一段，后来两人都成为联邦宪法的签名者。1773年，汉密尔顿进了国王学院(哥伦比亚大学前身)，可是独立运动的呼唤中断了他的学业。1774—1775年间，不满20岁的汉密尔顿写了一些小册子，广为流传。独立战争一起，汉密尔顿立即从军，当上炮兵上尉，参加了1776—1777年的主要战斗。随后晋升中校，进入华盛顿的司令部，成为华盛顿的秘书兼副官，进而成为华盛顿的密友。1780年，他娶了有钱有势的纽约富商之女为妻。1781年，因与华盛顿发生意见分歧，在约克敦决战中，他到拉斐德手下担任要职。10月，康华理投降；11月，汉密尔顿辞去军职，到奥本尼学习法律，不久成为开业律师。1782—1783年，他成为纽约驻邦联议(转下页)

对其他能力、资历居长的先生们的尊敬，不愿提出与众不同的想法，二则，也是因为他在纽约代表团内的微妙处境，实在不愿追随纽约另外两位代表的情绪。可是，局势既然已经到了危及存亡之际，既然出席，就不能再袖手旁观，不能回避代表背负的义务，必须挺身而出，为公众的安全和幸福而立言。为此，他要首先表明，他对两套方案都不友好。他特别反对新泽西方案，充分相信，如果还让各邦抓住主权不放，对邦联不论如何修补，都无济于事。另一方面，他也承认，这个国家的幅员辽阔得令人迷惘，要想建立起一个总体主权，实现期待的各种幸福，他也为之望洋兴叹。

（接上页）会代表，同时，在纽约市开设律师事务所。1786 年，他参加安纳波利斯会议，与麦迪逊等人一起，筹划制宪会议。1787 年，汉密尔顿作为纽约邦议员，当选出席制宪会议的代表。6 月 18 日这天，汉密尔顿一人讲了 5 个小时，宣读了他的制宪草案，麦迪逊记下了他的讲话大意和制宪草案提要。麦迪逊记完后，汉密尔顿读了麦迪逊的笔记，认为忠实，"只有几处用词需要改动"。制宪会议结束前，汉密尔顿交给麦迪逊一份抄件，说这就是他打算向制宪会议提出的制宪方案。汉密尔顿的制宪方案全文，见本书附录四。制宪会议期间，汉密尔顿时常回纽约，去忙他的律师业务。9 月，他赶回费城，在联邦宪法上签名。他劝说他人签名时说：人家都知道，在制宪代表中，他的想法与宪法差距最大，但是，他认为美国急需联合，有宪法比无政府状态好。

在争取批准宪法的过程中，汉密尔顿和麦迪逊是政治盟友，都自称联邦主义者，为争取纽约等地批准联邦宪法，两人与约翰·杰伊联手在纽约报纸上发表连载文章，后来结集为《联邦论》。批准宪法和建立联邦政府以后，他们渐渐变成政敌。众议员麦迪逊等人在第一届联邦议会上提出议案，先后设立了财政部和国务部，汉密尔顿成为第一任财政部长；没有参加制宪会议的杰斐逊成为第一任国务卿。汉密尔顿亲英，杰斐逊亲法；汉密尔顿主张设立联邦银行作为联邦政府的融资枢纽，杰斐逊坚决反对，认为违宪；汉密尔顿主张征召各邦民兵镇压弗吉尼亚西部的抗税者，显示政府威力，杰斐逊坚决反对。于是，刚刚联合起来的联邦政府内出现对立的两派，华盛顿多数站在汉密尔顿一边。华盛顿执政还不到四年，杰斐逊就辞职。杰斐逊辞职后，汉密尔顿以首相自居。可是，当了六年财政部长后，觉得部长薪水太低，入不敷出，又辞职去当律师。杰斐逊作为反对派开始组建共和党，麦迪逊是他的主要助手。1792 年共和党的第一步，是推出制宪会议期间坚决反对建立全国政府的纽约邦长克林顿，与亚当斯争夺副总统。这一步虽然失败，共和党却登上政治舞台。作为回应，汉密尔顿成为与共和党抗衡的联邦党人的领袖。1792 年以后的联邦党人，与 1787—1789 年的联邦主义者，虽然共用 federalist 这个词，含义已经完全不同。1787—1789 年，麦迪逊是联邦主义者，1792 年以后，麦迪逊是反对联邦党人的共和党人。共和党人的第二步，是麦迪逊推出杰斐逊与亚当斯争夺总统。竞选结果是 71 票比 68 票；亚当斯当选总统，杰斐逊为副总统。杰斐逊发现：只要再争取两票就可以夺取总统职位。他拉拢纽约的伯尔等人，努力发展共和党，包括过去反对或不赞同联邦宪法的人。经过 4 年，杰斐逊以 73 票比 65 票把亚当斯赶下台，《独立宣言》起草委员会的正、副负责人，从此反目。制宪会议没有制定关于政党的条文，没有料到建立联邦（转下页）

说到制宪会议的权力，他认为，怀疑之所以产生，是因为大家的想法不同，说理又不透彻。他认为，联邦政府(federal Government)的意思，是把一些各自独立的社会结合为一。不同的邦联(different confederacies)有不同的权力，实施权力的方法也各不相同。有些邦联把权力实施于集体；有些邦联把权力实施于个人，例如德国的议会，我们自己对付海盗的措施，也是施于个人。因此，应该对这个术语的含义赋予极大的广度。按照某些代表的理解，新泽西方案其实已经偏离了联邦的观念(federal idea)，因为这个方案最终还是要把权力施加于个人。他比较赞成弗吉尼亚这位可敬的先生(伦道夫先生)的说法：我们对我们的国家负有义务，在此危急存亡之际，我们应该尽我们的能力，促进这个国家的幸福。各邦把我们派到这里来，是指望我们能把联邦带出危局。如果提出的方案不能挽救危局，又死抱住这样的方案，仅仅因为弄不清楚我们的权力限度，那就是为手段而牺牲目的。或许有人会说，如果一个方案提出的修改和补充超出了邦联条款规定的权限，各

(接上页)政权之后政府内部会出现如此激烈的党争，更没有料到同一个党内也会出现为职权而反目的情况。1800年的总统选举，共和党总统选举人把票全部投给共和党候选人，结果，纽约政客艾伦·伯尔和杰斐逊一样，也得了73票。伯尔原意是支持杰斐逊，一见票数相等，就改变了态度，当仁不让。另一方面，联邦党总统选举人也把票全部投给了联邦党总统候选人，亚当斯得65票，平克尼将军得64票，只有1票分散到约翰·杰伊身上。按照联邦宪法，得票最多且超过半数者为总统，得票次多者为副总统；若得票相等，由众议院投票，解开死结。众议院投票时按邦计票，不按议员人数。这时，邦已经增加到16个。1801年2月11日，众议院投票19次，每次总是杰斐逊得8票，伯尔得6票，2邦代表赞成反对各半。杰斐逊虽然多2票，但不足宪法规定的三分之二多数。汉密尔顿尊重杰斐逊的人格，讨厌伯尔的为人，运用自己的政治影响力，促使一些联邦党人众议员支持杰斐逊。到第33次投票，杰斐逊得10票，伯尔4票，2邦投空白票。杰斐逊当选总统，伯尔屈居副总统。1804年，宪法增设修正案第十二条：选举人在选票上分别写明自己要选的总统和副总统。这条修正案的文字里，仍然没有出现“政党”二字，但它的用义，是宪法对政党的承认并使之合法化。1804年，伯尔改而竞选纽约邦长，汉密尔顿又促成伯尔落选。伯尔向汉密尔顿挑战，二人决斗，汉密尔顿中弹而亡，时年49岁。

汉密尔顿在第一届财政部长任内，提出一系列带有战略性的财政方针，基本内容，是利用政府的力量扶植一批富人，利用这一批人，建立美国的近现代金融工商体系。有人认为，汉密尔顿的理想，已经变成美国的现实：由富人控制的高度发达的金融工商业社会；而杰斐逊的梦想——人人生而平等——虽然已经取得许多进展，终究还是梦想。

邦就不会批准。可是，在并不具备这种制宪授权的各邦议会里，不是已经有人在议会里提出了这个问题吗？他们心里想的，就是人民。在纽约的参议院里，有人提出制定一条附加规定：在提交人民讨论和批准以前，不要约束制宪会议[110]的任何行动；这项动议只差一票就通过了。提出这条附加规定的理由，就是认为这种约束可能是一个不必要的桎梏。

大问题还在于：为了我们国家的幸福，我们应该制定一些怎样的条款？他先把两套方案比较一下，证明两套方案都有基本缺陷，然后，再说明需要作哪些变动，才能使"全国政府"行之有效。一个政府要想站稳脚跟，需要一些基本原则支撑。一、要有支持这个政府的积极和持久的兴趣。在赞成联邦制的那些邦里，并不存在对全国政府的支持。他们内部显然有一种高度的振奋和团结精神。他们孜孜不倦地追求自己的利益，不惜牺牲整体的利益。他们有自己的债务，自己的计划，自己的财政等等。所有这些，一旦遇到阻力，毫无例外，他们都会把本邦的利益置于邦联议会摊派的款项、邦联的计划之上。二、爱权。人是爱权的。爱权的原则，同样存在于邦政府和总体政府之间。各邦政府持之以恒地表现出一种趋势：与其索回他们当初授予联邦的权力，不如变本加厉，自行其是，而且，把已经争到的权，变为既成事实。众所周知，各邦蛊惑人心的政客，他们的野心就是要控制总体政府。或许还会有人宣称，总体政府如果要解体，百姓并不着急，邦政府如果要垮，他们就急了。邦政府一垮，就会大难临头，总体政府垮了，留下的问题，还有邦政府解决。大家想想，像弗吉尼亚这样的邦，再过几年会是什么模样，只怕可以与国家一比高低了。弗吉尼亚对自己的重要性和自给自足的能力，感受该有多么强烈？三、人民在情感上的习惯依附。这种情感纽带的全部力量，都倾向于邦政府一边。邦政府的主权，就展现在人民的眼前：人民直接享受邦政府的保护。分配是否公正，掌握在邦政府手里，让人民熟悉和感到亲近政府的所有立法，都要靠邦政府通过。四、强制

---

[110] 制宪会议（convention）：也可以指邦的制宪会议；各邦曾多次举行制宪会议，修改邦宪法。

力量。强制可以分为法律强制和武力强制。除少数情况外，邦联议会并不具备法律强制能力。对某些邦，仅仅法律强制就足够了；不过，据他所知，在多数情况下，情况并非如此。在大社会里，一定比例的军队，是绝对必要的。马萨诸塞现在已经感觉到这种必要，装备了一支军队。可是，怎么能对作为集体的邦诉诸武力呢？这不可能。诉诸武力会升级为双方之间的战争。外国势力不会袖手旁观，会乘机而入，混乱就会加剧，联邦的分崩离析，也就接踵而至。五、政府的影响力。他指的不是政府内的腐化做法，而是政府提供的常规荣誉和薪水，荣誉和薪水，会造成对政府的依附。上述五种因素，几乎都偏向邦政府一边；只要邦政府继续存在，这种情况也会继续。于是，我们看到，贪婪、野心、利益，所有这些主宰大多数人和所有公共机构的激情，都流进邦政府的溪里，流不到总体政府的河里。因此，邦政府一般总是压倒总体政府，使得任何邦联的性质都变得靠不住。

历史的经验，充分证明了这种理论。古希腊的邦联，实现总体目标的权力，仿佛已经够大。尤其是，邦联拥有对违规的邦执行罚款和武力讨伐的权力。结果，邦联颁发的命令，差不多就等于开战讯号。福基翁[11]战争就是一个突出的例子。腓力[12]长期利用他们内部的倾轧，巧妙钻入他们的邦联，最后成为他们命运的主宰。日耳曼人的邦联付出了另外一种代价。查理曼大帝的权势，似乎已经足够强大了。可是，一旦各大诸侯施展他们的地方主权，很快就精神振奋，找到了蚕食邦联权力的门道，最后把帝国的主权贬低到只剩一块门面。议会取而代之，虽然由一位王子帮忙出面当头，帝国的主权却被独立的诸侯们瓜分，是邦联政府软弱无能的又一突出例证。

其他例证也昭示我们同一真理。瑞士各邦其实很少结成邦联，彼

---

[11] 福基翁(Phocion，公元前 402—318)：雅典政治家，将军，实际统治者，民主制度恢复后被废黜，后遭诬告，以叛国罪被处决。

[12] 腓力(Philip，公元前 382—336)：马其顿国王，公元前 337 年建立科林斯同盟，成为希腊各城邦的霸主，准备进军波斯时被刺杀。

此之间打仗不止一次。

那么，所有的这些弊病如何才能克服呢？只有把全部主权集中到一个总体政府，让上述所有的强大原则和激情都集中到总体政府这一边来。新泽西方案能不能达到这种效果呢？那个方案是否提出了什么实质性的校正办法呢？没有。相反，新泽西方案一方面想方设法弥补弊端，另一方面又提出一些条款抵消另一些条款的效力。新泽西方案给予邦联议会一些直接岁入，但这笔岁入又不够用。不足之数，还得通过向各邦摊派款项来凑数。经验已经证明，这种摊派制是靠不住的。如果让各邦讨论摊派方式，他们就要进而追问摊派这些钱的目的，而且，他们可以批准、交款，也可以不批准、不交款。一邦违规不交，其他邦便起而效尤，结果是大家彼此纵容。配额制按其本质来说就不平等，必然产生同样的弊病。最后，你拿什么做标准才好呢？用土地面积做标准是靠不住的。[113] 比比荷兰和俄国的土地面积，比比法国、英国和其他欧洲国家的土地面积，再比比宾夕法尼亚与北卡罗来纳。这些国家的财力，与他们的土地产值是否相应呢？若以人口数字为分配席位的依据，再把不同的国家比比看，你会发现，这个标准同样是不公正的。不同国家的工业和农业，发展程度不同，因此，用人口测量财富，是靠不住的尺度。这在很大程度上也取决于环境。康涅狄格、新泽西和北卡罗来纳，都不是经商发达的邦，但对于经商发达的邦的发财致富作出了贡献，绝不应该按常规的比例承担配额。他们会完不成配额，而且无可指责，他们完不成，别的邦就会效法，联邦还是会解体。

那么，从哪里去筹集全国政府的岁入呢？从商业提取，甚至从出口商品中提取，虽然，通常的看法是应该对国产货物等等提取温和的税收。这种做法虽然也不平等，但是比摊派、比配额平等。新泽西方案的

---

[113] 《邦联条款》第八条规定："一切战争费用，一切为建立共同防御和提供普遍福利而出现的其他费用，以及邦联议会召开期间同意支出的费用，均从共同财库中支取，财库来源，由各邦按其全部土地价值分摊。"（参见本书附录二）

另一个促成解体的因素，是平等表决权，各个小邦对此是欣欣然而欲得之。可是，要弗吉尼亚和其他大邦同意这一点，不符合人类的本性，他们如果答应了，就要长期受此约束。这对公正观念和人的情感都是一大震动。一个政府如果建立在坏原则上，即使这种坏原则慢慢地发生作用，只要继续下去，日积月累，总会把政府搞垮。已经有人反复提出疑问：目前，邦联议会在和平时期究竟是否有权保持战舰和军队？[114] 他倾向于否定邦联条款的这种规定。佩特森方案对此没有提出校正办法。如果按佩特森方案所提出的那些补充授权办，邦联议会这样的组织永远也不能发挥适当而且有效的作用。邦联议会的代表，是由各邦议会推选的，而且各邦有权召回，代表们代表的都是地方偏见。要想让邦联议会发挥效力，就得每隔一段往上堆积一些权力，直到有朝一日暴政得势为止。

总体权力不论采取何种形式，要想维持下去，必须吞并各邦权力。否则，它就会被各邦瓜分。把必要的权力授予像邦联议会这样的机构，违背建立好政府的所有原则。在同一疆域以内，不可并存两个主权。再给邦联议会扩权，结果不是造成一个坏政府，就是不再有政府。因此，新泽西方案不能解决问题。那么，该怎么办呢？说到这里，他自己也感到为难。要治理好幅员如此辽阔的国家，使他不敢乐观。建立一个总体政府的费用，也庞大得令人生畏；除非情况允许，削减各邦政府的开支。如果能把各邦政府废止，那么他倒相信，用总体政府取代之后，可以建立起了不起的经济。不过，他并不打算提出这种方案，弄得民意震惊。话说回来，他觉得也没有退缩的必要。为了发展商业、增加岁入、改进农业的宏伟目标，邦政府并无必要。当然，从属的下级政权总是需要的。总是要有地区法院；为了发展地方，也要建立地方政府。可是，现在各邦政府下设的大量机构，花费那么多钱财，到底是为了

[114] 《邦联条款》第六条第四款规定："任何邦不得在和平时期保留战舰……任何邦不得在和平时期保留武装部队……"（参见本书附录二）

谁呢?

他感到最为犯难的问题,是如何把民间的人才吸引到社会的中心来。要提供多大的物质刺激才够呢? 仅靠第一院议员的温和工资,能把这些民间领袖人物吸引来吗? 按他估计,(议员一天的津贴)最多也不过三块钱左右。对参议院,他也有同样的担心,参议院到时候会挤满企业界的人,这些人想在政府里获得一定的职位。思前想后,要在如此辽阔的国土上建立一个共和政府,确实叫人绝望。

他觉得,再提什么别的方案都不明智。他私下认为,应该毫不犹豫地宣布,支持众多明智善良人物的看法:大不列颠政府,是世界上最好的政府。他怀疑,要把美利坚的事情办好,英国的这一套制度还缺少什么呢? 他希望观点不同的先生们能听取这个意见,请求他们回顾一下舆论在这个问题上的变化,包括已经发生的变化和正在发生的变化。人们曾经认为,邦联议会的权力已经绰绰有余,足以实现设立这个机构的目标。现在,尽人皆知,这是一个错误。他注意到,当年紧紧抓住共和主义不放的人,如今也和大家一样,大声挞伐民主的罪孽。民意的这种进展过程,使他预见到:有朝一日,其他人也会和他一样,加入内克先生[115]的行列,赞美英国的宪法,说:这是世界上惟一的政府,"把公家的强盛和个人的安全结为一体"。

每个鼓励工业发展的社会,总是把人分成多数和少数。由此而兴起分隔的利益,出现借债者和放债者等等。若把所有的权力都给少数人,他们就会压迫多数。若把所有的权力都给多数人,他们就会压迫少数。因此,双方都应该有权。这样,各方都能捍卫自己,抵制对方。就是因为没有这种制约,我们这里出现了发行纸币、分期付款法律[116]等等。英国人能调整得恰如其分,要归功于他们杰出的宪法。他们的贵族院,

---

[115] 内克先生(Jacques Neckar, 1732—1804):法国国王路易十六的财政大臣,一心想摹仿英国模式,建立议会两院制,在法国实现君主立宪。

[116] 分期付款法律:instalment laws。

是最高尚的机构。议员们有固定的土地资产，形成足够的利益，不再指望通过改革得到什么好处，因此，他们崇尚国家利益，形成稳固的壁垒，防止任何有害的标新立异，不论这种标新立异是来自国王还是来自下院。任何短期任职的参议院，都不具备这种稳固性，无法实现这种功能。看来，（马里兰的）参议院是众望所归，但它还是没有经过足够的考验。如果当初发行纸币的提案上交到参议院时，他们能团结一致，坚决抵制，他们只怕已经被群众的洪流冲垮了。对群众的要求让步，就证明任期制参议院还是不稳。

究竟必须设置哪些制约？先生们在这个问题上言人人殊，原因在于对人的激情估计不同。有人以为七年任期就够长了，能给参议院带来足够的稳固。这是因为对民主精神出奇的暴烈和强横估计不足。民众一旦追求建立政府的伟大目标，这个目标就抓住了他们的激情，像野火一样燃烧蔓延，变得无可抗拒。他问新英格兰的先生们：那里的经验，还不足以证实这一点吗？[117]

再说行政官。看来，大家已经承认，要想遵循共和原则，就树立不起一个好行政官来。这岂不是说：共和原则并不具备这个优点？因为，没有一个好行政官，还算得上什么好政府？在这个问题上，英国模式是惟一的好模式。国王的世袭利益，与国家的利益纵横交织，不可分割，他个人的收入如此巨大，使他高居于外国的贿赂之上，不为所动。因此，他既有足够的独立性，又受到足够的控制，解决了国内谁来担任行政官的问题。共和国的弱点之一，就是容易受到外国的影响和腐蚀。

---

[117] 独立战争结束以后，美国经济破败，邦联议会和各邦议会已拿不出钱来颁发军饷。1786年8月15日，马萨诸塞的沃塞斯特出现抗议集会，接着，独立战争期间的军官谢斯上尉率部起义，应者群集。马萨诸塞邦政府征召一万名民兵，进行围剿。1787年2月4日，结束对谢斯部队的最后一次战斗。1787年3月，马萨诸塞议会赦免除谢斯本人以外的全部起义者。谢斯起义虽然只发生在马萨诸塞和新英格兰地区，却震撼了整个美国，促使制宪会议的部分代表，如汉密尔顿和麦迪逊，力主建立一个强有力的中央政府，要求修改邦联条款中和平时期不得设立常备军的规定。制宪会议结束以后，形势趋于稳定，1788年6月13日，马萨诸塞议会赦免丹尼尔·谢斯本人。

起于平民之辈者，一旦获得高位，就容易成为邻人们多管闲事的对象。瑞典就是一个突出的例证。在上次革命中，英国和法国都曾经涉足，瑞典的革命，几乎完全受英国的影响。

我们从这些事例中应该得出什么结论呢？结论就是，为了取得稳定，达到长治久安，只要共和原则许可，我们就应该大步前进，一步到位。让议会两院中的一院终身任职，至少，行为良好得继续任职。让行政官也终身任职。他向在座代表们的感情呼吁：接受公众的信托的基本要求，是牺牲私人的事务，任期七年，是否足以调动最好的公民来从事这项服务呢？按照他的方案，我们的参议院有了稳固持久的意志，举足轻重的利益，就能实现基本目标。有人会问，这还是不是一个共和政府？是的，只要所有的行政官都是委任的，空缺则由人民来填补，或者说，通过一次由人民发起的选举。他很明智，说：按他的方案设立的行政官，相对可能的需要而言，其实只有很少的权力和独立性。若按委员会报告的方案，行政官的任期只有七年，他认为，这样的行政官简直没有什么权力。结果，这样的行政官就会野心勃发，利用职务之便，结党营私，他的野心的目标，就是想方设法延长掌权，恋栈不舍，一旦出现战争，在形势紧迫的情况下，他多半会借此抬高自己的地位，避开或者干脆拒绝退位。终身任职的行政官，就不会有这样的动机，以至把对他的信托置之脑后，因此，终身任职的行政官反而成为更为安全的权力寄托者。

多半会有人出来反对，说：这样的行政官，就是一个选出来的君主，会引起争权夺位，而这种争权夺位，就会变成这种政府的特征。他的回答是：君主是一个不确定的术语。君主这个词，既没有规定掌权的程度，又没有规定掌权的时间跨度。如果我这个方案里的行政官是个终身任职的君主，那么，全体委员会报告设计的那个行政官，就是一个七年任职的君主。对我们这两种方案中的选举办法，也可以用同样的话回答。法学专家们的著作已经注意到，选出来的君主，如果能对他们加以护卫，抵制住由竞争者们的野心和阴谋诡计激发的争权夺位，就是最好的君主。至于争权夺位是不是一种无可避免的罪恶，他没有把握。他认为，这种选举君主的做法，并非个别特例，而是相当普遍的原则。罗马皇帝由军队选出。波兰君主由相互争雄的王子们选举，他们各有独立的权力，制造动乱骚动的手段不胜枚举。日耳曼帝国的君主，由选举人和王子们选举，这些人在培植私人、结党营私方面，动机和手段可以说是旗鼓相当。我们自己能不能设计出好的选举方法，使社会不受这些罪恶的祸害，把危险降低到最低限度呢？

说完这些事实和想法之后，他想向委员会读一份他的方案草稿，他认为，这个方案比会议正在讨论的那两个方案都好。他知道，这个方案超出了大多数代表的观念。可是，这个方案走出会议之门，到外面去是不是会被接受呢？反过来，他也要问一问，人民是不是会接受委员会的方案呢？按目前的情况看，他们一个方案也不会接受。可是，他眼看联邦正在解体，或者已经解体。眼看各邦政府内弊病丛生，这些弊病不久就会治好人民对民主的爱好。他看到公众意识已经取得很大进步，而且还在继续前进。因此他预测，有朝一日，人民就会挣脱偏见的桎梏；不论这种情况何时发生，他们都会不再满足于停留在伦道夫方案给他们提出的安排，而是继续前进，至少走到他提议的这么远。他并不打算把他起草的这张稿纸作为一项方案提交给委员会。这份草稿的目的，只是展现他的更为正确的观点，下一步讨论伦道夫方案的各个适当阶段，他多半会把这里提到的修正意见陆续提出。

于是，他读了他的草稿，内容如下：[118]

一、美利坚联邦的最高立法权，寓于由两批不同的人组成的机构；一个叫众议院（Assembly），一个叫参议院（Senate），两院共同组成联邦议会，有权通过一切法律，但受制于后文提到的否定。

二、众议院由人民选出的人组成，任期 3 年。

---

[118] 汉密尔顿发言中所提到的这个草稿，现存好几种文本。汉密尔顿在制宪会议结束前，给了麦迪逊一份比较详细的方案。这份文件的译文，参见本书附录四《汉密尔顿制宪方案》。

三、参议院由当选的人组成，行为良好得继续任职；参议员由人民为此目的而选出的选举人选举；为此目的，把各邦划分为选区。参议员去世、被罢免、辞职，由产生该参议员的选区补选。

四、联邦的最高行政权寓于一位行政官（Governour），由选举产生，行为良好得继续任职。行政官的选举由上述选区内人民选出的选举人选举。行政官的权威和职能如下：有权否定一切准备通过的立法，执行一切已经通过的法律；得到授权后或战争已经开始时，有权指挥战争；在参议院的建议和认可下，有权缔结一切条约；独享任命财政部、战争部、外交部的部长或主持军官的权力；提名所有其他官员（包括驻外大使），交参议院或认可或拒绝；有权赦免叛国罪以外的一切罪行；未得参议院的认可，叛国罪不得赦免。

五、行政官去世、辞职或被罢免，他的权威由参议院议长代理，直到任命继任者。

六、参议院独享宣战权，一切条约的建议和批准权，官员任命的认可或拒绝权，但财政部长、战争部长、外交部长的任命不受此限。

七、最高司法权寓于一批法官，法官行为良好得继续任职，领取足够和稳定的年薪。这个法庭对一切俘获物处置案拥有初审权，对总体政府征收岁入引起的一切案件、对与外国公民有关的一切案件，拥有上诉案的审理权。

八、联邦议会有权在每邦设立法庭，处理一切普遍关注的事务。

九、联邦的行政官、参议员和一切官员，若有渎职和贪污行为，应受弹劾；经确认属实，即予以罢免，并失去担任任何信托职务和受薪职务的资格。所有弹劾案均由一个法庭处理，这个法庭由每邦最高法院首席法官……或法官组成，只要这些法官还在行为良好继续任职并领取稳定年薪的期限以内。

十、各邦所有法律，若与宪法或联邦法律抵触，无条件作废；为了更好地防止这种法律被通过，每邦邦长（Governour）或主席（President），由总体政府任命，并对他担任邦长或主席的邦准备通过的立法拥有否定权。

十一、任何邦不得拥有陆军和海军;各邦民兵一律置于联邦单独和排他的指挥之下,民兵军官由联邦任命和授衔。

他按照自己前面说的原则,对这些条文一一加以解释。

委员起立,休会。

6月19日星期二　　在全体委员会上

讨论佩特森先生和伦道夫先生提出的主张

迪金森先生昨天提出的动议：推迟讨论佩特森方案的第一条，改为讨论“邦联条款应予修订和增补，使联邦政府足以应付紧急形势，使联盟巩固繁荣”，现在表决，结果，康涅狄格、纽约、新泽西、特拉华赞成，马萨诸塞、宾夕法尼亚、弗吉尼亚、北卡、南卡、佐治亚反对，马里兰代表赞成反对各半。4邦赞成，6邦反对。会议没有同意迪金森的提议。

佩特森方案再次提到委员会面前。

麦迪逊先生：有些先生已经反复强调，制宪会议没有权力提出与联邦方案不同的任何方案。其他人已经对此作出回答，他只想补充说明：给邦联条款追加的两点，都不能说明这种反对有理。第一点说，在一个联邦政府里，权力不得实施于公民个人，只能实施于作为公民集体的邦。可是，有些案例，如海盗案、俘获物处理案等等，以及佩特森在他的修正方案中列举的更多案例类型，现存邦联的权力又必须直接施于个人。第二点说，联邦政府的代表不是由人民直接选举的，而是由组成联邦的各邦政府推选的。这里也有相反的事实。有两个邦，康涅狄格和罗德岛，派往邦联议会的代表，就不是由邦议会选出，而是由人民选举的；佩特森先生的方案，也并没有提出什么来改变这种做法。

有人(佩特森先生)说,邦联是经过一致同意建立起来的,也只有通过一致同意才能解散。这个信条是从盟约的性质中推断出来的吗?是从邦联条款的某条规定中引申出来的吗?人们通过基本契约[119],组成社会。如果我们把各邦结盟类比为这种社会契约,或至少来源于社会契约论,是由组成邦联的成员们一致赞同的行动,那就不能说,没有得到全体成员的一致同意就不能解除契约。社会的一部分,如果违背契约的基本原则,肯定也就解脱了其他部分对契约的义务。如果契约各方中的一方违背了某项条款,并不能使其他部分采取自由行动,那是因为,契约本身还隐含着另一个方面,那就是,社会契约法则赋予多数以约束少数的权力,而不论情况如何。后一种情况说明,我们并不打算把邦联的结盟类比为个人之间的社会契约。如果承认社会契约的类比,多数就有权约束其余的人,甚至为全体成员制定一部新宪法。如果这样,新泽西的那位先生就会落入最后承认的人群。如果我们不把各邦的结盟类比为个人之间的社会契约,而类比为国与国之间的结盟,那么,这种结盟又会产生什么原则呢?显然,根据国际法的解释,任何一方如果违背任何一项条款,其他各方便取得自由,认为整个结盟已经解散,除非他们选择:迫使违约的一方改正违约行为。的确,在有些条约中,明文规定违反某些条款不造成这种后果,哪怕这些条款在战争中依然有效,不过,一般都会理解为所有依然存在的条约也就此解除。可是,邦联条款对出现这些例外有没有作出规定呢?迄今为止,邦联条款里面一个这样的条款都没有,从来不说可以使用武力迫使一个违规的邦就范,尽到它的义务。他指出,违反邦联条款的例子不胜枚举,而且行径恶劣。其中,声名狼藉的例子之一,就是新泽西的一项立法;通过这项立法,新泽西公然拒绝邦联议会按条款规定摊派给新泽西的应交款项,并且劝告与会代表,干脆连反对票也不用投,使一切要求服从的提案都无法通过。他并未从这些事例中引申出任何严厉的推断。不

---

[119] 基本契约:fundamental compact。

过，他认为，把现行邦联的真实性质弄个清楚，还是必要的，所以，他并不急于去加强现行体制的根基。

麦迪逊进一步讨论佩特森方案的具体内容。他说，一个适当的方案应该达到双重目的。一、保持住联盟。二、建立一个政府，校正各邦已经感觉到的缺陷，包括联合治理和分别治理两个方面。他从这个角度来考察佩特森方案，看看这个方案是否能满足以下各方面的要求：

一、这个方案能不能防止（各邦）违反国际法和各项对外条约呢？若不能避免，我们势必陷入对外战争的巨大灾难。各邦违反国际法和对外条约的倾向，已在众多事例中公然显现。邦联议会的档案，记载了许多外国的指控，差不多来自每个与我们缔结条约的国家。迄今为止，纵情胡来已经成风。各国可不会永久对我们纵容。这种权力分裂、为所欲为的现象，是最大的危险，会使国家陷入巨大灾难。因此，有必要制定有效条款，规定国家的任何一个部分无权违反国际法和对外条约，危害整体。现行邦联制不足以克服这类弊病。（佩特森先生）的修正办法，也没有提出克服这类违法行为的措施。佩特森方案仍旧让各邦像过去那样，继续为所欲为，无所控制。

二、这个方案能不能防止（各邦）蚕食联邦的权威呢？这种蚕食的趋势，已经有了足够的例证，不论是在我们这个邦联，还是在其他任何以邦联形式组成的共和国，古今莫不如此。根据邦联条款，与印第安人的交易，由邦联议会处理。可是，各邦与印第安人缔约或宣战的事，已屡次发生。按照邦联条款，未经邦联议会同意，两邦或多邦之间不得签订条约。可是，弗吉尼亚和马里兰却签订了条约，宾夕法尼亚和新泽西也签订了条约，事前并未征求同意，事后也未表示歉意。还有，未经邦联议会批准，任何一邦无权在和平时期征兵。在结盟的所有条款中，这一条要求最严格的遵守。可是，如今马萨诸塞难道不是联邦内最强大的成员，不是已经募集了一支军队吗？难道马萨诸塞不是还在继续扩大军队，连屈尊向邦联报告一下她的意图都懒得一为吗？难道我们没有看见：公共土地被让与康涅狄格，以买通该邦的默许，把按宪法并不属于该邦的领土给了宾夕法尼亚吗？说“买通”，因为没有其他动机可以解释邦联议会所采取的这个做法。

如果我们回顾一下其他的邦联，就会发现，所有的邦联，都存在部分蚕食整体权威的趋势。他回顾了古代希腊的城邦，近代的海尔维希人、日耳曼人和荷兰人的结盟，把这些邦联与美利坚联邦作了类比：宪法方面，结盟权威的范围方面，部分成员篡夺整体权威的趋势，最后，引起整体的混乱和毁灭。

他指出，佩特森先生的方案，除了忽略控制各邦、捍卫联邦特权外，还有两个明显的缺陷：1. 它把批准宪法的过程，不是交给全体人民，而是交给各邦议会。这样一来，全国议会立法的力量无法超越经过人民批准的各邦宪法，无法居于最高地位。2. 它只给予联邦法院一个上诉庭的地位，即使在他的方案所列举的刑事案件方面，也是如此。这样势必会引出一种危险，即各邦法庭不恰当地宣判无罪释放，等到宣判无罪释放，上诉庭还有什么办法？而且，如果不是所有的邦，至少是在多数邦，邦宪法规定行政官握有赦免权。仅由各邦议会批准，如何拿掉各邦行政官手中的特赦权？因此，需要制定条款，防止这类现象。

三、这个方案能不能防止各邦之间彼此侵蚀对方的权利呢？各邦彼此侵权的现象，可见者已经够多。他举弗吉尼亚和马里兰的立法为例。这两个邦的立法，偏向本邦公民，歧视其他邦的公民，而邦联条款却规定：各邦公民在其他邦享有与该邦公民平等的特权。他认为，发行纸币和其他类似的措施，也是侵权行为。各邦之间经济往来错综复杂，彼此互为欠债者和债权人；欠债者的邦每次发行纸币，债权人的邦就要蒙受不公正的损失。我们已经看到这方面的报复立法，这些报复立法不仅威胁到联盟内部的和谐，也威胁到联盟的稳定安宁。佩特森先生的方案，连各邦的这类立法也不予以否定，对这种做法听之任之，让各邦继续以不公正的做法彼此报复。

四、这个方案能不能保障各邦的内部安宁呢？马萨诸塞的起义，提醒了所有的邦，各邦都要考虑本邦可能面临的危险。可是，佩特森先生的方案没有包含任何条款，校正邦联在这方面的缺陷。的确，根据共和理论，权利和权力二者，都寓于多数手中，被视为同义词。根据事实和经验，少数诉诸武力时，可能压倒多数。1. 如果少数正好包括了所有具备军事生活的技能和习惯的人，又掌握了大量的财力，三分之一的人就可能征服其他三分之二的人。2. 在选举治理者的过程中，三分之一参加选举的人，如果拉拢那些由于贫困而不够格选举的人，拉拢那些由于明显的原因，更想参加暴乱，而不愿与已经建立的政府合作的人，也可能变成多数。3. 奴隶制存在的地方，共和理论依然是靠不住的。

五、这个方案能不能确保各个邦内部出现良好的立法和行政管理呢？揭露违反联邦政治制度的各种弊病时，既要考虑单独在个别邦里盛行的弊病，也要考虑集体影响到各邦的弊病；因为前者间接影响整体，而且，有充分的理由相信，这些弊病带来的压力，正是促成召开这次制宪会议的原因。关于这一点，他列举和指责了以下现象：1. 有些邦通过的法律，内容繁杂重叠；2. 有些邦的法律翻来覆去，变化无常；3. 这些法律里屡次出现不公正的条文；4. 结果弄得法律无能。他指出，佩特森先生的方案没有对这类糟糕透顶的弊病提出校正措施，因此，接受他的条款，不足以应付当前的紧急形势。

六、这个方案能不能保证联盟防止外国势力对各邦的影响呢？就假装这种影响还没有人试过；可是，在目前的形势下，这种情况会出现，自然是在预料之中。他指出，历史的教训特别值得注意。古希腊人的结盟，先是受到波斯国王们的阴谋影响，后来又被马其顿的腓力用诡计击破；稍晚的希腊人，先是受到马其顿的影响，后来又受到罗马的干预，恶果不亚于前者；瑞士人的结盟，先后受到奥地利和法国的影响，还有一些较小的邻国，也来骚扰；日耳曼人的结盟，先后受到法国、英国、西班牙和俄国人的影响；荷兰的联邦，则受到所有强大邻国的影响。佩特森先生的方案，不肯授予总体政府否定各邦立法的权力，是把我们的门户开放，让类似的阴谋诡计自由侵入，有丧国之危。

七、他请求最依恋佩特森先生方案的小邦想想，这项方案会把他们引到什么处境。第一，它们要继续承担本邦派驻邦联议会代表的全部费用。但是不能说，他们愿意承担这笔费用，别的邦就不能提出指责。既然这个方案要求小邦保持他们的代表，那么，如果公共事务被拖延，势必引起共同关注。只要浏览一下邦联议会的记录，人人都可以看出，由于有的邦不出席，公共事务频频受到延误；而不出席的邦，更多的是小邦，而不是大邦。他提醒制宪会议注意：让小邦在邦联议会里承担代表负担，还有一个后果。在独立战争的那段相当长的时间里，特拉华的一名代表，独自签署了邦联条款，独自代表整个邦投票，独立战争以后，特拉华一半的票是由一位宾夕法尼亚公民投的，而此人又在本邦任职，不宜于担任邦联议会代表。还有一段时间，特拉华由三人代表，其中两人是宾夕法尼亚公民，第三人是新泽西公民。出此下策，显然是要免去该邦对代表的费用负担。无论原因何在，其结果，岂不是一个邦增加了两人的投票机会，另一个邦增加了一人的投票机会？第二，关于采取强制手段，佩特森方案是否可行，取决于此，但除非动武，否则不过说说而已。大邦跃跃欲试，小邦心怀忐忑。他援引古希腊邦联的历史和日耳曼帝国的征召令来比喻这种局面。这是缠住弱者的蛛网，愉悦强者的手段。

八、他请求小邦的代表们想想，如果顽固坚持一个通不过的方案，又不允许通过其他方案，结果将会如何。即使想象一下，也会痛苦不堪；不过，为谨慎起见，还是从长从远计议，或许就会轻而易举地设法规避。如果让各邦联盟解散，两种结果必居其一。1. 各邦单独保持自己的独立主权；2. 两邦或多邦之间势必结盟。先说第一种，小邦势必面临大邦的雄心和权势，这比在一个总体政府的荫护之下，大家欣欣向荣，个个利益平等，彼此不许欺负，哪个对小邦更安全呢？再说第二种，若强大的邻邦与小邦结盟，小邦是否还能指望大邦像目前的邦联一样，同意每邦平等一票？或者，大邦就会对小邦强索不那么厉害的让步，比伦道夫方案提议的还要宽松？

现在的主要难题是席位分配；这个问题解决了，其他问题都可以迎刃而解。新泽西的两位先生（布瑞利先生和佩特森先生）都认为，让弗吉尼亚享有 16 席，特拉华只得 1 席，不公平。他们的说法是，如果让弗吉尼亚拥有 16 席，特拉华就不会感到“安全”。他们的解决办法，是把所有的邦都扔进大熔炉，然后做成 13 个新的等份。这种办法是否切实可行？各邦差别众多：财产、办事方式、习惯，甚至偏见，这些差别汇在一起，扔进熔炉里也化不开。欧洲的绝对君王之一（法王路易十六），曾被他最有教养，最爱国的大臣之一（内克先生[120]）考过一个智慧题：如何使各省的不同语言和规则等同起来，结果，是发现无法办到。但是，如果允许各邦先实行总的联合，再把各邦打散重新划分，这种办法切实可行的话，小邦对于按比例分配席位的担心，也就可以化解；倘若让各邦之间三三两两自愿结盟，对整个社会而言，岂不是更麻烦？而前面的办法，各邦则可以得到同等有效的安全。如果新泽西和特拉华认为，把所有的邦拉平，他们就能得到好处，在拉平的情况下，他们势必要和邻邦结合，那么，何不让宪法允许他们与其他的邦自由结合，岂不是可以达到同样的目的？何必非要逼所有的邦都作出类似的安排，至少是把事情弄得极其难办，惹得那么多邦讨厌，弄得别人既不方便，自己又得不到好处。

西部将会出现许多新邦，这一前景的重要性需要认真考虑。如果新邦要加入联邦，他们会在居民还不多的时候就加入。如果让他们按人口比例分配席位，一切都会妥当安全。如果让他们享有平等表决权，那么，更加容易提出反对意见的少数，就会把法律强加于全体。

有人提议推迟讨论佩特森先生方案的第一条，会议通过，只有纽约和新泽西投反对票。

---

[120] 内克先生，见第 134 页脚注[115]。

金先生提出问题：委员是否需要起立，把伦道夫先生的主张，不加更改地再报告一遍？这个问题的实质是：是否认为伦道夫先生的方案比佩特森先生的方案更为可取，应该继续按伦道夫方案讨论下去？

表决结果，马萨诸塞赞成，康涅狄格赞成，纽约反对，新泽西反对，宾夕法尼亚赞成，特拉华反对，马里兰代表赞成反对各半，弗吉尼亚赞成，北卡赞成，南卡赞成，佐治亚赞成。7 邦赞成，3 邦反对，会议同意继续讨论伦道夫先生提出的方案。

于是，把全体委员会讨论伦道夫方案后的报告发给每个代表一份，并向大会报告。

讨论全体委员会报告第一条："应该建立一个全国政府，由最高立法、行政、司法部门组成。"

威尔逊先生：所谓全国政府，并不是一个吞并各邦政府的政府，像有些先生希望的那样。他抓住保持各邦政府这个思想不放。他说，他与汉密尔顿上校的观点相反，各邦政府不仅要继续存在，而且要和全国政府和睦相处。各邦政府的存在绝对必要，可以实现某些全国政府无法达到的目的。所有庞大的政府，都需要划分为较小的管辖范围。他提到波斯和罗马的例子，特别是阿尔弗雷德在英国实施的两级地方区域划分。

汉密尔顿上校：他与报告中的主张一致。他说，他昨天的发言引起了误解。他所说的废止各邦，指的是全国议会和各邦议会之间不能划分界线；因此，全国议会应该拥有无限的权限。如果加以限制，各邦议会的争雄就会逐渐压倒全国政府。即使组成地方政权，范围大到像弗吉尼亚、马萨诸塞那样，也是令人可畏。他认为，这些地方作为列国(States)应该废止；他承认，作为一级从属的管辖范围，应该保留。他说，威尔逊先生援引的波斯帝国和罗马帝国，有助于说明他的信条：大权落到像波斯帝国总督(Satrap)和罗马帝国总督(Proconsul)这样的人手中，常常造成反叛，出现要求独立的计划。

金[121]先生：既然一切问题都取决于邦与全国的关系，就应该反对不恰当地使用术语。他觉得，像“邦”(States)，“主权”(Sovereignty)，“全国的”(national)，“联邦的”(federal)这样的一些词，在讨论中频频使用，含义常常不准确，引起混乱。有些人坚持认为，“邦”并非“主权”。各邦并不拥有主权的一些特点；邦不能宣战，不能媾和，不能结盟，不能缔约。把邦看作政治实体(political being)吧，他们是哑巴，因为他们不能和任何外国主权对话。他们又是聋子，因为他们听不到外国主权的主张。他们甚至没有侵犯别人或捍卫自卫的编制或技能，因为各邦并不能为战争而征募军队或装备战船。另一方面，如果各邦联盟含有结盟的意思，也就含有合并(consolidation)的意思。各邦的联盟，就是组成各邦的人们的联盟，由此而产生整体的国家特征(national character)。国会(Congress)可以不依赖各邦而单独立法(act)——他们可以立法，而且他们的立法应该约束各邦的训示。

如果国会宣战，那就是合法的宣战——由此产生的俘获就是合法的——各邦的任何立法都不能改变这种局面，不能避免由此而产生的法律后果。因此，如果各邦还要保留主权的某些部分，那它们肯定只好

---

[121] 鲁弗斯·金(Rufus King，1755—1827)是马萨诸塞代表，出席会议时32岁。生于马萨诸塞，1777年毕业于哈佛大学。独立战争时，短期担任过一位将军的副官；然后学法律，1780年开始当律师。金于1783—1785年担任马萨诸塞邦议会议员，1784—1786年担任马萨诸塞驻邦联议会代表，他是早期的废奴主义者。1787年参加制宪会议，一开始时，对弗吉尼亚方案感到惊诧，头脑清醒后，开始支持；会后，在马萨诸塞促进批准联邦宪法。此后，放弃律师业移居纽约，1789—1790年任纽约邦议会议员，1791年任联邦第一银行董事，1796—1803年任美国驻英大使，1813—1825年连任两届联邦参议员。1804年和1808年，两次担任联邦党人推出的副总统候选人，支持总统候选人查尔斯·科茨沃斯·平克尼，平克尼先后败于共和党人杰斐逊和麦迪逊；1816年，联邦党人推出鲁弗斯·金为总统候选人，结果以34票比183票败于麦迪逊的继承者、共和党人门罗。此后，联邦党人不再推举总统候选人；金的落选，标志着联邦党人退出政治舞台，共和党完全控制政权。1824年，独立战争期间产生的五位总统华盛顿(57—65岁在任)、亚当斯(63—67岁在任)、杰斐逊(58—66岁在任)、麦迪逊(58—66岁在任)、门罗(59—67岁在任)，除华盛顿去世外，全部退休。第二代领导人开始政治角逐，约翰·昆西·亚当斯，安德鲁·杰克逊，亨利·克莱，威廉·克劳福德不再以明显的党派旗号作为角逐第六届总统职位的标记。1828年，安德鲁·杰克逊击败第六届总统亚当斯时，已经成功地把共和党改组为民主党。

牺牲掉自己主权的基本部分。如果各邦在某些方面结成一个联盟——它们也就在其他方面形成一个国家。制宪会议显然可以讨论和提出任何改动，就像邦联议会依照邦联条款可以讨论和提出任何更改一样。按照邦联条款最后一条，邦联议会不是可以对任何条款提出修改吗？关于平等席位的条款，和别的条款一样，也不例外。他说了这些意见，希望能排除一些人已经表达过的疑虑。他很怀疑，废止各邦政府是否切合实际？不过，他认为，各邦政府的许多权力都应该收回。

马丁先生：脱离了大不列颠，就使十三个邦之间处于自然状态；直到现在，它们依然处于这种状态，只不过是结成邦联罢了；它们加入邦联时，是以平等为基础的；现在来开会修订邦联条款，它们还是立于同样的基础；他绝不会向一个不平等的方案让步，这个方案要把十个邦置于弗吉尼亚、马萨诸塞和宾夕法尼亚的掌握之中。

威尔逊先生不同意这种说法：各殖民地从大不列颠独立出来时，它们也彼此独立了。他把《独立宣言》读了一遍，指出文字中的"联合的殖民地"宣布从此成为自由独立的邦；由此推论，各邦是独立了，但不是"单独地"独立，而是"联合起来"独立，而且，他们独立时是"结成联盟的邦"。[122]

汉密尔顿上校同意威尔逊先生的说法。他否认各邦被扔进自然状态的说法。他也不准备承认结盟可以因任何一个成员的局部违反就解体的说法。他承认，各邦现在来开会是立于平等地位，但不能由此推断，说这就不能共同改变这个体制。他借此机会宽慰小邦的担心，说，虽然他们在全国政府之下可能会失去现在持有的平等级别，但有两种局面会保障它们的安全：第一，弗吉尼亚、马萨诸塞、宾夕法尼亚三个大邦的地理格局。它们之间都隔着一段距离，与此同时，它们本身的特点也使其中一邦的利益与其他两邦的利益不同。因此，它们不可能结合起来。第二，从最大的弗吉尼亚到最小的特拉华之间，总是会有几个邦

---

[122] 参见本书附录一《独立宣言》。

的雄心结合起来，更多的邦会出于防御之心而结合起来加以抵制。还没有见过大国仅仅因为小国结合就结合起来的事。各邦的联盟越紧密，整体的权威越完整，强邦欺负弱邦的机会就越少。

休会。

第二阶段

1787年6月20日至
7月26日
围绕全体委员会
报告辩论

6月20日星期三　在制宪会议上

北卡罗来纳的威廉·布朗特先生到会就坐。

大会开始讨论全体委员会报告。

全体委员会报告第一条：应该建立一个全国政府，由最高立法、行政、司法部门组成。

艾尔斯沃斯[123]先生提出动议：把第一条改为"联邦政府应由最高立

---

[123] 奥立维·艾尔斯沃斯(Oliver Ellsworth，1745—1807)是康涅狄格代表，出席会议时42岁。生于康涅狄格，家境殷实。1762年进耶鲁大学，两年后转入新泽西学院，1766年获学士学位。回到康涅狄格，先学神学一年，后放弃神学，改学法律，1771年开始执律师业。1773年当选康涅狄格邦议会众议员。1777年在哈特福德任邦检察官。1780年成为邦长顾问委员会成员。1777—1783年，他连续6年担任康涅狄格派往大陆会议和邦联议会的代表。1785年，他担任康涅狄格最高法院大法官之一。他是最早到达联邦制宪会议的代表之一，又是会议中最重要的代表之一。前一段主要是听，从6月20日起，他积极发言，对自己的意见作韧性的坚持。他把"全国"政府改为"联邦"政府，保持了美国政府前后称呼的一致，实际上遏阻了麦迪逊等人建立强有力中央集权政府的势头。他与康涅狄格的其他代表极力促成"伟大妥协"：众议院实行国内法原则，按人口分配席位，参议院实行国际法原则，邦不论大小，席位平等，使制宪会议走出危机。他在后期离开会议，同意宪法，但没有签名。制宪会议结束后，他当选为康涅狄格第一届联邦参议员，作为参议院司法委员会主席，主持制定《1789年联邦司法法》，把宪法上关于司法部门的几条一般原则，充实为一个法院体系：联邦最高法院由六名大法官组成，其中一人为首席大法官；每邦建立一个联邦地区法院，每三个邦共一个联邦巡回上诉法庭，由两名联邦最高法院大法官和一名联邦地区法官组成合议庭。约翰·杰伊辞去第一任首席大法官后，华盛顿提名拉特里奇为第二任首席大法官，不料被参议院否定，1896年，艾尔斯沃斯成为第三任首席大法官。可惜，他在位三年，断案很少，建树不多。1799年，他奉亚当（转下页）

法、行政、司法部门组成”。他说，这样一改，把“全国”这个词去掉，保留了“联邦”这个适当的抬头。他不承认以下信条：违反联邦条款中的任何一条，就会使整体瓦解。不把邦联视为一个继续的存在，非常危险。他还希望，制宪会议的方案，应该作为对邦联条款的修改提出，按照这个思路，邦联议会才有权批准。如果邦联议会不愿意批准，人民也不会愿意。若要把方案提交人民批准，那么，不可避免，就要连续在各邦召开一系列制宪会议。他不希望开这么多的会议。要把宪法拉垮，开这么多会议倒很适宜，要把宪法树立起来，反而不好。

戈汉姆先生附议。

伦道夫先生：不反对改用“联邦”这种表达方式，不过提醒希望这样做的先生们，他不承认为采取这种做法背后的理由；尤其是回避把宪法提交人民批准的这种想法。

艾尔斯沃斯先生的动议被一致接受。

大会讨论全体委员会报告第二条：“全国议会应该由两院组成。”

当然，“全国”二字也被“联邦”二字替代。

兰欣先生指出，真正的问题在于：制宪会议到底是坚持现存的邦联制，还是要背离这个基础。他提议：把“由两院组成”改为“立法权寓于由邦联议会代表的联邦”[124]。此前，他已经提出了两点理由，反对弗吉尼亚方案中的这种标新立异。一、制宪会议没有得到足够的授权这样做；二、公众的思想状态。麦迪逊先生在讨论第一点时说，有两个邦派驻邦联议会的代表是人民选举的。不论这话初听起来如何，其实没有什么分量，议员不论用什么办法选出，他们所代表的，并非散沙似的为数众多的个人，而是代表一个由人民结合而成的拥有主权的邦[125]。他说，伦

(接上页)斯总统之命，到法国谈判美法之间在海上的不宣之战。出使期间生病，1800年辞去首席大法官职务。联邦最高法院在美国政治生活中扮演举足轻重的角色，有待于第四任首席大法官约翰·马歇尔。马歇尔在任35年(1801—1835)，顶住共和党人的压力，使联邦最高法院独立起来，办得有声有色。

[124] 寓于由邦联议会代表的联邦：vested in the United States in Congress。

[125] 拥有主权的邦：as Sovereign State。

道夫先生倒是挑明了分歧的根源：对当前危局的忧虑，压倒了对制宪会议所得授权是否足够的怀疑。可是，这种对授权是否足够的怀疑，至少应该与对当前危局的忧虑同等重要。他对当前危局的看法不一样，因此，他不能打消这种对授权是否足够的怀疑。威尔逊先生争辩说，制宪会议只是推荐方案，高兴怎么推荐就怎么推荐。他与威尔逊先生的想法大不相同。这次会议如此受人敬重，不论采取什么行动，都会产生巨大影响，如果不成功，就会变成大崩溃的根源。他承认，公众对于这个问题，还没有形成确定的标准。为此，他再次以征收进口税的问题作为证据，指出：邦联议会提出征收进口税的计划时，就遇到一些邦的反对。指望那些拥有主权的邦自愿放弃主权，是不可能的。连指望一个邦放弃主权都不可能，何况 13 个邦。接下去，他对弗吉尼亚方案本身和极力促成这个方案的一些代表的发言作出评论。按比例分配席位的做法，从英国的前例里得不到解释。一些城镇出现腐败现象，并非因为那些地方相对比较小，而是因为居民太少，有的镇就那么一两个人在管事。英格兰各郡之间存在着巨大的不平等。可是，那些小郡里对腐败的抱怨，反而不那么严重。有人说，邦联议会的代表，代表的是各邦的偏见；可是，不论什么议会，不论议员由邦议会选出，还是由各邦人民选出，议员所代表的，还不是各邦的偏见吗？他的同事（汉密尔顿上校）说，大邦的利益，不会恰好同时吻合，要小邦不必害怕。如果这话当真，各邦之间的确存在普遍一致的利益，那么，不论是实行现在的席位平等制，还是实行拟议中的席位比例制，对所有的邦而言，岂不是同样安全？有人提出，总体议会应该有权否定各邦议会的立法。有谁相信：总体议会哪有那么多闲空来完成如此繁重的任务？就按保守一点的数字计算，各邦议会一年通过的各种提案，上交到总体议会，加起来也会像一年里的日子一样多。总体议会的议员们能判断吗？佐治亚的议员，能判断新罕布什尔议会通过的立法吗？这种对各邦立法的否定权，将要造成的伤害，比起当年大不列颠对我们的伤害，有过之而无不及。据说，全国政府应该通过任命军官和授予军衔来提高自身的影响力。提出这种主张的人相信，为了使全国政府行之有效，这种影响力是必要的。可是，如果各邦不同意呢？还是枉然，而且，提出这种主张，比不提还糟。如果总体政府获得了这种影响力，各邦政府势必彻底废除。有人敢说这会得到同意吗？他怀疑，要想出一个对大家都带来同等好处的总体政府，是否可能？不过，他可以肯定，眼下讨论的这个方案，绝对达不到这个效果。他还有一点反对意见。这套体制过于标新立异，过于复杂。无人能够预料，按照这套方案，不论是总体政府，还是各邦政府，一旦运作起来，会出现什么局面。有人推测，最后总是会由一个邦或者另一个邦，把整体全部吃掉。

梅森上校：没有料到，还会有人拿这种观点来再搅一通。伦道夫方案和佩特森方案的基本区别，大家已经说得很清楚了。反对伦道夫方案的基本观点是：制宪会议缺乏授权，伦道夫方案缺乏可行性。第一个反对意见没有什么分量，因为，认可之权，不在这里，而在人民。他同意他的同事（伦道夫先生）的想法，目前确实存在一些危机，处在这些危机之中，平时的小心谨慎，应该让位于公共的需要。他举了一个例子：与英国最后谈判和平条约时，联邦的谈判代表们大胆突破邦联议会目光短浅的桎梏，给祖国带来了体面和幸福的和平，他们不受授权的掣肘，自己上升到纪念碑的高度，比铜像还要经久。他想，现在所谓想要公众批准这个方案不切实际的论调，更是毫无基础。（兰欣先生）举了邦联议会想扩大权力的事为例，兰欣先生本人当初早就说过：他反对，认为邦联议会的这些企图毫无希望，势必流产。现在，兰欣先生又想出了一个完全不同的结论：说是应该。（兰欣先生）现在又提出：应该扩大邦联议会的权力，这才是绝不可能指望成功的。他说这话，并不是说邦联议会作为一个机构不好，更不是指某位代表不行。他的意思，只是毫无保留地说出对这个问题的感觉。邦联议会是一个时代的产物，或许，大自然还保留了许多其他的好主意。美利坚人民对他们的利益是如此小心警惕，对他们的公民权利是如此留心提防，他们绝不会把自己的利益和权利都拱手相让，绝不会把剑和钱袋都交给一个单一的政府机构，而且，这个政府机构又不是他们直接选举出来的。他们绝不会这样做，他们也不应该这样做。他们能信得过这个政府机构来管理他们的贸易吗？他们能信得过这个政府来管理征税的事吗？他们会把还在思考斟酌过程中的其他大权都交给这个政府机构吗？他们会把无限的信心托付给政府的保密会议记录，托付给玩弄政治权术的人，托付给这种就其本质而言势必拉帮结派的议会吗？如果有人怀疑邦联议会的上述特点，请他去查查1778年、1779年和1780年邦联议会的开会记录吧。

有人会说，如果人民反对与权力分手，何必要指望他们与邦政府分手，站到全国议会这一边来呢？适当的回答是，在目前这种情况下，他们并非与权力分手：他们只不过是把权力转移一下，从他们直接选出的一批邦议员手里，转交到他们直接选出的一批联邦议员手里罢了。

关于人民的思想还没有确定，大家已经讲了许多。他相信，美利坚人民的想法，也和别处的人一样，在某些问题上是不确定的，但在另一些问题上是确定的。他可以有把握地说，至少在两个问题上，他们已经确定下来。一、坚持建立共和形式的政府；二、坚持议会应该不止一院。各邦的宪法，在这两个问题上是如此一致，好像他们事先就商量过一样。这应该既不是一个奇迹，也不是人民的天才发明。议会设两院的惟一例外，是宾夕法尼亚，再就是邦联议会。而邦联议会是惟一不由人民选举的机构。结果如何？人民对给邦联议会补充授权，总是反对。

（佩特森先生）已经承认，他的方案，不靠武力无法落实。他是否考虑过采用武力的后果呢？那是最违反自然、最令人难受的做法：既要维护公民权利，又要用军事管制的办法推行，这就好像要求水火相容一样，世上再也没有比这更离奇的混杂。一个邦的民兵，愿不愿意开拔到另一个邦去，目的就是代表共和国去讨索对方所欠的税款呢？提出这种方案的人，是不是准备为此而维持一支常备军呢？被入侵的邦的公民，难道不会起而互相支援，直到团结得像一个人一样，把整个联邦搞垮？调集武装力量对付公民，惟一适当的例外，是讨伐叛乱。他一想起这种景象，就觉得不寒而栗。用死亡来惩罚不交税，是一种暴行，连专制主义也不敢采用。但是比起用军队收税来，这种前所未见的暴行，还算是仁慈。用武力收税，刺刀就不分有罪还是无辜了。

借此机会，他把他的想法再重申一遍：尽管他渴望建立一个全国政府，但他绝不同意废止各邦政府，或者把各邦政府贬低到无足轻重的地步。各邦政府，和总体政府一样必要，他将以同等的态度保护二者。他知道，要在二者之间划清界线，的确很难，不过，他希望：这并非可望而不可即。制宪会议既然由这么多杰出人物组成，总不至于弄出一个毛病成堆的政府来。他宁可由子孙后代再来修补这个政府的毛病，也不要眼前把试验的步子走得太远。

路德·马丁先生：同意梅森上校关于各邦政府重要性的说法。他是宁可牺牲全国政府，也要保全各邦政府，设立全国政府的目的，就是要支持各邦政府。议会设立两院实在没有必要，如果要这样，那就得把邦联议会组织成两个议会。邦联议会是代表人民的，是由各邦议会选出的，而各邦议会是由人民选出来的。不论怎么说，邦联议会代表各邦议会；而且，拒绝扩大邦联议会权力的，不是人民，而是各邦议会。席位分配规则，不能成为反对邦联议会的理由，否则，10 个邦只有对邦联议会增加更多的信心，才能放心。有些人对邦联议会如此讨厌，原因势必另有所在了。

当年脱离英帝国的时候，美利坚人民宁愿把他们自己建立为 13 个分开的主权，不想融合为一个主权：他们把自己的生命、公民权利、财产安全，都寄托给这些分开的主权，他们理当依靠这些主权。他们建立起联邦政府，战争时捍卫整体，共同对付外国，保护小邦，不让大邦的野心得逞；他们害怕把不必要的权力授予邦联，惟恐这些权力会挫败他们建立联盟的初衷；惟恐这些权力将被事实证明危及各邦的主权，他们之所以结盟，正是为了支持各自的邦，不至于让小邦被大邦吞噬。按他的理解，各邦人民已经把他们的权力授予各邦议会，只要他们的邦政府不解散，他们不会收回授权。他反对在各邦举行讨论批准联邦条款的代表大会；他不反对援助各邦镇压叛乱。他认为，佩特森先生的联邦方案所要求的强制手段，不如国家方案那么厉害，国家方案势必把征收岁入的不足部分，又依赖各邦，用摊派或配额的办法弥补，而且，还要把全国司法部门的权力扩展到各邦，这是行不通的，会受到各邦反对，与方案所说的好处前后矛盾。

谢尔曼先生附议，支持兰欣先生的动议。他承认，各邦议会设立两院是必要的，但各邦结盟的邦联议会，没有必要设立两院。所有联邦的前例，都由一个单一机构组成。邦联议会帮我们赢得了战争，其表现不亚于任何政府的作为。目前的意见，并非说邦联议会的看法不明智或者不可信，而是邦联议会的权力不足以实现他们的看法。国债[126]和缺乏征收岁入的权力，是当前紧迫的大事。所有各邦都认识到，对邦联议会的授权不足。他认为，各邦议会过去不遵守邦联议会决议的做法，确实有许多抱歉的话要说。各邦也是担心，采用累进收税的办法，加给人民的负担会太重；实行配额制吧，没有宪法制定的规则可以遵循。这笔账目现在还没有结清，每个邦都应该事先承担，而不是事后再考虑。从缺乏一个整体的收税体制，到确定贸易的适当数量，都是需要解决的问题；贸易应该是岁入最适当的来源。既然差不多所有的邦都同意邦联议会征收进口税的建议，事情就很清楚，他们愿意信任邦联议会，让邦联议会享有从贸易中征收岁入的权力。[127] 因此，说人民不信任邦联议会，是没有分量的，因为，钱财的事情乃是头等大事，如果人民对邦联议会的信任达到在钱财问题上授权的程度，在其他的事情上，他们也会信任邦联议会，授予权力。邦联议会是通过结盟而得到授权的，其实有权

---

[126] 国债(national debt)：独立战争结束以后，联邦所欠国债沉重，分为战争期间向外国的贷款、战争期间发行的各种公债和对这两种债务的利息三项。据《美国历史统计，从殖民时代到1970年》第二卷第1118页所载数字，1791年，华盛顿执政的第三年，联邦政府的国债达7 547万美元；到1796年，华盛顿执政的最后一年，国债上升到8 376万美元；上述两年联邦政府的岁入，分别为442万美元和838万美元；支出总数，分别为427万美元和573万美元；用于支付国债利息的钱，分别为235万美元和319万美元，都超过联邦政府支出的一半以上。余下的钱，主要用于建立陆军和支付独立战争期间退伍军人的军饷(同上书，第1115页)。

[127] 进口税在联邦政府前30年岁入中所占的比例，见脚注第[89]。

说人民应该付多少钱，以及这些钱怎么用法；把这笔钱信托给邦联议会，就是指望不论出现什么情况，都能发挥作用。如果再给邦联议会加上一院，由人民选举，只会陷入更严重的困境。人民不会对选举发生多大兴趣，各大选区指定几位有远见的人士，就会把各种观点搜集拢来。而且，人民对新选出来的议员，也不会比对原来派往邦联议会的代表更信任。他不明白，各邦议会有什么理由对邦联议会不友好，像有些人说的那样。如果各邦派代表到邦联议会去开会，又批准邦联议会的措施，那就说明各邦宁愿要邦联议会，而且偏爱邦联议会这种形式。他想，各邦之间大小的差别如此悬殊，是一个主要难题。不过，大邦过去并没有因为小邦享受了平等表决权而受到拖累。大处着眼，从长计议，各邦的利益原本是一样的。弗吉尼亚虽大，也没对邦联条款提出任何改动，就批准了邦联。马萨诸塞批准邦联，也没出现过什么为难。所有各邦批准邦联时，议会两院都没有提出什么要求或抱怨。要把各邦合而为一(consolidate)，像有些人提出来的那样，就会解除我们与外国的条约，而这些条约，是我们当初作为结盟的邦[128]而缔结的。而且，他也并不认为，设立两院就能达到那样的效果。如果席位分配的难题没有别的办法解决，他就同意设立两院，其中一院的席位实行按比例分配，条件是另一院内各邦席位平等。这对确保小邦的各项权利是必需的；否则，三四个大邦就会任性统治其他的邦。每个邦也和每个人一样，有自己独特的习惯和作风，他的幸福寓于其中。因此，他们不会把权力授予别人，来控制他们自己的幸福。只要能避免，各邦就会像各人一样，尽量避免。

威尔逊先生：强调设立两院的必要性；他说，如果在别的邦联中找不到适当的模式，也不足为奇。邦联的数量本来不多，有些邦联存在的时间也很短暂。古希腊人的城邦，形成于政治科学的幼稚时代，受他们历史和命运的限制，包含明显的缺陷。瑞士联邦和荷兰联邦，他们的结合并不建立在生机勃勃的原则上，而是出于邻国的巨大压力；日耳曼联

---

[128] 作为结盟的邦：as Confederated States。

邦能够延续，是因为有奥地利的压力。他谈起我们自己的邦联，列举了邦联的种种缺点。自革命开始以来，他在12年中做了6年的邦联议会代表，对邦联议会的所有缺陷，都有亲身感受。他要大家回忆一下许多重要的场合，哪一次公益不是被小邦阻碍。革命能取得成功，要归因于其他因素，不是邦联条款的功劳。他承认，大邦确实作出了让步，才形成现在的邦联形态。但这是出于需要，当时没有别的选择。还可以找到其他的例子，说明大邦出于同样的动机作过让步，让步给小邦的不合理要求。现在，形势有了一点小变化。他坚持认为，各邦政府对总体政府存在一种忌妒；各邦政府官员，出于自己选民的角度，总是有一种地方观念和感觉。普通公民，对权力由总体政府实施，还是由邦政府实施，其实并不在乎，只要做法上大多符合他们的利益。可是，公民选出的议员，对于自己属于哪个政府，却会有利益上的不同考虑。因此，邦议员会带着忌妒心来看待全国政府。他说，邦联议会向人民呼吁，比起向各邦议会呼吁，总是得到更多的接受和更好的效果。

会议对推迟讨论第二点，改为讨论兰欣的动议"立法权寓于邦联议会"表决，结果，马萨诸塞反对，康涅狄格赞成，纽约赞成，新泽西赞成，宾夕法尼亚反对，特拉华赞成，马里兰代表赞成反对各半，弗吉尼亚反对，南卡罗来纳反对，北卡罗来纳反对，佐治亚反对。4邦赞成，6邦反对，1邦代表赞成反对各半，会议否定兰欣的动议。

根据特拉华代表的要求，第二条推迟到明天再议。

休会。

6月21日星期四　在制宪会议上

新泽西的乔纳森·戴顿先生到会就坐。昨天特拉华要求把第二条的讨论推迟到今天。

今天大会继续讨论第二条：全国议会应由两院组成。提法上，已将“全国”议会改为“联邦”议会。

约翰逊[129]博士：比较一下弗吉尼亚方案和新泽西方案，可以看出，新泽西方案的特点，是用心良苦，力图保持各邦的独立性。弗吉尼亚方案并未提出取消这种独立性，但被指责为具有这种趋势。只有一位先

---

[129] 威廉·萨缪尔·约翰逊(William Samuel Johnson，1727—1819)是康涅狄格代表，出席会议时60岁。这年，国王学院改名哥伦比亚学院，聘他为第一任校长。他履新前先来参加制宪会议。他的父亲是国王学院的第一任校长。约翰逊生于康涅狄格，17岁毕业于耶鲁。3年后获耶鲁大学硕士和哈佛大学名誉硕士学位。通过自学取得律师资格，在家乡斯塔德福开业，客户逐渐延及邻邦纽约，与纽约市的许多富商建立了业务关系。1750年，担任过康涅狄格民兵军官；1761—1765年，任康涅狄格殖民地议会众议员。他与英国渊源很深，1765—1766年，先后获得牛津大学荣誉硕士和博士学位；1767—1771年，任康涅狄格驻英国的代理人。1766年和1771—1775年，任康涅狄格上议院议员。1772—1774年，任康涅狄格最高法院的大法官之一。独立战争期间，他立场徘徊，出席了抵制印花税大会，可是当选第一届大陆会议代表后，却不出席。1775年，康涅狄格派他去请求英国将军停止流血活动，没有成功。1779年，他被指控通敌，被捕，澄清后释放。独立战争尘埃落定后，1785—1787年，他成为邦联议会中最有影响的代表之一。制宪会议后，他与艾尔斯沃斯当选为康涅狄格的第一届联邦参议员。1790年，联邦首都从纽约迁往费城，他辞去参议员职务，专心做哥伦比亚学院院长(1787—1800)。他的性格为人，参见附录五。

生(汉密尔顿上校),在对新泽西方案的苛责中,大胆决断地要求废止邦政府。威尔逊先生和弗吉尼亚的那位先生(麦迪逊先生),也反对新泽西方案,但采用的语言不同。他们愿意让各邦政府保留相当的权力,但是要处于从属地位。只是,他们还没有说明,这一点在总体主权和管辖范围内如何落实,如何保障,因为,按照他们的提议,总体主权和管辖范围,都要给予全国政府。如果他们能够说明这个问题如何具体解决,使提出新泽西方案的人们满意,保证各邦的独立性不会处于危险之中,后者的许多反对意见,无疑就会冰释。如果他们不能说明这个问题,提出新泽西方案的人,仍旧会全力以赴,坚持他们的反对意见。因此,他希望会议认真考虑一下:是否能像提出新泽西方案的人所要求的那样,至少让各邦保留部分主权。不让各邦以有效的方式参与总体政府,不给各邦以平等自主的表决权,不让它们在总体政府中拥有捍卫自己的能力,就实现不了他们的目的,保存部分主权,也就是一句空话。

威尔逊先生:对约翰逊博士的意见表示尊重,增加了自己对这一问题重要性的认识,引导他思考自己事前未曾想到的问题,现在,要设法解决这个已经开始出现的难题。现在的问题是:彼此如何才能妥协,使全国政府和各邦政府的独立性两全其美;各邦政府如何得到总体政府的保障?不过,这个问题是否也可以反过来设问:总体政府如何得到各邦政府的保障?人们一般都承认,总体政府和各邦政府之间,总是会存留彼此的嫉妒和争雄。现在提出的方案,是让全国议会的一院(参议院或第二院)由各邦议会指派议员组成,这与他的观点正好相反。如果各邦政府用这种方式来参与总体政府,才有机会捍卫它们的权利。那么,是否也可以给予全国政府对等的机会,指派一些人去担任各邦议会的议员,捍卫全国议会呢?如果一方要求保障是必要的,那么,另一方要求同样的保障,也就合情合理。放眼观看,他实在看不出全国政府对各邦政府有什么危险。万一大邦结合起来,那倒真会引起其他各邦普遍紧张;整个局面就会不可收拾。可是,现在没人想搞这一套。总的来说,各邦利益类似,他认为,万一全国议会要侵蚀各邦议会的权力,全国议会本身就会出现大哗，这种大哗，势必传播到各邦议会，最后散播到全体民众中去。总体政府会去保全各邦政府的权利，就像各邦政府会去保全居民的个人权利一样；总体议会的全体议员，作为所有各邦人民的代表，具有共同利益，会让各邦政府拥有人民希望它们保留的一切。从这种理解出发，他实在看不出来有任何危险。相反，总体政府无论怎么小心谨慎，总是会处于各邦政府侵蚀总体政府权力的永久危险之中。

麦迪逊先生的观点是：一、总体政府侵蚀各邦政府权力的危险，小于各邦政府侵蚀总体政府权力的危险；二、总体政府侵蚀各邦政府的权力，不会致命，各邦政府侵蚀总体政府的权力，可能致命。

1. 所有邦联的例子都证明，像邦联这样的体制，通向无政府状态的趋势，大于通向暴政的趋势；各邦不服从联邦的趋势，大于联邦首脑的篡权趋势。我们自己的经验，也充分证明了这种趋势。或许有人会说，现在提出改变联邦的原则和形式，会使这种趋势发生变化，总体政府将会拥有实实在在的权力，而且权力比以前更大，议会两院中，至少有一院的权力直接来自人民，而不是来自各邦政府。就算这种反对意见全部都说中了，就算有那么一天，总体政府被授予无限的权力，各邦政府被贬低到依赖总体政府的下属地位，又有什么理由推断，说总体政府就会剥夺各邦议会的权力呢？只要各邦议会所做的工作对人民有利，人民就会盼望各邦政府继续存在下去，总体政府何必要去夺取各邦政府的权力呢？有些邦，尤其是康涅狄格，所有的乡镇，都已经通过制订章程的办法，建立了地方政府，确定了管辖权限。邦议会由来自各个乡镇的议员组成，曾经试图去干涉乡镇政府的地方自主权吗？只要人民觉得这些地方当局给他们带来方便，习惯依靠这些地方当局；地方当局的议员由人民选出，做事经得起人民检验，自然会尊重人民对他们的这种依靠，尊重人民的权利和利益。总体政府与各邦政府的关系，和各邦政府与乡镇政府的关系一样。

2. 更需要防范的，是各邦政府侵蚀总体政府的权力，而不是相反。对废止各邦政府的最大反对意见是，总体政府无法照料所有细枝末节的小事，这类事情应该由地方当局来管。这种反对意见，矛头所向，并非总体政府可能出现滥权，而是担心国家如此辽阔，情况如此多样，怕达不到尽善尽美。总体政府施政是否切实可行，不能从这个角度作出是非判断；切实可行的问题，总体政府自会与人民合作，寻找维护各级政府的适当办法。如果总体政府能把所有需要管理的事都管好，无需各邦政府合作，人民做一个大共和国的公民，也不会比做 13 个小共和国的公民自由更少。特拉华的公民，并不比弗吉尼亚的公民更自由，也不比美利坚的公民更自由。因此，就算总体政府具有最后吸收各邦政府的趋势，也不会造成致命的后果。可是，若把这个假设倒过来，允许各邦政府内存在独立于总体政府的趋势，那么，暗淡前景，不言自明。把这种暗淡的前景想象一下，也会使各邦政府明白，我们现在要推行的试验，就是要避免这种大祸临头，他们应该与在座的人一起，共同努力，完成这项艰巨的任务。

会议对"联邦议会应由两院组成"的问题表决，结果，马萨诸塞赞成，康涅狄格赞成，纽约反对，新泽西反对，宾夕法尼亚赞成，特拉华反对，马里兰代表赞成反对各半，弗吉尼亚赞成，北卡赞成，南卡赞成，佐治亚赞成。7 邦赞成，3 邦反对，1 邦赞成反对各半，会议同意联邦议会应由两院组成。

会议开始讨论全体委员会报告第三条：全国议会第一院议员应由人民选举，任期三年；议员领取固定报酬，补偿议员奉献于公务的时间，报酬由国库支付；任期内，除第一院内的职务，不得担任任何邦设立的官职或联邦授权的其他官职；任期届满后一年内，不得在全国政府中任职。

平克尼将军提议：把"第一院议员由人民选举"，改为"按各邦政府指示的办法选举"。他强调说，一、这样做，公民的权利能够得到更大的满足，因为，这样做，各邦议会就能按人民的观点，安排出更为方便的选举方式。二、可以避免大县的以大取胜，如果采用报告中说的选区划分办法，大县势必会占优势。三、各地在选举办法问题上如果发生争议，可以上报总体议会，总体议会负责处理共和国内出现的各种问题，例如，遥远地区可能承担不起组织选举的费用，以及其他麻烦。

路德·马丁先生：对此动议表示附议。

汉密尔顿上校：这项动议的目的，是公然要把选举的权利从人民手中转移到各邦议会手中，实质是使全体委员会的方案失去效力。这样做，会提高各邦政府的影响力，到时候会防不胜防。大家都应该承认这样一种可能性，只要总体政府能够维持下去，各邦政府就会逐渐缩减到零。因此，不应该把这个体制向可能失败的方向嫁接。

梅森先生强调：必须把选举权保留在人民手中。贯彻民主原则，不论多么不方便，也必须在议会的一院中贯彻到底。这是对人民权利的惟一保障。

麦迪逊先生坚信：一年选举一次极不方便，两年一次也太多。他的意思，倒不是指给选民带来不便，而是给议员带来不便。从联邦的遥远地区到首都，议员们要来回奔波七八百英里；领到的津贴，可能还抵偿不了开销。希望连选连任的议员，没有一个会愿意长期滞留于首都，以为放心大胆长期离开家乡，不会影响再次当选。过去，邦联议会的代表长期离开自己的选区，没有几个最后不感到失望。可是，留在首都，是人民的选择，议员留在首都，人民对议员的抱怨会少得多，可是，潜在的竞争对手却坚守本地，议员不可能不心挂两头。应该想想，来自遥远地区的议员，往返于本地与首都之间，次数至少不亚于选举次数。尤其需要强调的是，新议员要花多少时间来作这种往返，而新议员总是会构成议会中的多数，他们需要时间了解各邦的情况，不了解这些情况，他们难以实现选民对他们的信托。

谢尔曼先生：还是一年选举一次好，不过，他也同意两年选一次。他认为，议员应该回到家乡与人民打成一片。留在首都，他们就会养成首都的习惯，或许，对家乡选民的不同习惯，会渐渐疏远。

梅森上校：各邦地理位置不同，应该制定规则，让议员们能够尽量靠近家乡。如果一年选举一次，中部各邦的议员，比起遥远的邦，就大占便宜。他希望两年选举一次;这样,其他邦的选举,至少可以和南卡罗来纳的选举周期一致。

汉密尔顿上校强调:三年是必要的。对于民众情绪,不能依赖太多,也不能依靠太少。议会中另一院的制约力量,毕竟微弱,需要采取一切辅助办法,使二者交织起来。英国议会的下院,是七年选举一次,但英国宪法的民主精神,并未因此而中断。频繁选举,会使人民无精打采,提不起劲来,倒反增加那些小帮小派头目成功的机会。所有的邦,都在抱怨这种弊病。弗吉尼亚近来发现,只有制定严厉规则,才能迫使人人到场参加选举。

对删去"任期三年"的问题表决,结果,马萨诸塞赞成,康涅狄格赞成,纽约反对,新泽西代表赞成反对各半,宾夕法尼亚赞成,特拉华反对,马里兰反对,弗吉尼亚赞成,北卡赞成,南卡赞成,佐治亚赞成。7邦赞成,3邦反对,会议同意删去"任期三年"。

然后,会议一致同意改为"任期两年"。

休会。

6月22日星期五　在制宪会议上

会议继续讨论全体委员会报告第三条：全国议会第一院议员应由各邦人民选举，任期三年；议员领取固定报酬，补偿议员奉献于公务的时间，报酬由国库支付；任期内，除第一院内的职务，不得担任任何邦设立的官职或联邦授权的其他官职；任期届满后一年内，不得在全国政府中任职。

先讨论以下分句："议员领取固定报酬……报酬由国库支付。"

艾尔斯沃斯先生提议：把"报酬由国库支付"，改为"报酬由各邦邦库支付"。他指出，各邦支付的报酬区别很大，因为各邦生活水平不同，才干虽然类似，在不同的邦挣到的钱却不一样。因此，有些邦认为合理的薪水，在别的邦却不得人心。结果，各个部分之间的差异，可能妨碍整个体制。

威廉森先生：赞同他的看法。他提醒大会注意：西部出现新邦后可能带来的前景。新邦穷，对国库的贡献会少得可怜，而且，新邦与老邦的利益不同。他认为，老邦不应该参与给新邦议员的付酬，新邦雇用这些议员，也是为了给新邦谋利益，争取有利新邦的政策。

戈汉姆先生：希望不要把这件事交给邦政府处理，邦政府总是把邦联议会代表的薪水压得很低，以此留住那些最有行政才干的人，为本邦办事。他还认为，用宪法条文把薪水固定下来是错误的，因为我们不可能把薪水定得宽裕恰好适度，冒险这样做，反会惹起外界对整个方案的敌意。还是让全国议会自己每隔一段时间对议员的薪水立法；与现在各邦议会的做法一样。他没有看出，这样做会造成议会自身的滥权，或许，他还没有意识到这会导致滥权。

伦道夫先生担心：我们在照顾民众偏见方面，走得太远。他说，对民众虽然应该尊重，但在这些小事上，对民众已形成的某些习惯，不应该迁就，应该力求公正，否则，制宪会议既办不成大事，也不会受到赏识。如果让各邦政府支付全国议会议员的薪水，就会造成对各邦政府的依附，使整个体制失去效力。议员的出勤率，服务质量，都与国家利益息息相关。国库才是支付议员报酬的适当经费来源。

金先生强调：要各邦政府支付全国议会议员的报酬，会带来依附各邦政府的危险。他认为，最好的办法，还是对议员的报酬数量作出明确的规定。在这个问题上含而不露，或者把报酬的数量问题推给全国议会处理，比提出一个确实必要而又适当的数字，更容易激起反对。

谢尔曼先生：应该把议员报酬的数量和由谁支付这两个问题，都交给各邦议会处理。

威尔逊先生：反对把报酬数量固定下来，因为情况在不断变化，要求报酬数量也跟着变化。他说，不论从哪方面考虑，全国议会议员的报酬，都要尽量独立于各邦议会。这是原则问题。

麦迪逊先生：全国议会议员的报酬，必须控制在全国政府手里，不能依附于各邦政府。他认为，报酬应该用宪法固定下来，可以采取一个跟随形势变化的标准。他尤其不喜欢威尔逊先生提出的政策，把从山那边的穷邦[130]来的议员的报酬，交给他们自己的选民承担，这些选民自

---

[130] 山那边的穷邦(poor States beyond the mountains)：制宪会议时期的13个邦，都在今日美国的东部，位于大西洋与阿巴拉契亚山脉(Appalachian Mountains)之间。在18世纪技术落后的条件下，跨越阿巴拉契亚山脉向西移民，相当艰难。因此，称西部将要建立的新邦为"山那边的穷邦"。

己生活尚未安定、手头紧张。如果要把西部今后出现的新邦接纳到联邦里来，就应该把他们视为兄弟，一律平等。如果他们的议员参加共同的议会，这些条款就应该按照共同的关心来制定，吸引他们当中最能干和值得尊敬的人出来服务。

汉密尔顿先生：要把议员的工资固定下来，是件麻烦事。他坚决反对把全国议会议员的薪水依附于各邦议会的犒劳。付钱的人，总是老板，拿了人的钱，就成了伙计。由各邦付钱，钱数也不可能平等，遥远的邦，要付同样的钱给议员出席时间长短相同的会期，但是还得支出附加费用，因为议员来往于本地与首都之间，路上需要的日子更多。他详细说明了人们在情感和观念上的区别，强调说，各邦政府官员，产生于自身的利益和当官的诱惑力，因此，各邦政府势必对总体政府持不友好的态度。

威尔逊先生提议：第一院议员的薪水，"由全国议会落实"，并由国库支付。

麦迪逊先生：议员对落实自己的薪水过于热心。这会引诱他们把手伸进公款的口袋，肥自己的腰包。

会议对威尔逊先生的动议表决，结果，马萨诸塞反对，康涅狄格反对，纽约代表赞成反对各半，新泽西赞成，宾夕法尼亚赞成，特拉华反对，马里兰反对，弗吉尼亚反对，北卡反对，南卡反对，佐治亚代表赞成反对各半。2 邦赞成，7 邦反对，2 邦代表赞成反对各半，威尔逊先生的动议没有通过。

会议正准备表决艾尔斯沃斯先生的动议：删去"由国库支付"。

汉密尔顿重申他的反对意见。他要求把各邦政府和各邦人民区别开来。各邦政府是总体政府的竞争对手。因此，各邦议会不应该成为给总体议会付钱的老板。

艾尔斯沃斯先生：如果我们嫉妒各邦政府，他们对我们也会一样。如果回家以后我对他们说，我们把这些权力都给了总体政府，因为我们不信任你们。他们会接受吗？没有他们的认可，岂不是等于零。

会议对艾尔斯沃斯先生的动议表决，结果，马萨诸塞赞成*，康涅狄格赞成，纽约代表赞成反对各半，新泽西反对，宾夕法尼亚反对，特拉华反对，马里兰反对，弗吉尼亚反对，北卡赞成，南卡赞成，佐治亚代表赞成反对各半。4 邦赞成，5 邦反对，2 邦代表赞成反对各半，艾尔斯沃斯先生的动议没有通过。[131]

有人提议：用“足够的报酬”取代“固定的薪水”，经过表决，一致同意。不过，赞成固定薪水的人希望：今后讨论细节问题时，再议固定薪水的可行性。

这时，巴特勒先生提议：把这两点作为一个问题合起来考虑，即：“议员领取足够的报酬，报酬由国库支付”。有人反对，认为这样做违反会议规则，因为其中的两点是分别决定的。主席把规则交给大会，请大家裁决。表决结果，认为符合规则的邦有：康涅狄格、新泽西、特拉华、马里兰、北卡、南卡；认为不符合规则的邦有：纽约、宾夕法尼亚、弗吉尼亚、佐治亚；马萨诸塞代表赞成反对各半。6 邦赞成，4 邦反对，1 邦代表赞成反对各半。大会裁决：巴特勒的动议符合规则。

根据开会规则，只要有一个邦坚持，就可以要求推迟讨论，南卡罗来纳要求推迟讨论这个句子。

梅森上校提议：把年满 25 岁作为当选第一院议员的资格。他说，应对当选年龄设定一个限制，如果法律今天还不允许一个人为自己的利益辩护，明天却突然授权他去处理一个大国的事务，是荒谬的。人人都随身带着自己的经验，用作一把尺子，测量青年政客的毛病和不足；既然要满 21 岁，在被询问时，才有责任宣布他的政治观点，那么，马上就授予他影响公共措施的重任，未免过于粗疏，不近情理。人们常说邦联议会已被证明是培养我们年轻人的一所好学校。事情或许是这样，

---

* 麦迪逊注：看来，马萨诸塞赞成，不是因为他们赞成由邦政府支付薪水，而是认为根本不应该讨论这个问题，那么，就可以默许由国库支付全国议会议员的报酬。

[131] 上次表决不同意由国库支付，这次表决不同意由各邦支付，表明这个问题势必再议。

不过，依他之见，年轻人还是得花点时间精力，付出代价，才能获得这种教育。

威尔逊先生：不同意以任何办法剥夺选举权和被选举权。限制当选资格，或者限制选民资格，最后都是一回事。这项动议，会扼杀天才的努力，扼杀应该称赞的抱负。再没有什么限制，比设定年龄资格更阻碍青年人的上进之路。许多人在 25 岁以前，就达到了为公众服务的高峰：英国现在的皮特先生、波林布鲁克爵士，都是突出的例子，其他的例子，不胜枚举。

会议对第一院议员至少满 25 岁才能当选问题表决，结果，马萨诸塞反对，康涅狄格赞成，纽约代表赞成反对各半，新泽西赞成，宾夕法尼亚反对，特拉华赞成，马里兰赞成，弗吉尼亚赞成，北卡赞成，南卡赞成，佐治亚反对。7 邦赞成，3 邦反对，1 邦代表赞成反对各半，梅森先生提出的动议通过。

戈汉姆先生提议：删去第三条的最后一句："任期内，除第一院内的职务，不得担任任何邦设立的官职或联邦授权的其他官职；任期届满后一年内，不得在全国政府中任职。"他认为，这种规定不仅没有必要，而且有害。在这方面，英国确实出现过滥权现象，但无人能说这对保存政府的廉洁奉公到底带来了多大影响，也无人能说如果试行相反的做法，会造成什么结果。

巴特勒先生：反对这项动议。对于防止暗中搞鬼谋取官职的人，这种谨慎还是必要的。他举了英国的一些例子。在那里，人们钻进议会，就是为了给自己或三朋四友钻营官职。这是产生腐败的根源，使那个政府从根烂起。

金先生：我们是过于求精了。对议员作这样的限制，会使有本事的人顾虑重重。这也会给行政官任人唯亲提供借口，行政官可能总是拿这条杠杠作为借口，任命他心里想的人。

威尔逊先生：反对对当选加上任何条条框框，这不利于鼓励人才。他还提到，一旦爆发战争，这样做可能引起致命后果，或许会把最好的指挥官弄得不合资格。他要大家想想上次战争中我们的处境，间接提醒大家回忆大陆会议任命总司令时的情景。

梅森上校主张：为了杜绝腐败，不论出现什么情况，干脆把所有的后门都关闭。

汉密尔顿上校：正反两面各有利弊。我们如果发现了人才，就应该采用，不过，如果我们期待他能为公众服务，就应该以利益调动他这样做的激情。依靠纯粹的爱国热情，是我们过去许多失误的根源。戈汉姆先生的主张是公正的。人们敦促的这种改革，在英国会产生什么效果，现在还难以逆料。众所周知，最能干的政治家之一（休谟先生）曾经宣称，站在国王这边的所有人物，都被归到腐败名下，而他们正是在维持宪法均衡过程中发挥作用的基本部分。

会议对戈汉姆先生删去“不得兼职”的动议表决，结果，马萨诸塞赞成，康涅狄格反对，纽约代表赞成反对各半，新泽西赞成，宾夕法尼亚代表赞成反对各半，特拉华代表赞成反对各半，马里兰反对，弗吉尼亚反对，北卡赞成，南卡反对，佐治亚赞成。4 邦赞成，4 邦反对，3 邦代表赞成反对各半。

休会。

6月23日星期六　在制宪会议上

大会继续讨论全体委员会报告第三条：全国议会第一院议员应由各邦人民选举，任期三年；议员领取固定报酬，补偿议员奉献于公务的时间，报酬由国库支付；任期内，除第一院内的职务，不得担任任何邦设立的官职或联邦授权的其他官职；任期届满后一年内，不得在全国政府中任职。对昨天被南卡罗来纳要求推迟讨论的问题表决，是否同意以下整个句子："议员领取足够的报酬，报酬由国库支付。"结果，马萨诸塞赞成，康涅狄格反对，纽约反对，新泽西赞成，宾夕法尼亚赞成，特拉华反对，马里兰赞成，弗吉尼亚赞成，北卡反对，南卡反对，佐治亚代表赞成反对各半。5邦赞成，5邦反对，1邦代表赞成反对各半。这样，这个句子被搁置，不能加到报告里去。

平克尼将军提议：删去第一院议员不得担任"任何邦"设立的官职。理由是，这种限制，既使第一院议员进退两难，又不便于各邦政府挽留他们；而且，这条限制能达到的目标也不大。按照某些人的想法来办，似乎我们在建立一个王国，让它自我分裂，自我作战，他不赞成加上这样的手铐脚镣。

谢尔曼先生附议：这样做，好像我们在树立一个王国，让它自己对自己作战。议会不应该戴上这样的手铐脚镣。

会议对平克尼将军的动议表决，结果，马萨诸塞反对，康涅狄格赞成，纽约赞成，新泽西赞成，宾夕法尼亚反对，特拉华反对，马里兰赞成，弗吉尼亚赞成，北卡赞成，南卡赞成，佐治亚赞成。8邦赞成，3邦反对，会议同意取消对第一院议员担任邦政府职务的限制。

麦迪逊先生：再次重申昨天提出的动议，要求第一院议员“在任期内和任期届满后一年内，不得担任这样的职务，除非联邦议会扩大机构，同意增设职务、同意发给报酬，议员正在任期以内，方可委任”。设立不必要的官职，增加薪水，是人们经历得最多的弊病，如果对这种现象关上大门，可以给议会留下适当机会，任命议员去担任其他职务，作为鼓励他们为议会服务的手段。

亚历山大·马丁先生附议。

巴特勒先生：这项修改条文走得还不够远，难免漏网之鱼。

拉特里奇先生主张：尽量保持议会的纯净，干脆关上门，不许任命议员担任任何其他官职，议员兼职是议会腐化的根源之一。

梅森先生：麦迪逊先生提出的这项动议，不过是对这种弊病的部分纠正办法。他呼吁麦迪逊先生作证，说说弗吉尼亚议会对其议员的可耻偏袒。他说，英国议会里这种滥权和腐化更为严重，都与任命议员做官有关。不过，他无法断定，倘若没有这种当官任职的诱惑，是否还能找到足够的公民去承担议会的职务。或许有人说，应该鼓励天才和有德的人。是否有天才，我不知道，或许有，但是，有德行的人也会受到这种贪财受贿的鼓励，倒是个妙主意，至少想法新颖。

金先生：水至清则鱼不生，在这件事情上，我们要求得太精了；防止阴谋诡计、钻营官职，是一种空想。你说任何议员都不能为自己牟取担任官职的资格。你是否能限制他利用机会，为他自己，或者帮他的儿子，他的兄弟，他所喜欢的人，去牟取一官半职呢？因此，我们会失去了一方面的好处，又避免不了另一方面的弊病。

威尔逊先生：支持麦迪逊的动议。要保持议会不至于腐败，适当的治疗办法，是取消议会委任官职的权力。腐化的一个方面仍会存留，那就是设立不必要的官职，授予不必要的年薪，为避免这种弊端，加上这样一条修改意见，是适当的校正办法。他指责说，把值得尊敬的雄心，升迁到政府中值得尊敬的地位，打上贪财受贿这种烙印，加以丑化，实为不妥；雄心壮志多半是在人生的早期和最纯洁的阶段萌发，所有明智和自由的政府，都把奖励这种抱负作为一贯政策，加以保护，而非扼杀。在从事国务的人当中，议会议员或许是最难做好而又最不获利的任务。难道应该用资格限制来排除德才兼备的人吗？

谢尔曼先生：麦迪逊先生的这项动议走得也不够远。设立新职就可以使这项动议落空，把一个人从一个职务上调去充任新职，再任命一位议员去填补那个空出来的职务。也可以在一个新朝廷里设一个新使馆，把另一位大使调来，创造一个大使空缺，留给自己喜欢的议员。他承认，这个问题要两全其美，不容易。他希望，既要有足够的吸引力，使人们愿意从事公职，又不要夸耀某个职务的前景如何如何，变成引诱。

格里先生：谢尔曼先生的反对很有分量。他再补充一条反对理由，对议员兼职无论如何限制，野心勃勃的人还是会要弄计谋，把称职的官员挤走，为自己制造空缺。对金先生的意见，他认为，议员即使自己捞不到官职，还是会结党营私，玩弄权术，为儿子、兄弟或其他的人牟取官职，不过，对议员来说，他们自己的利益，还是比亲朋好友的利益更为重要，估计他们还是会为自己的利益花更大的气力。

麦迪逊先生：之所以提出这样的动议，本来是想在无限制的兼职与绝对不许兼职二者之间，谋求一种中间立场。他承认，议员兼职，很可能出现滥权现象，尤其是在议会内部，可能把封官作为礼物。他亲眼见过议会偏袒照顾自己的议员，他的同事梅森上校也提到，弗吉尼亚议会内部就有这种事情。他也请梅森上校作证，弗吉尼亚还有一种不光彩的行为，一种反常现象，最优秀的公民在为议会服务，而一些不称职的人，倒当上了行政部门的大官。这个问题不能只从一面来看。对这个问题的好坏两面，要作一番公平比较。希望实现的目标，是所有的职务都由最称职的人担任，把最明智、最值得信赖的人选进来为议会服务。

一方面，公共机构总是会偏爱自己的成员，另一方面，又容易听信报告，屈从推荐者的权势，受到依附者的怂恿，以此任命官员。有时，因得到推荐而被任命的人，大家连人都不认识，凡是关心此事的人，想必也都看到了这种真相。就是设定资格，也免除不了官场中的这种任人唯亲。争取一官半职的候选人，将在首都盘旋徘徊，或许就从那里的居民中涌现出来，想尽一切办法，博取议员欢心。各邦政府任命的人，显然大部分都是用这种办法进入政府的。等总体政府建立，这种弊病势必还会加重。遥远的邦的人物，在整个联邦范围内的知名度，可能还赶不上一个邦内遥远县份的人物在本邦的知名度。邦联议会选拔人才，一般也是就近取材，眼光盯住政府所在地附近的人物。

再说下一个题目。经验已经表明，议会提供给为它服务的人的吸引力，对于那些最称职的人来说，的确是微不足道。这种不适当的现象，到建立全国政府时，将比建立各邦政府时，更为突出，需要遥远地区的议员付出的牺牲，将会更大。而付给议员的报酬，很可能更不成比例。因此，要求议员绝对不许兼职，再增加新的限制，从政治角度考虑，不现实。现在的问题是，这些规定，会不会使最能干的公民不愿意当议员了。凭过去的经验，他的结论是：限制过多，可能出现这样的后果。如果加上这么多的限制，弗吉尼亚议会多半会失去许多最优秀的议员，而且，限制一设，他们也就进不了议会，进不了政府，也担任不了邦政府里其他受人尊重的职务。[132]

巴特勒先生：适合担任公职的人物，绝不会默默无闻。

---

[132] 罗西特把55名制宪会议代表在制宪会议期间的经济状况分为六等：10人富有；8人争取富有；11人宽裕；16人小康；6人收入微薄；3人收入非常微薄。麦迪逊收入微薄，属于第五等。见罗西特《1787年制宪盛会》第143页。麦迪逊在邦联议会担任代表三年，弗吉尼亚议会经常欠付给他的薪水；制宪会议召开期间，麦迪逊部分靠借债度日。美国建国初，还没有“以薪养廉”一说。从政者的主要收入来源是家产，不是薪水。关于兼职，弗吉尼亚议会两院联合发起制宪会议时，决议中特别说明为何不能在纽约的邦联议会举行，而要在费城举行，因为不得兼职的规定，使各邦的一些重要人物，如后来实际出席制宪会议的弗吉尼亚邦长伦道夫、新泽西邦长利文斯顿、宾夕法尼亚主席富兰克林，都不能担任邦联议会代表，不具备出席邦联议会的资格。

梅森上校：如果设定的资格使一些人当不了议员，各邦有声望的人物自会鼓励那些有志从政的人来为议会服务，议会毕竟是展现和提高他们才能的最佳场所，并为日后的发展打下基础。

杰尼弗先生：在马里兰，参议员任期5年，不得兼职，这种安排使他们赢得人民的极大信任。会议对麦迪逊先生的动议表决，结果，马萨诸塞代表赞成反对各半，康涅狄格赞成，纽约反对，新泽西赞成，宾夕法尼亚反对，特拉华反对，马里兰反对，弗吉尼亚反对，北卡反对，南卡反对，佐治亚反对。2邦赞成，8邦反对，1邦代表赞成反对各半，麦迪逊先生的动议没有通过。

谢尔曼先生提议：在“任期内不得担任邦或联邦授权的其他官职”的“不得”二字后面，再加上“并且没有资格”几个字。无人反对，会议一致赞成。

会议同意从第三条中删去“任期内不得担任任何邦设立的官职”中的“设立”一词，删去“任期届满后一年内，不得在全国政府中任职”中的“在全国政府中”的提法。

斯佩特先生：要求把这个问题分开陈述，按顺序，前一半是“任期内不得担任任何邦或联邦授权的其他官职”。对此，马萨诸塞代表赞成反对各半，康涅狄格赞成，纽约赞成，新泽西赞成，宾夕法尼亚反对，特拉华赞成，马里兰赞成，弗吉尼亚赞成，北卡赞成，南卡赞成，佐治亚反对。8邦赞成，2邦反对，1邦代表赞成反对各半，会议接受这一提法。

这个句子的第二部分，是把不得任职的规定延伸到议员任期届满后一年内。

梅森上校：最要紧的是防止议员中途辞职、规避责任，应该明文规定：议员必须坚持服务到任期届满。

格里先生知道有过一个这样的先例。

汉密尔顿先生：规避的事，无法防止，只有通过代理弥补，例如，请朋友代理一年，然后，再作为席位出缺，通过选举补齐。

拉特里奇先生：承认规避的可能性，但主张尽量予以控制。

对斯佩特先生提出的后半句表决，结果，马萨诸塞反对，康涅狄格反对，纽约赞成，新泽西反对，宾夕法尼亚代表赞成反对各半，特拉华赞成，马里兰赞成，弗吉尼亚反对，北卡反对，南卡赞成，佐治亚反对。4 邦赞成，6 邦反对，1 邦代表赞成反对各半，会议没有接受这一提法。

休会。

6月25日星期一　在制宪会议上

大会开始讨论全体委员会报告第四条：全国议会第二院议员应该由各邦议会选举；议员年龄不得小于30岁；任职年限的长度，应该足以保障第二院的独立性，具体定为7年；议员领取固定报酬，补偿议员奉献于公务的时间，报酬由国库支付；任期内，除第二院内的职务，不得担任任何邦设立的官职或联邦授权的其他官职，任期届满后一年内，不得在全国政府中任职。

平克尼先生长篇发言如下：

这个体制能否奏效，就取决于这一条。为了作出正确判断，宜于对这个国家的形势，作一番比前一段会议更精确的考察。联邦的人民，或许是我们接触过的人民中最独特的。与其他任何国家的人民相比，他们之间财富的悬殊少些，等级的差别小些。每个自由人，都有权利得到同等的保护，取得同等的保障；而且，一份普普通通的固定资产，就能使他们获得资格，拥有公众享有的所有荣誉和特权：由此而产生一种更大的平等，这是任何其他国家里都找不到的，看来，这种平等很有可能还会继续下去。

我说这种平等可能继续下去，因为在一个新国家里，很容易获取一大片尚未开发的土地，到处都为移民提供各种各样的诱惑，从事任何行业，只要你有能力，就能得到回报，所以，这里几乎不会出现什么穷人，不会出现什么依附于人的人。

社会的每个成员，几乎都享有通向最高职位的平等权力，从这种职位上指导整个社会的力量和感情。在投票选举适当人选担任政府公职方面，没有人会因为出身门第而被排除在外，因财产不足而被排除在外的人微乎其微。[133]

整个社会充分享受这种公民拥有政治权利的感觉，包括各邦成员为他们自己保留的权力[134]，担任公职的权利，至少，享有在选举公职时提名候选人的权利。

如果我说的北美的这些情况属实，而且这种前景多半会继续下去，那么，如此卖劲，亦步亦趋地模仿另一个政府，就不是政治上的明智之举了。那个政府是精心设计出来的，但是，是为那里的人民设计的，他们的处境，与我们极不相同，他们的观点，也与我们极不相同。

大家对英国宪法已经说了许多。我承认，我相信英国宪法是现存的最好宪法；但是，与此同时，我也自信，那部宪法，在未来的许多个世纪以内，不会也不可能引进到我们这个国家来。

如果时间允许我在这里对英国宪法的来龙去脉作一番分析，那么，轻而易举就可以证明：那个政府的一些特殊优越之处，它的独树一帜的特征，不可能引进到我们的体制中来。

---

[133] 平克尼先生的高昂乐观论调，主要指“自由白人”，早期从英国和欧洲移民到北美的“自由白人”，如华盛顿的曾祖父约翰·华盛顿，1657年从英国移民北美时，的确没带什么钱，自己创立下一份产业，主要是自己开辟农场。但平克尼所说的固定资产、资格、荣誉、特权，并不包括白人契约奴，黑人，和杰斐逊《独立宣言》中所说的“无情的印第安蛮人”。弗吉尼亚宪法对选民财产资格的限制，见本书脚注第[82]；汉密尔顿设想的对普通选民的财产规定，和对参加总统选举的选民的财产资格规定，分别见本书附录四《汉密尔顿制宪方案》第三条第一款和第四条第二款。平克尼先生本人所在的南卡罗来纳，在13个邦里，1790年黑人所占比例最高，达43%，见表四。关于黑人选举权问题，见本书后文。

[134] 1788年2月6日，马萨诸塞讨论联邦宪法时，以187票赞成，168票反对(见表一)，批准了联邦宪法。马萨诸塞出席邦制宪会议的代表有355人。当时马萨诸塞没有黑人，人口约36万(见表四)。不分男女老少，约每千人产生一名邦制宪会议代表，讨论联邦宪法，决定是否批准。

英国国王与人民之间的平衡，不可能成为我们宪法的组成部分。我们没有，也不可能有组成（英国上院）那样的成员，没有一个像（英国贵族）那样的特殊阶级，他们拥有那样的权利、特权和固定财产，能起到稳定社会的作用。我们这里没有像英国贵族那样的人，对国王构成制约而达到平衡，因此，没有必要在我们的议会中设立一个像英国上院那样固定不变的一院。也没有必要设立一个固定的行政官，构成根本上的危险。我的意思，是指一个惟一的、世袭的、虽然受到限制的行政官。

回顾一下英国贵族阶级产生的环境和过程，事情就很清楚：我们不可能组成一个像英国上院那样的机构，在行政官的过多权力与人民的不规则权力之间，形成一种立法上的平衡。

我可以肯定地说，英国宪政的这个组成部分，是直接从日耳曼人的丛林中生长出来的；不过，贵族阶级最初形成的古代遗迹，现在还没有办法作出明确判断。有些作者认为，像王侯和爵爷这样的头衔，起源于古罗马，然后传到日耳曼帝国；另一些作者认为，这些头衔在日耳曼人中早已存在，远远先于他们接触罗马人之前。这种贵族制度的古老起源，在一些国家里，已经难以追溯到它的源头，但是，把他们视为英国贵族阶级的祖先，是不会错的。

等到贵族阶级在英格兰被召唤出来，担任全国议会的组成部分时，贵族阶级是在怎样的环境下，如何使自己成为英国宪政的组成要素，这个过程，对于各位有闲空和好奇心来钻研这个问题的先生们，想必都不陌生。贵族，加上他们拥有的固定资产，加上依附于他们的人，就其性质而言，构成英国议会中坚如磐石、固定不移的一院，就其权力而言，达到令人生畏的程度。贵族阶级有自己独特的利益，既不同于国王的利益，又不同于人民的利益；这种利益，只有由他们自己出任议员来代表，他们不可能把保护自身利益的责任，放心大胆地委托给他人。

当初，是形势的需要等等因素，促使国王把贵族召唤出来，形成议会中的一院，指望他们出面发挥一些功能。那时，王室需要臣民提供人力和钱财方面的服务。贵族由于自身的权力和财产，提出要求：如果不让他们构成议会的组成部分，就不允许议会征税；于是，贵族院议员与平民院议员合在一起，形成今日的英国议会，或许与世上的许多其他事情一样，也是时代的产物，所谓应运而生。最初，平民院对贵族院的态度，是言听计从。贵族之所以位高权重，惟一的原因，就是他们有势力、有影响。我们发现，最初贵族院高居于平民院之上，国王先召见贵族院，目的是咨询，再召见平民院，目的不过是取得同意。从那时起，贵族就构成英国议会的组成部分。虽然贵族院的权力和影响后来逐渐衰微，平民院的地位逐渐上升，贵族院依然构成一种杰出的平衡因素，既制约国王，又制约平民院，不让他们蚕食议会的权力。

前面已经说过，在我们这个国家，即使再过几个世纪，也不可能出现像英国贵族院那样的机构，即使我国人民的处境发生了很大的变化，也没有必要设立一个那么固定的机构。为了说明这一点，我在前面已经指出，联邦的人民，由于所处的环境不同，比任何其他国家的人民都更为平等。他们当中，称得上富豪的人，微乎其微。我所谓"富豪"，指的是那种财富多得足以产生危险影响的人物，例如欧洲那些受人敬重的富豪。在美洲大陆，这样的人加起来，或许还不到一百个；而且，这种人的数量，多半也不会快速增加。我们的人民，充满原创力，他们的出身普普通通，他们的前景平平凡凡，在这样一个国家里，他们能够经营一个行业，出产够他们安家立业。但是，这个国家，在未来的几个世纪里，始终会是一个新国家，不赞同等级方面的迅速分化。长子继承权的废除，对死去时不曾留下遗嘱者的财产实行均分，这些制度上的改革，对保持人民的普通平凡也在发挥作用，因为，法律对人民一律平等。另一方面，广阔无涯的人迹未至的领土，为勤俭朴素、富于创业精神的人们，开辟了通向成功和独立的道路。因此，在一段相当长的时期内，会有效地避免穷人和愤愤不平者的增长，起到维持这种平等状态的作用。这种局面，使我们在当今世界上独树一帜，与众不同。

如果事实果然如我所言，平等是联邦的主要特点，那么，又到哪里去找像英国贵族那样的富豪，需要在议会里单独设立固定的一院，构成一个奇特的领域，由贵族议员代表贵族阶级去保护他们的财产和利益呢？难道把我们议会里专设的这一院，交到人数微乎其微的所谓富豪手中？由这些人数或许还不满一百的人来掌管？肯定不是。这个第二院应该是为广大人民而设，他们当中既没有什么富豪，也没有多少赤贫。

将来很可能会发生一些变化，可是，这种变化是否就需要在人们之间建立一种新秩序呢？如果我们依然在英国政府的统治之下，即使再过一个世纪，多半也不会出现这样的变化。我想，可以公正地得出一个结论：只要政府还像一个共和政府，能继续存在下去，就不会发生这种变化。变化从何而来？变化的源泉何在？来自拥有土地的人的利益吗？不可能。土地的生产力太低，而且，在大多数邦里，拥有土地的人都很分散，利益各不相同。从有钱人的利益中产生吗？就目前存在的情况看，从这种人身上很难想象会出现变化的源头。从商业中涌现吗？依我看来，从商人中涌现出贵族阶级，可能会首先发生。

主席先生，从这种观点出发，我认为，联邦的政策一直是大错特错。我们一直很不明智地自视为一个古老国家的居民，没有把自己看作是一个新兴国家的居民。我们采纳的，是一个充满制造业者、信用已经奠定的国家的流行观念。我们荒废了我们自己的真正利益，我们不是想方设法去改善我们的国内政策，确保我们的商业在未来发挥重要作用，而是匆匆忙忙、杀鸡取卵式地从事一些广泛的计划，这些计划可以说是十足的轻率鲁莽。好在这种错误是在日复一日地自己纠正自己。我毫不怀疑，再经过几次严肃的试验，我们就会被说服：应该采用迥然不同的商业原则，来管理这些邦的做法。

这个国家的人民，不仅与我们所知的现代世界上的任何其他国家的居民迥然不同；而且，我敢断定，他们所处的形势，既不同于希腊人、罗马人，也不同于我们所知道的其他古代国家的人民。梭伦为希腊人设立的机构、建立的制度，能在联邦范围以内找到吗？斯巴达人的军事习惯和战斗作风，与我国人民的习惯和作风相似吗？古罗马人的特征，还存在我们的人民中间吗？瑞士的邦联也好，荷兰的邦联也好，还有那个被称之为日耳曼帝国的笨拙的、没意思的机构也好，谁能说他们的特征与我们的特征一样，或面临的形势相同？我认为是不同的。他们本身也截然不同，他们的等级划分，他们的宪法，他们办事的方式，他们的政策，都截然不同。

我认为，我们的真实情况如下：一个幅员辽阔的新兴国家，本身包含构建一个政府的材料，能够给它的公民带来幸福，带来民事的和宗教方面的公民权利，能够使他们在国内过上幸福的生活。这是革命为我们奠定的伟大成果。如果我们希望我们自己在国外受到尊重，那么，我们是弄错了我们建立政府的目标。征服其他强国，高居于他们之上，不是，也永远不应该是共和制度的目标。如果我们设计的政府，有足够的生机，能积极展开活动，足以使我们免于屈辱，维护我们国内的幸福和安全，这就是我们对这个政府的全部期望，这个政府几乎能比任何其他政府给它的公民提供更多的保障。

我相信，以下看法会被视为具有普遍的真实性：任何两个国家的人民，都不可能面临一模一样的形势和环境，使人承认，建立一个一模一样的政府，能实现同等的好处：一种政府制度，应该适合于它要治理的人民的习惯和禀赋，并且必须从人民当中生长出来。

联邦的人民可以分为三类：一、有专业的人[135]，这些人从各自的专业追求中产生，只要政府还是民众的政府，他们总是会在政府中占据相当的分量；二、经商的人[136]，在追求明智或不明智的商业政策的过程中，他们也许会、也许不会在政府中占据多少分量；如果我们追求到一种我认为是符合实际的商业政策，那么，在一段相当长的时间内，这个国家的商人，就不会也不应该在政治舞台上占据重要分量。三、从土地上获

---

[135] 有专业的人：professional men。

[136] 经商的人：commercial men。

取利益的人[137]，土壤的拥有者和耕作者，他们是，而且永远应该是政府制度中的治理原动力[138]。这三类人，不论他们的追求多么不同，在政治天平上，却是各自平等的，而且，可以轻而易举地证明，这三种人其实只有一种利益。他们之间的依存是相互的。商人要依靠土地开发者[139]。商人与土地开发者，在私人事务和公共事务上，都要与有专业的人发生联系；反过来，有专业的人，又必须在某种程度上依靠商人和土地开发者。从这种明显的联系中，再加上我在前面已经说过的平等，以及这种平等形成和继续的理由，可以清楚地推断出：总的来说，这个国家就是由一种公民群体组成，只有一种，但是，是一个巨大而且平等的公民群体，组成这个国家的居民，他们之间，没有等级的明显区别，富豪微乎其微，甚至没有。

因此，我们就是为了处于这种环境中的人民来设计一个政府。现在的问题是：什么样的政府，对他们最合适？建立一个像英国那样的政府吗？不行。理由何在？因为，英国所包含的三等人，处境不同，拥有的财产、奉行的原则，也都各不相同。他们那里的三等人结合起来，组成一个国家的巨大整体；国家的支出，要由富人和全社会负担，所以，社会的每个组成部分，都要在议会中有公平适当的席位。除了现存的那种代议制，没有其他的权力组合办法能够恰如其分。贵族和平民不能代表王室，王室和平民也不能适当地代表贵族。因此，每个等级都必须有自己的议员，形成各自等级的象征；这种由历史恰好凑成的混合体，当然形成一个因其平衡而令世人称羡的政府。

可是，联邦内只有一个等级可以与英国类比。这就是平民。他们肯定不想建立一个由三个部门组成的政府，其中两个代表谁的利益呢？他们不会仅仅因为英国的国王和贵族有这种需要，而接受世袭的行政

---

[137] 从土地上获取利益的人：landed interest。

[138] 治理原动力：governing spring。平克尼先生的发言，说明当时土地所有者在美国社会中的人多势重；他的农业立国论，与汉密尔顿、谢尔曼等人的工商业立国论恰成对照。

[139] 土地开发者：planter。

官和参议院。没有同样的理由，就没有必要去制定同样的条款。

我们应该按我前面说过的那样，根据这个政府将要治理的人民的需要，量体裁衣，加以设计。我相信在这个世界上，任何一个国家的人民，都会建立起一个积极行动、明智能干、能被世人接受的好政府。造成目前松弛状态的思想混乱，过失不在世人。过失在于政府的软弱无力、弊病丛生，没有能力把它想要联合起来的各种利益组合起来，没有生机。

因此，我们现在应该做的事情，就是把权力分开，按一定的方式，在有限的期限以内，把适当程度的稳定性授予执行法律的文官[140]，把选举的权利，保留给人民，不要也不应该使人民经常与他们的选举权利分离。我认为这是很容易办到的。对全体委员会提出的这些主张，作些修改，就可以完全实现目的。

我认为，再也没有什么比这更真实的立场：如果不让各邦政府拥有处理地方事务的权力，总体政府就无法有效存在。各邦政府是工具，联邦政府对人民的直接治理不论达到何种程度，不再通过各邦的政府，也必须经常依靠各邦政府的支持，来贯彻执行联邦政府的权力。

各邦政府的独特性宜于废止，只要一个总体政府的问题，大家已经说了许多。请允许我再把这个问题说明一下。*

大会开始讨论全体委员会报告第四条第一句："全国议会第二院议员应由各邦议会选举。"

大会删去了"全国议会"中的"全国"两字，换上"联邦"两字。

戈汉姆先生：倾向于在席位比例分配规则问题上，实行折中。他思考后认为，小邦的反对意见，有些道理。如果弗吉尼亚拥有 16 席，而特

---

[140] 执行法律的文官：Magistrate。

* 麦迪逊注：这篇讲话的余下部分，不像平克尼先生讲话的上述部分，没有交给我。

马克斯·法兰德注：平克尼这篇讲话的手写稿，在麦迪逊文存以内。麦迪逊略作了一些编辑工作，段落顺序作了调整，但麦迪逊的顺序与雅茨笔记的顺序吻合。参见法兰德《汇编》第一卷第 404 页。

拉华和其他好几个邦加起来才16席，那么，弗吉尼亚邦内的议员，比其他好几个邦的议员，更有可能联合行动，从而拥有过度的影响力。这种说法，不仅适用于各邦，也适用于同一个邦内的县和其他各种选区。为此，马萨诸塞宪法制定了条款，大选区的议员名额，不一定要恰好与选区内的人口成准确的比例。他认为，经验已经证明，这种规定是必要的。

里德先生：迄今为止，邦与邦之间一直是伙伴关系。在开设新户头之前，他们应该把老账调整一下。他提请大家注意：如何分配西部土地的共同利益，给各邦使用。让法律来负责解决这个问题；在偿还总体债务方面，让各邦公平合理地分担经费；过去受到伤害的小邦，届时或许就会听从合理分配席位的观念，这是它们过去一直坚持的。

戈汉姆先生想不出：对于目前的这个问题，制宪会议应该如何介入。他想，应该设立一个委员会来消除一些错误做法。目前，邦联议会正在努力设法矫正错误做法。最好的矫正办法，还是建立一个政府，有足够的生机，能实现彻底公正。那肯定是能够提供给小邦的最好机会。

威尔逊先生：问题是第二院议员是否由各邦议会推选？每当他想起：这个国家的幅员辽阔到如此惊人的程度，这片土地能够承受的巨大人口，他就禁不住对这个题目的巨大产生迷惘之感：我们现在正在设计的这个政府，不仅会影响到我们现在的几代人，我们成倍增加的后代，子子孙孙，而且还会影响到全球。亨利四世和他的朝臣们的工程，与我们现在所要展开的巨幅画卷相比，不过是一块象牙微雕罢了。

他反对由各邦议会推选第二院议员。他解释了他的理由，必须看到，这将使人民处于一种双重关系之中。一、成为总体政府的公民，二、又是某个邦政府的公民。对他们来说，总体政府是第一位；邦政府是第二位。两个政府都从人民中间产生；两个政府都是为了人民，因此，两个政府也应该奉行同样的原则。人民要用同一个思路，既处理与邦政府的关系，又处理与总体政府的关系。在建立总体政府时，我们应该向前迈进一步,尽量抽掉邦政府这条思路。[141] 总体政府在考虑管辖范围和目标时,应该视邦政府为并不存在。让各邦议会推选第二院议员,会把地方利益和地方偏见引进来,并且加以保护。总体政府并非各邦政府的集合,而是全体个人之间为了某种政治目的的集合。总体政府的目的,不是为了各邦,而是为了组成总体政府的全体个人。因此,是个人,而不是邦,应该在总体政府中拥有议员。比例代议制可以在第二院中施行,就像可以在第一院施行一样。第二院议员的选举,可以由人民为此目的而选出的选举人选举。他按照这个意思提出一项修改意见,但是无人附议。

艾尔斯沃斯先生:看不出有什么理由要背离报告中提到的办法。不论由谁选举议员,议员总是他所代表的那个邦的公民,会感觉到同样的精神,发挥同样的作用,不论是由人民选举还是由邦议会推选。每个邦都有自己独特的看法和偏见,总要找到渠道通向总体政府,不论是什么渠道,只要畅通就行。按照我们的设想,明智是我们想要赋予第二院的特征之一。由各邦议会推选的议员,比起人民直接选举的议员,岂不是更为明智?他强调:必须维持各邦政府及其代理人的存在。在幅员如此辽阔的国家里,没有邦政府的合作,不可能支撑住一个共和政府。使用军队,要想奏效,罕有所闻。最大的邦,治理得最差。弗吉尼亚应该承认,把它的政府扩展到肯塔基,是没有资格的。马萨诸塞连首都周围 100 英里以内的和平都维持不了,现在又要组织一支军队来支撑政府。宾夕法尼亚能避免类似的局面多久,无法预测。如果我们政府的原则和材料不足以延伸到这些单个的邦,如何能想象它们怎能在整个联邦范围内支撑住一个惟一的政府?要想支撑住总体政府,惟一的机会,就是把总体政府嫁接到一个一个的邦政府上去。

约翰逊博士:强调保持邦政府的必要性。若按威尔逊的说法,邦政

---

[141] 法兰德注:麦迪逊在手稿中划掉"我们应该向前迈进一步,就像邦政府不存在一样"。见《汇编》第一卷第 406 页。

府就会任凭总体政府摆布。

麦迪逊先生：如果推迟讨论目前的这一条，改为讨论第八条，可以避免难点。第八条的内容是：全国议会第二院的席位分配，应遵循上述第一院的规则。

威廉森先生承认：他支持能保障各邦政府存在的体制。在他了解参议院议员的总人数之前，他实在不知道：对于有关参议院的问题如何投票。为了明确这个问题，他提议：在"全国议会第二院"后面增加以下措辞："议员人数与第一院议员人数保持 1 与______的比例。"对此，无人附议。

梅森先生：大家已经一致同意，要使一个政府有效，就必须赋予它捍卫自己的能力，要使组成政府的各个部门有效，每个部门也应该具有同样的自我捍卫权力。大家能在这个问题上达成一致，并不使他感到惊讶。使他感到惊讶的是，一谈到必须让各邦政府也具备同样的自我捍卫权力时，意见又不一致了。如果保留各邦政府，按他的理解至关重要，各邦政府当然也应该具备这种权力。授予各邦政府这种权力的惟一办法，就是让它们委任全国议会第二院的议员。

巴特勒先生：由于第二院究竟实行比例代议制，还是平等表决制无法确定，使我们步步艰难。因此，他提议：推迟讨论第四条，改为讨论第七条。麦迪逊先生附议。

大会对推迟讨论第四条表决，结果，马萨诸塞反对，康涅狄格反对，纽约赞成，新泽西反对，宾夕法尼亚反对，特拉华反对，马里兰反对，弗吉尼亚赞成，北卡反对，南卡赞成，佐治亚赞成。4 邦赞成，7 邦反对，会议不同意推迟讨论第四条。

大会对推迟讨论第四条，改为讨论第七条表决，结果，赞成的有马里兰、弗吉尼亚、北卡、南卡、佐治亚，反对的有马萨诸塞、康涅狄格、纽约、新泽西、宾夕法尼亚、特拉华。5 邦赞成，6 邦反对，会议不同意改为讨论第七条。

大会对"第二院议员应由各邦议会选举"表决，结果，马萨诸塞赞成，康涅狄格赞成，纽约赞成，新泽西赞成，宾夕法尼亚反对，特拉华赞成，马里兰赞成，弗吉尼亚反对，北卡赞成，南卡赞成，佐治亚赞成。* 9邦赞成，2 邦反对。会议同意第二院议员由各邦议会推选。

大会一致同意参议员至少年满 30 岁才能当选。

大会同意在"任期年限"后删去"长度应足以保障第二院的独立性"的提法。

大会继续讨论第二院议员的任期是否是 7 年。

戈汉姆先生：提议 4 年，每年改选四分之一。

伦道夫先生：支持轮换制的想法，这样可以保持一批明智的人的稳定性，能经常开会，辅佐行政官。他提议：在"7 年"后面，加上"按固定比例退出"。大会同意他的动议。

威廉森先生提议："6 年"，用 6 年实行轮换制比 7 年方便。谢尔曼先生附议。

里德先生提议：应该是"行为良好得继续任职"。罗伯特·莫里斯先生附议。

平克尼将军提议："4 年"。任期太长会使议员滞留在首都。议员会在那里形成自己的利益，或许会把自己的产业都转移过去，会对自己所代表的邦失去感觉。如果出现这种情况，遥远的邦就要吃大亏了。

谢尔曼先生提议：先删去"7 年"，好听取其他主张。

大会对删去"7 年"表决，结果，马萨诸塞赞成，康涅狄格赞成，纽约赞成，新泽西赞成，宾夕法尼亚反对，特拉华反对，马里兰代表赞成反对各半，弗吉尼亚反对，北卡赞成，南卡赞成，佐治亚赞成。7 邦赞成，3 邦反对，1 邦代表赞成反对各半，大会同意删去"7 年"。

大会对改为"6 年"表决，结果，马萨诸塞反对，康涅狄格赞成，纽约

---

* 麦迪逊注：应该注意，最大的邦，尤其是宾夕法尼亚和弗吉尼亚，始终认为由各邦议会选举第二院议员违反比例代议制原则，他们坚持认为比例制是建立公平政府的基本原则。小邦则持相反观点，这种观点由于受到大邦代表的反对而加强，因此，他们出于忧虑更加努力设法保持邦政府的重要性。

反对，新泽西反对，宾夕法尼亚赞成，特拉华赞成，马里兰代表赞成反对各半，弗吉尼亚赞成，北卡赞成，南卡反对，佐治亚反对。5 邦赞成，5 邦反对，1 邦代表赞成反对各半。

有人要求休会，表决结果，也是 5 邦赞成，5 邦反对，1 邦代表赞成反对各半。

大会对把任期改为“5 年”表决，结果，马萨诸塞反对，康涅狄格赞成，纽约反对，新泽西反对，宾夕法尼亚赞成，特拉华赞成，马里兰代表赞成反对各半，弗吉尼亚赞成，北卡赞成，南卡反对，佐治亚反对。5 邦赞成，5 邦反对，1 邦代表赞成反对各半。

休会。

6月26日星期二　在制宪会议上

大会继续讨论全体委员会报告第四条的第三个分句：第二院“任期年限的长度，应足以保障第二院的独立性，具体定为7年”。

戈汉姆先生提议：把报告中的“7年”改为“6年”，每隔2年，三分之一的议员离任。

威尔逊先生附议。

平克尼将军：反对“6年”，主张“4年”。他说，各邦利益不同。南方各邦，尤其是南卡罗来纳，与北方各邦不同。如果参议员的任期这么长，他们就会到本邦政府里去任职，在那里发挥他们的功能；与其花那么多的时间去做参议员，还不如就在本邦任职。

里德先生提议：任期“9年”。这样轮换非常方便，每隔三年，三分之一的人离任就行了。他本来倾向于“行为良好得继续任职”，不过这个主张没什么人赞同，所以，他主张任期尽量长一些。

布鲁姆[142]先生附议。

---

[142] 雅可布·布鲁姆(Jacob Broom，1752—1810)是特拉华代表，出席会议时35岁。生于特拉华的威明顿，父亲是铁匠，后来经营农场致富。本人起先务农、学习测量，后来从事船运、进口和地产。独立战争期间，仅在布兰迪威战役之前为华盛顿绘制过作战地图。1776年24岁时，开始担任威明顿地方议会议员，在后来的数十年中，他先后担任这个职务六次，(转下页)

麦迪逊先生：为了正确判断第二院采取怎样的形式为好，最好先看看第二院需要实现哪些目的。第一是保护人民不受治理者的压迫；第二是保护人民不受转瞬即逝的思想的诱惑，这类思想的诱惑，有时是很难抵制的。一个国家的人民，在一个稳健的时刻，讨论组建政府的方案，又有其他国家的经验作为借鉴，他们最希望得到保障的，首先是他们自己的幸福。他们第一就会想到，那些被授权去谋求公众幸福的人，有可能背叛人民对他们的信托。防止这种危险的一个明显的谨慎措施，就是把他们的信托分开，分别委托给不同的人组成的机构，使这些人能相互监督，相互制约。通过这种办法，他们才能使所有处于治理地位的人，同样小心谨慎。这种做法，在设立下属部门时已经普遍实行，而且见效。在下属部门，凡是可能出现滥权的事务，都要经过层层不同的人手，人人相互制约。还有一些人，会出现第二种情形，那就是，由于他们对真实利益所在缺乏信息，容易发生临时性的差错。于是，又采取了短期雇佣的办法，此外，在公众事务中，还雇佣了一小部分人，来防止由于同样的原因而出现的差错。这种反思，自然启示我们，在组建政府的时候，要设法使各个机构都有机会获得对公共利益的完整知识。对此，人们还会同样地想到另一点，那就是：他们自己，也像人数众多的众议院一样，也容易因为轻浮、冲动而出现错误。对付这种危险，就需要筑起一道篱笆，那就是挑选一部分经过启蒙的公民，人数有限但立场坚定，时而能够起来提出异议，对付激进狂躁的议员。人民在讨论如何为他们自己组建政府时，最后应该想到的，是如何保障公民的自由权利，可是，由于公民拥有自由权利，势必就会产生不同的利益，在突发的冲动驱使下，多数人的利益，会被引导去做一些不公正的事情，压迫少数

（接上页）担任地方议会议长四次，以及其他市镇级别的各种职务。1784—1786 年和 1788 年，他两次担任特拉华邦议会议员。布鲁姆在制宪会议中一次也没有缺席，发过几次言，只在会议中扮演次要角色。1790—1792 年，布鲁姆担任威明顿第一任邮政局长，后来长期担任威明顿的特拉华银行董事长。他还办了一家棉花加工厂和机械修理厂，参与开采铁矿计划，但失败了。后来参与修建收费的公路、运河、桥梁。他还参加慈善事业和宗教活动；担任过威明顿学院校董，发起修建“老瑞典人教堂”。终年 58 岁。参见附录五。

人。在所有文明国家里,人们总是分为不同的阶级,各有真实的或想象中的不同利益。一国之内,会出现放债者和借债者,农场主,商人,制造业者。差别尤其会出现于富人和穷人之间。(平克尼先生)所观察到的,是真实,我们这里没有世袭的特点,没有等级的区别,这些,都是古代政府和现代欧洲政府出现争权夺利的主要源泉,我们这里没有贫富两极,而贫富两极分化,则构成现代欧洲国家的特征。不过,即使现在,我们也不能自视为一个同质的群体[143],在同质的群体中,每件影响到部分的事情,都会以同样的方式影响到全体。在设计一个我们希望能长治久安的政府时,我们不能忽略时代将要带来的变化。人口的增加,势必会增加终身劳苦艰辛的人的比例,这些人暗自叹息,希望社会福利的分配更为公平。到一定的时候,这种人的数量,或许会超过那些感觉在贫困之上的人数。根据选举权平等的法则,权力将会滑落到这些暗自叹息贫困者的手中。目前,这个国家还没有实行改良农业的做法。但是,根据已经了解的情况,一种拉平精神的征兆,已经在某些地方有了足够的表现,引起人们对未来危险的关注。按照共和主义的原则,如何对付这种危险?在各种情况下,如何防止人们因利益相同而结成联盟,聚集起来,压迫应当予以保护的少数?这种危险有多大?除了其他办法之外,在政府内设立一个机构,其成员因其智慧和道德受到足够的尊重,遇到这类紧急局面,能出来帮忙,发挥正义的优势,使天平保持平衡。这就是在政府里设立第二院的目的。为此,他认为,应该给予第二院以相当长的任期。他不认为9年任期会带来任何威胁,引起真正的危险。不过,他虽然主张参议院任期时间长,但也主张参议员不得连任,连任对于私人和公家,两不相宜。他看到,会议的进展情况超出事前的预想,我们现在正在汇编出一个方案,等到这个方案施行时,它将决定共和政府的长远命运。我们不仅应该为公民权利提供一切必要的保障,而且要同等仔细地克服我们自己的经验已经揭示出来的缺陷。

---

[143] 一个同质的群体:one homogeneous mass。

谢尔曼先生：设立政府，是为了那些生活在政府之下的人们。因此，设计政府的时候，就应该注意，不要危及公民的权利。如果弄成一个坏政府，则其中固定的成分越多，后果越坏。频繁选举之所以必要，是为了保持治理者的行为良好。通过频繁选举，行为好的获得连任，行为差的刷掉，就能保持政府的持久稳定。在康涅狄格，选举一直十分频繁，自从最初建立政府以来，直到现在，前后130多年，人事和政策两方面，一直都很稳定，前后连贯。他希望能制定条款，确保政策的稳定连贯、体现智慧，得到采纳；不过，他认为，参议员干6年或者4年就足够了。这两种安排，他都同意。

里德先生：希望小邦看到这个方案时，也觉得我们应该尽量结合为一个民族，是他们的利益所在；对邦政府的依靠，应该尽量消除；参议院的组成办法，应考虑参议院能反映全体公民的感情。

汉密尔顿先生：他事前并不准备就这个问题发言。他赞同麦迪逊先生的以下想法：我们现在是在决定共和国政府的长远命运；如果我们不赋予政府一定的稳定和智慧，我们自己就会体面扫地，被人遗忘，不仅是在我们国内，而且在整个人类面前丧失体面，逝于忘川。他承认，他自己的思想并不赞同共和政府；不过，他愿意把自己的意见奉献给那些赞同共和政府的人，以便他们能把政府的格调尽量高扬。他承认，自己和其他许多人一样，热烈倡导公民权利，虽然他在政府应该采取何种政体方面想法不同，他相信自己还是愿意为此而牺牲自己的想法。他也同意麦迪逊先生对参议院问题的总体看法，如果这些做法确实有必要，也会得到其他人的赞同。世上并不存在财产平等这样的事情，这一点是肯定的：不平等的存在，会与公民自由权利的存在一样长久，而且，不平等本身，就是公民发挥自由权利的结果。财产的不平等，构成社会的最大基本特征。罗马的保民官，用权力拉平了贵族与平民之间的界线后，跟随而来的是什么呢？代之而起的是富人和穷人的区别。不过，他并不打算详细展开这个题目。他站起来发言，主要想说明，（谢尔曼先生）似乎没有想到，拟议中的政府，议会中的第一院，之所以要这样组成，主要是为了保护公民中的贫困等级；谢尔曼先生似乎也没有留意到，美洲大陆上能出现康涅狄格那种稳定政府的真正原因。在英国体制下，以及后来在邦联体制下，政府的许多大权，尤其是外交权，并不在各邦政府手里。各邦的内部事务，可谓极其简单，这里有许多原因，许多美利坚独有的原因。到后来，政府完全让位给人民，实际上中断了政府的许多常规功能，以便避免那种在其他国家发生过的暴乱。他问谢尔曼先生：目前邦政府敢不敢征收进口税，敢不敢征收人头税？过去所存在的政策稳定连贯现象，应该归功于上述的真正原因，而不是归功于频繁的选举。

格里先生：希望我们的思想能够在建立一个稳定的政府方面联合起来。大家的努力，都指向同一个目标，但是在具体方法上却有巨大差别。我们应该认真看清我们所处的环境。在我们的同胞中，不反对君主制倾向的人，不到千分之一。他们会不会同意一个看起来可能通向君主制的方案呢？制宪会议对将要向人民推荐的方案，要极其小心谨慎。不论提出怎样的方案，一定要得到许多制宪会议以外的人的热烈拥护，要让方案得到人民的批准。如果把方案制定成激起猛烈反对的形式，那么，由此而引起的争执和思想混乱，就会接踵而至，这是很容易预见的，我们甚至可能成为列强的捕捉对象。他不否认麦迪逊先生的观点，多数人一旦被共同的利益联合起来，有机可乘时，往往会违反公正，去压迫少数人。不过他并不认为，这个国家目前存在这样的诱惑。我们的处境与英国不同：极其广阔的土地，还有待于划分开发，供给人们定居落户，我们与英国的这种区别，将会延续相当长的一段时间。虽然在我们的许多公共机构里存在着不公正的病征，但这些病征迄今为止还没有达到让人丧失希望的程度，人们还有足够的公正感和道德心，足以建立一个好政府。他承认频繁选举带来的弊病，同意让参议员任职四到五年。任期再长，会弄得参议院不打自垮。人民绝不会同意。

威尔逊先生：不打算再重复大家已经说过的话，只想补充一两件他相信别人还没有提到的事。每一个国家，都可以视为两种关系的结合：

一、与本国公民的关系；二、与外国的关系。因此，不仅国内不能轻易陷入无政府状态，或者陷入暴政，而且要避免对外战争，要争取与外国缔结条约。这第二方面的权力，很可能就会落到参议院身上。因此，就要使参议院在外国人眼中显得值得尊重。大不列颠至今不听我们的意见，不肯与我们缔结商业条约，真正的原因，在于它对我们政府的稳定和有效还没有信心。参议员任期9年，再加上轮换制，就能提供人们所期待的品格；而且，使我们的政府在这一方面取得对君主制的优越性。在君主制国家里，许多事情总是取决于一个人的脾气。而在参议院这样的机构里，个人的性格将从政治中消失。他还想补充一点。公众之所以反对任期太长，因为任期太长可能逐渐侵权，力图延长任期，先弄成一个终身制的机构，最后变成一个世袭制的机构。现在对这种反对可以提出一个令人满意的答复：由于每隔三年就有三分之一的参议员离任，参议院总是会分成三组同时任职，但任期不同，因此，他们的行动，就会处于不同观点的影响之下，各人的感情也不会相同。

大会对参议员任期9年、每隔3年三分之一的议员离任表决，结果，马萨诸塞反对，康涅狄格反对，纽约反对，新泽西反对，宾夕法尼亚赞成，特拉华赞成，马里兰反对，弗吉尼亚赞成，北卡反对，南卡反对，佐治亚反对。8邦反对，3邦赞成。会议不同意参议员任期9年。

大会对参议员任期6年，每隔2年三分之一的议员离任表决，结果，马萨诸塞赞成，康涅狄格赞成，纽约反对，新泽西反对，宾夕法尼亚赞成，特拉华赞成，马里兰赞成，弗吉尼亚赞成，北卡赞成，南卡反对，佐治亚反对。7邦赞成，4邦反对。会议同意参议员任期6年。

大会继续讨论全体委员会报告第四条的第四个分句："参议员领取固定报酬，补偿议员奉献于公务的时间，报酬由国库支付。"

平克尼将军提议："参议员不应受薪。"设立参议院的意思，就是要体现国家富足，参议院应该由有钱的人组成；如果再加上不允许给予津贴这一条，就足以保障只有富人才能当参议员。他提议：删掉这个分句。

富兰克林博士附议。他希望制宪会议要公正对待人民。制宪会议里有一批年轻人，他们很可能进参议院。如果方案提议设立一些有油水的职务，可能有人会指责我们是在为自己谋取官职。

大会对“参议员不应受薪”问题表决，结果，马萨诸塞、康涅狄格、宾夕法尼亚、马里兰、南卡赞成，纽约、新泽西、特拉华*、弗吉尼亚、北卡、佐治亚反对。5邦赞成，6邦反对。[144]

威廉森先生提议，把措辞改动如下：“领取报酬，以补偿他们为公众服务所奉献的时间。”艾尔斯沃斯先生附议。除南卡外，其他邦都赞成了。看来，就是要避开“固定”这个字眼，为修改这一条款留下更大的余地。

艾尔斯沃斯提议：删去“报酬由国库支付”，改为“由议员所属各邦支付”。如果设立参议院的目的是加强各邦政府的力量，那就应该对各邦政府有信心。各邦在保持代表性方面有利益，会制定条款，支持参议员，保证他们的出勤。

麦迪逊先生：这种做法背离了根本原则，有违让参议员任职6年的目的。若这一动议获得通过，各邦高兴参议员在这个位置上待多久，就可以让他们待多久；只要各邦议会高兴就成。设立参议院的伟大目标之一，是要它成为一个立场坚定、富有智慧、不偏不倚的机构。参议院不仅要使总体政府稳定，实施对个人的治理，而且要谋求各邦利益之间的适当平衡。这项动议会把参议院弄得像邦联议会一样，只不过是由各邦利益和观点的代理人和提倡者组成，不再是正义和普遍公益的不偏不倚的仲裁者和保护人。邦联议会后来设过一个委员会，全权处理联邦与各邦之间在权力诉求方面的矛盾，后来，这个委员会公正地承

---

* 麦迪逊自注：康涅狄格的反对票和特拉华的赞成票，都值得怀疑。

[144] 法兰德注：麦迪逊的这项投票记录，先抄杰克逊《会议记录》第151页，后改为抄第150页。参见《汇编》第一卷第427页。

认,他们没有办法完成邦联交给他们的这一部分事务。[145]

戴顿先生：由各邦支付参议员的报酬,对保证参议院的独立立场,是致命的一击。他认为,参议员的报酬,应该由国库支付。

大会对艾尔斯沃斯的动议表决：参议员的报酬改为"由各邦支付",结果,马萨诸塞反对,康涅狄格赞成,纽约赞成,新泽西赞成,宾夕法尼亚反对,特拉华反对,马里兰反对,弗吉尼亚反对,北卡反对,南卡赞成,佐治亚赞成。5 邦赞成,6 邦反对。[146]

梅森上校：他起立并不是想提出动议,而是想说出一个想法,似乎值得讨论。设立参议院的一个重要目的,是保障产权。赋予参议院以重大权力、坚定立场,目的在此,参议员任期较长,大家也认为必要。但是,要找到适当人选,如果任期长到 6 年以上,这方面就很难见效。因此,他提议,对这个职务宜于加上财产资格的限制。他认为,这样做非常实际;纳税规则制定后,就会提供一个尺度,测量每个人拥有财产的程度。

然后,有人提议维持原意,对参议员的报酬"应由国库支付"表决,结果,马萨诸塞赞成,康涅狄格反对,纽约反对,新泽西反对,宾夕法尼亚赞成,特拉华赞成,马里兰赞成,弗吉尼亚赞成,北卡反对,南卡反对,佐治亚反对。5 邦赞成,6 邦反对。[146]

---

[145] 麦迪逊在设计参议院方面,煞费苦心：人数要少,质量要高,充满智慧,既要控制众议院的浮躁冲动,又要防止人民受到转瞬即逝的思想的诱惑,必须把国家利益放在第一,排除各邦利益偏见,还要承担委任法官的重任,建议和认可行政官对官员的任命,还要控制宣战和缔和,制约行政官的外交活动,等等。这些迹象表明,麦迪逊是在按照自己的身材,为参议院量体裁衣。富有历史讽刺意味的是：弗吉尼亚议会内反对宪法的势力雄厚,麦迪逊等人舌战各方,才使弗吉尼亚以 89∶79 票批准联邦宪法。弗吉尼亚议会在帕特里克·亨利和理查德·亨利·李等人的控制下,第一批决定之一,是把麦迪逊从弗吉尼亚的联邦参议员候选人名单中排除。麦迪逊只好回到家乡的众议员选区,与自己未来的总统接班人门罗争夺同一个选区内的联邦众议员席位。

[146] 会议再次出现一个奇怪的表决结果：既不赞成"由各邦支付",又不赞成"由国库支付"。在秘书杰克逊的表决记录中,凡在第 98 次表决中投赞成票的邦,在第 99 次表决中均投反对票;凡在第 98 次表决中投反对票的邦,第 99 次表决均改投赞成票;只有北卡罗来纳,在两次表决中都投了反对票。参见法兰德编《汇编》第一卷第 420 页秘书对表决的记录。

大会接着讨论全体委员会报告第四条的第四个分句：参议员在“任期内，除第二院内的职务，不得担任任何邦设立的官职或联邦授权的其他官职，任期届满后一年内，不得在全国政府中任职”。

巴特勒先生提议：删去参议员不得担任“邦的职务”的限制。威廉森先生附议。

威尔逊先生：这样做会增加参议员对邦的依附。根据他的观察，如果存在依附现象的话，那么，给予一个官职的任期越长，就越容易产生完全的依附。

平克尼将军：应该给予各邦政府尽量多的方便，完成总体政府的一部分工作。如果参议员由各邦政府委任，那么，他们就应该追求各邦花钱所要追求的目标。而且，也不应该禁止各邦把自己的议员召回来，到本邦任职。这种限制，也会使最能干的人不愿意去当参议员。

威廉森先生提议：拟定一项决议，把这个问题分为两个方面解决：

一、是否应该限制参议员担任联邦的职务；

二、是否应该限制参议员担任各邦的职务。

大会对是否推迟讨论巴特勒先生的动议，改为讨论威廉森先生的动议表决，结果，马萨诸塞反对，康涅狄格赞成，纽约反对，新泽西反对，宾夕法尼亚赞成，特拉华赞成，马里兰赞成，弗吉尼亚赞成，北卡赞成，南卡赞成，佐治亚赞成。8 邦赞成，3 邦反对。会议同意改为讨论威廉森先生的动议。

格里先生和麦迪逊先生提议：在威廉森先生的第一个问题中增加“以及任期届满后一年内”。

大会对是否增加这一提法表决，结果，马萨诸塞反对，康涅狄格赞成，纽约赞成，新泽西反对，宾夕法尼亚反对，特拉华赞成，马里兰赞成，弗吉尼亚赞成，北卡赞成，南卡赞成，佐治亚赞成。8 邦赞成，3 邦反对。会议同意增加“任期届满后一年内”的提法。

大会对经过修改后的威廉森先生的第一点意见表决，结果一致同意。

大会再对威廉森先生的第二点意见表决，结果，马萨诸塞赞成，康涅狄格反对，纽约反对，新泽西反对，宾夕法尼亚赞成，特拉华反对，马里兰反对，弗吉尼亚赞成，北卡反对，南卡反对，佐治亚反对。3邦赞成，8邦反对。会议没有同意威廉森先生的第二点意见。

大会一致同意全体委员会报告的第五点："两院均有发起提案的权利。"

休会。

6月27日星期三　在制宪会议上

大会开始讨论全体委员会报告第六条：应授权全国议会享有邦联条款授予邦联议会的立法权；并且拥有对各邦无能为力立法的所有事务的立法权；拥有对施行各邦立法时影响联邦和谐的事务的立法权；有权否定各邦通过但全国议会认为违反联邦条款或联邦授权缔结之条约的立法。

拉特里奇先生提议：推迟讨论定义议会权力的第六条，改为讨论第七条和第八条，因为这两条涉及到最根本的问题，即第二院的席位分配问题。他的动议得到一致赞同。

全体委员会报告第七条：全国议会第一院的席位分配，不应再遵循邦联条款制定的原则，应按某种平等的比例代议制分配；具体来说，比例按每邦全体白人和其他自由公民和居民的人数分配，不论年龄、性别、条件，包括那些按契约服劳役若干年的人和五分之三前文没有提到的其他人，不计不纳税的印第安人。

全体委员会报告第八条：全国议会第二院的议席分配，应遵循上述为第一院制定的规则。

有人对第七点提出质疑，要求第一院议席按平等原则分配。[147]

路德·马丁[148]先生发表长篇大论，而且情绪激昂。他认为，之所以要建立总体政府，也不过是为了保全各邦政府，而不是直接治理个人。总体政府的权力，应该限制在狭窄的范围以内；如果现在给邦联议会的权力太少，那么，可以再加一些；不过，如果要得太多，那就休想办到；个人与总体政府，实无多少相干，与他们本邦的政府，则密切相关；总体政府在采取适当措施时，不如组成联邦的各邦政府，各邦政府直接治理个人，对自己的人民更加了解。把公民交给新政府去治理，等于把他们又扔回到自然状态。要想解散各邦政府，涉及到一个过程的性质：各邦政府成立，得到各邦选民的授权，没有得到各邦选民的同意，人们没有这样做的权力；只有他们能开口说话，只有他们能用耳听话。各邦在遵循邦联议会立法方面，表现良好，这个机构一向是软弱无力，软弱到令人瞧不起的程度。各邦即使没有遵循邦联议会的立法，也只是因为力所不及：民间私人债务沉重，战争过程中土地荒芜，是力所不及的主要原因。麦迪逊先生提到一些例子，说弗吉尼亚和马里兰之间订立契约，宾夕法尼亚与新泽西之间订立契约，马萨诸塞征兵平息起义，他不明白：

---

[147] 法兰德注：从这里开始对席位按比例分配问题的重要辩论，一直延续到7月16日，此前，5月30日，6月9日和6月11日也辩论过。参见法兰德《汇编》第一卷第436页注。

[148] 路德·马丁(Luther Martin，1744—1826)是马里兰代表，出席制宪会议时43岁。1766年毕业于普林斯顿大学的前身新泽西学院，到马里兰执教5年，继续研习法律；1771年，在弗吉尼亚取得律师执照。1778年起担任马里兰检察总长，不遗余力地对效忠(英国王室)派提出公诉。1785年担任马里兰驻邦联议会代表。1787年出席制宪会议时，坚决反对建立中央集权的全国政府，极力主张维护各邦政府权力。他于9月4日退出制宪会议，不在宪法上签名，次年，他极力阻止马里兰批准联邦宪法。作为律师，马丁经办的三个大案，在美国法律史上留下不可磨灭的痕迹：一、1800年，杰斐逊领导的共和党夺取了总统职务和议会多数以后，利用宪法中对法官的弹劾条文，力图将联邦党人依然盘踞的司法部门夺取过来，大举对法官的弹劾，他们选中的目标之一是联邦最高法院大法官萨缪尔·蔡斯。1804年，马丁出任蔡斯的辩护律师，使蔡斯免于被弹劾；二、1800年以前，杰斐逊拉拢纽约政客艾伦·伯尔，共同夺取亚当斯的总统职务，取得成功。后来，杰斐逊对伯尔提出叛国罪的指控，1807年，马丁出任伯尔的辩护律师，在联邦最高法院首席大法官马歇尔主持下，马丁要求杰斐逊出庭提出证据，杰斐逊以总统特权拒绝出庭，马丁为伯尔免除叛国罪罪名；三、1819年，在(联邦银行董事)麦卡洛诉马里兰一案中，马丁作为马里兰检察总长，坚持联邦在马里兰境内办的银行应该向马里兰政府纳税，结果败诉。他的性格描述，参见附录五。

这些行为怎么违反了邦联条款。

各邦享有平等的表决权，是缔结联邦的基本思想，这个思想以公正和自由为基础，而非仅仅出于策略的考虑。虽然各邦有放弃这种主权的权力，可是它们还没有放弃，也不应该放弃。在自然状态下，各邦就像各人一样，享有平等的主权和自由。为了证明个人在自然状态下享有平等的自由和独立，他朗读了洛克[149]、瓦泰勒[150]、沙莫斯爵士（Lord Summers）、普里斯特利[151]等人的语录。为了证明各邦在放弃自己的主权之前也处于这同样的状态，他又朗读了洛克、瓦泰勒、拉瑟福德（Rutherford）等人的其他一些语录。处于平等地位的邦，在不放弃他们的公民自由权利的情况下，不能因为结盟而视为放弃了他们的平等表决权。现在讨论的这个方案，对10个小邦来说，等于奴隶制：由于弗吉尼亚、马萨诸塞、宾夕法尼亚拥有90个席位中的42席，他们就可以为所欲为，除非其他10个邦如奇迹般地团结起来。它们不会干什么别的事，只会先降服10个邦中的1个，然后就成为其他9个邦的主子，加以完全控制，然后，它们就可以委任行政官、法官、议会，高兴怎么办就怎么办。人们对他们自己的邦，过去有一种自然的偏爱和依恋，将来也会

---

[149] 洛克（John Locke，1632—1704）是英国哲学家。他于1690年发表的《政府论下篇》（*Second Treatise on Government*）是对英国1688年发生的“光荣革命”的理论辩护。他认为，政府是社会契约的产物，是人民把他们的权力授予一个法治政府的协议。治人者的权力，来自被治者的同意。政府的首要职责，是保护人民的自然权利——生命权、自由权、财产权。“除了给人民提供和平、安全和公益以外，政府没有别的目的。”洛克相信，政府一旦滥用权力，人民就有权利收回他们对政府的信托。对美国革命和制定宪法影响最大的，有两位思想家，一位是英国的洛克，另一位是法国的孟德斯鸠。

[150] 瓦泰勒（Emmerich de Vattel，1714—1767）是瑞士法学家。1758年著《万国法》一书，把自然法的理论，应用于国际关系。他的著作，在美国发生特别影响，因为他所说的自由平等原则，与《独立宣言》的思想一致，特别是他对中立地位的保护。他的关于中立国与交战国的商业法规，在美国被认为具有权威性。

[151] 普里斯特利（Joseph Priestly，1733—1804）是英国教士、政论家、教育家和科学家。他大大地推动了18世纪的自由思想和实验科学。他的多方面的著作，对欧洲、北美的政治、宗教和科学，产生深远影响。1769年，他发表《论政府的首要原则以及政治、民事和宗教自由的性质》，认为人民在政府中应该有发言权，人民对自己的行动应该有自主权。1794年，他因为声援法国大革命，被迫移居美国，受到美国知识界的热烈欢迎，成为亚当斯总统和杰斐逊总统的好朋友。

继续下去；各邦，尤其是比较小的邦，决不会允许对他们的立法加以否定。

没有一个邦在加入邦联时反对过平等表决权；目前的抱怨，不是针对平等表决权，而是针对邦联议会的权力不足。弗吉尼亚的 16 名议员，比起其他邦的同等数量的议员聚集起来，采取一致行动的可能性，要大得多。他认为，要想矫正这种现象，与其小邦结合，不如拆散大邦。

这些，就是这篇长达三小时的讲话的实质。[152]

他说，说完这一席话，他真是精疲力竭。他提醒大会，明天他还要继续发挥。

休会。

---

[152] 皮尔斯描述路德·马丁时说：这位先生掌握了大量信息，可是演说起来，糟糕透顶，冗长啰嗦，每次发言，无不使听他讲话的人累到极点。他的性格描述，参见附录五。雅茨 6 月 27 日记录马丁的发言时写道：他讲话的主题分散，在很多情况下，杂乱散漫，毫无条理，无法追踪他的讲话全文，也无法把他的思想归结成一种系统的表述，或作规则的排列。参见法兰德《汇编》第一卷第 438—439 页。

6月28日星期四　在制宪会议上

大会继续讨论全体委员会报告的第七条和第八条。第七条：全国议会第一院的席位分配，不应遵循邦联条款制定的原则，应按某种平等的比例代议制分配；具体来说，比例按每邦全体白人和其他自由公民和居民的人数分配，不论年龄、性别、条件，包括那些按契约服劳役若干年的人和五分之三前文没有提到的其他人，不计不纳税的印第安人。第八条：全国议会第二院的议席分配，应遵循上述为第一院制定的规则。

路德·马丁先生继续他的演讲，坚持认为，总体政府应该为各邦政府而设立，而非为个人而设立。如果各邦要按他们的人口比例分配席位，结果还是一回事，不论议员是由议会选举，还是由人民选举。小邦会受到同等的奴役。如果事情像有些人说的那样，大邦与小邦利益一样，那么，给予小邦平等的表决权，也没有什么危险；小邦不会自我伤害，在不伤害自己的前提下，小邦也没有能力伤害大邦。如果大邦小邦利益并不一样，那么，席位不平等，对小邦来说，就危险了。不论提出什么触犯各邦治理者的方案，都是枉然，他们对人民有影响力，肯定会阻止人民接受这样的方案。大邦现在的席位，与他们的幅员相比，是显得微弱了；如果提高他们的表决权分量，在小邦眼中就会变得令人生畏。假设联邦解体的话，小邦不会因为失去什么权力而担心。万一三个大邦要结成联盟，其他十个邦也会照此办理。他宁可看到出现若干这种局部的结盟，也比现在这个方案好。这是他讲话剩余部分的实质内容，这篇讲话内容异常分散，而且语气激烈。

兰欣先生和戴顿先生提议：把全体委员会报告第七条"全国议会第一院的席位分配，不应遵循邦联条款制定的规则"中的"不"字删去，读作"应遵循邦联条款制定的规则"。

戴顿[153]先生表达了极大的忧虑，说这个问题不能推到明天；利文斯顿邦长因为身体不适，没有到会，新泽西的表决权会受到搁置[154]。

威廉森先生：如果政治真理能用数学方式表述，那就是：如果现在各邦主权平等，拿走同等比例的主权后，他们在主权上是否依然平等。他不能理解，在这种情况下，小邦怎么就会受到伤害，希望几位先生赐予一个解决办法。他说，小邦如果票数过半，那么，他们就可以把自己肩上的包袱甩给大邦，从中受益。他请会议注意预计会加入联邦的西部新邦。他们将是小邦，他们将是穷邦，没有能力按他们的人口作出财

---

[153] 乔纳森·戴顿（Jonathan Dayton，1760—1824）是新泽西代表，出席制宪会议时年仅 26 岁，是会议中最年轻的代表。戴顿 16 岁毕业于新泽西学院，立即加入大陆军，19 岁晋升上尉，在他父亲伊利亚斯·戴顿将军和法国友军统帅拉斐德侯爵麾下服役，曾被俘，一段时间成为英军的阶下囚。最后，参加华盛顿在约克敦的决胜之战。战后戴顿回家研习法律，获准开业。1780 年代，戴顿分别从事地产买卖、执业律师工作并投身政治。1786—1787 年任新泽西邦议会议员。他所属的政治派别的领袖们，还有他的父亲，他的导师克拉克都拒绝参加制宪会议之后，他成为新泽西的增补代表。6 月 21 日到会后，一直认真参加会议。他反对宪法中的部分条款，但还是在宪法上签了名。1789 年，虽然当选第一届联邦众议员，他宁愿留在新泽西议会里做议长。1791—1799 年，他连续 8 年担任联邦众议员，并担任第四、第五两届联邦众议院议长，在此期间，坚决支持汉密尔顿的各项措施，成为坚定的联邦党人。1799—1805 年，他上升为联邦参议员。1806 年，他因为生病，未能参加艾伦·伯尔组织的西征，西征计划中的目的，显然是想打败占据那里的西班牙人，另建一个帝国。他被指责叛国，但未被起诉，只是失去了在全国政治舞台上的地位。回到新泽西，他仍然深得人心，继续担任各种邦内的官职，并担任邦议会议员（1814—1815）。戴顿终年 63 岁，因为他在俄亥俄拥有一片 25 万英亩的土地，那个地方后来取名为戴顿。

[154] 脚注㊽说明，新泽西先后委派 7 人参加制宪会议，尼尔逊和克拉克拒绝出席，实际出席者仅 5 人，威廉·豪斯顿出席仅一周，因病退出，次年死于肺病，剩 4 人；利文斯顿邦长经常要回新泽西处理邦的事务，有时仅剩 3 人。脚注⑩说明，新泽西议会给代表的授权书规定：至少 3 人出席，才能代表新泽西投票。因此，3 人中若有 1 人因事因病缺席，新泽西即失去表决权。

政贡献；他们远离市场，使他们的劳动产品价值较低；结果，他们就会趋向于联合起来，造成商业和消费方面的包袱，而这些包袱就会沉重地落到老邦肩上。

麦迪逊先生：在不违背基本原则的前提下，他愿意与任何变通办法合作，只要能消除代议制问题上的难点就行。不过，现在提出来的这些议论很难说服他，使他认为对方提出的规则公正，这些规则，对维护小邦的安全感，也没有必要。这种推理的不当，布瑞利和佩特森先生已经让了一步。他们所提的办法，是重新划分联邦的领土。这种推理的谬误，起源于形成契约时承认了各邦主权平等，把社会契约与条约混为一谈。条约是一些特定的义务，加入条约的各方受其约束，外加一些规则，加入条约各方的人民，在相互交往时应共同遵守。社会契约则创造一种授权，这种权力高于加入的各方，并制定法律、组成政府，治理加入契约的各方。如果法国、英国、西班牙要与摩纳哥的君主，或者其他四五个欧洲小国，缔结条约，建立通商关系，他们毫不犹豫，就会视为互相平等，而且会把通商规则制定得平等互惠，无可挑剔。可是，如果聚集起来的是得到授权的各方代表，要建立一个政府，要征税、征兵，要决定币值，以及这一类的事情，这时，还能使用签订条约的办法吗？几千万人会把他们的命运交付给几千个人手中吗？如果他们真的这样做了，那就只能证明：他们宁可有一个上级来严厉管理他们，也比一盘散沙、人人自私自利要好。同一个邦内，大小不同的县，为什么要按各自的人口选举议员呢？因为议员是由人民自己选举的。全国议会的议员，也应该这样选举。因为，大邦比小邦有更多的人的命运，要靠全国议会维系。大邦与小邦之间的规则和大县与小县之间的规则一样，因为法律将直接地施行于各邦的个人和财产。邦联条款在某种程度上体现了这种原则；现在提出来的替代方案，要在更大的程度上体现这种原则。邦联时期，俘获物案件，海盗案，联邦军队中的违法行为，个人的生命和财产，都依靠邦联议会制定的法律处理。现在提出来的方案，则要求拥有完备的征税权力，提出把最高特权授予全国政府。还要补充许多其他的权力，就和各邦政府过去拥有的权力相仿。现在提出的对各邦立法的否定权，将成为控制各邦议会的一个基本机制，而且，当然会按照类似的原则，建立一个机构实施，与各邦议会两院建立时的原则一样。

他认为，没有必要保障小邦不受大邦欺负，理由同样清楚：大邦结合起来，会令人生畏吗？可是，如果大邦要结合起来，要么因为某种共同利益把弗吉尼亚、马萨诸塞、宾夕法尼亚结合起来，使它们与其他邦的利益不同，或者，仅仅是因为它们的大小规模相似呢？它们之间过去是否存在过这样的共同利益呢？若按情理而言，彼此之间最为嫉妒的邦的彼此之间最为嫉妒的人民，他们之间对立的可能性反而最大。风俗、习惯、宗教和其他特点，有时引起不同社会的亲近，但这三个邦之间的相似之处，也并不多于其他的邦。若就主要产品而论，它们之间的区别，也和联邦内任何三个其他的邦之间的区别一样大。

马萨诸塞的主要产品是鱼，宾夕法尼亚的主要产品是花，弗吉尼亚的主要产品是烟草。它们是否仅仅因为大小相似就会联合起来呢？经验证明，不存在这样的危险。邦联议会的开会记录，并没有这三个邦联合起来投票的怪事。在同一个邦里，也从未见过不同的县，仅仅因为大小相似，可是其他环境不同，就违背它们自己的特点结合起来。

经验倒是提供了一个相反的教训。在一个社会里，地位和权势非常之高的人之间，相互对峙的情况，比彼此结盟的情况多得多。事实也已经证明，在傲视邻国的独立大国之间，存在同样的情况。迦太基和罗马彼此厮杀，而不是把他们的力量联合起来去吞吃世界上其他的弱小国家。奥地利和法国的宫廷，在它们称雄欧洲的期间，长期彼此敌对。英国和法国接着出人头地，也一样彼此敌对。我们之所以能赢得自己的公民权利，或许也要归因于此。[155] 那些强国如果结盟，我们的命运就危如累卵。我们发现：古往今来的邦联，其中为主的强大成员之间，也

---

[155] 美国赢得独立，取得与英国争霸的法国和西班牙的支持和援助，是外交上的一个重要原因。

是彼此争雄，结果也是一样。古希腊的城邦中，是斯巴达、雅典、底比斯在彼此争雄，而非结成联盟，害苦了周围的小邦。普鲁士与奥地利，不是结盟，而是争雄，使日耳曼帝国分裂，受到压迫。把各个大邦分开来看，其中的每一个，是否也在邻近的小邦眼中显得可畏呢？就从这一角度考虑，小邦也应该寄希望于建立一个总体政府，因为，总体政府将以同等的勃勃生机，在大邦和小邦一体施政。团队越松散，强者越是自由自在，自我张扬，力图称霸。在这个问题上，历史也为我们高悬了一面明镜。文明之初，在政府对个人的暴力行为控制最为微弱的时代，弱者与强者较量，情景如何？古希腊的英雄时代，欧洲中世纪的封建肆虐时代，美国蛮人之间迄今犹存的状态，都回答了这个问题。在一些独立国家的广大社会里，国家的法律权威徒有其名，强者肆无忌惮，弱小主权的处境，又是如何？弱小主权所处的危险，不是与它们的微弱正好成比例吗？还有一些例子，更能说明问题。古希腊人的城邦中，弱小成员的处境如何？普鲁塔克[156]在《地米斯托克利[157]生平》中告诉我们，更为常见的情况，倒是最强的城市因为腐败衰落而敬畏原来较弱的城市，最后，则是强者说了算数。在日耳曼联邦内，较弱的邦结果又是如何？我们都知道，他们是大步向前，后来居上，他们之所以能赢得安全，享受安全，部分原因，是他们征兵自强，各树一帜，雄踞一方；部分原因，是与邻国的君王结盟，那时，日耳曼帝国的宪法并不禁止这种结盟。在荷兰邦联的松散结盟中，情况又是如何？荷兰拥有邦联内约一半的居民，提供约一半的财政支出，在这种影响之下，荷兰默不作声地、间接地治理着

---

[156] 普鲁塔克(Plutarch，约46—120年)是对16至19世纪欧洲影响最大的希腊学者之一。作品据称多达227种，最著名的是《希腊罗马名人比较列传》；自称写传记的目的是愉悦启发读者，不是写历史。《道德论丛》60余篇，采取讽刺对话形式。莎士比亚的历史剧，主要取材于他的著作的英译本。

[157] 地米斯托克利(Themistocles，约公元前524—前460年)是雅典海上强权的缔造者。公元前493年当选雅典执政官。马拉松战役后，雅典人觉得从此可以高枕无忧。他却主张把雅典的70多艘舰船扩充一倍到两倍。公元前480年，波斯国王薛西斯前来进犯，雅典已拥有200艘战船。他指挥萨拉米斯海战，大败波斯舰队，从波斯手中夺回制海权。后来，他被贵族派指控“叛国”，亡命国外。

那个共和国。总之，摆在我们面前的出路，无非两个极端，要么，13 个邦彻底分开，要么，完美结合。若彻底分开，13 个邦将成为 13 个独立国家，各服从自己的法律，不过，是国法。若完美结合，13 个邦将成为一个完整的共和国内的郡县，服从一部共同的法律。在前一种情况下，小邦将时时事事担心大邦。在后一种情况下，小邦无须担心。因此，小邦的正确政策，在于促成这些原则和这种政府形式，这些原则和这种政府形式，将使小邦接近于郡县的状况。再加一点说明。如果总体政府软弱无力，大邦不相信这个政府还能继续下去，预见到它们得依靠自己的规模和力量来维系自己的重要地位和安全，它们也绝不会走上自我分割，分为几个邦的末路。如果愿意授予总体政府以勃勃生机和持久稳定，那就请撤销你的反对意见吧。指望大邦逐渐自我分割缩小，小邦则合并增大，如小邦现在所希望的那样，或许能慢慢实现这种平等，可是，时不我待，而这个目的，绝不可能一下子就完成。

威尔逊先生：主张各邦表决权平等的主要论据，是以为这样做就是平等，以为议员所代表的，不是组成选区的个人，而是他们的政治组合，因而各个城镇有资格取得平等席位。按照这种推理，英国的城镇代议制，倒是极端正确和适宜。可是，这种模式却构成英国宪政中的腐朽部分。英国的城镇，和这里的邦一样，议员各自代表已经组成地方政府的城镇，因此，各个城镇席位平等，古老的塞勒姆[158]与伦敦享有同等的席位。这本来是对伦敦的伤害，结果，抱怨的反而是塞勒姆，认为伦敦选出 4 名国会议员，而非按分给伦敦的份额，只选 2 名，是违反了原则。

谢尔曼先生：问题并不在于哪些权利自然属于人们，而在于这些自然权利如何在社会里得到最为同等而有效的保护。如果有些人要比另一些人作出更多的放弃，才能实现这个目的，那就不可能不生出抱怨。换一个办法，要求所有各方都作出同等的让步，如果这样做就会危及某些人的权利，那这些人就是为目的而不择手段了。富人与穷人一同进

---

[158] 塞勒姆(Sarum)是英国索尔兹伯里附近的一个城镇。

入社会，作出的让步比穷人多，可是，持有同等的选票，富人还是感到同等的安全。如果按富人的优势比例分给他们选票，穷人的权利立刻就会感到失去安全。这就是制定邦联条款时的主导思想。

应纽约代表要求，把席位分配“不应遵循邦联条款制定的原则”中是否删去“不”字的问题，推迟到明天再议。

下面是富兰克林的书面发言。

“主席先生：

“经过四五个星期的关门会议，各方不断辩理，而我们进展甚微。差不多在每一个问题上，我们的情绪都不相同，在最近的几次表决中，赞成票与反对票旗鼓相当，不禁使我觉得忧从中来，证明了人的悟性绝非完美。自从我们忙忙碌碌寻找政治智慧以来，我们确实体验到我们在政治智慧方面的缺乏。我们已经回到古代史里去寻找政府模式，又审察了各种共和国的不同形式，那些共和国都是从它们自己种子里长出来的，种子里本已包含消亡的因素，如今都已不复存在。我们也已经环顾了欧洲的现代国家，可是发现他们的宪法没有一个适合于我们的环境。

“这个会议目前的处境，大家仿佛都在暗中摸索，寻求政治真理，却很少有人在发言中指出，事情怎么会弄成这样。主席先生，迄今为止，为何我们从未谦恭地祈求于光明之父，让他来启迪我们的悟性？在与英国抗争的开始阶段，我们对危险十分敏感，每天都要在这个房间里祈祷，祈求神明的庇护。主席先生，我们的祈祷被听到了，并且得到仁慈的回答。所有我们这些投入斗争的人，都频频体验到这位至高无上的神明，在保佑我们。我们应该感戴他，给我们提供这样的幸福机会，在和平中商讨如何建立我们未来国家的幸福。现在，我们是不是忘记了这位强有力的朋友？或者，我们是不是以为不再需要他的帮助？主席先生，我已经活了很长的时间，活的时间越长，越相信我见到这个真理的存在：是上帝在主宰人间的事务。连一只麻雀掉到地上，也逃不过他的注意，那么，没有他的帮助，一个帝国岂能兴起？主席先生，我们一直虔信神圣之笔，‘除了主能建成大厦，他们劳累而想建成大厦，不过是徒劳’。我坚信这一点；我还相信，没有他的协力帮助，我们要想建造这座政治大厦，不会比巴比伦人建造他们的通天塔下场更好：我们将会被我们对小小地方利益的偏爱弄得分裂；我们的工程将会受到挫败，我们自己会成为受谴责的人，把恶名留给后世。而更为糟糕的是，今后的人类，会从这个不幸的例子里，对于用人的智慧来建立政府感到绝望，把这件事情让给机遇、战争和征服去解决。

“因此我请求允许我提出一项动议：从今天起开始祷告，祈求上苍协助，保佑我们的讨论，每天上午开始议事之前，先举行祈祷，聘请本城的一两位牧师，来主持祈祷仪式。”

谢尔曼先生附议。

汉密尔顿先生和其他几位先生表达了他们的理解。这个决定如果在制宪会议开始时就作出，那就非常适宜，可是迟至今日，就不适宜了：一、会给制宪会议带来不友好的指责；二、会引起公众认为制宪会议内部陷入困窘、争吵不休，才提出这一建议。富兰克林博士、谢尔曼先生和其他人回答说，过去漏掉这个义务，并不能构成今后继续遗漏的理由。拒绝这项请求，比接受它，会使制宪会议承受更多更不愉快的指责：门外如果发生轰动，可能激发门内的进展，至少也是好坏参半。

威廉森先生指出：大家不要误解了没有举行祈祷仪式的真实原因：制宪会议没有经费。

伦道夫先生提议：为了对这项建议表示嘉许，制宪会议可以要求在7月4日独立周年纪念日举行一次讲道，然后，制宪会议每天上午举行祈祷。富兰克林博士附议。人们几次提出休会，想用沉默推迟这个问题。最后，终于休会，没有对这项动议进行表决。

6月29日星期五　在制宪会议上

约翰逊博士：先生们立论的立场不同，这场争议将永无休止。一方认为，各邦是构成政治社会的人民的选区；另一方认为，各邦是多个政治社会。事实是，各邦确实以政治社会的形式存在，看看邦的政治能量，总体政府是要为各邦而组成，同时又要为组成邦的个人组成。由此岂不可以推断，各邦既然以这样的形式存在，就应该赋予它们一些自卫能力，武装它们自己。这是（梅森上校）的意思，看来，他已经看到了这个问题的根本。既然贵族和其他利益都应该有自我捍卫手段，各邦也有这样的利益，同样有资格获得这种手段。总的来说，在某些方面，应该从邦的政治能量来看待它们，在另外一些方面，邦应该被视为个人组成的选区，这两个想法，抓住了不同的方面。与其让这两个方面相互对垒，不如把它们结合起来；一个院代表人民，另一个院代表各邦。

戈汉姆先生：按现在这样的结盟方式，各邦毫无疑问有权拒绝合而为一，或者结成任何新的体制。不过，他希望小邦不要时时刻刻只顾反对，应该好好想想：究竟是谁作出的让步大，是小邦呢，还是大邦。按他的理解，联盟就此决裂，对大家来说都是一件不幸的事，不过，可以肯定，大邦不会是最没有能力照顾自己的邦，它们彼此之间会建立联系。

弱者对建立某种总体体制，维持秩序，最感兴趣。一群人中间，如果部分是弱者，部分是强者，弱者最需要法律和政府的保护。这种情况，对弱邦和强邦，也是一样。他觉得，有些话还是说出来好，而且晚说不如早说。如果脱离了联邦，特拉华的局势会如何呢？她不会听凭宾夕法尼亚的摆布吗？她的真实利益，岂不就在与宾夕法尼亚合为一体吗？如果她现在不愿意与宾夕法尼亚结成联盟，共一个政府，而是摆脱宾夕法尼亚的权力，岂不是会受压迫？对于联合成为一个国家，再也没有什么比各邦想象中的危险更主观了。马萨诸塞最初是三个殖民地，老马萨诸塞、普利茅斯和缅因省。当时就存在这种对危险的想象。后来合而为一，各方都感到安全满意；现在一切分野都已忘记。康涅狄格和纽黑文的情况，也与此类似。当初结成邦联时，各邦也是相互担心；如今，邦联的结果，也同样值得庆幸、令人满意。与此类似，新泽西也是由两个部分[159]合成的社会。如果新泽西发生分裂，她的命运会极其糟糕。新泽西没有对外贸易，要有，量也很小。宾夕法尼亚和纽约会继续向新泽西的消费品征税，如果新泽西要照顾她的利益，她会请求把这些税都废止。小邦的担心，从另一方面想想，就会平静下来。马萨诸塞将会分解。现在已经在考虑，缅因省被附加于马萨诸塞的期限即将到期。看看宾夕法尼亚现在的状况，它的人口，以及其他可能发生的事件，多半不会再扩展。总的来说，他认为各邦联盟对它们的幸福是必要的，而它们的联盟也需要一个坚定的总体政府。如果他的同事们也以同样的眼光来看待这个问题，那么，只要其他的邦愿意和他们一起留在这里，就某种宜于向人民推荐的方案达成一致，他就愿意奉陪到底。他觉得，这是自己义不容辞的责任。

艾尔斯沃斯先生：并不感到绝望。他仍然相信，某种良好的政府方案，能够设计出来，并被接受。

里德先生：如果这项方案真是一个建国方案，他对这个体制就没有

---

[159] 新泽西原来由东泽西和西泽西两个部分组成。参见脚注第[48]。

什么反对意见，可是，其中混杂了太多的联邦成分。他想，小邦并没有那么多的担心。他怀疑，是大邦自感力量不足，才希望建立一个总体政府，以弥补不足。马萨诸塞显然是在虚弱之中挣扎；他相信，特拉华如果与马萨诸塞为邻，大可不必担心。特拉华一直享受着平静，足以自我恭维，相信平静还会继续下去。[160] 不过他还没有自私到不希望建立一个好的总体政府。为了建立一个总体政府，所有的邦就必须合为一体。如果各邦依然保留，大邦的议员就会抱作一团，包办一切。行政官的选举，也会受到这种抱团做法的影响，行起政来就会背叛初衷。嫉妒心与保留邦的想法，不可分割，应该打消。原来准备分发给一些邦的尚未颁发的土地，也应该取消那些计划。他重申，他同意汉密尔顿先生的方案，希望以汉密尔顿方案替代目前的方案。

麦迪逊先生：同意约翰逊博士的看法，应该考虑政府的混合性质；不过，他认为约翰逊博士过于强调各邦作为政治社会的等级。根据他的观察，从只具备最有限权力的最小的自治区，到具有最完备主权的大帝国之间，存在许多级别。他指出，像现在这样已经加盟的邦，其主权有限。它们的法律与邦联最高法律的关系，就像一个邦内的附带法与最高法的关系一样。在拟议的政府中，各邦的权力还要进一步缩小。根据每个出席者的看法，这个总体政府将要具备的权力，比起当年各殖民地还是英国的组成部分时，将大大超过那时英国议会的权力。这个政府尤其要掌握的，就是无须经过各邦议会同意，直接向各邦人民征税的权力。因此，不要因为组成各邦的人数比例不平等，而剥夺他们的平等的发言权，把这种体制弄得像英国的那种不道德的代议制一样，弊病丛生，受人指责。

他恳求代表小邦的先生们，放弃一个众所公认的不公正原则，那是绝对不会得到承认的，如果得到承认，势必在我们希望永世长存的宪法中灌注必死的命运。他恳求他们好好地沉思一下，邦联粉碎以后，各邦

---

[160] 里德回敬戈汉姆，暗指马萨诸塞发生了谢斯起义，而特拉华一直平静。

会承受怎样的苦果。人们一直在说，大邦能量不足，是小邦的安全保障。可是忘记了：这种能量不足，是各邦为了抵御外来危险，想要求得安全而造成的。让每个邦依靠自己的力量去保障自己的安全，让各邦成天担心来自远方大国或邻邦的危险，那么，不论大邦小邦，所有现在殚精竭虑、疲惫不堪的邦，很快就会重整旗鼓，变成杀声震天的政府。他的巨大担心，是各邦政府届时会肝火过旺，不仅大邦在小邦眼中显得可畏，而且各邦内部的公民权利会被剥夺殆尽。这种敌对心理，曾经把旧世界变成持续不断的战场，连表面的公民权利也一丝不留。那种局面，很快就会在这里重演。小邦由于弱小和反抗心理，就会快速招募常备军，对付来自强大邻邦的突然危险。其他邦则起而效尤，迅速传遍整个北美。到了真正开战的时候，巨大而任性的权力，通常会授予行政官。常年陷入战争，会产生同样的趋势：头脑过大，身体不支。一支常备军，加上一位权力膨胀的行政官，绝非公民权利的长期安全伴侣。防御外来入侵的手段，总是成为在国内推行暴政的工具。在罗马人当中，只要感到内乱的风吹草动，发动战争就成为常规口号。整个欧洲，总是以防御为借口，保持常备军，奴役人民。或许还有一点值得怀疑：欧洲绝对权力异口同声的做法，是否真能维持下去，一旦没有外来危险的威胁，它们就会驯服人民去接受国内的压榨。英国与大陆隔绝的处境，是它能成为欧洲普遍命运例外的主要原因。这使得防御不那么必要，而且只承认一种防御，即不能用来压迫人民的防御。按他的理解，不论各邦是彻底分道扬镳，还是三三两两结成联盟，这些后果，都应该加以三思。两种做法，结局都是悲惨可叹；而那些准备采取二者之一的人，绝不会被他们的国家饶恕，也无法自我宽恕。

汉密尔顿先生*：组成政治社会的人们，以不同的方式规定选民的资格。不同的例子，每邦都有。在所有各邦，有些人由于没有足够的财产资格，被完全剥夺了选举权。在有些邦里，选举权只给予具有某些资

* 麦迪逊注：从这一天起，他一直缺席，直到……

格的人，其他人则被排除在外。选举议会一院的议员，需要一定数量的财产才能投票，选举另一院的议员，又提高了对财产的资格要求。按此类推，各邦也可以用不同的方式规定它们对选举权的资格要求，大邦把标准提高一点，小邦把标准放宽一点。不过，邦是个人的集合，我们应该极其尊重个人，尊重组成各邦的人民的权利。再也没有什么比为了邦而牺牲个人权利更为悖理，更为荒谬。有人说，如果小邦放弃他们的平等，他们同时也就放弃了他们的公民权利。其实，这是争夺权力，而不是争夺公民权利。组成小邦的人，是不是就比组成大邦的人自由少些呢？特拉华人口 4 万，宾夕法尼亚人口 40 万。有人说，如果特拉华的席位只有宾夕法尼亚的十分之一，特拉华就会失去权力。可是，如果特拉华的每个公民，和宾夕法尼亚的每个公民，享有同等的选举权，特拉华公民的自由是否就会减少呢？他承认，共同居住在一个邦，会产生某种程度的依恋；这一点对公共事务也可能产生一定的影响。不过，他认为，只要谨慎处理，就可以在很大程度上排除；而且，也不至于造成严重不当的结果，因为，影响力最可畏的邦之间，根本没有结合的基础。真正值得考虑的利益区别，是蓄奴的邦和不蓄奴的邦之间的利益冲突，会使大邦分裂，而非联合。纽约邦在划分大小不同的选区时，并没有出现什么大的麻烦。已经有人指出：解散联盟和三三两两结盟的一些后果。他想再补充一个性质最为严重的后果。相互争雄、彼此敌对的欧洲各国，会立即结合成一些盟国，这些不同的盟国，将在我们内部煽起骚乱，拉拢我们参与他们之间的各种争斗。曾经控制过美利坚的各个外国，对我们心怀嫉妒，势必如此。他们派来的人，正在密切注视我们的命运，打探这次会议的结果，势必对这次会议产生重大影响。有人说，在外国人眼中值得尊重，不是我们努力的目的；建立共和政府的适当目标，是国内的安宁和幸福。这是一种理想化的想法。我们的政府，若不能具备足够的稳定和力量，使我们在国外受人尊重，不可能给我们带来国内的安宁和幸福。现在，已经到了建立一个这样的政府的关键时刻。我们应该冒一切风险，把对宪法的修补工作，托付给未来的人们。但是，我们必须保住这个联盟。我们现在势单力薄，而且我们对此都有深切的感受。今后，这样的动机会越来越薄弱，困难会越来越大。我们现在能安安静静、自由自在地在这里仔细讨论这样的题目，实在是一个奇迹。要想指望将来再出现这样的奇迹，那简直是发疯。有成千上万的理由，势必阻挠再次创造这样的机会。

皮尔斯[161]先生：建立邦联时定下来的这个平等表决权，是目前处理公共事务困难重重的最大来源。邦联议会的代表们，都是各为本邦的好处。为了公共利益的需要，必须牺牲邦与邦之间的界线。但是，不要把邦摧毁。他虽然来自一个小邦，但他自认为是联邦的公民。

格里先生：我们过去从来不是一些独立的邦，现在也不是，即使按照邦联所定的原则，我们也绝不可能是一些独立的邦。邦和邦权的鼓吹者，酒醉入迷般地死抱住他们的主权观念。邦联条款形成的时候，他就是大陆会议的代表。每邦一票、彼此平等的不公正要求，长时间地坚持。他投了赞成票，但那是违背他的判断的，可是在共同危险的压力下，加上小邦的顽强要求，不得已而为之。他认为，目前的邦联，是处于解体之中。联邦的命运，将由制宪会议决定。如果他们不能就某种方案达成一致，只怕再也没有什么代表会被派到邦联议会去。如果他们去，邦联议会多半也只能继续到新体制被采纳为止。他发出悲叹，来到这里的时候，大家像兄弟，共同属于一个家庭，我们似乎事先应该随身带来政治谈判家的精神。

路德·马丁先生：邦的语言就是主权和独立，当初，大家都是熟悉和理解的；现在，却好像变得陌生和含义不明了。他把邦联条款中关于各邦主权和独立的文字念了一遍。

大会对兰欣先生的动议表决：删去“全国议会第一院席位的分配，不遵循邦联条款制定的原则”中的“不”字，结果，马萨诸塞反对，康涅狄格赞成，纽约赞成，新泽西赞成，宾夕法尼亚反对，特拉华赞成，马里兰

---

[161] 威廉·皮尔斯，见附录五威廉·皮尔斯《对制宪会议代表的性格描述》脚注①。

代表赞成反对各半，弗吉尼亚反对，北卡反对，南卡反对，佐治亚反对。4 邦赞成，6 邦反对，1 邦代表赞成反对各半，会议没有同意兰欣先生的动议。

大会对要求维持原句的动议表决，即“全国议会第一院席位的分配，不遵循邦联条款制定的原则”，结果，马萨诸塞赞成，康涅狄格反对，纽约反对，新泽西反对，宾夕法尼亚赞成，特拉华反对，马里兰代表赞成反对各半，弗吉尼亚赞成，北卡赞成，南卡赞成，佐治亚赞成。6 邦赞成，4 邦反对，1 邦代表赞成反对各半。大会同意：议会第一院席位的分配，不遵循邦联条款制定的规则。

约翰逊博士和艾尔斯沃斯先生提议：推迟讨论这个句子中的余下部分（即“应按某种平等的比例代议制分配”），改为讨论全体委员会报告的第八条。大会对是否改为讨论第八条表决，结果，马萨诸塞反对，康涅狄格赞成，纽约赞成，新泽西赞成，宾夕法尼亚赞成，特拉华反对，马里兰赞成，弗吉尼亚赞成，北卡赞成，南卡赞成，佐治亚赞成。9 邦赞成，2 邦反对，会议同意改为讨论第八条。

艾尔斯沃斯先生提议：“第二院的席位分配规则，与邦联条款所奠定的规则一样。”他说，总的来说，他对刚才投票的结果并不遗憾，那次表决否定了在第一院实行邦联奠定的规则。他希望，那次表决能成为在第二院问题上达成折中的基础。我们部分是国家，部分是联邦。第一院的席位，实行比例制，有利于国家原则，保障了大邦对付小邦。席位平等，有利于联邦原则，体现保障小邦对付大邦的必要性。他相信：在这样一个中间立场上，就可以实现折中。他看不出来：还可能有什么别的解决办法？如果不能实现折中，我们这个会议，不仅徒劳，而且比徒劳更糟。他可以肯定，在东部各邦中，只有马萨诸塞能听得进以下主张：不把邦视为一种平等的政治社会，在议会两院中都排除邦的平等发言权。其他的邦，都宁愿冒一切风险，但绝不与这种宝贵的权利分手。一旦有人企图剥夺他们的这种权利，马上就会把美利坚拦腰斩断，他估计，斩断之处，大约就在这个部分的某处[162]。按他的理解，大邦不仅是要反对平等表决权，还想要占据优势。麦迪逊先生承认，荷兰虽然在荷兰联邦内实行平等表决权，却在公共事务上拥有超群的影响力。自我捍卫权，是小邦的命根子。大自然连对最小的昆虫也赋予了自卫的能力。他绝不会承认：大邦如果结合起来，不会构成危险。大邦也和人一样，想方设法抬高自己，一有机会，就要捞取好处。如果他们彼此接邻，而且有了立即可得的共同利益，危险会更大，这是实实在在的。小邦要想结成防御同盟，由于邦数甚多，要难得多。他还想提出一个更为值得考虑的大问题。现存的邦联，当初是建立在各邦平等的基础上，每邦一票，载于邦联条款。目前的做法，是否意味着背信弃义，不顾当初所盟的誓言呢？就让设立一个强有力的行政官，设立一个司法权，设立一个立法权；但再不让更多的要求得逞；如果得逞，一切都会丧失。总的来说，他并不是一个喜欢走半截路的人，可是，他宁可我们把能做的好事做成一半，总比一事无成要好。等到必须要做的事情有了更充分的经验之后，再来加另一半。

鲍德温[163]先生：希望在对总体议会席位的分配方式展开表决之前，先对授予总体议会的权力作出限定。他想投票反对艾尔斯沃斯先生的

---

[162] 1861年，南北战争爆发，斩断之处，果如艾尔斯沃斯所料。有趣的是：1776年，弗吉尼亚代表理查德·亨利·李提出三点动议：一、起草独立宣言；二、起草邦联条款；三、联合法国和西班牙，共同抗英，成为建立联盟，取得独立战争胜利的成功路线。1861年，领导分裂联邦的，也是弗吉尼亚，而南军总司令罗伯特·爱德华·李将军，正是理查德·亨利·李的孙子。

[163] 阿伯拉罕·鲍德温（Abraham Baldwin，1754—1807）是佐治亚代表，出席会议时33岁。父亲是铁匠，生了12个孩子，他是第二个儿子。他的弟弟亨利后来成为联邦最高法院大法官之一。鲍德温生于康涅狄格，18岁毕业于耶鲁大学。三年后成为该校的牧师和教员。1779年，他成为随军教士，两年后，独立战争结束，他拒绝了母校要他担任神学教授的聘请，决心学习法律。1783年，在康涅狄格取得律师执业资格。他随即移居佐治亚，佐治亚议会批准他开律师行，并且在威克斯县授予他一片土地。1785年，他当选为邦议会众议员，并被派往邦联议会，担任佐治亚代表。两年后，他的父亲去世，他得偿还父亲留下的债务，给后母生下的弟妹交学费。同年，出席制宪会议。制宪会议后，鲍德温接连担任联邦众议员10年（1789—1799），接着，又担任联邦参议员8年（1799—1807）。在联邦议会中，他激烈反对汉密尔顿的政策，成为杰斐逊-麦迪逊民主共和党阵营中的盟友。1784年，他被选为佐治亚筹建邦立学院的六名督察之一。14年后，1798年，他亲眼看到这所学院的落成，仿照耶鲁的模式，后来成为佐治亚大学的主体。鲍德温终身未娶，终年53岁。

动议，不过，总的来说，他也不喜欢全体委员会报告的那个决议。他认为：第二院应该是财产的代表，因此组成第二院时，要考虑选民的财产资格，采取马萨诸塞建立参议院时的原则。他赞成前面的一些人提出的想法，总体议会不应该去管各邦的地方事务。

休会。

6月30日星期六　在制宪会议上

大会再讨论全体委员会报告的第七条和第八条——他们在议会席位如何分配的问题上陷入僵局。

布瑞利先生提出动议：请会议主席写信给新罕布什尔的行政官，通知他制宪会议内议事悬而不决，情况的性质，需要该邦的代表立即赶来开会。为了说明这项动议，他指出：问题的难度和意见的分歧，需要动用我们所能得到的一切援助。大家都明白，他的目的，是把新罕布什尔拉来，增加反对按比例分配席位的力量，新罕布什尔人口较少，估计会反对按人口比例分配席位。

佩特森先生附议。

拉特里奇先生：此举既不必要，也不适宜。过去并非没有通知他们开会，如果他们愿意来，就能来。否则，岂不是也要通知罗德岛，催他们也派代表来？难道我们就把议事停在这里，直到他们的代表到来？他希望，如果我们继续下去，所有的大问题，总能在写信发生作用之前，就调整好。

金先生：他已经写了不止一封私人信件，收到的回信使他有理由相信：如果他们的代表能来，不久就会到达。有些私人性质的事情，使他们一直耽误到如今。再写一封信，也不会起作用。

威尔逊先生想知道：与新罕布什尔通信，说议事的情况如（布瑞利先生）动议中描述的那样，这种做法，是否违反了保密原则。这样做，会传播一种巨大的惊慌。而且，他怀疑，向任何邦征求意见，是否适当；这次会议，本来就是自愿参加。

大会对布瑞利先生的动议表决，结果，马萨诸塞反对，康涅狄格反对，纽约赞成，新泽西赞成，宾夕法尼亚不在场，特拉华不在场，马里兰代表赞成反对各半，弗吉尼亚反对，北卡反对，南卡反对，佐治亚代表不在场。2 邦赞成，5 邦反对，1 邦代表赞成反对各半，3 邦代表不在场。大会不同意要主席写信。

大会再议艾尔斯沃斯先生的动议：允许各邦在议会第二院内席位平等。

威尔逊先生没有料到，在第一院已经确立了与此相反的原则之后，还会出现这样的动议；他在考虑：反对实行按比例席位分配，到底有哪些理由。康涅狄格的先生（艾尔斯沃斯先生）宣称，如果这项动议得不到同意，宾夕法尼亚以北所有的邦，只有一个邦会同意建立总体政府。如果康涅狄格和北部其他邦提出更为可取的希望，他愿意考虑。他希望：他们的理由，不仅仅是出于恐慌，希望他们不要放弃一个受到这么多坚固亲密纽带约束的国家。但是，如果令人痛心的事情真要发生，那么，他的感情不会犹豫，他的责任也不会动摇。如果美利坚人民中的少数，拒绝按公正适当的原则与多数人结合，如果分离必须发生，那也不可能发生在更好的基础上。昨天，对席位分配公正原则的表决结果，说明反对票只代表美利坚人民的 22/90。如果此刻外界的舆论，对这个问题的看法也是如此，那他就有把握认为，倘若还有任何改变的余地，都不可能是站在多数人一边。结果，问题就变成：要么不足联邦四分之一的人，从联邦中退出；要么四分之三以上的人放弃与生俱来的、无可争议的、不可剥夺的人权，组成一个人造的联邦体制。如果问题必须用结合的办法解决，那么，此时此刻，他愿意用结合的办法解决。康涅狄格的先生假定：既然多数的优势在第一院得到了保障，就抵消了在第二院实行席位平等的反对理由，因为，保障少数的要求，把这个问题缩小到极其狭窄的范围以内。这种平等，使少数有能力在任何问题上控制多数的感情和利益。7个邦将要控制6个邦。根据刚才已经用过的估计数字，7个邦组成全体人口中的24/90。[164] 那么，不论何时，不论出现什么使各邦意见分歧的问题，不到三分之一的人，就有权压倒三分之二以上的人的意见。我们不应该忘记：我们是在为谁构建政府？是为了人民，还是为了想象中的那个叫作邦的东西？我们的诚实的选民们，会满意这种形而上学的划分吗？告诉他们：三分之一的人构成邦的多数，他们会满意，应该满意吗？不论从什么原则出发，第二院和第一院的席位分配原则，都应该一样。如果政府不建立在这个基础上，那么，政府既不能稳固，也不能持久，任何其他原则都是地方性的、局限性的、临时性的。这项原则，将会随着联邦疆域的扩大而扩大，随着联邦的成长而成长。关于想象中的三个大邦结合，已经谈了许多。一会儿说有君主制的危险，一会儿说会引导出贵族制。只是，都没有解释这些危险的具体成因。理性和历史都可以轻易证明：强者之间出现的，更多的是彼此争雄，而非相互结盟；而且，从来没有恰好同时出现的共同利益，能促成强者结盟。还没有人对（麦迪逊先生）关于这个问题的看法作出回答。倘若行政官出自三邦之一，另外两个邦岂不是会加到天平上其他邦的一边去吗？君主制的危险从何而来？三个大邦的人民，比小邦的人民更具有贵族制的倾向吗？在他们的影响下，贵族制的危险从何而来？这一切，都不过是谬想出来的名称罢了。我们老是在谈论邦，直到我们忘记邦是由什么人组成的。真实而公平的多数，难道是产生贵族制的自然温床？让少数人控制多数人，能够成为这种政府的定义吗？或者干脆称之为暴政？诚然，第二院中的多数邦，没有能力执行法律，制止第一院中的多数人。可是，这也只是消除了反对意见的一半。坏政府有

---

[164] 威尔逊先生刚才说小邦人口之和占总人口的22/90＝24.4%，不足1/4；后来又改口为24/90＝26.7%，改说不足1/3。威尔逊先生所说的7个小邦与6个大邦的实际人口比例，可参见本书附表四。

两种：一、作为太少；二、作为太多。第一种失败于软弱无力；第二种会由于压迫而摧残人民。目前，联邦的痛苦呻吟，是出于上述的哪一种弊病呢？是因为政府软弱无力，没有效力。为了克服这种软弱无力，才把我们派来开制宪会议。如果这项动议得到同意，我们会让联邦恰好囚禁在它原来的牢笼里；还附加一种坏死病，眼看着按人口合理分配席位的第一院的良好目的，在第二院被击败。24 仍将击败 66。他感到悲叹，在代议制的问题上，这样的不同意见竟然会盛行，正如他没有料到另一个问题——总体政府与地方政府权威的划分，也会发生如此激烈的争论。他认为邦政府只是良好体制所必备的、宝贵的组成部分。

艾尔斯沃斯先生：威尔逊先生的主要反对理由，“少数将会统治多数”，并不真实。把权力授予少数人，是为了保护他们不被多数人摧残。如果两院都实行席位平等制，这种反对意见或许还有点分量。少数人对多数人实行制约，难道是什么创造发明、标新立异？英国宪法不就是这样的吗？这部宪法的智慧，不是引起了这么多的先生齐声赞扬吗？由国内少数人组成的英国上院，不是在否定立法，作为保护他们特殊权利的必要防御能力，抵制下院对议会权力的蚕食吗？古往今来，从不存在一个联邦，其中的成员不实行席位平等制。我们正在从一个极端向另一个极端奔跑。我们正在夷平大厦的地基。而我们所需要的，不过是修缮它的屋顶。没有多数邦的赞同，任何有益的措施，都已无疾而终。如果大邦所希望的全部内容，就是安全，第一院已经提供了保障。大邦之间结合的危险，并非出于想象。虽然他还不能预见会出现哪些具体的滥权形式，但是，滥权危险的可能性，已足以使他警惕。而且，对于大邦结合可能产生的各种后果，他可以轻易举出例子。假定要为通商签订条约，作出某种安排，要建立三四个港口，不能再多，他们难道不会结合起来，赞成波士顿、费城和切萨皮克湾[165]边的某个地方吗？在任

---

[165] 切萨皮克湾（Chesapeake Bay）：美国东部大西洋沿岸平原最大的海湾，南为弗吉尼亚，北为马里兰。波士顿在马萨诸塞，费城在宾夕法尼亚。意谓把港口选在有利于三个大邦的地方。

命各种高级官员时，也会出现类似的合唱。他再次呼吁：应该信守对邦联条款的责任，这些条款目前还在生效呢，当初大家加入邦联时，都是那么庄严神圣，这使他相信，总会注意一下信守誓言，在此誓言的约束下，不论小邦大邦，在总体会议中，各持一份平等的表决权。他的意见，并非出于偏爱或地方之见。他代表的邦（康涅狄格）不大不小，属于中等。

麦迪逊先生公平对待艾尔斯沃斯先生能干而紧凑的推理，不过应该指出：艾尔斯沃斯先生的推理并非总是前后一致。过去有一次，大邦（被他）描述成为贵族邦，准备以大欺小。现在，小邦又成了英国的贵族院，要求否定权，以便保护他们自己，对付人数众多的平民院。艾尔斯沃斯先生还有一个错误，说过去的邦联都有完善的平等表决制，无一例外。以日耳曼联邦为例，普鲁士王国就占 9 票，他提醒艾尔斯沃斯先生，吕基亚邦联[166]中成员的表决权，就是按它们重要性的比例分配的，而孟德斯鸠[167]则把吕基亚邦联作为那种形式政府的最适合模式加以推荐。就算事实像艾尔斯沃斯先生所说的那样，也丝毫不能使他占据道理，反而使反对他的意见更有道理。一部历史，从古到今的若干邦联的命运，都以事实展现出：它们的结构存在根本的问题。他先回答艾尔斯沃斯先生所说的信守邦联誓约问题。他指出：要求别人忠于共同誓约的一方，至少自己不感到因违约而负疚。可是，在所有的邦中，康涅狄格或许最没有资格提出这种请求。邦联议会通过的各种法案，每个邦都有

---

[166] 吕基亚邦联（Lycian confederacy）：小亚细亚临地中海的一个古国，公元 43 年与罗马所属的潘菲利亚合并，4 世纪时，成为罗马帝国内的一个独立行省。

[167] 孟德斯鸠（Montesquieu，1689—1755）是 18 世纪法国政治哲学家。当过律师和波尔多法院副院长。1748 年完成《论法的精神》，把政体分为三类：共和政体基于道德，贵族政体基于荣誉，专制政体基于恐惧。他把权力分为三种：立法、行政、司法，认为三权必须分开，授予不同的人或团体，独立行使，才能最有效地保障公民权利。他提出思想，美国宪法使这一思想得到体现。但是，三权若彻底分立，依然可以各行专制。美国宪法使三权交织，加入相互制衡的精巧安排。又，在共和政体下，Executive 应译为“执法”：议会是最高权力部门，执法机构执行议会树立的法律。立（树立）法、执（执行）法、司（裁判）法，三者贯穿“法的精神”。“行政”并未明确行谁之政。本书对 Executive 的译法，只好从众。

责任执行，康涅狄格不但屡不执行，康涅狄格议会最近还通过了一次表决，断然拒绝批准邦联的一项立法，拒不服从邦联议会摊派的款项，并把一份表决名单递交邦联议会。[168] 他说，有人持续不断地强调：在第二院实行席位平等，不仅是保障小邦安全的必要，而且大邦也得到完美的安全，它们在第一院中的多数，构成有效的屏障。但是，即使有了这种明显的屏障，多数邦仍旧可能伤害多数人。一、它们可以阻碍多数人的希望和利益成为政策。二、它们可以对代表多数人希望和利益的政策加以曲解。三、它们可以强制推行与此相反的政策，因为，第二院多半会执掌一些第一院不得参与的大权。他承认，公民中任何阶级的特殊利益，各邦的任何要求，都应该尽可能加以保障。不论何处存在受到攻击的危险，都应该由宪法授权，加以保护。

但是，他坚持认为，各邦利益的分野，不在它们的大小不同，而在它们的环境不同；实质性的区别，部分归因于气候，主要因素，还在于各邦是否蓄奴，及奴隶制引起的后果。这两个因素同时发生作用时，构成联邦内最大的利益分野。这个最大的利益分野，不在大邦小邦之间，而在北部南部之间。如果说，任何自卫权力都有必要，那么，这两大利益之间就应该互相授予自卫之权。他对这一重大事实，印象如此深刻，所以他的脑子里一直在思考，采取什么变通办法，才能解决问题。他脑中浮现出的一个办法是，与其根据各邦的居民人数，在议会两院中按比例分配席位，把奴隶每 5 个人算成 3 个人，不如在一院中实行按自由人数比例分配席位；在另一院中按全体人数分配席位，把奴隶假设为自由人，

---

[168] 麦迪逊连续担任邦联议会代表多年，对邦联议会内的弊病十分熟悉。1787 年 5 月 2 日，麦迪逊离开纽约，在外地代表中，最先到达费城。他随身带来自己过去花了几年工夫写下的两本笔记：《论古今邦联》(*Of Ancient and Modern Confederacies*)和《联邦政治体制中的种种弊病》(*Vices of the Political System of the United States*)；因此，提起古今邦联，麦迪逊了如指掌；指出各邦违反邦联法案的例子，麦迪逊可以信手拈来。趁其他代表尚未到达之际，他起草了《弗吉尼亚方案》初稿，制宪会议开始之前，在弗吉尼亚代表团内协商成文。参见勃朗特《第四位总统詹姆斯·麦迪逊生平》第二部分《国家主义者》和第三部分《宪法之父》(Irving Brant, *The Fourth President, A Life of James Madison, Part Ⅱ & Ⅲ*, New York, 1970)。

也计算在内。按这种安排，南部可在议会天平的一院中占些优势，北部则在另一院中占些优势。[169] 他之所以一直控制自己，没有提出这项变通办法，基于两种考虑：一、在利益分歧接连而起的局面下，他不愿意再来添加一个利益分歧；二、势必造成议会两院都出现权力的不平等，会摧毁利益的均衡。

艾尔斯沃斯先生向大会郑重宣告，不论有人对康涅狄格的议员们怎么想，这个邦一直全心全力支持联邦。他提到：在独立战争中，康涅狄格在提供兵员和钱财方面，都是尽心尽力。查查军队的花名册，就可以知道，在战场上作战的军人，康涅狄格的人数超过弗吉尼亚。如果康涅狄格有义务尽得不够的地方，那也是因为力所不及，但失误的次数不会多于其他的邦。

谢尔曼先生：每当麦迪逊先生的立论需要证明邦联条款有过失时，他就谴责各邦所犯的过失。犯不着因为各邦的过失，去指责邦联。邦联议会的措施，基本上是正确的，邦联议会现在惟一缺少的，就是增加授权，使邦联议会的决策能够落实。

戴维[170]先生：很不好意思，希望得到一些解释。全体委员会报告允许各邦议会选举参议院，又要在参议院中实行按比例分配席位，似乎脱离实际。按比例分配规则，参议院一开始就会有 90 名议员，随着新邦加入，参议员人数不断增加。要想开展大家寄望于参议院的活动，实现参议院的其他优点，人数如此庞大，无法做到。若赞同全体委员会报告中的相对优点，投票赞成，那么，他倒不如把票留下来，投给修改办法，

---

[169] 参见本书表四及其说明。

[170] 威廉·理查德·戴维（William Richard Davie，1756—1820）是北卡罗来纳代表，出席制宪会议时 31 岁。戴维生于英格兰，就读于普林斯顿的新泽西学院。独立战争期间，从骑兵上尉晋升为上校，身上受伤三处。在卡姆登战役，幸亏他违反指令，才使美军免于全军覆没。战后学习法律，1780 年获准成为律师。戴维 1784 年才开始从政，竞选为北卡罗来纳邦议会议员。据说，是他反复劝说，北卡罗来纳代表团才下决心长途跋涉来到费城，参加制宪会议。北卡罗来纳第一次讨论联邦宪法时，不予批准；第二次再开大会，才批准，戴维是努力促进北卡罗来纳批准联邦宪法的人之一。戴维在北卡罗来纳的名声经得住历史的考验，人们今天依然怀念这位邦立大学之父。他的性格，参见本书附录五。

支持后者。为选举参议员而设立选区，选民先选出选举人，选举人再选举参议员，在他看来，只怕会出现无法克服的困难。大县或大选区，可以自然变成新的选区，小县和小选区显然会被压抑，小县的人才，会被完全排除。因此，委员会报告把提高参议员质量的职责委托给各邦议会，是对的，这样，各邦议会在总体体制中就有代理人，在他看来，并不像有些人说的那么讨厌。事实是，地方偏见、地方利益，确实存在，不可否认，总会寻找渠道传达到全国议会中去。全国议会的议员，还是要由各邦议会或由人民自己选举。另一方面，如果按比例分配席位实行起来遇到难以克服的困难，让各邦议会选举参议员，看起来似乎又回到邦联议会，使大家期望的所有优点落空。这样一想，他觉得对现在提出的两种方案，自己如何投票，实在难以决定。他认为，总的来说，双方都在走极端。在我们这个联盟里，我们部分是国家，部分是联邦。他不明白，政府的职能，为什么不能有些方面通过邦政府施行，有些方面通过人民施行。

威尔逊先生承认：参议院人数庞大的问题，确实令人棘手。如果最小的邦分配 1 席，其他邦按比例递增，参议院肯定是人满为患。他再向前展望一步，最小的邦至少也能有十万人。那么，每十万人产生一名参议员，让人口不足十万的邦也产生一名。他本人愿意向小邦提出这一临时让步：把这个想法拿出来，作为折中的基础。

富兰克林博士：现在的观点分歧，是各走一个极端。若按人口比例分配席位，小邦坚持它们的公民权利会处于危险之中。若实行席位平等，大邦说它们出的钱会有危险。手艺人制作木头桌子的时候，如果木料的边缘厚薄不一，不合格，他们就两边各削去一些，让各方合缝，桌子就平稳了。按这个道理，双方都应该放弃一些要求，才能联合起来，商量出一个解决办法。他已准备了一份意见，或许能供大家商讨。

富兰克林博士的主张[171]如下：

---

[171] 法兰德注：富兰克林发言的草稿，载入《富兰克林文存》(*Franklin Papers*)第八卷第 1799 页；法兰德把这篇草稿的手稿，印入《汇编》第一卷第 507—508 页。

“各邦议会推选和派出同等数量的代表，具体来说，就是______名，这些人构成总体议会的第二院。凡讨论可能影响各邦主权的问题，凡讨论可能削弱各邦对其公民治权的问题，或可能增加总体政府对各邦治权的问题，每邦表决权平等。凡任命总体政府文职官员，若按宪法规定，人选的决定，在第二院职权范围内，每邦表决权平等。

“凡固定文职官员年薪的立法，对公共服务提供津贴的立法，从国库中作总体拨款、具体使用钱财的立法，一切为国库筹款的立法，各邦参议员投票时，按各邦实际上交国库款项的比例计票。”

当一艘船由许多人共有时，这是大家决定该船如何冒险的规则。在联合战争期间，他是这个国家派往法国的使者之一，当时如果他能在凑钱为那艘船的开航决策中获得一票表决权，他一定会非常高兴。

金先生：问题已经简化：每邦在第二院中是否席位平等？既不喜欢席位平等动议，又不赞同委员会报告的先生们，以为两个方案可以经过改动以后兼容；再改也没用了，最多不过换个名义，把拟议中的参议院，弄成又一个邦联议会：如果坚持各邦席位平等，而且要求固定下来、不许改变，反对这种意见的人，绝不会让步。我们现在实际上已经切成两半，对此视而不见，也是枉然。不过，他心里总有一种震撼：如果我们真的相信，美利坚的每一个人的所有权利，都能因此而得到保障，那么，我们也愿意为了这个实质性的好处，作出牺牲，向邦的主权这个幻影让步。为了他的国家，他的感情更痛苦了，忧虑更加剧了，实非言语可以表达。他深信，要给这个国家提供公民权利和幸福，这是最后一次机会；因此，他情不自禁，想再复述一次使他震撼的原因：以公平席位分配为基础的美利坚人民的正义政府，我们已经伸手可得，却硬要放弃这种天赐良机，就是因为有人对那种凭空想象的邦的自由和重要恋恋不舍；如果这种奇妙的幻象继续占上风，他已对任何事件作好思想准备，绝不参与以不道德的席位分配为基础的政府，这样的政府，由于不公正，必然短命。他或许可以说服自己，按威尔逊先生提到的那种变通办法，作出让步；但是，他绝不听那项动议所提出的席位平等制。

戴顿先生：当断言被作为证明提出、以恐吓代替议论时，他想，即使口若悬河、词藻绝伦，其实，也并无效力。事实已经证明，我们过去经历的弊病，就是来源于人们反对平等。邦政府解体的种子，并没有撒播到总体政府里。他认为，现在讨论的报告，是一种新鲜玩意儿，是一个水陆两栖的妖怪；他确信，这种体制，绝不会得到人民的批准。

路德·马丁先生：如果不能按公正的原则办事，他绝不加盟。

麦迪逊先生：勉强接受威尔逊先生提到的让步，条件是要给予参议院适当的独立性。方案走到现在这一步，参议院已经绝对依附于各邦。因此，参议院不过是邦联议会的再版。他了解那个机构的毛病，并且使用了大胆的语言加以抨击。不过，他还是会维护邦的权利，就像陪审团维护被告的权利那么认真。

贝德福德先生坚持：在各邦完全融合为一与仅仅结成邦联之间，没有中间道路可走。前者已不在考虑之列，后者必须继续下去，即使不能尽如人意，但是主权平等。如果政治社会就是具备野心贪婪，所有其他的激情，都会使他们彼此难以应付，难道我们在这里不应该这样看待这个问题吗？难道同样的动机在美利坚不会像在其他地方一样重演？倘若哪位先生对此表示怀疑，请他看看表决记录。难道各位先生不是在受利益的驱使，不是在受野心的支配？大邦不是明明在想牺牲小邦，扩充他们自己的权力吗？他们以为，权利毫无疑问在他们一边，是利益瞎了他们的眼睛。看看佐治亚吧。虽然现在还是个小邦，他确实受到自己迅速变成大邦前景的驱使。南卡罗来纳的行动，既受眼前的利益驱使，又受未来前景的激励。他也希望看到别的邦垮下来，好扩展他的规模。北卡罗来纳的动机也一样，盯着现在和将来的利益。弗吉尼亚更不示弱。马里兰不站在问题的哪一边。宾夕法尼亚有直接和未来的利益。马萨诸塞的立场中，有决定性的、看得见、摸得着的利益。谁能指望小邦无动于衷、采取纯粹超然的立场？看看大不列颠吧。那里的代议制平等少些？有人又会来教训我们：那是英国宪法的腐朽部分。可是，那里的城镇不是一直抓住它们的宪法权利死死不放？只有我们行事纯粹超然,比世界上别的地方都强?我们这里没有一个邦在席位分配上是严格按比例办事的。有谁敢说,不平等的表决权,不会产生不平等的权力?只要提供机会,不愁野心滥权成功。人类的全部历史,已经证明了这一点。三个大邦有共同的商业利益把他们绑在一起。不过,不论是我们提出的结合,还是别人提出的竞争,不论哪种发生,小邦势必被摧毁。我们应该效法梭伦[172],建立一个人民愿意批准的政府。小邦绝不会批准贬低他们的方案。说人民不同意扩大邦联议会的权力,不是真话。人民的语言,是邦联议会应该有权征收进口税,必要时可以对邦采取强制行动。对于第一点,人民说得再清楚不过,发表了一致的宣言。如果他们不同意这项措施或其他类似措施,他们就不会参加邦联安排的活动。小邦愿意遵守自己的责任,但是,只与大邦在邦联的基础上见面,不会在别的地方。有人以独裁者的口气告诉我们,这是有利于公平试验良好政府的最后时刻。等到委员会的报告提交给人民讨论批准时,那才真正是最后时刻呢。他才不怕哪。大邦不敢解散邦联。如果它们敢,小邦自会找到名声更好、信誉更好的外国盟友,它们会携手相待,公平相处。他说这话,目的并非恫吓,也非危言耸听。这是自然结果;应该用扩大邦联权力的办法,来避免这种后果,而不是把联邦体制搞垮。这才是人民的期待。大家都同意:需要有个效力更好的政府,为什么不采取人民想要的那种政府呢?

艾尔斯沃斯先生:全国政府应该分担国家安全,如金先生所说,但仅此而已。他想要的,是邦内的幸福。全国政府不应降格去关注地方

---

[172] 梭伦(Solon,约公元前630—公元前560)是雅典政治家和雅典的第一位诗人。公元前594年担任执政官,约20年后,获得改革家和立法者的充分权力。他首先解除穷人的债务负担,释放所有被奴役的公民,鼓励不能以农耕为生的人去经商或从事其他行业。他提出铸造雅典钱币,刺激货币流通,采用新度量衡。他颁布的新宪法,废除贵族世袭制,由富裕公民组成政府,组织每年的收入普查,按收入多少把公民分为四等,按等分配政治特权,而不论出身。全体公民均可参加公民大会,批准法律,选举官员。但是前三等公民才可参加每年一度的400人会议;前两等公民才可以出任官员。梭伦把雅典从极度贫困中引导出来。梭伦又制定新法典,改革雅典通行已久的德拉古制定的严刑:凡刑事犯罪一律处死;他只留下杀人抵命一条。梭伦留下两句话:"我既不愿意用暴力去当僭主,也不想让贵族与平民秋色平分。"

目的，这是条件。它只能管具有总体性质的目的。因此，他把眼光转向保护他在邦政府里的权利上。惟有从这些权利里，他才能指望自己一生最大的幸福。他的幸福有赖于这些权利的存在，就像新生婴儿需要母亲抚育一样。如果这话还不能使人满意，他也就再没有什么话要补充了。

金先生：同意把邦政府保留在从属的水平上，尽量做到足以实现艾尔斯沃斯先生所说的那些目的。他还想不出完整的答案，来回复那些认为他们的管辖权限会受到侵蚀的人。他想，或许能设计出一些变通办法，给他们提供按照情理可以给予他们的全部安全。在奠定社会的时候，宪法与议会的关系，就像法律与个人的关系一样。个人的基本权利，各邦宪法已有明确条款给予保障；全国宪法岂不是也可以制定出明确条款，保障各邦的基本权利吗？英格兰和苏格兰之间的联盟条款，就是这种做法的榜样，制定条款保障了苏格兰各种各样的权利。当年他们辩论结成联盟时，苏格兰爱国者们说的话，与今天的小邦一样，也是顾虑重重。可是，这些条款并没有被违反，而苏格兰则发现自己加速了繁荣和幸福。他明白，有人会把这称为仅仅纸上的安全。他认为，这已经构成一个足够的回答，如果社会契约的基本条款，还不能保障实实在在的权力，那么，没有社会契约，就更没有什么安全保障了。在没有回答特拉华可敬的先生（贝德福德先生）的某些说法之前，他不能坐下来。用独裁者口气说话的，并不是他。这种放纵，倒是适于回敬那位可敬的先生本人。在会上以前所未见的猛烈，宣布准备把自己的视线移开我们共同的国家，转而去乞求某个外国保护的，并不是他，而是那位可敬的先生本人。这样的思想，居然会进入那位先生的心里，他真感到惋惜。这种话居然能从他嘴里掉出来，就更令人痛心。那位先生只有请求自己原谅自己是出于冲动。对他来说，不论多么苦恼，他也绝不会靠讨好外国来宽慰自己。

休会。

7月2日星期一　在制宪会议上

大会继续讨论全体委员会报告的第七条和第八条：联邦议会的席位分配问题。

大会对艾尔斯沃斯先生的动议（第二院每邦1席）表决，结果，马萨诸塞反对，康涅狄格赞成，纽约赞成，新泽西赞成，宾夕法尼亚反对，特拉华赞成，马里兰赞成，杰尼弗先生不在场，路德·马丁先生一人投赞成票，弗吉尼亚反对，北卡反对，南卡反对，佐治亚代表赞成反对各半，豪斯通[173]先生反对，鲍德温先生赞成。5邦赞成，5邦反对，1邦代表赞成反对各半。

---

[173] 威廉·豪斯通（William Houstoun，1755—1833）是佐治亚代表。出生于沿海的贵族之家，他的家庭殖民时期为英国王室效劳。豪斯通在伦敦内寺学习法律时，自己选择了革命的道路。回到美国后，担任过一些地方官职。他本人既是律师，又从事土地开发（planter）。1784年，当选为佐治亚驻邦联议会代表。7月2日的这次表决，被称为制宪会议中决定国家主义派与联邦主义派胜负的一次关键性表决；豪斯通投下的这一票，被称为关键的一票。如果杰尼弗先生在场，马里兰仍旧会出现代表赞成反对各半的局面，则2邦代表赞成反对各半，麦迪逊-威尔逊阵营以5比4获胜；杰尼弗缺席，佐治亚过去投票大多支持麦迪逊-威尔逊阵营，可是生于康涅狄格、毕业于耶鲁的鲍德温，在会议过程中，逐渐转向康涅狄格一边，这次投了赞成票。若豪斯通也投赞成票，则以艾尔斯沃斯为代表的联邦主义派以6比5获胜。豪斯通的反对票，使结果变成平局。制宪会议后，许多代表成为联邦新政府中的重要官员。有10人拒绝或不追求到联邦新政府里去做官：雅茨、兰欣、路德·马丁、迪金森、戈汉姆、梅森、韦思、麦克朗、米弗林、豪斯通。

平克尼先生：第二院席位平等，人民不可能批准。同时，坦率精神促使他承认，大邦会觉得他们的公民受到不公平待遇，应该在席位上让他们占优势；他们或许在通商利益方面也会发现一些共同点，并促进对他们有利的条约。南部与北部之间，确实有利益的分野。北卡、南卡、佐治亚出产大米和靛蓝，有其特殊利益，可能会遇到牺牲。那么，如何才能既不让大邦按自己的喜好运作总体政府，又不受小邦意志的不当制约呢？那就是多给大邦一些席位，但是不能完全按比例。现在的确是到最后呼吁的时候了：进入常规试验吧，他极其希望能够把事情做成。邦联议会为修改联邦体制所作的每一次努力，几乎都以失败告终。再没有别的办法能阻止邦联解体，只好召开这次制宪会议；万一制宪会议失败，他真无法表达自己的忧虑。他朗读了他的动议：把邦按大小分为三组，第一组每邦产生 3 名参议员，第二组每邦产生 2 名参议员，第三组每邦产生 1 名参议员。[174]

平克尼将军：希望能对这项动议展开讨论，虽然他自己并不完全同意。他比较喜欢富兰克林博士的动议（见 6 月 30 日记录）。看来，作些折中是必要的。各邦之间的分歧，就在第二院的席位平等分配问题。他建议设立一个委员会，由每邦选出一人组成，设计出一个折中意见。

路德·马丁先生：不反对设立委员会，不过，不论如何修改，小邦都不会向丝毫减少它们平等主权的办法妥协。

谢尔曼先生：我们现在是完全停顿了。不过，他可以感觉到，没有人愿意就这样一事无成地散会。他想，设立一个委员会，很可能会想出什么权衡办法来。

古文诺·莫里斯*先生：既然现在制宪会议出现了一半对一半的局面，设立一个委员会，是可取的建议。他还有一个更强烈的理由。他可以肯定，因第二院席位分配而引起的分歧，会把设立第二院的目的打

---

[174] 平克尼关于参议员分配办法的另一种提议，参见本书附录三《平克尼制宪方案》第四条。

* 麦迪逊注：制宪会议开始后，古文诺·莫里斯离开了几天，刚从纽约回来。

垮。设立第二院的目的是什么？就是制约第一院的轻率鲁莽、变化无常、行为过火。每个具有观察力的人都会看到，在各邦议会民主的一院里，办事总是鲁莽轻率，邦联议会则是变化无常，而在各个部门，总是对个人的公民权利、私有财产、个人安全采取过火行为。为了制约这些行为，我们要设立的第二院，必须具有哪些品质，才能起到这样的作用？对两院来说，能力和德行，同等需要。除此之外，第二院还需要具备更多的品质。一、起制约作用的一院，在制约另一院方面，应该有个人的利益在其中。一种利益，必须有另一种利益与它对抗。现存的各种弊病，应该让它们互相对抗。二、参议员应该有大宗个人财产，应该富有贵族精神；他应该出于自豪而喜欢作主，自豪的确是一项了不得的原则，它对穷人富人都是一种驱动力。自豪感是一种原则，穷人靠它抵制权威，富人靠它滥用权威。三、参议院应该独立。在宗教里，被创造的人和物，总是容易忘记造物主。在政治事务中，却刚好相反。这里最近发生的辩论，就是一个不幸的证明。贵族院应该与民主院同样的独立和坚定。如果贵族院议员回复到依赖民主选举，那么，民主又会在天平上占压倒分量。美利坚发明创造的所有卫护手段，都没有要求各邦的参议院对民主院奴颜婢膝。如果第二院独立不起来，那我们不如不要它。要使它独立，就要实行终身制。有人会说，那就错了。但是他相信就是应该如此，他的希望就是如此。富人将会奋起建立起他们的统治，奴役其他的人。过去，他们总是这样。将来，他们永远如此。制止富人的适当安全手段，就是把他们形成一个分开的利益。然后，两种势力就会互相控制。在一个商业国家里，把富人和穷人混杂起来，富人就会建立起寡头政治。把商业抽掉，民主就会凯旋。全世界的情形，从来莫不如此。我们的情形，将来也不例外。理性告诉我们：我们不过是人；我们不指望上苍对我们特别眷顾。通过这种既结合又分开，贵族的利益，平民的利益，才能结合在一起，制止这种局面。这就会产生相互制约和互相安全。四、以终身制保障第二院的独立性，包含着必要的稳定性。如果我们老是改变我们的政策，没有人会信任我们。可是，如何才能避免改变政策呢？那就是避免换人。你随便问一个人，他是否信任邦联议会？是否信任宾夕法尼亚邦政府？他会借钱给政府，或与政府签订合同吗？他会对你说：不。他看不到稳定感。他不能把信赖建立在无信心上。如果英国愿意挑明它拒绝与我们打交道的原因，也无非是同样的理由。

古文诺·莫里斯[175]先生继续说，他不喜欢限制第二院议员兼职的规定。这样做有危险。战争期间我们曾经轻率地规定：军官一律不得担任文职官员，这也一样。这种限制剥夺了行政部门选拔有影响力的人物的主要来源。如果认为危险来自行政部门，那又有什么好办法来避免这种危险呢？倘若可以任命儿子、兄弟或者朋友做官，危险只怕还要扩大。不够资格当官的父亲之类，就可以自吹不在乎他没有占住那个职位。为什么不许最优秀、最能干、最有德行的公民担任官职呢？那么，这些职务又由谁来担任呢？他还反对给参议员支付薪水。如果参议员有能力，自己会赚出薪水来。如果没那份能耐，就只有富人才能当参议员，不要薪水照样干。第二院就应该由这样的人组成；只有不给他

---

[175] 古文诺·莫里斯(Gouverneur Morris，1752—1816)，出席制宪会议时代表宾夕法尼亚，时年35岁。生于纽约，有法国和英国血统，家族富有，数代从政。他的同父异母哥哥刘易斯曾代表纽约签署《独立宣言》。古文诺16岁毕业于国王学院，三年后取得开业律师资格。美国革命初起时，古文诺对政治发生兴趣，在保守的家族和朋友圈子影响下，他的基调是担心，认为革命是群氓之治。1775年转变立场，投身革命，1775—1777年成为独立的纽约议会议员。1776年，他与约翰·杰伊，罗伯特·利文斯顿等人一起起草纽约邦第一部宪法。1777—1778年，担任纽约议会议员；1778—1779年，担任大陆会议代表，代表纽约签署《邦联条款》，负责起草大陆会议给驻巴黎的富兰克林的指示，这些文件，后来构成与英国谈判和平条约的基础。1779年，因与纽约邦长乔治·克林顿领导的一派政见不和，竞选议员失败，移居费城。1781年，担任大陆会议财务总监罗伯特·莫里斯的主要助理，他担任此职长达四年。制宪会议期间，古文诺发言次数名列第一，共173次；次为威尔逊，160多次；三为麦迪逊，150多次。古文诺发言汪洋恣肆，皮尔斯对他的演说风格，描述精彩，见本书附录五。青年时代，他因马车事故，失去一条腿，一只胳膊的肌肉全被除去。但他为文精巧细腻，宪法最后定稿，主要出自他的手笔。制宪会议后，他投身商业，1789年去法国，目睹法国大革命。他在欧洲滞留10年；1790—1791年，奉华盛顿之命，代表美国与英国谈判若干重大问题，未能成功。1792年，华盛顿委任他为驻法大使，接替回国担任国务卿的杰斐逊。两年后华盛顿召他回国，但他未归，在欧洲广泛旅游四年，同时打点生意和参与政治。古文诺1799年回国，接任半届参议员；1802年竞选参议员失败。晚年不断抨击杰斐逊的民主共和党和他在制宪会议期间的盟友麦迪逊。

们支付薪水,那么,除了富人,别的人就当不了参议员。

他坚持认为,应该由行政官任命参议员,参议员席位出缺,也应该由行政官任命补齐。这也可以摆脱目前出现的困境。你可以从你喜欢的任何比例开始;到头来还是一回事。参议院要独立,要实行终身制,可以从一个地方选拔人才,也可以从另一个地方选拔人才。

还应该考虑:这项计划如何才能在各个邦落实。他希望这个会议能有足够的思想力量,面对真实。因此,他毫不犹豫地说,必须要用面包和鱼买通那些地方上的政客。要使他们指望在总体政府里做的官,比在邦政府里做的官还大。终身制的参议员,就是一个高尚的钓饵。没有这种把人迷得神魂颠倒的前景,下层的民众领袖就会起而反对、击败这个计划。按他的想法,第一院由各邦人民选举,第二院由人民选出的选举人选举。这个政府,可不是由各邦做主。如果政府还是从弗吉尼亚的第一院和第二院,马萨诸塞的第一院和第二院,其他各邦,各派代表来组成契约政府,那不过是走回了靠条约维生的老路。那根本就不是政府。那种政府完全是依附性的——依靠各邦,无非是把邦联议会的老戏再演一遍。只有惟独一个的坚定政府,才能保护我们的公民权利。他担心富人的影响力。如果我们不能通过一个坚强的政府,把富人控制在适当的范围以内,他们在这里也会和在其他地方一样,占据统治地位。我们应该记住:人们绝不是单凭理性行动。富人将会利用人们的激情,以此作为压迫他们的工具。竞争的结果,要么是暴烈的贵族政治,要么是更为暴烈的专制政治。由于这个国家幅员辽阔,富人的各种计谋,更容易得逞。遥远地区的人民,无法沟通,无法采取共同行动。他们将会成为那些有知识、有交流手腕的人的傀儡。对付富人侵权的惟一安全措施,就是由挑选出来的精明人物组成一个机构,从各方面监视他们。他只想说出他的观察,还没有从中提炼出什么具体动议。

伦道夫先生:赞同设立一个委员会,虽然他对委员会可能提出的办法并不抱什么指望。他指责贝德福德先生,上星期六说话过于冲动、鲁莽;他提醒小邦,他不否认,如果大邦结合起来,是有危险,但是,行政官还可以运用复决权把关。他表示，为了落实这一点，他同意：选举行政官时，每邦各有一票。按他的理解，莫里斯先生筹划的这种两个互相对抗的机构，绝不可能长期共存。过去已经见过，即使像马里兰的参议院和众议院之间出现的那种分歧，最后还是呼吁人民表态；在一段短时间内，结果依然是动荡不安。他认为，大邦绝不会比小邦存在得更长久；制宪会议一旦失败，美利坚立即陷入决堤之势，整个被洪水淹没。因此，他决心要追求出一个建立政府的方案，确保我们不致陷入这种灭顶之灾。

斯特朗[176]先生：赞成组织一个委员会；希望委员会能提出一个构建两院的模式。如果要按不同的原理来奠定两院，争论还会升级，决不可能在必要的措施上达成一致。

威廉森博士：如果双方都不让步，我们的会议很快就会到达终点。他同意设立一个委员会，指望委员会由于人数较少，能比较冷静地构想出一个折中方案。

威尔逊先生：反对设立委员会，因为，委员会制定的规则，还是会受到一方的反对。邦联议会的经验也已经证明，由每邦派代表组成的委员会，最后总还是一事无成。

兰欣先生：不反对设立委员会，虽然对委员会也不抱什么期望。

麦迪逊先生：反对设立委员会。在邦联议会期间，他所见到的这种委员会，除了拖延时间之外，很少见到成效。委员会若能想出折中方案，大会或许更容易想出；而且，委员会提出的意见，如果只包含委员会

---

[176] 卡立巴·斯特朗(Caleb Strong, 1745—1819)是马萨诸塞代表，出席制宪会议时42岁。生于马萨诸塞的北汉普顿，父亲是制革工人，他1764年毕业于哈佛。因患天花，几乎失明。随著名爱国者约瑟夫·哈利学法律，1772年获得开业资格。先后担任北汉普顿地方议员，汉普夏县检察长，当选马萨诸塞独立后第一届邦议会议员，1779—1780年担任马萨诸塞驻大陆会议代表。1780年当选大陆会议代表后，他辞谢；1783年当选邦法院法官，再次辞谢。他的服装、旨趣、风度，都是新英格兰绅士的老派——俭朴、忌酒、节制、对人和气、办事认真负责。他是他所属教堂的支柱。出席制宪会议前，追随马萨诸塞邦长鲍多英，主张国家主义。斯特朗8月27日离开制宪会议，支持宪法，但没有签名。制宪会议后，斯特朗和格里成为马萨诸塞选出的第一届联邦参议员(1789—1796)。在新政府内，斯特朗热烈支持汉密尔顿的政策。

的观点，既不能缩短讨论的时间，也不会影响大会的决定。

格里先生：赞成设立委员会。总得办成一点事情，否则，我们不仅会使美利坚失望，也会使全世界失望。他建议，如果老是考虑邦，我们就会因为联邦的失败而被抛弃。我们应该在没有仲裁人的情况下，对争议作出决定，而且，应该照顾当前形势的需要。我们已经签订的条约怎么办？我们欠下的外债怎么还？我们国内的局面如何收拾？我们必须双方让步。没有这种让步，联邦的宪法永远也制定不出来。

大会对是否设立委员会的问题表决，结果，马萨诸塞赞成，康涅狄格赞成，纽约赞成，新泽西反对，宾夕法尼亚赞成，特拉华反对，马里兰赞成，弗吉尼亚赞成，北卡赞成，南卡赞成，佐治亚赞成。9 邦赞成，2 邦反对。大会同意设立一个委员会。

大会对委员会是否由每邦一人组成表决，结果，马萨诸塞赞成，康涅狄格赞成，纽约赞成，新泽西赞成，宾夕法尼亚反对，特拉华赞成，马里兰赞成，弗吉尼亚赞成，北卡赞成，南卡赞成，佐治亚赞成。10 邦赞成，1 邦反对，大会同意委员会由每邦一人组成。

通过书面投票，结果，委员会由以下人员组成：(马萨诸塞)格里先生，(康涅狄格)艾尔斯沃斯先生，(纽约)雅茨先生，(新泽西)佩特森先生，(宾夕法尼亚)富兰克林博士，(特拉华)贝德福德先生，(马里兰)路德·马丁先生，(弗吉尼亚)梅森先生，(北卡罗来纳)戴维先生，(南卡罗来纳)拉特里奇先生，(佐治亚)鲍德温先生。

大会决定给委员会提供一些时间，同时让代表们庆祝独立纪念日，制宪会议休会到星期四再继续。

7月5日星期四　在制宪会议上

大会继续讨论全体委员会报告的第七条和第八条：联邦议会的席位分配问题。星期一任命的11人委员会主席格里先生向大会报告如下：

“大会因全体委员会报告第八条和第七条未能作出决定而任命的委员会，提出以下报告：条件是大会若接受，需对推荐的两条建议一体接受。一、在议会的第一院内，对目前已在联邦以内的邦，按全体委员会报告第七条决议中对居民的定义，每40 000居民产生1名议员；居民人数不足40 000的邦，得产生1名议员；所有筹款和拨款提案、固定联邦政府官员年薪的提案，均由议会第一院发起，第二院不得更改或修正；除由第一院发起拨款提案外，任何人不得从国库中支取钱财；二、第二院内，每邦席位平等。”*

---

* 麦迪逊注：这项报告以富兰克林博士在委员会内提出的动议为基础。反对第二院席位平等的各邦代表，对此勉强同意；另一方的代表，显然认为自己得了一分。谢尔曼** 先生在委员会内提出的动议如下：“每邦在第二院内席位平等；但是，需要得到多数邦的同意，而且这些邦的居民构成联邦的多数，才能作出决定。”这项动议，在委员会内没有多加讨论，也没有获得批准。1777年，在辩论《邦联条款》时，对《邦联条款》把某些权力授予“九个邦”，也曾有人提出过类似的附则。见《大陆会议议事记录》1777年，第462页。

** 艾尔斯沃斯先生因为身体不适，由谢尔曼先生代替出席委员会。

戈汉姆先生注意到，报告由两条相互依存的主张组成，他希望：对这些条件的理由作出解释。

格里先生：由于委员会的代表来自不同的邦，观点各不相同，同意这份报告，仅仅是为了或许能形成调停方案，提供一个基础。反对席位平等的代表，是有条件地同意；如果前一点得不到同意，则对此报告不承担支持的责任。

威尔逊先生：委员会已超越了他们的权限。

路德·马丁先生：同意考虑整个报告提出的问题。

威尔逊先生：主张把两个问题分开来讨论；否则等于一脚跳进黑暗之中。

麦迪逊先生：并不认为把发起钱财提案的独享特权赋予第一院，也算得上是小邦的让步。经验证明：这种特权并无效果。如果上院的7个邦希望发起一项提案，他们肯定可以在本邦找几个下院议员去发起。这种限制，对上院作出修正也起不了什么作用。参议员完全可以私下把修正案交给众议员去办。按实际需要呈交的钱财提案，也可以否定。如果参议院对第一院的固执坚持作出让步，第二院的制约功能会落空。如果第一院对参议院的决定让步，这项特权等于不起作用。经验还证明：不论在大不列颠，还是在具有类似规定的邦联里，钱财提案总是成为频繁争吵、互不相让的根源。这些建议，不过是拒绝了上次提出的动议，而那个动议则确有价值。因此，目前不能把这项报告视为让步，反对每邦一票的意见，依然有理。他认为，制宪会议已经下降到二者选一的局面：要么，放弃公平，向小邦和联邦内人民的少数让步，要么，就使他们不高兴，公正地满足大邦和人民的多数。他对自己应该作出的选择，义无反顾。制宪会议有公平在手，有多数人民站在它一边，无可畏惧。他们那边，手中没有公平，人民只占少数，无事不需畏惧。制宪会议若以选民之间的永远争执为代价，买一个会内的一致，也不过是徒劳一场。制宪会议应该追求一个方案，能经得起详察细审的考验，能得到美利坚受过启蒙、不偏不倚的人士的拥护和支持，使这些人士自己起来为它辩护，敦促批准。现在就应该考虑到，尽管许多人开始判断我们推荐的体制时，会想到他们对制宪会议的尊重，可是，到了最后，所有的人都会用这个体制来评价制宪会议。只有这个体制本身的优点，才能获得公众最后的赞成。他不相信：小邦的人民，真会顽固地拒绝参加一个建立在公平基础上的政府，一个保证向他们提供实质性保护的政府。他不能不怀疑：特拉华会离开其他的邦，甘冒风险，单独寻求他自己的幸福前景，而不投入这样的政府；他更不可能不怀疑，特拉华会听从他的一位代表（贝德福德先生）的热情建议，采取轻率政策，讨好外国，寻求支持，以为他一讨好，任何外国就会轻率地俯首听从他的提议。他也很难不怀疑，虽然新泽西的先生们说话的语气断然决然，新泽西人民就会不顾局势，硬要自力更生，不愿加入一种共同体制，其原则的公平，他们无可辩驳，因为他们绝对需要把自己从邻邦强加于他们通商的苛捐杂税中解脱出来。回顾一下其他各邦的情况，都可以证明：其他地方也没有什么非要反对不可的理由。毫无疑问，制宪会议内部的和谐，是大家的殷切期望。让所有的邦都满意，更是皆大欢喜。可是，如果构成联邦多数人口的主要大邦，能够在公平而又合乎法理的方案上取得一致意见，他就坚信不移：所有其他的邦，都会逐渐赞成这个方案。

巴特勒先生：他不愿降低自己对美利坚人民的看法，以为仅仅出于对制宪会议的尊重，他们就会接受一个显然不公平的方案。他不认为关于钱财提案特权的提法，算得上是一个让步。他强烈要求：第二院应该按各邦财产的比例，分配席位。

古文诺·莫里斯先生：委员会报告的形式和内容，都有值得反对的地方。第一，报告似乎使修正变得无法施行。第二，报告似乎隐含一种誓约：如果同意第一部分，才能同意第二部分。他认为，报告的这种做法是错误的。他来到这里，是代表美利坚；恕他恭维一下自己，他来到这里，就某种意义而言，是代表全人类；因为，全人类都会受到这次制宪会议进程的影响。他希望先生们把眼光看远一些，超越目前的时代，超越各人家乡政治渊源的狭窄限度。如果他所听到的情况属实，那么，我们聚集到这里来，只是为了自己的邦做点交易，讨价还价。他不愿意降低格调，以为先生们的行为，真是受到这些观念的支配。我们应该以前瞻的眼光，看看应该做的事情的效果和影响。只有这些效果和影响，才是我们的行为指南。关于人民的情绪，大家已经说得够多了。其实，人民的情绪，无人知道。人民的情绪，也无法知道。我们所能推断的就是，如果我们所推荐的方案正确合理，所有具有理性头脑和实在追求的人，就会衷心接受，并不在乎某些先生在这里说过些什么话。让我们假定，比较大的邦会接受这个方案，比较小的邦会拒绝，再让我们追踪一下后果。小邦内反对这个体制的人们，无疑会形成一个派别，而且声噪一时，可是，利害关系的纽带、宗族血统和共同习惯的纽带，把他们与其他邦连接起来，这些纽带，如此坚实，不是轻易可以折断的。特别是新泽西，他可以肯定，大多数人都会追随宾夕法尼亚人和纽约人的情绪。这个国家必须联合起来。如果劝说不能使这个国家联合，就会由剑与火来完成。他希望，这些考虑有适当的分量。投入内战的恐怖景象不堪描绘，而内战的最后结局，会比继续现状更糟。到时候，战胜的一方，将把战败的一方当作叛国者处理；绞刑架和绞刑将完成剑与火的工作。外国列强会趁火打劫到什么地步，他现在说不准。他描述了日耳曼帝国历史上遭到外国进犯的悲惨景象，强调这种景象对其他国家是一个活生生的教训。他相信，或许想要扬言一试的先生们，不至于这种话到嘴边时，还会自我得意。不过，回到委员会报告本身来说，他无法认为这是为公益而精心计算出来的结果。第二院按照现在这样的设计，将会成为一个争吵不休的地方，不断地向各邦提出诉求，最终会使总体政府从根上烂起，控制第一院，最后把它打垮。假设来自马萨诸塞和罗德岛的参议员在上院意见不一致，而前者在表决中又输了，结果如何？他们会立刻宣布，他们的邦不受此决定的约束，采用这样的代议制，就可能产生这样的结果；同样的情形，也可能发生在弗吉尼亚和其他的邦之间。结果，实力占强的一边，就会取代纸上的文字。对邦的依恋，强调邦的重要性，一直是这个国家的祸根。我们无法把它废除，但是，拔掉这条大毒蛇的牙齿，或许还是办得到的。他希望，我们的观念能扩大到人的真实利益，不要画地为牢，把自己局限在一个具体狭小的范围以内。归根到底，这种政策的自私自利，所能产生的动机，能有多大一点儿？谁能说得准他自己，更不用说他的孩子们，到明年，究竟是这个邦的居民，还是那个邦的居民？

贝德福德先生：发现自己说的关于小邦的话，被人利用，加以曲解，因此，他得站起来作些解释。他的意思，并不是说小邦会去向外国列强讨好，以求取得支持和介入。他的意思是说，小邦不会认为联邦的契约已经解体，除非大邦采取的行动使契约陷入这种境地。若出现这种情况，背信弃义的责任，就应该由大邦承担，小邦是愿意履行诺言的。如果外国想要对这个国家有所企图，他们会发现：他们的利益是与小邦联手，以便取得他们自己的好处。这就是他要表达的意思。可是，无人能够预料，小邦在压迫的驱使之下，会被赶到怎样的绝境。他也想在此表示歉意，由于他的职业习惯，说话激烈出于自然，有时候也是必要，希望得到宽容。可是，有人（古文诺·莫里斯先生）说，要用剑与火来实现联合，戈汉姆先生说，特拉华必须附属于宾夕法尼亚，新泽西被宾夕法尼亚和纽约瓜分，都非道歉可以原谅。听到这样的话而不动肝火，那就放弃了人的感情和公民的职责。说到委员会提出的主张，小邦认为，有个安全之所总是必要的。已经有人提出，拟议中的政府，行政官必须对立法有某种否决权；而且，各邦得到保护的重要性，不亚于行政部门所需要的保护。为了达到这个目的，小邦已经对第一院的构成作出让步，又对钱财提案作出同样的让步。如果它们在第二院得不到拟议中的相应让步，它们绝不会同意这个方案；如果什么事情也做不成，后果又会如何！联邦现在的状况，需要立即办成一些事情。与其采纳一个有毛病的方案，还不如什么也不要推荐。他看不出有什么理由，为什么有些毛病不能等 10 年，15 年，或者 20 年以后的会议再来解决。

艾尔斯沃斯先生：他没有参加委员会的议程，不过，他愿意接受委员会提出的折中。某种折中是必要的；他看不出来还有什么更方便、更合于理性的办法。

威廉森先生：希望个人发言时，不要涉及他们的同事，更不要去谈他们的邦，其中的情形是未知数，而且也无法预知。他还希望：对一些说法的意思不要曲解和夸大。他并不认为（古文诺·莫里斯先生）的意思是要用剑与火来对付小邦。他不过是指出，如果联邦陷入无政府状态，多半可能出现的后果。（戈汉姆先生）说的话，也应该作类似的理解。他准备听取大家对报告的讨论；不过，他认为报告中所含的两条主张，是他迄今听到的主张中最容易引起反对的。

佩特森先生：委员会通过报告时，他已事先保留了对报告展开自由讨论的自由。他承认，受到埋怨的过激言论，是不恰当；不过他认为，剑与火、绞刑架的说法，实在欠于思考，难以产生说服力。他对麦迪逊先生和古文诺·莫里斯先生对待小邦的态度，确有意见。

格里先生：虽然他在委员会里同意了报告，但他的确有非常实质性的反对意见。我们实在是处于一种微妙境界。我们既不是同一个国家（same Nation），又不是不同的国家（different Nations）。因此，我们不应该过于追求这些观念中的这一种或那一种。如果达不成折中，后果又会如何？他预见到：会出现分离（secession）；因为有些先生似乎已经决心如此；将会提出两个不同的方案，结果则无人预知。如果我们自己不能达成某种协议，某些外国的剑与火，多半会来代替我们的工作。

梅森先生：这份报告，其实并不是要求大家接受的具体主张，只不过是为调停提供一个泛泛的基础。在这个基础上，必须再做一些调停工作，否则，我们的工作很难再进一步。调停是大会设立这个委员会的目的，也是委员会报告所含的目的。不论这份报告多么容易引起物议，他认为，报告与某些先生的说法一致，是在向观点不同的人们发出呼吁。这一点是可取的。对在座的任何先生来说，再没有比干脆缺席，回去办自己的私事更方便了：可是，他宁可把他的骨头埋在这个城市里，也不愿意见到制宪会议就这样一事无成地散场，使他的国家陷入不堪的后果。

大会开始讨论委员会报告的第一条主张：固定第一院的席位，每40 000居民产生1名议员。

古文诺·莫里斯先生：反对这个尺度。除了人口数目以外，固定资产[17]也应该加以估计。人们常说，生命和自由比固定资产更有价值。可是，如果精确地看待这个问题，就可以证明：固定财产是社会的主要目标。野蛮状态比文明状态更有利于自由，也同样足以维持生命。没有尝过固定资产滋味的人，都觉得还是野蛮社会好；只是因为有了固定资产，人们才放弃了野蛮社会，而固定资产只有在常规政府的限制下，才能得到保障。这些观念，对某些人来说，或许显得新鲜，可是，这些观念却是正确的。如果固定资产是政府的主要目标，对将会受到政府影响的人来说，固定资产当然也应该成为一个测量影响力的尺度。他也已经预见到那些新邦的跨度范围，那些新邦很快就会在西部建立起来。在制定代议制规则时，应该作些固定的规定，确保滨大西洋各邦在全国会议中的优势。新邦对公共利益的了解，不如老邦，它们在许多方面的利益都会不同，对涉及战争、负担、运作等等方面的事情，不会那么严肃认真，这些负担和责任，主要会落到沿海各邦身上。因此，有必要制定条款，避免沿海各邦今后被新邦的票数压倒。这可以通过设定不得修改的席位数字轻易办到，滨大西洋各邦的席位，以及每个新邦加入时所能得到的席位，都可以分别固定下来。这样做并非不公平，因为向西移民定居的人，可以预先知道他们要获取土地的条件。在推荐目前这个方案时，预先估计到未来各邦的利益，是政治上的明智举措，势必决定方案未来的命运。

拉特里奇先生：最后发言的这位先生，已经准确地表达了他的一些情绪。固定资产当然是社会的主要目标。如果把人数作为席位分配的规则，滨大西洋各邦会受到西部各邦的拖累。他提议：推迟讨论委员会

---

[17] 固定资产（property），也可以译为所有权、产权，在当时的美国，主要指土地和附着于土地的资产。本书一般把wealth译为“财富”。

报告的第七条，改为讨论“应制定规则，各邦的席位，按每邦居民实际上交款项在总体岁入中的比例分配；按上述分配席位规则，在联邦议会第一次开会后的______年年终，制定规则，每隔______年的年终，按规则调整一次，从现在起，到规则制定成功时止，各邦席位分配如下：新罕布什尔______席，马萨诸塞______席，等等”。

梅森上校：新邦的事，委员会并没有忽略，而是已经考虑到；不过，他的观点很坚决，既然新邦成为联邦的组成部分，它们就不应该受到不公平的歧视。需要这样做的理由，再明显不过了。

伦道夫先生：同意梅森上校的看法。

大会对拉特里奇先生的动议表决，结果，马萨诸塞反对，康涅狄格反对，纽约反对，新泽西反对，宾夕法尼亚反对，特拉华反对，马里兰反对，弗吉尼亚反对，北卡罗来纳反对，南卡罗来纳赞成，佐治亚不在场。1 邦赞成，9 邦反对，1 邦不在场。大会不同意拉特里奇先生的动议。

休会。

7月6日星期五　在制宪会议上

大会继续讨论全体委员会报告的第七条和第八条：联邦议会的席位分配问题。

古文诺·莫里斯先生提议：设立一个委员会，研究一下“每40 000居民产生1名议员”。他的想法是：对第一届联邦议会来说，每40 000居民产生1名众议员，或许正好把每个邦的席位数字固定下来；至于今后的变化，留给议会日后处理，按各邦相对重要性的变化，以及每个新邦的情况，制定变化规则。

威尔逊先生附议，但是附加一项要求：不要预先给委员会设定条条框框。

戈汉姆先生：现在就把分给各邦的众议员席位固定下来，只怕会束缚自己的手脚。居民人数确实是一个符合实际的标准；不过，有时或许需要对真实比例略微作些调整。大邦划分选区时，把一个邦划分为若干部分，也都留有余地。弗吉尼亚的一部分，目前正在要求单立。缅因省也正在召开制宪会议，讨论脱离马萨诸塞的问题。如果这些事情都先后发生，他们的众议员人数势必会减少。他以为，上策是把所有的邦都适当地划小，这样，在小邦的心目中，就不再显得可畏。他想，再把总体政府的结构修改调整一下，因为，各邦政府总是有一种持续不断的趋势，想要蚕食总体政府的权力。因此，每个邦的领域，应该尽快划分，尽量缩小。开展越早，越容易施行，这样，就可以加强总体政府的力量；这样，不论大邦小邦，都无话可说，邦的观念，就会逐渐变得淡薄。

格里先生：不同意戈汉姆先生的想法。中邦和小邦曾经一再灌输这种政策，要把大邦分割，是气量小的表现，与结盟的精神正好相反。有野心的人物，总是倾向于提出不必要的分割，直到把邦缩小到县的规模。如果这项政策还在激励小邦，大邦与小邦结盟，就失去安全；大邦就不得不考虑，为自己的安全而彼此结盟。他赞成设立一个委员会，不过他认为，众议院的席位，应该以人口与财富结合作为标准，按比例分配，而不是单独采取其中的一个标准。

金先生：希望为确定这个分句的措辞而设立委员会，主要目的，是把原来报告中的两个部分分开，免得把二者连在一起。他认为，要想把各邦之间的席位比例固定下来，很难保障。再过一个世纪，我们清点的人口，会大幅增加，到那时，众议员的人数就会太多，超过需要；居民人数，并不是能力和财富的适当指标；固定资产，是社会的第一目标；在固定比例时，不应该把固定资产排除在外。说起新邦，他发现，现在有一件许多人没有注意的怪事。联邦现在已被承认为一个叫作俄亥俄西北国家[178]的业主。邦联议会通过了一项政令，失策地把这片土地划分为10个邦，并与到那里去定居的人签订了一项基本契约条款，一旦其中任何一邦的人口，与原有13邦中最小的邦的人口相等，该邦就有权申请加入联邦。特拉华现在拥有的人口，清点下来不会超过35 000个灵魂[179]，而且有明显的理由[180]，在相当长的一段时间内，人口不会大幅增

---

[178] 俄亥俄西北国家：the Country, N. West of the Ohio。俄亥俄是河流名称，指该河以西以北。

[179] 灵魂(souls)：附表四显示，1790年特拉华有自由白人50 209名，奴隶8 887名，共59 096人；1787年，特拉华人口应已超过35 000。“灵魂”一词，可能单指“自由白人”，以别于在部分制宪会议代表心目中“没有灵魂”的奴隶。

[180] 特拉华面积仅5 070平方公里，当时人均占有土地面积甚大，因此，以为可以容纳的人数有限。

加。如果邦联议会坚持贯彻这项计划，可能一下子就会增加 10 个邦，而增加的居民人数，可能还不及宾夕法尼亚一个邦的人数。这项计划中关于新邦的条款，具有不可废止的[181]性质，土地的出售已经开始，购买者和定居者，将立即具备资格，享有契约中规定的所有特权。

巴特勒先生：同意设立委员会，但应给予委员会以充分的自由。他现在已经明白，对这个问题越是深究，就越说明居民人数不是分配席位的适当指标。如果没有其他反对意见，只要把标准改变一下就够了。他同意刚才的一些人发表的意见：需要考虑新邦老邦之间的适当平衡。他坚持认为：固定资产是惟一公平的席位分配尺度。固定资产是政府的伟大目标：开战的目的越崇高，坚持打下去的手段越高明。

平克尼先生：设立委员会没有什么良好理由。事实已经证明，要想充分调查土地的价值，实际上做不到。各邦对岁入的贡献，包括进口税和出口税，数量变化过于频繁；要想调整，过于困难；对不以贸易为主的邦，也太不公平。看来，居民人数还是惟一公平可行的标准。他认为，计算人数时，黑人应与白人同等计算[182]，不过，他同意邦联议会所制定的比例[183]。他坚持认为，按照邦联条款，邦联议会无权接受新邦；邦联条款中没有这样的规定。

戴维先生：赞成设立委员会确定这个分句的措辞，以便吸取委员会报告的成果，加以发挥。他似乎认为，财富和固定资产，应该由第二院代表；人口则由第一院代表。

大会对古文诺·莫里斯先生设立委员会的动议表决，结果，马萨诸塞赞成，康涅狄格赞成，纽约反对，新泽西反对，宾夕法尼亚赞成，特拉

---

[181] 不可废止的(irrevocable)：也可译为"不可收回的"。法律用语，以别于"可以废止的、可以收回的、可以修改的(revocable)"。遗嘱初稿，可以修改，到形成"不可修改"的形式时，表明立遗嘱者已达到再无遗憾的境界。

[182] 平克尼先生是南卡罗来纳代表。南卡罗来纳在 13 个邦中奴隶比例最高，达人口总数的 43%(见附表四)。主张计算人口时，把黑人与白人同等计算，可以大大增加奴隶主掌握的选票，与主张黑人白人平等，不是同一概念。参见本书脚注[132]。

[183] 这里指把黑人当作五分之三个人计算。

华反对，马里兰代表赞成反对各半，弗吉尼亚赞成，北卡赞成，南卡赞成，佐治亚赞成。7邦赞成，3邦反对，1邦代表赞成反对各半。大会同意设立委员会。

书面投票结果，委员会由古文诺·莫里斯先生、戈汉姆先生、伦道夫先生、拉特里奇先生、金先生五人组成。

威尔逊先生：他同意设立委员会，是希望委员会能采纳马萨诸塞宪法确立的类似尺度，让小邦得些好处，又不在实质上偏离按比例分配席位的原则。

威尔逊和梅森先生提议：推迟讨论关于钱财提案的分句，改为讨论关于第二院席位平等的分句。

大会对他们提出的动议表决，结果，马萨诸塞反对，康涅狄格反对，纽约赞成，新泽西赞成，宾夕法尼亚赞成，特拉华赞成，马里兰赞成，弗吉尼亚赞成，北卡反对，南卡赞成，佐治亚赞成。8邦赞成，3邦反对，大会同意改为讨论第二院席位平等问题。

富兰克林博士：单独讨论这个问题不妥，委员会报告里包含了几项主张，彼此互为条件。如果把问题分开，他没法投票，应该把两个问题连在一起，才好投票。

梅森上校领悟到问题的难点，建议把第二院席位分配问题也委托给刚才任命的委员会，这样，可以把整个问题结合为一个观点。

伦道夫先生：不同意把这个问题也交给委员会，因为委员会的成员都是大邦的代表，与小邦的愿望不一致，因此，委员会的意见，小邦可能不会接受。

路德·马丁和杰尼弗先生提议：推迟讨论关于第二院席位分配的分句，等到刚才任命的委员会提出报告以后再说。

麦迪逊先生：如果报告中没有提交给委员会的部分，与提交给委员会的部分有关，那就也应该提交给委员会；如果两个问题无关，那就无须推迟到委员会提出报告以后。

大会对马丁和杰尼弗先生提出的动议表决，结果，康涅狄格、新泽西、特拉华、弗吉尼亚、马里兰、佐治亚赞成，宾夕法尼亚、北卡罗来纳、南卡罗来纳反对，马萨诸塞和纽约代表赞成反对各半。6 邦赞成，3 邦反对，2 邦代表赞成反对各半。大会同意推迟讨论关于第二院席位分配的第二分句，继续讨论第一分句。

古文诺·莫里斯先生：反对限制任何一院发起钱财提案的权利。这个问题应该单独处理，与第二院的席位分配问题无关。这种限制，会剥夺第二院提出花钱方案的能力，也使人民失去一个机会，把第二院制订钱财计划的能力，与第一院的能力比较一番，然后再作出判断。[184]

威尔逊先生：这样就一点也看不出小邦的让步了。如果两院都同意某项钱财提案，或两院都反对，那就不起什么作用，不过一个先说，一个后说。如果限制其中一院发起钱财提案的权利，那么，他认为，把做法颠倒过来，由第二院发起，倒是最为合适。因为，人少的一院，便于仔细斟酌；人多的一院，宜于作出决定。这种做法，已经是众所公认。据他了解，英国禁止上院发起钱财提案的做法，已经被改写进北美好几个邦的宪法里。不过，事实告诉他，考查一下北美过去的试验就会发现，这种做法不过是海市蜃楼，并不实用。在大不列颠的议会史上，也乏善可陈。如果有人发现这种做法有什么优点，请不吝赐教。

威廉森先生：如果没有必要把这一特权同时授予两院，那就不如授

---

[184] 1995 年，联邦政府预算的制定程序如下：一、新年以前，14 名部长向总统办公厅预算办公室提交下一财政年度的拨款要求，由办公室主任（部长级，内阁成员）制定预算；二、2 月第一个星期一，由总统向联邦议会提出下一财政年度的拨款要求报告；三、议会预算办公室，作为调查和咨询机构，2 月 15 日开始向两院预算委员会提交评估报告，向索取数据的议员提供有关资料；四、众议院和参议院的预算委员会分别为院内权力最大的委员会，分筹款和拨款两个委员会，下设外交、军事等委员会，再分小组委员会，分别与有关行政部门一一对口，各小组委员会和委员会分别提出与自己对口的行政部门下一年度的拨款意见；五、众议院和参议院预算委员会归总后，于 4 月 1 日向议会提出各自的总体预算方案，开始在议会辩论，接受新闻媒体的追踪、询问；六、众议院预算委员会与参议院预算委员会谈判，折中后，于 4 月 15 日通过下一年度的预算决议；七、5 月 15 日，议会对年度拨款提案开始分项（如军事、外交）辩论；八、6 月 10 日，众议院拨款委员会向议会提出年度拨款提案；九、6 月 15 日，议会两院之间完成关于钱财提案的立法谈判；十、6 月 30 日，众议院完成年度拨款提案。10 月 1 日，新财政年度开始。参见堪萨斯城出版的《宇宙年鉴，1996》，第 119 页。

予第二院。第二院人少，监督制定钱财提案所需要的人手就可以节省一些，不像第一院人数众多，难以监督。

梅森先生：委员会需要斟酌的是，第一院议员是直接由人民选出的，第二院不是。如果让第二院去花老百姓的钱，他们只怕很快就会忘记，这些钱是从哪里来的。我们或许很快就会看到一种贵族政体。他对有些先生提出的主张甚为担心，使他感到满意的是，这些主张并没有占据上风。他是主张两院都实行比例席位分配的；不过他估计，为了实现调解，总得在某些问题上作出让步。

威尔逊先生：如果他的主张是第二院独自做主花老百姓的钱财，那么（梅森先生）的意见就是一语破的。可是，他的话不能随便加以引申。现在，他要提的问题是：如果把发起钱财提案的特权授予第一院，那么，第一院的权力又怎么会提高，或者，第二院的权力又怎么会缩小呢？如果其中一院只能发起提案，但要两院取得一致，提案才能最后通过，那么，又有什么区别呢？

格里先生：小邦的让步还不够。不过他认为，这总还是一个让步。这会在宪法上增加一条原则：人民不把钱财问题信托给第二院，这样就会减少第二院的分量和影响。由此而进，既然第二院不具备这一特权，也就剥夺了他们的一种机会：利用三倍于第一院议员的任期，为争取实现某一目的，接连尝试三次。

平克尼先生：事情很明显，作出让步的只是一方，就是大邦一方，发起钱财提案的特权，其实算不了一回事。

古文诺·莫里斯先生：一直在等待，看是否有人说出这种限制的良好效果。关于出现贵族制的警告，他的信条是：没有贵族制的文明社会，过去从未存在，将来也不会出现。他的努力，就是要尽量保持贵族制，以免做出错事。这种限制，如果真的施行，将会剥夺第二院为我们服务的机会，让他们系统汇编和提出钱财提案。在这方面，第二院的能力要比第一院强得多。这种限制，会使第二院失去责任感，而他们的责任感，是议会行为良好的巨大保障。结果，人们对这种筹款和拨款的计划总是有意见，不喜欢，加以指责，要求修改，可是，宪法又规定不许第二院修正，也没有提案被拒绝后的善后措施。这将成为两院之间发生争端的危险根源。我们既不能照搬英国宪法，也不能完全另起炉灶。仅仅为了解决这种争端，英国国王就两次解散议会。我们的行政官有解散议会的能力吗？每项立法，总是要直接或间接地从老百姓的口袋里掏出钱来，才能实施。情况紧急时，如何使这种特权发挥作用？假设敌人已经到了门口，击退敌军必须立即筹款，绝对需要不可，人多嘴杂的第一院，在这种敌军压境的局势下，可能就会占据上风，迫使已被宪法本身禁锢的参议院让步。他以英国长期议会[185]颠覆上院的例子，说明这种危险，得出结论：总的来说，限制第二院的这种特权，不仅无用，而且有害。

富兰克林博士：本不打算为 11 人委员会的报告辩解；既然有人问起，限制第二院染指钱财提案有什么好处，他只好出来回答：人民需要了解，是哪些人在花他们的钱，那些人把他们的钱是怎么花掉的。这个问题，具有永远的重要性。众所公认：事关谁的痛痒，谁就具有最佳的判断力。他认为，只有把钱财的事限制在由人民直接选出的议员手中，才能最佳实现这一目的。就是这一点，使他同意这个报告。至于说到并非由人民按人口比例产生的第二院，失去否定权可能产生的危险或困难，只要宣布没有这种否定权，就可以轻而易举地解决。如果这样还不解决问题，那就宣布，干脆不要第二院。[186]

路德·马丁先生：委员会讨论时已经想到，在钱财提案问题上，肯定会出现争端和难题，应该放在今后讨论细节安排时，再设法防止。

---

[185] 长期议会(Long Parliament)：英格兰国王查理一世要打苏格兰，需要钱，1640 年 4 月召集议会开会，引起争议，钱没弄到手。5 月，国王解散议会，史称短期议会。不久，苏格兰人入侵英格兰北部，国王又需要钱打仗，不得不再次召集议会。可是，长期议会比短期议会对国王更强硬，头九个月内，就要求罢免国王的顾问、撤销枢密院、提出非经议员同意国王不得解散议会。议会与国王争议的结果，是爆发英国革命，议会把查理一世送上断头台。英国议会下院独享钱财提案发起权，此前已形成，标志资产者用钱袋取代贵族在议会中的地位。

[186] 13 个邦的议会，只有宾夕法尼亚实行一院制，与富兰克林反对贵族制有关。

威尔逊先生：等到试图定义和消除这些难题和争议时，难题和争议还会更多。安妮女王[187]曾不得不解散她的议会，以便终止两院之间这种无法解决的争端。当时若不是王室出面调停，谁也不敢预料会引出什么结果。这个问题在英国至今悬而未决。他同意主席阁下（富兰克林博士）提出的原则：必须让人民了解他们的钱的去向。不过，他认为，不论采取这种办法还是那种办法，人民都会了解的，会满意的。

平克尼将军觉得大吃一惊：这种限制居然被视为让步。他说，这种限制，在表决中，8 邦反对、3 邦赞成，已经被否定，而那些称此限制为让步的邦，现在又反对这一规定本身，说不起作用，不合适。

11 人委员会报告中关于钱财提案的分句，是否仍旧站得住脚，保留为报告的组成部分？大会就此表决，结果，马萨诸塞代表赞成反对各半，康涅狄格赞成，纽约代表赞成反对各半，新泽西赞成，宾夕法尼亚反对，特拉华赞成，马里兰赞成，弗吉尼亚反对，北卡赞成，南卡反对，佐治亚代表赞成反对各半。5 邦赞成，3 邦反对，3 邦代表赞成反对各半。

有人提问：11 个邦出席，5 邦赞成，算不算通过？关于会议规则，参见 5 月 28 日的笔记。

大会再次表决，认为算通过的，有马萨诸塞、康涅狄格、新泽西、宾夕法尼亚、特拉华、马里兰、北卡、南卡、佐治亚；认为不算通过的，有纽约，弗吉尼亚。9 个邦认为通过，会议同意保留这种限制。

在过去的笔记中，也出现过类似的情况，都被默认为通过。

休会。

---

[187] 安妮女王（Queen Anne，1665—1714）解散议会，是根据形势变化，让托利党人和辉格党人先后组阁，维持王室稳定。

7月7日星期六　在制宪会议上[188]

大会继续讨论全体委员会报告的第七条和第八条：联邦议会的席位分配问题。

先讨论是否把"第二院内每邦一席"仍旧保留为11人委员会报告的组成部分？

格里先生：这是关键问题。他觉得，与其达不成协议，不如同意。一个达不到体制安排合理的全国的政府，如果能受到普遍接受，总比虽有适当安排，各邦都不满意，弄得无法贯彻要好。他认为，最好的办法，还是等到昨天任命的委员会提出报告以后，再讨论为好。

谢尔曼先生：每个代表的愿望，都还是想要建立起某种形式的政府。他想，第二院每邦一席，很可能会给政府灌注必要的生机。小邦的政府比大邦的政府更为生气勃勃，因此，大邦的影响力越大，政府越虚弱。大邦要想搜集人民的真情实感，真是难上加难。错误和不当的举

---

[188] 7月7日，秘书杰克逊记录的第一件事，是费城图书公司秘书罗尔先生致大会主席华盛顿的一封信："制宪会议主席先生，我荣幸地通知您本城图书公司的决议。"附件："1787年7月5日星期四，费城图书公司董事会举行会议。决议：制宪会议在本城召开期间，图书馆员应向制宪会议代表提供他们所想要的书籍。特此通知。董事会。"见法兰德编《汇编》第一卷第548页。

措，更容易获得成功机会；不三不四的人，最容易当官求职。如果第二院实行投票表决，每邦仅仅一票，互相平等，那就总是有邦的多数和人民的多数都站在公共政策一边的时候，政府就能够作出决定，而且可以有效贯彻。如果第二院中出现的情形并非如此，多数邦就会反对公共政策，那么，要贯彻这些政策，就会受到公众决定的约束，就会使政府显得空前的软弱无力。

威尔逊先生：并非不理解调停妥协的愿望，不过立场坚定有时也是一种更为崇高的责任。以这件事来举例，就是误用调停妥协。这里所追求的折中，与其说是议员之间的折中，不如说是人民之间的折中；如果不奠定议会，要想在人民之间达成折中，几乎是达不成结果；如果不能打下公平正确的基础，建立议会的希望也会成为空中楼阁。

大会对是否把“第二院每邦一席”保留在 11 人委员会的报告以内表决，结果，马萨诸塞代表赞成反对各半，康涅狄格赞成，纽约赞成，新泽西赞成，宾夕法尼亚反对，特拉华赞成，马里兰赞成，弗吉尼亚反对，北卡赞成，南卡反对，佐治亚代表赞成反对各半。6 邦赞成，3 邦反对，2 邦代表赞成反对各半。

（注意，这里有几个赞成票和分裂票，因为报告中还有一个问题有待讨论。）

格里先生：现在与其讨论第二院的席位分配规则，还不如向前推进，先列举和定义应该授予总体政府的权力。

麦迪逊先生：还不知道各邦在政府中的席位分配方式以前，很难说把哪些权力授予政府才安全妥当。他的理解是，如果公平的代议制不能成为政府的基础，而且这种情况果然发生，就像邦联条款那样，凡事委而不决，那么，新政府也会和老政府一样，又无能，又短命。

佩特森先生不能断定：发起钱财提案的特权，究竟是一个价值重大的问题，还是无关宏旨。他认为，第一院的席位分配规则，也和这一样，或许十分重要，或许毫无价值。不过，一旦确定了第一院的分配规则，小邦若不能在第二院获得平等席位，那就绝无能力捍卫自己。除此之外，没有别的调解基础。他的决心固定不变。他只会在这个基础上与大邦见面，其他免谈。如果单为他自己，他就会投票反对那个报告，因为，小邦所作的让步实在太过分了。

古文诺·莫里斯先生：他还没有形成不可改变的、固定僵化的决心，除非出现他认为是正确的意见。他反对那个报告，因为其中含有第二院的不当构成方式。这种方式，把第二院弄成又一个邦联议会，不过是一把稻草扎成的鞭子。有人（格里先生）说，新政府部分是国家，部分是联邦；那么，它要保护的首先是个人，其次才是邦。可是政府需要具备哪些特点，才能保护整体的集合利益呢？在已经提出的许多条文中，他没有看到一条是在支持美利坚帝国的尊严和崇高。国家的崇高目标，总是为在地方观念作出牺牲，这是我们最大的不幸之一；就像各邦的总体利益，总是在为各县的利益而作出牺牲一样。参议院还有什么制约能力？如果参议院不能保护大多数人不受某些邦的损害，那它就一点制约能力都没有。为了多数人的利益，就应该让某些邦承担损失，如果它们的行为该当如此。假定这些邦非要坚持一些不合理的要求，而且采取损害全体的方式，不达目的绝不罢休。假定它们要投靠外国，在这种情况下，还要保护它们吗？各邦本来也只是殖民时代形成的自治体，如此而已。《独立宣言》发表时，一个政府就已经形成。小邦当时意识到有必要避免无政府状态，利用当时的时机，硬向大邦要求平等表决权。现在脚跟已经站稳，又像常人一样，要求在新体制中获取更多权利，比他们的伙伴大邦有过之而无不及。对小邦的适当回答是：过去它们曾经利用过的机会，现在已经不复存在，大邦现在已经有权考虑，如何正确处置，而不是采取什么变通办法。我们必须有一个有效的政府，如果地方政府还在发挥效能，总体政府就建立不起来。仅仅举日耳曼帝国的例子，就足以证明。尽管它们有一个共同议会，尽管皇帝作为国家首脑有若干巨大特权、拥有广泛的资源来维护他在某些领域的主权，联邦最后还是保不住：外国的影响，干扰每项国内措施的施行，总体政府没有一点生机。这是怎么形成的呢？就是因为地方当局过于活跃；

因为地方当局认为，与其为日耳曼人民服务，不如支持黑森郡主。先生们是否希望这里也发生这种事呢？主席先生，感谢仁慈的上帝，各邦还能这样自欺欺人吗？把各邦的宪政、宪法全部一把火烧掉，把各邦的那些政客，全扔到大洋里去，又会如何？这会给美利坚人民的幸福带来什么呢？如果我们想把追求的一系列事情办成，不就应该这样办吗？我们要建立一个神圣罗马的枢密院，但不要颁发诏书的皇帝。这里把人们联合起来的同样环境，在那里把日耳曼人联合起来。他们那里有共同的语言，共同的法律，共同的风俗习惯，和一个联合起来的共同利益；可是，它们各地的地方权限，把所有的纽带全部摧毁。希腊城邦的情况，也是如此。荷兰联邦，现在弄得四分五裂。有这些先例放在我们眼前，我们是不是也要建立一个同样的政府呢？那势必走向同样的结局。不论第二院议员从怎样的选区选出，如果变成一个庇护所，不把这些罪孽一扫而光，最后还是没有效果。当此之时，政府正在建立之际，他坚决反对以每邦平分秋色的方式建立。他将乐于加入设计一种修正方案，使我们能够保障我们的自由和幸福。

谢尔曼和艾尔斯沃斯先生提议：推迟讨论第二院每邦一席的问题，等待五人委员会提交报告。

大会对他们的动议表决，结果，马萨诸塞赞成，康涅狄格赞成，纽约反对，新泽西赞成，宾夕法尼亚赞成，特拉华赞成，马里兰赞成，弗吉尼亚反对，北卡反对，南卡反对，佐治亚反对。6 邦赞成，5 邦反对。大会同意推迟讨论这个问题。

休会。

7月9日星期一　在制宪会议上

马里兰的丹尼尔·卡乐尔[189]先生到会就坐。古文诺·莫里斯先生代表昨天选出的五人委员会向大会报告。委员会受托解决的问题是：由每邦一人组成的11人委员会，提出每40 000居民产生1名众议员，是否适宜。他的报告内容如下。

“委员会讨论了11人委员会提出的第一项主张的第一个分句，请

---

[189] 丹尼尔·卡乐尔(Daniel Carroll，1730—1795)是马里兰代表，出席制宪会议时57岁。从爱尔兰移民到马里兰的卡乐尔家族分为两支，其中一支的成员查尔斯代表马里兰签署《独立宣言》，另一支的成员丹尼尔代表马里兰签署《邦联条款》和《联邦宪法》。丹尼尔生于马里兰，家庭非常富有，是制宪会议代表中极少的罗马天主教徒之一。1742—1748年就读于一所著名的耶稣会学校，然后游学欧洲。此后20年间，他的行为罕为人知，只知道他勉勉强强支持独立战争。1781年开始从政，当选马里兰驻邦联议会代表三年(1781—1784)。他几乎终身担任马里兰邦参议院议员，与华盛顿一起担任波托马克公司董事，修建从大西洋到阿巴拉契山的运河。丹尼尔到会后，基本保持出勤，发言20多次。由于他的到会，马里兰代表团经常代表赞成反对各半(路德·马丁与杰尼弗意见相反)的局面终止。制宪会议后，卡乐尔回到马里兰积极支持批准《联邦宪法》。1789年，丹尼尔当选联邦众议员。第一任财政部长汉密尔顿制订出联邦第一份财政计划后，没有料到在众议院里带头反对的，是麦迪逊。在杰斐逊家里，汉密尔顿与杰斐逊-麦迪逊达成一项政治交易：汉密尔顿支持把首都设在靠近弗吉尼亚的地方，换取麦迪逊取消对财政计划的反对，让计划在国会通过。麦迪逊正好在那里买了一大片土地，杰斐逊也希望首都靠近自己的邦。这个故事广为流传，《麦迪逊传》作者勃兰特和《汉密尔顿传》作者赫西特对此均表怀疑。确定由弗吉尼亚和马里兰各划出一片波托马克河边的土地建立首都哥伦比亚特区后，华盛顿任命丹尼尔·卡乐尔为三名测量和规划哥伦比亚特区的负责人之一，丹尼尔本人在那里也拥有大片土地。四年后，他因身体不佳辞职。

求报告如下。

“一、议会第一院第一次开会时，议员共56名，其中，新罕布什尔2名，马萨诸塞7名，罗德岛1名，康涅狄格4名，纽约5名，新泽西3名，宾夕法尼亚8名，特拉华1名，马里兰4名，弗吉尼亚9名，北卡罗来纳5名，南卡罗来纳5名，佐治亚2名。

“二、可是，由于目前各邦的财产和人口状况都会变化，授权议会每隔一段时间增加众议院人数。如果今后任何邦分成一个以上的邦，两个或几个邦合成一个邦，或者在联邦范围以内出现新邦，议会有权针对上述情况制定规则，根据各邦的财富和居民人数，决定议员人数。”

谢尔曼先生希望了解：报告是按什么原则算出席位的？听起来，似乎并不符合任何现有的数字，也不符合邦联议会此前所采纳的款项摊派规则。

戈汉姆先生：必须制定这样的条款来开一个头。黑人和白人的人口数，再加上一些对财产的估计，是总体指导原则。不足1的分数，都不算在内。议会每隔一段时间，将按公平原则和固定资产的需要，制定更改办法。对每40 000居民产生1名众议员，有两种反对意见。第一种认为，这样下去，众议员人数很快就会过多；第二种认为，西部的邦可能会有不同的利益，如果按此原则吸收，他们的席位，会逐渐超过大西洋沿岸各邦的席位。这两种意见都排除了。议会第一次开会时，议员人数少，这种情况可能继续，大西洋沿岸各邦已将政府掌握在自己手中，可以照顾自己的利益，处理西部新邦席位时，会给予安全的比例。这些，就是委员会的看法。

路德·马丁先生希望了解：委员会是否遵循了比例原则，是按照各邦的财富，还是居民人数，或者二者都考虑了。他指出：这与邦联议会过去摊派款项的比例不同了。

古文诺·莫里斯和拉特里奇先生提议：推迟讨论第一自然段，关于议会第一次开会时各邦席位的数字，改为讨论第二自然段，授权议会根据财富和居民人数，每隔一段时间作出调整。

大会一致同意他们的动议。

大会对第二自然段没有展开辩论，直接投票表决，结果，马萨诸塞赞成，康涅狄格赞成，纽约反对，新泽西反对，宾夕法尼亚赞成，特拉华赞成，马里兰赞成，弗吉尼亚赞成，北卡罗来纳赞成，南卡罗来纳赞成，佐治亚赞成。9 邦赞成，2 邦反对。会议通过第二段。

谢尔曼先生提议：把第一段的席位分配问题，交给一个委员会处理，由每邦一人组成。

古文诺·莫里斯先生附议。他说，对这个问题，设立委员会，是惟一的解决办法。

威廉森先生：有必要回到数字规则上来，但是，西部的邦基础不同。如果把他们的单位土地价值也按大西洋沿岸的标准一样估算，他们的席位分配就会遵循同样的比例。但是，它们的单位土地价值不应该按同等价值估算。

古文诺·莫里斯先生：这个报告，不过聊胜于猜想。委员会并没有完全忽略财富问题。一个邦的人数多于另一个邦时，当然是多给席位，不过也只是采取四舍五入的办法，多给前者一席，反过来也一样。委员会的目的，不过是拿出一个意见来，供大会继续讨论。

里德先生问：佐治亚的居民人数低于特拉华，为什么给佐治亚 2 席？

古文诺·莫里斯先生：那个邦的人口增长很快，等到方案生效时，他很可能已经具备 2 席的资格。

伦道夫先生：不喜欢委员会的这个报告，但也不愿意反对。他明白，不到全国议会高兴调整以前，这些数字是不会改变的。要找借口推迟更改，总不愁找不到理由，大权已经在手的人，总会抓住权力不放。他主张：委员会由每邦一人组成。

佩特森先生：报告把人口与财富结合起来，可是对未来的估计过于模糊。因此，新泽西投反对票。他认为，黑人只能当作固定资产计算。黑人没有自由，没有个人的公民权利，没有获得固定资产的特权，相反，他们本身就是固定资产，与其他固定资产一样，完全服从主人的意志。弗吉尼亚的人是否拥有多少奴隶，就拥有相应比例的投票权？如果黑人在他们所属的邦里，没有议员代表他们，为什么在总体政府中，又有议员代表他们？代议制的真正原则是什么？代议制基于方便原则，由人民选出一批人来开会议事，免去全体出席的不便。如果人民真的全体出席，奴隶有权投票吗？没有。可是，为什么又有人作为议员代表他们呢？他还有一条反对意见：这种做法，是在间接鼓励奴隶贸易。他指出，大陆会议通过的法案，在修改邦联条款第八条时，都羞于使用“奴隶”这个词，换了另一种表述方式。[190]

麦迪逊先生提醒佩特森先生：他的发言可以说是抓住了代议制原则的精义。因此，小邦要求与大邦席位平等，从此应该缄口。如果所有各邦的人民真的全体开会投票，小邦的票数，应该与它们公民的票数成正比。他提议：第一院的席位按各邦自由居民人数分配；第二院的主要目的之一，是保护固定资产，席位按全体人数分配，包括奴隶在内。他提议以此作为折中的适当基础。

巴特勒先生热烈主张：分配席位要考虑财富，这才公平，而且必要。

金先生：早就料到，由于南部各邦最富，若不适当照顾它们的财富，它们不会与北部结盟。反之，如果北部不能从商业优势和其他方面得到好处作为回报，它们也不会与南部联合。13个邦里，已经有11个邦同意，摊派税额时，要把奴隶计算在内；摊派税额与分配席位，应该并行不悖。

是否由每邦选举一人组成委员会，讨论五人委员会报告的第一段？大会对此表决，结果，马萨诸塞赞成，康涅狄格赞成，纽约反对，新泽西赞成，宾夕法尼亚赞成，特拉华赞成，马里兰赞成，弗吉尼亚赞成，北卡

---

[190] 邦联议会的措辞是“以上没有提到的人”。《联邦宪法》第十二条修正案的目的，是使政党合法化，但条文中没有出现“政党”一词。关于黑人问题的进一步讨论，见7月11—13日的会议笔记。

赞成，南卡反对，佐治亚赞成。9 邦赞成，2 邦反对。会议同意每邦选举 1 人。

当选的委员：金先生（马萨诸塞），谢尔曼先生（康涅狄格），雅茨先生（纽约），布瑞利先生（新泽西），古文诺·莫里斯先生（宾夕法尼亚），里德先生（特拉华），卡乐尔先生（马里兰），麦迪逊先生（弗吉尼亚），威廉森先生（北卡罗来纳），拉特里奇先生（南卡罗来纳），豪斯通先生（佐治亚）。

休会。

7月10日星期二　在制宪会议上

大会继续讨论全体委员会报告的第七条和第八条：联邦议会的席位分配问题。

金先生代表昨天选出的11人委员会向大会报告：总体议会第一院第一次开会时，议员人数应为65名，其中，新罕布什尔3名，马萨诸塞8名，罗德岛1名，康涅狄格5名，纽约6名，新泽西4名，宾夕法尼亚8名，特拉华1名，马里兰6名，弗吉尼亚10名，北卡罗来纳5名，南卡罗来纳5名，佐治亚3名。

拉特里奇先生提议：新罕布什尔应从3名减为2名。它的人口不够资格有3名，而且是个穷邦。

平克尼将军附议。

金先生：新罕布什尔的居民人数多半超过12万，有广阔的农村和过得去的繁殖力[191]。因此，它的居民人数估计会快速增长。他指出，东部四邦[192]

---

[191] 有广阔的农村和过得去的繁殖力：has an extensive country of tolerable fertility。这里把fertility译为“繁殖力”，此词兼含土地肥沃的农业生产力和人口的繁殖力。

[192] 东部四邦：four Eastern States。指新罕布什尔、马萨诸塞、罗德岛、康涅狄格，按上述报告，席位合计17。金先生说的东部和南部的矛盾，其实是北部与南部的矛盾，纽约、新泽西和宾夕法尼亚亦构成北部的组成部分。关键分野，是北部不蓄奴，反对南部的蓄奴制。参见本书附表四。

有 80 万生灵，比南部四邦[193]的席位还少 1/3，南部生灵不足 70 万，并且已经把奴隶按照 3/5 计算在内。东部人民对这种安排会反感，会不满意。他相信，东部人民非常愿意与他们的南部兄弟联合，但是，如果以为他们在席位分配问题上吃净亏也会百依百顺，那就不够稳健了。他现在已经充分相信，利益差别，并不像前一阵讨论的那样，在大邦小邦之间，其实是在南部与东部之间。为此，他曾经准备，为南部的安全，在席位分配上让他们一点。其实，让他们占据多数，没有任何道理。现在已经对南部做到尽量公平。他不反对再给他们一点安全感，可是无计可施。

平克尼将军：五人委员会的报告，比现在这个报告，对南部有利些。如果南部的席位这么少，而把管理贸易的权力授予总体政府，那么南部的人就毫无地位，不过替北部的人做管理生产的监工头罢了。他并不期待把南部各邦的席位提高到占据多数，但是希望它们能大体平等。现在，由于委员会的更改，有利于北部各邦，他们走得比原来远了。弗吉尼亚确实是加了 1 席，他为此感到高兴，因为他认为弗吉尼亚是南部的一个邦。他也感到高兴的是，佐治亚也增加了 1 席。

威廉森先生：不赞成把新罕布什尔从 3 席减为 2 席，主张减少其他某些邦的席位。按现在的安排，南部的利益极其危险。议会第一次开会时，北部将占据多数席位，由此而具备使这种比例永久化的手段。

戴顿先生：北部和南部之间的利益界线划得并不恰当：宾夕法尼亚应该是分界线，这样，两边都是 6 个邦。

平克尼将军：要求把新罕布什尔减去 1 席，要求考虑南部的财富优势，应在政府中占有正当的分量。

古文诺·莫里斯先生：对辩论的转向表示惋惜。他发现，在场虽有各邦的许多代表。他担心，其中几乎无人像是美利坚的代表。他认为，

---

[193] 南部四邦：four Southern States。指弗吉尼亚、北卡罗来纳、南卡罗来纳、佐治亚，按上述报告，席位合计 23。其实，特拉华和马里兰亦构成南部的组成部分。参见本书附表四。

按这个报告，南部的席位，已经超过它们的份额。固定资产应该有它的分量，但并非分量的全部。如果说，要南部各邦出钱，北部各邦就得流血。而且，就全国岁入而言，对南部可能作出的贡献估计太高，期待过分。他反对减少新罕布什尔的席位。

伦道夫先生：反对减少新罕布什尔的席位，并非因为新罕布什尔有充分的资格获得 3 席，而是因为他脑子里有一个设想：一、要使议会肩负责任，每隔一段时间，按人口普查来制定席位分配规则，不要让议会随心所欲、自行决定；二、对某些问题，尤其是关于商业问题的立法，议会不能只用简单多数通过，应该要求更高的赞成比例，才能通过立法。

是否把新罕布什尔的席位从 3 席减为 2 席？大会表决结果，马萨诸塞反对，康涅狄格反对，[194]新泽西反对，宾夕法尼亚反对，特拉华反对，马里兰反对，弗吉尼亚反对，北卡赞成，南卡赞成，佐治亚反对。2 邦赞成，8 邦反对。大会不同意把新罕布什尔减为 2 席。

平克尼将军和亚历山大·马丁[195]提议：把北卡罗来纳的席位从 5 席增为 6 席。

大会对他们的动议表决，结果，马萨诸塞反对，康涅狄格反对，新泽西反对，宾夕法尼亚反对，特拉华反对，马里兰反对，弗吉尼亚反对，北卡赞成，南卡赞成，佐治亚赞成。3 邦赞成，7 邦反对。大会不同意把北卡罗来纳增为 6 席。

平克尼将军和巴特勒先生提议：把南卡罗来纳的席位从 5 席增为

---

[194] 根据会议秘书的记录，纽约在前两次表决中都投了反对票。是否把新罕布什尔减为 2 席？投票结果是 2 比 9；是否把北卡罗来纳增为 6 席？投票结果是 3 比 8。见法兰德《汇编》第一卷第 565 页。

[195] 亚历山大·马丁(Alexander Martin，1740—1807)是北卡罗来纳代表，出席会议时 47 岁。马丁 1756 年毕业于普林斯顿的新泽西学院。他乘驿马车到南部去开拓，当律师，开发农场，买了 40 多名奴隶。1775 年从军，参加独立战争，在北卡罗来纳第二团任中校；在杰曼镇一役中，他被控贪生怕死，后来无罪开释。1776 年，马丁当选北卡罗来纳邦议会议员，成为邦议会中代表小农场主一派的领袖。他在邦参议院里担任议员 4 年，又担任邦长 3 年，他拒绝到纽约去做邦联议会代表。5 月 25 日，马丁就到达费城参加制宪会议，是到会最早的代表之一，8 月下旬提前离会。他赞成宪法，但没有在宪法上签名。

6席。

大会对他们的动议表决，结果，马萨诸塞反对，康涅狄格反对，纽约反对，新泽西反对，宾夕法尼亚反对，特拉华赞成，马里兰反对，弗吉尼亚反对，北卡赞成，南卡赞成，佐治亚赞成。4邦赞成，7邦反对。大会不同意把南卡罗来纳增为6席。

平克尼将军和豪斯通先生提议：把佐治亚的席位从3席增为4席，强调佐治亚的人口增长速度空前。

大会对他们的动议表决，结果，马萨诸塞反对，康涅狄格反对，纽约反对，新泽西反对，宾夕法尼亚反对，特拉华反对，马里兰反对，弗吉尼亚赞成，北卡赞成，南卡赞成，佐治亚赞成。4邦赞成，7邦反对。大会不同意把佐治亚增为4席。

麦迪逊先生提议：把分配给每个邦的席位数字都翻一番。65人组成第一院，如果出席人数刚好只达到法定人数，而通过提案时议员人数又仅仅过半，其实不足以代表联邦的全体居民；这样的出席人数，不足以得到民众信任；而且，议员在全国分布得太稀疏，无法带来开会时经常需要的地方信息。把人数翻一番，即使加上新邦的议员，人数也不会太多。在这个重大问题上，再增加一点开支，也不足为惜。把人数增加到这样的规模，或许不得人心，但是，有希望从人民当中产生出大量的候选人，这个效果，可以抵消反对者的意见。

艾尔斯沃斯先生：坚决反对增加议会开支；而且，议员人数越多，议事越慢；或许更不能像应该的那样作出决断。他认为，目前大多数邦的议员人数都太多。总体议会的人数，更没有必要像邦议会那样人数众多，况且，联邦议会只不过是讨论极少数全国性的问题而已。

谢尔曼先生：用不着65席，最好是50席。议员们来开会要长途跋涉，能否出勤都靠不住，要想凑足称职的人承担议员任务，也很难。他说，新邦增加议员的办法，也值得再斟酌斟酌。

格里先生：最好把议员名额增加到65人以上。人数越多，议员腐化的可能性越小。人民习惯也喜欢议员人数多一些，觉得议员人多，人民的权利更有保障。关于名额太多的危险，可以立一个明确的上限，事先规定：议员总数永远不得超过这个上限。

梅森上校：反对议会增加开支，不仅意见本身具有分量，而且，应该考虑增加开支给人民的影响。不过，反对议员人数太少，比这种意见更有分量。他算了一下，38 名议员就超过 65 人的半数，构成法定开会人数。20 名议员超过 38 名出席议员的半数，足以通过立法。20 人既不能带来各种地方利益的必要信息，也不能取得人民信任。把众议员人数翻一番，立法还是掌握在太少的人手中，由此，他们所立的法，几乎总是会引起反对。

里德先生：赞成议员人数翻番。如果席位总数仍旧是 65，两个只有 1 席的邦（特拉华和罗德岛），若其中任何一个遇到意外，就没有议员出席，去提供信息、申诉利益、提出希望。人民不会把信心寄托给人数这么少的议员。他希望，总体政府应该有尽量多的目标，不像有些先生希望的那样，目标极少。其实，目标会变得越来越多。至于说到新邦，可以对议员总数的最高点加以限制，这样就可以防止人数过多造成的各种危险。

拉特里奇先生：反对议员人数翻番。所有各邦的议员人数都太多。按规定分配给各邦的全部议员，估计都会出席，因此，不必顾虑仅仅达到法定人数。各选区选民的利益，将督促他们选出的议员出席，强烈反对他们缺席。他估计，总体议会一年的开会时间，不会超过 6 到 8 周。

大会对众议员人数翻番的动议表决，结果，马萨诸塞反对，康涅狄格反对，纽约反对，新泽西反对，宾夕法尼亚反对，特拉华赞成，马里兰反对，弗吉尼亚赞成，北卡反对，南卡反对，佐治亚反对。2 邦赞成，9 邦反对。大会没有同意麦迪逊先生的动议。

大会对第二个 11 人委员会提出的修正案表决，结果，马萨诸塞赞成，康涅狄格赞成，纽约赞成，新泽西赞成，宾夕法尼亚赞成，特拉华赞成，马里兰赞成，弗吉尼亚赞成，北卡赞成，南卡反对，佐治亚反对。2 邦反对，9 邦赞成。大会同意席位总数定为 65，以及席位在各邦的分配办法。

布鲁姆先生提请大会注意：他之所以同意，目的是要求他的邦在第二院中享有平等的席位。他认为，小邦在第一院作出如此重大的让步之后，不能再否定他们对第二院的要求。

伦道夫先生提议，作为对五人委员会报告的修正案："为了落实各邦人口和财富的变化，应该要求议会开展人口普查，时间约在议会第一次开会后的一年以内；此后，每隔______年举行一次，议会根据人口普查结果安排席位分配。"[196]

---

[196] 新泽西代表佩特森先生和布瑞利先生7月10日写下的制宪会议笔记手稿，反映出制宪会议代表们对联邦人口和财政状况的了解程度。

佩特森先生7月10日在制宪会议上的笔记手稿：

	居民人数
1774年新罕布什尔	100 000
1774年马萨诸塞	400 000
罗德岛1783年2月给议会的报告	
白人　48 538　黑人　3 331	51 869
1774年康涅狄格	
白人　192 000　黑人(约)6 000	198 000
1782年接近	220 000
1756年纽约	96 775
1771年	168 000
1786年　白人　219 996　黑人　18 889	238 885
1783年新泽西　包括约10 000　黑人	139 000
宾夕法尼亚	—
特拉华	—
1774年马里兰估计	350 000
黑人　3/7	150 000
1774年弗吉尼亚	650 000
黑人	300 000

以下各邦数字不可靠

	黑人所占比例
康涅狄格	1/33
马萨诸塞	同上
罗德岛	1/15.5
纽约	接近1/12
新泽西	接近1/13

布瑞利先生7月10日在制宪会议上的笔记手稿：　（转下页）

古文诺·莫里斯先生反对,认为这样做过于束缚议会手脚。发生战争时,新邦强求索取某些好处时,都可以利用人口普查捞取好处。如果把开展人口普查的方法固定下来,肯定会弄得极不方便;如果不固定,议会会利用这种方法击败这一目的:使不平等永久化。他永远反对给议会戴上各种枷锁。在许多邦的宪法里,这种硬性规定,已经被事实证明有害。他已多次强调,天平的重心落到西部的危险,估计西部人口会超过大西洋沿岸各邦的人口。因此,他希望把权力交给大西洋沿岸各邦,使它们能够把多数席位掌握在自己手里。这个意见遭到了反对。他说,如果给议会以行事自由,他们永远也不会重新调整席位分配。一朝权在手,再要他放,就难了。

有人提议:推迟讨论伦道夫先生的主张,改为讨论以下问题:"要求11人委员会对大会作出进一步说明,他们制定这份报告,基于什么原则。"

大会否定了这项动议,仅南卡罗来纳1邦赞成。

休会。

(接上页)	上交税额	席位
弗吉尼亚	512 974	16
马萨诸塞	448 854	14
宾夕法尼亚	410 378	12.75
马里兰	283 034	8.75
康涅狄格	264 182	8
纽约	256 486	8
北卡罗来纳	218 012	6.75
南卡罗来纳	192 366	6
新泽西	166 716	5
新罕布什尔	105 416	3.25
罗德岛	64 636	2
特拉华	44 886	1.25
佐治亚	32 060	1
合计	3 000 000	90

资料来源:法兰德《汇编》第一卷第572—574页。

7月11日星期三　在制宪会议上

大会继续讨论全体委员会报告的第七条和第八条：联邦议会的席位分配问题。

伦道夫先生提议：要求议会定期开展人口普查，以便纠正席位分配中出现的不平等现象。

谢尔曼先生反对：这给议会戴上的枷锁太多。我们应该挑选明智的好人，然后就加以信任。

梅森先生：在固定席位分配的适当规则时，我们发现的困难越大，就越不愿意把这项任务交给未来的议会去办。他不反对在议会刚开始时，就按这个凭猜想的比例分配席位；但是，根据固定而精确的标准，每隔一段时间，修订一下，这是在第一院实现席位公平分配的基本要求。按美利坚现在的人口，北部有权占据优势，他对此也不否认。不过，他希望，今后这种理由不再继续存在时，这种优势就不要固定不变。从人的本性出发，我们可以有把握地说，人们一朝权在手，只要还能抓得住，就绝不会放手。我们还知道，事情恰好相反，只要有机会扩张权力，他们绝不会放过。因此，如果将来南部各邦在自己的境内拥有美利坚人民的四分之三，北部就会把席位中的多数死死抓住不放。四分之一的人，就会统治四分之三的人。南部各邦就会抱怨；不过，他们或许会一代一代地抱怨下去，席位的分配也不会调整。因此，在宪法条文中，现在就要加进一项原则，保证将来席位得到公正分配。虽然他觉得摊牌式地发表断言总是令人讨厌，他还是要发表一个断言：他既不可能在这里投票支持这个体制，回到弗吉尼亚以后，他也不会予以支持。已经有人提出强烈的反对意见，说大西洋沿岸各邦，会面临来自西部新邦的危险。惟恐事实证明，未来会有利于现在还不存在的邦。我们是不是应该牺牲我们明知是正确的原则呢？他再重复说一遍：如果西部兴起，被批准加入联邦，他们就应该得到平等待遇，不允许对他们降格歧视。他们会与我们拥有同样的自豪感和其他激情，如果不把它们在一切方面都视如兄弟、平等相待，他们也可以不加入联邦，或者专门与联邦作对。已经有人说他们穷，没有能力对国库作出同等贡献。可是，他知道，他们会有人口和财富都超过大西洋沿岸兄弟的时候。他们土地的辽阔和繁殖力，使这一点多半会成为事实；尽管西班牙或许还会在一段时间剥夺它们产品的天然出路[197]，但是，西班牙将要，而且他最后势必要向它们的要求让路。他坚决主张以居民人数为标准，虽然人口并非总是测量财富的标准尺度，但对每项实质性的目的已经足够了。

威廉森先生赞同：应该让议会肩负做正确事情的责任，不能让议会有想做就做、不想就不做的自由。他提议：推迟讨论伦道夫先生的动议，改为讨论以下条文："由于各邦人口和财富可能发生变化，为了把更改席位分配的原则确定下来，在这个政府被接受以后的第一年，对白人居民和五分之三被另作描述的人，展开人口普查，此后，每隔____年普查一次，以此确定席位分配规则。"

伦道夫先生：同意用威廉森先生的措辞代替他的动议。他指出，现在规定的议会第一次开会时的席位分配办法，不过是一种猜想。这种

---

[197] 制宪会议时期，密西西比河的出海口新奥尔良为西班牙人控制。后来，在第二次美英战争结束之际，安德鲁·杰克逊将军带兵夺取新奥尔良，被誉为美国民族英雄，1828年，当选美国第七任总统。

规定，把权力交到美利坚的一部分人手中，这一部分人不会永远符合掌权的资格，而这种权力又不会被自愿放弃；因此，制宪会议的责任，就是要确保：当正义需要时，这种权力就得放弃。如果说大邦小邦之间席位平等不能被接受，是因为这样做，数量不等的选民，会由数量相等的议员来代表；那么，今后，美利坚境内面积较大、人口较多的选区，拥有的议员，却比面积较小、人口较少的选区还少，不是同样不能被接受吗？如果不能保证人民享有数量公平的议员，政府不公平，将会动摇政府本身的基础。值得赞扬的孟德斯鸠，曾经公正地说过，席位分配问题，是共和政府的具有奠基意义的条款。如果古文诺·莫里斯先生提到的危险是真实的，情况紧迫时，议会会捞取好处，那就又增加了一条理由，应该以这样的一种方式，把他们的手捆起来，使他们无法为了暂时的好处，牺牲人民对他们的信托。邦联议会已经对新邦作出公开誓言：同意按平等条件批准它们。新邦绝不会，也不应该按别的条件加入。人口普查应在总体议会的指导下展开。各邦将会密切注意，对它们的人口展开普查时要公平合理。

巴特勒先生和平克尼将军坚持：黑人应该包括在席位分配规则之内，与白人平等。为此目的，他们提议：把“五分之三”的措辞删掉。

格里先生：五分之三的意思，是可予承认比例的最低限度。

戈汉姆先生：这个比例，是由邦联议会定下来的，当时的目的，是为了制定征税规则。后来，蓄奴的邦的代表们坚持认为，对奴隶的征税仍应低于自由人。现在奠定席位分配规则时，有人又要我们相信，奴隶与自由人平等。前一段讨论时，一些代表的发言，已经说服了他，五分之三相当接近于公平的比例，现在，他就打算按照这个观点投票了。

巴特勒先生坚持：南卡罗来纳黑人的劳动，与马萨诸塞自由人的劳动，具有同样的生产力，同样的价值。既然财富是捍卫和建设国家的巨大资源，对捍卫和建设国家来说，黑人与白人具有同等价值；因此，建立一个主要是为了保护固定资产的政府，而且政府本身也靠固定资产支撑，应该允许黑人在这个政府的议会中享有平等的席位。

梅森先生：不能同意这种动议，尽管这项动议对弗吉尼亚有利，因为，他认为这项动议不公平。可以肯定，奴隶是有价值的，因为他们提高了土地的价值，增加了出口和进口，当然，也就增加了岁入，为军队提供粮食和军需，而且，情况紧急时，他们本身也能成为战士。在这些重要的方面，他们对全社会都是有用的，不应该把奴隶从估算席位中排除。但是，他不能把奴隶视为与白人平等，也不能投票赞成这种做法。他补充了一个值得注意的看法：南部各邦拥有这样一个奇特种类的固定资产，多于而且高于所有各邦共同拥有的其他种类的固定资产。[198]

威廉森先生提醒戈汉姆先生：如果说南部各邦在讨论征税问题时，曾经强调黑人低于白人，东部各邦在同一场合，也曾经坚持黑人与白人平等。可是，不论当时，还是现在，他都不同意这两种极端意见，还是同意五分之三这个比例。

大会对巴特勒先生的动议表决，结果，马萨诸塞反对，康涅狄格反对，纽约不在场[199]，新泽西反对，宾夕法尼亚反对，特拉华赞成，马里兰反对，弗吉尼亚反对，北卡反对，南卡赞成，佐治亚赞成。3邦赞成，7邦反对。大会不同意制定席位分配原则时，把黑人与白人同等计算。

古文诺·莫里斯先生：他对威廉森先生的主张有几点反对意见。一、把议会捆得太紧；二、会把某些邦完全排除在外，这些邦的居民人数，连产生一名议员的资格也达不到；三、这个主张与上星期六通过的决议前后不一致，那项决议授权议会每隔一段时间，根据人口和财富原则，或衡平法原则，调整席位的分配。如果把奴隶视为居民，而非财富，那么，就不应该追求衡平法原则，如果把奴隶视为财富，那么，为什么其

---

[198] 华盛顿没有发表解放黑奴的博议宏论，只在遗嘱中嘱咐他的妻子把家里的两百多名黑奴解放；由于大陆会议删去了《独立宣言》中谴责英王纵容奴隶贸易的一段，杰斐逊愤愤不平；可是，杰斐逊离开总统职务后，由于需要还债，晚年把他的黑奴卖了；麦迪逊预计，黑人将成为美国的难题，考虑过由政府出资，把他们运回非洲；梅森有300名黑奴，他设想，让黑人接受教育，提高知识和技能，通过劳动，用劳动所得赎身。

[199] 纽约代表雅茨和兰欣于7月10日离开制宪会议，以示抵制。从7月11日起，参加投票的邦数，从11个减少到10个，直到7月23日，新罕布什尔代表朗东和吉尔曼到会。

他的财富不列入计算，只算奴隶呢？这些反对意见，或许还可以通过修正案的办法消除。他最大的反对意见是：居民人数不是测量财富的适当标准。不同的国家，人口数量和财富数量的相对差异，达到惊人的程度，使得针对这个问题提出的许多推理，都变成多余的废话。人口数字用来测量武力，或许比用来测量财富，更为合适。不过，上次战争中，敌军人多势众，英国却巍然不动，再清楚不过地证明，即使在这一方面，人数也是一个完全靠不住的因素。

金先生：古文诺·莫里斯先生的反对意见，确实有分量；不过，为了把事情办成，他还是同意这项主张。

拉特里奇先生坚持：制定席位分配原则时，应该把财富因素估算在内。西部各邦没有能力按它们的人口作出财政贡献，因此，不应该按人口比例给它们分配席位。大西洋沿岸各邦，不会同意这种方案。他提议："第一届议会开始后的______年年终以前，以及此后每隔______年，议会应该根据财富和人口原则，分配各邦的席位。"

谢尔曼先生：仅仅人口数字这一个数据，就是测量财富和分配席位的最佳尺度；如果议会应该由财产统治，也只有用人口数字来估算。他原来主张把这个问题完全交给议会自行处理；可是，伦道夫先生和梅森先生所说的意见，已经说服了他：修订席位分配原则的周期和规则，应该用宪法定下来。

里德先生：不必把议会捆得太紧。这会把宪法弄得像宗教里的圣谕一样，使那些受到宪法约束、应该遵从的人们陷入困窘，可能使他们产生不满与冷嘲，超过促使他们和谐与团结的机会。

梅森先生：反对拉特里奇先生的动议，这等于要求议会做一件无边无际、实际上办不到的事，给他们一个干脆不干的借口。

威尔逊先生：不反对完全由议会自行处理。但是，他认为财富是一个实际上无法测量的变量。

戈汉姆先生：制宪会议的成员，相对而言，地方偏见较少，观点都如此纠缠不清，怎么能指望今后的议会，在充满地方偏见的议员的压力之下，能设定一个标准？辩论中的意见已经说服了他，再加上他自己的反思，认为制宪会议无论如何也得定下一个标准来。

古文诺·莫里斯先生：其他人的意见，加上他自己的反思，引导他得出一个非常不同的结论。如果我们连符合现在情况的公平规则都无法达成共识，我们怎么可能想出一条规则，今后世世代代都公平呢？可以肯定地说，后人评价今天的事情，比我们评价未来的事情，会更高明。他无论如何不能说服自己，人口数字是一个永恒的公平标准。梅森先生关于公平对待西部新邦的意见，并没有改变他头脑里的观念。至于其他反对意见，很明显，这些意见并不能使人们的头脑得到同等的启蒙，以分担治理共同利益的责任。人们的脑子里，并不以为遥远的荒原，乃是培养政治英才的适当校园。西部的人们一朝权力在手，他们会毁掉大西洋沿岸的利益。头脑落后的人，总是反对先进措施。他提起宾夕法尼亚当初的情形，最初，权力掌握在这个邦的南部手中，他们把权力一直掌握在自己手里，结果，带动了整个邦的进步。他的另一个反对意见，是把黑人纳入人口普查，宾夕法尼亚人如果想到要与黑人平起平坐，肯定会反感。任何方案，如果效果如此，他们肯定会拒绝。已经有人提出两条理由，反对把每隔一段时间调整席位分配的事情，交给议会自行处理。第一条说，到时候议会根本就不愿意修订，第二条说，如果把财富也列为一个因素，议会就会被一条规则绑住，使他们即使愿意，也无能为力。第一条反对意见，是不相信未来的议员会忠于人民。可是，如果他们的责任感、他们的荣誉感、他们宣读的誓言，都不能约束他们，那我们干脆不要给他们任何自由权利，也不要托付我们的其他重大利益。如果上述纽带对他们有约束力，那我们就用不着怀疑他们自有办法实施这条规则。根据昨天委员会向大会提交的关于席位分配的报告，能够采取的最佳途径，还是把人民的利益，交给人民的议员去处理。

麦迪逊先生：听了这番议论，丝毫不觉诧异。有位代表，不论什么场合，总要大声疾呼、谆谆教导，告诫大家：人在政治方面堕落邪恶，必须以毒攻毒，以利克利[200]，而今，又要我们对议会充分信任。果然像他说的那样，人民的议员会受到那些纽带的约束，那么，何必还要一个参议院？何必还要设立复审权？而且，他的这番推理，不仅与他过去的推理前后不一，本身也是自相矛盾。在同一个时间，他劝南部各邦信任北部掌握议会的多数，又更为热忱地倡导，生怕西部会占据议会的多数。要使这位先生与他自己达成和解，那就必须想象：他是在用罗盘的指针，来测定人性。真相在于：对所有掌权的人，都应该加以某种程度的不信任。他发言时提到宾夕法尼亚的例子，事实是，最初定居的人，一旦确认掌握权力，就再也不承认后去定居的人也应分享正当的份额。英国的例子更为突出。那里的权力，长期把持在各个市镇手中，在少数人手里；他们反对并且击败了每一次的改革企图。弗吉尼亚也是如此，不过没那么厉害。说起西部各邦，他的观点明朗坚定，不论在公平问题上还是在政策问题上，都不允许采取不友好的做法。他还认为，西部各邦可能给予国库的贡献，一直被大大低估。看来，大家一致认为，各邦未来的财政贡献，主要来自进口税和出口税。西部土壤广袤肥沃，农业将会长期优于制造业。那里将会重复各种试验，直到提高某种农产品的产量，然后运到某地去换取进口制成品。不论何时，密西西比河总要向它们开放，那是必然的事。随着西部各邦人口的增长，它们就会承担公共负担的可观份额，对它们的贸易征税，比起对大西洋沿岸各邦征税，需要的开支少，而把握更大。与此同时，由于他们提供的物资，势必要穿过大西洋沿岸各邦，对他们的财政征税，就会与对大西洋沿岸各邦一样。

他坚信，应该把人口数作为席位分配的永久性标准，对这项指标的任何反对意见，他都不会同意。有人说，席位分配应该与税务分配并行，说人口与财富并非互相测量的尺度。他承认，在不同的气候条件

[200] 必须以毒攻毒，以利克利：necessity of checking one vice and interest by opposing to them another vice & interest。

下，在不同的政府形态下，在不同的文明发展水平上，这种推理完全正确。他还承认，在任何情况下，居民人数都不是财富的准确测量尺度。但是，他坚持认为，在联邦范围内，这个尺度对于我们想达到的目的已经足够。尽管各邦的气候不同，但是，各邦的政府、法律、风俗习惯，几乎都是一样，而且各部分之间的交往，完全自由，人口、产业、艺术，还有劳动价值，都会持续不断地使它们趋于平等。劳动的价值，可能被视为财富和缴纳赋税能力的首要标准；而劳动的价值，在不同地方之间的交流变得方便和自由以后，将会趋于同一水平，就像钱的价值和其他东西一样，在不同的地方会趋于同一水平。不论哪里的劳动产值最高，人们就会拥到那里去，直到竞争把不平摧毁。因此，人们总是不断地从人多的地方向人少的地方拥去——从欧洲来到美洲，从联邦的北部和中部，拥向南部和西部。他们奔向土地便宜的地方，因为，到了那里，劳动的价值更高。如果说，俄亥俄沿岸生产出同等数量的产品，价值会低于特拉华，是真实的，那么，在俄亥俄沿岸，同样的劳动，就会产生出特拉华两到三倍的产量，也同样真实。

梅森上校：同意古文诺·莫里斯先生的说法：我们应该把人民的利益，留给人民的议员处理；但是，反对的人认为，到时候，议会将不再代表人民的利益。目前拥有多数人口，因而占据议会多数席位的邦，如果一直占据这种多数，议会还会继续代表人民。一旦南部和西部的人口占据优势，权力就会落到少数的手里，这种情况势必再过几年就会发生，除非宪法现在就把规则定下来。

大会对推迟讨论威廉森先生的动议，改为讨论拉特里奇先生的动议表决，结果，马萨诸塞赞成，康涅狄格反对，新泽西反对，宾夕法尼亚赞成，特拉华赞成，马里兰反对，弗吉尼亚反对，北卡反对，南卡赞成，佐治亚赞成。5 邦赞成，5 邦反对。拉特里奇先生的动议失落。

大会对威廉森先生动议的第一分句表决：对自由居民展开人口普查，结果，马萨诸塞赞成，康涅狄格赞成，新泽西赞成，宾夕法尼亚赞成，特拉华反对，马里兰反对，弗吉尼亚赞成，北卡赞成，南卡反对，佐治亚反对。6 邦赞成,4 邦反对。大会同意对自由居民展开人口普查。

大会继续讨论威廉森先生动议的第二个分句:黑人按五分之三计算。

金先生:反对把人口数字固定为席位分配的规则,尤其反对把黑人计算在内。他认为,如果承认黑人与白人完全一样,在不蓄奴的邦里,会激起强烈的反对。这并不是说,在任何情况下,他本人都不会同意这种做法;他只是想要说明,如果要他公布自己的看法,那就是如上所述。他指出,委员会所作出的席位临时分配方案,南部各邦所分得的席位,已经超过实际比例,包括他们的白人人数和黑人的五分之三。

谢尔曼先生:南卡罗来纳所多得的席位份额,按比例算,也不超过纽约和新罕布什尔多得的份额。为避免出现分数,或减去席位,这三个邦所多得的份额,也不算过分。佐治亚的席位是多了点,不过,那个邦的人口增长很快,看来,多那么一点儿也站得住脚。总的来说,这种摊派办法,不可能完全公平合理。不过综合起来考虑,他对这个方案满意。

戈汉姆先生:把人口作为规则是适当的,支持把这一点确定下来。他说,在马萨诸塞,对不同的镇也作过估计,人们一直感到好奇,想把各地的人口估计比较一下,结果发现,即使把波士顿也包括在内,人口数字与固定资产,几乎恰好成正比。他明白他的同事(金先生)的意思,认为东部各邦人民可能会感到愤怒,可能有些分量。不过,回想起来,邦联议会提出修改邦联条款第八条,比马萨诸塞议会早,当时,东部各邦不满的是,黑人不应该与白人同等计算,而不是对五分之三不满意。*

威尔逊先生:实在想不明白,把黑人按五分之三个人计算,原则上如何解释得通?承认他们是公民?那么,为什么不与白人同等计算?承认他们是固定资产?那么,为什么别的固定资产又不纳入计算范围?他想,这就是难点所在。不过,他认为,只有折中妥协,才能克服难点。

---

* 麦迪逊注:当时,只是为计算征税而考虑。

他也有些担心，把黑人与白人混淆，这种趋势，会使宾夕法尼亚人觉得作呕。他的同事（古文诺·莫里斯先生）已经提到这一点。不过，他与古文诺·莫里斯先生想法不同的是，莫里斯先生认为把居民人数作为测量财富的尺度极其错误。他见过宾夕法尼亚到西部去定居的人，把他们和费城的人比较一下，就会发现，除了费城的固定资产在个人之间的分配更不平等之外，几乎没有什么其他差别。如果把两种地方的总体集合数字放在一起比较，他相信他们之间的财富和对公共需要的贡献能力，没多大区别。

古文诺·莫里斯先生：不得不宣布，自己陷入了两难境地，要么是对南部各邦不公平，要么是对人的本性不公平，因此，他只好对前者不公平。因为，他绝不愿意让南部各邦为奴隶取得席位分配的资格，以此鼓励奴隶贸易。他不相信，若以剥夺奴隶贸易为条件，南部各邦还会愿意加入联邦。

大会对是否把黑人按五分之三计算的问题表决，结果，马萨诸塞反对，康涅狄格赞成，新泽西反对，宾夕法尼亚反对，特拉华反对，马里兰反对*，弗吉尼亚赞成，北卡赞成，南卡反对，佐治亚赞成。4 邦赞成，6 邦反对。大会不同意把黑人按五分之三计算。

大会对议会第一次开会后一年内展开人口普查问题表决，结果，马萨诸塞赞成，康涅狄格反对，新泽西赞成，宾夕法尼亚赞成，特拉华赞成，马里兰反对，弗吉尼亚赞成，北卡赞成，南卡赞成，佐治亚反对。7 邦赞成，3 邦反对。大会同意第一届议会召开后一年内展开人口普查。

大会对把人口普查的周期定为“每 15 年一次”表决，结果，各邦一致通过。

麦迪逊先生提议：在“每隔 15 年”之前，加上“至少”二字，这样，如果某年不宜于开展，议会还有伸缩余地。

---

* 麦迪逊注：卡乐尔先生解释马里兰投反对票的原因，因为他希望对措辞作些修改，避免东部和中部各邦的不满情绪。

大会对麦迪逊先生的动议表决，结果，马萨诸塞赞成，康涅狄格反对，新泽西反对，宾夕法尼亚反对，特拉华反对，马里兰反对，弗吉尼亚赞成，北卡赞成，南卡赞成，佐治亚赞成。5 邦赞成，5 邦反对。麦迪逊先生的动议失落。

修改另一个分句的措辞，读作"议会将相应更改席位分配或增加席位"，各邦一致同意。

大会对修正后的威廉森先生的动议全文表决，各邦一致反对。[201]

休会。

---

[201] 威廉森先生动议的部分单项得到赞同，合为整句，未能通过。

7月12日星期四　在制宪会议上

大会继续讨论全体委员会报告的第七条和第八条：联邦议会的席位分配问题。

古文诺·莫里斯先生提议：在授权议会根据财富与居民人数调整各邦席位分配的分句后面，增加一项“附则：征税应与各邦席位成比例”。

巴特勒先生再次坚持：席位分配应该根据全体居民人数，包括全部黑人；他承认，古文诺·莫里斯先生的动议是公平的。

梅森先生：也承认这项原则公平，不过，他担心这项附则可能有时会使议会陷入困窘。这项附则可能会驱使议会采取强行征税的方案。

古文诺·莫里斯先生：承认他的动议可能引起一些反对，不过，他假定，如果只限于征收直接税，就可以打消这些反对意见。至于对出口、进口、消费品征收的间接税，这条规则就不适用。不论人们说过什么相反的看法，他还是相信，在整个联邦范围以内，进口税和消费品税大体接近平等。

平克尼将军：喜欢这个主意。他认为，这条原则非常公平，不会引起反对。不过，他也预见到，如果把确定人口普查办法的事留给议会自行处理，议会永远也不会执行。人口普查规则必须现在就固定下来，用宪法强化，必须执行。昨天，古文诺·莫里斯先生反对把黑人纳入普查的话引起他的警觉。现在，古文诺·莫里斯先生对出口征税的意见引起他的警觉。南卡罗来纳一年的出口值，达到60万英镑，全是南卡黑人的劳动成果。是不是要按照这个数字来给南卡分配席位呢？不会的。那么，也不应该对南卡的出口征税。他希望在宪法里增加一个分句，限制议会对出口征税。

威尔逊先生：同意这项原则，只是看不出来，如何才能执行。除非只限于直接税。

古文诺·莫里斯先生：把他的动议修改一下，在“税”前加上“直接”二字。

大会一致通过，读作：“但是，直接税应该永远与各邦的席位成比例分配。”

戴维先生：现在已经到了关键时刻，非说出来不可了。看来有些先生的意思，是要剥夺南部各邦因黑人而分配的一切席位。可以有把握地说，若不把黑人至少按五分之三计算，北卡罗来纳绝不会按任何其他条件加入联邦。因此，如果东部各邦的意思就是如此，那么，会议到此就可以结束了。

约翰逊博士：财富和人口，是席位分配的真实的、公平的原则；不过，他想应该把这两个原则结合成一条决议；人口是测量财富的最佳尺度。因此，他的结论就是：应该把人口数字树立为原则，所有其他的表述，包括黑人与白人同等计算，都应该放到计算办法里去。由于大家已经对这个问题发表了许多不同意见，他提议：设立一个委员会，让委员会讨论以后提出报告。

古文诺·莫里斯先生：有人说，已经到了关键时刻，有话非说不可了。作为一名代表，他也要坦率直言。他到这里来，是想为美利坚的公益形成一项社会契约。他愿意与所有的邦一起来把这件事情做好。他希望也相信大家都能加入这样一项社会契约。如果他们不愿意，他就准备与任何愿意的邦一起加入。由于社会契约本来是自愿加入的，如果东部各邦坚持的内容，南部各邦绝不同意，那也是徒劳一场。南部要求的内容，如果其他邦绝不承认，同样是徒劳一场；不过，他坚信，宾夕法尼亚人民绝不会同意黑人参与席位分配。这些邦想要达到的目的已经提出来了，那就是根据人口和财富，由议会每隔一段时间调整一次席位分配。

平克尼将军：急切要求把测量财富的原则落实下来，而不是听凭议会高兴怎么办就怎么办；而且，一个政府既然是为保护固定资产而建立，就不能把奴隶体现的固定资产置于危险之中。

大会决定推迟讨论 11 人委员会报告的第一个分句。

艾尔斯沃斯先生：为了贯彻已经确立的原则，他提议：在大会最后通过的那个分句后面，加上以下措辞："为支持联邦政府，通过征收直接税而上交财政贡献的原则，按各邦白人居民数字，加所有其他各类人的五分之三计算，直到议会设计出并采纳某种更能精确测量财富的原则为止。"

巴特勒先生附议：希望能为此设立一个委员会。

伦道夫先生：不满意这项动议。这还是会回到一种危险：议会的灵机妙算，会回避、曲解、滥用这条规则，把议会第一次开会时的权力分配锁定，使之永久化。他提议用以下措辞替代艾尔斯沃斯先生的动议："由于各邦的相对情形会发生变化，每隔一段时间，需要对席位分配加以调整，为落实调整规则，在联邦总体议会第一次开会后两年内，展开人口普查，此后每隔______年普查一次，按照邦联议会 1783 年 4 月 18 日决议所推荐的比例（黑人按五分之三计算）和方法，对全体居民加以清点，联邦议会据此对各邦席位分配作出相应安排。"他强调说，把奴隶按比例包括在席位分配以内，这一点要有明确保障。他对存在这样一种固定资产，感到悲叹。可是，这种固定资产既然存在，持有这种资产的人，势必会要求这种安全感。从现在的情况看，一些想把奴隶完全排除在外的代表，已经接受了这种设计；因此，就不应该再把自由处置这个问题的权力留给议会。

艾尔斯沃斯先生收回自己的动议，对伦道夫先生的提法表示附议。

威尔逊先生：要想把奴隶纳入席位分配规则内，既得到承认，又不引起反感，或许需要一种间接的表述方式，作为规则的组成部分，说法是奴隶应当纳入征税规则；而席位分配又依据征税规则，最后，达到同样的目的。这样，讨论批准时，引起的反感会少一些。据此，他提议，并得到附议，对大会通过的最后一个分句作些更改，加上已经提出的修正意见，全文如下："但是，席位分配应该永远与直接税成比例，而直接税则需根据各邦相对情形的变化每隔一段时间作些调整，为落实直接税的调整办法，特此决定，在联邦议会第一次开会后两年内，展开人口普查，此后每隔______年普查一次，清点联邦的全体居民，具体办法，依据邦联议会1783年4月18日决议中建议的比例；联邦议会据此对直接税的比例作出相应调整。"

金先生：这样修改以后，虽然把上述方面作了些变通，他仍有两条强有力的意见，反对用数字规则把议会捆绑起来。一、就目前情况看，用人口数字测量各邦相对财富，依然是一个不确定的指数(index)。二、即使人口数字目前是一个公平的指数，也不能就此假定永远如此。他实在不愿意让共和国内的一部分人忍受任何形式的不公平待遇。如果上述联系不是建立在公平合理的基础上，那它也不可能长期维持。不论何时，南部人口一旦超过北部，它们就能而且会使用一种语言，把不公平强加于正义，如果连这一点都不能预见，就是十足的目光短浅。如果南部觉得将会受到损害，现在就以分离相威胁，等优势转到他们那边以后，他们难道不会以更急切、更有效的方式威胁吗？即使在目前的调停阶段，一有机会，他们就说，给我们公平吧，否则，我们就分离出去。[202] 他敦促说，应该对每届议会都寄托一定程度的信心，他还没有想明白，现在提出的周期性调

---

[202] 1860年12月20日，南卡罗来纳率先脱离联邦，1861年1月，密西西比、佛罗里达、亚拉巴马、弗吉尼亚追随，其他几个邦2月脱离，一周以后，南部组成邦联。林肯以武力恢复联邦，不惜违宪，事后备受美国人民和历史赞扬。内战过程中，北军总司令格兰特发明他的术语："无条件投降。"

整办法，对议会寄托的信心是否过多。[203]

平克尼将军提议：在威尔逊先生的主张中，把从联邦议会第一次开会，到展开第一次人口普查之间的时间距离，从“2 年”改为“6 年”。

大会表决结果，马萨诸塞反对，康涅狄格赞成，新泽西赞成，宾夕法尼亚赞成，特拉华代表赞成反对各半，马里兰赞成，弗吉尼亚反对，北卡反对，南卡赞成，佐治亚反对。5 邦赞成，4 邦反对，1 邦代表赞成反对各半。大会同意把“2 年”改为“6 年”。

有人提议：把黑人纳入周期性人口普查，每隔 20 年举行一次。

大会对此动议表决，结果，马萨诸塞反对，康涅狄格赞成，新泽西赞成，宾夕法尼亚赞成，特拉华反对，马里兰反对，弗吉尼亚反对，北卡反对，南卡反对，佐治亚反对。3 邦赞成，7 邦反对，大会不同意每 20 年举行一次人口普查。

有人提议：每隔 10 年举行一次。

大会对此动议表决，结果，马萨诸塞赞成，康涅狄格反对，新泽西反对，宾夕法尼亚赞成，特拉华赞成，马里兰赞成，弗吉尼亚赞成，北卡赞成，南卡赞成，佐治亚赞成。8 邦赞成，2 邦反对，大会同意每隔 10 年举行一次人口普查。

平克尼先生提议：把黑人与白人一体计算，不按五分之三计算。

大会对平克尼先生的动议表决，结果，马萨诸塞反对，康涅狄格反对（约翰逊博士赞成），新泽西反对，宾夕法尼亚反对（3 人反对，2 人赞成），特拉华反对，马里兰反对，弗吉尼亚反对，北卡反对，南卡赞成，佐治亚赞成。2 邦赞成，8 邦反对。大会不同意平克尼先生的动议。

大会把经过威尔逊先生修改的伦道夫先生的主张全文朗读一遍。

---

[203] 麦迪逊对金先生发言的记录，结论部分不够明朗。现将鲁弗斯·金本人的笔记译出：“可是，等到展开人口普查以后，经验将会证明：上述征税规则，并非与各邦的相对财富和人口成比例，因此，应该授权议会设计和采纳另外的规则或比例，能更直接地与联邦内各邦的相对财富和人口成比例。”见法兰德《汇编》第一卷第 597 页。法兰德说明：此件在金的文存中发现，只好排列在这一天，因为与金的发言对应。

格里先生赶紧指出：由于各邦将不被作为邦来征税，这条原则将无法执行。至于说到对进口征税，他认为，进口税还比较能创造收入，没有奴隶的地方，比有奴隶的地方更为可观，因为消费水平高些。

艾尔斯沃斯先生：在人头税方面，不会出现困难。但联邦多半不会收人头税。[204] 把税款摊派给各邦，各邦按自己筹集财源的方案征收，或许征收起来不难。

大会对经过威尔逊先生修订的伦道夫先生主张的全文表决，结果，马萨诸塞代表赞成反对各半，康涅狄格赞成，新泽西反对，宾夕法尼亚赞成，特拉华反对，马里兰赞成，弗吉尼亚赞成，北卡赞成，南卡代表赞成反对各半，佐治亚赞成。6 邦赞成，2 邦反对，2 邦代表赞成反对各半。大会通过。

休会。

---

[204] 从第 1 位总统华盛顿(1789—1797 年在职)到第 15 任总统布坎南(1857—1861 年在职)，联邦政府一直没有向居民征收直接税的权力。《美国历史统计：从殖民时代到 1970 年》第二卷第 1106—1107 页所列“1789—1939 年联邦政府的收入”显示，在多数年份里，联邦政府的财政收入，90%左右来源于进口税，其次依靠营业税(进口税和营业税都属于间接税)，再次为出售公地的收入。宪法规定联邦议会可按人口比例把直接税分摊给各邦议会，可是，《美国历史统计：从殖民时代到 1970 年》所列联邦政府的财政收入表中并没有这项收入。林肯上任第 16 任总统时，内战已经开始。控制在北方共和党人手中的联邦政府没有钱财募兵打仗。1861 年春，联邦议会通过威尔逊-戈曼法，开始征收个人所得税，税额为个人收入的 1%。从个人所得税征得的收入，成为北军击败南军的财政基础。战争结束多年后，在“波洛克诉农场主贷款信托公司”一案中，原告指责威尔逊-戈曼法违反宪法。第一次审理时，联邦最高法院大法官杰克逊因病缺席，1895 年 4 月 8 日，8 名大法官中出现 4 人赞同 4 人反对的胶着局面。5 月，再审此案，杰克逊到场，9 名大法官以 5∶4 作出裁决：个人所得税是直接税，威尔逊-戈曼法违宪。参见凯里和哈比森合著《美国宪法：其渊源与发展》，纽约 1974 年英文第四版，第 566—577 页。此后，联邦政府是否有权向居民征收直接税，一直成为争论焦点和热门话题。随着居民从工业和服务业取得的收入逐渐取代农业收入，1913 年 2 月，通过了《联邦宪法》修正案第十六条：“联邦议会有权制定和征收所得税，包括一切来源之所得，不按邦分摊，不受人口普查影响。”直接税改变了公民与官员的关系：官员的薪水既然来自公民缴纳的直接税，纳税人就成了官员的衣食父母。

7月13日星期五　在制宪会议上

大会继续讨论全体委员会报告的第七条和第八条：联邦议会的席位分配问题。

有人提议：要求推迟讨论11人委员会报告中关于由第一院发起钱财提案的分句，改为讨论“第二院内每邦享有平等的一票”问题。

格里先生提议：在大会通过的最后一个分句里，补充以下内容作为修订意见：“从联邦议会第一次开会，到第一次人口普查完成之前，一切为国库开支而通过直接税征收的款项，按各邦居民人数估算，按各邦在第一院内的席位数目征收。”他说，这一点在人口普查之前之后都是公平合理的：按总体原则，征税份额与席位数目并行。

威廉森先生担心：新罕布什尔对此可能会有意见。与其他邦相比，给它3席是放宽了的，若按席位征税，新罕布什尔或许会认为是趁它不在场，占它的便宜。由于新罕布什尔还没有到场，没有机会确定它是否愿意以按席位征税为条件而接受3席。他认为，新罕布什尔的席位，应该从3席减为2席，然后才能考虑格里先生的动议。

里德先生：不同意这项主张。他说，委员会开会时，他就曾经要求大邦在席位方面让一点，可是，它们硬是要按比例把席位分足。* 当时，他还没看出动机。现在，他怀疑，这是为了回避交纳正当的税务份额。他不反对按公平和精确的原则调整各邦的席位分配和税额。

古文诺·莫里斯先生和麦迪逊先生回答：这种指责，本身已包含了宣布对方并无过失。既然给马萨诸塞和弗吉尼亚要求增加席位，而按席位征税的主张又由马萨诸塞代表（格里先生）提出，并得到弗吉尼亚代表麦迪逊先生的支持，而麦迪逊先生当时是委员会成员。

古文诺·莫里斯先生：宾夕法尼亚分得8席是公平的，他也没有违反公平原则再多要。

麦迪逊先生：一直就意识到联邦内的利益区别，不在大邦小邦之间，而在北部南部之间，而且发现，分给北部各邦的席位是占了很大的优势。他曾经提议给南部再加2席，北卡罗来纳1席，南卡罗来纳1席，而不是给弗吉尼亚加1席。他喜欢现在的这项动议，因为这个意见，有助于使双方平息下来，不论是认为把黑人按五分之三计算比例太高的人，还是认为这样做比例不足的人。

艾尔斯沃斯先生：希望取消这项主张。因为过于涉及细节。总体原则已经确定下来。由于不足1席的分数，例如几分之一，不便用来分配席位，在实际展开人口普查之前，这项规则不可能公平。人口普查以后，可以根据居民人数，精确地按比例分配征税额。

威尔逊先生：希望不要取消这项主张。如果取消，必然又会出现别的主张。人口普查之前，和人口普查之后一样，规则也应该公平合理。至于不足1席的分数问题，人口普查也无法消除，不过落实分数的存在罢了。不足1席的分数，人口普查前后都会产生同样的影响。按照他对规则的理解，税额的调整，不是根据居民人数，而是根据各邦分得的

---

* 麦迪逊注：他暗示古文诺·莫里斯先生在宾夕法尼亚分得8席以后所表现的满意，以及麦迪逊先生提出的要求：弗吉尼亚可以不加，但北卡罗来纳和南卡罗来纳应该各加1席。委员会开会时，由于金先生的坚持，马萨诸塞从7席加为8席，而里德先生的希望，似乎相反。[205]

[205] 法兰德注：麦迪逊在手稿中划掉了这一条注释。见法兰德《汇编》第一卷第601页。

席位。

谢尔曼先生：反对这项动议。他认为，这个问题应该留给议会处理。议会对这个问题的处理，多半会遵循邦联议会制定的规则。

梅森先生不明白：按照格里先生提出的这条规则，弗吉尼亚是否会受到损失。他有点怀疑这条规则是否公平。他更怀疑，在人口普查实施之前，现在按猜想提出的这个席位分配方案，等到人口普查以后，是否还能证明它的公平。

艾尔斯沃斯先生和谢尔曼先生提议：推迟讨论格里先生的动议。

大会对他们提出的动议表决，结果，马萨诸塞反对，康涅狄格赞成，新泽西赞成，宾夕法尼亚反对，特拉华赞成，马里兰赞成，弗吉尼亚反对，北卡反对，南卡反对，佐治亚反对。4 邦赞成，6 邦反对，大会不同意推迟讨论格里先生提出的动议。

大会对格里先生提出的动议表决，结果，马萨诸塞赞成，康涅狄格反对，新泽西反对，宾夕法尼亚赞成，特拉华反对，马里兰反对，弗吉尼亚反对，北卡赞成，南卡赞成，佐治亚赞成。5 邦赞成，5 邦反对。格里先生提出的动议失落。[206]

格里先生发现：他的动议通不过，是因为有的邦不同意联邦议会直接向各邦居民征税，这样会限制各邦议会向居民征收人头税。于是，他再次提议，把征税的权力改为授予各邦，措辞如下："从联邦议会第一次开会起，到第一次人口普查结束止，为支持国库而需要的钱财，由各邦政府通过直接税征收，税额与各邦在议会第一院分得的席位成比例。"

大会对这项经过修改的动议表决，结果，马萨诸塞赞成，康涅狄格反对，新泽西反对，宾夕法尼亚代表赞成反对各半，特拉华反对，马里兰

---

[206] 前一次表决中赞成的邦，这一次都反对；前一次表决中反对的邦，只有弗吉尼亚依然反对。这一票说明：弗吉尼亚既不赞成推迟讨论，又不赞成动议本身，结论：弗吉尼亚要求修改这项动议。

反对，弗吉尼亚赞成，北卡赞成，南卡赞成，佐治亚赞成。5 邦赞成，4 邦反对，1 邦代表赞成反对各半。大会通过格里先生提出的动议。[207]

关于伦道夫先生提出的动议，上个星期六的表决，已经授权联邦议会，每隔一段时间，以财富和居民人数为原则，调整各邦席位的分配；经过后来的讨论，大家取得共识，把“财富”二字删去，改为要求议会周期性地进行人口普查，按照全体白人人数和黑人人数的五分之三，调整各邦的席位分配。决议措辞如下：“但是，根据各邦现状，居民人数很可能发生变化，特此授权联邦议会，每隔一段时间，调整各邦之间的席位分配；今后，如果一个邦分解为两个或更多的邦，两个或更多的邦联合为一个邦，或在联邦范围内建立新邦，对这类情况，联邦议会有权按各邦居民人数，调整席位分配，遵循上述规则。”

古文诺·莫里斯先生：反对这项更改，认为这样一改，前后更加矛盾。如果把黑人视为居民，而席位重新分配的规则以居民人数为基础，那么，黑人就应该全部计算，而不是按五分之三计算；如果把黑人视为固定资产，那么，“财富”这个词就是对的，使用“财富”一词，是为了摆脱“黑人”一词，现在把“财富”一词删去，与想达到的目的更加矛盾。

他说，前一段讨论的思路，经过这么一个拐弯，使他陷入沉思，他愿意坦率地陈述他的思考结果。北部与南部之间，已经划出明显界线，而且不断强调。过去，他一直认为，这种说法是一种异端邪说。现在他依然认为，这种划分并无基础。可是，他已经看到，代表们在坚持这种划分；南部的先生们在没有打通他们通向议会多数的路之前，不会满足。他已预见到，这种要求把权力从沿海转向内地，转到拥有土地利益的人手中的做法，其结果就是压迫商业，这迫使他觉得有责任投票支持第二院各邦席位平等的邪恶原则，以求为北部各邦提供一种防御手段，对抗这种企图。但是，这条线究竟是虚构的，还是真实的，现在已经到了摊

---

[207] 与[206]注释的表决比较，宾夕法尼亚从赞成变为赞成反对各半，弗吉尼亚从反对改为赞成，其他邦态度不变，格里先生的动议从通不过变为通过。

牌的时候：如果这条线是虚构的，那么，把它抹掉就行了，让我们继续寻求对政府的适当信心；如果这条线是真实的，那么，与其费尽心机把无法兼容的事掺和到一起，不如马上友好分手。如果每种具体利益都有资格要求取得保障，那么，要求就会永无止境。东部各邦可以要求对它们的捕鱼业以及其他目标给予保障，南部各邦可以要求对它们的土特产给予保障。在联邦内这两边的搏斗之间，中部各邦应该采取什么政策呢？根据他的想法，应该加入他们的东部兄弟一边。如果南部各邦把权力夺到它们手里，它们一定会与西部的广阔腹地结合起来，它们势必会为夺取密西西比河而向西班牙开战。这种话已经有人说出了口。西部的广阔腹地，并没有什么资产和利益暴露于海洋，这场战争对西部不会有多大影响。他希望知道，北部各邦和中部各邦手中有什么保障，能抵制这种危险。有人说，北卡罗来纳、南卡罗来纳和佐治亚，要不了多少时间就会拥有美利坚人民的多数。在这种情况下，它们势必会把广大的腹地包括在内，那时，万事俱备，只怕它们就会把权力握到自己手中。

巴特勒先生：南部各邦所要求的保障，就是不允许从它们手中夺走黑人，而会内会外的某些先生们，脑子里明明想做的，就是这件事。并没有人假设北卡罗来纳、南卡罗来纳和佐治亚的人口，会超过其他邦人口的总和，但是，相对而言，会比其他邦现有的人口多得多。美利坚的人民和力量，显然是在向南部和西部流动。

威尔逊先生：如果一篇广义的宣言，就能使每位先生都满意的话，那他也不厌其烦来渲染一下他的情绪。他意识到，所有的人，不论他们处于何方，都有平等的权利，都有建立信心的平等资格，他毫不担心会出现那样的时候，少数几个邦就能包含联邦人口的大多数。不论在哪里，只要出现了人口的多数，就应该在所有的问题上治理少数。如果广阔的内地将来会拥有这样的多数，他们不仅有权利，而且应该起来掌握治理权，不论我们愿意与否。这种嫉妒心理，当年曾误导了大不列颠对美利坚的政策。英国当初信仰的宿命信条，就是北美殖民地成长太快，认为这些殖民地的成长，应该用时间表加以限制。结果如何呢？首先，引起了我们的敌意，然后，就真的分开了。如果我们采取类似的充满嫉妒心理的政策，内地移民区，也会出现同样的后果。进而言之，如果人数不是一个适当的规则，为什么没有人提出更好的规则呢？从来无人冒险去尝试一下。邦联议会从来没有发现一个更好的规则。迄今为止，据他所闻，也从来没有一个邦建议过更好的规则。1783年，对测量财富的办法，经过长时间的仔细讨论以后，当时大家满意的，也和今天一样，就是以人数为规则，这个规则与把人数与财富结合起来的规则，差别不大。他再次表示，他无法同意：固定资产是政府或社会的惟一或首要目标。开拓和改善人类的心智，才是最高尚的目标。说到这个目标，也和其他个人权利一样，人数肯定是席位分配的自然而又准确的测量尺度。至于说到固定资产，也不可能十分偏离于这个准确的测量尺度。而且，第一院确立人口为分配席位的规则，丝毫不改变他对第二院构成的观点，让（一邦一票）的邪恶原则在第二院中实现，是不适宜的。

大会对删去伦道夫先生动议中的“财富”一词表决，结果，马萨诸塞赞成，康涅狄格赞成，新泽西赞成，宾夕法尼亚赞成，特拉华代表赞成反对各半，马里兰赞成，弗吉尼亚赞成，北卡赞成，南卡赞成，佐治亚赞成。9邦赞成，0邦反对，1邦代表赞成反对各半。大会通过删去“财富”一词。

里德先生提议：在“一邦分解”和“两邦联合”的“分解”一词和“联合”一词之前，加上“领土”一词。

大会一致同意。

他的目的，可能是为特拉华兼并切萨皮克湾东部的半岛而作准备。

休会。[208]

---

[208] 梅纳塞·卡特勒（Manasseh Cutler）记录了他7月13日到富兰克林家做客的经历。富兰克林指给他看“一条装在大玻璃瓶子里的双头蛇……然后，他就提起那天制宪会议上发生的一件幽默事情，他说，美利坚就像这条蛇一样，……可是，有人向他提起制宪会议的保密规则，他就不说了，弄得我也没听成那个故事”。参见法兰德《汇编》第一卷第606页。

7月 14 日星期六　在制宪会议上

大会继续讨论全体委员会报告的第七条和第八条：联邦议会的席位分配问题。

路德·马丁先生：要求对整个报告全文表决，包括发起钱财提案的部分和第二院席位平等问题。

格里先生：希望表决之前，大会能再注意一下西部各邦可能引起的危险。他赞成按宽容的条件接纳西部新邦，但不愿意让我们自己落进他们的掌心。西部新邦也和普通人一样，一朝权在手，就会滥用权力。它们会压迫商业，把我们的财富都吸到西部去。为了防止这种后果，他认为有必要对批准新邦加入联邦的个数加以限制，办法是，永远不让新邦的席位数量超过大西洋沿岸各邦。为此，他提议："为了确保现已加入联邦的各邦的自由权利，今后建立的新邦，在联邦议会第一院内的席位总数，永远不得超过现已加入联邦的各邦的席位总数。"

金先生附议。

谢尔曼先生：未来的邦的人数，超过现在的邦的人数，就目前来看，还不存在这样的可能。如果这种事情将来果然发生，现在讨论，也为时过早。而且，我们是在为我们的后代立法，为我们的儿子辈和孙子辈立法，他们可能成为西部新邦的公民，也可能留在老邦。仅仅从这个角度考虑，我们也不应该采取这项动议提出的歧视做法。

格里先生：如果我们的孩子当中有一部分要迁居，其他的孩子还是会留下来。我们有责任为他们的利益制定规则。人们一直疯狂地从东部各邦向西部的广大地区移民。他不希望那些留下来的人，成为向西移民的牺牲品。而且，外国人也正在向那里汇集，无法断定那里今后会出现怎样的变化。

大会对格里先生的动议表决，结果，马萨诸塞赞成，康涅狄格赞成，新泽西反对，宾夕法尼亚代表赞成反对各半，特拉华赞成，马里兰赞成，弗吉尼亚反对，北卡反对，南卡反对，佐治亚反对。4 邦赞成，5 邦反对，1 邦代表赞成反对各半。大会没有同意格里先生的动议。

拉特里奇先生提议：再议第一院发起钱财提案和第二院席位平等问题。

谢尔曼先生：主张马上通过整个报告。他说，这是个和解性的方案，其中每个部分，都已经讨论过，为此已经花费了大量时间，如果现在又要修改其中的某个部分，势必又要全部重来一遍。

路德·马丁先生：敦促对整个报告表决。他个人不喜欢其中的许多部分。他不喜欢设立两院，也不喜欢第一院内席位不平等。不过，他愿意试试这个方案，总比一事无成要好。

威尔逊先生：回顾了这个报告经历的几个阶段和过程，指出，在参议院席位平等问题上，代表们的意见是分歧的。我们的选民如果像我们一样投票，结果就会是三分之二反对，三分之一赞成。这个事实，过一会儿就会知道。看起来，在这个最基本的问题上，会是三分之一比三分之二。等我们的选民发现，这个政府从一开始起，就违反了正义的基本原则，凭什么希望我们的选民会接受？至于说到发起钱财提案的特权，没什么人会把它看得那么重要，许多人会认为这种特权本身就不恰当。他希望把两个分句都再考虑考虑。席位平等问题，是头等大事，只要还有机会，就应该让制宪会议好好反思一下，再议一议。

路德·马丁先生：否定有三分之二的人反对席位平等。那些喜欢自称为大邦的邦，是联邦内最软弱无力的邦。看看马萨诸塞，看看弗吉尼亚，它们算得上是治理有效的邦吗？如果它们急切希望的话，他赞成马上就分开。他宁可出现两个邦联，也比一个建立在不平等基础上的要好。至少在第二院要平等。

威尔逊先生：有些人先说少数比多数做得多，然后又说少数比多数强，他并不觉得惊奇。他估计，下一个断言就是，少数更富有。等到要求各邦摊钱和派兵的时候，他估计还坚持这样说的人就少了。

格里先生：指责路德·马丁先生，不该说马萨诸塞软弱无力。他主张，在不摧毁席位平等的情况下，重新讨论一下；办法是各邦实行全民投票，他说，这样就可以避免邦联议会所经历的那种办事拖延、议而不决，而且可以创造出一种办事的全国精神。他不同意再议钱财提案分句。这个分句具有重要意义。这是调停的基石。如果制宪会议的某名代表，拥有制定条款的排他特权，有谁还能说，这没有赋予他超越别人的好处呢？这份报告并非全合他的心意。但是，他愿意投票赞成现在这样的内容，总比整个都扔掉要好。

再议的要求，就这样在沉默中心照不宣地通过了。

平克尼先生提议：在第二院中，用以下办法来代替席位平等：新罕布什尔 2 席，马萨诸塞 4 席，罗德岛 1 席，康涅狄格 3 席，纽约 3 席，新泽西 2 席，宾夕法尼亚 4 席，特拉华 1 席，马里兰 3 席，弗吉尼亚 5 席，北卡罗来纳 3 席，南卡罗来纳 3 席，佐治亚 2 席，一共 36 席。

威尔逊先生附议。

戴顿先生：小邦绝不会放弃对席位平等的要求。对他来说，在任何情况下，为了小邦的权利，他绝不会在安全问题上退让一步。

谢尔曼先生：强调席位平等的重要性，不仅对小邦的安全是如此，对保全邦政府来说，也是如此。各邦政府必须在总体政府内有人代表，而且要有否定权。他不反对格里先生刚才的建议，第二院以各邦全民投票为基础。

麦迪逊先生：对平克尼先生提出的动议表示附议，认为是合理的折中。

格里先生：他喜欢这项动议，只是看不出有成功的希望。已经明显看到的事实说明，必须采取调停的办法。以这项动议为基础，是办不成的。他已经公开表示，不赞成搞一部分邦的结盟，让其他邦自由加入或不加入；这点，他已明确表态。

金先生：每当他与本邦的同事想法不同，总是感到遗憾，不过，这一次，他有责任说明他与格里先生看法的区别。他认为，拟议中的政府，就其实质和正规性而言，是一个总体性的全国政府，要治理全体美利坚人民。绝不允许全国政府像联邦政府那样，凡事需要通过各邦政府实施，而不能直接施政于一个一个的公民。对一个自由政府而言，被治理者应该对政府的施政具有影响能力。这条原则，难道还不清楚吗？为什么在第一院行得通的代议原则，在第二院就行不通呢，这有什么道理？他实在是一条理由也看不出来。可是，事与愿违，一谈到这个问题时，发表出来的种种观点，似乎总在要求相反的原则。反对意见有两个来源：一、对现存契约中的条款有不同看法；二、小邦假想出来的危险。

他认为，第一种反对意见，实际上行不通。按照邦联条款，公共负担的摊派规则，已经固定下来，而且必须实施。对拟议中的政府，这条规则无法固定，因为，间接税将取代（直接税）。这样，各邦议会就享有自行决断征税的充分权力，按它们自己认为必要的方式和比例征税。

他认为，第二种反对意见，没什么分量。总体政府绝不会想去侵入各邦政府的事务。不可能出现这样的诱惑力。也没有人指出过一种这样的诱惑力。为了避免总体政府介入各邦政府政策的可能性，他不反对把各邦政府欠下的债务，转化为联邦的债务，这笔债务的总数约为7 000万美元，让总体政府来负责归还。

按照保障各邦政府的构想，议会应该设立三个单独的院。第二院已经被承认是必要的，其真实意图，是制约第一院，给政府提供更多的智慧、条理、稳定，因此，第二院的施政，显然应该与作为施政对象的人民成比例。为了实现保障各邦的第三个目的，还应该设立一个第三院，代表各邦的这种要求，用席位平等的办法，来保护各邦的权利和尊严。他不想像他的同事们那样，装着与自己的选民十分熟悉的样子，但是，他坚信，向席位平等制让步的想法，绝不会在马萨诸塞取胜。在纽约（他表示抱歉，在纽约代表不在场的情况下，由于形势的需要，不得不说起纽约的事），他所看到的最强有力的议论，是由相当多的反对派发出的，他们反对授予邦联议会征收进口税的权力，指责邦联议会的构成方式有缺陷，指责席位的分配和表决方法。他可以有把握地说，若不建立在公平基础上，任何政府都不可能长命。他宁可一事无成，也不允许每个邦表决权平等。他认为，即使忍受思想混乱和骚扰动乱，也比向这种邪恶屈服好。其他的先生们，会有些怎样的观点，那就很难说了。或许有的先生会认为，联邦涵盖如此广阔的领域，不可能只建立一个政府，指望一个政府实现所有的目的。或许还有一些其他的固定观念，与我们所追求的目标，不能兼容。如果有，他认为，先生们不妨坦率地说出来，我们或许还能相互理解。

斯特朗先生：制宪会议内的观点一直有很多分歧。为了避免观点分歧而引起的后果，已经提出了一个调停方案。任命了一个委员会；虽然委员会中的一些成员反对席位平等，但作出的报告还是赞成这样做。大家都一致举手同意：邦联议会的使命已近尾声。如果不能实现和解，联盟本身马上就要解体。也有人放出话来，如果我们不能达成任何总体协议，几个主要的邦，就会形成并推荐一个建立政府的计划。而小邦则表示，如果那样，它们绝不参加。在这种情况下，一些大邦很可能会抓住那个计划，并且批准。他认为，小邦在钱财提案的发起权问题上，已经作了相当的让步，它们自然希望另一方也作出一些让步。从这个角度来看这件事，他不得不把他的一票用来支持报告全文。

麦迪逊先生：如果坚持要用席位平等取代比例代议制，摧毁政府的适当基础，就树立不起一个适当的上层建筑。如果小邦确实需要一个政府，配备保障它们的安全所需要的权力，迫使大邦和它们自己都服从，他不能不认为它们的手段极其错误。他提请小邦考虑，把现存的结盟置于不适当的原则上，会带来什么后果。所有涉事的主要各方，会汇集拢来，立即对政府加以砍手断足、投入桎梏，这种做法的结果，就是使寄托于政府的每一个希望都化为泡影。在会议的前一段，他曾经向小邦提出的信条和议论，提出过呼吁。有人（佩特森先生）非常适当地看出，代议制是一种方便的办法，不必全体人民一起到场；因此，议员应该与他们代表的选民人数成比例，就像全体选民一起到场，按比例投票一样。这个说法，适合于议会的一院，为什么不适合于另一院呢？可是，有人说，政府施政时，部分是联邦性质，部分是国家性质；在国家性质这一方面，人民的议员应该与人民成比例；在联邦性质这一方面，席位应该与邦数成比例。如果这种划分有坚实的基础，他愿意接受这种约束，如果没有基础，那就应该取消。在所有总体政府施政于民的场合，让人民选出代表，按比例投票；在所有总体政府施政于邦的场合，就像现在的邦联议会对各邦的施政一样，让各邦选出代表，平等表决。如果说还能找出什么基础的话，那么，这就是折中的惟一基础。可是，这种做法其实是行不通的。他要求哪怕举出一个例子来，说明总体政府的施政，如何能够不施于作为个人的人民。据他观察，大邦的人民，会以这样或那样的方式，确保他们在政府中的分量，与他们因人口自然增长、为数特别众多而取得的重要性成比例。如果他们不能通过比例代议制，在政府中实现这一效果，他们多半不会加入政府，因为，这样的政府，在重大措施上，并不倚靠他们的自愿合作，来取得政府自身的效力；在这种情况下，他们就会以间接的方式，来确保实现他们的目的。现存的邦联证明，当总体政府的法案，由各邦政府执行时，后者所获得的分量，就与它们的重要性成比例。不论是在邦联议会以内，还是在邦联议会以外，没有人会说，特拉华与宾夕法尼亚具有平等的分量。如果宾夕法尼亚提供的钱，是特拉华的十倍，那么，用不着强迫，它就具有十倍的重要性，它也就愿意提供这笔钱。在荷兰联邦内，每个省的表决权平等。可是，荷兰提供几乎一半的经费，它就统治着整个共和国。在第一院已经实现席位比例制的情况下，他列举了反对在第二院实行席位平等制的理由：一、少数人可以否定多数人的意志；二、少数人可以倡导一些措施，办法是，提出这些措施作为条件，若不采纳，就不同意实施其他的必要措施；三、少数人可以把一些措施强加于多数人，办法是行使将要寓于参议院的独特权力；四、这类弊病，不仅不会被时间治愈，由于每个新邦被批准时，都要遵循席位平等的原则，这类弊病只会变本加厉；五、把这种做法永久化，就会把优势给予北部，来对付南部。平衡是一个需要严肃考虑的问题。现在看来，大家都已经看得很清楚，利益的真正分野，不在大邦小邦之间，而在北部南部之间。奴隶制度及其后果，形成了相互排斥的分界线。南部有 5 个邦，北部那边有 8 个邦。如果采取比例分配制，诚然，北部的席位还是多于南部；但就此时而言，程度毕竟不同；随着时间一天一天过去，会逐渐趋于均势。

威尔逊先生：再略微补充几句。如果第二院席位平等是一个有待时间校正的错误，那么，由于意识到世间任何方案都不可能十全十美，他也就不那么急于非要现在就排除这个错误。但是，如果这是一种根本性的、永恒的错误，那就永远无法摆脱。代议制中的这个弊端，犹如最初策划中的错误，势必伴以疾病丛生、暴乱不止，最后以死亡而告终。比例代议制在普遍原理上的正义性，至少在辩论中，没有人说它自相矛盾。但是，有人说，为了维护各邦政府的存在，背离比例代议制的原则，给予每邦平等的一票，至关紧要，必不可少。他也曾设身处地，从换位的角度考虑过，还是看不出有何道理。他承认，各邦政府应予保留。但是，是否由此就可以进而推论：席位平等是达到这个目的所必需的呢？是否有理由可以假定，若要保留各邦政府，就更需要依靠大邦的政府，超过对小邦政府的倚靠，否则，各邦政府在总体政府下的安全会越来越小？大邦政府若不坚持它们自己的存在，岂不比小邦政府更像是在自杀？因此，在他看来，席位平等实无必要。而且，与其他反对意见相比，席位平等制岂不是更容易被人指责：现存邦联议会的主要缺陷，就是无能，而无能之所以无法逾越，就是因为席位平等。人们从来没有抱怨过邦联议会管事过多，抱怨的是他们管事太少。为了纠正这个弊病，才把我们派到这里来。如果按照有人提议的那样，建立席位平等制，我们能有效达成目标吗？不能。就是这种席位平等，把我们直接带到邦联议会的效能不足。现在，校正这种体制，正是我们的责任。小邦运用这种平等体制，就和过去运用邦联议会一样，它们并不能有所作为，只能控制大家，一起无所作为。美利坚人民中的少数，还要在这里坚持席位平等制。如果还用这种办法，制宪会议的目的，是否可能实现呢？难道我们的选民不会起来说话？我们派你们去建立一个有效的政府，你们反倒给我们把政府弄得更复杂，而政府原来的毛病却原封不动。他急切希望：所有各邦都联合到一个政府之下。他知道，有些值得尊重的先生，宁愿建立三个邦联，用同攻同守的方式结盟。要赞同这样一个计划，许多事情说得过去，有些事情还有道理。不过，他本人不同意这种意见；而且，他认为，再没有什么比从头错起、树立错误的第一原则更糟糕。

艾尔斯沃斯先生：提两个问题。第一个问题，问威尔逊先生：威尔逊先生是否在邦联议会见过一项好措施，是由于缺乏多数支持而失败的呢？他本人从未见过这样的例子。第二个问题，问麦迪逊先生：一项措施，被多数否定而搁置，哪怕这个多数是小邦，比提议授权由一人担任的行政官否定联邦议会的立法，而这一人担任的行政官，势必要从某个邦产生出来，哪个更危险？

谢尔曼先生：他的期待，是总体议会对某些情况按联邦原则行事，实行配额制。但是，他认为，如果各邦议会无力完成按配额分配给他们的任务，就应该给各邦议会授权，使它们能执行各自的计划。

大会对平克尼先生提出的动议（第二院内，新罕布什尔 2 席，马萨诸塞 4 席，等等）表决，结果，马萨诸塞反对，金先生赞成，戈汉姆先生不在场，康涅狄格反对，新泽西反对，宾夕法尼亚赞成，特拉华反对，马里兰赞成，弗吉尼亚赞成，北卡反对，南卡赞成，佐治亚反对。4 邦赞成，6 邦反对。大会不同意平克尼先生提出的动议。

休会。

7月16日星期一　在制宪会议上

大会继续讨论全体委员会报告第七条和第八条：联邦议会的席位分配问题。

大会对经过修改的委员会报告，包括第二院席位平等，实行表决，结果，马萨诸塞代表赞成反对各半，格里先生、斯特朗先生赞成，金先生、戈汉姆先生反对，康涅狄格赞成，新泽西赞成，宾夕法尼亚反对，特拉华赞成，马里兰赞成，弗吉尼亚反对，北卡罗来纳赞成，其中斯佩特先生反对，南卡罗来纳反对，佐治亚反对。5邦赞成，4邦反对，1邦代表赞成反对各半。大会通过报告全文。

大会通过的整个报告，全文如下：

“决议：在最初形成联邦议会时，议会的第一院由65个席位组成，其中，新罕布什尔3席，马萨诸塞8席，罗德岛1席，康涅狄格5席，纽约6席，新泽西4席，宾夕法尼亚8席，特拉华1席，马里兰6席，弗吉尼亚10席，北卡罗来纳5席，南卡罗来纳5席，佐治亚3席。但是，由于各邦居民人数的现状多半会发生变化，特此授权联邦议会，每隔一段时间，重新分配各邦的席位数目；如果任何一邦今后分解为一个以上的邦，或因增加领土而扩大疆域，或因两邦或多邦联合成为一邦，或在联邦范围内创立新邦，联邦议会有权制定规则、调整席位，以适应上述情况，应以各邦居民人数为基础，并遵循下述规则：席位分配，应永远与所纳直接税成比例；由于各邦相对环境的变化，直接税每隔一段时间可能需要调整，为落实直接税的变化，特附加决议如下：在联邦议会第一次开会后的6年以内，展开人口普查，以后每隔10年普查一次，按照邦联议会1783年4月18日决议中推荐的比例，清点联邦境内所有居民，按人口普查结果，调整各邦的直接税额。为此，附加决议：所有筹款和拨款提案，以及固定联邦政府官员年薪的提案，均由联邦议会第一院发起，第二院不得更改修正；除由第一院发起拨款提案外，任何人不得从国库中支取钱财。附加决议：在联邦议会第二院，每邦享有平等的1席。”

为了讨论全体委员会报告第七条和第八条，对全体委员会报告第六条的讨论一直被推迟。

现在开始讨论第六条，内容如下：应授权全国议会享有邦联条款授予邦联议会的立法权；而且，拥有对各邦无能为力立法的所有事务的立法权；拥有对施行各邦立法时影响联邦和谐的事务的立法权；有权否定各邦通过，但全国议会认为违反联邦条款或联邦授权缔结之条约的立法。

大会一致同意第一分句：全国议会享有邦联条款授予邦联议会的立法权。

秘书朗读第二分句：“而且，拥有对各邦无能为力立法的所有事务的立法权”，供讨论。

巴特勒先生：要求对这一权力的范围作出解释；特别是“无能为力”一词的含义。这一提法含糊其辞，使人无法形成准确的判断。

戈汉姆先生：有些用语含糊其辞，包含着这些用语的恰如其分。我们现在是在树立一般原则，有待于今后扩展为细节，届时就会精确和明朗。

拉特里奇先生：再次强调由巴特勒先生开始的反对意见，提议：应该设立一个委员会，把对这一权力的含义具体化，用普通术语表达，向大会提出报告。

大会对这一动议表决，结果，马萨诸塞反对，康涅狄格赞成，新泽西反对，宾夕法尼亚反对，特拉华反对，马里兰赞成，弗吉尼亚赞成，北卡罗来纳反对，南卡罗来纳赞成，佐治亚赞成。5 邦赞成，5 邦反对。拉特里奇先生要求设立委员会的动议未能通过。

伦道夫先生：今天上午的表决，涉及第二院席位平等，把事情弄得尴尬到极点。全体委员会报告授予议会的全部权力，都建立在议会两院实行席位比例分配这个基础之上。今天上午，他来到会场时，他的目的就是想提出一些主张，以为可以联合起一个多数票，尤其是打消小邦疑惑的危险，列举可能产生疑虑的情形，允许在哪些情形下实行平等表决法。可是从刚才的表决中，发现小邦仍然坚持要求在所有的情况下都实行平等表决，结果，它们取得了胜利，如果纽约在场，多半也会站在它们一边，他实在无可奈何，只能认为：我们对进一步讨论这个问题尚未作好思想准备。在双方差不多都仅够半数的情况下，要想作出最后的决定，多半也只是徒劳。由于这些原因，他希望制宪会议休会，在目前的严重危机之下，大邦或许只好考虑一下，如何采取适当步骤，小邦也可以仔细讨论调解办法。

佩特森先生：与伦道夫先生有同感，制宪会议休会的时候已经到了，保密规则应该解除，我们的制宪会议应该再去征求一下意见。对小邦来说，除非第二院实行平等表决制，不接受其他任何调解方案。如果伦道夫先生收回他的无限期休会动议，他也将全心全意地附议。

平克尼将军想弄明白：伦道夫先生的意思，是就此休会到底，还是休会一天。如果是休会到底，那么与他本人的想法十分不同。他无法想象，先回到南卡罗来纳，再回到这里来。而且，以为回去征询一下各邦的意见，就可以分别达成一致，这不过是痴人说梦。

伦道夫先生说明：他从来没有想过就此休会到底；他感到抱歉，他的想法居然会被人如此轻易而且怪异地曲解。他脑子里想的不过是休会到明天，以便能够再试试，是否能想出什么调停办法，如果小邦继续坚持不让，大邦还有什么办法，他现在也不想说或许必要的办法是什么。

佩特森先生附议，赞成休会到明天。看来可以给予大邦一个它们希望得到的机会，去进一步商讨一下调停之计。

大会对伦道夫先生休会到明天的动议表决，结果，马萨诸塞反对，康涅狄格反对，新泽西赞成，宾夕法尼亚赞成，特拉华反对，马里兰赞成，弗吉尼亚赞成，北卡赞成，南卡反对，佐治亚反对。5 邦赞成，5 邦反对，大会没有通过伦道夫先生的休会动议。

布鲁姆先生：他有责任宣布他反对伦道夫先生就此休会的理由。他认为，这种做法等于找死。哪怕就是微弱多数通过，制宪会议也必须有所作为。

格里先生：马萨诸塞反对休会，因为他们看不出还有什么新的折中基础。不过，看来这么多邦都希望试一试，马萨诸塞现在可以改投赞成休会的票。

拉特里奇先生：看不出有什么必要休会，因为他看不出还有什么折中的机会。小邦的观点已经固定不动了。他们已经反复而且神圣地作出宣言，要坚持到底。大邦现在所需要做的事，就是决定：让步，还是不让。从他的角度来理解，就是：虽然我们做不成我们认为是最好的事，但是，我们总得做成一点事。如果我们不能把这个政府维持得时间更长，指望再开一次制宪会议，就能把我们没做成的做成，那就比把一切都抛入混乱还要糟。如果我们采取后者，我们的选民，对我们将毫无满意可言。

伦道夫先生和金先生：再次提出休会到明天的动议。大会表决结果，马萨诸塞赞成，康涅狄格反对，新泽西赞成，宾夕法尼亚赞成，特拉华反对，马里兰赞成，弗吉尼亚赞成，北卡赞成，南卡赞成，佐治亚代表赞成反对各半。7 邦赞成，2 邦反对，1 邦代表赞成反对各半。大会同意休会。

休会。

第二天早上制宪会议开始以前，大邦的一些代表，根据共同意愿，开会讨论采取什么措施，对付有利于第二院席位平等的表决结果，以及小邦在这个问题上显然毫无松动的立场。有几位小邦的代表也来参加。时间在关于这个题目的含糊谈话中浪费，提不出任何主张，也达不成任何一致。看来，不喜欢第二院席位平等的代表们，对是否冒险硬性反对、即使制宪会议一事无成也在所不惜，他们之间的分歧，比对席位平等这个问题本身还要大。其中有些人认为，在那样的基础上，建立不起来一个好政府，既然制宪会议内部的观点已经分为两派，不可避免，那就不如由达成协议的部分大邦，代表美利坚的多数人民，向各邦提出一套建立政府的方案，与小邦可能提出的方案抗衡，联合起来坚决反对小邦，如果必要，最后只有各提各的方案。其他代表似乎倾向于向小邦让步，一起同意这个方案，不论这个方案多么不完善，会引起多少反对，这样，制宪会议作为一个机构就能取得一致，虽然只是由刚过半数的邦、代表联邦人口的少数作出决定。这次咨询会的结果，多半还是满足了小邦，与会者无法想象由部分大邦组成联邦，也想不出任何别的方案，足以反对在第二院中实行席位平等制。[209]

---

[209] 大邦代表们对于自己所作的妥协，虽然是如此的无可奈何，可是，后来的美国宪法史家，还是把7月16日达成的折中，称为“伟大的妥协”(Great Compromise)，它使美国的参议院有别于英国的上议院：英国的上议院起源于贵族和僧侣需要有自己的代表，美国的参议院起源于各邦需要维持力量平衡。

7月17日星期二　在制宪会议上

古文诺·莫里斯先生提议：再议第二院的席位分配问题，虽然这个问题昨天已经随着委员会报告的全文一起通过了。他的目的，是想请会议从理论上探讨一下，应该把哪些权力授予总体政府。有人说，先让我了解总体政府的模式，就可以决定应该授予哪些权力。他认为，正当程序，是先决定应该授予哪些权力，再确定政府的模式。这样，才能恰如其分地实施这些权力。他担心，等我们进展到权力分配的讨论时，昨天通过的决定，包括第二院席位平等，是否还站得住脚，会不会又老是回到这个问题上来，不论是放在心里，还是说出口来，到时候，席位分配与权力划分的一些具体问题，总是会发生纠缠。

他的动议无人附议。好些代表的表情说明，有些人对第二院按比例分配席位已经绝望，有些人已经意识到，再提第二院按比例分配席位，又会燃起小邦反对的火焰。

于是，会议回头讨论全体委员会报告的第六条主张。前一段，由于长时间讨论报告的第七条和第八条——总体议会的席位分配问题，第六条的讨论被拖延下来。

全体委员会报告第六条主张全文如下：应授权全国议会，享有邦联条款赋予邦联议会的立法权；拥有对个别邦无能为力立法的所有事务的立法权；拥有对施行个别邦立法时影响联邦和谐的事务的立法权；有权否定个别邦议会通过，但全国议会认为违反联邦条款或违反联邦授权缔结的条约的立法。

谢尔曼先生：要在总体议会的权力和各邦议会的权力之间划出明确的界线，很难。他不喜欢这项主张中“个别邦立法”[210]的提法。他提议，把这个提法改为：应授权总体议会“立法约束联邦人民，立法范围为涉及联邦共同利益的一切事务；但不得干扰各邦政府的自治[211]。各邦自治范围只涉及本邦利益，不影响联邦的整体利益”。

威尔逊先生：附议。他认为修改后的提法，对普遍原则作了更好的表述。

古文诺·莫里斯先生：反对这种提法。按照各邦对“自治”的理解和用法，“自治”会侵入到许多事务，如发行纸币和其他种种伎俩，这些，都会影响到其他邦的公民。

谢尔曼先生：列举了属于联邦的一系列立法权，包括对贸易征税，但不包括征收直接税。

古文诺·莫里斯先生：谢尔曼先生排除了直接税。仅仅对消费品征税，不敷联邦使用，这点，想必在谢尔曼先生意料之中。排除了直接税，就可以推断，联邦只好又采取摊派税额的办法，向各邦摊派款项。这种想法，等于颠覆政府。

谢尔曼先生：承认他在列举联邦权力时，没有包括征收直接税的权力。他认为，应该拟定一些条文，弥补联邦征税的不足，不过，他还没有想出来。

是否同意谢尔曼的动议？会议表决，马萨诸塞反对，康涅狄格赞成，新泽西反对，宾夕法尼亚反对，特拉华反对，马里兰赞成，弗吉尼亚

---

[210] 个别邦立法(individual legislation)：指一个邦或几个邦议会根据本邦情况所立的法，不同于所有13个邦一致通用的立法。

[211] 自治(internal police)：直译为“内部警察权”。

反对，北卡罗来纳反对，南卡罗来纳反对，佐治亚反对。2 邦赞成，8 邦反对。会议不同意谢尔曼的动议。

贝德福德先生提议，把提法修改如下：全国议会“有权为联邦的总体利益立法，也有权对各邦单独无能为力的事务立法；有权对联邦和谐可能受到个别邦立法干扰的事务立法”。

古文诺·莫里斯先生附议。

伦道夫先生：这真是令人害怕的想法。这项授权侵入各邦所有的立法权和制宪权，而且要干预各邦的自治。修改后的最后一个分句也是多余，因为已经包含在第一个分句里面了。

贝德福德先生：修改后的提法，总不如原来的提法那么广延、那么可怕。任何邦单独行动，都没有能力为联邦的总体利益立法。

是否同意贝德福德的整个动议？会议表决，马萨诸塞赞成，康涅狄格反对，新泽西赞成，宾夕法尼亚赞成，特拉华赞成，马里兰赞成，弗吉尼亚赞成，北卡罗来纳赞成，南卡罗来纳反对，佐治亚反对。6 邦赞成，4 邦反对，会议通过贝德福德的动议。

是否同意贝德福德对第二个分句的修改？会议表决，马萨诸塞赞成，康涅狄格赞成，新泽西赞成，宾夕法尼亚赞成，特拉华赞成，马里兰赞成，弗吉尼亚赞成，北卡赞成，南卡反对，佐治亚反对。8 邦赞成，2 邦反对，会议通过：把“拥有对各邦单独无能为力立法的所有事务的立法权”，改为“拥有对所有涉及联邦总体利益的事务的立法权，对于各邦单独无能为力立法的事务，也有立法权”。[212]

会议接着讨论第四个分句：全国议会如果认为个别邦的立法违反了联邦条款或联邦授权缔结的条约，可予否定。

古文诺·莫里斯先生：反对这样授权，因为，这可能使各邦觉得可

---

[212] 麦迪逊的笔记，体现不出这两次表决的内容有何不同。根据法兰德核实，麦迪逊笔记的这一部分，为事后抄写《会议记录》。查杰克逊的会议记录，第 161 次表决针对的问题，是“是否同意贝德福德先生对第六条的修改”；第 162 次表决针对的问题，是“是否同意对第六条第二分句的修改”。依然显现不出区别。见法兰德《汇编》第二卷第 24 页。这里只好照译。

怕。而且，如果授予总体政府足够的立法权威，这个分句也就没有必要了。

谢尔曼先生：这个分句没有必要，因为各邦法院不会认为与联邦立法抵触的任何法律还有效力，不需要联邦议会再去否定。

路德·马丁先生：这种授权不当，也得不到批准。难道各邦议会通过的所有立法，都要送到总体议会去等待批准，然后才能施行吗？

麦迪逊先生：否定各邦议会立法的权力，是总体政府有效和安全的基础，非要不可。之所以需要建立总体政府，就是因为各邦追求自己的具体利益时，有违背总体利益的倾向。这种倾向，将继续干扰整个体制，只有加以控制，才能消除。如果没有这种否定权，要想控制各邦议会的立法，别无门路。各邦议会可以通过立法，在总体政府宣布这些立法作废之前，或全国法院搁置这些立法之前，实现它们损人利己的目的。不能把信心建立在各邦法庭身上，不能指望它们捍卫国家的权威和利益。所有各邦，程度不同，都依赖于邦议会。在佐治亚，邦的法官每年由邦议会任命。在罗德岛，拒绝执行该邦立法的法官被解除职务，虽然这些立法违反该邦宪法。邦议会任命的新法官，愿意接受老板交给他们的邪恶的、任性的做法。为了保全整个体制的和谐，需要采取措施。对各邦议会的不当立法予以否定，乃是最温和的手段。在大不列颠的体制下，这种否定权的用处，已经体现出来。除了国王的特权之外，别的一切都不能保证帝国的和谐和各个部分对帝国的服从，任何部分，如果想要独树一帜，或者侵入全国权利的任何立法，就要把它们扼杀于襁褓之中。诚然，这种特权，有时出于无知或偏袒帝国内的某个部分，曾经被误用。但是，我们并没有同样的理由，害怕这种误用出现于我们的体制之中。至于说到一切立法都要送到全国议会等待审批，其实只要把某些权力下放到各邦议会，就可以避免。就眼下的情况来说，至少，可以对刻不容缓的立法授予临时有效权。[213]

---

[213] 麦迪逊主张全国议会有权否定各邦议会立法的立场，后来被称为“国家主义”。

古文诺·莫里斯先生：越来越反对授予这种否定权。仅仅提出这个建议，就会叫各邦作呕。邦议会的立法如果应该搁置，也是司法部门的事；司法部门的搁置也失败了，才可以用全国性的立法加以废止。

谢尔曼先生：这样授权会引发出一种错误原则：如果邦议会通过了一项违背联邦条款的立法，若没有被否定，就依然有效，可以施行。

平克尼先生：强调这种否定权力的必要性。如果全国议会认为个别邦议会的立法违反联邦条款或违反联邦授权缔结的条约，是否有权否定？会议表决，马萨诸塞赞成，康涅狄格反对，新泽西反对，宾夕法尼亚反对，特拉华反对，马里兰反对，弗吉尼亚赞成，北卡赞成，南卡反对，佐治亚反对。3 邦赞成，7 邦反对，会议没有同意这种否定权。

路德·马丁先生提议，要求通过如下决议："以联邦条款名义提出、以实现联邦条款为目的、由联邦作出的立法，以及所有联邦授权缔结的条约，为联邦的最高法律，只要这些立法和条约与上述各邦、或它们的公民和居民有关；各邦司法部门作出裁决时，受到上述最高法律的约束，在各邦单独通过的立法中，任何内容不得违背最高法律。"

会议一致通过路德·马丁的动议。

会议开始讨论全体委员会报告的第九条主张："设立全国行政官，由一人担任，由全国议会选举，任期 7 年，有权执行全国性立法，任命本文未另作规定的其他官员，不得连任，可以弹劾，经确证违法或渎职，可予罢免；领取固定报酬，补偿他奉献于公务的时间，报酬由国库支付。"

会议先讨论"由全国议会选举"。

古文诺·莫里斯先生：断然反对这种选举办法。既由议会选举，又由议会罢免，行政官不过是议会的造物。行政官应该由广大人民选举，由这个国家的自由持有土地者[214]选举。他承认，采用这种方式，会有许多困难。可是，纽约和康涅狄格的实践，已经证明这些困难可

---

[214] 自由持有土地者(the freeholders)，又译"不动产所有者"。

以克服。因此，他相信，在联邦选举行政官时，也可以办到。如果人民能够选举，要挑选一位人格突出或服务突出的人，他们绝不会失算；只要有一位在美洲大陆上享有声望的人，就会当选。如果让议会选举行政官，就会被暗中搞鬼[215]、策划于密室的政客集团[216]、派别把持；就会像教皇的选举一样，由七名枢机红衣主教选举；真正具有德行的人物，很难得到这样的头衔。他提议：删去“由议会选举”，改为“由联邦公民选举”。

谢尔曼先生：国家感[217]最好由议会体现，而不是由人民体现。人民永远无法对有人格的人物得到足够的信息，永远不会把多数票同时投给一个人。他们通常会把票投给本邦的一位人物，这样，最大的邦获得这一任命的机会最大。如果选择由议会作出，就必须听取多数人的声音，才能展开选举。

威尔逊先生：有人曾经提出两条理由，反对由人民选举行政官。一、波兰的例子，在那里，最高行政官的选举，用一种极其危险的骚乱动荡方式进行。他所观察到的先例，无一雷同。波兰贵族有自己的武装和追随者，有能力展开武力角逐，结果是共和制受到威胁，他们自己也彼此威胁。选举人全部集合于一个地方，武力争雄。这种情况不会在我们这里再现。二、说多数人的意见绝不会一致。对此可以回答如下：就选举而论，多数人意见一致，并非必要原则。在各邦选举中，也从没有提出过这种要求。就算这些反对意见的理由十足，马萨诸塞所采用的办法，也使这些理由全部失效。在那里，多数人无法在一位候选人身上达成一致时，便由议会投票，由多数议员作出决定。这至少可以让人民保持提名权，选出一位比较好的候选人，在很大程度上，把暗中搞鬼、策划于密室的政客集团排斥于外。他本人还有一条特殊理由，反对议

---

[215] 暗中搞鬼：intrigue = ploting or scheming secretly or underhandedly。

[216] 策划于密室的政客集团：cabal = a small group of people joined in a secret，often political intrigue，or the intrigues of such a group。

[217] 国家感：sense of the Nation。

会掌握选举的绝对权力：议会选举，行政官对议会的依附性过大，立不起来。议员的阴谋诡计和邪恶念头，与人民的普遍权利和利益，二者之间存在张力，候选人夹在当中，难以承受这种张力。

平克尼先生：没想到又重新辩论起这个问题来。由人民选举的弱点，已经遭到明显和具有说服力的反对。人民会受到少数积极奔忙、有企图的人的驱使。人口最多的几个邦联手，支持同一个候选人，就能达到目的。全国议会对自己的立法具有切身的利益，会努力选择适合的人选，适当执行议会的立法。

古文诺·莫里斯先生：有人说，如果由人民选举，人口最多的邦就会联手，把他们喜欢的人抬上去。情况其实相反。人数最多的邦，人民是没有办法联合的。如果出现联合，那也是他们在议会里的议员联合起来。有人说，人民会受到少数有企图的人的驱使。这只可能发生在小小的选区里，绝不可能发生在美洲大陆这么广阔的范围里。纽约的邦长选举，的确偶尔出现过这种情况。一些小党小派的暗中搞鬼之徒，大肆活动，取得成功。但整个邦的普遍呼声，绝不会受到这种人造行为的影响。有人说，如果让多数人参加选举，他们的信息不足。如果选举在议会举行，人民对议会的秘密会议中发生的事情，的确缺乏信息；但是，对出类拔萃的人物，得到人民好评和信心的人物，人民并非不知道。如果行政官由全国议会选举，行政官就无法独立于议会；如果行政官独立不起来，从议会这一面发起的篡权和暴政，就会接踵而至。上个世纪英国的历史，就是如此。这种情况也曾发生在荷兰，在那里，各地的参议院囊括了全权。其实，到处都有这样的情况。他感到惊讶的是，居然有人把广大人民选举行政官，与波兰选举行政官的事联系起来。由议会选举行政官，倒真与波兰选举行政官好有一比。这两种情况，起重大作用的都是选举人。后者以腐败和狡诈为特征，很快就会成为前者的特征。由人数众多的机构选举官员，总是不如由一些负责的个人任命，不如由广大人民选举产生。

梅森上校：不同的场合使用不同的语言，真是令人好奇不已的事。

前些时候有一次，有人告诉我们，说议会有资格享受人民的充分信任，应该授予无限的权力。换了一个场合，议会又变成被暗中搞鬼之徒和腐败分子把持，完全不可信任了。且不说荡漾在这种前后矛盾之中，有多么难受，他总应该看到，一个政府，说到头来，至少要切合实际、能够运作。如果把选举交给广大人民，是否能够运作？他本人认为，把选举适当人物担任行政官的事交给人民，是违反自然的，就像把鉴定颜色的事，交给盲人一样。这个国家幅员辽阔，人民分散，无法具备足够的能力，鉴别众多候选人的表演。

威尔逊先生：看不出梅森上校所说的那种矛盾。在某些方面，议会值得信任，在另一些方面，议会不值得信任。议会立法影响议员和选民的切身利益，所以，在立法方面，议员值得合理的信任。其他方面，议员彼此争风吃醋，相互攻讦，势不可免。在选举重要官员方面，议会可能受到许多动机的支配，与公众信任的人不同，结果，势必出现选人的错误。这一方面，议会已经声名狼藉，在委托给议会的事务中，这是腐败现象最严重的方面。

是否同意古文诺·莫里斯的动议？会议表决，马萨诸塞反对，康涅狄格反对，新泽西反对，宾夕法尼亚赞成，特拉华反对，马里兰反对，弗吉尼亚反对，北卡反对，南卡反对，佐治亚反对。1 邦赞成，9 邦反对，会议不同意由人民选举行政官。

路德·马丁先生提议：由各邦议会推举选举人，再由选举人选举行政官。

布鲁姆先生附议。

是否同意路德·马丁的动议？会议表决，马萨诸塞反对，康涅狄格反对，新泽西反对，宾夕法尼亚反对，特拉华赞成，马里兰赞成，弗吉尼亚反对，北卡反对，南卡反对，佐治亚反对。2 邦赞成，8 邦反对，会议不同意由各邦议会推举选举人，再由选举人选举行政官。

是否同意“由全国议会选举”行政官？会议表决，一致同意保留原来的提法。

豪斯通先生[218]和古文诺·莫里斯先生提议：推迟讨论"任期 7 年"的问题。会议一致同意。

会议一致同意：行政官"有权执行全国性立法"。

会议一致同意：行政官"有权任命本文未作规定的其他官员"。

豪斯通先生提议：删去"不得连任"。

谢尔曼先生：附议。

古文诺·莫里斯先生：赞赏这项动议。不得连任，会摧毁促成良好表现的伟大动力，摧毁表现良好、争取回报的希望。不得连任，等于对行政官说：嘿，要晒稻草赶快，趁太阳还在。

是否同意豪斯通的动议？会议表决，马萨诸塞赞成，康涅狄格赞成，新泽西赞成，宾夕法尼亚赞成，特拉华反对，马里兰赞成，弗吉尼亚反对，北卡反对，南卡反对，佐治亚赞成。6 邦赞成，4 邦反对，会议同意删去行政官"不得连任"。

于是，有人要求再议行政官是否"任期 7 年"。

布鲁姆先生：现在，既然行政官改为可以连任，任期就应该缩短。如果行政官只能连任一次，他还可以考虑任期稍长。

麦克朗博士提议*：删去"7 年"，改为"行为良好，继续任职"。宣布不得连任，等于把行政官置于永远依赖议会的处境。他认为，行政部门独立，与司法部门独立一样，具有奠基的性质。

古文诺·莫里斯先生：附议。他说，听到这话，极其高兴。这才是通向好政府的途径。前一段，他采取过一些行动。可是一直担心：这么

---

[218] 豪斯通先生(Mr. Houstoun)：这里，麦迪逊写作豪斯顿先生(Mr. Houston)。克林顿·罗西特在《1787 年制宪盛会》中说，新泽西代表豪斯顿先生出席制宪会议仅仅一周，一言未发，因病回家，第二年死于肺病；法兰德《汇编》第三卷《制宪会议代表出勤表》说，佐治亚代表豪斯通先生从 6 月 1 日到会，一直出席到 7 月 23 日，多半于 7 月 26 日离会，或在威廉·费尤开完邦联议会从纽约回来之后离会。这里只可能是佐治亚代表豪斯通先生。后文中的豪斯顿先生，均译为豪斯通先生，不再一一注明。

* 麦迪逊注：麦克朗动议的目的，可能主要是为了反对连任，办法则是以保障行政官的独立为名，提出终身制的要求。

有价值的一个主意，通不过怎么办？现在好了，他对行政官的选举办法已经不在乎了，只要行政官成为终身职就好办。

布鲁姆先生：高度赞扬这一动议。这一下子，他脑子里的疑云一扫而光。

谢尔曼先生：终身制丝毫没有安全可言，丝毫没有被批准的可能。现在把行政官改成可以再次当选，在需要的时候，行政官会表现良好。如果行政官自我约束，他会连任；如果不约束自己，那么，下次选举就叫他下台。

麦迪逊先生*：立法、行政、司法三权分开，是保护公民权利的基本要求；让三者相互独立，则是保证它们分开的基本要求。如果行政官要讨好议会才能再次当选，依赖心就会使行政官独立不起来。为什么对法官不采取这种反复选举的做法呢？因为，这会引诱法官到议会去耕耘人际关系，用不适当的手法讨好议员，结果，弄得议会既是法律的制定者，又是法律的解释者。同样的道理，行政官如果依赖议会，就会把议会弄成既是法律的制定者，又是法律的执行者。据孟德斯鸠观察，议会可能制定虐政立法，用虐政方式施行[219]。行政与司法，在某些方面构成类比。这两个部门的主要差别，有两方面：一、维护集合利益和安全的权力，属于行政的比属于司法的多；二、行使行政权，比行使司法权留给个人思考和判断的余地更大。如果第二点证明：在行政过程中，建立一套精确的规则，比在司法过程中更难，从而构成反对行政官终身制的理由，那么，两方面加起来就证明，行政权与立法权联合，比司法权与立法权联合，更加危险。他认为，要想建立一个结构合理的共和国，首先要把立法和行政分开，使它们相互独立。麦克朗博士提出的动议是否

---

* 麦迪逊注：对这个问题发表的观点，意在挡住可能落到麦克朗博士头上的指责。麦迪逊先生对麦克朗先生特别关注。这位医生虽然拥有极高的才能，但是为人谦逊，还不习惯于投身政治辩论。

[219] 制定虐政立法，用虐政方式施行：make tyrannical laws and execute them in a tyrannical way。

适宜，是另一个问题，因为这个问题还有赖于是否能建立起一个切实可行的弹劾法庭，弹劾庭要有决断，有足够的力量，不论遇到什么人，都能发起。另一方面，他表示对动议提出者的尊敬，他完全有权提出他的主张，供大家听取和讨论，直到有人提出一个更不容易引起反对的办法，制止立法部门与行政部门结合的危险。

梅森上校：这项动议前一段已经提过，而且已经被一个非常大的多数否决。他相信，再搬出来，会被再次否决。现在无法确定，行政官出现怎样的错误行为，才应该受到适当审讯；而且，一位占据如此高位的违法者，如果实行终身制，就更难确定如何才能使他受到审讯。他认为，行为良好、继续任职的行政官，不过是终身制行政官的一种稍微温和的提法。实现了终身制，再往下轻而易举走一步，就是世袭制。如果这一动议终于取得成功，他很有可能活着再看一场革命。如果他看不到，他的子辈或孙辈也一定会看到。他相信，在这个会堂里，就有那么少数几个人，一心期盼这事。不过，他相信，目前还没有一个邦，背叛共和主义到如此地步，思想偏见到赞成这种主张。

麦迪逊先生：不明白这怎么会被人视为赞成通向君主制的步骤。他的真正目的，是要避免君主制。经验已经证明，在我们各邦的政府中，有一种趋势，把所有的权力，都扔进议会的旋涡。各邦的行政官，总的来说，不过聊胜于傀儡；议会则拥有最高全能。如果不设计出有效的制约手段，对议会的不稳定和侵入行政权力加以制止，这样或那样的革命，就不可避免。因此，要保全共和政府体制，就需要有实现这一目的的机制，就需要把这种机制设计出来，就需要牢记共和体制的本来原则。

古文诺·莫里斯先生：与其他先生一样，有点儿亲近君主制。他赞同下面的观点：要想走摆脱君主制的道路，就得建立一个使人民觉得幸福，而且避免变革欲望的共和政府。

麦克朗博士：并不那么害怕君主制的阴影，以至不愿意接近它；不能把君主制嫁给共和政府，也不能不对借共和形式藏身和还魂的虐政提高警觉。他的基本目的，是要使行政官独立于议会；在投票已经否定了不得连任以后，剩下的惟一有效办法，就是让行政官在行为良好的情况下继续任职。

是否同意麦克朗的动议？会议表决，马萨诸塞反对，康涅狄格反对，新泽西赞成，宾夕法尼亚赞成，特拉华赞成，马里兰反对，弗吉尼亚赞成，北卡反对，南卡反对，佐治亚反对*。4邦赞成，6邦反对，会议不同意把行政官"任期7年，可以连任"改为"行为良好得继续任职"。

是否删去行政官"任期7年"？会议表决，马萨诸塞赞成，康涅狄格反对，新泽西反对，宾夕法尼亚赞成，特拉华赞成，马里兰反对，弗吉尼亚反对，北卡赞成，南卡反对，佐治亚反对**。4邦赞成，6邦反对。会议没有通过删去行政官"任期7年"。

会议一致同意，"不得连任"的问题，虽然刚才已经表决通过，仍需要明天再议。[220]

休会。

---

* 麦迪逊注：这次表决不能视为是观点的准确指数，因为有些投赞成票的人，目的可能主要是提醒那些主张行政官依赖于议会的人，用投赞成票的办法，为某种与此相反的最后安排铺平道路。主张"行为良好得继续任职"的人，不过三四个，他们最后是否会坚持终身制，也不得而知。三个部门之间彼此尽量独立，最终向全社会的意志负责，看来得到普遍的承认，被视为结构良好的政府的真正基础。

** 麦迪逊注：在这个问题上没有展开辩论，许多投赞成票者的主要目的，是想用缩短任期，来保住再次当选的资格，而许多投反对票者的主要目的，则在于指出：把行政官的选举交给议会，使行政官依赖于议会，是不行的，从而使这个方案陷入僵局。

[220] 法兰德注：这一句抄自《会议记录》，而《会议记录》本身是错误的。秘书对赞成票和反对票的记录中，7月17日并没有这次投票。在麦迪逊的原始记录中，7月17日也没有记录这个问题，但麦迪逊7月18日的笔记中确实记录了这个问题。麦迪逊记录中所说的"明天再议"，实为7月19日，因此，删去行政官"任期7年"的表决，似乎应该发生在7月18日。见法兰德《汇编》第二卷第23,36页。参见7月18日，即次日的笔记。

7月18日星期三　在制宪会议上

路德·马丁先生提议：再议行政官“不得连任”问题，时间定为明天。

是否同意明天再议？会议表决，马萨诸塞赞成，康涅狄格赞成，新泽西不在场，宾夕法尼亚赞成，特拉华赞成，马里兰赞成，弗吉尼亚赞成，北卡赞成，南卡赞成，佐治亚不在场。8邦赞成，2邦不在场，会议同意明天再议。

会议同意：把第九条内设置行政官问题剩下的内容也推迟到明天一并讨论。

讨论全体委员会报告的第十条主张：“全国行政官有权否决全国议会的任何立法，只有全国议会两院分别以三分之二的多数再次通过，才能压倒这种否决。”

会议一致通过第十条。

讨论全体委员会报告的第十一条主张：“设立全国司法部门，由一所最高法院组成，最高法院法官由全国议会第二院选任，法官行为良好得继续任职，在规定时间领取固定报酬，补偿他们奉献于公务的时间，任期内报酬不增不减，以免影响在职的法官。”

先讨论第一分句：“设立全国司法部门，由一所最高法院组成”。会议一致通过这一分句。

接着讨论第二分句：最高法院“法官由全国议会第二院选任”。

戈汉姆先生：由第二院选任，比由整个议会选任要好。不过他认为，即使第二院，议员人数也太多，个人负责因素太少，难以保证选人正确。他提议：法官由行政官任命，听取第二院的建议和认可，沿用马萨诸塞宪法的模式。这个模式在那个国家[221]已经实践了很长时间，事实证明，效果良好。

威尔逊先生：法官还是由行政官任命好；如果由行政官任命的目的达不到，他愿意退而求其次，赞同戈汉姆先生提议的模式。在此，他觉得自己还是有责任先提出一个动议：“法官由行政官任命。”

古文诺·莫里斯先生附议。

路德·马丁先生：极力主张法官由第二院任命。参议员来自所有的邦，了解的人最多，最有能力选择称职的人担任法官。

谢尔曼先生：同意路德·马丁先生的看法。他补充说，法官的人选应该分散，第二院接触人的机会比行政官多，能够选择更适当的人物。

梅森先生：法官由谁任命，在某种程度上取决于行政官弹劾案的审讯方式。如果审讯弹劾案的法庭，要由法官组成，那么，法官肯定不应该由行政官任命。而且，还有其他难以克服的障碍，也构成反对行政官任命法官的理由。他提出其中之一：这个国家的首都，总要设在某个邦内，行政官在任的时间相当长，至少4年、5年或者6年。行政官会不知不觉地在那个邦内形成当地的人际关系、个人亲信，其他地方的人，会被剥夺同样的好处，得不到平等的晋升机会。

戈汉姆先生：行政官至少在用人方面要有负责精神，经得起各方严格挑剔，认真指责，迫使行政官不负重托。为此，行政官必须仔细兼顾

---

[221] 那个国家(that country)：制宪会议期间，代表们对邦与国的区别，概念不甚清晰。这里，戈汉姆先生随意称马萨诸塞为“那个国家”。联邦政府成立后，华盛顿担任第一位总统后，任务之一，是出巡各地，增强各地政府和人民的国家意识。

各邦，选贤任才。参议员住在首都，他们和行政官一样，也会形成自己的亲信。如果他们不能从本邦弄个人来，对其他人选就会无动于衷。公共机构里，感觉不到个人责任，暗中搞鬼、策划于密室的把戏全面施展，淋漓尽致。罗德岛就是一个典型的例子，由于立法无损于个人的人格，议员们对声名狼藉的立法，也毫不避讳。在公共机构里任职的时间一长，各种卑劣行径，策划点火的行为，总是盛行。

古文诺·莫里斯先生：弹劾行政官的案件，若由法官审讯，显然不当。如果这样安排，议会会拉拢法官与他们勾结一气，本来应该不偏不倚的审讯，结果会弄得叫人啼笑皆非。弹劾案的审讯，多半会在首都举行，议会和法官可能事先勾结，做好圈套，设法对行政官提出起诉。他认为，任何议论都不能排除这种合谋搞弹劾的可能性。

麦迪逊先生：建议法官由行政官提名，但至少要取得第二院三分之一[222]议员的同意，才能任命。这样，就可以把两种优越性结合起来——行政官的责任感和第二院提供的安全保障，行政官就不敢作出轻浮、枉法的提名。

谢尔曼先生：明确主张由参议院推选法官。参议院的议员，与行政官的水平近乎平齐，但是参议员人多，当然会集思广益，更有智慧。他们接触了解的人多，经过仔细商量，会作出更分散的选择。法官的候选人要与参议院全体勾结，也比与行政官一人勾结更难。基于这些理由，他认为，由参议院选择法官，比由行政官挑选更适当，更安全。

伦道夫先生：原先决定把选任法官的权力授予第二院时，还没有决定每邦在第二院中席位平等。尽管如此，他还是宁愿把法官的选任权交给第二院，而不交给行政官。他认为，参议院同样可以做到体现个人责任感，办法是：要求参议员投票选举法官时，把每名参议员的投票记录在案。他还认为，如果由参议院选任法官，候选人的面可能分散一些。参议员的来源本来就分散，了解的人多，如果由行政官任命法官，

[222] 法兰德注：麦迪逊的原始记录是“五分之二”。见《汇编》第二卷第 42 页。

一个人的接触面毕竟有限。这样安排，对这个体制的反对意见也会减少。

贝德福德先生：反对由行政官任命法官，理由实在。行政官信任自己的亲信，会超过参议院。把选任法官的权力交给行政官，他就有权偏袒大邦，多任命大邦的人，讨他们的喜欢。迄今为止，对行政官责任感的高谈阔论，都是在畅谈梦想。行政官犯错误，没办法处罚。

戈汉姆先生：参议员的亲信，也不会比行政官强。参议员和行政官一样，也会相信来自本邦的亲信。如果行政官任命错了一个人，所有的指责都会落到他一个人头上，他当然会对任命的事认真负责。他的意思是说，虽然行政官不会受到处罚，但是会受到民众的谴责，这对有荣誉感的人来说，分量就够了。

是否把选任法官的权力，从第二院转到行政官手中？会议表决，马萨诸塞赞成，康涅狄格反对，新泽西不在场，宾夕法尼亚赞成，特拉华反对，马里兰反对，弗吉尼亚反对，北卡反对，南卡反对，佐治亚不在场。2邦赞成，6邦反对，2邦不在场。会议不同意由行政官取代第二院任命最高法院法官。

戈汉姆先生提议：法官由行政官提名和任命，需征求第二院的意见并取得认可，每次提名，必须在任命的____天前作出。他说，这个模式在马萨诸塞已有140年的历史，已被载入宪法。如果把任命法官的权力交给两院中的任何一院，就会成为纯粹的假公济私，营私舞弊。

古文诺·莫里斯先生：附议并表示赞赏。

谢尔曼先生：这样，比单纯由行政官任命引起的反对会少些；不过，他还是不太喜欢这种对参议院披枷戴锁的做法。

是否同意戈汉姆的动议？会议表决，马萨诸塞赞成，康涅狄格反对，新泽西不在场，宾夕法尼亚赞成，特拉华反对，马里兰赞成，弗吉尼亚赞成，北卡反对，南卡反对，佐治亚不在场。4邦赞成，4邦反对，2邦代表不在场。戈汉姆先生的动议未能通过。

麦迪逊先生提议：法官由行政官提名，如果在提名后____天内，得不到参议院三分之二议员的同意，不得任命。

古文诺·莫里斯先生：附议。

会议一致同意，把这个问题推迟到明天再议。

接着，讨论第十一条的第三个分句：法官行为良好得继续任职。

会议一致通过。

接着讨论第十一条第四个分句：法官在规定的时间领取报酬，补偿他们奉献于公务的时间，任期内报酬不增不减，以免影响在职的法官。

古文诺·莫里斯先生提议：删去“不增”。他认为，议会应该有权根据情况的变化增加年薪，这并不会造成法官对议会的依赖。

富兰克林博士：赞同这项动议。他说：不仅钱会越来越多，随着国家的人口增长，司法部门的事务，也会越来越多。

麦迪逊先生：如果仅只限于“不增”，造成的依赖性会小些，但是，就目前情况来看，还是不要允许依赖性为好。每当法官希望加薪时，议会内就可能发生一阵骚动，法官们可能就要讨好议会一阵子。如果出现危机，势必告到法院，议会中的领导人物，可能成为涉事一方，法官就会处境尴尬。这种情况，可以避免。为了防止币值变化，可以采用小麦或其他具有稳定价值的东西作为标准。法律事务增加，可以用增加司法部门人手的办法解决。增加年薪，可以另想巧妙办法，不影响在职法官。

古文诺·莫里斯先生：变化的不仅是币值，还有社会状况。从这个角度算，小麦数量相同，价值不一定相同。年薪的数量，总是受到一个国家生活方式的制约。上面提到司法事务增加，不能为最高法院单立条款。所有事务，只要符合标准，不论多少，都要由这一家法院办理。仅法官的附加劳动一项，就会增加法官的事务。因此，不应该禁止追加报酬。

是否同意删去法官报酬“不增”的动议？会议表决，马萨诸塞赞成，康涅狄格赞成，新泽西不在场，宾夕法尼亚赞成，特拉华赞成，马里兰赞成，弗吉尼亚反对，北卡反对，南卡赞成，佐治亚不在场。6 邦赞成，2 邦反对，2 邦代表不在场。会议同意删去法官报酬“不增”的提法。

然后，会议一致通过经过修改后的提法：法官“在规定时间领取固定报酬，补偿他们奉献于公务的时间，任期内报酬不减，以免减少报酬影响在职的法官。”

会议开始讨论全体委员会报告的第十二条主张：“全国议会有权设立下级法院。”

巴特勒先生：看不出设立联邦下级法院的必要。各邦法院足以担当此任。

路德·马丁先生：有同感。设立联邦下级法院，势必引起各邦法院的嫉妒和反对。联邦下级法院会介入各邦法院的司法范围。

戈汉姆先生：现在各邦已经有了联邦法院，司法范围涉及海盗案和公海上的犯罪。迄今为止，还没有听到各邦议会或各邦法院的抱怨。要使联邦议会的权威生效，联邦下级法院必不可少。

伦道夫先生：不能信任各邦法院执行全国议会制定的法律。司法目的不同，常常会引起联邦政府的政策与各邦的政策不同。

古文诺·莫里斯先生：敦促设立联邦地区法院。

谢尔曼先生：愿意让全国议会设立联邦地区法院，但是，各邦法院能够保障安全和总体利益时，希望全国议会还是尽量使用各邦法院。

梅森上校：许多将来可能发生的情况，都不是现在可以预见的。届时，出现新的情况，可能使设立联邦下级法院成为必要。

是否同意第十二条主张？会议表决，在场各邦一致同意授权全国议会设立联邦下级法院。

会议开始讨论全体委员会报告的第十三条主张：全国司法部门的管辖权，延伸到因征收国税而出现的所有案件，涉及弹劾全国政府官员的所有案件，涉及全国和平与和谐的各种问题。

有人提议：删去“涉及弹劾全国政府官员的所有案件”。会议一致同意删去。

好几位代表对全国司法部门的管辖范围提出批评。

麦迪逊先生提议把提法修改如下："全国司法部门的管辖权，延伸到因全国性法律引起的所有案件，可能涉及国家和平与和谐的其他问题。"

会议一致同意麦迪逊先生的修改意见。

会议开始讨论全体委员会报告的第十四条主张：应制定条款，以便批准联邦范围内合法兴起的新邦，不论是通过政府和领土自愿合并，还是其他途径，得到全国议会内少于全体议员唱票同意即可。

会议一致同意第十四条。

会议开始讨论全体委员会报告的第十五条主张：应制定条款，让邦联议会及其权威和特权继续下去，到联邦条款的改革批准之日，邦联议会完成他们的全部工作。

古文诺·莫里斯先生："完成他们的全部工作"这个提法应该略去；在所有各邦接受这一改革之前，邦联议会的工作不能停止；即使批准的邦达到了规定数量，邦联议会仍有必要把事情做完。

麦迪逊先生：这个句子没别的意思，只是要求制定一个条款，避免出现政权过渡的空白期，在新体制批准和新政府开始施政之间，如果老政府立即停止工作，势必会出现一个政权的空白期。

威尔逊先生：不完全同意这个分句的措辞方式。他认为，应该设立一个条款，但要措辞适当，防止人们产生疑虑，以为随着邦联政府的解散，邦联议会过去承担的责任也就此终止。

是否同意这项主张的第一部分：应制定条款，让邦联议会及其权威和特权继续下去？会议表决，马萨诸塞反对，康涅狄格反对，新泽西不在场，宾夕法尼亚反对，特拉华反对，马里兰反对，弗吉尼亚赞成，北卡赞成，南卡*赞成，佐治亚反对。3 邦赞成，6 邦反对，1 邦不在场。会议不同意第一部分。

是否同意这项主张的第二部分：应制定条款，到联邦条款的改革批

---

* 麦迪逊注：在出版的《会议记录》中，南卡投的是反对票。

准之日，邦联议会完成他们的全部工作？会议一致反对这个提法，第二部分也没有通过。

会议接着讨论全体委员会报告的第十六条主张：联邦应向每邦保证一部共和宪法和各邦现存法律。

古文诺·莫里斯先生：这项主张很容易引起反对。他很不愿意对罗德岛那样的现存法律作出保证。

威尔逊先生：这一条的目的，仅仅是免除各邦出现动乱、暴动和叛乱的危险。

梅森上校：如果总体政府无权镇压各邦发生的叛乱，那么，总体政府确实会处于一种糟糕的状态。即使叛乱仅仅起源于某个邦，而且只针对邦政府，总是具有颠覆性质，总体政府如果袖手旁观，说不过去。

伦道夫先生：这项主张有两个目的。一、保证建立共和政府；二、镇压各邦内部动乱。他极力主张，这两项都必不可少。

麦迪逊先生提议，把提法改为：向各邦保证它们的宪法权威，反对内外暴力。

麦克朗博士附议。

豪斯通先生：担心这种提法会使各邦的宪法永久化。佐治亚的宪法就很糟糕，他希望修订增补。各邦内部对立的两派，各自援引邦宪法申述自己的主张，要总体政府明确表态，也很难。

路德·马丁先生：主张让各邦政府自己去镇压叛乱。

戈汉姆先生：此论出奇，既然已知叛乱发生于帝国境内，却限制总体政府不得平叛，出现这种情况，一位别有用心的人必然会在某个邦内树立起君主制的旗帜，说不定四面八方招兵买马，名声远播各邦，力图建立虐政威胁整体，总体政府却被迫消极旁观，坐以待毙。至于各邦内部不同派别之间的争执，只要他们把辩论停留在口头或文字上，就不会伤害总体政府，也不会彼此伤害。

卡乐尔先生：必须制定这类条款。有人一直怀疑这一条款是否必要，从今以后，对此应不留任何怀疑余地。

伦道夫先生提议，把上述提法修改如下：“任何邦不得建立共和政府以外的其他政府形式。”

麦迪逊先生：附议。

拉特里奇先生：没必要加进任何保证。邦联议会过去就有与各邦合作，平定邦内叛乱的权力，从来没有人对这项权力提出怀疑。平叛权力，不论过去还是将来，都在情理之中。

威尔逊先生提议，更好的表述方式是：向各邦保证共和政府形式，保护各邦不受外来和内部的暴力。

这个提法似乎得到接受，麦迪逊先生和伦道夫先生收回他们的动议。

是否同意威尔逊先生的动议？会议表决，结果一致通过。

休会。

7月19日星期四　在制宪会议上

路德·马丁先生提议：恢复原来的提法，行政官"不得连任"。

古文诺·莫里斯先生：有必要把行政官设立问题全面综合考虑一遍。对于现在的邦和未来的邦，联邦是否有效、有用，取决于行政官是否设立得恰如其分。政治科学[223]里一直有一种盛行的说法：共和制政府不适于幅员辽阔的国家，行政官的精力无法深入共和国的遥远地区。我们的国家幅员辽阔。要不，我们干脆放弃联合为一个国家的梦想，要不，我们就得树立起一个行政官，具备足够的生机，能管理这个国家的每个组成部分。这个课题实在重要，希望大家能让他纵情而论，广开言界。

设立行政官的一个伟大目标，是控制议会。议会总是想方设法扩张权力，使这些权力永久化；议会会抓住战争、入侵或动乱而产生的关键时刻，实现扩权目的。因此，就需要一位行政官做人民的保护者，包括保护下层阶级，抵制议会虐政，抵制在此过程中必然出现的由大人物和暴发户组成的议会。财富倾向于腐化人的头脑，在人的头脑里滋养出对权力的爱，刺激头脑用权力去压迫别人。历史证明，这就是富贵者

---

[223] 政治科学：Political Science。

的精神。第二院提供的制约，立意并非制约议会篡权，而是制约议会滥用合法权力，制约第一院立法过多的嗜好，干出发行纸币一类的坏事。可是，对议会可能产生的虐政，还没有制约手段。相反，第二院可能赞同议会虐政，如果第二院能把第一院拉下水，他们就找到了成功之途。因此，应该把行政官树立成为广大民众的伟大保护者。行政官的责任，要任命军官，指挥共和国的武装力量。第一，要任命各部部长，管理公共事务。第二，要任命司法官员，实现正义。这些任命，是否恰得其人，谁是最好的判断者呢？是广大人民。人民会了解，会观察，会感觉这些被任命的官员的工作实效。军事义务是否执行得好，是否做到了保护人民、给人民提供安全，谁是最佳的判断者呢？除了被保护、得到安全的广大人民，还有谁呢？

他发现，行政官被安排得不能连任。这样安排，会带来什么后果呢？一、会摧毁获得公众崇高评价的希望，这种崇高评价，就体现在连任的希望上，拿走希望，也就拿走了崇高评价。不许连任可能造成危险的转化，把最强烈的激情，变为普通的人间情怀。对名声的爱，是通向高尚卓越行为的伟大原动力。通向光荣的文明之途一旦被封，他或许就会被迫以剑寻求。二、不许连任，会引诱他利用授予他的极其短暂的时光，积累财富，犒劳朋友。三、不许连任，会导致违反宪法本身，而设立行政官的目的，本是为了捍卫宪法。在形势极其危急的时刻，一位受人喜爱的行政官，羽翼已经丰满，名声已经奠定，就会起而凌驾于宪法之上，不再遵守宪法。

他还发现，行政官可以弹劾。这是方案中的一个危险部分。弹劾会使行政官处于依赖状态，使他无法制约议会，无法担当人民和公众利益的坚定保护者。行政官会成为议会中某一派的工具，成为议会中某些呼风唤雨的人的工具。按现在这样的设计，这些就是行政官建制中的缺陷。

是否就设计不出更好的建制呢？既然行政官要担任人民的保护者，为什么不让人民选举呢？既然要他担任议会的制约者，那就不能弹劾。既然再次当选合理，就要让他任期短暂。

已经有人反复说过，行政官的候选人，将不为人民所知。如果他们的知名度能达到议会，他们势必拥有出类拔萃的人格，广大人民不可能一无所知。一个人能使自己卓越超群，享有巨大信任，却在整个帝国境内默默无闻，那是不可能的。

至于说，一位不可弹劾的行政官就会造成危险，依他看来，还不至于达到可畏的程度。

势必还要产生一批从事国务的高级官员：一名财政部长，一名战争部长，一名外交部长，等等。他估计，这些官员都会处于行政官的属下，履行他们的职能，都应该服从公众正义的弹劾。没有这些部长，行政官什么事也做不成。

他建议：每隔两年选举一次行政官，选举时间与议会第一院相同。行政官一直任职到底，免得出现施政的中断期。在一个如此辽阔的国家里由广大人民选举，不会受到那些小邦小派结合的影响，不会让那些转瞬即逝的谎言左右，而在一个狭小的范围内举行民众选举，这些做法就容易盛行。或许有人会反对说，行政官的选举会受到议员选举的影响，尤其是第一院议员的选举；或许有人会反对说，这与由议会选举差不多是一回事。这种影响的存在，不可否认。这个问题可以这样回答：议会和争取成为议员的候选人，是分帮分派的，彼此之间必以敌意相向；如果行政官的施政过去是好的，反对他再次当选就不得人心；如果行政官过去表现不好，那就应该反对，免得他连任；说到底，不论从哪方面来看，这种间接依赖议会，总不至于像直接依赖议会错得那么远。

他认为，要想使行政官独立于议会，再没有什么别的路可走，要么，就实行行政官终身制，要么，就让人民选举，允许连任。

再说一遍，或许有人会反对说，两年任期太短暂。但是，他相信，只要行政官本人行为良好，他就会继续做下去。这个国家的辽阔，会保障他的连任，以制约某些邦的结成派别和愤愤不满。

还有一点也值得考虑，方案中增加这些成分，会使这个方案极其合乎人民的口味。

这些，就是这一课题目前闪现于他头脑中的念头，这些念头引导出他的希望。他就此提议：宪法中关于行政官的整个设制，应该重新加以考虑。

伦道夫先生：敦促会议讨论路德·马丁先生的动议，恢复行政官不得连任的提法。如果行政官应该独立，就不应该把他置于讨好议会以求连任的诱惑之中。如果行政官可以由议会连选再任，他就无法制约议会。行政官对议会立法的复审权，也就树立不起来。他一直在思考，而且直到现在还坚持认为，小邦脑子里想象的危险，其实是一种妄想，而那些与他想法相反的先生们，应该是特别急切支持这项动议的。如果像已经决定的那样，行政官由议会选举，那么，多半会按以下两种方式之一选举：一、两院联合投票；二、第一院提名，第二院投票选举。不论采取两种中的哪一种，大邦都会拥有优势选票。如果行政官要同样地讨好，以争取连任，他就无法行使他对议会立法的否决权，而他施政时所需要的各种职能，也都会听从大邦的观点。而且，用不着费多大的劲思考，就可以看出，如果行政官可以连任，对议会虚情假意讨好一番，就可以引导议会让一个不称职的人继续留任，放弃一个更称职的人。有人说，用一条宪法杠杠阻止连任，会激发行政官采取违反宪法的做法，使自己的执政永久化。对这个问题，可以这样回答：除非人民堕落到如此地步，提防之心丧失殆尽，行政官的这种做法是不会得逞的。还应该补充一点，这种说法，与其他说法相比，把行政官的权力假设得更大、更危险，其他说法则意识到这一点，所以要求给行政官的权威戴上镣铐。他认为，由议会选举，但不允许连任，比古文诺·莫里斯先生建议的由人民选举，更容易为人民接受。

金先生：不喜欢不得连任的提法。他认为，谢尔曼先生的意见很有分量，一个用自己的行为证明自己称职的人，不应该被宪法排除在外，不许他连任。因此，他赞同任何一种符合理性的替代办法。他的思想倾向是，在这种情况下，广大人民会作出最明智的选择。通过普选让人民投票，选票不大可能同时落到任何一名候选人身上，由此，在具体做法上的确会出现一些困难。总的来说，他的观点是：为了实现行政官可以连任的目的，由人民选出一些选举人，再由选举人选举，这种安排，可能引起的反对会最少。

佩特森先生：想法几乎与金先生不谋而合。他建议，行政官由选举人选举，选举人由各邦推举，比例是：最小的邦产生一名选举人，最大的邦产生三名选举人。

威尔逊先生：看来，大家已经形成共识，行政官不宜由议会选举，除非不许他连任。他很高兴看到：这个观点终于取得基础，那就是，由人民间接或直接选举。

麦迪逊先生：如果立法、行政、司法权力应该分开行使，是自由政府的根本原理，那么，这些权力应该独立行使，也同样是根本原理。行政官独立于立法部门，与司法部门独立于立法部门，原理相同，但重要性更大：行政权与立法权结成联盟，会对公众权利形成立即的、肯定的危险。因此，行政官的选举，需要来自某种源泉，需要一定的任期，授予行政官一套独立于议会的机构，就成为基础。如果让议会每隔一段时间挑选一次行政官，这一点就无法实现。现在不能断定的是，即使第一次由议会选举，加上今后不得连任的条件，是否就能保证：这两个部门之间，不再出现不当的联系。可以断定的是，议会选举行政官，势必会被暗中搞鬼和勾心斗角的人渗入，这种做法，没有必要予以承认。由于这些理由，他认为，行政官的选举，应该交给别的源泉。按他的看法，广大人民本身，最为适合。由广大人民选举，就会选出一位出类拔萃的人物当行政官。广大人民一般只了解德行出众、引起普遍注视和尊重的人物，选他当行政官。不过，由广大人民直接选举，也会产生一个性质严重的困难。在北部各邦，居民的选举权，远比在南部分散；而南部的奴隶，则在选举中没有影响力。用选举人替代，可以克服这种困难，总的来说，可能招来的反对最少。

格里先生：如果行政官由议会选举，肯定不应该连任，会使行政官处于绝对依赖议会的地位。但是，他也反对由民众选举。人民不了解情况，总是被少数有企图心的人误导。他敦促实行一种变通办法：由各邦行政官挑选的选举人，选举联邦行政官。这样，全国议会的第一院由各邦人民选举，第二院由各邦议会选举，全国行政官则由各邦行政官选举。他认为，这样可以形成各邦对全国体制的强烈依附。由人民选举全国行政官，肯定是最坏的办法。如果行政官由人民选举，全国行政官行使职权时，就会变得像马萨诸塞的鲍多因邦长、新罕布什尔的沙利文主席一样。

是否重新全盘考虑行政官的设制？会议表决，马萨诸塞赞成，康涅狄格赞成，新泽西赞成，其他邦都赞成。会议同意重新全盘考虑行政官的设制。

艾尔斯沃斯先生提议：删去由全国议会选举，改为“由各邦议会挑选的选举人选举”，选举人比例如下：居民不超过 20 万的邦，产生 1 名选举人，居民超过 20 万、不超过 30 万的邦，产生 2 名选举人，居民超过 30 万的邦，产生 3 名选举人。布鲁姆先生附议。

拉特里奇先生：反对由议会选举之外的任何方式。如果行政官不得连任，他就能取得足够的独立。

格里先生：艾尔斯沃斯先生的动议，比由议会选举和由人民选举都好，虽然与他提出的由各邦行政官挑选选举人的办法不同。他提议：按照艾尔斯沃斯先生的动议，选举人共 25 名，按下列比例分配：新罕布什尔 1 名，马萨诸塞 3 名，罗德岛 1 名，康涅狄格 2 名，纽约 2 名，新泽西 2 名，宾夕法尼亚 3 名，特拉华 1 名，马里兰 2 名，弗吉尼亚 3 名，北卡罗来纳 2 名，南卡罗来纳 2 名，佐治亚 1 名。

会议把艾尔斯沃斯先生的动议分为两个部分表决。

第一部分：全国行政官是否由选举人选举？表决结果，马萨诸塞代表赞成反对各半，康涅狄格赞成，新泽西赞成，宾夕法尼亚赞成，特拉华赞成，马里兰赞成，弗吉尼亚赞成，北卡反对，南卡反对，佐治亚反对。6 邦赞成，3 邦反对，1 邦代表赞成反对各半。会议通过第一部分，行政官由选举人选举。

第二部分：行政官选举人是否由各邦议会挑选？表决结果，马萨诸塞赞成，康涅狄格赞成，新泽西赞成，宾夕法尼亚赞成，特拉华赞成，马里兰赞成，弗吉尼亚反对，北卡赞成，南卡反对，佐治亚赞成。8邦赞成，2邦反对，会议通过第二部分，行政官选举人由各邦议会挑选。

会议一致同意：推迟讨论选举人名额在各邦之间的分配问题。

路德·马丁先生提议：行政官不得连任。威廉森博士附议。

威廉森博士：对这样挑选出来的选举人没有信心。这些选举人，不会是最受尊敬的公民，而是在政府中不占据高级职务的人物。这些选举人，容易受到不当影响，他们多半要在候选人产生之前的6到8个月内产生，要对他们施加影响，轻而易举。

艾尔斯沃斯先生：任何人都可以担任选举人，但要排除全国议会议员。

行政官是否不得连任？会议表决，马萨诸塞反对，康涅狄格反对，新泽西反对，宾夕法尼亚反对，特拉华反对，马里兰反对，弗吉尼亚反对，北卡赞成，南卡赞成，佐治亚反对。2邦赞成，8邦反对，会议没有同意路德·马丁不得连任的动议。

行政官是否任期7年？会议表决，马萨诸塞代表赞成反对各半，康涅狄格赞成*，新泽西反对*，宾夕法尼亚反对，特拉华反对，马里兰反对，弗吉尼亚反对，北卡代表赞成反对各半，南卡赞成，佐治亚赞成。3邦赞成，5邦反对，2邦代表赞成反对各半。会议否认行政官任期7年的提法。

金先生：担心会把任期缩得太短。

古文诺·莫里斯先生：主张任期短，可以免去弹劾，任期长，则需加上弹劾。

巴特勒先生：反对频繁选举。佐治亚和南卡距离遥远，不能经常派

---

* 麦迪逊注：在出版的《会议记录》中，康涅狄格反对，新泽西赞成。

选举人来。

艾尔斯沃斯先生：主张 6 年。如果选举太频繁，行政官不够坚定，势必会出现一些责任，使行政官一时不得人心。总是会有在野的人，就像总是会有人当权一样。因此，行政官的施政，总是会受到一些人的攻击和曲解。

威廉森先生：赞成 6 年。选举的费用可观，没必要经常重复。如果选举太频繁，最好的人才会不愿意承担这种服务，人格较低的人则会趋之若鹜。

行政官是否任期 6 年？会议表决，马萨诸塞赞成，康涅狄格赞成，新泽西赞成，宾夕法尼亚赞成，特拉华反对，马里兰赞成，弗吉尼亚赞成，北卡赞成，南卡赞成，佐治亚赞成。9 邦赞成，1 邦反对，会议同意把行政官的任期改为 6 年。

休会。

7月20日星期五　在制宪会议上

会议继续讨论全体委员会报告的第九条：行政官如何产生。

继续讨论昨天被推迟的问题：由各邦议会推举选举人，由选举人选举联邦行政官，比例为：居民人数不超过20万的邦，产生1名选举人，居民人数超过20万、不超过30万的邦，产生2名选举人，居民人数超过30万的邦产生3名选举人。

麦迪逊先生：这样做，所有的邦或几乎所有的邦产生的选举人，数量很快就会平齐。因为，估计没有什么邦的居民人数不会上升到足以产生3名选举人的资格；这个比例，要么是临时的，要么就加以调整，使之适合于各邦的人口增长情况。

格里先生提议：第一次选举行政官时，各邦选举人按以下比例分配：新罕布什尔1名，马萨诸塞3名，罗德岛1名，康涅狄格2名，新泽西2名，宾夕法尼亚3名，特拉华1名，马里兰2名，弗吉尼亚3名，北卡罗来纳2名，南卡罗来纳2名，佐治亚1名。

有人提出：推迟讨论艾尔斯沃斯先生的动议，改为讨论格里先生提出的动议。

是否改为讨论格里先生的方案？会议表决，马萨诸塞赞成，康涅狄格反对，新泽西反对，宾夕法尼亚赞成，特拉华反对，马里兰反对，弗吉尼亚赞成，北卡赞成，南卡赞成，佐治亚赞成。6邦赞成，4邦反对，会议同意改为讨论格里先生的动议。

艾尔斯沃斯先生提议：新罕布什尔应该分配2名选举人。还是应该有个规则。新罕布什尔的居民人数超过10万。他认为，分给佐治亚2名选举人也是适当的。

布鲁姆先生和路德·马丁先生提议：推迟讨论格里先生提出的选举人名额分配问题，把名额比例问题，留给将要产生的委员会，委员会会把所有的决议加以归纳，作出详情报告。

是否推迟讨论格里先生的动议？会议表决，马萨诸塞反对，康涅狄格反对，新泽西赞成，宾夕法尼亚反对，特拉华赞成，马里兰赞成，弗吉尼亚反对，北卡反对，南卡反对，佐治亚反对。3邦赞成，7邦反对，会议没有同意布鲁姆和马丁先生的动议，不同意推迟讨论格里先生的动议。

豪斯通先生：对艾尔斯沃斯先生的动议表示附议。同意给新罕布什尔和佐治亚各增加1名选举人。

是否同意艾尔斯沃斯先生的动议？会议表决，马萨诸塞反对，康涅狄格赞成，新泽西反对，宾夕法尼亚反对，特拉华反对，马里兰反对，弗吉尼亚反对，北卡反对，南卡反对，佐治亚赞成。3邦赞成，7邦反对，会议没有同意给新罕布什尔和佐治亚各增加1名选举人。

威廉森先生提议，对格里先生的动议提出补充：未来选举全国行政官时，各邦选举人的人数，应以各邦在议会第一院的议员人数作为规则，以便尽量接近现在的比例。

是否同意格里先生提出的办法？会议表决，马萨诸塞赞成，康涅狄格赞成，新泽西反对，宾夕法尼亚赞成，特拉华反对，马里兰反对，弗吉尼亚赞成，北卡赞成，南卡赞成，佐治亚反对。6邦赞成，4邦反对，会议同意格里先生提出的选举人分配方案。

会议开始讨论全体委员会报告第九条中的弹劾分句：行政官“可以弹劾，经确证违法或渎职，可予罢免”。

平克尼先生和古文诺·莫里斯先生提议：删去这一部分。

平克尼先生：任职期间，行政官不可弹劾。

戴维先生：如果行政官在职期间不得弹劾，行政官就用不着费心思、要手腕，去争取连任。这是保证行政官行为良好的基本条件。

威尔逊先生：赞成不得在任职期间弹劾行政官。

古文诺·莫里斯先生：行政官若没有从犯，干不了犯罪活动，因此可以处罚从犯。如果行政官还能再次当选，足以说明他的清白无辜。而且，谁来弹劾？弹劾是否要求行政官暂停职能？如果不要求，错误还是会继续下去。如果要求暂停职能，那么，弹劾差不多就等于去职，会使行政官依赖于有权提出弹劾的人。

梅森上校：再没有什么问题比坚持弹劾权利更重要。世上有人能高于正义吗？归根结底，如果允许一个人高于正义，他还会冒天下之大不韪，干出极端不义之举吗？犯下极恶大罪，那就不仅要惩罚从犯，而且要惩罚元凶。在选举行政官的模式上，一直出现辩论和困难。他还是同意第一次通过的提法：把行政官的选举权，交给全国议会。反对设置选举人做法的一个理由，是他们有被候选人收买的危险：这就构成赞同在任职期间弹劾行政官的特殊理由。如果有人搞拉拢腐化的勾当，用这种手段取得第一次任命，那还不应该反复数落他的罪行，让他难逃惩罚吗？

富兰克林博士：主张保留弹劾分句，对行政官有利。历史只提供过一个例子，把一名第一行政官正式诉诸公众正义。当时人人呼号，说这种做法违反宪法。可是，在此之前，那个第一行政官为什么要把他自己的行为弄得如此令人憎恶呢？为什么他的从犯被人刺杀，而在那个案件中，不仅没有剥夺他的生命，还给他提供机会，让他为自己的人格辩护？[224] 因

[224] 1640年，英国"长期议会"以叛国罪名，弹劾首相斯特拉福德及其他大臣，国王查理一世企图庇护斯特拉福德，未能成功。1641年5月12日，斯特拉福德被斩首。1649年1月20日，在威斯特敏斯特设立特别高级法庭，审查理一世。由于过去有"国王不受任何司法机构审判"的规定，查理一世不承认特设高级法庭的合法性。但是，特设高级法庭于1月27日宣判：对暴君、叛国贼、杀人犯、人民公敌查理一世处以死刑。1月30日，在白厅宴会厅外设立断头台，斩查理一世之首。

此，如果行政官咎由自取，罪有应得，宪法所能提供给行政官的最佳常规处罚出路，就是弹劾，如果对行政官的指控不公正，就应该体面地还他以清白。

古文诺·莫里斯先生：承认拉拢腐化和少数其他这类违法，应该弹劾；不过他认为，应该把这些案情列举出来，并加以定义。

麦迪逊先生：制定条款，保护社会，制止首席行政官的无能、渎职和背信弃义，责无旁贷。限制行政官的任期，不足以保障安全。行政官就任以后，也可能丧失能力。他可能背信弃义，搞阴谋诡计，行为乖张，动辄压制。他也可能背叛对他的信托，投靠外国。行政官的案子，与众不同，不同于立法部门和其他公共机构，那些地方的任期有限。无法假设：一个机构中的全体成员，哪怕其中的多数，会丧失能力、需要取消他们的职务，或者都被贿赂收买、背叛对他们的信托。而且，他们的个人尊严和荣誉有限，很难采取齐心协力的行动，大搞腐化堕落，这些，都构成对公众的保障。如果一人或少数几人被拉下水，剩下的成员能安然不动，机构的尊严和可信程度依然得到保持。可是行政官却由一人充任，丧失能力和腐化堕落的事，都有可能发生，其中任何一项，就足以使共和国毙命。

平克尼先生：看不出来，有什么必要设立弹劾。他可以肯定，弹劾权不能授予议会，否则，议会将视之为利剑，用弹劾有效地摧毁行政官的独立性。行政官对立法的复审权，尤其会变得毫无意义。

格里先生：强调弹劾的必要性。好行政官，不怕弹劾。坏行政官，就应该置于弹劾的畏惧之下。他希望，在这个会议上，切不可听信流行之论，所谓行政官不会做错事。

金先生：为了维护公众权利，采取极其谨慎的做法，有可能使我们正在构建的政府，变得疲软无力。他希望，会议能重新回到原始公理：政府的三大部门，应该彼此分开，并且独立，行政部门和司法部门是这样，立法部门也是这样；行政部门应该与司法部门平等。如果行政官可以弹劾，这些原始公理，是否还能维持？有人说，法官也可以弹劾。可是，同时应该记住的是，法官任职是没有限期的，只要行为良好，就继续任职。那么，是否也要设立一个法庭，来审讯法官的错误行为呢？行政官是否行为良好，也得继续任职呢？行政官的任期是有限的，和议会议员一样，尤其是和参议员一样，他们的任期也是6年。行政官的行为，将周期性地受到选举人的考验，选举人会根据行政官前一段的表现，决定对他继续信任，还是就此终止。因此，也和对议员一样，不应该采用弹劾，使他在任期中途受审。这样做，会破坏行政官的独立性和宪法的原则。他信得过：行政官的生机勃勃，乃是公众权利的巨大保障。

伦道夫先生：适当地运用弹劾，是方案中他所喜爱的一个原则；不论何处发现违法行为，都应该受到处罚。行政官滥用权力的可能性极大，特别是在战时，当军队，有时还包括公共钱财，都掌握在他手中的时候。如果没有常规处罚条款，社会就会无规则地受到大动荡、大骚乱的打击。他意识到，有必要采取十分审慎的程序，尽量把议会的影响从弹劾中排除。他建议会议讨论一下（汉密尔顿上校）提出的主意：由属于各邦的法官组成一个法庭；而且还应该要求作些初步调查，看是否存在弹劾的公正理由。[225]

富兰克林博士：提起上次战争中奥伦治亲王的例子。法国与荷兰之间达成了协议；按协议，双方舰队应在某时某地会合。可是荷兰舰队没有到场。开始，人人都觉得好奇。时间一长，人们就怀疑荷兰的这位亲王就是谜底。这种怀疑越来越盛。可是，由于他是不可弹劾的，也不能对他作常规调查，他依然在位，加强自己的党羽。随着反对他的一党也变得可畏起来，他便发动了一场极其暴烈的敌对行为和相互倾轧。如果对他可以弹劾，那就会采取一场常规的、和平的调查；如果他有过失，就会受到公正的处罚，如果他清白无辜，也可以恢复公众对他的信心。

金先生：奥伦治亲王的例子，不适用于这里的情况。他是终身职，

---

[225] 汉密尔顿的主意，参见本书附录四《汉密尔顿制宪方案》第五条。

并非周期性的选举。在那里，宜于安排弹劾，可以保障行为良好。在这里，弹劾实在没有必要；把改选的责任周期性地交给选举人，就可以达到安全目的。

威尔逊先生：如果要坚持追求弹劾，那么，与行政官任期一样长的参议员，也应该置于弹劾和罢免的压力之下。

平克尼先生：终于明白，有些坚持保留弹劾的先生，推理的依据是：行政官将掌握一些不应该授予他的权力；由此，他推导：行政官的权力，应该设定在一定的环境之中，才能免去弹劾的必要。

古文诺·莫里斯先生的观点，随着辩论中出现的各种意见，发生了变化。他现在开始警觉到弹劾的必要性。他说：只要行政官持续任职，不论时间长短，都有必要保留弹劾。我们的行政官，并不像那种拥有终身利益的君王，更不像那种拥有世袭利益的君王。在重大利益的收买之下，他有可能背叛对他的信托；谁也不能说，我们应该甘冒危险，眼睁睁看着行政官落入外国的钱袋，我们却丧失捍卫能力，无法将他去职。有人以为，英国国王处境优越，不会受收买的诱惑，因为整个王国，就是他的利益。可是，查理二世却被路易十四收买。因此，背信弃义的行政官，应予弹劾；腐蚀选举人，还有丧失能力，则是弹劾的其他理由。出现上述情况，对他的处罚不应同于普通人，而应视为一名官员，处罚到去职为止。这位行政官，不是一个国王，而是一个首相。人民才是国王。不过，我们要他服从正义时，无论如何，也要小心谨慎，用条款确定某种模式，使行政官不至于依赖议会。

有人提议：推迟讨论弹劾问题，得到附议。

会议表决结果，不同意推迟，只有马萨诸塞和南卡罗来纳赞成，其他邦都反对。

是否可以通过弹劾罢免行政官？会议表决，马萨诸塞反对，康涅狄格赞成，新泽西赞成，宾夕法尼亚赞成，特拉华赞成，马里兰赞成，弗吉尼亚赞成，北卡赞成，南卡反对，佐治亚赞成。8 邦赞成，2 邦反对，会议同意：可以通过弹劾罢免行政官。

讨论全体委员会报告第九条中以下分句：行政官“领取固定报酬，补偿他奉献于公务的时间”。

会议一致同意。

讨论全体委员会报告第九条中以下分句：行政官的“报酬由国库支付”。

会议一致同意。

格里先生和古文诺·莫里斯先生提议：全国议会议员，联邦政府官员，不得担任行政官选举人；选举人本人，不得当选为行政官。

会议一致通过这项动议。

麦克朗博士问：在委任一个委员会起草宪法详细情节之前，是否有必要决定一下：授予行政官哪些手段，使他能够推行和落实议会的立法，如何对付反对这些立法的各种势力的结合。为此目的，行政官是否有权动用军队，或者，至少是指挥民兵？目前，民兵是惟一可以作此用途的力量。因为，全体委员会报告中目前所作的各项决议，还没有对这个重大问题作出决定性的指示。

威尔逊先生：有必要对委员会作出一些补充指示。

金先生：由委员会制定条款，实现这一目的。根据大家确定的基本原理，委员会有权处置这一过程中涉及的具体手段。

休会。

7月21日星期六　在制宪会议上

威廉森先生提议：行政官选举人因其服务应领取报酬，由国库支付。公平原则需要这样做，因为委托给他们的事情，是为全国服务。

会议一致同意威廉森先生的动议。

威尔逊先生提议，作为对全体委员会报告第Ⅰ条的修改意见：全国最高司法部门，应与全国行政官联合起来行使对立法的复审权。[226] 过去提过这一主张，失败了；但是，反复思考这一条的用处，他还是坚定不移。因此，他认为自己义不容辞，有必要再作一次努力：法官应该有机会力行诤谏，阻止议会势必出现的侵蚀人民权力、侵蚀行政官和法官权力的行为。有人说，法官作为法律的解释者，有机会捍卫宪法赋予他们的权利。这一说法确有分量；但是，法官的这种权力，走得还不够远。议会所立之法，可能不公正，可能不明智，可能造成危险，可能带来破坏作用；法官据理力争，拒绝使这样的立法生效，不应该被视为违反宪法。让法官分享一份对立法的复审权，他们就有机会指出立法中的这类问题，运用他们观点的力量，指出立法部门的不当观点，加以反制。

---

[226] 联邦制宪会议结束后，威尔逊的追求目标，是联邦最高法院首席大法官，但华盛顿只提名和任命他为六名大法官之一。关于威尔逊，参见本书脚注㊻。

麦迪逊先生附议。

戈汉姆先生：看不出来，要法官这样干有什么好处。作为法官，并不要求他们对纯属政策和公共措施的事务具备专业知识。为了维护法官的宪法权利，也毫无这种必要。英格兰的法官，并没有这种附加的条款来捍卫他们，而他们的司法范围，并没有受到侵犯。他认为，最好的办法，是让行政官一人负责对立法的复审，至多授权行政官召集法官咨询。

艾尔斯沃斯先生：忠心拥护威尔逊先生的动议。法官的援助，会给予行政官更多的智慧和坚定。法官拥有系统精确的法律知识，不能指望每个行政官也都具备这样的知识。国际法也会成为常常遇到的问题。对此，只有法官具备能解决问题的知识。[227]

麦迪逊先生：为了定出经过深思熟虑的宪法，这项动议极其重要。对法官而言，再给他们一份机会，让他们捍卫自己，阻止议会侵蚀他们的权力，是有用的；对行政官而言，用处是，行使复审权时，能激发行政官的信心和坚定；对议会而言，用处是，得到法官有价值的协助，使立法

---

[227] 出席联邦制宪会议时，艾尔斯沃斯是康涅狄格最高法院大法官之一。制宪会议后，作为联邦参议院司法委员会主席，他主持制定了《1789年联邦司法法》，把《联邦宪法》中关于司法部门的一般条文具体化，把联邦分为13个司法地区，每个司法地区设立一所联邦地区法院，由一名法官主持，11所联邦地区法院设在已经加入联邦的11个邦，另在弗吉尼亚为肯塔基预设一所联邦地区法院，在马萨诸塞为缅因预设一所联邦地区法院；设立三个巡回上诉法庭，每庭分管几个司法地区，每庭由2名联邦最高法院大法官和1名联邦地区法院法官组成合议庭；因此，联邦最高法院由6名大法官组成，其中一人为首席大法官。凯里和哈比森在《美国宪法：其渊源与发展》中，称《1789年联邦司法法》为第一届联邦议会制定的影响最深远的立法（第172页）。1999年，联邦司法地区增加到96个，新罕布什尔、马萨诸塞、康涅狄格、特拉华、马里兰、新泽西、罗德岛、南卡罗来纳都是一个联邦司法地区，纽约分为东、南、西、北四个联邦司法地区，宾夕法尼亚分为东、中、西三个，弗吉尼亚分为东、西两个，北卡罗来纳分为东、中、西三个，佐治亚分为北、中、南三个，每个司法地区各设一所联邦地区法院。联邦巡回上诉庭增加到13个：联邦巡回上诉庭，哥伦比亚特区巡回上诉庭，其他11个编号，从第一到第十一，各分管几个联邦司法地区。从1807年起，联邦最高法院大法官增加到7名，1837年起，增加到9名，直到今天。约翰·杰伊为联邦最高法院第一位首席大法官（1789—1795），当选纽约邦长后辞职。华盛顿提名拉特里奇代理，参议院不批准，拉特里奇代理四个月后，回到南卡罗来纳去做邦最高法院首席大法官。华盛顿提名艾尔斯沃斯，得到参议院批准，成为联邦最高法院第三位首席大法官（1796—1800）。关于艾尔斯沃斯，参见本书脚注第[123]。

保持前后一贯、富有良知、措辞清晰、技术精当，对提高立法质量，尤其必要；我们这个共和国的法典，在这些方面，真是欠缺得令人羞愧。除此以外，对广大社会也有用，增加一重制约，阻止议会追求那些不公正、不明智的措施，这类措施，构成我们大灾难中的主要部分。如果说对这一动议能提出什么扎实的反对意见，那就是一种推测，认为这样做，会给行政官或法官过多的力量。他认为，这种观点，没有什么根据。更有道理的是，即使行政官与法官联手，议会的力量还是会压倒他们。[228] 所有各邦的经验都证明，议会有一股强劲的趋势，要把所有的权力，全部囊括进它的旋涡。对美利坚的宪法而言，这是危险的真正根源；他表示，有必要授予行政官和法官一切手段，捍卫他们自己的权力，这样，才能与共和原则吻合。

梅森先生：他本人一直是这条规定的朋友。它会增强行政官的信心，行政官要想获得这种信心，没有别的来源；如果行政官没有这种信心，复审权很难树立。

格里先生：没有料到，这一观点已经经过详细讨论，还会再冒出来。他的看法，复审权的目的，只不过是保障行政官，免受议会的权力侵蚀。因此，行政官会是最知情的人，会起而单独捍卫他的权利，保护行政部门。这一动议，会招致强烈反对。它把立法部门与其他部门搅到一起，弄得混淆不清。这是在把行政官和法官建立成一种不正当的联盟。这是想把法官抬高为国务活动家；把他们抬高到人民权利保护者的高度。他把他的信赖交给代表人民的众议员，认为众议员才是人民权利和利益的保护者。这是把法律的解释者变成法律的制定者，绝不可能得逞。

---

[228] 北美独立运动和独立战争中涌现出来的领袖人物，多半出自殖民时期各地的下议院。他们组成大陆会议和邦联议会。在此期间，联合政府只有议会，没有独立的行政部门，联邦司法部门，只限于处理公海上的案件。因此，北美初年，是典型的“主权在议会”。以联邦制宪会议为例，会议开始时通过的开会规则，除保密规定，基本沿袭大陆会议和邦联议会的开会规则。会议主席相当于议长，作为中立官员，除掌握程序外，一言不发，有时连程序问题也交给会议用投票方式解决。会议的讲坛，完全由代表占据，会议的决定，则一律通过表决，由多数作出。联邦行政官，是制宪会议的发明。

要想避免立法中的错误，一个比较好的办法，是宾夕法尼亚的做法，指定一位或几位专门人才，为议会起草立法。

斯特朗先生：与格里先生的想法一样。制定法律的权力，与解释法律的权力，应该分开。比这更好的公论，还没有树立起来。法官行使他们的解释职能时，会受到具体案件的影响，从而也在立法。[229]

古文诺·莫里斯先生：对议会总是需要某种制约，问题是把制约权力交到谁的手里。一方坚持认为，应由行政官一人行使。他认为：一位任期不过6年、在职期间又可以弹劾的行政官，不足以构成有效的制约。另一方强调，应该动用法官，增强行政官的力量。反对的人提出，法律的解释者，不应染指法律的制定，赞成此说的理由，则来自英国。他们的议论，究竟有多少分量，看看事实，就很容易作出判断。事实的真相是，英格兰的法官，在议会中占据很大分量。议会遇到困难和疑惑，都要向法官请教。他们可以担任议员，有些法官本人就是议员。他们是枢密院的成员，或者可以担任枢密院的成员，因此，他们可以向行政官提出建议；如果这条动议通过，那么，我们这里也会一样。英格兰法官，在增强行政官制约能力方面的影响力，并不落实，因为，国王的影响力，足以支配立法。但是，我们与英国的情况之间，却有一个区别，把英国行得通的理由，移到我们拟议中的宪法里来，显得不和谐。英国行政官所享有的各项特权，包含巨大的利益，对于保护这些巨大利益的强大手段，英国国王从来都是寸土不让。我们行政官的利益，如此微不足道，如此短暂，他捍卫自己的手段如此微弱，这些，构成极其公正的理由，令人担心：要他抵制议会对行政权的侵蚀，实在缺乏坚定的力量。他十分明白，由法官提供这种辅佐的坚定和力量，实在不足以弥补行政官的微弱无力。他同意以下看法：篡夺公众权利的最大危险，来自议

[229] 在英美法系中，尤其在美国习惯法的传统中，法官通过审理具体案例，把一般的法律规则，变得越来越具体精细；具有典型含义的先行判例，构成法律的组成部分。在这个意义上，英美法系的法官，通过对案件的审理和判断，也在不断立法。

会，超过其他部门。有人说，应该把议会当作公民权利的保护者加以依赖。这种回答太简略，太武断。按照这种假设，不论坏的立法是否有人追求，都用不着制约；而按照前一种说法，则必须设置强有力的制约，那才是适当的假设。发行纸币，对人们慷慨施舍——免除债务，以及诸如此类的措施，得人心于一时，于是，就有人追求。过了一阵，这类政策恰好与议会的利益不谋而合，于是，又成了理由，丝毫不亚于前一段，再次追求。或许有人认为，遇到后一种情况，人民不会上当受骗，不会再被人误导。可是，经验给我们的，却是另一种教训。新闻出版，的确是减少这种弊端的了不起的手段，但事实证明，新闻出版并不能完全避免这种弊端。

路德·马丁先生：让法官与行政官联手，是一种危险的创新；这种联手，也并不能产生指望于它的那些特别好处。不能假定：法官对人间事务的了解，对立法事务的了解，水平超过议会。至于说到议会制定的法律是否符合宪法，到法官审案时，法律自会摆到他们面前。作为法官，他们有否定法律的资格。把法官加进行政官的复审权中，他们就会拥有双重否定权。最高法院得到人民的信任，是必要的。如果要法官完成对议会立法的诤谏任务，反对得到拥护的措施，这种信任很快就会失去。除此以外，在复审会议中，要法官按什么方式投票，占多少比例呢？

麦迪逊先生：看不出来，提议法官与行政官联手，对议会立法行使复审制约，那点违反了三权分立的基本原理。相反，他倒认为，这正好增加一层谨慎，有利分权原理。如果仅仅用宪法条文，在纸上把各个部门分开，就足以制止各个部门相互侵蚀彼此的权力，那么，所有进一步的条款，真是多余。可是，经验已经给了我们教训，不能信赖这种纸上的保障，必须引入权力和利益的平衡，才能保障纸上的条款。因此，把分权的理论写进宪法并不能使我们满意，这才提出给每个部门配备一套捍卫自己的权力，使这个理论能够在实践中运行。我们这样做，并没有把这些部门混作一团。我们树立了有效界限，把它们分开。分权理论最常规的例子，是英国宪法。可是，那里的例子，不仅允许法官担任议员，而且可以担任行政官的枢密院成员，所有的立法内容，都事先交给他们检查；行政官有权否定任何立法，是英国宪法的构成部分；他们宪法中的这一部分，过去一直得到普遍的承认，认为是保全整体的精巧设计。我们主张让行政官和法官联合起来，复审议会的立法。反对者的意见，既没有这样的基础，也走得不够远。如果法官与行政官联手是不适当的权力混杂，或者，法官参与对立法的制约，不符合自由政府的基本理论，那么，承认行政官有参与立法的权力，也同样违背这种理论；那么，复审立法的方案，就应该整个放弃。

梅森上校：捍卫行政部门，并非设立复审权的惟一目的。他希望由此得到更多的好处。尽管我们设计议会时非常谨慎，但做法上，与各邦设计议会时，还是极其相似；应该估计到，议会通过不合正义甚至有害的立法，是常有的事。因此，对议会立法的这种限制权，必不可少。这种限制权的效力，不仅要设置障碍，使议会最后难以通过错误的立法，而且要使那些极力怂恿这类政策的帮派头头灰心失望。有人（路德·马丁先生）说，如果法官加入对立法的复审，他们就会拥有双重否定权，因为，法官在解释法律时，已经拥有一层否定权。他对这个问题的回答是：法官的解释权只能应用于个别案例，即法律的应用过程。他们可以宣布一项违宪的法律无效[230]。至于说到每项立法，不论多么不公正、具有压迫性质，危害民众，只要与他们审理的案件不直接相关，他们就没法说话，其实，也有必要让法官审查一遍。他希望进一步发挥法官的效能，让他们提供援助，避免任何一项不适当的立法。他们的援助会更有价值，因为他们的习惯和职业，就是从法律是否符合事实的原则考虑立

[230] 宣布一项违宪的法律无效（declare an unconstitutional law void）：制宪会议以前，各邦都有法官宣布邦议会通过的立法违反邦宪法，因而无效。制宪会议的代表，有好几位是各邦法官，其中好几位都有过宣布本邦法律违宪的经历。但这种做法，一直引起争议，也不是都能成功。直到1803年，联邦最高法院第四任首席大法官约翰·马歇尔在“马布里诉麦迪逊”一案中作出裁决，宣布《1789年联邦司法法》部分条款违宪，才在联邦的层次上创下司法复决的先例，逐渐形成联邦最高法院对联邦议会的牵制。

法，顾及法律的一切后果。

威尔逊先生：把各个部门分开，并不要求把它们的目标分开，只是要它们分开行动，虽然目标还是一个。就像议会两院需要分开，各有特点，但是，它们要完成的目标，仍然是一个。

格里先生：宁可授予行政官对立法的绝对否决权，让他捍卫行政部门，也不愿把司法与行政部门混杂起来。这会把它们绑在一起，结成攻守同盟，对付议会，弄得议会不愿意去与这种攻守同盟竞争。

古文诺·莫里斯先生：感到惊讶，一说起拟定条款捍卫各个部门的权力，即使目的是保障部门之间的有效分开，就会被看成是部门之间的不当混杂。假定三个人通过契约确定，把这三种权力分别掌握在三个人手里：一人掌握立法，一人掌握行政，第三人掌握司法。在纸上把权力分定之后，后两个人一看，第一个人通过立法的措辞，可以轻而易举地把后面两个人的权力从根瓦解；他们势必会要第一个人承认，这样做不公平，后面的两个人为了自卫起见，要求拥有联合起来否定立法的权力；或者，后面的两个人，至少要求得到机会，申述前者的立法侵蚀了他们的权力，这难道不是非常自然的吗？又有谁会假装说，这类权利会把本来应该分开的权力混杂起来，弄得复杂化呢？换个例子说，如果三位邻居各有一片农场，各有一份权利捍卫自己的农场，不受邻居侵蚀，结果，就会把三个农场混作一团吗？

戈汉姆先生：大家都同意，有必要对议会加以制约。有两条反对法官参与立法复审的意见，看来是对方避而不答的。第一条反对意见，法官应该解释法律，解释者不得预先参与制定；第二条反对意见，法官人数多于行政官，若让法官参与，复审权最终会完全从行政官手中旁落，结果，不是行政官有能力捍卫自己，而是法官有能力牺牲行政官。

威尔逊先生：让法官参与立法复审的主张，肯定是容易招来各种反对意见。按格里先生的说法，会导致行政官与法官结成攻守同盟，对付议会。按戈汉姆先生的说法，法官的影响，会颠覆行政官。对于第一位先生，回答是明显的：两个部门的力量联合起来是必要的，否则不足以抗衡议会这一个部门的力量。对第二位先生第一个问题的回答是：就算事先参与与事后解释混杂，这个弊病与这个措施的许多好处相比，还是小得多。对第二个问题的回答是：法官在复审中的投票规则，可以制定详细条款，避免那些缺陷。

拉特里奇先生：在考虑复审会议人选时，最不宜于考虑的人，就是法官。在立法过程中，根本不允许法官发表意见，直到法律摆到他们面前以后，他们才有发言权。他认为，法官参与立法复审，同样没有必要。行政官还可以咨询国务部长、战争部长、财政部长的意见，用他们的信息和观点，提高自己。

是否同意威尔逊先生的动议？会议表决，马萨诸塞反对，康涅狄格赞成，新泽西不在场，宾夕法尼亚代表赞成反对各半，特拉华反对，马里兰赞成，弗吉尼亚赞成，北卡反对，南卡反对，佐治亚代表赞成反对各半。3 邦赞成，4 邦反对，2 邦代表不在场。会议不同意法官参与对立法的复审。

讨论全体委员会报告第十条的下列分句：全国行政官有权否决议会的任何立法，只有全国议会两院分别以三分之二的多数再次通过，才能压倒这种否决。

会议一致通过这个分句。

接着讨论麦迪逊先生 7 月 18 日提出，但被推迟讨论的动议：法官由行政官提名，如果议会第二院三分之二的议员不同意，则提名不能变成任命。

麦迪逊先生：一、这样可以确保行政官的责任感，总的来说，行政官比议会，甚至第二院，更有可能挑选称职的人选，后者由于人多，在人数的掩护之下，可以掩盖各人的自私动机；二、如果行政官提名时出现明目张胆的偏袒或错误，可以公正地预料，第二院三分之二的议员势必联合起来而否定；三、与当初把法官任命的事交给第二院时相比，第二院的构成已经发生很大变化，现在，所有的邦在第二院中都有平等的表决权。处理其他事务时盛行的折中原则，要求两院在法官任命问题上达成共识，第一院代表人民的意见，第二院代表各邦的意见。行政官将被视为全国性官员，采取行动时，要平等地顾及联邦的每个部分。

如果第二院独享法官的选任权，即使得到多数邦的同意，法官也只代表人口中的少数。法官的司法，涉及人民，并不涉及各邦，因此，单独由第二院选任，就无法合理解释。而且，第二院单独选任，会使法官的选任完全落到北部各邦手中，就会形成一种固定的基础，不断引起南部各邦的不满与竞争。

平克尼先生：主张第二院独享法官的选任权。行政官既没有了解人物的必备知识，也不了解人民对如此重要官职的信托。

伦道夫先生：还是倾向于前一段戈汉姆先生提出的任命方式，就是马萨诸塞采用的那种办法，只是觉得这项动议还需要好好改进一下，但他衷心希望这项动议取得成功。他强调行政官的责任感，认为这是任命称职人才的保障。议会选任一般来自策划于密室的政客集团，出于个人考虑，或出于某些其他考虑，这个政客集团不是从适当的资格来考虑选拔人才。不论议会的哪一院，或其他由许多人组成的机构，选任官员，总是机构人数越多，越弄不好。

艾尔斯沃斯先生：法官由第二院提名，行政官有否决权，比较好；采纳上述动议中的比例，第二院要三分之二的人一致反对，才能压倒行政官的否定；不过，他还是觉得：由第二院绝对选任最好。人民总是会以嫉妒的眼光看待行政官。一谈到用扩权的办法增强行政官的影响力，就不讨人喜欢，没必要惹这种麻烦。由于行政官会固定在一个地方，就不能假设他对各地的人物很了解。比起参议院来，行政官对哄骗和玩弄伎俩者的门户开得更大。对行政官的提名加以监护，也不过是一种空想。在这种情况下，提名差不多就等于任命。

古文诺·莫里斯先生：支持麦迪逊先生的动议。一、各邦作为法人，在法官的选任中各有自己的一份利益。既然参议院按邦投票，就不应该由参议院选任。一个人在涉及自己的案件中，不宜于担任法官，仅次于此的，是由利益相关的各方选任法官。二、有人说，行政官会对各地人物不知情。事实正好相反。参议院才会不知情。他们考虑候选人时，势必听信朋友的甘言美语。行政官由于他的施政性质，必须与联邦内每个部分交往，会具备最佳信息。三、有人说，人们会以嫉妒之心看待行政官。如果对行政官的信任，足以委托他指挥军队，那么，在选任法官这件事上，嫉妒肯定没有合理基础。他还补充一点，如果议会对行政官选任法官的反对意见有道理，人们反对由议会或其中的一院选任法官的意见，也有道理。

格里先生：选任法官的事，和宪法的其他部分一样，方式应该设计得既使人民满意，又使各邦满意。目前设计的方式，一方都不讨好。他不能想象，行政官对整个联邦内的人物，比参议院还知情。他认为，要求参议院三分之二的议员反对，才能压倒行政官的否决，也会招来强烈的反对。参议院组成的方式，会与邦联议会一样。邦联议会选任官员，一直都比较好。

梅森上校：有责任说明他与同事们在这个问题上的不同观点和推理。从外表上来看，法官的选任似乎由行政官和参议院分享，实质上是落入行政官一人之手。在这种情况下，盛行的虚情假意、讨好卖乖，将会避免使第一次提名受挫。他认为，让行政官选任法官是一项危险的特权，甚至会给予行政官对司法部门本身的影响力。他认为，把北部与南部各邦的利益分野，扯到这个问题里来，不适宜。到了制定航运、贸易、进口规则时，上述分野需要谨慎处理；但他看不出来，这与选任法官有什么关系。

现在，麦迪逊先生的动议已经变成：行政官提名法官，只要参议院不反对，提名就变成任命。

是否同意以上动议？会议表决，马萨诸塞赞成，康涅狄格反对，宾夕法尼亚赞成，特拉华反对，马里兰反对，弗吉尼亚赞成，北卡反对，南卡反对，佐治亚反对。3 邦赞成，6 邦反对，会议没有同意麦迪逊先生的动议。

是否同意由第二院选任法官？会议表决，马萨诸塞反对，康涅狄格赞成，宾夕法尼亚反对，特拉华赞成，马里兰赞成，弗吉尼亚反对，北卡赞成，南卡赞成，佐治亚赞成。6 邦赞成，3 邦反对，会议同意维持原意，由第二院选任法官。

休会。

7月23日星期一　在制宪会议上

新罕布什尔[231]的约翰·朗东先生和尼古拉斯·吉尔曼先生到会就坐。

接上7月18日的顺序，开始讨论全体委员会报告第十七条：应制定条款，以便在任何必要的时候修正联邦条款。会议一致通过。

讨论全体委员会报告第十八条：各邦的立法、行政、司法官员，应受到支持联邦条款的誓言约束。

威廉森先生提议：反过来，也应该要求全国政府的官员宣誓支持各

---

[231] 新罕布什尔(New Hampshire)：1620年"五月花号"轮到达普利茅斯，3年后，移民开始向北殖民。1623年，他们建立了一个渔村；1629年，一位来自英国罕布什尔的船长，把这块地方命名为新罕布什尔。1776年1月5日，新罕布什尔通过邦宪法，建立邦政府(见表一)。在13个邦里，新罕布什尔人口居第10位，1780年约8.8万，1790年增加到14.2万；1790年，土地面积居第八位，为23 300平方公里(见表二)。1787年1月17日，新罕布什尔参、众两院联席会议通过决议，选出约翰·朗东，约翰·皮克林，尼古拉斯·吉尔曼，本杰明·韦斯特4人为联邦制宪会议代表，其中任何2人可代表新罕布什尔投票。授权书由邦参议院议长约翰·斯帕霍克、众议院议长约翰·朗东、邦主席约翰·沙利文签署。由于邦库已经枯竭，拿不出钱来作为代表开会的经费，代表们又有私事缠身，最后，由约翰·朗东本人解囊，负担自己和尼古拉斯·吉尔曼的费用，在会议已开始近2个月后赶来开会。皮克林和韦斯特没有出席制宪会议。制宪会议后，1788年8月21日，新罕布什尔以57∶47票通过联邦宪法，成为联邦的第九个邦；此举使批准宪法的邦达到宪法规定的9个，邦联议会宣布宪法生效。这时，弗吉尼亚和纽约还在要求召开第二次制宪会议，北卡罗来纳则在第一次邦制宪会议上拒绝了联邦宪法，这三个邦都陷入被动。各邦批准联邦宪法的日期和投票结果，参见本书表一。

邦政府。

格里先生提议，修改威廉森的动议：全国政府官员的誓词，也应扩展，包括支持全国政府。

会议一致通过格里的动议。

威尔逊先生：从来不喜欢誓词，总觉得宣誓是一种捏着鼻子哄眼睛的保证。好政府用不着宣誓；坏政府不可能也不应该靠誓词来支撑。他担心，将来发生变化时，誓词对现存政府的官员就成为过火的约束，没有必要；而且，对刚刚通过的第十七条，也构成一个障碍。

戈汉姆先生：没想到誓词竟然有这么大的用场；不过，他看不出来宣誓与第十七条有什么冲突，与常规性的修正宪法，也不相干。誓词要求的，就是忠于现存的宪法。按宪法规定的程序修正宪法，绝不可以视为违背宪法，也不可视为违背自己支持宪法的誓言。

格里先生：与戈汉姆先生的想法一样，在这个问题上，不存在前后矛盾的阴影。他也看不出来：这条决议会造成什么坏处。从另一个角度考虑，誓词会产生一种好效果。此前，邦政府的官员，自认为与联邦政府官员不同，不是总体政府的组成部分，凡是两级政府的事缠在一起，总是偏向邦政府一边。现在，通过誓词，可以治疗这个毛病。

会议一致通过第十八条。

讨论全体委员会报告第十九条：制宪会议向邦联议会提交的修正条款，经邦联议会认可后，应在一次或几次适当的时机，提交一次或几次代表大会，代表由各邦议会推荐，由人民直接选出，讨论这些修正条款并作出决定。

艾尔斯沃斯先生提议：应将新宪法提交各邦议会批准。

佩特森先生：附议。

梅森上校：把新宪法提交给人民这个权威，是上述主张中最重要和最基本的要求之一。各邦议会无权批准这部宪法。各邦议会不过是各邦宪法的产物，不能大于它们的创造者。就他所知，这些宪法中没有一部赋予邦议会这种权力；据他所知，有些邦宪法中没有提到这种权力，没有赋予邦议会以批准联邦宪法的权力。那么，我们应该诉诸谁呢？诉诸人民，人民保留着各邦宪法没有从他们那里拿走的所有权力。是否爱护这条原则，把它作为自由政府的基础，现在已经到了关键时刻。另一条有力的理由是，即使承认各邦议会有这样的权力，把方案提交它们去批准，也是错误的，因为，今天的邦议会既然有权批准，今后的邦议会，作为继任者，就有权对它们前任的决定加以否定；在各个邦里，全国政府会立于脆弱和动摇的基础上，听命于各邦的立法。还有一层考虑，也很重要。在有些邦里，邦政府并没有从人民那里获得明确的、无可争议的授权。弗吉尼亚的情况就是如此。一部分最好、最明智的公民认为，弗吉尼亚的宪法，不过是建立在假设的授权基础上。要想从人民这一源泉得到授权，树立一部全国宪法，那就应该把宪法置于最严格的批评之下。[232]

伦道夫先生：我们开会过程中，有个观念一直占着上风：反对意见，不论来自各邦，还是来自个人，都可以融会到这个将要提出的体制之中。在批准宪法的方式上，如果先入为主地作些不必要的规定，岂不是有些鲁莽？仅仅由各邦议会批准，还可以列出一条反对意见：过去已有先例，在某些邦里，习惯法的原则高于邦联条款，原因就是邦联条款只得到各邦议会批准，没有得到人民的权威批准。

哪些人最有可能挑起民众反对这部宪法呢？各地的政客们[233]。宪法一旦批准，他们就会从现在占据的重要地位上降下来。这些人会不遗余力，阻挠民众的思想进程，因为民众势必会接纳这部宪法。各位代

---

[232] 北美13个邦制定邦宪法时，一般都是由革命时期成立的议会批准；只有马萨诸塞第二次制定邦宪法时，经历了从人民中来到人民中去的完整制宪程序：先宣布要制定宪法，征得各村各镇人民同意，取得授权，由各村各镇选出制宪会议代表，代表们推选制宪小组，制宪小组把宪法初稿提交各村各镇讨论、修改，再由各村各镇选出制宪会议代表，辩论后通过。详见布尔斯廷《美国人》第二卷第八编，上海译文出版社，1997年3月第一版。从这个意义来说，联邦制宪会议并未得到人民授权，只得到各邦议会的授权。弗吉尼亚方案的提出者包括梅森，希望在批准过程中弥补这一点，得到“全民”批准。

[233] 政客们：the demagogues：persons who try to stir up the people by appeals to emotion，prejudice，etc.，in order to win them over quickly and so gain power。

表，只要把自己现在的观念，与当初刚来参加制宪会议时的观念比较一下，就会发现：自己的观念已经发生变化。因此，把这个问题，从提交各邦议会，转向提交民众，至关重要：各邦议会是政客们的地盘，他们有充分的影响力，提交民众讨论，他们的危害能力就小多了。还有一点值得考虑，有些邦不乐意改变它们的邦宪法，会不按要求行动，因此，只有直接诉诸人民，才能解决问题。

格里先生：梅森上校和伦道夫先生的议论，要证明的内容太多。他们要证明目前的联邦体制没有宪法基础，甚至要证明某些邦的政府也没有宪法基础。从这一源泉而作出的推断，势必无人承认。结果，各邦政府和联邦政府长期以来已经得到默认，现在却会受到动摇。他认为，邦联条款对于各邦宪法而言，居于最高地位。邦联条款的最后一条授权修改邦联条款，这一条与其他各条具有同等效力；为实现最后一条而做的一切，应该与邦联条款具有同等高度的权威。他相信，如果诉诸人民，结果就会是一场巨大的思想混乱。人民在任何事情上都无法达成一致。他看不出有什么理由，假设人民能做成的事，而他们的治理者却做不成。要么，让治理者从众随大流，要么，就要他们影响人民的感觉。

戈汉姆先生：反对把方案提交各邦议会批准。一、与各邦议会比，由人民选出的制宪会议，能更公正地讨论这个问题，因为，各邦议会是权力的失去者，权力将会上交给全国政府。二、有些邦的议会，由几院[234]组成。要让方案在议会各院通过，比在制宪会议上通过难。三、在各个邦里，许多最能干的人被排除在议会之外，其中许多是牧师，一般来说，他们都赞成好政府。事实证明，他们做礼拜时的讲道，对形成和树立马萨诸塞宪法很有价值。四、各邦议会时常受到各种小事的干扰，别有用心的人很有手腕，善于挤进这些小事，他们会找到理由，年复一

---

[234] 几院(several branches)：其实，除宾夕法尼亚议会实行一院制，其他 12 个邦的议会都实行两院制，并没有“几院”。戈汉姆先生强调：议会与制宪会议不同，制宪会议是一院制，而且是一次性。

年地拖延下去，把批准全国政府的计划拖到哭笑不得，要不，就算走运。五、如果要按邦联条款最后一条办理，就必须取得各邦议会的一致同意[235]。可是，有谁会说，如果罗德岛要坚持反对总体的做法，所有其他各邦就该甘愿被拖垮呢？有些邦的步伐，也可能会拖沓一些。目前，纽约似乎咬住不放向邻邦征税（根据该邦的贸易规则）得到的好处，使得纽约站在队伍之外的可能性很大。因此，需要严肃考虑的问题是，是否需要制定条款，不等待所有的邦一致同意，就使这个体制生效。

艾尔斯沃斯先生：如果哪个邦的议会自认为没有权力批准宪法，让它去咨询自己的选民，找出使自己具备能力的方法，如果这样，他会感到满意。他认为，可以期待于邦议会的，比可以期待于人民的要多。东部各邦人民当中盛行的愿望，是摆脱公债；加强全国政府，包含承担公债。梅森上校认为，一、各邦议会无权批准宪法；二、各邦议会有权废止前届议会的立法。先说第二点，他无法承认这一点有良好基础。各邦通过议会所立的法，就成为一项契约[236]，议会成为涉事一方，作为契约，涉事的任何一方，都无法退出。说到第一点，他要指出，自从确立邦联条款以来，不知不觉，已经出现一系列的新观念。由人民举行制宪会议，或直接从人民取得权力，那时还没有想到。当时认为，各邦议会有这个权力。它们的批准已经得到默认，无人起而抱怨。后来，邦联议会向谁申请更多的权力呢？是向各邦议会，而不是向人民。事实是：我们现在是作为一个契约社会[237]而存在，由邦联条款联合起来。邦联条款中有一条规定，经各邦议会授权，可以更改条款，因此，我们用不着去探询别的办法。有人表示，如果遵守邦联条款，拟议中的创新宪法，就需要取得各邦议会一致同意。他们想避过各邦议会。他的回答是：如果有人想以诉诸人民的方式，先在部分邦之间实现宪法，说这是我们当前处

---

[235] 邦联条款最后一条，即第十三条，规定："从今以后，除非取得联邦大会同意，并在事后得到各邦议会确认，任何时候不得（对邦联条款）做任何更改。"参见本书附录二。

[236] 一项契约：a compact。

[237] 作为一个契约社会（as a federal society）：以邦联条款为契约联结的社会。

境的紧急必需；那么，另一些人提出另一套宪法，争取另一些邦的人民批准，也同样有他们的道理。

威廉森先生：把第十九条主张的表述方式更改一下：既可以提交邦议会批准，也可以提交人民批准，由各邦议会选择。他指出，有些邦的议会，显然并没有被授权批准宪法。他还认为，制宪会议更为可取，因为这样，各邦有更多能干的人能够出席。[238]

古文诺·莫里斯先生：按艾尔斯沃斯先生的推理，为树立一套新体制，在情况必需时提出呼吁，既可以征求部分邦的人民同意，也可以征求部分邦议会的同意。这是一个没有前提的推理[239]。如果要遵循邦联条款，那么，未经各邦议会一致同意，就不能修改条款：各邦议会作出的不符合邦联条款的修改，显然无效。法官们会把这种修改视为无效。向联邦的人民呼吁，是向最高权威呼吁，那么，通过联邦人民的多数同意，可以修改邦联条款；就像在某个邦，如果得到该邦多数人的同意，就可以修改邦宪法一样。艾尔斯沃斯先生提出的修改意见，错误地假定我们的会议进程以邦联为基础。今天召开这个制宪会议，当年的邦联根本没有料到。

金先生：与艾尔斯沃斯先生的想法一样，各邦议会具有这种权力，美利坚人民对邦联的默认，等于人民的正式批准。他与艾尔斯沃斯先生还有一点想法相同，在必要情况下提出呼吁，对人民和对邦议会都有效。不过，他倾向于提交给人民的权威，提交给由人民直接选出的制宪会议代表，认为这可能是最肯定的方式，能排除对新宪法合法性的所有争辩和疑虑。要吸引各邦最能干的人来参加会议，作出决定，这也是最有可能的方式。他指出，在纽约邦反对给邦联议会扩权的各种理由中，

---

[238] 威廉森先生代表北卡罗来纳。在各邦第一轮制宪会议上，惟有北卡以184票反对，84票赞成，拒绝批准联邦宪法。一年多以后，北卡第二次制宪会议才以149票赞成，73票反对批准联邦宪法。参见本书表一《从开始殖民，到制定邦宪法建立邦政府，到批准联邦宪法加入联邦的过程》。

[239] 一个没有前提的推理：a non-sequitur。

有一条就是，如果这些权力在该邦施行，会与该邦的宪法发生抵触；因此，纽约邦议会不愿给邦联议会扩权。[240] 他认为，向人民发出呼吁，也可以摆脱各邦议会某些议员的疑虑，因为各邦议会都要求他们宣誓支持各邦现存的宪法。

麦迪逊先生：各邦议会不会批准这次会议提出的修改，这很清楚。这些修改，将会侵犯到各邦宪法的基础[241]。如果一个邦的议会就可以更改在它之上的宪法，也会成为一种危险的创新信条。在联邦范围内，或许真有某些邦的宪法，授权邦议会同意改变邦联条款。但可以肯定，有些邦的宪法没有这种授权。在后一种情况下，批准必须来自于人民。他认为，一套仅仅以各邦议会为基础的体制，与一套以人民为基础的体制，二者之间的区别，就像结盟或缔约与宪法的区别一样。结盟[242]和缔约[243]与宪法[244]，在道德责任[245]上，都不可违反。但在政治运作[246]上，有两个偏向于宪法的重要区别。一、一项法律若违反了一项由过去的立法批准的条约，仍有可能被法官尊重为一项法律，虽然是一项不明智的法律，或一项背信弃义的法律。可是一项法律如果违反由人民树立的宪法，就会被法官视为无效。二、国际法为条约奠下的基本信条是，任何一方违反条约中的任何一条，即解除其他各方所负的责任。但人民在宪法下结为联邦，则人们始终理解，这种契约的性质，排除这种解释。把这两种模式的要求对照比较一下，他认为，无论从什么角度考虑，都倾向于要求制宪会议建议：要邦联议会把这项改革提交给各邦制宪会议，而不是提交给各邦议会，让各邦制宪会议考查和批准。

---

[240] 鲁弗斯·金出席制宪会议时，是马萨诸塞代表。他促成马萨诸塞批准联邦宪法后，随即移居纽约，当选纽约邦议会议员，后来代表纽约邦，连续担任两届联邦参议员。参见本书脚注[121]。

[241] 侵犯……的基础：make essential inroads on. . . 。

[242] 结盟：alliance。

[243] 缔约：treaty。

[244] 宪法：constitution。

[245] 道德责任：moral obligations。

[246] 政治运作：political operation。

是否同意艾尔斯沃斯的动议？会议表决，新罕布什尔反对，马萨诸塞反对，康涅狄格赞成，宾夕法尼亚反对，特拉华赞成，马里兰赞成，弗吉尼亚反对，北卡反对，南卡反对，佐治亚反对。3 邦赞成，7 邦反对，会议没有同意把宪法交给各邦议会批准。

古文诺·莫里斯先生提议：把这项方案提交给一个总体制宪会议，由人民选举和授权，讨论、修正并树立一部宪法。无人附议。

是否同意全体委员会报告的第十九条主张？会议表决，新罕布什尔赞成，马萨诸塞赞成，康涅狄格赞成，宾夕法尼亚赞成，特拉华反对，马里兰赞成，弗吉尼亚赞成，北卡赞成，南卡赞成，佐治亚赞成。9 邦赞成，1 邦反对，会议同意"制宪会议向邦联议会提交的修正条款，经邦联议会认可后，应在适当的时机，提交各邦制宪会议，代表由各邦议会推荐，由人民直接选举，讨论并作出决定"。

古文诺·莫里斯先生和金先生提议：第二院由每邦______名议员组成，议员按人投票[247]。

艾尔斯沃斯先生：他过去一直就主张按人投票。

古文诺·莫里斯先生提议：用 3 填空。他希望参议院是一个人数相当多的机构。如果每邦只许产生 2 名参议员，过半数就构成合法开会人数，权力就会掌握在 14 名参议员手里，对于这种信托而言，这个人数是太少了。

戈汉姆先生：用 2 取代 3 比较好。人少正好适合对媾和、宣战之类的大问题作出决定，他估计这两项权力会授予参议院。邦的数目也会增加。肯塔基、佛蒙特、缅因省和富兰克林省，可能很快就会加入，会增加邦数。他估计，有些大邦也会分成较小的邦。总体政府的力量，不在于邦大，而在于邦小。

梅森上校：每邦 3 名参议员，再加上新邦的参议员，会使第二院太大。且不说其他反对意见，仅附加开支一项，就会成为一条反对理由，

---

[247] 按人投票（vote per capita）：区别于按邦投票。同一个邦的 2 名议员可以投相反的票。

凡不必要的开支，绝对应该节省。

威廉森先生：如果人数太多，遥远的邦与附近的邦，就不能立于同一水平。附近的邦，派出和支付他们最能干的公民都比较容易。他赞成按人投票。

是否每邦产生3名参议员？会议表决，新罕布什尔反对，马萨诸塞反对，康涅狄格反对，新泽西不在场，宾夕法尼亚赞成，马里兰不在场，特拉华反对，弗吉尼亚反对，北卡反对，南卡反对，佐治亚反对。1邦赞成，8邦反对，2邦不在场，会议没有同意古文诺·莫里斯的动议。

是否每邦产生2名参议员？会议表决，结果一致通过。

路德·马丁先生：反对按人投票。认为背离第二院代表各邦的观念。

卡乐尔先生：坚决支持按人投票。不过，他不希望就这么匆忙地作出如此重要的创新。

是否同意每邦产生2名参议员，并且按人投票？会议表决，新罕布什尔赞成，马萨诸塞赞成，康涅狄格赞成，新泽西不在场，宾夕法尼亚赞成，特拉华赞成，马里兰反对，弗吉尼亚赞成，北卡赞成，南卡赞成，佐治亚赞成。9邦赞成，1邦反对，1邦不在场，会议通过。

豪斯通和斯佩特先生提议：再议由各邦议会推举选举人选举行政官的问题。豪斯通先生：这样做极不方便，而且开销可观，把所有各邦的选举人都聚集到一起，仅仅就是为了选举一名行政官。

是否同意他们的动议？会议直接表决，新罕布什尔赞成，马萨诸塞赞成，康涅狄格赞成，新泽西不在场，宾夕法尼亚反对，特拉华赞成，马里兰反对，弗吉尼亚反对，北卡赞成，南卡赞成，佐治亚赞成。7邦赞成，3邦反对，1邦不在场，会议作出决定：指定明天再议行政官的产生办法。

格里先生提议：把制宪会议关于建立新政府的辩论结果(除与行政官相关的部分外)，提交给一个委员会，准备一份在委员会内取得一致的报告。

平克尼将军提醒制宪会议：南部各邦反对解放奴隶，反对征收出口税，如果委员会未能在报告内为南部各邦设置一些保障，那么，他受本邦委托的约束，只能投票反对报告。

会议一致通过格里先生设立委员会的动议。

委员会是否由 10 人组成，每邦 1 人[248]？会议表决结果，除特拉华赞成，其他各邦都反对。

委员会是否由 7 人组成？会议表决，新罕布什尔赞成，马萨诸塞赞成，康涅狄格赞成，宾夕法尼亚反对，特拉华反对，马里兰赞成，弗吉尼亚反对，北卡反对，南卡赞成，佐治亚反对。5 邦赞成，5 邦反对，动议失落，因为赞成票和反对票相等。

会议一致同意：委员会由 5 人组成，明天再选。

休会。

---

[248] 这一段时间出席会议的共 11 个邦的代表，新泽西代表有时不在场，罗德岛和纽约缺席。

7月24日星期二　在制宪会议上

再议行政官的产生办法。

豪斯通先生提议：行政官“由全国议会选任”，代替上次已经通过的由各邦议会推举选举人的办法。他主要担心是否行得通的问题；他认为可能性很小，还要动用遥远的邦的能干人。

斯佩特先生附议。

格里先生：反对这项动议。豪斯通先生提出的危险，没有什么道理。行政官的选举，会被视为具有广泛意义的大事，会激起人民的极大关注。就是各邦邦长，能把最好的人派去担任选举人，也会感到荣幸。如果豪斯通先生的动议得到赞同，行政官就不得连任，以免依附于议会。他极其厌恶行政官依附议会。

斯特朗先生：如果行政官由议会选举，就规定他不得再次当选，没有必要；因为，当中穿插了议会选举，议员会发生变化；第二次选举行政官时，议会已经不是原班人马，行政官不可能依靠同一批人再次当选。有人认为，即使行政官当得好，人们出于感激，要他再当，也会产生出同样的依附问题。他对这个问题的看法不同。非常重要的一点是：不要把政府弄得太复杂，不要又把选举人这样的一批新人物引进来。他还认为，各邦的第一流人物，只怕没有足够的动机去担任选举人这样的角色。

威廉森先生：主张还是回到原意，行政官任期7年，不得连任。拟议中的选举人，肯定不会是各邦的第一流人物，甚至不会是第二流人物。那样的人物，宁愿在第二院、第一院获得一席之地。他不喜欢行政官由一人担任。他过去希望把行政权委托给三个人，把联邦分为三个大区，每个大区产生一人。由于行政官将获得对立法的否决权，而北部各邦与南部各邦又有基本的利益分野，特别是在贸易方面，如果行政官来自联邦的某个部分，这种否决权，对于不产生行政官的那个部分，将会很危险。这里的情况，与英国的情况不一样；在那里，整个王国内的利益是一样的。反对只设一名行政官，还有一个理由，由一人担任的行政官，将成为一名选出来的国王，会形成一种一人当家做主的精神。他会很自然地想搞终身制，然后就会安排他的子孙继位。[249] 他认为，几乎可以肯定的是，我们迟早总会有一位国王；但是，他希望不要忽略了谨慎，尽量把这样的事情推迟。他觉得，不许连任是最好的谨慎措施。怀着这种谨慎，他不反对把任期安排得比7年再长一些。他可以考虑10年到12年。

格里先生提议：由各邦议会书面投票选举行政官，各邦投票比例，按原定选举人的比例计算；如果多数选票未能集中在同一个人身上，由全国议会第一院随即开会，从得票最多的4人中选出2人，第二院再从这2人中选出1人担任行政官。[250]

---

[249] 制宪会议代表中，很少有人怀疑华盛顿会当选第一任行政官。华盛顿26岁时娶寡妇玛莎·丹德里奇（父姓）·寇蒂斯（前夫姓）为妻，玛莎带来一儿一女，显然是有生育能力的。制宪会议召开时，华盛顿已经55岁。他的传记说，he never fathered a child（他从未使妻子为他生过孩子）。华盛顿是否没有生育能力，是一个谜。但他没有嫡子可以继承“王位”，是历史事实。制宪会议代表们屡屡发言防范世袭制，目光显然更远。

[250] 法兰德注：在国务院所存的会议秘书文件里，有一张散页，是格里先生的手迹，内容如下：各邦议会以书面投票方式选举行政官，计票方式见后，由多数票决定谁当选，但是，在没有一人得票过半数的情况下，以得票最多的四人为候选人，由第一院从中选出两人，再由第二院决定两人中谁担任行政官。各邦选票计算办法如后（在纸的反面）：新罕布什尔1票，马萨诸塞3票，罗德岛1票，康涅狄格2票，纽约2票，新泽西2票，宾夕法尼亚3票，特拉华1票，马里兰2票，弗吉尼亚3票，北卡2票，南卡2票，佐治亚1票，共25票。见法兰德《汇编》第二卷第98—99页。

金先生：附议。

是否推迟讨论豪斯通先生的动议，改为讨论格里先生的动议？表决结果，由于反对票占压倒优势，会议决定不再继续讨论格里先生由邦议会选举的计票办法。

是否同意豪斯通先生的动议？会议表决，新罕布什尔赞成，马萨诸塞赞成，康涅狄格反对，新泽西赞成，宾夕法尼亚反对，特拉华赞成，马里兰反对，弗吉尼亚反对，北卡赞成，南卡赞成，佐治亚赞成。7 邦赞成，4 邦反对。会议同意回到由议会选举行政官的办法。

路德·马丁和格里先生提议：恢复行政官不得连任的规定。

艾尔斯沃斯先生：对许多代表来说，行政官由议会选举，不得连任就是自然结果。对他来说，并不这样。他认为，行政官的表现如果值得，就应该允许连任。最突出的人物，在这种情况下，也会比较愿意接受这种信托，因为，他们已经预见到，固定任期乃是不得已的下策。

格里先生：行政官必须独立于议会，这一点已经明确。他的任期越长，依附性就越小。他宁可让行政官任职 10 年，15 年，甚至 20 年，也不能让他连任。

金先生：主张让行政官连任。这是一个巨大的好处，为了摆脱依附的小好处，放弃这个大好处，不值得，何况还有弹劾。他认为，可以按需要决定任期。

路德·马丁先生放下原来不得连任的动议，改为提出新的动议：行政官任期持续 11 年。

格里先生：建议 15 年。

金先生：建议 20 年。这是君主任期的中位数。*

戴维先生：8 年。

威尔逊先生：会议遇到的这些难点，以及陷在其中的困境，都是由于重新提出由议会选举引起的。他对此实在遗憾。这一方式不恰当，

---

* 麦迪逊注：这可能是嘲弄前面的一些意见，目的是击败那些意见。

弄得他只好同意延长任期，摆脱由此必然产生的对议会的依附。他相信，再长的任期，也抵不上一种恰当的选举方式，除非确实应该让行政官“行为良好得继续任职”。看来，大家都认为，在生命终止之前的某个时期，任职的长度就应该终止，既要这位官员接受，又是公众的期待。经验显示出多种多样的例子，有的显示为公众服务的能力，有的显示为公众服务的意向，很久以前，就是如此。他提到威尼斯的一位多基[251]，80岁以后还当选了。教皇一般都提前很多时间选举，可是，罗马教廷至今还是没有找到一种比较稳定和更能取得一致的模式。他假定，如果行政官应该在35岁时执政，这是可能发生的，那么他的任期应该固定为15年，到50岁为止，正在壮年。可是经验表明，把他像一个臃肿的人一样就此放到一边，按英国的法学理论，把50岁定为为公众服务能力和愿望的终点，实在是难以弥补的损失。时之俊杰曼斯菲尔德爵士[252]，到达50岁后，还继续任职了三十年。不论过去已经采取了什么行动，他还是希望会议能够采纳一种更好的选举方式，一种让这个会议的普遍感觉比较能同意的方式。如果还有时间进一步讨论，他提议：把这个问题推迟到明天再讨论。

布鲁姆先生附议，主张推迟到明天再议。

格里先生：看来，在这个问题上，我们已经陷入茫然若失的状态。他建议，不论是否可取，把有关行政官的设置，交给即将任命的详情委员会去处理。或许，他们能想出什么办法，把大家已经发表的各种各样的观点，综合起来。

威尔逊先生：行政官的选举问题，势必成为巨大难点。他还是想提议一个过去没有提到的方式。那就是：由全国议会的少数人，不要超过15位，不通过书面投票，而是通过抽签的办法产生，然后，让这个少数人

---

[251] 多基(Doge)：威尼斯共和国的行政官。

[252] 曼斯菲尔德爵士(Lord Mansfield，1705—1793)：1756—1788年任英国王座法院首席法官。

单独开会，立即选举，选出之前，不得散会。这种方式，首先可以避免暗中搞鬼，依附性也可以减少。这并非深思熟虑的办法，可能会招致各种强烈的反对。

古文诺·莫里斯先生：在各种可能的方式中，议会选举最糟糕。由议会选举行政官，又由议会弹劾，或影响弹劾，行政官就成了议会的囊中之物。他过去反对弹劾，现在已经认识到，只要行政官任职一段时间，就必须设置弹劾。谁也不能说，如果行政官接受外国的钱财，还不该设法将他去职。此前，有人（梅森上校）指责，说他时而为议会辩护，说值得信赖，换个场合又要大家不信议会。在某些方面，议会值得无限信任，在另一些方面，又会遭到同样程度的不信任。议员利益正好与选民利益吻合时，像他们的许多立法行为那样，可以信赖他们不会滥权。强烈的个人利益正好违背总体利益时，不可对议会过于信任。所有的公共机构，总是有两党[253]。行政官势必与一党的联系比另一党多。这样，党派中就会出现个人利益，一党反对他，另一党支持他。行政官为了当选而暗中搞鬼的话，大家已经说了许多。可是别人暗中搞鬼、设法把行政官弄下台的话，还没有人说起。党派的某位领袖，总是妄想占住行政官的位置，想方设法使他施政艰难，与议会串通[254]，直到这位领袖继任，取行政官而代之。这就是英国国王被赶下台的道路，他指的是真正的国王，真正的首相。这就是皮特[255]挺身组阁的道路。福克斯[256]把事情

---

[253] 所有的公共机构，总是有两党：In all public bodies there are two parties。

[254] 与议会串通：cabal with the Legislature。

[255] 皮特（William Pitt，1708—1778）：七年战争初起，英国损失惨重，威廉·皮特说："我相信：我能拯救这个国家，别的人都不行。"1756 年 11 月，皮特受命组织英国内阁，战争期间大显身手，恢复民兵，重整海军，选用杰出陆海军将领，自己掌握全局。到 1759 年，即"胜利年"时，皮特名扬欧美。英国成为北美和印度的霸主，并在非洲和西印度群岛获得领地，皮特缔造了一个新的大英帝国。

[256] 福克斯（Charles James Fox，1749—1806）：1782 年，福克斯强调，应该由辉格党，而不是由国王来确定去世首相罗金厄姆的继任人选；1783 年，他与宿敌诺思携手推翻新内阁，迫使国王提名波特兰公爵出任首相；后来，他又坚决反对乔治三世任命内阁。1788—1789 年，乔治三世精神失常，福克斯拥出威尔士亲王摄政。

又往前推进一步。如果福克斯的印度提案获得通过，他差不多就能使首相掌握实权，国王徒有其名了。我们的行政官，是英国的首相，而我们却要让他由议会选举。有人提到过君主制的危险。如果现在建立不起一个好政府来，如果无法通过条文建立起一个好行政机构，他怀疑，我们会不会弄出一种什么玩意儿来，还不如受到限制的君主制。为了摆脱行政官对议会的依附，只好不让他连任。这差不多等于说，我们先要给他取得经验的好处，然后，又剥夺使用这种好处的机会。取消连任资格吧，就要把任期延长到15年，在此期间，如果天道以奇迹介入，他的生命终止了呢？要是他不愿意辞去对他的崇高委任，穿越宪法的门又被封闭；而他掌握着利剑，内战将接踵而至，不论哪一边，得胜之军的统帅，就会当上美利坚的专制君主。这种想法使他特别困扰，觉得必须把行政官设置妥当。这与整个体制中其他部门不同，如果行政官的设置出了毛病，将无法治疗。如何正确地摆平行政官，是最大的难题。把行政官弄得太弱吧，议会会篡夺他的权力；把行政官弄得太强吧，他就会篡夺议会的权力。他宁可任期短，可以连任，但要有一种不同的选举办法。任期长，方案必然通不过。他本人也不敢信托长任期。威尔逊先生刚才所提的选举办法，他还没有做好接受的思想准备。他认为，威尔逊先生的动议值得考虑。让机会决定，总比让暗中搞鬼的人决定要好。

有人提议：推迟讨论行政官问题。

是否推迟讨论？会议表决，新罕布什尔反对，马萨诸塞反对，康涅狄格赞成，新泽西反对，宾夕法尼亚赞成，特拉华代表赞成反对各半，马里兰赞成，弗吉尼亚赞成，北卡反对，南卡反对，佐治亚反对。4邦赞成，6邦反对，1邦代表赞成反对各半。会议不同意推迟讨论。

于是，威尔逊先生提议：行政官每______年选举一次，______名选举人由全国议会抽签产生，他们立即选举，选出之前不得散会。[257]

---

[257] 法兰德注：在秘书留下的文件中有一个散页，是威尔逊先生的手笔。第一段在纸（转下页）

卡乐尔先生附议。

格里先生：这样做过于倚重机会。如果这些实签落入一些不值得的人手里，一名不值得的行政官就会被扶上这个国家的马背。他仔细想过，事实证明，议会不论怎么选，都好不了。

金先生：这些实签的多数说不定会落到同一个邦的议员手里，管保就是那个邦的人当选。我们应该遵从理性，而非机会。看来，无人对此满意，他希望推迟讨论这个问题。

威尔逊先生：提出这项动议，并非最佳办法。他的观点依然没有动摇，我们还是应该把选举诉诸人民。他同意推迟讨论。

古文诺·莫里斯先生：实签落到同一个邦的议员手里的机会非常之小。

是否保留威尔逊先生的动议以供参考？表决结果，7 邦赞成，4 邦反对。

是否休会？表决结果，一致同意。

卡乐尔先生赶紧指出：在取得人口普查的真实数据之前，宣布按第一院席位比例向各邦征收直接税，这个主张会引起很大争议，如果详情委员会在报告里保留这个句子，他本人保留反对的权利。

古文诺·莫里斯先生：希望委员会把按席位分配直接税的整个句子删掉。他的意思，只是在收支出现差额时，借这个办法搭搭桥*；差额一旦填满，就可以拆桥。这条原则太严，会引起强烈反对。

书面投票选举详情委员会成员。当选者为：

拉特里奇先生，伦道夫先生，戈汉姆先生，艾尔斯沃斯先生，威尔逊先生。

（接上页）的正面，其余在反面。正面：行政官每______年由______名选举人选出，选举人由全国议会抽签产生，立即选举，选出之前不得散会。反面：假设议员总数为 90 人　65 人 + 25 人 = 90 人 那么，按上述数字做若干实签，拈得实签者为选举人。见法兰德《汇编》第二卷第 99 页。

*　麦迪逊注：目的在于缓和席位分配，南部各邦要求把黑人计算在席位分配以内，北部反对。

有人提议：全体委员会应交出平克尼先生的制宪方案，交给刚刚任命的详情委员会，会议一致同意。

然后，一致通过类似的动议：把佩特森先生的主张，也交给详情委员会。

休会。

7月25日星期三　在制宪会议上

再议行政官的设置问题。

艾尔斯沃斯先生提议：行政官由议会选举，但是，如果上次选出的行政官，完成全部任期后，合格连选，即由各邦为此目的而推举的选举人选举。这种办法，可以使一位值得的行政官再次当选，又不至于使他依附于议会。

格里先生再次重申：由全国议会选举的做法，彻底错误，而且无法校正。他提议：行政官由各邦邦长或主席选举，需征得他们的顾问会议[258]同意，若某邦没有顾问会议，则需得到邦议会选出的选举人的同意。各邦行政官选举全国行政官时，按前述比例计票。[259]

麦迪逊先生：看来，已经提出的办法，可能还会提出的办法，都有反对意见。由全国宪法或各邦宪法下现存的权力机构选举，由人民选出选举人选举，由人民直接选举，都有反对意见。

全国宪法下面现存的权力机构有两个：立法部门和司法部门。他估计，司法部门不在考虑之列。他判断，立法部门面临不可逾越的反对

---

[258] 顾问会议(council)：邦行政官的顾问会议，并非每邦都有。

[259] 格里先生关于行政官选举中25票在13个邦之间的比例分配，参见脚注[250]。

意见。由议会选举,不但影响行政官的独立性,而且:一、行政官的选举会在议会激起轩然大波,造成党派分裂,公众利益会受到巨大影响。公共机构容易陷进你争我夺之中,由选举行政官而引起的争夺,比其他争夺更为暴烈。二、行政官候选人会与议会串通一气,通过占据优势的一派,获取任命,结果,容易使他的施政成为一派的工具。三、外国势力的代理人,有机会并且会充分利用这个机会,把他们的伎俩和影响,混杂到选举中来。行政官的权力虽然有限,但仍将成为选战中的目标,在美利坚拥有利益的欧洲列强,虽然你争我夺,但都希望物色一个忠于他们政策和利益的人,做我们政府的头。他们会不惜血本,策动议会选出一个有利于他们的人。日耳曼和波兰,就是这种危险的证人。日耳曼帝国头头的选举,在变为世袭之前,一直引起整个欧洲的兴趣,一直深受外国的影响。波兰行政官的实权虽然非常之小,但每次选举总是引起外国君主急切的干扰,实际上几乎完全滑落到外国人手中。

各邦现存的权力机构,有立法、行政和司法部门。全国行政官由邦议会选举的想法,已经遭到许多反对。前面已经提到一些,他还可以补充一点,是他自己的反对理由。各邦议会由于喜好立法,弄出许多有害措施,已经声名不佳。设立全国议会的一个目标,就是控制这种喜好。设立全国行政官的一个目标,按目前势态,如果他还拥有对立法的否决权,就是控制全国议会,防止全国议会也染上这种喜好。把全国行政官的选举交给各邦议会,实现这一控制目的,就可能失败。各邦议会能够而且也会立法,制订各种常规计划,他们会促成一位不反对他们喜欢的计划的人当选。选举的时候,如果多数议会正好有一个相同的目标,或者,目标不同但类型相同,全国行政官就会成为这些议会的工具。

再说由各邦行政部门选举,除了其他反对意见之外,也会遇到这个不可逾越的难点。行政作为常设部门[260],就有人可能而且会去讨好他们,而且会被各路行政官候选人暗中拉拢,由候选人的党羽出面,外国

[260] 常设部门(standing bodies):当时,议会和法院都不是全年作业,只有行政部门是。

的代理人也会参与。

没人提到各邦司法部门，他估计，也不会有人提出各邦司法部门，作为适当的选举人。

于是，我们只有二者择一：一、由人民推举选举人选举；二、由人民直接选举。他认为，前一种方法可以避免前面提到的许多反对意见，比由全国议会选举受欢迎得多。由于选举人只是为此目的产生，立刻集合，马上选出，没有什么机会暗中搞鬼，拉拢腐蚀。作为进一步的谨慎措施，还可以要求他们在某个地点集合，不在政府所在地；甚至可以规定：选举时任何人不得靠近。不过，这个方式刚被拒绝不久，而且投反对票的是大多数，估计不会有人重新提出。剩下的方法，就是由广大人民选举，或者，由人民当中合乎资格的一部分人选举。他最喜欢的，就是这种方法，虽然这种方法有许多不尽如人意的地方。他不想再重复那些反对这种方法的一般意见。他只想指出其中的两个难点，他承认这两点都有一定分量。第一，人的天性，总是偏向于选一个本邦的公民，这就使小邦处于不利地位。由此产生的反对意见虽然很大，但他认为，反对意见之大，还不能与对其他方法的反对意见画等号。他还认为，采取某些变通办法，有可能消除这些反对意见。第二个难点，是北部各邦与南部各邦合乎资格的选民不成比例，这一点使南部各邦处于不利地位。消除这种反对意见的答案在于：一、把共和法律引入南部各邦，在这些法律的影响下，这种不成比例的现象将持续缩小，而且南部人口增长较快。二、地方利益要向总体利益让路。作为一个来自南部的人，他愿意作出牺牲。

艾尔斯沃斯先生：这个办法无法解决小邦的反对意见。最大的邦的公民会无一例外地偏向于本邦的行政官候选人；结果，最大的邦就会无一例外地获胜。

是否同意艾尔斯沃斯先生的动议：行政官上任由全国议会选举，连任由各邦议会推举选举人选举？会议表决，新罕布什尔赞成，马萨诸塞反对，康涅狄格赞成，新泽西反对，宾夕法尼亚赞成，特拉华反对，马里兰赞成，弗吉尼亚反对，北卡反对，南卡反对，佐治亚反对。4 邦赞成，7 邦反对，会议没有接受艾尔斯沃斯先生的动议。

平克尼先生提议：行政官由全国议会选举，加上一条附则：任何人在任何 12 年内任职不得超过 6 年。这样做，保留了所有的优点，在某种程度上，又可以避免绝对不得连任的不妥。

梅森上校：赞同这个主意。这就是邦联议会和某些邦对行政官采取的做法。第一次当选后不得连任，使行政官实际上独立起来；同时，又为他再次出来服务开辟了道路。总的来说，他还是倾向由全国议会选举，只是公平原则迫使他承认，外国影响是个大危险。这是他考虑的最严肃的反对意见。

巴特勒先生：需要避免的两大弊病，一是国内的相互串通、暗中搞鬼，一是国外的影响。如果由全国议会选举行政官，两种弊病都难以避免。此外，不要把政府弄得太复杂，不便操作，使各邦厌恶。把行政官选举交给人民，就会出现这种复杂情况。他最喜欢的选举方法，是由各邦议会挑选选举人，再由选举人选举行政官。他反对在任何情况下连任。他也反对选票在各邦之间按比例分配。在选举这件事上，各邦应该平等。议会中席位按比例分配的做法，不适合于行政官的选举。

格里先生：赞同平克尼先生的动议，可以减少弊病。

古文诺·莫里斯先生：反对任何形式的轮流坐庄。[261] 那是一所政治学校，支配我们的，是学者，而不是主人。[262] 行政官选举要防止的弊病是：一、议会的不当影响；二、议会的不稳定；三、行政官的不当行为。为了防止第一种弊病，我们就奔向第二种弊病。我们采取了轮流坐庄的办法，又产生了议会的不稳定。为了躲老虎，我们又遇到了豺狼。人员的变换，总是带来措施的改变。我们看到这种周而复始的现象在我

---

[261] 轮流坐庄(rotaion)：大陆会议和邦联议会时期，会议主席的任期不得超过六个月，参见本书表二《联邦制宪会议召开以前和召开期间的北美临时政府》。

[262] 主人：Masters。

们中间展开，宾夕法尼亚的情况尤其如此。一个党取得胜利，就自以为了不起，不屑于再踏上前任的党走过的道路。罗波安不再摹仿所罗门。[263] 轮流坐庄并不能避免暗中搞鬼、避免对议会的依赖。掌权的人还是会展望未来，希望得到连任机会。把两个掌权的阶段分开，这种要行政官延长寿命的不大可能的安排，并不能阻碍他继续掌权。人的本性就是如此，这是人的仁慈的作者造就的，无疑有明智的目的：尽管人知道自己的生命里程终有极限，可是他采取的步骤，就好像他要永生。换一个角度假设，这种做法，显然无效。如果行政官不再追求连任行政官，他可以满有信心寻求进入议会的机会。这样，他就无须对付各种反对意见，把权力延伸到另一个剧场，估计，在那里他肯定会扮演一个显要角色；他也就不愿采取任何危及他在议会获得人心的措施，然后运用他对议会的影响，他扶植的行政官就会依附于他。四、要避免第三个弊病，就是必须设置弹劾条款，这也是反对议会选举行政官的补充理由。他认为，由人民选举，是最好的方法，由议会选举，是最坏的方法。如果这两个办法都不用，他就赞同威尔逊的主意，由两院联合抽签。抽签即使不能根绝串通和依附，至少可以减少。

威廉森先生：已经意识到，反对由议会选举行政官的意见，十分强烈，这种办法，给外国影响打开了方便之门。反对由人民选举行政官的主要意见，似乎是对小邦不利。他建议，为解决这个难题，要求每人投票选举三名候选人。一名候选人多半会是本邦的，另外两人则是其他邦的；这样，小邦大邦都可能产生候选人。

古文诺·莫里斯先生：喜欢这个主意，建议修改一下，每人投票选举两名候选人，其中至少一人不是本邦的。

麦迪逊先生：也认为这样修改以后，能引出有价值的方法。实际上，这个第二最佳者，很可能就是第一人选。惟一可能出现的反对意见

---

[263] 罗波安不再摹仿所罗门(Rehoboam will not imitate Solomon.)：罗波安是所罗门的儿子，所罗门是圣经中的犹太王。

是，每位公民把第一票投给自己最喜欢的人以后，会把第二票扔给外邦的某个相形见绌的人，目的还是确保第一人选。不过很难假设，这么多邦的公民，都会如此自信，以为自己喜欢的人就一定会当选，因此，多数人还是会认真对待第二选择。而且，还可以制定有利于小邦的条文：在______年中，同一个邦产生的行政官，连任不得超过______次。

格里先生：由人民选举行政官，显然是大错特错。人民不了解情况，权力会落入一批人手里，这些人分散在联邦的各个地方，行动有如合唱，哄骗人民去选举某人。他指出，辛辛那提俱乐部[264]里，就有这样一个社团。他们受人尊重，联合一心，有影响力。如果把行政官的选举交给人民，其实，就是由这些人操纵。他虽然尊重那个社团里的人物，还没有盲目到看不见把权力交给这批人的危险和不当。

迪金森先生：就他出席会议期间所听到的讨论判断，由全国议会选举行政官，遇到了不可克服的反对意见；由各邦议会选举，或由各邦行政官选举，也遇到同样的困难。长期以来，他就倾向于由人民选举，认为人民是最佳而且最纯洁的源泉。他知道有人反对这种办法，但是，他认为，反对由人民选举的意见，没有反对其他办法的意见那么激烈。从会上提出的意见看，最大的难点，似乎就是各邦会偏爱它们自己的公民。可是，这种偏爱难道不能引导到有用的方向吗？就让每个邦的选民选出他们最优秀的公民。人民了解本邦最杰出的人物，不同邦的人民，会竞相选举他们认为最值得自己自豪的人物。这样，就可以得到13名候选人，然后，再由全国议会或人民推选的选举人从中选出行政官。

有人提议：推迟讨论平克尼先生的动议，改为讨论威廉森先生和其他人提出的建议，会议表决，新罕布什尔反对，马萨诸塞反对，康涅狄格赞成，新泽西赞成，宾夕法尼亚赞成，特拉华反对，马里兰赞成，弗吉尼

---

[264] 辛辛那提俱乐部(Society of Cincinnati)：1783年，军官们在纽约邦的纽堡策划政变，希望以军政府取代邦联议会文官政府。经华盛顿的严厉劝说，此举流产，但这批军官仍是联邦内的一支活跃政治力量，他们组织了辛辛那提俱乐部。制宪会议召开期间，辛辛那提俱乐部也在费城聚会，并邀请华盛顿去参加会议。参见本书脚注③。

亚赞成，北卡反对，南卡反对，佐治亚反对。5 邦赞成，6 邦反对，会议不同意推迟讨论平克尼先生的动议。

是否同意平克尼先生的动议：任何行政官在 12 年内任职不得超过 6 年？会议表决，新罕布什尔赞成，马萨诸塞赞成，康涅狄格反对，新泽西反对，宾夕法尼亚反对，特拉华反对，马里兰反对，弗吉尼亚反对，北卡赞成，南卡赞成，佐治亚赞成。5 邦赞成，6 邦反对，会议没有接受平克尼先生的动议。

有人提议：给详情委员会委员每人提供一份会议已经作出的各项决定。会议表决，只有南卡罗来纳一个邦反对，会议通过。

然后，有人[265]提议：允许代表抄录会议已经通过的决定。会议表决，新罕布什尔反对，马萨诸塞反对，康涅狄格赞成，新泽西赞成，宾夕法尼亚反对，特拉华赞成，马里兰反对，弗吉尼亚赞成，北卡赞成，南卡反对，佐治亚反对。5 邦赞成，6 邦反对。会议不同意代表抄录已经通过的决定。

格里和巴特勒先生提议：把有关行政官问题的决定，除由一人担任的分句外，提交详情委员会。

威尔逊先生希望：行政官在整个体制中如此重要，还是应该由会议投票，决定一个总体原则，再提交给委员会。

朗东先生：主张交给委员会处理。

休会。

---

[265] 法兰德注：这一动议由路德·马丁先生提出，参见《汇编》第三卷内路德·马丁先生写的《原始信息》。见《汇编》第二卷第 115 页。

7月26日星期四　在制宪会议上

继续讨论行政官的产生办法。

梅森上校：每个阶段，一讨论到行政官的产生办法，就成为会议的难点，观点纷纭。选举行政官的各种办法，无一令人满意。一、有人提出，应该由广大人民选举；反对意见说，本该由那些最了解各方杰出人物和当选资格的人来选举，结果却交给信息最少的人去选。二、由各邦议会选举。三、由各邦行政官选举。都有强烈的反对意见。四、有人提出，由人民为此目的而推举的选举人来选举；这一点，当初得到同意，讨论到后来又被否定。五、于是，威廉森先生又提出，要求每个自由持有土地的人投票选举几名候选人。这个主张似乎和许多其他主张一样，有个说得过去的外表，可是仔细考查，就容易招来致命的反对意见。如格里先生指出的，由人民选举行政官，不论采取什么形式，总是会落入辛辛那提俱乐部手中，他对这个社团的成员十分尊重，但他绝不希望这个社团对政府具有决定性的影响。六、还有一个办法，是迪金森先生提出的，这种方法会带来看得见、摸得着的巨大不便，他毫不怀疑，届时迪金森先生自己就会收回他的建议。这会把恰好在本邦并不得人心的所有人都排除在外；有人虽然在本地不得人心，却正好具有一种品格，使他适合于担任联邦的职务。七、其他办法中，有人提出了抽签。可是，议员对于抽到实签的愿望，可能并不那么大，因此，这种办法也行不通，也就不必多谈。把这些办法全部浏览一遍，引导他得出结论：还是原先提出的由全国议会选举最好。如果说这种办法容易遭到反对，它遭到的反对，还是比任何其他办法少。同时，他还领悟到：应该绝对禁止连任。他认为最根本的原则是：行政官的原始目标，他的政治行为的北极星，就是保护人民的权利，担任公民权利的守护神。从事国务的高级官员，尤其是行政官，完成固定的任期之后，应该回到他最初被选出的民众中去，重新体会和尊重人民的权利和利益，恢复他们个人对这些权利和利益的无比珍惜。他以提出一项动议作为结论：重新确立全体委员会报告中对行政官的设置办法，即："行政官任期 7 年，不得连任。"戴维先生附议。

富兰克林博士：看来，在有些人的想象中，回到人民大众之中，是行政官的降级。他想，这违背共和原则。在自由政府里，治理者是仆人，人民是他们的上司和主权。[266] 因此，前者回到后者中间，不是降级，而是升级。留任会把不合理的负担强加于他们，使他们总是处于仆人地位，不让他们再成为主人中的一员。

是否同意梅森上校的动议？会议表决，新罕布什尔赞成，马萨诸塞不在场，康涅狄格反对，新泽西赞成，宾夕法尼亚反对，特拉华反对，马里兰赞成，弗吉尼亚赞成，北卡赞成，南卡赞成，佐治亚赞成。7 邦赞成，3 邦反对，1 邦不在场，会议同意梅森上校回到原意的动议。

古文诺·莫里斯先生：现在对整个这一段表示反对。他对梅森上校的立场回答如下：从事国务的高级官员，作为公民权利的守护神，应该周期性地会到人民大众中去，那么，根据同一原则，法官应该周期性地降级，当然，议会也应该按此原则办理；可是，无人提出这种要求，也无人认为议员不得连任。他对富兰克林博士的回答如下：回到人民大

[266] 治理者是仆人，人民是他们的上司和主权：the rulers are the servants, and the people their superiors and sovereigns。

众中去，是升级，不是降级，他毫不怀疑，我们的行政官，也和其他大多数人一样，由于过于爱国，无法卸下任职的重负，由于过于谦虚，只好拒绝这种升级。

经过修正后，整个决议如下：设立全国行政官，由一人担任，由全国议会选举，任期 7 年，不得连任，有权执行全国性立法，任命本文未作其他规定的官员，经弹劾并确证有违法和渎职行为，可予罢免，领取固定报酬，以补偿他为公众服务奉献的时间，报酬由国库支付。

是否同意整个决议？会议表决，新罕布什尔赞成，马萨诸塞不在场，康涅狄格赞成，新泽西赞成，宾夕法尼亚反对，特拉华反对，马里兰反对，弗吉尼亚代表赞成反对各半（布莱尔先生和梅森上校赞成，华盛顿将军和麦迪逊先生反对，伦道夫先生正好外出），北卡赞成，南卡赞成，佐治亚赞成。6 邦赞成，3 邦反对，1 邦代表赞成反对各半，1 邦不在场，会议通过这项决议。

梅森先生提议：指示详情委员会，接受一个分句，要求议员合乎一定的资格，拥有固定资产和联邦公民身份，账目未清者或尚欠联邦债务者，不得当选全国议会议员。他指出，后一种人过去常常进入各邦议会，促进解除他们过失的立法；这种弊病，已经潜入邦联议会。报告应该提出这个问题。

平克尼先生附议。

古文诺·莫里斯先生：如果宜于设立资格，他宁可对选民提出资格要求，而不是对当选者提出资格要求。说起欠联邦债务的人，为数甚少。要说账目未清者，他相信，大有人在。不过，他认为，采取这种歧视做法，既会令人讨厌，也没有用处，在许多实例中，会显得不公平、残忍。结账的拖沓，往往是公家的过失，不是个人的过失。对那些借出钱来的爱国公民怎么办？对他们为国家付出的服务和财产怎么办？迄今为止，这些人提出的补偿要求，还没有兑现，怎么办？[267] 这些人也要排除在

---

[267] 宾夕法尼亚的制宪代表乔治·克莱默是一个例子。1775—1776 年，他是刚成立（转下页）

外吗？

戈汉姆先生：主张把这些事务留给联邦议会，让议会制定规则，处理上述滥行。

梅森上校：英国安妮女王执政时期，曾对议员提出过资格要求。他说，这些要求得到普遍遵循。

麦迪逊先生：曾经亲眼目睹，一些欠公众债务的人，带着罪恶目的，疯狂挤进议会。他认为，如果要制定一些谨慎措施，防止这号人钻进来，梅森上校提出的建议，应该考虑。可以考虑设立限制，把那些欠了公众债务、尚未结清的人排除在外。

古文诺·莫里斯先生：古人早有训诫，清水不养鱼，这话至今仍具权威。我们不可过于讲究正义。他认为，我们同样应该告诫自己，凡事不可过于聪明。提出这些清规戒律，政府就可以把它不喜欢的人排除在外。他提到，当年总司令提交他的秘密服务账目时，数量小得在场者人人吃惊，而且账目如此简单，无人怀疑。可是，如果查账者执意拖延，要影响他，也易如反掌。可是，把一位如此卓越、誉满全国的公民弄得被临时禁止行动、夺去权力，那该多么残忍。[268] 他提出这个例子，只是想说明，这个主张会招来反对。他反对在宪法里涉及这些琐碎的规定。梅森上校所说的英国对议员的资格要求，在实践中已经忽略不用了；那不过是拥有土地的人[269]对付有钱的人[270]的一种计谋。

平克尼先生和平克尼将军提议：加入司法和行政两个词，这样，把对资格的规定延伸到司法部门和行政部门。会议表决后一致同意。

（接上页）的大陆会议的两名司库之一，拿出家产来发行大陆会议的货币。第五任总统门罗也是一个例子。门罗早年自己出资组织骑兵连，投奔华盛顿帐下，由于华盛顿忌讳弗吉尼亚人占据职务太多，拒绝了他。后来，门罗代表联邦赴法国办理外交，多为自费。门罗后来担任第五位总统，连任一次以后，回到家乡，做律师挣钱，但债务缠身，屡次上书联邦议会，要求补偿自己过去为国解囊所花的钱财，联邦议会回答迟缓，归还的数量很少。

[268] 独立战争胜利后，邦联议会对财政总监罗伯特·莫里斯先生的账目，进行了多次严格清查。独立战争期间，古文诺·莫里斯是财政总监罗伯特·莫里斯的主要助理。

[269] 拥有土地的人：landed or landed interest。

[270] 有钱的人：monied or monied interest。

格里先生：这样做不妥当，会把少数有价值的人物排除在外，这些人可能欠了公家的钱，或许账目尚未结清，但不应归入危害公共利益的人，因此，这项动议还不够详尽。

金先生：把土地资产作为资格要求，排除有钱的人，很危险，公共利益陷入某种紧急情况时，有钱的人解囊相助，或许至关紧要。

迪金森先生：反对在宪法中制定任何对资格的具体要求。要制定出一份毫无遗漏的规定，不可能，要是制定出一份片面的规定，则无法施行，会捆绑议会的手脚，老要提出例外。最大的保障，是在自由持有土地的人手中，议会将由他们选出。只要这一源泉保持清纯，公共利益就有安全保障。如果议会腐化，这些雕虫小技，也阻挡不住危险。他怀疑，把这项政策穿插到宪法里，是在尊重有钱的人。他一直认为，尊重财产和德行，是共和原则鼓励的目标。可是，在一个尊重德行，把德行列为公众信托、荣誉和回报首位的共和国里，却不让有德行的人参与政事，实为不妥。

格里先生：如果固定资产是政府的一个目标，那么，制定保障固定资产的条文，就没有什么不妥。

麦迪逊先生提议：不要把“拥有土地”列入“资格”。如果会议接受这项主张，他就同意放手让详情委员会去设计他们认为的最佳标准。拥有土地，并非一定真有财富。许多人拥有大片土地，可是欠下的债务，超过他们的身价。各邦法律里面的不公正条文，大多是这一阶层的人要求的结果，比来自其他阶层的要多。经常发生的情况是，采取信贷方式，获得土地，就到邦议会去，争取不公平的保护，对付债主。其次，如果把少量土地作为标准，并不安全。如果要求大量土地，又会把并不拥有那么多土地的称职议员排除在外。每个阶层都应该在议会里有正当比例的代表，使他们的利益和权利得到理解，这才是政治上的明智和公正。到处都建立起了一个信条：这个国家应该划分成选区，由每个选区选出代表，这样，每个选区才能在议会里得到同等的理解和同情，尊重全社会每个部分的权利。每个阶层的公民，都应该有机会，使议会感觉和理解他们的权利，那就更公正。我们社会的公民，可以分为三个阶层：拥有土地的人，经商的人，从事制造业的人。第二阶层和第三阶层的人，包含着第一阶层的一小部分。不过，拥有土地者所占的比例，与日俱增。我们今天在欧洲人口稠密国家看到的情景，就是我们今后的情景。这些阶层，能了解不同地区同一阶层的人，但不太了解其他阶层的利益和事务。因此，要特别注意的是，不能光照顾其中一两个阶层的利益，冷落了第三个阶层。如果把土地作为选举资格提出，势必会出现这种冷落。商人阶层中，很少有人在经商的同时，又把部分钱财去经营土地，制造阶层中，这样的人更少。由于这些原因，他希望：除了土地之外，如果可能，还应设计一些其他标准。他与古文诺·莫里斯先生的想法一样，与其把标准对准当选者，不如针对选民。选民会区别对待候选人的真实财产和表面财富；不过，他也知道，要制定整齐划一的标准，能适应各邦之间环境和观点的千差万别，十分艰难。

古文诺·莫里斯先生：附议。

是否把“拥有土地”从“资格”中删除？会议表决，新罕布什尔赞成，马萨诸塞赞成，康涅狄格赞成，新泽西赞成，宾夕法尼亚赞成，特拉华赞成，马里兰反对，弗吉尼亚赞成，北卡赞成，南卡赞成，佐治亚赞成。10邦赞成，1邦反对，会议同意麦迪逊先生的意见。

经过上述修改之后，是否同意梅森上校动议的第一部分：要求议员具备财产和公民身份的资格？会议表决，新罕布什尔赞成，马萨诸塞赞成，康涅狄格反对，新泽西赞成，宾夕法尼亚反对，特拉华反对，马里兰赞成，弗吉尼亚赞成，北卡赞成，南卡赞成，佐治亚赞成。8邦赞成，3邦反对，会议同意要求议员具备一定财产和公民身份两项资格。

讨论梅森上校动议的第二部分：是否取消欠债者和账目不清者当选议员的资格？

卡乐尔先生提议：把“账目不清”从“资格”中删除。

戈汉姆先生：附议。这会使经商的人和从事制造的人处于较差的地位，他们最有可能与公家做生意。

路德·马丁先生：如果删掉账目不清，保留欠债者，有利于促使拥有土地的人尽可能结清账目。

威尔逊先生：不同意“账目未清”不得当选议员。保留这些词语，赋予查账员[271]的权力太大，他们可能与对手联合起来，拖延结清账目，拖长某些人不合资格的时间。我们应该想到，我们是在为未来的世世代代树立宪法，不是仅仅解决当前的某些特殊问题。过去有过这样的时候，公共安全有赖于个人自愿解囊援助，势必要私人代替公家开放账户，这种账户，是爱国主义的特征，将来也会出现这样的时候。片面列举情况，弄得议会反而无法取消那些令人讨厌的人和危险的人的资格。

朗东先生：主张把这整个句子删掉，原因与威尔逊先生说的一样。如果列举的不合资格太多，排除的面太大，会把体制弄得人们不能接受，需要考虑的排除因素，会不胜枚举。

格里先生：如果今天发表的议论取胜，我们就会有一个由欠债的人、领取退休金的人、跋扈的芝麻官和包工头组成的议会。他认为，提出资格会使人民高兴。人民会认为这是一种保障，阻止向他们强加不必要和不公正的负担。他提议：增加“领养老金的人”，作为不合资格的一类。

是否把“领养老金的人”列入“不合资格”的一类？会议表决，新罕布什尔反对，马萨诸塞赞成，康涅狄格反对，新泽西反对，宾夕法尼亚反对，特拉华反对，马里兰赞成，弗吉尼亚反对，北卡代表赞成反对各半，南卡反对，佐治亚赞成。3 邦赞成，7 邦反对，1 邦代表赞成反对各半，会议不同意。

古文诺·莫里斯先生：把“欠公众债务”列入“不合资格”，就会把所有进口商人都排除在外。前面已经有人预测，政府的收入将尽量从进口税里征收。收取关税肯定会出现使用借据，进口商势必会先借款垫付。他想再说一遍，账目未清，往往不是个人的过失，牵涉到商人与公家的交易，常常出现还没有兑现或结账的事。就是把所有事件中的教

[271] 查账员(the Auditors)：现在一般译为“审计员”或“审计工作者”。

训都定成规则，我们过去短短时间内的区区经验，也不够未来的世世代代使用，我们还远远没有尝到真实智慧的滋味。

是否把“账目未清”从议员当选资格里删去？会议表决，新罕布什尔赞成，马萨诸塞赞成，康涅狄格赞成，新泽西反对，宾夕法尼亚赞成，特拉华赞成，马里兰赞成，弗吉尼亚赞成，北卡赞成，南卡赞成，佐治亚反对。9 邦赞成，2 邦反对，会议同意删去。

艾尔斯沃斯先生：把“欠有公家债务者”不合资格的规定也删掉；他主张把这个问题留给联邦议会，让他们去动脑筋，留给公民自己去判断，让选民去排除这种弊病。负债最少的人，是否和负债最多的人一样，都要排除？那么，凡是欠税的人都会包括在内。而且，人民如何知道，他们所选的人，是否欠公家的债？英国排除领养老金的人和跋扈的芝麻官的原因，这里不存在。那种人要依附国王，才有影响。

平克尼先生：开始，他赞同这个主张，因为这个句子把财产与资格联系起来；不过，他不喜欢把欠公家债务的人排除在外；这就走得太远了。这会把已经购买被没收的产业的人[272]排除在外，还会把将要购买西部公地的人[273]也排除在外，可能妨碍出售西部土地。

是否同意把“欠公家债务”列为不得当选议员的资格？会议表决，新罕布什尔反对，马萨诸塞反对，康涅狄格反对，新泽西反对，宾夕法尼亚反对，特拉华反对，马里兰反对，弗吉尼亚反对，北卡赞成，南卡反对，佐治亚赞成。2 邦赞成，9 邦反对，会议不同意把“欠公家债务”列为不得当选的资格。

梅森上校：宪法应该制定条款，规定总体政府的所在地，不要和邦政府的所在地设在同一个地方。这个问题要谨慎。反对把总体政府和

---

[272] 购买被没收产业的人(persons who had purchased confiscated property)：独立战争期间，不少效忠英国的人的产业被没收拍卖；战争结束以后，不少破产农户的产业被没收拍卖。

[273] 联邦政府建立之后，出售西部公地，成为联邦政府的财源之一；《美国历史统计两百周年纪念版》第二册第 1106 页的表格“联邦政府的收入：1789—1939 年”记载了联邦政府从 1796 年到 1865 年逐年出售公地的收入。再加上对土地征税，政府得到双重收入。

邦政府设在同一个地方，除其他考虑外，还有两条理由。一、同在一个地方，容易造成司法管辖权方面的争执；二、也是主要理由，两级议会混在一个地方，会使总体政府带上地方色彩。他提议：指示委员会接受一条，避免把总体政府所在地与邦政府所在地设在同一个地方，等到必要的办公楼建好后，总体政府随即迁往。

亚历山大·马丁先生附议。

古文诺·莫里斯先生：不讨厌这个主意。不过他可以理解，安这么一条，是要排斥费城和纽约，这两个地方都指望成为总体政府所在地。

朗东先生：也赞同这个主意。不过，他提出一个问题，等总体政府所在地建好之后，某个邦的政府要把所在地迁到那里去，怎么办？

戈汉姆先生：全国议会推迟修建办公楼，就可以回避这个问题。

格里先生：在他的想象中，那个地方应该体现美利坚的整体感觉，既不要设在邦政府所在地，也不要设在大商业都会。

威廉森先生：喜欢这个主意。不过他知道，这件事会掀起人们的巨大激情，说不定会使他们转而反对这个体制。他还想到，应该按戈汉姆先生所说的办法，回避这个问题。

平克尼先生：应该避开邦政府所在地。不过，一个大镇或者它的郊区，适于做总体政府所在地。

梅森上校：并不是想现在挤进这项动议，也不想激起人们对这个体制的敌意。他愿意现在先把这项动议收回。

巴特勒先生：赞成用宪法把全国政府的所在地固定下来，找一个中心地方。

会议一致同意，把上个星期一以来的会议结果，提交给详情委员会。大会休会到 8 月 6 日星期一，给详情委员会提供时间，起草宪法报告。

会议决定：把平克尼先生 5 月 29 日提出的主张，佩特森先生 6 月 15 日提出的主张，也一并交给详情委员会。

休会到 8 月 6 日。

第二阶段辩论小结[274]

6月19日到7月23日辩论通过的决议：

一、联邦政府应由最高立法、司法和行政部门组成。

二、联邦议会应由两院组成。

三、联邦议会第一院议员，应由各邦人民选举，任期两年，年满二十五岁，在第一院任职期间，不得担任联邦授权的其他职务（第一院指定的职务除外）。

四、联邦议会第二院议员，应由各邦议会选举，年满三十岁，任期六年；每隔两年，三分之一的议员退出，议员领取报酬，补偿他们为公众服务奉献的时间，任期内和届满后一年内，不得担任联邦授权的其他职务（第二院指定的职务除外）。

五、两院均应拥有发起提案的权利。

六、第一院席位的分配，不再遵循邦联条款制定的原则，应实行一定平等比例的代议制原则。

七、第一院第一次开会时，由65名议员组成，新罕布什尔3名，马

---

[274] 法兰德注：麦迪逊先生从已经出版的《会议记录》第207页上抄下辩论结果。这里所列，是法兰德从威尔逊文件中发现的原件，见《汇编》第二卷第129—134页。

萨诸塞8名，罗德岛1名，康涅狄格5名，纽约6名，新泽西4名，宾夕法尼亚8名，特拉华1名，马里兰6名，弗吉尼亚10名，北卡罗来纳5名，南卡罗来纳5名，佐治亚3名。

八、但是，随着各邦居民人数的变化，应授权议会定期给各邦分配议员席位；若任何邦分出新邦，或因获得领土而扩大，两邦或多邦合并，或联邦范围内建立新邦，联邦议会有权按居民人数原则，制定上述情况的席位分配规则，遵循这里制定的条款，即席位应根据征收直接税的多少分配：为了查清直接税的变化，需要议会定期具体考虑各邦情况。

九、实行人口普查，时间在全国议会第一次开会后六年以内，此后每十年普查一次，清点联邦境内的全体居民，按邦联议会1783年4月18日决议的方法办理，提出比例建议，联邦议会按此比例分配直接税。

十、征收钱财和拨款的一切提案，有关联邦政府官员年薪的一切提案，由联邦议会第一院发起，第二院不得更改修正；除经第一院发起拨款提案外，任何人不得从国库支钱。

十一、从全国议会第一次开会到人口普查完成之前，征收直接税支持国库，钱数按各邦在第一院中的席位比例分配。

十二、在联邦议会第二院里，每邦有一票平等的表决权。

十三、联邦议会应拥有邦联议会既得的立法权；除此以外，与联邦共同利益有关的一切事情，各邦议会单独无能为力立法的事务，因实施个别邦立法而妨害联邦和谐的事务，联邦议会均有权立法。

十四、联邦按联邦条款通过的立法、联邦授权缔结和批准的所有条约，应为各邦的最高法律，只要这些立法和条约与各邦或他们的公民和居民相关；各邦法官判案时，应受最高法律之约束，各邦法律的一切内容，不得违背最高法律。

十五、设立全国行政官一人，任期六年，有权执行全国性立法，任命本文未另作规定的官员，经弹劾并确证违法、渎职，可予罢免，领取固定报酬，补偿他为公众服务奉献的时间，报酬由国库支付。

十六、全国行政官有权否决任何立法，除非全国议会两院分别以三分之二多数再次通过，方可压倒。

十七、建立全国司法机构，由一所最高法院组成，法官若干人，由议会第二院选任，行为良好得继续任职，领取固定报酬，补偿他们为公众服务奉献的时间，任期内报酬不减，以免减少影响在职的法官。

十八、全国司法机构的司法权，延及由联邦议会立法引起的案件，涉及全国和平与和谐的问题。

十九、授权联邦议会设立下级法院。

二十、应制定条款，以便接纳联邦范围内合法产生的新邦，或通过政府和领土自愿加入，或通过别的办法，得到全国议会中少于全体议员的唱票同意，即可加入。

二十一、应向各邦保证一个共和形式的政府；应对每个邦提供保护，不受内外暴力侵扰。

二十二、应制定条款，在必要的时候修正联邦条款。

二十三、各邦与联邦政府的立法、行政、司法官员，应受支持联邦条款誓言的约束。

二十四、本次会议提交邦联的修正方案，经邦联议会认可后，应在一次或几次适当的时机，提交一次或几次大会，代表由各邦议会推荐，由人民直接选举，讨论并作出决定。

7月24日至7月26日会议通过的决议：

二十五、联邦议会第二院由每邦推选两名成员组成，每人享有一票表决权。

二十六、设立联邦行政官一人，由联邦议会选举，任期七年，不得连任；有权执行全国性法律，任命本文未另作规定的官员；经弹劾并经确证违法、渎职，可予罢免；领取固定报酬，补偿他为公众服务奉献的时间；报酬由国库支付。

二十七、本次大会为建立全国政府，指定一个委员会制定程序，要求联邦行政官、法官和联邦议会两院议员，具备一定的财产资格和联邦的公民身份。[275]

---

[275] 原文只列决议，没有编号。编号为译者所加。

第三阶段

1787 年 8 月 6 日至
9 月 10 日
围绕详情委员会
报告辩论

详情委员会报告[276](宪法初稿)

我们新罕布什尔、马萨诸塞、罗德岛和普罗维登斯种植地、康涅狄格、纽约、新泽西、宾夕法尼亚、特拉华、马里兰、弗吉尼亚、北卡罗来纳、南卡罗来纳和佐治亚邦[277]的人民,特为我们自己和我们的子孙后代制定、宣布和树立以下建立政府的宪法。

第一条[278] 这个政府的名称叫"美利坚联邦"。

第二条 这个政府由最高立法、行政、司法权力组成。

第三条 立法权授予联邦议会[279],由两个分开、各有特点的机构组成,一个众议院,一个参议院;在所有情况下,各院均可否决另一院的决定。立法部门[280]每年12月第一个星期一开始开会。

第四条

第一款[281] 众议院[282]议员每两年选举一次,由加入联盟[283]的各邦人民

---

[276] 详情委员会报告又称宪法初稿,原载麦迪逊8月6日笔记内,现移到第三阶段开头。

[277] 13个邦的排列,按从北到南的顺序。

[278] 条(article),也可译为"章"。

[279] 联邦议会(congress):宪法初稿开始使用congress代替Legislature。

[280] 立法部门(Legislature):宪法初稿开始使用"立法部门"泛指两院。

[281] 款(section),也可译为"节"。

[282] 众议院(House of Representative):宪法初稿开始使用"众议院"代替"第一院"。

[283] 联盟(Union):指13个邦结成的同盟,常用来代替"联邦"(United States)。

选举。选民资格与各邦选举议会中人多一院[284]议员的选民资格[285]相同。

第二款　众议院议员至少年满二十五岁；当选前至少已成为联邦公民三年；当选时应为被选出的邦的居民。

第三款　众议院第一次形成时，在按后文所述方法清点出公民和居民人数前，由六十五名议员组成，其中，新罕布什尔选出三名，马萨诸塞八名，罗德岛和普罗维登斯种植地一名，康涅狄格五名，纽约六名，新泽西四名，宾夕法尼亚八名，特拉华一名，马里兰六名，弗吉尼亚十名，北卡罗来纳五名，南卡罗来纳五名，佐治亚三名。

第四款　由于各邦之间的人口比例不断变化，由于某些邦今后可能分出新邦，由于另一些邦可能因获得领土而扩大，由于两邦或多邦可能联合，由于联邦范围内可能建立新邦，联邦议会应针对以上每种情况制定议员席位分配规则，根据后文所定居民人数清点结果，由每四万人选出一名议员。

第五款　一切筹款和拨款提案，一切更动官员年薪的提案，应由众议院发起，参议院不得更改和修正。除由众议院发起拨款提案外，任何人不得从国库支钱。

第六款　众议院独享弹劾权。众议院选举自己的议长[286]和其他官员。

第七款　众议员出缺时，由出缺议员的邦的行政当局下令补选。

第五条

第一款　联邦参议院[287]由各邦议会选举。每个邦的议会选出两名联邦参议员。联邦参议员出缺，由出缺的邦的行政官派人补齐，邦议会下次开会时补选。每名参议员各有一票表决权。

---

[284] 人多一院：各邦议会中人多的一院英文名称不同，这里泛指各邦相当众议院的一院。

[285] 选民资格：各邦选举邦众议员时，对选民的资格要求不同，宪法初稿把选民资格的决定权，下放给各邦议会。

[286] 众议院议长(Speaker)：原意“发言人”，注意下文参议院议长和联邦总统的英文。

[287] 参议院(Senate)：宪法初稿开始使用“参议院”代替“第二院”。

第二款　联邦参议员任期六年；第一届参议员选出后，应立即抽签分为三组，人数尽量相等，分成第一组、第二组、第三组。第一组参议员应在第二年任期届满时空出席位，第二组在第四年任期届满时空出席位，第三组在第六年任期届满时空出席位，此后每两年改选三分之一的参议员。

第三款　参议员至少年满三十岁；当选前至少已成为联邦公民四年；当选时应为被选出的邦的居民。

第四款　参议院选举自己的议长[288]和其他官员。

第六条

第一款　选举各院议员的时间、地点和方法，由各邦议会预定；联邦议会可随时改变各邦议会的规定。

第二款　联邦议会有权设定各院议员当选的统一财产资格，以联邦议会认为必要为宜。

第三款　各院议员过半数，构成合法议事人数；到会者不足合法人数，可逐日休会。

第四款　各院分别审查本院议员的选举过程、结果和资格。

第五款　议会内的发言和辩论自由，不受法院或议会以外任何地方的弹劾和盘诘；除因叛国、重罪、妨碍治安外，各院议员在联邦议会开会期间和往返途中，享有不受逮捕的特权。

第六款　各院决定自己的议事程序规则；处罚自身成员不守规则的行为；有权开除议员。

第七款　众议院和参议院行使立法权时，应对议事过程作出记录，定期公布：两院表决任何问题，经出席议员五分之一的人要求，应将全体议员所投的赞成票或反对票记录在案。

第八款　一院未经另一院同意，休会不得超过三天，不得在两院会堂之外的其他地方开会。参议院行使第　条[289]所授予的权力时，不受此

---

[288] 参议院议长(President)：原意“会议主持人”，注意下文联邦总统的英文。

[289] 原文为空白，估计指参议院行使对弹劾案的审理权时。

条约束。

第九款　各院议员任职期间，不得担任联邦授权的其他职务；参议员任期届满后一年内，不得担任联邦授权的其他职务。

第十款　各院议员因服务而领取报酬，由选出他们的邦予以保障和支付。

第十一款　联邦立法的抬头应为“联邦议会开会期间，兹由参议院和众议院确立”。

第十二款　各院拥有发起提案的权力，但前面提到的提案除外。

第十三款　每项提案，经众议院和参议院通过后，成为法律之前，应呈交联邦总统[290]复审：复审后，若总统同意，应签名以示批准；复审后，若他认为此项提案不宜成为法律，应将提案退还发起该提案的一院，署明他的反对理由，该院将他的反对理由全文记录在案，开会再议这项提案。再议后，若该院三分之二议员不顾总统反对，仍旧同意该项提案，则连同总统的反对理由，提交给另一院，另一院以同样方式再议，若另一院亦以三分之二多数批准，则提案成为法律。但凡出现这种情况，两院均用逐一问明议员赞成还是反对的方式决定；赞成和反对这项提案的议员姓名，应由各院分别记录在案。任何提案，提交总统七天后，若不退还，则提案成为法律，除非立法部门休会，总统无法退还；在后一种情况下，提案不能成为法律。

第七条

第一款　联邦立法部门有权

制定和征收税金[291]，关税[292]，进口税[293]和营业税[294]；

管理与外国的贸易，管理各邦之间的贸易；

---

[290] 联邦总统(President of the United States)：宪法初稿开始用“联邦总统”取代“全国行政官”(National Executive)。把 President 译为“总统”，是谁发明的，不详。

[291] 税金(taxes)：泛指各类税。

[292] 关税(duties)：税金的一种。

[293] 进口税(imposts)：关税的一种。

[294] 营业税(excises)：又译“国内税”、“货物税”。

制定统一的联邦入籍规则；

铸造货币；

管理外币价值；

设定度量衡；

设立邮局；

以联邦的信用借钱[295]和发行纸券[296]；

通过投票，选举司库[297]；

设立最高法院的下级法院；

制定陆地和海上俘获物的处理规则；

宣布法律，处罚公海上的海盗罪和重罪，处罚伪造联邦货币，处罚违反国际法的行为；

根据任何一邦议会的申请，镇压该邦的叛乱；

宣战；

募兵；

建立和装备舰队；

召集民兵协助，执行联盟法律，执行条约，弹压暴动，抵御入侵；

为行使上述各项权力，以及宪法授予联邦政府、各个部门或部门主管的各项权力，制定一切必要和适当的法律。

第二款　只有对联邦或其中的一邦进行战争，投靠联邦或其中一邦的敌人，才构成叛国罪。联邦议会有权宣布对叛国罪的处罚。除非两名证人作证，不得判处任何人犯叛国罪。对叛国罪的处罚，不得辱没血族[298]，不得没收财产，除非本人依然在世。

第三款　直接税在各邦之间的分配，根据全体白人和其他自由公

---

[295] 借钱(borrow money)：这里只指借进，不指借出。

[296] 纸券(bills)：此词英文亦含有“证券”、“汇票”、“账单”等义。

[297] 司库(Treasurer)：管钱的人；第一届联邦议会才设立财政部，并发生争议：财政部长应属议会管辖，还是总统管辖？第一届联邦议会最后决定：财政部长属总统管辖，但要定期向议会报告。

[298] 辱没血族(corruption of blood)：原指剥夺对爵位、财产等的继承权利。

民和居民人数的比例，不论年龄、性别、条件，包括那些受契约约束需服劳役若干年的人，和五分之三前文没有描述的人（除去不纳税的印第安人）；人口清点应在联邦议会第一次开会后六年内举行，此后每隔十年普查一次，办法由议会制定。

第四款　联邦议会不得对任何一邦的出口征收税金和关税；对各邦认为适宜的人口迁徙和输入，亦不得征收税金和关税；不得禁止此类迁徙和输入。

第五款　除了在人口清点之后按比例在各邦之间分配，联邦议会不得征收人头税。

第六款　未经两院分别以三分之二的多数议员认可，不得通过航运法。

第七款　联邦不得授予任何爵位。

第八条　联邦议会为实施这部宪法而制定的立法，联邦授权缔结的所有条约，为各邦及其公民和居民的最高法律；各邦法官判案时，受最高法律约束；各邦宪法和法律，不得违背最高法律。

第九条

第一款　联邦参议院有权缔结条约，任命大使，任命最高法院法官。

第二款　在司法管辖权和领土问题上，两邦或多邦目前存在和将来可能发生的一切争议[299]和争端[300]，参议院拥有以下权力。一邦议会、行政当局或邦的法律代理人，与另一邦发生争执时，应向参议院提交备忘录，陈述问题所在，申请举行听证；备忘录和申请书的副本，由参议院交给与之发生争执的另一邦的议会或行政当局。参议院指定一个日期，让双方代理人到参议院出庭。双方代理人取得一致后，指定仲裁人

---

[299] 争议：disputes = quarrels or fights。

[300] 争端：controversies = lengthy discussions of an important question in which opposing opinions clash。

或法官组成法庭，听取问题所在，并作裁决。若双方代理人无法取得一致，由参议院从每邦提名三人，双方可依次从三人中剔除一人，到剩下十三人为止；在十三人到场的情况下，由参议院通过抽签提取不少于七人，不多于九人；这样提取的人，或其中任意五人，担任仲裁人或法官，听取争议，并作出最后裁决；裁决由听取案件者的多数意见决定。若一方或双方忽略，不在指定日期出席，又不提出缺席的充分理由，或出庭而拒不答理，则参议院从每邦提名三人，由参议院职员代表缺席或不答理的一方。任何一方，若拒不承认此种法庭的权威，或拒不出庭提出申诉，或不对理由作出辩护，此种法庭仍将开庭并将作出裁决。此裁决为最后裁决，具结案性质。开庭记录交参议院议长，为了有关各方的安全，存入公共档案。每名仲裁人在入席开始裁决之前，需宣读誓言，由裁决举行所在地的邦最高法院法官之一主持，誓词为："仔细认真听取问题所在，尽自己的最佳判断能力，不偏不袒，不图报答，作出裁决。"

第三款　因两邦或多邦对同一土地颁发了不同的地契而引起的一切土地争端，各邦之间因颁发或调整地契而引起的司法管辖权争端，与上述各邦之间的其他争议和争端一样，应向参议院申请，尽量按上述办法作出最后解决。

第十条

第一款　联邦的行政权授予单独一人。他的职称为"美利坚联邦总统"；他的称呼为"阁下"。总统由议会书面投票产生。总统任期七年，但不得第二次当选。

第二款　总统定期向议会提供信息，提交国情咨文[301]；总统可向议会建议他认为适当和有利的措施，供议会讨论；特殊情况下，总统可以召集议会开会。两院对开会时间看法不一时，他可在他认为适宜的时

[301] 国情咨文(the state of the Union)，后来成为总统向联邦议会一年提交一次的年度报告。现在已经成为一本百科大书，包括世界各国每年的主要统计和国情，总统在国会的演讲，仅为其中重点。

间召集这种会议；总统负责联邦议会立法得到公正和忠实的执行；总统给联邦全体军官授衔，任命本宪法未作规定的其他官员。总统接见大使，与各国最高行政官交流。总统有权暂缓死刑，宣布赦免；但赦免权不得用于弹劾案。总统为联邦陆军、海军和各邦民兵的总司令。他在规定的时间内领取服务报酬，报酬在任期内不加不减。就职之前，总统需宣读以下誓言："我谨在此神圣宣誓（或保证），我将忠实执行美利坚联邦总统的职守。"经众议院提出弹劾，经最高法院确证犯有叛国、受贿、贪污罪，应将总统免职。总统若因上述原因被免职，或去世、辞职、丧失执行总统职权的能力，由参议院议长行使这些职权，直到另一位联邦总统当选，或总统丧失的能力得到恢复。

第十一条

第一款　联邦的司法权，授予一所最高法院，以及联邦议会因时设立的下级法院。

第二款　最高法院和下级法院的法官，行为良好得继续任职。他们在规定时间领取服务报酬，继续任职期间，报酬不得减少。

第三款　最高法院的司法范围，延及因联邦议会的立法而引起的所有案件；涉及大使、公使、领事的所有案件；审理联邦官员的弹劾案件；所有海事案件；两邦或多邦之间的争端（但领土和司法管辖权的争端除外）；一邦政府与另一邦公民之间的争端，不同邦公民之间的争端，一邦政府或其公民与外国、外国公民或臣民之间的争端。对弹劾案件，对涉及大使、公使、领事的案件，对以一邦为一方的案件，最高法院享有初审权。对上述所有其他案件，最高法院享有对上诉案的审理权，例外情形，由议会制定规则。议会可将上述司法权的任何部分（联邦总统的弹劾案件不在其中），按议会认为适当的方式，在议会认为适当的限度以内，授予议会因时设立的下级法院。

第四款　对所有刑事案（弹劾除外）的审讯，均应在案情发生的邦举行，由陪审团审理。

第五款　对弹劾案的裁决，最多不超过免除职务，取消继续享受联邦荣誉职务、受托或受薪职务的资格。对确证有罪者，可依法提交起诉、审讯、裁决、处罚。

第十二条 任何邦不得铸造钱币；不得颁发海上缉拿外国船只许可证和报复敌国的拘捕证；不得缔结条约、加入同盟、结成邦联；不得授予贵族爵位。

第十三条 未经联邦议会同意，任何邦不得发行信用券[302]，不得用金币银币以外的票据还债；不得对进口货物征收进口税或关税；不得在和平时期维持陆军和战舰；不得与其他邦或外国缔结任何协议或契约；咨询联邦议会之前，不得从事战争，除非确已受到敌方入侵，或入侵已迫在眉睫、刻不容缓。

第十四条 每邦公民有权享受其他各邦公民的特权和豁免权。

第十五条 任何被指控犯有叛国罪、重罪、严重轻罪的个人，不论何邦，若逃离该邦法网，而在另一邦被捕获，根据原所在邦行政部门的要求，应递解到对其罪行拥有司法权的一邦。

第十六条 每邦对其他各邦议会的立法、法庭和地方长官的档案和司法公文，应予充分信任。

第十七条 联邦范围内合法组建和创立的新邦，经联邦议会批准，可加入本政府；这种批准，需得到两院出席议员三分之二的同意。若新邦出现于现存任何一邦境内，还需取得原邦议会的同意，方可批准。若被同意加入，各个新邦应按所有原邦同样条件加入。但是，联邦议会对新邦可就当时所欠公共债务问题提出条件。

第十八条 联邦向每邦保证建立一个共和政府；保护各邦不受外来入侵；应各邦议会申请，肃清该邦内部暴力。

第十九条 根据联盟内三分之二的邦议会申请，对本宪法提出一项修正案，联邦议会应为此目的而召开制宪会议。

第二十条 联邦和各邦的议员、行政官、法官，应受支持这部宪法

---

[302] 信用券(bills of credit)：泛指具有兑现用途的商业纸。

的誓言约束。

第二十一条　____个邦的制宪会议批准，即足够按此宪法组织政府。

第二十二条　这部宪法，将提交邦联议会认可[303]；这次制宪会议认为，认可后应将这部宪法提交由各邦议会推荐、由人民选出的各邦制宪会议，以便接受各邦制宪会议的批准。

第二十三条　为了引进这个政府，这次制宪会议认为，每个赞成的联邦制宪会议，应向邦联议会通知它们的赞成和批准；邦联议会收到____个邦制宪会议的赞成和批准后，应尽早指定和公布一个日期，指定一个地点，开始执行这部宪法规定的程序；公布日期和地点后，各邦议会应选出联邦参议员，指导联邦众议员的选举工作；联邦议员应在邦联议会指定的时间地点开会，尽快选出联邦总统，开始执行这部宪法。

---

[303] 制宪会议代表55人中，有15人也是邦联议会的代表，约占其代表人数之半，因此，只要再争得几位邦联议会代表的支持，就能获得认可。

8月6日星期一　在制宪会议上

马里兰的约翰·弗朗西斯·默塞先生到会就坐。

拉特里奇先生[304]报告详情委员会制定的宪法初稿;发给每位代表一份印刷稿。

有人提议:休会到星期三再开会,提供时间给代表们研究一下报告。

是否休会到星期三再开会?会议表决,新罕布什尔反对,马萨诸塞反对,康涅狄格反对,宾夕法尼亚赞成,马里兰赞成,弗吉尼亚赞成,北卡赞成,南卡反对。[305] 4邦赞成,4邦反对,动议失落。

于是,会议决定明天上午11点继续开会。

---

[304] 约翰·拉特里奇被详情委员会的五名委员选为委员会主席。

[305] 法兰德注:麦迪逊的表决记录,抄自《会议记录》,见《汇编》第二卷第189页。查看表决记录,除罗德岛不出席,纽约提前离会,8月6日尚未到会的有新泽西、特拉华和佐治亚。

8月7日星期二　在制宪会议上

开始对详情委员会报告展开辩论。

平克尼先生提议：采用全体委员会的形式讨论详情委员会报告。戈汉姆先生和其他几名代表坚决反对，认为会造成不必要的拖延。仅特拉华、马里兰和弗吉尼亚赞同，会议否定了平克尼先生的要求。[306]

会议一致通过序言："我们新罕布什尔、马萨诸塞、罗德岛和普罗维登斯种植地、康涅狄格、纽约、新泽西、宾夕法尼亚、特拉华、马里兰、弗吉尼亚、北卡罗来纳、南卡罗来纳和佐治亚邦的人民，特为我们自己和我们的子孙后代制定、宣布和树立以下建立政府的宪法。"

会议一致通过第一条："这个政府的名称叫'美利坚联邦'。"

会议一致通过第二条："这个政府由最高立法、行政、司法权力组成。"

会议开始讨论第三条："立法权授予联邦议会，由两个分开、各有特点的机构组成，一个众议院，一个参议院；在所有情况下，各院均可否决另一院的决定。立法部门每年十二月第一个星期一开始开会。"

---

[306] 全体委员会和制宪会议的出席者相同。全体委员会由戈汉姆主持，华盛顿居于第二线，多一个回旋的层次；制宪会议由华盛顿主持，一次作出决定。

梅森上校：怀疑“在所有情况下”各院均可否决对方的决定，是否适宜。有些情况，已经决定一院不得否定另一院的决定，例如投票选任官员。

古文诺·莫里斯先生提议：用“行使立法行动时”取代“在所有情况下”。

威廉森先生附议。

谢尔曼先生：这样改，对这个条款的限制太多。尤其会把选举中的相互否定排除在外，而他希望两院在选举中出现互相否定的情况。

戈汉姆先生：选举应该用联合投票方式。如果两院分别投票选举总统，会各坚持一个自己喜欢的人，造成巨大拖延、竞争，混乱就会接踵而至。马萨诸塞选举的官员，小得与联邦行政官的重要性不能相比，已经经历过这种麻烦。反对联合投票的惟一理由是：可能剥夺参议院的适当分量；从保护公众的安宁和福利考虑，这一点不应该占上风。

威尔逊先生：至少在某些情况下，两院应该联合投票，特别是选举总统；因此，他赞成这样修改。行政官缺位期间，两院之间为谁当行政官而发生争执，可能导致危险后果。

梅森上校：古文诺·莫里斯先生的修改意见，范围太广。条约一旦缔结，就成为法律，那么，条约也可能成为否决对象；可是按照前面提出的意见，缔结条约的权力由参议院独享。他提出，相互否决应该限制在“需要两院特别同意的情况下”。

古文诺·莫里斯先生：这不过是同义反复；相互否决与特别同意，表达的是同样的意思。他认为，条约不是法律。

麦迪逊先生提议：删去“在所有情况下，各院均可否决另一院的决定”；这个意思，在这一条的前面已经表达得足够了：立法权授予两个分开和各有特点的机构；尤其是后面的条文，充分说明了两院各自的权力和行使方法。

平克尼将军：支持麦迪逊先生的动议。

是否同意古文诺·莫里斯先生的动议？会议表决，新罕布什尔赞成，马萨诸塞赞成，康涅狄格赞成，宾夕法尼亚赞成，特拉华反对，马里兰反对，弗吉尼亚反对，北卡赞成，南卡反对，佐治亚反对。[307] 5 邦赞成，5 邦反对，莫里斯先生用“采取立法行动时”取代“在所有情况下”的动议失落。

是否同意麦迪逊先生的动议？会议表决，新罕布什尔赞成，马萨诸塞赞成，康涅狄格反对，宾夕法尼亚赞成，特拉华赞成，马里兰反对，弗吉尼亚赞成，北卡反对，南卡赞成，佐治亚赞成。7 邦赞成，3 邦反对，会议同意麦迪逊先生的动议，删去“在所有情况下，各院均可否决另一院的决定”。

麦迪逊先生想知道：详情委员会为什么要通过宪法把联邦议会开会的时间固定下来；[308]他表示，每年只要开一次会就够了，时间可以由议会立法固定或变通。

古文诺·莫里斯先生提议：删掉这个句子。把联邦议会开会的时间固定，甚至要求每年开会，都不妥当。公共事务或许并不要求如此。

平克尼先生：与麦迪逊先生的想法一样。

戈汉姆先生：如果不用宪法把开会的时间固定下来，联邦议会内将出现争议；各邦对他们何时举行选举，也会茫然。新英格兰各邦，议会每年开会的时间，早在它们的宪章或宪法中已经固定下来，并没有造成什么麻烦。他认为，为了制约行政部门，议会每年开会一次，是必要的。

艾尔斯沃斯先生：反对删掉这一句。联邦议会开会前，怎么知道公共利益要求他们开会还是不开会？他看不出来固定开会时间有什么不妥，制宪会议和立法部门一样，可以作出判断。

威尔逊先生：总的来说，最好还是把日期固定下来。

金先生：没必要每年开会。我们体制中的一大弊病，就是立法太多。大量立法，是各邦议会的特点。全国议会要立的法，不过几项。主

[307] 表决记录说明，8 月 7 日特拉华和佐治亚已经到会，尚未到会的只剩下新泽西。

[308] 《邦联条款》规定：每年 11 月第一个星期一开始举行邦联议会。参见本书附录二。

要是管理商业和岁入。等到这些立法完成，更改就会稀少，也好办。

麦迪逊先生：如果开会时间应该用法律形式固定下来，那就按提出的办法办理，各邦好根据这个时间调整自己的选举时间。他脑子里想到的一点，是坚决反对用宪法固定时间。有可能发生这样的情况：紧急公务要求联邦议会立即开会，在例会日期到来之前，速断速决。在这种情况下，不久又举行例会，极不方便，也毫无必要。他想，一年开一次会，还是需要的，但是希望避免开两次会。

梅森上校：反对固定开会时间的想法，难以战胜；不过，应该要求一年开会一次，这是保障宪法的基本要求。国家如此辽阔，会有议事需求。如果没事，那么，议会除立法权外，应该有调查权[309]，调查权是不能长期搁置的。

谢尔曼先生：决心要求固定时间，而且主张联邦议会频繁开会。随着时代的变迁，两院之间，两院与各邦之间，会出现争议和难题。英国革命期间，就要求议会频繁开会，作为保护公民权利的必要手段。在美利坚各邦的大多数宪章和宪法中，也要求每年开会。会有足够的事情要求开会。西部的广阔地区，国土的辽阔，以及我们事务的多样和变化，都会提出需要解决的问题。

伦道夫先生：反对固定一个不可悔改的日期；可是宪法中没有一个条款来规范开会的周期，所以，在联邦议会制定规则以前，应该固定一个准确的时间，他不同意完全删掉这句话。他提议：在这句话的后面加上："除非通过立法指定不同的日期"。

麦迪逊先生附议。

是否同意伦道夫先生的动议？会议表决，新罕布什尔反对，马萨诸塞赞成，康涅狄格反对，宾夕法尼亚赞成，特拉华赞成，马里兰赞成，弗吉尼亚赞成，北卡赞成，南卡赞成，佐治亚赞成。8邦赞成，2邦反对，会议同意伦道夫先生的动议。

---

[309] 调查权：inquisitorial powers。

古文诺·莫里斯先生提议：把“立法部门每年十二月第一个星期一开始开会”中的十二月改为五月。我们的政策受到欧洲政策的影响，这种情况会经常发生，他们的政策一般在冬天制定，消息传到我们这里，已经是春天。

麦迪逊先生附议。他也觉得五月比十二月好，因为，十二月开会，要求遥远地区的代表，在气候恶劣的季节里，从当地到首都来回奔波。

威尔逊先生：冬天是最好的议事季节。

艾尔斯沃斯先生：夏天穿插的私事太多，联邦议会议员，可能多数与农业有关联。

伦道夫先生：现在要紧的，不是具体时间，因为联邦议会可以改动开会时间。看看各邦宪法的选举时间，他发现十二月比五月好。联邦众议院的选举，最好与各邦选举议会的时间契合。我们的创新，应该尽量少添麻烦。

是否用五月代替十二月？会议表决，新罕布什尔反对，马萨诸塞反对，康涅狄格反对，宾夕法尼亚反对，特拉华反对，马里兰反对，北卡反对，南卡赞成，佐治亚赞成。2邦赞成，8邦反对，会议不同意改为五月，仍旧保留十二月。

里德先生提议：在“一个众议院和一个参议院”后面，加上“服从后文所说的否决”。他的目的是，授予行政官绝对否决权。他认为，这种绝对否决权，对保障宪法、保障公民权利和公共福利，至关紧要，他的责任心驱使他提出这项动议。

古文诺·莫里斯先生附议。

是否同意里德先生的动议？会议表决，新罕布什尔反对，马萨诸塞反对，康涅狄格反对，宾夕法尼亚反对，特拉华赞成，马里兰反对，弗吉尼亚反对，北卡反对，南卡反对，佐治亚反对。1邦赞成，9邦反对，会议没有接受里德先生的动议。

拉特里奇先生：大家都赞成联邦议会每年有必要开会一次，但这句话的行文还不够明朗，为了消除所有疑虑，他建议加上“每年至少开会一次”。对此，会议一致通过。

经过上述讨论以后，会议一致同意把第三条修改如下：“立法权授予联邦议会，由两个分开而且各有特点的机构组成，一个众议院，一个参议院。联邦议会每年至少开会一次，从十二月第一个星期一开始，除非联邦议会通过立法另定日期。”

开始讨论第四条第一款：“众议院议员每两年选举一次，由加入联盟的各邦人民选举。选民资格与各邦选举议会中人多一院议员的选民资格相同。”

古文诺·莫里斯先生提议：删去“选民资格”，用别的规定取代，对选民资格加以限制，只给予拥有土地的自由人。

费兹西蒙斯先生[310]：赞同对选民资格加以限制。

威廉森先生：反对限制选民资格。

威尔逊先生：详情委员会仔细讨论过这一部分，他不认为还能改得更好。要想建立各邦统一划齐的选民资格标准，十分困难。他还认为，应该避免不必要的创新。同样的人，在同样的时间，可以选举本邦的众议员，却不许选举联邦的众议员，很难，也不会得到同意。

古文诺·莫里斯先生：这种难处，既没有什么了不起，也不新鲜。有些邦，人民习惯这种资格，也没有提出不满。某些邦，选举邦长和选

---

[310] 托马斯·费兹西蒙斯(Thomas Fitzsimons，1741—1811)是宾夕法尼亚代表，时年46岁。生于爱尔兰，1760年移民北美，在费城经商，与妻子的兄弟乔治·米德合伙经营与西印度群岛的生意，迅速发迹。独立战争期间，他指挥一连民兵(1776—1777)，担任费城公安委员会和海事委员会委员。他的商行向大陆军提供战船和给养，到战争结束时，共捐资5 000英镑。他的一生，主要成就在经商。早在1781年，他就是北美银行的主要创建者之一。与罗伯特·莫里斯共事，协助组建北美保险公司，担任董事；多次出任费城商会会长。1782—1783年，费兹西蒙斯投身政治，当选邦联议会代表。1786—1789年，他担任宾夕法尼亚邦议会议员。他是制宪会议的常规出席者，很少发言，坚持投票。制宪会议后，他担任过三届联邦众议员(1789—1795)，积极支持汉密尔顿的政策和刚刚浮现的联邦党，提出保护性关税和摆脱国债。19世纪初，他激烈反对杰斐逊的禁运政策(1807—1809)。杰斐逊认为联邦政府组建银行违反宪法；1810年，他与杰斐逊党人决裂，带头重组第一联邦银行。与罗伯特·莫里斯相似，1805年，他的金融生涯遇到大灾难，经过努力，虽然恢复部分家产，地位已经低落。尽管如此，他仍旧坚持慈善事业，资助费城罗马天主教教会，资助费城大学，担任校董。

举众议员的资格不同；另一些邦，两院议员的选民资格也不同。对这条规定的另一个反对意见是，让全国议员的选民资格取决于各邦的意志，他认为不妥。

艾尔斯沃斯先生：条文中规定的选民资格，恰如其分。选举权是一个敏感点，各邦宪法都极力维护选民资格。如果全国宪法取消选民的参政权[31]，选民就不会赞同全国宪法。各邦是本邦人民环境和情绪的最佳判断者。

梅森上校：习惯的力量，在想要对这一点创新的先生们看来，显然是不值一顾。八九个邦已经把选举权放宽到自由持有土地者的范围以外。如果取消那些人的参政权，他们会怎么说呢？把改变选民资格的权力，放到各邦议会手中，是一项危险的权力。

巴特勒先生：人民最忌讳改变的，就是选举权，再没有什么比这个更厉害。在荷兰，仅仅是剥夺选举权就引起了一场革命，在那里，人们长期以来把所有的权力交到参议院手中，参议院自己填补议员空缺，形成一个贵族等级。

迪金森先生：他的看法完全不同。他倾向于把选举权交给这个国家的自由持有土地者。他认为，这些人是公民权利的最佳保护者；把选举权限制在他们手中，是必要的，可以对付大量没有财产、没有原则的人的危险影响。我们的国家和别的国家一样，到时候也会出现大量这样的人。至于说到创新不得人心，在他看来，不过是危言耸听。目前，我们国家的公民大众，就是由自由持有土地者组成的，对此会高兴的。

艾尔斯沃斯先生：如何定义自由持有土地者？是否每个纳税和选举众议员的人就是自由持有土地者？众议院则制定税则和征税？在公共负担中承担完整份额的商人和制造业者，是否就不许对征税问题发言？纳税和选举议员应该并行。

古文诺·莫里斯先生：他学会不要鹦鹉学舌、人云亦云已经很久

---

[31] 取消……参政权：to be disfranchised。

了。因此，贵族式的断言，对他没有影响。他所反对的，是实质，不是名称。对宪法目前的内容，他的主要反对意见之一，是宪法在以贵族制威胁这个国家。贵族统治将会在众议院里成长起来。把选举权给没有财产的人，他们就会卖给有钱的人，后者也买得起选举权。我们不应该把眼光只盯住当前。充满技师和制造工人的时代，充满从雇主那里赚钱买面包的人的时代，离这个国家已经不远。这些人是不是公民权利的可靠、可信的保卫者呢？他们是不是贵族统治难以攻破的障碍呢？现在有人向他鹦鹉学舌，“纳税和选举议员应该并行。”不投票选举的人，就不应该选举议员代表他们。选举由成年人参加，儿童并不投票，原因何在？因为儿童缺乏谨慎。因为儿童还没有自己的意志。公共利益不能信托给无知和依附于人的人。他并不认为给“自由持有土地者”下个定义就能把人难倒。说这种限制不得人心，就更扯不上。目前，十分之九的人都是自由持有土地者，这些人肯定会喜欢这条规定。至于说到商人和其他的人，如果他们有财富和价值，他们就能获得这种权利。如果他们获取不到，就不值得授予他们这种权利。[312]

梅森上校：我们对古代偏见的遗迹，感受过于强烈，看待事物，过于依赖英国这个中介。自由持有土地，是英国规定的资格，于是，它就被想象为惟一适合的资格。他的观点中的真实理念，在于每个体验到对社会的依恋、与社会有稳定共同利益的人，都应该分享社会的所有权利和特权。这种资格，是否应该限制起来，只给自由持有土地者呢？除了土地之外，其他种类固定资产的持有者，与社会就没有共同的利益吗？除了固定资产以外，其他一切都不产生对社会的恒长依恋吗？商人，有钱的人，一堆孩子的父亲，孩子们的前途还有待他们在自己的国家里去闯荡，这样的人都被视为可疑人物，不值得信托，不让他们参与决定他

---

[312] 古文诺·莫里斯出身纽约有贵族背景的富商家庭，家族世代从政，本人以经商为主。他的这番议论，强调拥有土地资产，其中反贵族、反商人的倾向，似乎与本人身份相悖。关于古文诺·莫里斯的背景，参见本书脚注[175]。

们的公民伙伴们的共同利益吗？

麦迪逊先生：普遍选举权肯定是共和政府最基本的信条之一，不应该留给议会去制定。在大众政治的废墟上建立起贵族统治时，采用的办法，就是逐渐剥夺大众的选举权。他认为，宪法是否把自由持有土地规定为选民资格，很大程度上取决于各邦是否接受这种改变。因为，有些邦已经实行了所有人都有选举权的做法。有些邦，自由持有土地现在还是资格。单从德行来看这个问题，这个国家的自由持有土地者，应该是共和权利的最安全的保管人。在未来的时代里，大多数的人，不仅没有土地，而且也不再拥有任何形式的固定资产。在共同处境的影响之下，这些人会联合起来。到那时候，财产的权利和公民的权利，在他们手中就不会安全；更可能出现的是另一种情况，他们成为富贵者和野心者的工具，这就可能从另一方面出现同等的危险。英国的例子被（梅森上校）作了错误的解释。在那里，只有很小的一部分议员是由自由持有土地者选出的。绝大部分议员由市和镇选出，在许多市镇里，对选民资格的要求，也和联邦内的许多地方一样低。正是在这些市镇里，而不是在郡里，贿赂极为盛行，国王对选举的影响也最危险。

富兰克林博士：我们不应该贬低我们普通人民的德行和公共精神，这样做后果严重；独立战争期间，人民大量展现了他们的德行和公共精神，对战争取得胜利作了重大贡献。他举了美国海员的高尚例子，战争期间，他们被大量投进英国人的牢房。这些人忍辱负重，受尽苦难，赎身回国，或者，加入敌舰，寻求机会，重回祖国；他们的爱国主义，与被美国俘获的英国海员恰成对照，那些人心甘情愿投靠美军，从对付自己的国家中分取好处。他说，这种事情之所以发生，就是因为普通人在美利坚和在大不列颠受到的待遇方式不同。他不认为：当选的议员，在任何情况下，有任何权利，去窄化选民的特权。他认为，英国议会通过立法，使议会处于动荡的危险之中，然后利用这个机会，把选举权窄化，只给予拥有一定价值土地的人，是一种任性的做法。他指出，不久以后，英国议会又变本加厉，使劳工和受苦的人失去选举权。事实使他相信，拟议中的这种限制，会在人口众多的邦里激起动荡不安。殷实农场主的儿子，自己还没有成为自由持有土地的人，对于被剥夺参政权，是不会高兴的，而这种人却为数众多。

默塞先生：这部宪法中值得反对的观点很多，可是其他各点的严重性，都超不过这一点。他反对这种设立资格的基点，但最反对的还是由人民选举的方式。人民无法了解和判断候选人的人品，会作出最糟糕的选择。他举了弗吉尼亚参议院的例子。镇上的人，能够联合起来选出同一个他们喜欢的人，用这种办法他们总可以压倒县里的人。县里的人居住分散，他们的选票总是散落在许多候选人身上。

拉特里奇先生：对选举权加以限制，只给予自由持有土地者，这个想法，实在不值得推荐。它会在人民中间制造鸿沟，所有被排除在外的人中，都会产生敌意。

是否同意古文诺·莫里斯先生的动议？会议表决，新罕布什尔反对，马萨诸塞反对，康涅狄格反对，宾夕法尼亚反对，特拉华赞成，马里兰代表赞成反对各半，弗吉尼亚反对，北卡反对，南卡反对，佐治亚不在场。1 邦赞成，7 邦反对，1 邦代表赞成反对各半，1 邦不在场。大会没有接受古文诺·莫里斯先生限制选举权、只给予自由持有土地者的意见。

休会。

8月8日星期三　在制宪会议上

继续讨论详情委员会报告第四条第一款：众议员每两年选举一次，选民资格与本邦选众议员相同。

默塞[313]先生：表达了对整个方案的反感。他认为，这个方案绝不可能成功。

戈汉姆先生：他从来没有见到，让自由持有土地者以外的人参加选举，出现过什么麻烦，虽然长期以来，一直有人在设法限制选举权。在费城、纽约、波士顿，商人和技师都参加选举，与只允许自由持有土地者

---

[313] 约翰·弗朗西斯·默塞(John Francis Mercer，1759—1821)是马里兰代表，时年28岁。默塞生于弗吉尼亚土地开发者家庭，18岁毕业于威廉玛丽学院。参军后在弗吉尼亚第三团服役，在布拉迪威战役中光荣负伤，此后担任查尔斯·李的副官。李因为临阵畏缩、踌躇不前被送上军事法庭，默塞辞职。他到威廉斯堡，随杰斐逊学习法律一年。再次从军，成为中校，在约克敦战役中作战英勇。战后在威廉斯堡开律师所，随即当选弗吉尼亚议员和邦联议会代表。他是制宪会议代表中最富的10人之一，1785年又娶马里兰富家女为妻，把自己的活动基地搬到妻子家的地产上。他与马里兰强人萨缪尔·蔡斯交情极好，蔡斯是马里兰议会中支持发行纸币一派的领袖。默塞极力主张邦权，反对建立强有力的全国政府。8月6日默塞最后一个到会，8月17日就离开，明确表达了自己的反对意见。马里兰制宪会议讨论联邦宪法时，蔡斯、路德·马丁、默塞都是反对派，但马里兰以62∶11票批准宪法。新政府成立后，默塞逐渐转向杰斐逊的民主共和党。1791—1794年，他是反对汉密尔顿的联邦众议员，1801—1803年他是马里兰的民主共和党人邦长。后来，他又与杰斐逊和麦迪逊决裂。1821年到费城寻医，在那里去世，终年62岁。

参加的选举相比，至少是一样的好。昨天（麦迪逊先生）关于英国情况的说法不准确。城市和大镇，并非国王势力和腐化存在的地方。这些现象主要在小镇盛行，也不是因为没有土地的人参加了选举，而是选民人数太少。美利坚各地，人民早已习惯享有选举权，绝不会答应剥夺他们的选举权。如果想要我们的主张能得到人民赞同，必须考虑人们根深蒂固的观念。

默塞先生：不再那么反对由广大人民选举，包括没有土地的人，免得他们选举时无所适从。他希望，候选人由各邦议会提名。

会议表决，结果一致同意第四条第一款。

开始讨论第四条第二款：众议员至少年满二十五岁；当选前至少已成为联邦公民三年；当选时应为被选出的邦的居民。

梅森上校：同意向移民敞开门户，但不能让外国人和冒险家来为我们立法，治理我们。取得公民资格三年，移民还不足以了解当地情况，而众议员必须了解。三年时间太短，这是他的主要反对原因。说不定哪个有钱的外国，例如英国，会派遣工具来暗中危害，买通打进议会的门道。他提议把“三年”改为“七年”。

古文诺·莫里斯先生附议。

会议表决，除康涅狄格反对，其余的邦都赞成。会议同意用“七年”取代“三年”。

谢尔曼先生提议：用“定居者”[314]取代“居民”[315]，以免误解。

麦迪逊先生附议。他认为，这两个词都不够准确，不过“定居者”这个词不常用，也不能排斥因公务或因私事外出一段时间。在弗吉尼亚，是否把“居住”定为当选众议员的资格，曾经引起一场大辩论，并非由于喜欢或讨厌某个具体的人，而是如何确定这个词的含义。

威尔逊先生：还是“定居者”好。

---

[314] 定居者：inhabitant。

[315] 居民：resident。

古文诺·莫里斯先生：两个词都不好，还是要求拥有土地好。他提到，纽约因为这三个词而发生的大辩论，后来只好听凭多数决定。人们很少选举不住在那里的人。这样要求不恰当，因为，第一院是代表广大人民的利益，不是代表邦的利益。

拉特里奇先生：对众议员候选人，应该要求居住满七年。从新英格兰到南卡罗来纳或佐治亚的移民，对当地事务一无所知，没有七年时间，也了解不透。

里德先生提醒他：我们现在是在设计全国政府，这种规定，与我们已经是一个国家不相符。

威尔逊先生：加强里德先生的意见。

麦迪逊先生：要考虑西部新邦，要求居住满七年，只怕就选不出众议员了。

默塞先生：这种规定，比起过去的邦联体制，更容易激起各邦的离心力。会把地方偏见和邦的特点编进宪法，而宪法的意图，却是要克服地方观念。他提到马里兰因为“居住”一词而引起的激烈争吵。

艾尔斯沃斯先生：居住满七年，实在太长；不过规定一下已经居住多久，倒是必要。他认为，一年就够了，不过，似乎也不反对三年。

迪金森先生：提议改为“实际居住____年的定居者”。这样可以使意思更加明确。

威尔逊先生：如果用比较短的年份填空，就要严格措辞，免得对议员发生误解，他们在首都逗留时，实际上就不能说是本邦的居民。

默塞先生：肯定要排除那些一度定居、后来移居别处、又回原地来定居的人；虽然在这种情况下不能假设他不了解情况。

梅森先生：七年太长，但无论如何不能背离这个原则。这是一项有价值的原则。他认为，不要求众议员透彻了解本地情况，是方案中的一个缺陷。如果不把居住作为条件，邻邦的有钱人在本邦竞选失败后，很可能到别的选区去买通，结果成功进入议会。这是英国的镇里用过的办法。

是否推迟讨论谢尔曼的动议，改为讨论迪金森的动议？会议表决，新罕布什尔反对，马萨诸塞反对，康涅狄格反对，新泽西[316]反对，宾夕法尼亚反对，特拉华反对，马里兰赞成，弗吉尼亚反对，北卡反对，南卡赞成，佐治亚赞成。3 邦赞成，8 邦反对，会议不同意改换议题。

是否用“定居者”取代“居民”？会议表决，结果一致赞成。

艾尔斯沃斯先生和梅森上校提议：增加定居满“一年”。

威廉森先生：还是喜欢报告原来的提法。他认为“居民”这个词蛮好。他反对对居住年限提出要求。新居民如果当选，会热情听从选民的意志，因为人们对他们的行为，会另眼观察。

巴特勒和拉特里奇先生提议：定居时间，用“三年”代替“一年”。

是否要求众议员候选人在本邦定居满“三年”？会议表决，新罕布什尔反对，马萨诸塞反对，康涅狄格反对，新泽西反对，宾夕法尼亚反对，特拉华反对，马里兰反对，弗吉尼亚反对，北卡反对，南卡赞成，佐治亚赞成。2 邦赞成，9 邦反对。会议不同意三年。

是否要求定居满“一年”？会议表决，新罕布什尔反对，马萨诸塞反对，康涅狄格反对，新泽西赞成，宾夕法尼亚反对，特拉华反对，马里兰代表赞成反对各半，弗吉尼亚反对，北卡赞成，南卡赞成，佐治亚赞成。4 邦赞成，6 邦反对，1 邦代表赞成反对各半。会议也不同意定居满一年的要求。

会议一致同意经过修改后的第四条第二款：“众议员至少年满二十五岁；当选前至少已经成为联邦公民七年；当选时应为被选出的邦的定居者。”

开始讨论第四条第三款：众议院第一次形成时，在按后文所述方法清点出公民和居民人数前，由六十五名议员组成，其中，新罕布什尔选出三名，马萨诸塞八名，罗德岛和普罗维登斯种植地一名，康涅狄格五名，纽约六名，新泽西四名，宾夕法尼亚八名，特拉华一名，马里兰六名，

---

[316] 这次表决说明：到 8 月 8 日，回到制宪会议的新泽西代表已达到足以投票的人数。

弗吉尼亚十名，北卡罗来纳五名，南卡罗来纳五名，佐治亚三名。

平克尼将军和平克尼先生提议：把南卡罗来纳的众议员从“五名”改为“六名”。

会议表决，新罕布什尔反对，马萨诸塞反对，康涅狄格反对，新泽西反对，宾夕法尼亚反对，特拉华赞成，马里兰反对，弗吉尼亚反对，北卡赞成，南卡赞成，佐治亚赞成。4 邦赞成，7 邦反对，会议不同意他们的动议。

于是，会议一致同意第四条第三款原来的众议员分配方案。

开始讨论第四条第四款：由于各邦之间的人口比例不断变化，由于某些邦今后可能分出新邦，由于另一些邦可能因获得领土而扩大，由于两邦或多邦可能联合，由于联邦范围内可能建立新邦，联邦议会应针对以上每种情况，制定议员席位分配规则，根据后文所定办法，由每四万人选出一名众议员。

威廉森先生提议：用“根据后文所定的关于直接税的办法”取代“根据后文所定办法”。“根据后文所定的关于直接税的办法”，见第七条第三款。

是否同意威廉森的修改？会议表决，新罕布什尔赞成，马萨诸塞赞成，康涅狄格赞成，新泽西反对，宾夕法尼亚赞成，特拉华反对，马里兰赞成，弗吉尼亚赞成，北卡赞成，南卡赞成，佐治亚赞成。9 邦赞成，2 邦反对，会议同意威廉森先生的修改。

金先生：想弄明白，刚刚通过的表决，对后文承认奴隶纳入席位分配的部分，会带来什么影响？如果这一措辞，是想避免对后文那个部分的反对，那么，他无法与这一措辞妥协。承认奴隶制，最为刺激他的思想。他相信，对多数美利坚人，也是如此。此前，他没有着力反对奴隶制，因为他曾经希望，这一让步能引出一种欣然应允的态度，有利于强化总体政府，引出对总体政府的充分信心。可是，并没有什么人表现这种态度。现在讨论的这一部分，以正式文本的形式，使所有的希望破灭。在两个重大问题上，联邦议会的手，已被绝对捆死。一、不得禁止进口奴隶;二、不得对出口产品征税。这合理吗?总体政府的伟大目标是什么?一、抵御外来入侵;二、制止内部暴乱。如果所有的邦都受到约束,保证要努力捍卫每一个邦,那么,是否每个邦都可以引进一种弱点,使这种捍卫变得为难?联邦的一个部分,受到约束去捍卫另一部分,而那个另一部分却可以自由自在,不仅增加它自身的危险,还要抓住这个包袱,索取报酬?如果还要输入奴隶,难道由奴隶生产的出口商品不应该纳税,让政府更好地捍卫他们的主人吗?这一切之中,不平等和不合理的成分实在太多,北部各邦的人民,永远不会与此妥协。没有一个心怀坦白的人,愿意为之辩理。他曾经希望,在这个问题上会出现一些让步;至少,对输入奴隶要提出一个时间限制。他绝不允许对输入奴隶不加限制,然后,又让奴隶计入议员的席位分配。的确,他无法说服自己:说这种做法正直;他也不能断言,保证自己在任何情况下都同意这种做法。总之,不得把奴隶纳入议员席位分配,要么,就对出口产品征税。

谢尔曼先生:奴隶贸易是不义之举;可是,席位分配困难重重,经过长期讨论,才算解决。他并不认为,自己已经受到约束,不能再提出反对;尤其是眼前的这一条,经过修改,还是没有对报告后文中的提法作出任何预先说明。[317]

麦迪逊先生:反对把每四万居民选出一名众议员作为规则固定下来。如果联盟能够长存,未来的人口增加,将会使众议院人满为患。

戈汉姆先生:现在不能设想政府会维持那么长的时间,出现那样的结果。怎么能设想包括西部在内的这样辽阔的国家,到一百五十年以后,还只是一个国家?

艾尔斯沃斯先生:如果政府能维持那么长久,会用修改宪法的办法作出更改。

谢尔曼和麦迪逊先生提议:改为每四万居民选出的众议员“不得超

---

[317] 关于限制输入奴隶问题,参见本书8月22日和25日的辩论。

过1名”。

会议表决，结果一致同意。

古文诺·莫里斯先生提议：改为由每四万“自由”居民选出一名众议员。他说，很多问题就取决于这一个词。他绝不同意容忍国内的奴隶制。这是一种恶毒的制度。这是上天对奴隶制盛行的邦的诅咒。请大家把中部各邦的自由地区，与弗吉尼亚、马里兰和其他实行奴隶制的邦比较一下。在自由地区，富裕和崇高的垦殖，标志着人民的繁荣和幸福；在有奴隶的地方，到处是苦难和贫困，蔓延于不毛的荒地。旅行穿越这整个大陆，你都可以看到，没有奴隶的地方，前景光明，有奴隶的地方，前景暗淡。你一离开东部的邦，跨入纽约，奴隶制就进入你的眼帘；穿越东、西泽西，进入宾夕法尼亚，高尚改进的每种标准，都显示出变化。再往南走，在广大的奴隶区域里，每走一步，随着这些苦命存在[318]的比例越来越大，荒凉的景象，就越来越多。

把奴隶计入众议员的席位分配，算是什么原则呢？他们是人？那就承认他们是公民，让他们选举。他们是财产？那么，其他的财产，为什么又不计入众议员的席位分配呢？本城（费城）的房屋加起来，比南卡罗来纳稻田沼泽里所有的奴隶还要值钱。承认奴隶进入众议员席位分配，即使合理解释，结果也是：佐治亚和南卡罗来纳的居民，跑到非洲海岸去，蔑视神圣的法律，把那里的同胞族类，从他们最亲爱的人身边拉走，流尽人间之泪，然后，就把他们扔进最残忍的奴隶处境，却要让奴隶主享有比宾夕法尼亚和新泽西公民更多的选举权，而建立总体政府的目标，却是保护人类的权利。宾夕法尼亚和新泽西的公民，以愤怒的悚然之心，看待这种穷凶极恶的做法。他还要指出，国内的奴隶制，在目前提出的这部宪法中，是贵族统治面目最突出的特点。穷人的附庸，一直是贵族统治驯服的产物。可是，北部人民牺牲了一切权利原则，一切人性冲动，给他们的补偿是什么呢？北部已经受到约束，要派民兵长

[318] 苦命存在（wretched beings）：指奴隶。

征去捍卫南部各邦；要北部人民去捍卫那些他们抱怨的奴隶吗？外敌入侵时，北部要提供战舰和海员。联邦议会有无限的权力，向北部人民征收营业税、关税、进口税：这些，落在北部居民头上的，都会比南部沉重；北部的自由人，为了饮用武夷茶而纳的税，比悲惨的奴隶的全部消费税还多，奴隶的消费，除了粗食果腹、烂布遮体之外，再也没有什么别的东西。另一方面，对南部各邦源源不断输入那些苦命的非洲人，却不加限制。他们曾一度增添进攻的危险和防御的困难[319]；保证奴隶拥有对全国政府的选举权，而且不断增加比例，同时，又让南部的出口货物和他们输入的奴隶免税，这等于鼓励奴隶制。还不是等于否定直接税与议员席位分配成比例吗？在如此广阔的国土上，人口如此分散，要全国政府把它的手伸进每家每户的口袋里去，征收直接税，办得到吗？政府的岁入，只能通过对出口、进口和营业征税。那么，北部的这些牺牲，应该得到什么补偿？他宁可尽早对联邦内的所有黑人征税，免得把这部宪法中的问题遗留给我们的子孙后代。

戴顿先生附议。他说，他之所以附议，是出于他对这个问题的感情，不论这项修正意见的结果如何，他总要把自己的感情表现出来。

谢尔曼先生：让黑人进入议员席位分配，会遇到克服不了的反对意见。南部各邦的自由人，应该按他们纳的税额分配众议员席位，黑人则应该包括在税额的计算中。这就是他对这个问题的看法。

平克尼先生：对联邦来说，东部的捕鱼业和西部的边民，比奴隶问题更麻烦。如果此刻时机适宜，他可以详细说明他的看法。

威尔逊先生：把选举权限于自由人，时机还不成熟。他同意方案中的提法，但并不阻拦反对意见。

是否同意古文诺·莫里斯的动议？会议表决，新罕布什尔反对，马萨诸塞反对，康涅狄格反对，新泽西赞成，宾夕法尼亚反对，特拉华反

---

[319] 独立战争期间，英国曾经宣布“解放”奴隶，挑起黑人进攻北美大陆军。参见本书附录一《独立宣言》。

对，马里兰反对，弗吉尼亚反对，北卡反对，南卡反对，佐治亚反对。1 邦赞成，10 邦反对，会议没有同意在“居民”之前加上“自由”的限定。

迪金森先生提议：在这一款后面加上“但每邦至少产生一名众议员”。

会议一致同意。

会议一致通过经过修改后的第四条第四款。

开始讨论第四条第五款：一切筹款和拨款提案，一切更动官员年薪的提案，应由众议院发起，参议院不得更改和修正。除由众议院发起拨款提案外，任何人不得从国库支钱。

平克尼先生提议：删去第五款。他认为这一款授予众议院一种怪异的优势，对政府功能起阻塞作用。既然把那么多大权授予参议院都信得过，发起钱财提案的事，也应该信得过。

戈汉姆先生：不同意让参议院发起钱财提案；只同意让参议院提出修正。

古文诺·莫里斯先生：参议院应该有权发起钱财提案，而且特别适宜。参议院会经常开会。组成参议院的人少，他们准备这种提案，会公平合理；也可以避免众议院办事拖延。

梅森上校：不愿意再把这件事重新讨论一遍。删去这一款，就要拆散已经达成的妥协，而这一款，则是妥协的一个组成部分。参议院任期太长，不宜于担当此任。他不反对参议院任期长。相反，他赞赏这一点。不过，任期长，再加上人数少，就构成理由，不宜于再把这项权力加到参议院已经拥有的其他大权里去。他对贵族统治的看法是：少数统治多数。贵族成分，就像机械里的螺钉，慢慢深入，一点一点，越拧越紧，人们从不怀疑其中有侵蚀权力的倾向。钱袋口上的系绳，绝不能交到参议院手里。

默塞先生：发起钱财提案的排他权力，是一项巨大优势，参议院内席位平等，是一个理想的地方，不会造成恶果。

巴特勒先生：主张坚持报告中原来的提法。

威尔逊先生：不顾原来达成的妥协，坚持删去这一款。

艾尔斯沃斯先生：不认为这一款有什么了不得，既然大邦的有些先生认为了不得，他愿意保留。

麦迪逊先生：同意删去。这对大邦并没有什么好处，徒然禁锢政府手脚，而且会成为两院口角、互相伤害的根源。

是否删去第四条第五款？会议表决，新罕布什尔反对，马萨诸塞反对，康涅狄格反对，新泽西赞成，特拉华赞成，马里兰赞成，弗吉尼亚赞成，北卡反对，南卡赞成，佐治亚赞成。7 邦赞成，4 邦反对，会议同意删去第四条第五款。

休会。

8月9日星期四　在制宪会议上

伦道夫先生：不满意昨天删去第四条第五款。删去众议院独享钱财提案款，给宪法成功带来危险，会引起人们的反对。他先提出要求：在适当的时候，再议这一款。

威廉森先生：他也有同样的想法。

威尔逊先生：不同意把众议员候选人的公民资格从三年改为七年。他先提出要求：适时再议。

会议一致同意第四条第六款：众议院独享弹劾权。众议院选举自己的议长和其他官员。

会议一致同意第四条第七款：众议员出缺时，由出缺议员的邦的行政当局下令补选。

开始讨论第五条第一款：联邦参议院由各邦议会选出。每邦议会选出二名参议员。联邦参议员出缺，由出缺的邦的行政当局派人补齐缺额，邦议会下次开会时补选。每名参议员各有一票表决权。

威尔逊先生：反对联邦参议员出缺由邦的行政官补齐。由于各邦议会频繁开会，这项规定没有必要。他一直认为行政官由议会选举是错误的；现在由邦行政官派人进入联邦议会，就更是错上加错。

伦道夫先生：这种安排是必要的，可以避免参议院出现空白期。有些邦的议会，一年才开一次。参议院比众议院权大，而人数少，出现空缺，后果更严重。各邦行政官可以信任，任命短期参议员没有问题。

艾尔斯沃斯先生：这一款只说是“可以”[320]补齐。如果邦议会正好就要开会，这项权力就不必行使。由于每邦只有二名参议员，出缺需要马上补齐。

威廉森先生：参议员可能辞职，也可能拒绝出任。因此，这一款绝对必要。

是否删去“联邦参议员出缺，由出缺的邦的行政当局派人补齐缺额”？会议表决，新罕布什尔反对，马萨诸塞反对，康涅狄格反对，新泽西反对，宾夕法尼亚赞成，马里兰代表赞成反对各半，弗吉尼亚反对，北卡反对，南卡反对，佐治亚反对。1 邦赞成，8 邦反对，1 邦代表赞成反对各半。会议没有接受威尔逊先生删去的动议。

威廉森先生提议：在“行政当局派人补齐”后面，加上“除非各邦议会另作规定”。

艾尔斯沃斯先生：他愿意信任邦议会，或邦行政官，但并不希望授予他们随意任命参议员的权力。

是否同意威廉森先生的动议？会议表决，新罕布什尔反对，马萨诸塞反对，康涅狄格反对，新泽西反对，宾夕法尼亚反对，马里兰赞成，弗吉尼亚反对，北卡赞成，南卡赞成，佐治亚赞成。4 邦赞成，6 邦反对。会议没有接受威廉森先生的动议。

麦迪逊先生：参议员辞职或拒绝出任，引起担心，为此，他提出动议，改为“由于拒绝出任或辞职而出现缺额时，由出缺的邦议会补选，或由邦行政官补齐，任期到邦议会下次开会补选出参议员为止”。

古文诺·莫里斯先生：这一款绝对必要，否则，根据这一条第九款，当选参议员不得担任其他职务，邦议会有权违背他的意愿，要他当参议

---

[320] 由出缺的邦的行政官补齐(Vacancies may be supplied by the Executive)：这里，英语原文有一个 may，含有“可能”但“并不一定”的语气。

员，使联邦无法任命他担任其他职务。

会议一致同意麦迪逊先生的动议。

伦道夫先生：把这一款分开，把“每名参议员各有一票表决权”的问题留下来，另外讨论。等会议再议众议院独享钱财提案发起权问题时，一起再议。如果第五款得不到恢复，他打算提出改变参议院席位的分配办法。

斯特朗先生：同意伦道夫先生的这个想法。

里德先生：众议院独享钱财提案发起权，对大邦并没有什么好处，所以他才投票同意删去，与大邦的想法一致。如果大邦觉得这一款很宝贵，是参议院席位平等的条件，他不反对恢复第五款。

威尔逊先生、艾尔斯沃斯先生、麦迪逊先生都认为：这一款对大邦没有什么好处，徒然成为两院争斗不休的危险源泉。联邦议会的所有主要权力，都与钱财相关。

富兰克林博士：众议院发起钱财提案，参议院席位平等，按照已经达成的妥协，彼此相连。

梅森上校：现在还不是讨论这个问题的时候。等到再议钱财提案时，事实就会显现出来：对发起钱财提案的权力加以限制，只给由人民直接选出的众议院，乃是根本问题。

威廉森先生：北卡罗来纳已经投票同意参议院席位平等，原因就是发起钱财提案的权力只给第一院。他当时感到惊讶，小邦为了取得参议院的平等席位，放弃了这一权力。

是否同意第五条第一款全文？会议表决，新罕布什尔赞成，马萨诸塞反对，康涅狄格赞成，新泽西反对，宾夕法尼亚反对*，马里兰赞成，弗吉尼亚赞成，北卡反对，南卡代表赞成反对各半，佐治亚赞成。7邦赞成，3邦反对，1邦代表赞成反对各半。会议通过第五条第一款全文。

伦道夫先生提议：推迟讨论最后一句“参议员每人一票”。这一句

---

* 麦迪逊注：在出版的《会议记录》中，宾夕法尼亚投赞成票。

可能没有必要；如果众议院独享钱财提案发起的那一款不予恢复，就需要把宪法再讨论一遍，重新考虑按人投票是否依然恰当。最好把每邦两席参议员是否妥当也推迟讨论。[321]

梅森先生：他的意思，并非要求改变按人投票的办法。他认为，如果还能提出别的方式，推迟讨论按人投票也有必要。每邦两名参议员，但是可以投不同的票。既然如此，除非恢复众议院发起钱财提案的排他权力，否则他就反对参议院席位平等，这并非固执，而是出于责任感和良心。

古文诺·莫里斯先生：看来，这些武断的话，都是针对小邦而发，目的是引起它们忧虑不安，担心失去参议院的平等席位，诱使它们在钱财提案发起权问题上改变态度。现在也轮到他来讲讲武断的话了。他认为，要想修改宪法中参议院的构成，毫无前途；众议院独享钱财提案发起权，会使议会从内部变坏；无论如何，他也要坚持参议院席位平等。

威尔逊先生：看来，有些人以为，大邦非常期盼众议院独享钱财提案发起权。其实，两个大邦（宾夕法尼亚和弗吉尼亚）已经一起投票反对，而且，并没有涉及宪法中的其他部分。

伦道夫先生：把梅森先生说过的话再强调一遍，每名参议员各有一票，众议院独享钱财提案发起权，二者密切相关，推迟讨论前一句，可能影响后一句。因此，应该推迟讨论这一句。

是否推迟讨论“每名参议员各有一票表决权”？会议表决，新罕布什尔代表赞成反对各半，马萨诸塞反对，康涅狄格反对，新泽西反对，宾夕法尼亚反对，特拉华反对，马里兰反对，弗吉尼亚赞成，北卡赞成，南卡反对，佐治亚反对。2 邦赞成，8 邦反对，1 邦代表赞成反对各半。会议不同意推迟。

---

[321] 7月16日，大邦小邦之间实现“伟大妥协”：众议院按人口分配席位，参议院每邦席位平等，条件是众议院独享钱财提案发起权，因为大邦在众议院席位多，控制钱袋权力的比例大。7月27日，伦道夫对参议院不按人口分配席位想不通，要求再议，被多数票拒绝；现在，伦道夫再次要求再议。

接着，会议表决，一致同意把“每名参议员各有一票表决权”纳入第五条第一款。

于是，伦道夫先生提出预先要求：再议第五条第一款全文，并且与第四条第五款联系起来。此前，他已经对第四条第五款提出过再议要求。

开始讨论第五条第二款：联邦参议员任期六年；第一届参议员选出后，应立即抽签分为三组，人数尽量相等，分成第一组、第二组、第三组。第一组参议员应在第二年任期届满时空出席位，第二组在第四年任期届满时空出席位，第三组在第六年任期届满时空出席位，此后每两年改选三分之一的参议员。

古文诺·莫里斯先生提议：把“立即抽签分为三组”，改成“立即开会分为三组”。

会议一致同意他的修改意见。

接着，会议一致同意第五条第二款。

开始讨论第五条第三款：参议员至少年满三十岁；当选前至少已成为联邦公民四年；当选时应为被选出的邦的居民。

古文诺·莫里斯先生提议：把成为联邦公民的年限，从“四年”改为“十四年”。他强调，让外国人进入议会，很危险。

平克尼先生附议。

艾尔斯沃斯先生：反对这项动议，会使有德行的侨民对移居这个国家望而却步。

平克尼先生：参议院有权缔结条约，处理我们的外交，把参议院的门户向属于外国的人开放，特别危险，很不适宜。他提起雅典人在这方面的防备心理，任何外人敢在他们的议会里插嘴，即处死。

梅森上校：高度评价这项动议。就是出生于这个国家的人，若不是在独立战争中经历了这么多年，他觉得，连本地出生的人，进参议院都要有所限制。

麦迪逊先生：不反对作些限制；但绝不同意这项动议。把限制词语放在宪法里，没必要，也不适宜。说不必要，因为联邦议会有权制定入籍规则，可以在那里规定：不同的居住年限，享受不同的公民特权。说不适宜，因为会给宪法染上不开明的色彩，把入籍问题的具体立法权，从全国议会的权力中排除，联邦议会可以授予有德行的人各种等级的公民资格；限制会把联邦最需要移入的阶层拒于国门之外。如果现在提出的宪法，要使我们的政府稳定，受到尊重，就要延揽大量在欧洲受到尊敬的人士；爱好自由，有心参与的人士，就会投奔这里，共创前程。如果加以限制，会把这样的人士都打上值得怀疑、不合格的烙印，哪怕这些人是真心想来追求公共荣誉，也会受到羞辱。即使放手让各邦议会自由任命外来者任职，他们也不至于任命过多，造成危险；他不知道，外国是否会派外来者来实现它们的目的。他想，外国会把钱花来收买隐蔽的人物，不会花钱收买激起公开反感、惹人注目的人物。

巴特勒先生：断然反对没有在这个国家长期定居的外国人进入参议院。他们随身带来的，不仅有对其他国家的依恋，还有与我们迥然不同的政府观念，不论从哪个角度看，他们都是危险的。他承认，若非他来美后不久就应召进入公共生活，他的外国习惯、观点、依恋，就会使他不宜于担任公众的代理人。[322] 他提到大不列颠在这方面的严格规定。

富兰克林博士：不反对规定一段合理的时间，不过，看到宪法里夹进任何不开明的内容，都会深感遗憾。欧洲人民对这个国家是友好的。即使是上次战争中与我们作战的国家里，不论当时还是现在，我们都有许多朋友，不仅在广大人民中间，也在英国议会的两院里。欧洲其他国家的人民，都是我们的朋友。在革命过程中，我们发现许多外国人忠心为我们作战，也发现许多本土出生的人，反对自己的国家。外国人寻找更幸福的国家时，优先选择我们，证明人心所向，应该激励我们的信心

---

[322] 皮尔斯·巴特勒1768年作为英国军官被派往弹压波士顿的独立运动，时年24岁；制宪会议召开时，他到北美已19年；制宪会议后，他成为南卡罗来纳两名联邦参议员之一。参见本书脚注[67]。

和眷恋。

伦道夫先生：总的来说，移民对这个国家究竟有用无用，还是一个问题；但他绝不同意这项动议，把投身公务的荣誉，限制十四年之久。他提醒制宪会议，不要忘记我们的爱国者在革命期间说过的话，不要忘记我们美利坚各邦宪法定下的原则。由于相信这些，许多外国人把他们的命运和我们的连在一起。这项限制所排除的人，以及所有受到影响的人，都会站到敌视这个体制的旗帜之下。他认为，走得再远，也只能规定七年，不能再多。

威尔逊先生：他站起来发言时的感情，或许有点奇特；他说，他并非土生土长[323]，如果按照某些先生的想法办事，或许就要取消他参加制宪会议的资格，而他却分享着参与制宪的信托。他说，这项动议会给宪法带来不开明的面目；一个好体制，邀请有德行的外国人来与我们为伍，带来良好效果，这项动议会使良好效果消失；这项动议，会使有德行的外国人觉得人格受到贬低和歧视，感到失望和受辱。他本人就体验过这种羞辱。他迁往马里兰时，由于没有居民身份，发现自己失去一些法定的资格，这种情景不停地造成悔恨懊恼，虽然他并不期望，也不会接受与他的身份不宜的公职。如果你被委任一项公职，或许你会淡然置之。如果法律规定你不得任职，那你就会感到激怒，感到羞辱。

古文诺·莫里斯先生：经验告诉我们，应该尽量受理性主宰，尽量不受感情驱使。在这个问题上，什么是理性的语言？我们不能因为礼貌而牺牲谨慎。凡事都讲中庸。有人说，有些印第安人部落对生人过于殷勤，以至向生人献上他们的妻子女儿。这个模式是否适合我们？他会请他们登堂入室，请他们吃饭，给他们提供舒适的住处；但不会殷勤过度，请他们与妻子同床。他会让他们同坛礼拜，但不会请他们做祭

---

[323] 詹姆斯·威尔逊1766年应邀到费城任教，时年24岁；制宪会议召开时，他在北美居住已21年。和巴特勒一样，到北美后赶上了独立战争，他参与了北美的政治生活。关于威尔逊，参见本书脚注㊻。

司。他列举移民在我们这里享受的种种特权，但是，还是应该剥夺他们进入我们政府伟大殿堂的资格；他说，这超越了世界上任何国家给予外国人的特权；任何社会或社团，从大国到小小的俱乐部，都有权宣布接纳新成员的条件，这没有什么可以抱怨的。至于那些满口哲理的先生，那些自称为世界公民的人，但愿在我们的公共议事堂里一个也别见到。他不会信任他们。那些对自己国家归属感发生动摇的人，绝不会爱别人的国家。这种归属感，是有益于身心的偏见，支撑着所有的政府。允许一个法国人进入你的参议院，他就会想方设法增加与法国的商业来往；允许一个英国人这样，也会有同样的偏见，总是站在英国一边。已经有人说过，议会不会挑选外国人任职，至少是不适当的外国人。现在还不知道，议会会怎么做。议会已经作出的一些任命，证明应该提防在这方面暗中搞鬼。他提到一个外国人的例子，那个人不体面地离开这个邦，想方设法从另一个邦[324]钻进了邦联议会。

是否同意古文诺·莫里斯的动议？会议表决，新罕布什尔赞成，马萨诸塞反对，康涅狄格反对，新泽西赞成，宾夕法尼亚反对，特拉华反对，马里兰反对，弗吉尼亚反对，北卡反对，南卡赞成，佐治亚赞成。4 邦赞成，7 邦反对，会议不同意把当选参议员的公民资格从“四年”改为“十四年”。

古文诺·莫里斯先生又提出“十三年”。

会议表决，新罕布什尔赞成，马萨诸塞反对，康涅狄格反对，新泽西赞成，宾夕法尼亚反对，特拉华反对，马里兰反对，弗吉尼亚反对，北卡反对，南卡赞成，佐治亚赞成。4 邦赞成，7 邦反对，会议也不同意改为“十三年”。

富兰克林博士提醒制宪会议：如果宪法不作限制，这样的人真的会被选入议会。

拉特里奇先生：要求众议员具备公民资格七年。对参议员的要求

---

[324] 法兰德注：麦迪逊在笔记中划去“佐治亚”一词。见《汇编》第二卷第 238 页。

肯定要长一点，参议院权更多。

威廉森先生：在这个问题上，对参议院的保护应该比对众议院多。选参议员，更容易出现拉拢腐蚀、暗中搞鬼，因为参议员由邦议会选，而邦议会人数不多，不像众议员，是由人民选举。

伦道夫先生：愿意加到九年。既然威尔逊先生已经要求再议众议员公民资格七年的问题，他希望，如果再议以后能减少众议员的年限，参议员的年限也可以相应减少。

会议对“九年”表决，新罕布什尔赞成，马萨诸塞反对，康涅狄格反对，新泽西赞成，宾夕法尼亚反对，特拉华赞成，马里兰反对，弗吉尼亚赞成，北卡代表赞成反对各半，南卡赞成，佐治亚赞成。6 邦赞成，4 邦反对，1 邦代表赞成反对各半，会议同意把当选参议员的公民资格定为“九年”。

会议一致同意，这一款也用“定居者”取代“居民”。

经过这些修改以后，会议一致通过第五条第三款。

会议一致同意第五条第四款：参议院选举自己的议长和其他官员。

开始讨论第六条第一款：选举各院议员的时间、地点和方法，由各邦议会预定；联邦议会可随时改变各邦议会的规定。

麦迪逊先生和古文诺·莫里斯先生提议：把“各院”改为“众议院”；参议员选举涉及各邦的权利，时间、地点等等，应由各邦议会制定。会议没有接受这项动议。

有人提议：把这个问题分解，先讨论第一个部分。

会议一致通过第一部分。

平克尼先生和拉特里奇先生提议：删去第二部分“联邦议会可随时改变各邦议会的规定”。他们认为，在这个问题上，各邦议会可予信任，应该信任。

戈汉姆先生：不应该拿掉联邦议会的这项权力。这等于取消英国议会对选举的管理，把选举的事听凭诸县各行其是。

麦迪逊先生：总体政府应该考虑到，有时，邦议会可能失算，为了本地利益或照顾地方偏见，牺牲共同利益。把众议员的选举交给人民，而不交给邦议会，这个政策本身，就假定这种办法多少会带来不同的选举结果。这种想法，似乎已经决定邦议会不应该控制选举的时间、地点、方法。这些话留有很大余地。无法预料，在邦议会的权力指导下，会出现多少滥权现象。选民是用书面投票，还是口头投票？在这个地方集合还是在那个地方集合？是分成选区还是都在一个地方集合？是全体选民一起选举全部众议员，还是分为选区，各个选区选举分得的名额？如果这些问题，以及其他许多问题，都取决于邦议会，邦议会实际上就控制了选举。只要邦议会想贯彻一项自己喜欢的政策，就会想出办法操纵选举，使它喜欢的人当选。此外，某些邦内存在席位分配不平等的现象，会把邦内的席位不平等带到联邦会里来。可以预见，在邦议会内取得优势的县，也会设法确保它们在联邦议会中的优势。把控制权交给联邦议会，有什么危险呢？谁是危险的来源？一，来自各邦议会选出的参议院？如果各邦议会可信，它们选出的参议员就没有危险。二，来自选出邦议会的人民选出的众议院？如果对邦议会信得过，对联邦众议院同样信得过。把选举联邦众议员这样的大权交给邦议会，就像把选举邦议会议员的权力交给联邦议会一样，实施起来虽然方便，原则上却失之妥当。

金先生：如果不把这项权力交给全国议会，全国议会审查议员当选资格、公布选举结果的权力，就会落空。不能排除邦议会在选举中滥权。事实证明，用邦议会的权威来树立总体政府权威的做法，对建立联邦一直起着致命作用。看来，许多先生似乎还想扶植这种危险。

古文诺·莫里斯先生：各邦可能申报虚假选举结果，然后规定不许重选。

谢尔曼先生：没听说过。不过，最好还是保留这项规定。他本人是充分信任邦议会的。

会议不接受平克尼先生和拉特里奇先生的动议，仍旧保留联邦议会改变各邦议会选举规定的权力。

会议决定把前一句改为："选举各院议员的时间、地点和方法，由各邦议会分别预定"。

根据里德先生的动议，把后一句改为"但联邦议会对上述各项规定，随时可以制定和更改"。这样，联邦议会不仅有权更改各邦的规定，还可以制定和更改规则，用于未能或拒绝制定规则的邦。

经过这些修改后，会议一致通过第六条第一款。

休会。

8月 10日星期五　在制宪会议上

开始讨论第六条第二款：联邦议会有权设定各院议员当选的统一资格，财产方面，以联邦议会认为必要者为宜。

平克尼先生：记得休会以前，曾经要求详情委员会对当选联邦议员提出适当财产资格；结果他们又把这项任务推给联邦议会本身。如果这样，第一届议员当选时就没有资格了；如果第一届议会刚好由富人组成，他们就会定出有利于富人的资格；要是刚好由穷人组成，又可能陷入另一极端。他不同意在宪法里夹进贵族标准，但是，要想联邦议员、行政官员、法官思想独立、受人尊重，就必须制定财产资格。担任这些要职，兼备财产和声望，施政才可靠。这个问题，要谨慎从事。国家的命运，将掌握在议会手中。总统会对议会发生非常大的影响。法官不仅要审理公民之间的重要案件，还要审理涉及外国人的案件，甚至还要充当邦与邦、邦与联邦之间的仲裁。如果由他来制定财产资格，他认为，担任总统，财产应不低于10万元，法官和议员一样，减半。或者先把数字留个空白，以后再填。他提议：要求联邦总统、法官、议员分别宣誓，保证自己拥有一笔明确的、没有债务的资产，总统为____元，法官为____元，等等。

拉特里奇先生：附议。他说，委员会没有提出财产资格，因为内部意见不一致[325]，弄得很尴尬。定高了，怕人民不高兴，定低了，怕不起作用。

艾尔斯沃斯先生：各地处境不同，现在和将来的情况更不一样，不宜于提出固定的统一标准。条件定高了，南部适用，东部行不通。照顾东部，达不到南部的目的。适合于现在的标准，将来未必适宜。由于这些原因，他想，与其由宪法制定标准，不如留给议会去处理。

富兰克林博士：任何贬低普通人精神的提法，他都不喜欢。倘若诚实是财富的伴侣，倘若贫困特别具有诱惑力，那么，越有资产，对资产的欲望越强烈，就一点也不假。他见过的最恶的歹徒中，有些就是最有钱的歹徒。我们应该铭记圣经"治人者"篇提出的人格要求：他们应该是憎恶贪婪的人。这部宪法，会被欧洲广泛阅读和学习，倘若宪法情不自禁，流露出极其偏爱富人的情绪，不仅会伤害我们在欧洲思想最开明、最启蒙的人们心目中的形象，而且，会使希望移民到这个国家来的普通人失望。

平克尼先生的动议，受到这么多的否定，没有要求各邦投票。[326]

麦迪逊先生：反对这一规定，会把不适当的危险权力授予立法部门。对共和制来说，选民资格和当选资格，是具有根基性质的规定，应该由宪法制定。如果议会有权制定选民资格或当选资格，他们就会一步一步地推翻宪法。通过制定当选资格，他们会限制当选人数，通过制定选民资格，他们会限制合格的选民人数，这样，共和制就会变成贵族制或者寡头制[327]。不论何时何地，人民选出的议员，一旦形成与选民利益不同的个人利益，就会产生与人民对立的情绪。因此，只有议员与人民利益一致时，才能充分信任议员。过去就有过这样的情况。让议员确定和调整自己的薪水时，就是如此，让他们确定自己的其他特权，也

---

[325] 约翰·拉特里奇是详情委员会主席。

[326] 原文为被动语态，未出现"主席"一词，但从中可以看出华盛顿如何主持会议。

[327] 亚里士多德把政体分为君主制、贵族制、共和制；他认为，僭主制是君主制的变态，寡头制是贵族制的变态，平民制是共和制的变态。见亚里士多德《政治学》，吴寿彭译本第132—140页，商务印书馆1965年版。

不适当。这也是一种权力，会使一派屈从另一派的观点。资格奠定在人为划分的区别上，由强者制定，会把弱者的代表拒之于外。

艾尔斯沃斯先生：把这项权力交给议会，并非无懈可击。不过，他还不认为会造成危险。这项权力中涉及选民的部分，可能带来危险，因为更容易被滥用。

古文诺·莫里斯先生提议：删去“财产资格”，让议会自行处理。

威廉森先生：删去财产资格，绝不会得到承认。倘若议会多数由某种特定的人组成，例如律师——这并非不切实际的假设，将来的选举，可能就会有利于律师。

麦迪逊先生：英国议会兼有制定选举人和当选人资格的权力；他们在这方面的滥权，值得我们引以为鉴。由于政治观点或宗教派别的影响，他们曾经按自己的观点改变选民资格和当选资格。

是否删去“财产资格”？会议表决，新罕布什尔反对，马萨诸塞反对，康涅狄格赞成，新泽西赞成，特拉华反对，马里兰反对，弗吉尼亚反对，北卡反对，南卡反对，宾夕法尼亚赞成，佐治亚赞成。4 邦赞成，7 邦反对。会议不同意删去“财产资格”。

拉特里奇先生：反对把确定财产资格的权力留给议会。他提议，联邦议员的资格，与各邦议员相同。

威尔逊先生：最好把这一款删掉。联邦议会只怕永远也制定不出统一划齐的标准。如果以此类推，一旦议会制定不出选民或当选资格，别的资格也会失效。

是否同意第六条第二款？会议表决，新罕布什尔赞成，马萨诸塞赞成，康涅狄格反对，新泽西反对，宾夕法尼亚反对，马里兰反对，弗吉尼亚反对，北卡反对，南卡反对，佐治亚赞成。3 邦赞成，7 邦反对，会议不同意由联邦议会制定议员当选的财产资格。[328]

---

[328] 会议既不同意放弃选民和当选的财产资格，又不同意把制定资格的权力给予联邦议会，自己也不能通过宪法制定资格，这个问题存疑。

会议同意威尔逊先生的动议，再议第四条第二款。

威尔逊先生要求：当选联邦众议员的资格，从至少成为联邦公民“七年”，恢复为至少“三年”。

会议对此表决，新罕布什尔反对，马萨诸塞反对，康涅狄格赞成，新泽西反对，宾夕法尼亚赞成，特拉华赞成，马里兰赞成，弗吉尼亚赞成，北卡赞成，南卡反对，佐治亚反对。6邦赞成，5邦反对。

会议决定：这个问题下星期一再议，马萨诸塞和佐治亚反对，其余的邦都赞成。

开始讨论第六条第三款：各院议员过半数，构成合法议事人数；到会议员不足合法人数，可逐日休会。

戈汉姆先生：各院到会人数不足半数，也应该构成合法议事人数，否则，会造成大量延误。将来议员人数增加，更不方便。

默塞先生：赞成戈汉姆先生的意见。到了关键时刻，那么多人等待，等于把权力交给少数几个逃会的人，会引起动乱，危及政府。有些邦已经发生这种逃会现象。他主张与英国一样，由议会自己决定议事的合法人数。英国对人数的要求很低，也没出过什么问题。

梅森上校：这是宪法中一个有价值而且必要的部分。这个国家如此辽阔，包含的利益如此多样，而且各不相同，让两院少数议员立法，对边远地区很危险。中部各邦总会小心在场，到会也会比边远地区早，忍耐忍耐，待的时间也会比边远地区长，能争取到中部喜欢的措施。他承认，少数人逃会是个麻烦。但是他也知道，通知一下还是有好处。他就知道一个先例，为了避免这种现象，弗吉尼亚就事先书面通知。他认为，宪法构建到这一步，已经建立在坚实的原理上了，现在要往宪法里装配广泛的权力。他希望，宪法尽量防止滥权现象。如果赋予议会开除议员的权力，议会可能会按自己的喜好，把议员人数减到很少，联邦就会被少数人统治。过半数议员同意就可以开除议员，太少，他担心会引起人民的反对。

金先生：不要求过半数为合法议事人数，中部各邦确有占便宜的危险;不过,更令人担心的,还是不利于公务。

古文诺·莫里斯先生提议:把合法议事的人数固定下来,作为一条杠杠。众议院共六十五人,规定三十三人到会才能议事;参议院二十六人,规定十四人到会才能议事,就是现有议员人数的过半数。把数字定低一点,总能把会开起来。各邦议员都知道,自己缺席,别的邦可能占便宜。少数人不到会,也不至于影响合法人数,拖累多数。对各邦来说,联邦议会开不起来,或许影响不大。对联邦议会本身来说,就要命了。如果少数人不到,会就开不起来。到时候,这个大陆的某个部分如果需要立即援助,别的部分就可以利用合法人数,强求某种不公平和自私的做法,不答应,就要挟,说不来开会。

默塞先生附议。

金先生:他刚准备了一项动议,不是把人数固定下来,而是以此作为最低限度,让议会自己决定是否增加。他估计,将来议员人数增加,要凑齐全体议员的过半数,非常麻烦。

默塞先生:同意金先生的补充意见。

艾尔斯沃斯先生:反对这种办法。这会使少数人高兴,觉得自己不来开会,别人也拿他们无可奈何,无法可治。他提醒两位提出动议的人,宪法提出的办法,就是要授权议会,解决出席人数问题,不能允许缺席。具体办法,是授权两院,要求缺席议员到会。

威尔逊先生:同意艾尔斯沃斯先生的意见。

格里先生:仅仅固定议事的合法人数,还不够,应该采取进一步的预防措施。他指出,如果三十三名议员就能构成众议院议事的合法人数,十七名议员就构成其中的过半数,就可以立法;如果十四名议员就构成参议院议事的合法人数,八名议员就构成其中的过半数,就可以作出决定。两个大邦联手,就能凑齐十七名众议员;这两个大邦,再找两个小邦,就可以凑齐八名参议员。因此,他提议,众议院的合法议事人数,应不高于五十人,但不得低于三十三人,其中的变通权力,留给联邦议会。

金先生：合法议事人数，未经总统和多数议员双方一致同意，不得更改；信任议会，不会出危险。

卡乐尔先生：把三十三和十四定为合法议事人数，如果从长计议，就不安全，议员人数还会增加。

金先生提议："众议院的合法议事人数不得低于三十三，参议院的合法议事人数不得低于十四，任何一院议员增加，可由议会立法提高合法议事人数。"

会议对此表决，新罕布什尔反对，马萨诸塞赞成，康涅狄格反对，新泽西反对，宾夕法尼亚反对，特拉华赞成，马里兰反对，弗吉尼亚反对，北卡反对，南卡反对，佐治亚反对。2 邦赞成，9 邦反对。会议不同意金先生的动议。

伦道夫先生和麦迪逊先生提议：在第六条第三款后面，增加"授权联邦议会，迫使缺席议员出席，各院自订迫使议员出席的办法和处罚规定"。

会议对此动议表决，宾夕法尼亚代表赞成反对各半，其余各邦投票赞成。

经过这些修改以后，会议一致通过第六条第三款。

会议一致通过第六条第四款：各院分别审查本院议员的选举过程、结果和资格。

会议一致通过第六条第五款：联邦议会内的发言和辩论自由，不受法院和议会以外任何地方的弹劾和盘诘；除因叛国、重罪、妨碍治安外，各院议员在议会开会期间和往返途中，享有不受逮捕的特权。

开始讨论第六条第六款：各院决定自己的开会程序；处罚自身成员不守规则的行为；有权开除议员。

麦迪逊先生：开除是个大权。如果到会议员刚够合法议事人数，出席议员过半数就能决定开除，那可不行。他提议：改为"经三分之二议员同意，有权开除议员"。

伦道夫先生和梅森上校：支持麦迪逊的动议。

古文诺·莫里斯先生：可以放心把这项权力信托给议员的过半数。要求人数再多，可能使少数滥权。少数从派性动机出发，就可以保住一个应该开除的议员。

卡乐尔先生：至少应该要求三分之二的议员意见一致。

是否要求三分之二议员同意，才能开除议员？会议表决，新罕布什尔赞成，马萨诸塞赞成，康涅狄格赞成，新泽西赞成，宾夕法尼亚代表赞成反对各半，特拉华赞成，马里兰赞成，弗吉尼亚赞成，北卡赞成，南卡赞成，佐治亚赞成。10 邦赞成，1 邦代表赞成反对各半，会议通过。

经过这些修改以后，会议一致通过第六条第六款。

开始讨论第六条第七款：众议院和参议院行使立法权时，应对议事过程作出记录，定期出版公布：两院表决任何问题，经出席议员五分之一的人要求，应将全体议员所投的赞成票和反对票记录在案。

古文诺·莫里斯先生：把全体议员投的赞成票和反对票都记录在案，如果这种要求得体，那么，他认为，应该授权任何议员都可以提出这种要求。他提出这一动议。否则，小邦可能吃亏，觉得难以找到五分之一的人一起提出这种要求。

伦道夫先生：附议。

谢尔曼先生：不如干脆把记录投票的话删掉。这种做法，从来没有起过好作用，倒是引起许多麻烦。这种做法不恰当，因为，并没有把议员投票的理由也记录下来。

艾尔斯沃斯先生：同意谢尔曼先生的意见。

梅森上校：喜欢这个规定。五分之一，不多不少，正好在上述两种极端的中间。

戈汉姆先生：不同意一名议员就可提出这种要求。他以马萨诸塞为例，列举了滥用这种权利的弊病。一、弄得会议记录充满琐碎内容；二、误导从不了解投票理由的人民。

是否每个议员都可提出这种要求？会议表决，一致反对。

卡乐尔先生和伦道夫先生提议：在这一款中，用“众议院”取代“各院”，再加上“在参议院内，任何一名议员均可要求把自己的不同意见记录在案”。

古文诺·莫里斯先生和威尔逊先生：如果少数议员有权要求把他们的投票和理由记录在案，如果不把这种权利延伸给多数，多数就有权抱怨；如果给予双方，记录将不胜其繁，就像法庭记录一样，充满了被告的答辩，原告的再驳和反问，等等，等等。

是否同意卡乐尔的动议？会议表决，新罕布什尔反对，马萨诸塞反对，康涅狄格反对，新泽西反对，宾夕法尼亚反对，特拉华反对，马里兰赞成，弗吉尼亚赞成，北卡反对，南卡赞成，佐治亚反对。3 邦赞成，8 邦反对。会议不同意卡乐尔的动议。

格里先生提议：删去“行使立法权时”，把五分之一的规定延伸到参议院行使其他职权时，再增加“他们认为需要保密的记录除外”。

其他代表认为，等讨论到给参议院增加的权力时，还是要用这一款，应该在这里一并制定规则。

是否删去“行使立法权时”，以便扩展范围？会议表决，新罕布什尔代表赞成反对各半，马萨诸塞赞成，康涅狄格反对，新泽西反对，宾夕法尼亚反对，特拉华赞成，马里兰赞成，弗吉尼亚赞成，北卡赞成，南卡赞成，佐治亚赞成。7 邦赞成，3 邦反对，1 邦代表赞成反对各半。会议同意删去，把五分之一的要求，扩展到议会的所有议事行为。

休会。

8月11日星期六　在制宪会议上

继续讨论第六条第七款：如何记录投票。

麦迪逊先生和拉特里奇先生提议："各院应对议事过程作出记录，定期公布；参议院行使立法以外的其他职能，而且该院认为议事内容需要保密者除外。"

默塞先生：这就意味着要授予参议院立法以外的其他权力，他希望不要授予其他权力。

会议表决，弗吉尼亚赞成，其余各邦都反对麦迪逊和拉特里奇先生的动议。

格里先生和谢尔曼先生提议：在"定期公布"后，补充"但与缔结条约和军事行动有关的内容除外"。他们的目的，希望两院对缔结条约和军事行动能自主行动。

会议表决，新罕布什尔反对，马萨诸塞赞成，康涅狄格赞成，新泽西反对，宾夕法尼亚反对，特拉华反对，[329]弗吉尼亚反对，北卡反对，南卡反对，佐治亚反对。2邦赞成，8邦反对，会议不同意格里先生和谢尔曼先

---

[329] 法兰德注：根据会议秘书对第274次表决的记录，马里兰投反对票。见《汇编》第二卷第260页。麦迪逊漏记马里兰。

生的动议。

艾尔斯沃斯先生：这个句子改来改去，还是受到反对，不如干脆删掉。议会不会言而无信的，届时会公布议事记录，如果其中有不适当的遗漏，人民会要求补充说明。

威尔逊先生：删去这个句子，实为不妥。人民有知情权，了解他们的代理人在做什么，做成了什么；不能让议会自己选择哪些程序可以隐瞒。而且，这个句子已经载于邦联条款，不予保留，会给反对改革的人以口实，他们的话很容易误导思想薄弱和怀有疑心的人。

梅森先生：如果删去这个句子，人民警告说，他们的议会变成了教廷式的秘密会议，就言之有据了。

谢尔曼先生：既然别的事情可以信任议会，这件事也可以信任。

会议表决结果，一致同意这一款的第一部分：众议院和参议院行使立法权时，应对议事过程作出记录，定期公布。

是否同意“议会判断需要保密的会议记录例外”？会议表决，新罕布什尔代表赞成反对各半，马萨诸塞赞成，康涅狄格赞成，新泽西赞成，宾夕法尼亚反对，特拉华反对，马里兰反对，弗吉尼亚赞成，北卡赞成，南卡反对，佐治亚赞成。6邦赞成，4邦反对，1邦代表赞成反对各半。会议通过。

会议表决结果，一致同意这一款余下的部分：两院表决任何问题，经出席议员五分之一的人要求，应将全体议员投的赞成票和反对票记录在案。

开始讨论第六条第八款：一院未经另一院同意，休会不得超过三天，不得在两院会堂之外的其他地方开会。参议院行使第____条所授予的权力时，不受此条约束。

金先生：这一款又要两院搬家，不方便。邦联议会的开会地点变来变去[330]，已经影响了联邦政府的声望，我们应该努力弥补。他认为，至少

[330] 邦联议会先后开过会的地方，见本书表二《联邦制宪会议召开以前和召开期间的北美临时政府》。

应该确定联邦政府的所在地，准备一次搬定。

麦迪逊先生：同意金先生的意见，把联邦政府所在地定下来。

古文诺·莫里斯先生：建议再作一点补充，改为“开会期间”休会不得超过三天。

斯佩特先生：这会把首都固定到纽约。现在拟定的联邦议会，会在那里举行第一次会议。他们绝不肯搬家；如果总统是北方人，更是如此。

古文诺·莫里斯先生：这也太不信任人了，政府成员也非人人都这样想。

麦迪逊先生：假定有个中心地点，做首都非常合理，众议院又坚持要把政府设在那里，那就应该制定一个条款，这是可以办到，也应该办的事。在新政府治理下，把首都设在中心地点，这种需要比在旧政府治理下大得多。新政府人员更多，会吸收更多来自内地的成员。新议员与现在邦联议会的代表不同，常常要走水路，从远处来。新政府的权力和目标都比过去更为远大，很多现在隐居各地的人，会响应商业的召唤，到首都去做生意。更为必要的是，首都所处的位置，应该能以平等的眼光，向四面八方鸟瞰全局，对全国的每个地方，都给予同等的关心。他想，这就要求制定一个条款，迫使首都搬迁。不过，为了消除会内会外的疑虑，最好还是授权两院，让他们第一次开会时，用联合投票的办法选择最适合的地点，然后立法，用法律的力量，要求搬迁。为此，他把动议的措辞设计如下：“第一届联邦议会期间，议会应该决定他们未来开会的地点；搬迁之后，众议院开会期间，未经另一院的同意，两院均不得休会超过三天，不得在立法规定的开会地点以外的地方开会。”

格里先生：在这个问题上，不能让总统制约两院的意志。

威廉森先生：斯佩特先生的说法有道理。

卡乐尔先生：也担心他们不肯搬迁。

默塞先生：要求第一届联邦议会选定首都，是达不到目的的，他们绝不可能达成一致意见。

其他人发表了一些意见：如果要求联邦议会用立法的办法搬迁首都，那么，首都多半还是会留在一个不恰当的地方（纽约），议员们不会同意搬迁的。结果，会议不同意麦迪逊先生的动议。

最后，一致同意把第六条第八款修改如下：联邦议会开会期间，一院未经另一院同意，休会不得超过三天，不得在各自会堂以外的其他地方开会。删去后面的“参议院行使第____条所授予的权力时，不受此条约束。”

根据伦道夫先生的要求，再议第四条第五款：众议院是否独享钱财提案发起权。

伦道夫先生：一、当初设想时，参议院也按人口比例分配席位。那时，并不指望众议院独享钱财提案发起权。自从参议院确立各邦席位平等后，他认为，大邦至少应该以此作为补偿；二、这样安排，人民更容易接受宪法，因为，人民总是把参议院视为比较贵族化的一院，会仿照英国的先例，对参议院设置更多的限制，以图安稳；三、如果众议院独享钱财提案发起权，众议院就有一个优势，如果不许参议院修正，众议院的优势就更大；四、他呼吁小邦一起同意这项措施，作为达成妥协，让他们在参议院享受平等席位的惟一条件。他表示，他将提出新内容来代替这一款，说明钱财提案的目的只限于筹集政府的岁入，以免有人夸大“筹款”一词。这种反对意见是可能出现的。而且说明，参议院的修正、更改，不得涉及钱数的增加或减少；免得有人说参议院的功能只限于简单的肯定或否定。

威廉森先生附议。

平克尼先生：表示遗憾。他不同意再提供机会，把这个问题又翻出来讨论。这不过是浪费时间。他本人不可能再同意。不论前一段达成妥协时发表过什么意见，这一款已经排除了。第一院席位按人口分配，这条规则，就是第二院席位各邦平等的真实条件。

其他几位先生发言。对于再议这一款，有的反对，有的赞同，但达不成一致意见。

是否再议？会议表决，新罕布什尔赞成，马萨诸塞赞成，康涅狄格赞成，新泽西赞成*，宾夕法尼亚赞成，特拉华赞成，马里兰反对，弗吉尼亚赞成，北卡赞成，南卡代表赞成反对各半，佐治亚赞成。9 邦赞成，1 邦反对，1 邦代表赞成反对各半。会议决定：星期一再议。

休会。

---

* 麦迪逊注：在出版的《会议记录》中，新泽西投反对票。

8月 13日星期一　在制宪会议上

再议第四条第二款，众议员的公民资格年限问题。

威尔逊和伦道夫先生提议：把“七年”改为“四年”，作为当选众议员的公民资格年限要求。

威尔逊先生：这个问题，宜于让选民自己做主；没必要用宪法束缚他们，这样不妥。

格里先生：希望将来把当选资格只限于本土出生的人。外国强权会干预我们的事务。为了施加影响，他们不惜成本。他们会派遣对外国有归属感的人，混到我们当中来，献媚讨好，混进公堂，充当工具，实现他们的目的。人人知道，欧洲人搞这种秘密工作，花钱不计其数。并不是只有他一个人才这样想，马萨诸塞有影响的人物中，持这种观点的人多得很。

威廉森先生提议：把“七年”改为“九年”。他希望，这个国家能尽快养成国家的思维习惯。富有的移民，利用自己带来的钱财，奢侈浪费，榜样不好，危害多于好处。

汉密尔顿上校：总的来说，不同意用琐碎的限制使政府左右为难。危险的一面，有人已经提到；还有一面，鼓励外国人移民的好处，也很明显，已经得到承认。具有中等资产的欧洲人，喜欢到这里来，可以与一等公民平起平坐。他提议把这一款改动一下，只要求是公民，在定居。入籍规则和权利，留给联邦议会去权衡处理，他们会解决各种问题。

麦迪逊先生：附议。他希望保持开明精神，这是美利坚宪法和各种出版物中一贯的追求。他希望邀请具有德行和共和精神的人加入我们的行列。美利坚从有人安家落户，到繁荣起来，得益于移民。美利坚最鼓励移民的地区，人口增长最快，农业和工艺最发达。他承认有危险的可能性，偏向外国的人，可能得到官职，但多半不会达到危险的程度。就像他们依恋自己的故国一样，我们的人民也会偏爱这个国家出生的人。经验证明，事实就是如此。一个外国人进入我们当中，时间还很短暂，就被人民选出来担任公职，这种例子稀少。如果外国强权要花钱买通，目标不会放在选民身上，而会放在当选者身上；会放在充分享有人民信心的人身上，不会放在人民以怀疑眼光看待的陌生人身上。

威尔逊先生：以宾夕法尼亚为例，证明鼓励移民的好处。在大西洋沿岸，除佐治亚外，宾夕法尼亚大概是最年轻的移民聚居地；可是，在人口和繁荣方面，至少名列前茅。他指出，宾夕法尼亚政府中几乎所有的官员，上次战争中成排成排的军官，都是外国人。可是，从来没有人指责他们不忠诚，没有德行。派来参加制宪会议的代表中，有三人（罗伯特·莫里斯先生，托马斯·费兹西蒙斯先生和他本人）不是本土出生。他不反对汉密尔顿的动议，为此，撤回他自己的动议。

巴特勒先生：坚决反对外国人进入我们的政府。

是否同意汉密尔顿先生的动议：只要求是公民，在定居，就符合当选资格？会议表决，新罕布什尔反对，马萨诸塞反对，康涅狄格赞成，新泽西反对，宾夕法尼亚赞成，特拉华反对，马里兰赞成，弗吉尼亚赞成，北卡反对，南卡反对，佐治亚反对。4 邦赞成，7 邦反对，会议不同意汉密尔顿先生的动议。

是否把“七年”改为“九年”？会议表决，新罕布什尔赞成，马萨诸塞反对，康涅狄格反对，新泽西反对，宾夕法尼亚反对，特拉华反对，马里兰反对，弗吉尼亚反对，北卡反对，南卡赞成，佐治亚赞成。3 邦赞成，8

邦反对,会议不同意威廉森先生的动议。

威尔逊先生:再次提出用“四年”取代“七年”。会议表决,新罕布什尔反对,马萨诸塞反对,康涅狄格赞成,新泽西反对,宾夕法尼亚反对,特拉华反对,马里兰赞成,弗吉尼亚赞成,北卡反对,南卡反对,佐治亚反对。3 邦赞成,8 邦反对,会议不同意“四年”。

古文诺·莫里斯先生提议:增加一条附则,七年的限制,不影响现在已经是公民的人。

默塞先生:附议。已经宣誓成为公民的人,不应该剥夺他们的参政权。按照法律和宪法,在所有方面,他们都与本地出生的人平等。

拉特里奇先生:反过来也可以说,设置任何资格,都是在剥夺参政权。要求年满二十五岁,也是剥夺参政权。对现在已经是公民的外国人,采取谨慎措施,仍然十分必要;对将来要入籍的人,也一样。

谢尔曼先生:联邦没有邀请过外国人,也没有立过誓言,说他们应与本土出生的人享有同等特权。这是一些邦单独搞的。因此,联邦可以按自己的判断,根据需要,自由处置,区别对待。

戈汉姆先生:外国人一旦入籍,就应该与本土出生的人立于同一水平。他怀疑,用追究既往的办法加以限制,是否妥当。

麦迪逊先生:谢尔曼先生的说法乖张无理。这是巧辩,要是这样,国家不论做什么事,都可以回避责任。以此类推,不论何时,欠下公债,与外国缔结条约,到了不方便的时候,就不用担心了,只要重订一部宪法,就可以一笔勾销,无债一身轻。有人说,联邦没有对入籍的外国人许过诺言,不受约束,话是各邦说的,让各邦自负其责吧。这话说不过去。我们现在在制定新宪法,难道要把公民分等,厚此薄彼?难道各邦不是代表联邦在表态吗?各邦不是联邦的成员吗?这次制宪会议不是各邦派人来组成的吗?制宪会议的结果不是要求各邦批准吗?新宪法难道不是各邦的立法?如果新宪法违背各邦的誓言,违背的人,岂不是宪法的制定者?岂不是各邦吗?要使这种说法合理,那就等于说,各邦可以通过修订宪法摆脱责任。可是,各邦无法用废除法律的办法,取消授予外国人的特权。他认为，这的确是一件大事。这样做，会使我们受到那些被影响者的谴责，而他们的谴责，很快就会在大西洋彼岸引起回应；把一大批公民推到反对改革的人那边去，毫无必要；而且，会把各邦推进两难境地：拒绝宪法的这种规定，难，对自己的一部分公民食言，也难。

古文诺·莫里斯先生：年龄不满二十五岁的人，与外国人的情况不同。不能要求二十五岁以下的人宣誓守规。出了事，对二十五岁以下的人，与二十五岁以上的人，要求不同。可是，对于生活在我们当中的外国人，曾经立过誓言，让他们享受公民的各种特权。如果年龄限制过去只限于对待本土出生的人，放过了二十五岁以下的外国人，那么，这种区别对待同样不公平，要改过来。

梅森上校：谢尔曼先生的说法，给他的印象与给麦迪逊先生的印象不同，不是乖张无理，而是恰如其分。各邦制定了不同的资格，让公民享受不同的权利。新政府开始时，需要更加谨慎，不要等到事后。一切远大目标，都可以制定。每件事情，都可以提出商讨。如果我们当中依附英国的人能进入政府，那么，现在就要来一个转折，特别是制定商业法规，可能产生恶性后果。英国的富商大贾，会不惜血本派遣工具渗透我国，把他们的观点灌输到我们政府中来。

威尔逊先生：朗读宾夕法尼亚宪法的规定：外国人住满两年，即授予公民的一切权利。邦联条款有个规定：成为一邦的公民，也就成为所有邦的公民[331]。两句结合，可以推断，其他各邦也要履行宾夕法尼亚授予他们的公民权利。如果不给，就和宾夕法尼亚一样，应该受到指责。如果我们背弃誓言，欧洲的君主们就会以此为理由，阻止臣民移民联邦。

默塞先生：不能背弃誓言。

鲍德温先生：对公民资格的年限要求，不应该延伸到已经成为公民的外国人。

---

[331] 邦联条款的有关规定，参见本书附录二。

是否同意古文诺·莫里斯先生提出的附则？会议表决，新罕布什尔反对，马萨诸塞反对，康涅狄格赞成，特拉华反对，马里兰赞成，弗吉尼亚赞成，北卡反对，南卡反对，佐治亚反对，新泽西赞成，宾夕法尼亚赞成。5 邦赞成，6 邦反对，会议不同意“七年”的要求不适用于已经入籍的外国人。

卡乐尔先生提议：当选众议员的公民资格，用“五年”取代“七年”。

是否同意改为“五年”？会议表决，新罕布什尔反对，马萨诸塞反对，康涅狄格赞成，新泽西反对，宾夕法尼亚代表赞成反对各半，特拉华反对，马里兰赞成，弗吉尼亚赞成，北卡反对，南卡反对，佐治亚反对。3 邦赞成，7 邦反对，1 邦代表赞成反对各半，会议不同意改为“五年”。

于是，会议一致同意：当选联邦众议员，需要已经是公民“七年”。

威尔逊先生要求：再议第五条第三款，把当选参议员的公民年限，从“九年”改为“七年”。

表决结果，会议不同意威尔逊先生的动议。

是否同意第五条第三款？会议再次表决，新罕布什尔赞成，马萨诸塞赞成，康涅狄格反对，新泽西赞成，宾夕法尼亚反对，特拉华赞成，马里兰反对，弗吉尼亚赞成，北卡赞成，南卡赞成，佐治亚赞成。8 邦赞成，3 邦反对，会议再次肯定：当选联邦参议员，需要已经是公民“九年”。

根据前天会议的决定，再议第四条第五款：一切钱财提案，应由众议院发起，参议院不得更改修正。

伦道夫先生提议，把这一款修改如下：“目的为筹集岁入的筹款提案和拨款提案，由众议院发起，参议院修正和更改时，不得增加或减少筹款数目，不得改变征税方式，不得改变拨款目的。”他不再重复说明他的理由，只是提醒小邦代表，仅凭那项妥协，大邦就有资格得到这项特权。

梅森上校：这样修改以后，排除了对这一款最初提法可能产生的各种反对意见。[332] 点明“目的为筹集岁入”，就排除了一种反对意见：认为

[332] 从这时开始，梅森与伦道夫显然配合默契，逐渐与弗吉尼亚代表团分道扬镳。

这一款可能延伸到所有临时性的筹款。授权参议院修正，避免了另一种反对意见，说参议院不能纠正任何错误。而且，给众议院引进一种做法，把外事拨款纳入钱财提案。把这些反对意见排除之后，再提出限制参议院，就有了充分的说服力。一，就其政治性质而言，参议院不代表人民，只代表邦。因此，如果让参议院决定向人民征税的事，不适当。反对参议院征税，理由与反对邦联议会征税一样。为了治疗我们共和制中的弊病，不论从哪个角度看，都没有必要让参议院征税。他承认，共和制虽然优于其他政体，依然有它的弊病。主要弊病，包括多数压迫少数的危险，和政客们的错误影响。总体政府本身将治疗这些弊病。由于各邦非正义的和压迫性的计划，不会正好同时出现，总体政府将有能力制约和击败这些计划，不论这些计划是出于多数的恶意，还是政客的煽动。再说，参议院与众议院不同，众议员频繁选举，有责任频繁地回到人民中间去。参议员六年选举一次，而且是由各邦议会推选，很可能会住在首都，会想方设法扩展自己的权势。参议院有能力把众议院弄得厌烦不堪，到了漫长会期的末尾，利用众议院的不耐烦占取便宜，强求众议院实行参议院的措施。他预计，如果议员的薪水要由国库支付（还有待决定，不过大家希望如此），议员会特别强求增加自己的薪水。仅仅否定提案，与发起提案区别甚大。英国的例子，就很说明问题。英国的上院，不代表人民，也不向人民征税，因为他们不是人民选出来的。如果参议院可以发起钱财提案，议会开会期间，他们就会为自己的目的，孵化他们的鬼把戏，把钱财提案准备好，（套用一个常用的说法）削减、挤干，只等众议院开会。他把这种做法比喻为波伊宁斯的立法。[333] 他强调说，按此办理，众议院就会被逐渐贬低为巴黎的议会，仅仅是参议院诏书的保管所。至于说到大邦小邦之间的妥协，会议已经花

---

[333] 波伊宁斯（Sir Edward Poynings，1459—1521）：英格兰国王派驻爱尔兰的代表。他在爱尔兰的两项立法，在英国享有盛名，一、把英格兰当时通用的一切公法，全部推行于爱尔兰；二、爱尔兰议会一切立法文件的草拟，必须接受英格兰国王和枢密院的监督。

了许多时间，他就不再补充了。他说这些话，意思并不是反对参议院的稳定。相反，他对提高参议院的地位并不反感，不反对给予参议院否决权，只是按照宪法现在的规定，参议院并不具备那样的资格。不过，无论如何他都要坚持：钱袋的封口绳，要掌握在人民选出的众议员手中。

威尔逊先生：他原来是反对参议院各邦席位平等的。但是，他希望不要再使这个体制中的弊病翻番。这个问题已经经过详细讨论，他不想再把这个问题弄大，只想说明，又提出众议院独享钱财提案发起权，会遇到难以克服的障碍，成为两院之间持续争雄的根源，而且中间无人可以充当仲裁，作出裁决。这里的总统不比英国国王。英国国王可以用特权介入，甚至干脆解散议会。在已经制定宪法的每个邦，事实都证明：众议院独享财权孕育着争吵。众议院会把许多其他事情都夹到钱财提案中去，作为筹码，与参议院讨价还价，使参议院失去磋商的权利。他举了英国安妮王朝时代的一个例子，下院向上院呈交了钱财提案，序言中谴责一位大臣的行为，那个大臣正遭到上院弹劾；下院硬要上院提出裁决，其实，弹劾案尚在审理过程之中，还在听取各方的说法，裁决尚未成熟。下院借此机会把上院贬低到一种可怜的，声望不佳的地位。上院只好采取权宜之计，反对一项法案的授权，要求维护他们的会议记录，不被拖进此案。目前讨论的问题，如果说有什么与波伊宁斯立法类似，就是企图把发起钱财提案的排他权力交给众议院。现在，他反对这样做。他也反对把这项权力完全交给参议院。至于说到钱袋封口上的系绳，那就应该指出，钱袋得有两根绳子封口，一根在众议院手里，一根在参议院手里，两院都同意，才能打开钱袋。两院之间重要性的差别，在于一个先解绳子，一个后解绳子。他看不出来，由参议院准备钱财提案有什么不好，参议院有闲空干这件事，也会按商业习惯做。战争、商业、岁入，是总体政府的主要目标。这些事都与钱相关。这种限制有利于众议院，会排除参议院发起任何重要提案。

格里先生：这是宪法中需要仔细推敲的一个部分。在人民的心目中，征税与席位分配紧密相关。人民不会同意任何人去摸弄钱袋，除非是他们直接选出的代表。简单地说，如果不限制参议院插手钱财提案，这部宪法就不会被接受，就注定要失败。

古文诺·莫里斯先生：所有这些议论，都假设发起钱财提案和征税的权力会单独授予参议院。大家想要达到的效果，可以只给参议院否决权，就解决了。参议院能把众议院弄得筋疲力尽，迫使众议院同意他们喜欢的措施，或者拿否决威胁，坚持一项他们提出的提案。

麦迪逊先生：如果伦道夫先生的替代方案得到采纳，至少应该允许参议院对减少筹款数目提出修正。为什么把参议院的修正权仅仅限于制约众议院的大手大脚呢？共和政府附带的最大弊病之一，是彼此争论的精神和分党分派。伦道夫先生提出的替代方案，在某些方面减缓了对这一款的反对意见，但也有一个相反的影响，为两院之间的争论增添新的困难。“岁入”这个词，含义模糊。许多法案，特别是管理贸易的法案，目的往往是双重的。筹集岁入的法案，是其中之一。如何判断哪个目的是首要的、占压倒地位呢？如何判断岁入是否是惟一目的呢？如何排除其他临时性的需要呢？这一斗争在英国展开之初，议会管理贸易的权力得到承认。他们征收岁入的要求被拒绝了。后来，仔细探索这个问题，发现二者之间无法划出一条严格界线。“修正”和“更改”这两个词，同样是引起怀疑和争吵的根源。参议院把一段讨厌的话交还给众议院，这种做法，被称为以修正之名，行发起之实。参议院可以借修正和更改发出弦外之音。遇到这种情况，问题就转变成目的与程度之争，发起者提出钱财提案的目的，更改和修正者在程度上做文章。还有比这更能引起争议的源泉吗？还有比这更难解决的争端吗？他对这个问题的看法，并非猜想推断。在弗吉尼亚，争论就从这个源泉里流出来，那里的参议院是不能发起钱财提案的。“不得增加或减少筹款数目”这样的措辞，依然容易引起反对。现在看来，征收间接税作为新政府的主要岁入，已经得到理解，可是征税的数量，是增加还是减少，还要受到许多牵动消费的周边环境的影响，包括对进口商品和国内产品的消费，涉及这类或那类产品，甚至还受征税方式的影响，这些都与税收成果直接相关。

从稳定参议院的需要出发，有人赞同这一款，认为这一款必要。他不明白这种主张如何实施。现在的参议院，已经不像伦道夫先生最初方案中的参议院那么稳定，当时没人提出反对由参议院发起钱财提案。反过来说，如果现在否定这个问题，恢复参议院的席位比例分配制，那么，原来提出的维持参议院稳定的做法，就能实现。

如果让众议院独享钱财提案发起权，那么，如果参议院向众议院让步，参议院的制约功能就会丧失；如果参议院固执己见，众议院只好按参议院的观点修改自己的钱财提案，所谓众议院的排他权力就名存实亡。至于大邦小邦之间的妥协，大家已经说了这么多，他只想补充一点。有五个邦反对参议院席位平等，马萨诸塞、宾夕法尼亚、弗吉尼亚、北卡罗来纳和南卡罗来纳。为了弥补他们在参议院席位分配的让步，就把发起钱财提案的排他权力作为补偿给了众议院。这五个邦中的多数，马萨诸塞、宾夕法尼亚、弗吉尼亚，从他们自己的实力出发，正式投票放弃这种补偿。结果，使这项建立政府的方案更受指责。马萨诸塞代表在这个问题上的看法已经分裂。只有北卡罗来纳一家，依然强调众议院独享财权的价值，投票赞成。在这样的情况下，如果小邦还要一致反对恢复这一款，会承担怎样的责任呢？

迪金森先生：经验应该是我们惟一的指南；理性可能误导我们。英国宪法中特别令人赞叹的机制，并非理性的发现。由陪审团审理的方式，看来荒谬，曾经遭到许多主张理性的人反对，可是，这种方式的发现，并不是理性，而是经验。英国的一些发现，可能都是出于偶然，后受到经验的支持。所以，经验是我们的指南。经验不是已经向我们证明，把钱财提案的发起权交给由人民直接选出的代表，是有用的吗？这一做法会导致怎样的结果，他不敢说；下院这一特权的起源，究竟是由政府其他部门激起下院去夺取，还是由于思想转化，认为这是广大人民的权利，说法不同。但这种做法的效果明显，不容怀疑。在这个问题上，我们自己还只有 11 年的经验，是否就应该反对英国过去的长期经验呢？至于两院之间的争论，总是不可避免。如果两院都可以发起钱财提案，两院就会各提一套提案，分别坚持己见，最后争论不休。

他认为，如果拒绝授予众议院这种排他权力，人们已经形成的成见就会起而反对，如果我们提不出什么改弦更张的根本理由，对民众的成见就不能不顾。等到这份宪法草案交给民众讨论时，基层民众领袖就会起而攻击。反对贵族统治，肯定会成为他们的口号，成为反对宪法的人使用的口头禅。现在，有八个邦的宪法已经把发起钱财提案的排他权力交给众议院。不过，其中许多邦允许参议院提出修正意见。他说，我们也宜于采取这种做法。

伦道夫先生：这个问题事关重大。他希望这个国家能够平安，因此极力促成这一做法。我们有无数的难题需要对付。当然，我们不能自找麻烦。如果人民老是指望参议院，贵族制的面目就会显露；如果人民老是指望总统，至少就有了君主制的味道。人民直接选出的众议员，就无法引起人民足够的警觉，而这一权力，长期以来一直是赋予众议院的。行政官对参议院的影响，也会比对众议院大。让参议院参与发起钱财提案，他们肯定会把钱财提案与其他事情混到一起。他认为，宣战的事，不能交给仅仅由二十六个人组成的参议院，还不如交给众议院。发起钱财提案、为战争筹款的权力，应该交给众议院。说起管理商业，可能就会涉及岁入，为了回避这个难点，可以把征收岁入，规定为发起钱财提案的“惟一”目的。参议院被拉拢腐化的可能，比众议院大，因此，对钱财的事，还是少染指为佳。不过，他的首要目标，是避免民众反对这个宪法方案，争取宪法得到批准。

拉特里奇先生：主张众议院独享财权的朋友们，推理前后不一致。他们告诉我们，我们应该以英国的长期经验为指南，不要拘泥于我们自己 11 年的经验；然后，又岔开去指责参议院是贵族制。英国下院不仅独享钱财提案发起权，而且不允许上院更改和修正。人们势必看出，这种做法并没有什么实际效果；结果是滔滔不绝地讨好人民，反而落个讨厌，还不如承担责任，任人监督指责。他认为，如果要把财权单独交给一院，还是交给参议院好。参议院比较精通业务，时间也比较充裕，会把各项提案慢嚼细咽，安排妥帖，况且众议院审查批准之前不能实施，也出不了什么危险。联邦宪法中的钱财条款，完全是在盲目照搬英国模式。如果现在想把事情改正过来，就应该把这一款略去。南卡罗来纳的试验是，参议院不得发起钱财提案，也不得提出修正，结果表明，一个好目的也没实现；只产生一个坏处，弄得两院观点持续分歧，争吵火热不休。有时候，即使参议院的修正意见让众议院高兴，众议院也担心是在侵蚀他们的权力；如果参议院的修正意见不讨众议院喜欢，他们就援引宪法，提出上诉。每次开会，总是为这个问题吵得心烦意乱。弄到现在，参议院一般不再提什么正规修正意见了，而是给众议院一份修改清单，但愿得到采纳。

卡乐尔先生：在马里兰，最足智多谋的人，也无法分清两院之间的财权界线，解释起宪法的这一款，就感到茫然；虽然从文字上看，是既平常又精确。两院之间持续争吵，困难重重，根源在此。

麦克亨利[334]先生：提到一个例子，说明如何避开宪法中的这个难题。

---

[334] 詹姆斯·麦克亨利(James McHenry，1753—1816)是马里兰代表，出席会议时34岁。生于爱尔兰，在都柏林受过古典教育。18岁(1771年)移民到费城。次年，他的父亲和哥哥移民到巴尔的摩，生意兴隆。他先就读于特拉华的纽瓦克学校，后从费城医生鲁希学医两年。独立战争期间，麦克亨利成为随军外科医生。1776年底，他在宾夕法尼亚第五营服役时，被英军俘虏，次年被保释，然后作为战俘交换。他立即回到军中，不久，成为华盛顿的秘书。从此弃医从政，由于经济情况优越，也不必再行医。他在军中一直待到1780年。1781—1786年，他成为马里兰参议院议员，其中，1783—1786年，担任马里兰驻邦联议会代表。麦克亨利是第一批出席制宪会议的代表，5月25日到会；由于哥哥生病，他6月1日赶回巴尔的摩，8月6日才返回制宪会议。麦克亨利在会上发言很少，但他的笔记比较详细，尤其8月6日以后的笔记，有些成为麦迪逊笔记之外的孤证，载于法兰德《汇编》第二卷。制宪会议后，他极力在马里兰开展活动，促成马里兰批准联邦宪法。1789—1791年，麦克亨利担任马里兰众议院议员，1791—1796年，再任马里兰参议院议员。华盛顿在八年总统任期内，先后任命三人担任战争部长：诺克斯、皮克林、麦克亨利(1796—1800年在职)；亚当斯当选第二位总统后，处于弱势，一名部长都不敢更换。麦克亨利更听汉密尔顿的话，使亚当斯讨厌他，但直到亚当斯任期将尽时，才迫使麦克亨利辞职，用德克斯特顶替。杰斐逊共和党人指控麦克亨利渎职，经过调查，联邦议会的一个委员会宣布麦克亨利无罪。麦克亨利回到巴尔的摩过半退休生活，依然忠于联邦党。终年62岁。

会议对第一部分表决：是否同意把发起钱财提案的排他权力交给众议院？新罕布什尔赞成，马萨诸塞赞成，康涅狄格反对，新泽西反对，宾夕法尼亚反对，特拉华反对，马里兰反对，弗吉尼亚赞成（布莱尔和麦迪逊先生反对，伦道夫先生、梅森上校和华盛顿将军*赞成），北卡赞成，南卡反对，佐治亚反对。4 邦赞成，7 邦反对。会议不同意把发起钱财提案的排他权力授予众议院。

是否同意由众议院发起、参议院修正？会议表决，新罕布什尔赞成，马萨诸塞赞成，康涅狄格反对，新泽西反对，宾夕法尼亚反对，特拉华反对，马里兰反对，弗吉尼亚赞成**，北卡赞成，南卡反对，佐治亚反对。4 邦赞成，7 邦反对，会议不同意由众议院发起、参议院修正。

会议对第二部分表决：由众议院发起拨款提案，此外，任何人不得从国库中支钱。新罕布什尔反对，马萨诸塞赞成，康涅狄格反对，新泽西反对，宾夕法尼亚反对，特拉华反对，马里兰反对，弗吉尼亚反对，北卡反对，南卡反对，佐治亚反对。1 邦赞成，10 邦反对，会议也没有接受第二部分。[335]

休会。

---

* 麦迪逊注：他（华盛顿将军）不赞同，而且至今反对授予众议院这项排他特权。他说，他之所以放弃这一判断，因为这一点在他看来并不那么重要，可是其他人却觉得是关键，如果使那些人失望，在真正重要的问题上，他们可能就不会那么真诚地合作了。

** 麦迪逊注：在出版的《会议记录》中，弗吉尼亚投反对票。

[335] 钱财提案（money bills）现在称为预算（budget），目前仍是美国政府的头等大事，因为，行政部门不论派兵出国打仗或维和，在国内增加警察人数或实行福利措施，都需要花钱，没有不花钱的政策。所以一切政治措施，最后都落脚为财政问题：行政部门向议会讨钱。1990 年，美国批准预算的程序是：2 月第一个星期一总统向议会提出全年预算；2 月 15 日议会预算办公室提出自己的预算；4 月 1 日参议院提出自己的预算；4 月 15 日众议院完成预算决议；5 月 15 日众议院开始讨论拨款；6 月 10 日众议院报告拨款决议；6 月 15 日两院完成折中；6 月 30 日议会完成拨款；10 月 1 日联邦开始新财政年度。

8月14日星期二　在制宪会议上

讨论第六条第九款：两院议员任职期间，不得担任联邦授权的其他职务；参议员任期届满后一年内，不得担任联邦授权的任何职务。

平克尼先生：不得担任其他职务，是对议员的贬抑。既然能当选议员，说明他们在人民当中享有威望，不许担任其他职务，不恰当；也不方便，因为，估计参议院会包含最称职的人。他希望参议院成为一所部长学校，一所国务活动家的养育院；限制任职，政治上也不合算，因为，议会就不再是吸引第一流人才的磁石了。他提议推迟讨论这一款，改为讨论以下主张："两院议员均可担任联邦的任何职务，他们担任这类职务，也和其他人一样，应该领取年薪、费用和津贴；但是，接受了其他职务，他们原来占据的议员席位，就应该空出来。"

米弗林将军附议。

梅森上校加以冷嘲：提议删去这一款，可以作为鼓励公然腐化的有效办法，否则，这种腐化就不能在美利坚的土壤上茂盛生长。删去这一款，可以让贵族统治尽情展现，这种图景，在我们有些人的头脑中，已然是想入非非；删去这一款，邀请那些慷慨大方、乐于捐助的人物，进入我们的议会，他们一定会做到相互公平，把各种官职像切蛋糕一样分匀，彼此酬劳。按现在美利坚的道德和办事方式，可以推想，被抛弃的朋友，一定微乎其微，再给图利的人加利，就可以使有雄心壮志的人全部堕落。

默塞先生：政治科学的第一原则是，一旦产权得到保障，贵族统治就油然而生。选举产生的政府，也必然变得贵族化，因为治人者寡，少数人善于而且必将为自己从多数人身上榨取油水。美利坚的政府，也会变得贵族化。现在的政府，已经如此。公共政策，经过精心计算，好处给治人者，不给老百姓。老百姓不满意，牢骚满腹。他们换一批治人者，公共政策也随之而变，不过，也只是把油水从一批人手里转到另一批人手里。人民一点好处也没得到，只是又增加了不稳定和不确定，老弊病之外，又增加新弊病。

政府只可能靠势力和威信维持。剥去行政官的威望，他就没有势力了，不许议员担任行政官员，他就变成权威的幽灵。政府中的贵族部分，甚至不会允许他从掠夺抢劫的好处中分一杯羹。议会势必由富人和能人组成，人民将会被一个小圈子的人[336]统治。行政官应该有一个顾问委员会，委员从两院议员中选拔。行政官没有这样的威望，战争就会在贵族与人民之间展开。他希望，把这场战争限制在贵族与行政官之间。除行政官外，无人能够保护人民，对付那些投机取巧的议会。现在，联邦到处的议会，都在对人民掠夺抢劫。

格里先生：朗读了马萨诸塞议会关于召开联邦制宪会议的一份决议，是在邦联议会召开制宪会议的决议之前通过的。那份决议指示马萨诸塞的制宪代表，不要背离邦联条款第五条确立的轮流坐庄制，任何情况下，不得允许议员担任政府中的任何官职。他说，由于邦联议会通过了决议，这项决议就废弃了，马萨诸塞认为，邦联议会的决议虽然不佳，还是以遵守为当。不过，马萨诸塞的想法，还是不变。他不同意平克尼先生的看法。他认为，限制议员担任其他官职不是贬抑。威望是通向虐政的道路。至于部长、大使，没有几个是必要的。我们当中大多

---

[336] 一个小圈子的人：a Junto。

数人认为，这些职务应该终止；我们一个也不派，威望的源泉，应该关闭。现在看来，要由参议院任命大使，如果参议院任命大使，为了自己，他们就会把大使馆的数量翻番。他并不那么喜欢那些产品，不想为他们办养育所。一旦任命他们做官，众议院不论赞同与否，就有责任为他们提供薪水。如果没有这种当官前景，人们就不愿意担任议员了，那我们的处境真是可悲可叹。如果我们最好的公民，个个利欲熏心，我们不如马上就选举一个专制独裁者。满足一个人的掠夺贪婪，总比满足一大堆人的贪婪掠夺要容易。根据一位先生(默塞先生)的看法，我们的政府，似乎就是一个掠夺抢劫的政府。如果当真，肯定需要小心谨慎，只雇一个人，别雇那么多。我们设计这套体制，也不能过于拘谨。这套体制，人们会从各个角度考查，带着怀疑的眼光。不久以前，人民曾经拿起武器，为了争取自己的自由，与英国人战斗，他们记忆犹新，绝不会轻易放弃自己的权利。他鞭笞我们政府中目前存在的各种弊病，把这些弊病归咎于当官的人，而非老百姓。官员们的错误行为，产生一种批评的眼光，人们注视新体制是否提供类似或更大的滥权机会。就目前的情况看，已经出现一种前所未见的贵族统治。如果把更大的权力给予参议院，我们真的就会像所说的那样，被一个小圈子的人所统治。他指出，参议院的构成与邦联议会大不一样。一、每个邦在参议院只有二名代表，邦联议会允许每邦七名代表，通常有五人出席；二、参议员任期六年，邦联议会的代表年年改选；三、各邦不能召回参议员，过去可以召回派往邦联议会的代表；四、在邦联议会里，重大决策都需要九个邦的同意，现在，八名参议员就够了。怎么能够假设人民会同意这样的方案呢？他提议：众议院和参议院的议员，不仅任职期间不得担任其他职务，任期届满后一年内也不得担任；如果有人认为这样会伤害议会，会使有才干担任别的职务的人不愿意担任议员，那么，可以对其他职务提出资格要求，要求先在议会服务一定年限，才能成为候选人。

古文诺·莫里斯先生：把陆军和海军军官除外，你就看到一支文官队伍，利益各不相同，彼此作对。他们藐视和谴责那些“不能面对敌人，只善于谈吐的绅士”。战争结束以前，趁军队还没有放下武器，赶快鼓动这种精神。战争期间，文官们只好“在战壕里啃羊皮纸”，战争结束，他们就要登上舞台。他反对议员不得担任其他职务的限制。他同意这些人在接受新职务后，把他们的议员席位空出来。既然人民信任他们去当官，我们何不成人之美？在人民中间也好，在推选参议员的各邦议会中间也好，都没有什么产生腐化的危险。如果他们说，我们看重他们的德行，我们要给他们荣誉，我们选择再次信任他们，难道人民就不能对他们优惠一些？而且，人民也可以剥夺这种官职。

威廉森先生：反对这项动议，再次提到“发起钱财提案”问题。他说，那一款已经死了。可是，他担心那一款的阴魂还绕住我们的头脑不放。对他来说，是个良心问题，只要有希望，就想恢复。他把那次表决的否定硬吞下去，心里还是十分勉强。他消化不了。反对者的全部意见，只是说把发起权只给予众议院不适宜。我们现在弄出了一个可以发起钱财提案的贵族院。为了避免另一种不适宜，我们就要授权两院全体会议，削减官职。他认为，我们应该建立一种克己自制的禁律才好。在发起钱财提案的问题上，从宪法上涂掉对参议院的限制，已经够糟糕了，他希望，不要再把限制任职的这一款也抹掉，弄得更糟。在北卡罗来纳的议会，他所看到的坏措施，没有一条不是由于争夺官职而引起的。

谢尔曼先生：宪法应该尽量少为掌权者设立诱惑。随着国家的人口增长，有才干的人会越来越多，获得教育的机会，也会越来越多，越来越分散。

平克尼先生：没有一个邦规定议员不得担任其他职务。在南卡罗来纳，法官可以担任议员。因此，不能假定他的动议会触犯人民。如果邦的宪法需要修改，他相信，这类限制不会增加，只会减少。

威尔逊先生：不同意这一款现在的提法，不论人们提出什么反对意见，他都不会放弃他的判断。他认为，自己应该认真对待不能直接出席这次会议的几百万人民，对他们的福利负责。他也曾扪心自问，如果他的选民问他，我们已经授权你表达自己的判断，为什么你自己在某些问题上倒牺牲了自己的判断？他该怎么回答呢？他能对选民说，他之所以牺牲自我之见，是为了讨好他们的偏见吗？他担心选民们会反驳：难道你以为宾夕法尼亚人民没有足够的良知，来接受一部好的宪法吗？这样一想，他当然应该遵循自己的判断，那就是：不同意这一款。他还想补充一些反对的理由：参议院将由各邦议会推选的议员组成，众议院由各邦人民选出，两院议员都由各邦政府支付薪水，而且可以被委任为邦的官员；要使全国议会屈服，似乎非常容易，现在又要限制全国议会议员，不许担任联邦的其他官职，用这个办法拿走全国政府吸引人才的权力，这些人才，对提高全国政府的地位是必要的，对人民有好处。他绝不认为担任官职、争取荣誉的雄心壮志，是卑微的动机，这种雄心壮志不应该受到责备。他可以断定，以那种眼光看待这个问题，从政治上来说是不明智的；也不应该贬抑从事公职的回报前景。他指出，在限制权力方面，宾夕法尼亚也和其他邦走得一样远，但还没有走到限制议员担任其他职务的程度。

艾尔斯沃斯先生：仅仅推迟给议员回报，并不会打击德才兼备的人。有雄心壮志的人，先当两年众议员或七年参议员，能使自己具备担任其他职务的资格。即使担任议员期间不能担任其他公职，也能保证议会吸引最能干的人为它服务。如果德行能得到合理的回报，就是最大鼓励。如果回报只给议会以内的人，就不会鼓励人们去追求议会以外的职务。

默塞先生：对这个问题极为焦虑。是什么因素导致这次制宪会议呢？是各邦议会的腐化和易变。如果宪法不能校正这些弊病，将行之不远；我们凭自己个人的能力，支持不了宪法，也无法执行。即使我们公民当中最优秀的人物，也办不到。假定我们提出的这张纸就能治理联邦，那是大错特错。治理联邦的，是宪法带进政府的人，是宪法中体现的利益。这张纸只不过是画出模式。人，才是实质，只有人才能推行。所有的政府，都需要实力和威望。不是法国国王，而是二十万士兵在治理那个国家。这里没有这种武力；因此，要用威望代替。他倒想要问问，不许议员担任邦的职务，是否办得到？不许议员担任其他官职的规定，是否就会使有影响的人物都待在家里，或者，宁可去担任本邦的职务？

威尔逊先生：不满意艾尔斯沃斯先生的说法。依他的说法，议员如果再次当选，就会使自己失去担任其他官职的资格，结果只好对选民说，我们过去为你们当议员，是想取得当官的资格，既然这一目的已经达到，我们决定不再当选了。

古文诺·莫里斯先生：以战争为例，如果最善于作战的人，恰好当上了议员，可是，开始时已经制定了规则，议员不得担任军官，怎么办？如果又遇到了争取自由的战争，像上次那样，怎么办？

是否推迟讨论议员不得兼职、改为讨论平克尼的动议？会议表决，新罕布什尔赞成，马萨诸塞反对，康涅狄格反对，新泽西反对，宾夕法尼亚赞成，特拉华赞成，马里兰赞成，弗吉尼亚赞成，北卡反对，南卡反对，佐治亚代表赞成反对各半。5 邦赞成，5 邦反对，1 邦代表赞成反对各半，平克尼的动议失落。

古文诺·莫里斯先生提出动议：在“不得担任联邦授权的任何职务”后面，加上“陆军和海军的职务除外”，如果担任军职，原来的议会席位出缺。

布鲁姆先生附议。

伦道夫先生：过去反对，将来也会继续反对删去议员不得兼职；不能为树立权威和拉拢腐蚀打开方便之门。前面的议论，都不能打动他，惟独关于战争的一条，有些道理，不得兼职，影响委任最称职的指挥官。他承认，这个议论有分量，同意古文诺·莫里斯先生的动议。

巴特勒和平克尼先生：建议推迟讨论第六条第九款，先看看把哪些权力授予参议院，再决定各邦议会应该委派怎样的人去做参议员，会容易些。

会议表决，一致同意推迟讨论第六条第九款。

开始讨论第六条第十款：两院议员因服务而领取报酬，由选出他们的邦予以保障和支付。

艾尔斯沃斯先生：他过去很满意由各邦支付，经过反思，认为这种做法过于依赖各邦。他提议：把由各邦支付，改为由国库支付，津贴费每天不超过____元，或按现行币值折算。

古文诺·莫里斯先生：如果议员由各邦支付，会给边远的邦增添包袱，既然联邦议会是全国性的大集会，要各邦出钱就不公平。他提议：议员由国库支付；把薪水的数量留给全国议会去定。没必要担心议会会把薪水定得太高。

巴特勒先生：坚持由各邦支付；尤其是参议院，议员离开本邦到首都去的时间那么长，如果不让他们对自己的选民有所依赖，他们会忽略选民的要求。

朗东先生：反对由各邦支付。要固定薪水的数量，有些困难；但是，要边远的邦背上包袱，支付议员的往返路费，不公平。

麦迪逊先生：联邦众议员任期两年，联邦参议员任期六年，他们却要不断地依赖每年改选的邦议会，这使联邦政府根本无法稳定。而正是因为各邦政府弊病重重，才提出建立联邦政府的必要。他担心，指望参议院能稳定六年，这样一个政府树不树得起来。联邦议会的结构，不过是从两个邦的模式中各取其一，结合起来。把这两个模式分开来看，在它们本邦都不足以解决问题。联邦参议院借用的是马里兰参议院的模式。总统对议会立法的复审制约，取自纽约邦的做法。把这两种做法结合起来，会产生怎样的效果呢？现在还无法预测。政府治理范围的扩大，的确提供了一种有利的环境。这一点，他已论述过几次。至于由全国议会支付自身议员的问题，他主张：至少应该对议员薪水，定出一个下限和上限，不得超过。

格里先生：困难是两头都有。巴特勒先生由各邦支付的意见，有分量。还有一个问题，邦议会可以用降低参议员薪水的办法，使他们不愿意当参议员。这种做法以前有过。

梅森上校：人们还没有注意到的是，按这一款现在的提法，众议院也要依靠各邦的议会；因此，不论各邦议会采取什么行动，联邦议会两院都不过是各邦政治的工具。

布鲁姆先生：把议员薪水委托给全国议会决定，不会出危险。过去，邦议会也有这样的权力，也没有引起什么抱怨。

谢尔曼先生：不担心全国议会把议员薪水定得太高；倒是担心定得太低，弄得有才能的人如果不是刚好自己有钱，就不想当议员了。他认为，最好的办法，是定一个温和的津贴标准，由国库支付，再由各邦按自己的判断，酌情补贴。他提议：每天津贴五块钱，其余由各邦补贴。

卡乐尔先生：当初在报告里看到这个句子时，大吃一惊。联邦议会对各邦议会的依附，已经完成，尤其是全国议会的议员可以担任各邦政府的职务。现在各邦议会就可以说：如果你们不听我们的话，我们就叫你们挨饿；如果听话，就发薪水。按这个办法建立联邦政府，是邦联议会的第二版，只是分为两卷，第二卷或许加入少得可怜的修正。

迪金森先生：可以断定，所有在场的人都认为全国政府应该独立，独立于各邦议会的偏见、激情和不妥之见。按照这一款现在的提法，那就会适得其反。不过，有人提到用小麦价格做固定指数，还有人提到由联邦议会决定议员的薪水，都会遭到反对。他提议，联邦议会每隔十二年通过一次决议，固定议员的薪水。如果联邦议会能够独立于各邦议会，那就是我们的福气，只当我们从来没在这间屋子里开过会。

艾尔斯沃斯先生：不信任议会，不愿意让议会决定议员的薪水。他深知，对此不加限制，会引起强烈甚至无法克服的反对。考虑到币值的变化，所以他在动议中提出按现行币值折算。

路德·马丁先生：参议员代表各邦，应该由各邦支付。

卡乐尔先生：参议院要代表和处理全国事务，不是各邦利益的提倡者。因此，参议员不应该依附于各邦议会，不应该由各邦政府支付。

联邦议员是否由国库支付？会议表决，新罕布什尔赞成，马萨诸塞反对，康涅狄格赞成，新泽西赞成，宾夕法尼亚赞成，特拉华赞成，马里兰赞成，弗吉尼亚赞成，北卡赞成，南卡反对，佐治亚赞成。9 邦赞成，2 邦反对，会议同意：联邦议员的薪水由国库支付。

艾尔斯沃斯先生提议：每开会一天，或往返途中每走三十英里，付五块钱，按现行币值折算。

斯特朗先生：四块钱比较好，余下的由各邦补贴。

是否每天五块钱？会议表决，新罕布什尔反对，马萨诸塞反对，康涅狄格赞成，新泽西反对，宾夕法尼亚反对，特拉华反对，马里兰反对，弗吉尼亚赞成，北卡反对，南卡反对，佐治亚反对。2 邦赞成，9 邦反对，会议不同意定为五块钱。

迪金森先生提议：两院议员薪水相同。布鲁姆先生附议。

戈汉姆先生：这不合情理。参议员离家时间长，得把家眷接来，遇到战争，只怕会在首都定居。参议员的津贴应该高一点。在各邦议会，参议员的钱也比众议员多。

迪金森先生收回自己的动议。

有人提议：在这一款后面增加“由议会立法确定”。会议一致同意。

经过这些修改以后，会议一致通过第六条第十款。

休会。

8月15日星期三　在制宪会议上

会议通过第六条第十一款：联邦立法的抬头应为“联邦议会开会期间，兹由参议院和众议院确立”。

讨论第六条第十二款：各院拥有发起提案的权力，但前面提到的提案除外。

斯特朗先生提议：把这一款修改如下：“各院均有权发起所有提案，但为岁入而筹款的提案、为使用岁入的拨款提案、为确定官员薪水的提案，由众议院发起；但是，与对其他提案一样，参议院可以提出建议或以修正的方式合作。”

梅森上校：附议。他诚心诚意想把钱财提案发起权从参议院手中拿掉。他说，通过缔结条约，参议院连整个国家都可以卖掉。

戈汉姆先生：这样修改意义重大。参议院将第一次获得准备钱财提案的习惯，然后，随着实践，就会逐渐独享准备钱财提案的权力。

古文诺·莫里斯先生：反对这样修改，既不必要，也不妥当。

威廉森先生：有人认为，限制参议院的权力，是保障自由的基础；有人认为，限制参议院的权力，无关紧要。何不就让前者满意呢。他主张建立有效的、稳定的政府。不过，许多人认为，如果不在钱财提案问题上对参议院加以限制，就不愿增强参议院的其他权力。因此，主张参议院掌握钱财提案发起权的人，如果拒绝满足对方的要求，失去的可能比得到的还多。他提议：推迟讨论这一款，等把参议院的授权问题讨论完以后再说。

拉特里奇先生附议。

默塞先生：从今以后，应该反对再议这一款。他（接着梅森先生的话头）坚持认为，不应该授权参议院缔结条约。这项权力属于行政部门；但是，在联邦议会批准之前，条约不得最后生效，以免改变现有的全国性立法。这是英国对条约的做法。英国上次与法国缔结通商条约，就是这样做的。

梅森上校：他并没有说过条约可以压倒现行立法；他只是说，如果不要联邦议会批准，参议院可能通过缔结条约出让领土。签约出让英属西印度群岛，就是先例。如果西班牙要占据佐治亚，参议院可能通过缔结条约使联邦丧失一个邦。他希望，现在就对是否推迟讨论作出决定，这样，赞成推迟的人，才能知道自己该怎么办。

是否推迟讨论第六条第十二款？会议表决，新罕布什尔赞成，马萨诸塞赞成，康涅狄格反对，新泽西反对，宾夕法尼亚反对，特拉华反对，马里兰反对，弗吉尼亚赞成，北卡赞成，南卡赞成，佐治亚赞成。6 邦赞成，5 邦反对，会议同意推迟讨论第十二款。

开始讨论第六条第十三款：每项提案，经众议院和参议院通过后，成为法律之前，应呈交联邦总统复审：复审后，若总统同意，应签名以示批准；复审后，若总统认为此项提案不宜成为法律，应将提案退还发起该案的一院，署明他的反对意见，该院应将他的反对理由全文记录在案，开会再议。再议之后，如果该院三分之二议员不顾总统的反对，仍旧同意该项提案，则连同总统的反对理由，把提案交给另一院，另一院以同样的方式再议，若另一院亦以三分之二多数同意，则提案成为法律。凡出现这种情况，两院均用逐一问明议员是赞成还是反对的方式决定；赞成和反对这项提案的议员姓名，应由各院分别记录在案。任何提案，提交总统七天后，若不退还，则提案成为法律，除非立法部门休会，总统无法退还；遇到后一种情况，提案不能成为法律。

麦迪逊先生提议：所有提案，成为法律之前，应该既交给行政部门也交给司法部门，如果其中一个部门反对，议会两院需三分之二多数同意才能压倒，如果两个部门都反对，议会两院需四分之三多数同意才能压倒，使立法生效。

威尔逊先生：附议。

平克尼先生：反对把法官搅到立法事务中来；这使法官成为涉事一方，在法律制成以前，事先发表意见，影响立法过程。

默塞先生：衷心赞同麦迪逊先生的动议。司法应该与立法分开，已经成为公论；同样，司法应该独立于立法。这一公论的实质，是要防止议会篡权，压迫其他部门。他不同意以下信条：法官作为宪法的解释者，有权宣布一项立法无效。他认为，法律应该定好，要小心谨慎，立法以后，就不再受控制。

格里先生：这项动议，与已经被否定过的一项动议，是一回事。

是否同意麦迪逊的动议？会议表决，新罕布什尔反对，马萨诸塞反对，康涅狄格反对，新泽西反对，宾夕法尼亚反对，特拉华赞成，马里兰赞成，弗吉尼亚赞成，北卡反对，南卡反对，佐治亚反对。3邦赞成，8邦反对，会议再次否定法官参与对立法的复审过程。

古文诺·莫里斯先生：这样的制约措施通不过，真令人惋惜。他谈起公信[337]的重要性，如果不能筑起一道坚强的篱笆，制止议会反复多变，很难支撑公信。他提出一个想法：要求议会两院四分之三的议员同意，才能压倒总统对立法的否决。宪法对总统的设计，现在又改为由议会选举，他对总统的复审权力实在不敢指望。议会自会挖空心思，想出办法，把总统软化下去。他提起发行纸币的那段历史，议会硬是一意孤行，结果是眼睁睁看着恶果累累。如果全国政府建立起来，假如战争迫在眉睫，如果不加防范，这种自寻毁灭的做法，又要肆虐。要求四分之

---

[337] 公信(public credit)：政府在民众心目中的信用。

三的议员同意才能否决，虽然不能完全矫正现有弊病，总可以防止匆匆忙忙立法，如果频繁出现压倒，就会摧毁公信，那时，我们就真是大难临头了。

迪金森先生：默塞先生提到法官可以宣布某项法律无效的事，这话给他的印象至为深刻。他认为，法官不应该拥有这样的权力。同时，他也感到茫然，用什么办法来替代呢？他觉得，阿拉贡的法官正在逐渐成为法律的提供者。

古文诺·莫里斯先生：提议授予行政官绝对否决权。他不同意把法官说成是行政的组成部分，直接违反宪法的内容，也不能成为法律。控制议会不容易，放纵议会也危险。议会中有些最有德行的公民，同意了议会的措施，事后退回私处，有时也觉得惭愧。应该防止众议院侵蚀行政的权力。古代斯巴达人选出来监督国王的五名官员，后来也搞绝对主义。宾夕法尼亚检查报告指出，短短七年，议会侵入行政部门*的例证，已经很多。这个邦有个强有力的派别反对邦宪法，寻找机会，把公众的怒气引向宪法。如果行政官被众议院压倒，像英国那样，由一人施行的虐政[338]就会接踵而至。在罗马，贵族压倒了国王，但产生的结果不同。他大谈议会篡夺行政权力的趋势，希望推迟讨论这一款，以便考虑更有效的制约措施。他认为，只要求三分之二的议员同意就能压倒行政官的否决，不够。

谢尔曼先生：如果其他人都能达成一致，难道一个人还能比其他所有的人更值得信任？这种说法既不明智，也不安全。他不同意把法官搅进政治和党派。我们在否决权问题上已经走得够远了。

卡乐尔先生：大家同意三分之二的议员可以压倒总统否决时，议事的法定人数还没有定下来。现在，议员过半数就可以议事，十七名众议员、八名参议员取得一致，就可以分别在两院立法。在此情况下，再议

---

* 麦迪逊注：这时，宾夕法尼亚的行政部门约由20人组成。

[338] 由一人施行的虐政：the tyranny of one man。

三分之二的问题，是必要的。数量不多的议员，可能趁机立法，这种危险，要求更强有力的否决权。他认为，行政部门的结构没有商定以前，行政官的控制权该有多大，不好确定。他希望推迟讨论这个问题。

戈汉姆先生：这样下去，遇到困难就推迟，会议永远也开不完。有人说，尚未定义权力，不便同意政府的结构；有人说，看清政府结构以前，不便具体授权。他认为，过半数构成法定议事人数，恰如其分。各邦议事的法定人数，差不多都是这样。

威尔逊先生：认真、冷静地考虑了这个问题。觉得政府解体的最大可能，还是议会吞噬所有其他部门的权力[339]。他指出，人们对行政官的偏见，起源于对一种流行格言的误解：所谓议会是公民权利的保护神。行政官之所以可畏，因为人们头脑中总是自然地把国王和暴君这两个概念连在一起；人们不会由于议会而联想到虐政。可是，行政官一旦不再可畏，议会和虐政这两个概念就连接起来。王室在英国衰微之后，议会之中兴起一种更加纯粹、不掺杂质的虐政，比君主有过之而无不及。他坚持认为，我们在制止这种危险方面，自我设防还不够，应该加强行政和司法的权力。

拉特里奇先生：坚决反对推迟讨论议会如何压倒行政官否决的问题，抱怨会议越开越冗长乏味。

艾尔斯沃斯先生：也有同感。议论得越多，我们就越来越掉进怀疑主义。如果我们不迅速作出决断，我们将无法作出任何决定。

是否推迟讨论这一款？会议表决，只有特拉华和马里兰赞成推迟。

威廉森先生提议：把“两院三分之二的议员同意，才能压倒行政官的否决”改为“两院四分之三的议员同意，才能压倒总统的否决”。他觉

[339] 制宪会议以前，作为十三邦联盟政府的邦联议会，没有固定的行政部门，只有可以随时建立，也可以随时撤销，还可以随时换人的临时执行部门；邦联议会也没有司法部门，少数联邦法院只管辖公海上的重罪和海盗罪，而且邦联议会成员不得兼任联邦法院法官；因此，美国建国初期的临时政府，是“主权在议会”，权力掌握在取得议会多数的议员群手中。联邦总统是制宪会议的发明；联邦最高法院，也是制宪会议的发明。这些发明是否立得起来，是否能够稳固，不少制宪会议代表深为忧虑。

得，这样做就没有危险了。而且，他主张把对立法的否决权交给总统一人，不让法官搅进立法事务。

威尔逊先生：附议。并重申卡乐尔先生的意见。

是否用四分之三代替三分之二？会议表决，新罕布什尔反对，马萨诸塞反对，康涅狄格赞成，新泽西反对，宾夕法尼亚代表赞成反对各半，特拉华赞成，马里兰赞成，弗吉尼亚赞成，北卡赞成，南卡赞成，佐治亚反对。6 邦赞成，4 邦反对，1 邦代表赞成反对各半。[340]

麦迪逊先生：如果总统的否决权只限于立法提案，那么，议会还是可以通过决议和表决[341]等形式使总统的否决落空。他提议：在第十三款的"提案"一词后面，加上"和决议"，只留下要求休会的"表决"作为例外。

经过一段短暂而混乱的讨论之后，会议对此表决，新罕布什尔反对，马萨诸塞赞成，康涅狄格反对，新泽西反对，宾夕法尼亚反对，特拉华赞成，马里兰反对，弗吉尼亚反对，北卡赞成，南卡反对，佐治亚反对。3 邦赞成，8 邦反对，会议不同意加进"和决议"。

经过讨论，把"任何提案，提交总统七天后，若不退还，则提案成为法律"中的"七天"，改为"十天(星期天除外)"。

是否同意"十天"？会议表决，新罕布什尔和马萨诸塞反对，其余各邦都赞成。会议同意改为十天(星期天除外)。

经过这些修改后，会议一致同意第六条第十三款。

休会。

---

[340] 法兰德注：在麦迪逊的原始记录中，康涅狄格投反对票，结果为 5，5，1，这项动议失落。后来，麦迪逊根据出版的《会议记录》把康涅狄格从反对改成赞成，结果变成会议通过。见《汇编》第二卷第 301 页。

[341] 决议和表决：Resolutions and votes。

8月16日星期四　在制宪会议上

再议第六条第十三款。

伦道夫先生提出新动议：把表决、决议等等与立法提案并列。他的修改如下："凡需参议院和众议院一致同意的决议和表决（除对休会问题的表决和后文提到的表决之外），应呈交总统复审，经总统批准才能生效，如总统不批准，则按对立法提案的办法办理。"

谢尔曼先生：这没有必要，惟独从国库支钱例外，可以另款处理。

是否同意伦道夫先生的动议？会议表决，新罕布什尔赞成，马萨诸塞不在场，康涅狄格赞成，新泽西反对，宾夕法尼亚赞成，特拉华赞成，马里兰赞成，弗吉尼亚赞成，北卡赞成，南卡赞成，佐治亚赞成。9邦赞成，1邦反对，1邦不在场。会议同意把伦道夫先生的修改意见作为第六条第十四款。

开始讨论第七条第一款的第一分句：联邦议会有权制定和征收税金、关税、进口税和营业税；

路德·马丁先生：详情委员会采用"关税"和"进口税"这两个词是什么意思？如果意思相同，"关税"一词就没有必要；如果意思不同，应该把话说清楚。

威尔逊先生：关税含义比进口税广。进口税只指通商，关税扩展到其他项目,例如印花税。[342]

卡乐尔先生:提醒制宪会议,各邦利益千差万别。他怀疑,议员过半数就可以作出决议,是否妥当。

梅森先生:这个问题要与其他有关征税的条款联系起来讨论。例如,第七条第四款规定,联邦议会不得对出口征税。他不愿意把不得征出口税的内容放在后面的条文里。他希望,北部各邦不要否定南部各邦所需要的这种保障。等南部人口增长起来,北部也会希望不征出口税。他喜欢把南部各邦称为大宗产品邦[343]。他承认,他对南部的产量之大也有些嫉妒。他提议:在这个分句后面,增加一条"附则:联邦议会不得向任何一邦征收出口税"。

谢尔曼先生:不反对这条附则。详情委员会把顺序打乱了,还是这样安排好。

拉特里奇先生:顺序问题不大,关键是内容。他愿意投票赞成这一款的原文,条件是一并同意后面关于黑人的部分。

古文诺·莫里斯先生:这条附则走到哪里都通不过,反对意见太激烈。结果,为了支持部分成员,会牺牲整个体制。他坚持认为,只征进口税,不征出口税,在某些情况下,无法做到衡平;二者之间,征收出口税往往方便易行,也适当。

麦迪逊先生:一、征收出口税本身是适当的,由于各邦单独征收不易做到适当,应该把权力集合起来给予联邦议会。二、对于在外国市场上没有竞争对手的美国产品征收出口税,或许特别有利,例如烟草之类。莫里斯先生算过,与法国农场主之间的合同,如果对美国的出口产品征税,他们理解,美国产品的价格会提高,这些税金会落到欧洲消费者肩上。三、有些邦的产品是出口到相邻的邦,如果把征税权给予邻

---

[342] 法兰德发现了威尔逊在详情委员会期间写的许多工作文件,收入《汇编》第二卷第129—175页。法兰德判断:威尔逊是宪法草稿的主要执笔者。这里,威尔逊出面解释宪法草稿中的用词意图。

[343] 大宗产品邦(staple States),指南部大宗出产烟草、棉花等。

邦，就不合理。新罕布什尔、康涅狄格、新泽西、特拉华都提出过这种诉求；进口方面，北卡罗来纳的怨气最大，他们要求在征出口税方面，给予各邦平等的权力。四、南部的最大危险是航运能力，需要制定航运法加以保护，如果有了航运法的保护，即使略微加重负担，怨气也不会太大。五、我们现在制定宪法，不是光为眼前，还要着眼未来，随着时间的推移，各邦会逐渐平齐。由于这些原因，他反对免征出口税。

威廉森先生：禁止征出口税，既合理，也必要。

艾尔斯沃斯先生：反对征出口税。这项禁则应该放在适当的地方，不赞成详情委员会打乱顺序。

威尔逊先生：坚决反对笼统禁止征出口税。要新泽西、康涅狄格等邦继续受邻邦勒索，不公平。这是政治上的失策。

格里先生：征出口税的权力不可授予联邦议会。会毁掉这个国家。他们执行起来会偏心，厚此薄彼。

古文诺·莫里斯先生：不论怎么安排，只要授予立法权，议会就能毁掉这个国家。他认为，对出口商品征税，在许多情况下是上策。弗吉尼亚对烟草征税，就有了进账。所有国家都有征出口税的特别规定；法国对果酒和白兰地就有征税规定。这里对原木征出口税，负担落到西印度群岛，惩罚他们对我们贸易的限制。畜牧产品也是如此，面粉有时也是如此。西印度群岛出现饥荒时，我们就可以尽情捞一把。征出口税是岁入的必要来源。在一段相当长的时间里，美利坚人民没钱付直接税。攫取他们的产品，拿去出售，那就是逼他们造反。

默塞先生：坚决反对授权联邦议会征出口税。征出口税是错误的，会鼓励非出口产品的增长。各邦现在有了权利，形势许可，就会对商业不发达的邻邦征进口税、出口税。只要他们牺牲一半就够了。有人说，南部最需要航运保护。其实情况正好相反。如果不跟北部做生意，南部可以与外国开展贸易，这种贸易不需要我们保护。弗吉尼亚征烟草税，马里兰就占了便宜。

谢尔曼先生：要是一一列举和比较各邦与进口出口的关系，那就会说个没完没了。他认为，这件事已经调整好了，进口征税，出口不征税。他认为，征出口税是错误的，除非是不该出口的产品。美利坚商业复杂多样，要对出口均等征税，不切实际。要想制服外国人，就要对贸易实行整体管理。征收出口税的权力，不能给予联邦议会。提起征税的事，收钱的事，最容易激起反对。征出口税，会把整个船弄翻。

卡乐尔先生：感到惊奇，把出口作为例外，不许征税，怎么会引起反对。

是否把不征出口税放到宪法中禁止联邦议会立法的部分？会议表决，马里兰反对，其余的邦都赞成。

是否同意第七条第一款第一分句？会议表决，格里先生一人反对，其余代表都赞成。

会议一致同意第一款第二分句：联邦议会有权"管理与外国的贸易，管理各邦之间的贸易"。

会议一致同意第四、五、六分句：联邦议会有权"铸造货币"，"管理外币价值"，"设定度量衡"。

关于第七分句"设立邮局"，格里先生补充"修建邮路"。默塞先生附议。

是否同意格里先生的动议？会议表决，新罕布什尔反对，马萨诸塞赞成，康涅狄格反对，新泽西反对，宾夕法尼亚反对，特拉华赞成，马里兰赞成，弗吉尼亚赞成，北卡反对，南卡赞成，佐治亚赞成。6 邦赞成，5 邦反对，会议同意增加"修建邮路"。

古文诺·莫里斯先生提议：删去给联邦议会的第八项授权"用联邦的信用发行证券"。[344] 要是联邦有信用，就不必发行证券；如果联邦没信

---

[344] 用联邦的信用发行证券(emit bills on the credit of the United States)。从发行公债、举借外债筹款进行独立战争开始，北美政府始终是一个欠债政府。华盛顿当选第一届总统后，愁的第一件事是如何偿还国债，请罗伯特·莫里斯出任第一任财政部长，莫里斯谢绝；他请莫里斯荐人，莫里斯说，美国只有一人可挽财政狂澜于即倒——汉密尔顿。汉密尔顿的办法之一，是政府直接经营联邦银行(后被杰斐逊和麦迪逊指责为违反宪法)，用联邦的信用借新债还旧债，不断打滚。最初，美国政府还有还债意愿，后来再无人考虑还清全部国债，不断发(转下页)

用，就不正当，也没有用。

巴特勒先生附议。

麦迪逊先生：禁止把证券变成法定货币就行了。这样，就可以消除发行证券不正当的看法。情况危急时，这种约定支付的证券形式，是最好的办法。

古文诺·莫里斯先生：删去这些词语，仍旧会给一位负责的财政部长留下发行证券的余地，这样，既可以达到好的效果，又不至于出差错。如果不禁止发行证券，有钱人就会反对这项建立政府的计划。

戈汉姆先生：主张删去，也不要加什么禁止的话。明文写上，会鼓励发行证券。

梅森上校：有点怀疑。如果不明文规定，联邦议会就没这个权力。他对纸券痛恨至极，但是，他不能预测未来，如果遇到紧急情况，不愿把议会的手捆起来。他指出，如果当时存在这样的禁令，独立战争就无法进行。

戈汉姆先生：这项权力是否必要，是否安全，涉及借贷问题。

默塞先生：发行证券有理，不过，在目前的形势和美利坚的情绪下，他既不会提出，也不会赞同。因此，他反对完全禁止。不许议会发行证券，会在政府身上打下可疑的烙印，引起所有赞同发行的人反对，政治上也不明智。拥有土地资产的人，势必支持禁止发行证券，讨了他们的好，引起另一些公民的反对，则不明智。

艾尔斯沃斯先生：这是关上发行证券大门并且加栓的有利时机。过去的众多试验，错误在民众心目中记忆犹新，弄得连美利坚所有可敬的方面都令人感到恶心。建立新政府时取消它发行证券的权力，比任何事情都更得人心。不论出现什么情况，证券都没有必要。要给政府信用，可以采用其他渠道。这项权力，有害无益。

伦道夫先生：尽管他厌恶证券[345]，但不同意删去这些词语，因为他

(接上页)行新债已成国策，整个国家超前消费。1998年，美国国债累积已达五万亿美元，人均负国债两万美元，代价是用岁入的约20%支付国债利息。

[345] 据罗西特的研究，伦道夫持有独立战争公债一万四千元，制宪会议时，只值两角五分钱。

无法预测未来。

威尔逊先生：禁止发行证券，会给联邦的信用带来令人尊重的威望。证券的错误还留存在记忆中时，这种办法绝不会取得成功。一旦采用这种最后手段，别的办法就都不灵了。

巴特勒先生：在欧洲，没有一个国家把证券用作合法货币。他极力主张取消政府发行证券的权力。

梅森先生：仍旧反对完全把议会的手捆死。这种做法在欧洲没有先例，可是，欧洲也没有一个政府受到明文限制。

里德先生：这些词语如果不删去，就会像警报一样，好像革命的洪水猛兽又要来了。

朗东[346]先生：宁可否定整个方案，也不愿保留发行证券这四个字。

是否取消政府发行证券的权力？会议表决，新罕布什尔赞成，马萨诸塞赞成，康涅狄格赞成，新泽西反对，宾夕法尼亚赞成，特拉华赞成，马里兰反对，弗吉尼亚赞成，北卡赞成，南卡赞成，佐治亚赞成。9 邦赞成，2 邦反对，会议同意删去“发行证券”。

会议一致同意第八分句的前一半：国会有权以联邦的信用借钱。

休会。

---

[346] 约翰·朗东(John Langdon,1741—1819)是新罕布什尔代表，出席制宪会议时 46 岁。他的先辈 1660 年以前移民北美。朗东生于新罕布什尔，念过文法学校，当过学徒，出过海，终于经商致富。他积极参加独立运动，担任新罕布什尔通讯委员会委员，抵制英货委员会委员，1774 年参加攻占并没收英军在新罕布什尔的军火库。1775 年，担任新罕布什尔众议院议长，同时进入大陆会议(1775—1776)。1776 年，担任新罕布什尔民兵上校。整个独立战争期间，他担任大陆会议海上搜捕英国船只的负责人，组织起海上巡逻队。这是一项获利丰厚的活动。他亦积极参加陆战，组织和资助斯塔克将军的部队从新罕布什尔打击鲍戈英指挥的英军。他在萨拉托加大捷中指挥新罕布什尔民兵。1777—1781 年，一直担任新罕布什尔众议院议长。1783 年，朗东被选进邦联议会，并在新罕布什尔参议院任职。1786—1787 年，再任邦众议院议长。朗东自己解囊，支付他和尼古拉斯·吉尔曼往返制宪会议和会议期间的费用，虽然迟到近两个月，总算使新罕布什尔不至于缺席。他在会上发言 20 多次。1788—1789 年，朗东担任新罕布什尔邦主席，促成新罕布什尔批准联邦宪法。他是第一届联邦参议员，任职二年。起初他支持联邦党人，主张建立强有力的中央政府。1801 年，他已完全转向支持杰斐逊的共和党，那一年，他谢绝了杰斐逊请他出任海军部长的提名。此后他主要热心于新罕布什尔政坛，再任两届众议院议长，1805—1811 年持续担任邦长(邦宪法修改，改主席为邦长)。1812 年，71 岁的朗东以健康为由，拒绝了共和党的副总统提名。退休 7 年后去世，终年 78 岁。

8月17日星期五　在制宪会议上

会议继续讨论第七条第一款第九分句：由联邦议会投票选举司库[347]。

戈汉姆先生提议：改为众、参两院“联合投票”，比较方便，也比较合理，否则需要参议院另外投票合作。平克尼先生附议。

谢尔曼先生：反对。这会有利于议员人多的大邦。

里德先生提议：删掉这个分句，把司库的选任交给行政官。议会是个不宜于选任官员的机构。各邦议会选任官员，已有前车之鉴。行政官要负责任，能选好官员。

是否同意“联合选举”？会议表决，新罕布什尔赞成，马萨诸塞赞成，康涅狄格反对，新泽西反对，宾夕法尼亚赞成，马里兰反对，弗吉尼亚赞成，北卡赞成，南卡赞成，佐治亚赞成。7邦赞成，3邦反对，会议同意司库由两院联合投票产生。

梅森上校：反对里德先生的动议，应该想想国库的钱属于谁；如果

---

[347] 司库(Treasurer)：掌管国库钱财的人。这时还没有决定，司库应属于联邦议会管辖，还是属于总统管辖。1789年，第一届联邦议会确定设立财政部，辩论结果，财政部长属总统管辖，但要定期向联邦议会汇报。后来罗斯福设立总统办公厅，逐渐把编制预算交给部长级的预算办公室主任，财政部长的权力相应减少。

属于人民，那么，就应该由代表人民的联邦议会选任钱财的保管人。

增加“联合”一词以后，会议又对是否删掉这一分句表决，新罕布什尔反对，马萨诸塞反对，康涅狄格反对，宾夕法尼亚赞成，特拉华赞成，马里兰赞成，弗吉尼亚反对，北卡反对，南卡赞成，佐治亚反对。4 邦赞成，6 邦反对，会议不同意删去。

会议一致同意第十个分句：联邦议会有权“设立下级法院”。

会议一致同意第十一分句：联邦议会有权“制定陆地和海上俘获物的处理规则”。

讨论第十二分句：联邦议会有权“宣布法律，处罚公海上的海盗罪和重罪，处罚伪造联邦货币，处罚违反国际法的行为”。

麦迪逊先生提议：删掉“处罚”，用“宣布”统帅全句。

梅森先生：编撰刑法有严格规则，这样做是否安全，他表示怀疑。他也怀疑，把各邦的这些权力都拿过来，是否妥当。

古文诺·莫里斯先生：应该把这些权力再加延伸，处罚所有的伪造行为。例如，有人可能在一邦伪造证券，拿到另一邦去冒充。

有人提出：公民还可能伪造外国纸币；由全国政府来处罚这类行为，政治上是明智的。

伦道夫先生：删掉“处罚”一词，并不排除对此立法的权力。他怀疑“宣布”这个词的效力。

威尔逊先生：赞同麦迪逊的动议。授予处罚权不需要措辞严格；立法和解释法律时，才需要严谨。

是否同意麦迪逊先生的动议？会议表决，新罕布什尔反对，马萨诸塞赞成，康涅狄格反对，宾夕法尼亚赞成，特拉华赞成，马里兰反对，弗吉尼亚赞成，北卡赞成，南卡赞成，佐治亚赞成。7 邦赞成，3 邦反对，会议同意删掉“处罚”一词。

古文诺·莫里斯先生提议：删掉“宣布法律”，直接用“处罚”作为动词开始整个句子。

是否用“处罚”一词统帅全句？会议表决，新罕布什尔赞成，马萨诸塞赞成，康涅狄格反对，宾夕法尼亚赞成，特拉华赞成，马里兰赞成，弗吉尼亚反对，北卡反对，南卡赞成，佐治亚赞成。7邦赞成，3邦反对，会议通过。

麦迪逊先生和伦道夫先生提议：把“处罚”改为“定义和处罚”。

威尔逊先生：习惯法对“重罪”已经有了足够的定义。

迪金森先生：赞成威尔逊先生的意见。

默塞先生：赞成麦迪逊先生的修改动议。

麦迪逊先生：在习惯法中，重罪一词的含义模糊，而且有缺陷。例如，安妮随船逃走，在习惯法中，只算违背信托。况且，任何外国法律，都不能作为标准，除非明文采纳[348]。如果各邦法律在这个问题上占上风，那么，不同邦的公民，在公海上的相同行为，就会受到不同的处罚。要妥善克服这些困难，就要通过“定义”一词，把这项权力授予联邦议会。

古文诺·莫里斯先生：用“指定”比“定义”[349]好；按他的理解，定义指事先的推定。

其他代表认为，定义可用于规定违反的类型，对重罪和海盗罪都适合。

会议同意麦迪逊和伦道夫先生的动议。

艾尔斯沃斯先生：把这个分句改为“定义和处罚公海上的海盗罪和重罪、伪造联邦证券和现行硬币、违反国际法的行为”。

会议一致同意这样修改。

讨论第十三个分句：应任何邦议会的申请，镇压该邦的叛乱。

平克尼先生提议：删掉“应任何邦议会的申请”。

古文诺·莫里斯先生附议。

---

[348] 习惯法(Common Law)：来源英国，也称风俗法，以积累的案例为据，后案援引前案。美国逐渐用人定法或明文法取代习惯法的内容。麦迪逊强调“定义”，即事先以明文规定，用准确取代模糊。

[349] 指定：designate；定义：define。

路德·马丁先生：反对。这是在授予联邦议会危险而不必要的权力。采用武力之前，需要征得邦政府的同意。

默塞先生：支持马丁先生的意见。

艾尔斯沃斯先生：建议把"邦议会"改为"邦议会或行政官"。

古文诺·莫里斯先生：行政官说不定就是叛乱的头子。不论哪里需要，全国政府即应以武力厘平。

艾尔斯沃斯先生：许多情况，未经邦政府要求，全国政府不应介入。他提议修改如下："邦议会无法开会时，不需申请。"

格里先生：未经邦政府同意，不能让联邦的大兵轻易进入一邦。是否必要，邦政府是最好的判断者。马萨诸塞上次发生暴乱时，如果允许联邦的大兵进入，流血会更多。

朗东先生：赞成平克尼先生的意见，删掉申请。明知有全国武力征讨，对防止叛乱有遏止效果。

伦道夫先生：如果让全国政府判断各邦议会能否开会，那么，这项动议与平克尼先生的动议一样，会遭到反对。

古文诺·莫里斯先生：我们实在是在做一件怪事。我们要树立一个强有力的人来保护我们，同时，我们又把他的手捆到背后。可以充分信任议会，授予保护公共安宁的权力。

是否增加"邦议会无法开会时，不需申请"？会议表决，新罕布什尔赞成，马萨诸塞反对，康涅狄格赞成，宾夕法尼亚代表赞成反对各半，特拉华反对，马里兰反对，弗吉尼亚赞成，北卡代表赞成反对各半，南卡赞成，佐治亚赞成。5 邦赞成，3 邦反对，2 邦代表赞成反对各半，会议通过。

麦迪逊先生和迪金森先生提议：把"镇压该邦的叛乱"改成"反对该邦政府的叛乱"，因为，还可能出现反对联邦的叛乱。

是否同意他们的动议？会议表决，新罕布什尔赞成，马萨诸塞不在场*，康涅狄格赞成，宾夕法尼亚不在场，特拉华反对，马里兰反对，弗吉

---

* 麦迪逊注：在出版的《会议记录》中，马萨诸塞投反对票。

尼亚赞成，北卡反对，南卡反对，佐治亚赞成。4邦赞成，4邦反对，2邦不在场，动议失落。

会议讨论第十四个分句：国会有权“作战”。

平克尼先生：反对把作战的权力授予联邦议会。联邦议会开会的进程太慢，而且一年才开一次。讨论是否打仗的事，众议院的议员也太多。是否打仗的权力，最好交给参议院，参议院比较熟悉外交事务，具备适当的决策能力。如果参议院内各邦席位平等，不给大邦优势，授权他们决定是否打仗也比较安全，因为，在是否打仗的问题上，小邦和大邦一样，命运攸关。应该由一个机构负责宣战，另一个机构负责媾和。

巴特勒先生：对联邦议会的反对意见，主要针对参议院。他主张：把是否打仗的权力交给总统，总统具有所需要的全部资格，没有全国的支持，不会宣战。

麦迪逊和格里先生提议：把“作战”改为“宣战”[350]；把击退突然进攻的权力，留给总统。

谢尔曼先生：还是“作战”好。总统可以击退进攻，但不能开始战争。“作战”比“宣战”好，宣战词义过于狭窄。

格里先生：从来没有料到，在一个共和国里，居然有人提出动议，授权总统一人宣战。

艾尔斯沃斯先生：作战与媾和有很大区别。退出战争比进入战争容易。战争是简单公开的宣示，媾和涉及复杂和秘密的谈判。

梅森先生：反对把是否打仗的权力给予行政官，因为这样不安全；也不赞成给予参议院，因为参议院的构成并不具备这种资格。他主张收紧战争权，而不是放松；但是主张放松媾和的权力。他觉得“宣战”比“作战”好。

是否用“宣战”取代“作战”？会议表决，新罕布什尔反对，马萨诸塞

---

[350] 作战：make war；宣战：declare war。

不在场，康涅狄格反对*，新泽西不在场，宾夕法尼亚赞成，特拉华赞成，马里兰赞成，弗吉尼亚赞成，北卡赞成，南卡赞成，佐治亚赞成。7 邦赞成，2 邦反对，2 邦不在场，会议同意用“宣战”取代“作战”。

会议否定平克尼先生删去这个分句的要求，没有逐一要求各邦回答赞成或否定。[351]

巴特勒先生提议：既然授权联邦议会宣战，亦应授权联邦议会媾和。

格里先生：附议。如果授权参议院，八名参议员即可行使这一权力，即使全体出席，十四名参议员亦可行使这一权力；结果，可能会输掉联邦的某个部分。比起整个联邦议会，参议院也更容易为敌方收买。

是否在“宣战”权后面加上“媾和”权？会议表决，新罕布什尔反对，马萨诸塞反对，康涅狄格反对，新泽西不在场，宾夕法尼亚反对，特拉华反对，马里兰反对，弗吉尼亚反对，北卡反对，南卡反对，佐治亚反对。0 邦赞成，10 邦反对，1 邦不在场，会议不同意增加“媾和”权。

休会。

---

* 麦迪逊注：金先生指出，“作战”会被理解为“行动”，属于行政职能；艾尔斯沃斯先生才放弃反对意见，康涅狄格改为投赞成票。

[351] 会议的表决程序：主席要求各邦逐一对议题或动议表示“赞成”(Aye)或“反对”(Nay)。

8月18日星期六　在制宪会议上

继续讨论详情委员会报告第七条第一款：授予联邦议会哪些权力？

麦迪逊先生：宜于给联邦议会补充授予以下权力，特提交委员会考虑。

联邦议会有权：

“分配联邦内尚未分配的土地；

“为联邦内兴起的新邦设立临时政府；

“管理联邦境内境外的印第安人事务；

“取得一邦或几邦议会的同意，取得面积不超过____平方英里的土地，建立联邦政府所在地，在这片土地及其近郊范围以内，由联邦议会行使排他的立法权；

“因应地方公益的需要，颁发组织市镇的章程，单独一邦无力颁发时，由联邦议会颁发；

“保障文字作品的作者在一定时限内的版权；

“设立一所大学；

“制定章程，设立奖励，促进有用的知识和发明；

“授权行政官征购联邦内的若干地方，用来修筑要塞、武库和其他必要设施。”

平克尼先生：宜于给联邦议会补充以下授权，特提交委员会考虑。[352]

联邦议会有权：

“选定并建立联邦政府的永久所在地，拥有对首都土地和管辖的排他权利；”

“建立高等院校，促进文学、艺术、科学；”

“颁发市镇组织章程；”

“颁发有益发明的专利权；”

“保障作者在一定时限内的排他权利；”

“建立公共机构，设立奖励和免税优待，促进农业、商业、贸易、制造业；”

“设立偿还公债的基金，拨款时不得转移目的或挪作他用；由委员会拟定一个或几个分句，限制联邦议会，不得把岁入固定不变；”

“保证支付公债；”

“向持有公债的人保证，在新宪法下，联邦议会履行诺言，绝不背离公信；”

“颁发海上缉拿外国船只的许可证和报复敌国的拘捕证；”

“管理邮路上的驿站。”

会议一致同意把以上意见提交给详情委员会。

梅森先生：提出民兵的管理问题。他认为，有必要把管理民兵的权力交给总体政府。他希望，除少数要塞和警备队外，和平时期不要设立常备军。因此，为了共同防御，民兵要建立得有效。如果把管理、训练民兵的事交给各邦，十三个邦永远也建立不起一套共同体制。如果各邦不愿意把管理民兵的权力交给总体政府，它们也只应该管理其中的一部分，作为自选民兵。他提议：在刚才提交给详情委员会的主张中，

---

[352] 法兰德注：以下内容，可能不是由平克尼先生一人提出。后面五项，看来是由格里先生、拉特里奇先生、梅森先生提出，见后文中的辩论。见《汇编》第二卷第325页。

增加一条：联邦议会“有权管理民兵”。

格里先生：应该制定有关公债[353]的条文，关于颁发海上缉拿外国船只许可证的条文，后一条不应该包括在作战权以内。他提议，这些问题应该提交一个委员会处理。

拉特里奇先生提议：把以下分句提交委员会考虑，“拨款偿还公债的费用，不得挪作他用。”

梅森先生：非常赞同这一原则，只是担心，到了战时，这种限制会非常危险。他建议，应该避免把岁入固定不变的危险，固定政府收入，势必侵犯公民权利。按照拉特里奇先生偿还公债的动议，就必须固定岁入，这会遇到反对，应该允许意外；应该宣布，在例外情况下，在____年内不征税。他认为，英国采取的这种谨慎办法，是公众权利的保护神。

拉特里奇先生提议：委任一个大委员会，考虑由联邦承担各邦债务问题。要想以常规方式结清联邦与各邦之间的账目，不切实际。联邦只承担各邦因共同防务[354]而欠下的债务。这一点很必要，因为现在看来，联邦惟一有把握的岁入来源，就是征收进口税。把人民从各邦债务的负担下解脱出来，是明智的举措，会赢得人民的好感，争取他们支持这部宪法。

金先生和平克尼先生附议。

梅森上校：插入一项动议，请委员会起草一款限制固定岁入的条文。

会议一致同意梅森上校的动议。

谢尔曼先生：最好授权联邦议会承担各邦议会的债务，但不要说明具体做法。他认为，这项措施是正当的，对这件事情表明态度，会有良好效果。

艾尔斯沃斯先生：与谢尔曼先生看法不同。应该按照票面净值把

---

[353] 法兰德注：关于邦联所欠债务问题，见这一天辩论的后文和8月21—25日的辩论。

[354] 共同防务(public defense)：国防。这里指因独立战争而欠下的国债。

各邦的债务承担下来，他认为，这是迟早的事。

平克尼先生：从策略考虑，应该承担各邦的大部分债务，不过，不应该把还债等同于联邦的支出。

金先生：还债的后果，可能超出艾尔斯沃斯先生的预料；为此，值得设立一个委员会。还债除正当、合乎策略之外，还应指出一点：各邦持有公债的人，是一群活跃甚至可畏的人，如果把各邦的最佳资源都转移给联邦，却不同时把各邦的债务转移给联邦，他们可能会反对这部宪法。持有邦政府公债的人，一般来说，坚决反对联邦征收进口税。各邦所欠债务，数量或许大大超过联邦。他不敢说，要把这笔债务稳定下来，是否切实可行。他觉得，谨慎的办法，还是由一个委员会来商讨。

是否同意拉特里奇先生的动议：设立一个委员会，处理联邦承担各邦债务问题，会议表决，新罕布什尔反对，马萨诸塞赞成，康涅狄格赞成，新泽西反对，宾夕法尼亚代表赞成反对各半，特拉华反对，马里兰反对，弗吉尼亚赞成，北卡赞成，南卡赞成，佐治亚赞成。6 邦赞成，4 邦反对，1 邦代表赞成反对各半，会议同意设立一个委员会。

会议一致同意，把格里先生的动议，公债问题，邮路驿站问题，颁发海上缉拿敌国船只许可证和海上报复敌国船只拘留证问题，提交给委员会。

金先生：如果由联邦承担各邦的债务，某些邦尚未分配的土地应该放弃。

威廉森先生赞同这个意见。

会议通过书面选举，委任了一个由 11 人组成的大委员会。成员为：

新罕布什尔的朗东先生，马萨诸塞的金先生，康涅狄格的谢尔曼先生，新泽西的利文斯顿先生，宾夕法尼亚的克莱默[355]先生，特拉华的迪金

---

[355] 乔治·克莱默(George Clymer，1739—1813)：是宾夕法尼亚代表，时年 48 岁。生于费城，一岁成为孤儿，由叔父带大，给他非正式教育，让他在自己的商行里从学徒做到股东，(转下页)

森先生，马里兰的麦克亨利先生，弗吉尼亚的梅森先生，北卡罗来纳的威廉森先生，南卡罗来纳的平克尼先生，佐治亚的鲍德温先生。

拉特里奇先生指出：会议已经开得很长了，公众多半已经等得不耐烦了，制宪会议的许多代表极其焦急，希望把事情办完了结。他以一项动议作为结论：从明天起，每天上午 10 点准时开会，下午 4 点准时结束，主席掌握开会时间，不接受提前休会的动议。

会议对拉特里奇先生的动议表决，新罕布什尔赞成，马萨诸塞赞成，康涅狄格赞成，新泽西赞成，宾夕法尼亚反对，特拉华赞成，马里兰反对，弗吉尼亚赞成，北卡赞成，南卡赞成，佐治亚赞成。9 邦赞成，2 邦反对，会议同意拉特里奇先生的动议。

艾尔斯沃斯先生指出：还没有给总统安排一个顾问委员会。他认为应该有一个。他主张，顾问委员会成员应该包括参议院议长，最高法院首席大法官，将要设立的各部部长，如外交和内政部长、战争部长、财政部长、海事部长，他们应该提出建议，但不得代替总统作出结论。

平克尼先生：古文诺·莫里斯先生提过一个类似的主张，当时艾尔斯沃斯先生不在场。他本人的主张是，应该授权总统，需要时可以召集这些人咨询，但不作为要求。给他一个能干的顾问委员会，容易喧宾夺主，给他一个软弱的顾问委员会，会成为替罪羊。

格里先生：反对部长参与，尤其财政部长，不应参与立法事务。他提到，首席大法官也应特别排除。这些人也不应该介入其他事务，以免影响他们的专职任务。

（接上页）最后遗交给他。克莱默娶富商梅瑞狄斯的女儿伊丽莎白，两商合并，声势更盛。由于英国政策影响到商行的生意，克莱默是最早形成独立思想的人之一。1775—1776 年，他是第一届大陆会议的两名司库之一，用自己的家产作为抵押，发行大陆会议钞票。担任大陆会议和邦联议会代表期间（1776—1777，1780—1782），克莱默很少参与辩论，但在经商、金融、作战领域贡献突出。1776 年，大陆会议从费城迁往巴尔的摩，他与罗伯特·莫里斯、乔治·瓦尔顿等人留下来执行大陆会议的任务。英军进犯费城后，毁掉克莱默的家产，他的妻儿只好躲在树林里。1784—1788 年，克莱默担任宾夕法尼亚邦议会议员，主张两院制，反对死刑。他坚持出席制宪会议，很少发言。会后成为第一届联邦众议员（1789—1791），后任宾夕法尼亚酒税局长。他是费城银行第一任董事长。退休后资助费城农业促进会和宾夕法尼亚艺术学校。

迪金森先生：高级职务应该由议会选任，这样，行政官向他们咨询才恰当，如果由行政官本人任命，就不恰当了。

会议一致同意暂不讨论这个问题。

于是，会议回头讨论详情委员会报告第七条第一款，应该授予联邦议会哪些权力？

讨论第十五个分句：联邦议会有权“募兵”。

戈汉姆先生提出动议：把“募兵”改为“招募和供应一支军队”。

会议一致同意戈汉姆先生的动议。

格里先生指出：宪法对和平时期保持常备军没有提出制约。邦联条款禁止邦联议会设立常备军。新体制建立后情况就不一样了。人民不喜欢军队，宪法不提这个问题，会引起反对。他怀疑，有的邦正在筹建军队。看来，他是指纽约邦长整顿邦民兵的活动。他认为，和平时期保留常备军是危险的，绝不同意授权联邦议会维持不受限制的军队。他提议，和平时期保留的军队，不得超过____千人。他的意思，是 2 000 到 3 000 人。

会议一致同意，把“建立和装备舰队”改为“装备和维持一支海军”，认为这个提法更好。

会议同意把邦联条款中的一条加进来：“制定规则，管理陆军和海军。”

路德·马丁和格里先生提议：“但在和平时期，军队不得超过____千人。”

平克尼将军问：我们遭到进攻以前，究竟是否允许招募军队？

格里先生：如果不加限制，少数邦可能建立军政府。

威廉森先生提醒格里先生：梅森先生提出对每年拨款加以限制的动议，是这方面的最佳保障。

朗东先生：格里先生没有必要不信任人民选出的众议院。

戴顿先生：备战通常都在和平时期进行；就我们所知，常备军总是不可避免。他反对不加限制。

经过表决，会议一致否定马丁和格里先生“和平时期，军队不得超过____千人”的动议。

梅森先生提议：给联邦议会补充一项权力，“制定立法管理各邦民兵，把委任军官的权力保留给各邦”。他认为，在联邦范围内，对民兵实行一致管理，是必要的。

平克尼将军：提到独立战争中的一个例子，由于各邦对民兵的训练方法不同，造成严重失误。实行一致训练，是起码要求。各邦管理民兵，训练方法不可能一致。

艾尔斯沃斯先生：愿意再走远一点，或许应该把民兵交给总体政府管理。不过，他认为梅森先生的动议走得太远。他提议：民兵应该配备相同的武装，进行相同的操练，民兵为联邦服役期间，接受总体政府制定的管理规则，各邦规则不足之处，由联邦议会制定规则。不过，这并不意味着从各邦手里夺取民兵的管理权，要各邦牺牲这一权利，可能办不到。他认为，在民兵问题上，总体政府的权力不可能贯彻到整个联邦，也不可能与各地取得协调。要各邦交出民兵管辖权，不过徒劳。

谢尔曼先生：附议。

迪金森先生：我们现在谈的，是最重要的问题，就是剑掌握在谁手里。他认为，各邦不会愿意，也不应该交出管理民兵的权力。他建议，限制总体政府的权力，每个阶段管理四分之一的民兵，让各邦民兵轮流为联邦服役，使全体民兵训练一致。

巴特勒先生：有必要把全部民兵交给总体政府管理，由总体政府负责共同防务。

梅森先生：已经提过建议，由联邦轮流征用各邦的部分民兵。他进而想到，其实可以把更多的责任委托给总体政府。他原来担心，这样会使宪法遇到无法克服的反对意见。他收回自己原来的动议，改为新的动议：由联邦议会“制定法律，管理和约束民兵，每年不超过十分之一，把任命军官的权力留给各邦”。

平克尼将军：赞同梅森先生原来的动议。把一部分民兵置于总体政府之下，一部分置于邦政府之下，会变成不治之症。他认为，没有必要过于怀疑总体政府。

朗东先生：支持平克尼将军的意见。没有理由担心总体政府，要担心的是各邦政府。他觉得，民兵管理政出多门，比统一指挥，更容易引起混乱。

麦迪逊先生：管理民兵的权力，自然属于负责共同防务的权威。民兵就其性质而言，不宜从属于两个不同的权威。既然各邦能把管理共同钱财的事信托给总体政府，出于同样的考虑，也会授权总体政府指挥共同的武装。统筹全局的人，会努力防止出现危险；各邦单独无法统筹全局，没有协调全局的把握。

艾尔斯沃斯先生：总体政府选用部分民兵的办法，行不通；如果那样，会把整个民兵队伍搞垮。各邦不会服从对民兵的统一管理规则。在新英格兰，罚款三四个先令，就能让民兵服从，在别的地方，可能要抽四十鞭。

平克尼先生：兵权不可滥用，各邦会明白交出兵权的必要。不过，他对民兵实在没有信心。应该有一支正规军。只有正规军才能实现目的。联邦一直在做没有正规军的试验，我们所看到的结果，就是快速滑向无政府状态。

谢尔曼先生：各邦可能需要民兵防止入侵和内乱，用强制办法行使法律。各邦不会放弃民兵的。就是交出征税权，它们还是要保留筹款自用的权力。

格里先生：这是还没有投降的最后一点权力。如果制宪会议对这一点也达成一致，这个方案就会被打上该隐[356]的烙印。有些人相信总体政府，他不那么信任总体政府。他相信，各邦也一样，不那么信任总体政府。

梅森上校：谢尔曼先生的意见很有道理。他对自己的动议再作修

---

[356] 该隐(Cain)：圣经中亚当与夏娃的长子，曾杀害其弟亚伯，被喻为残杀者、恶魔。

改:“建立民兵的统一训练和武器装备,在民兵应征为联邦服役期间,建立管理制度;在没有建立民兵管理制度的邦,建立民兵管理制度。”

里德先生:怀疑把军官的任命权留给各邦是否妥当。有的邦,军官由议会推选,有的邦,军官由人民推选。他想,至少要坚持军官由各邦行政官任命。

是否把梅森上校先后提出的动议提交 11 人委员会?会议表决,新罕布什尔赞成,马萨诸塞赞成,康涅狄格反对,新泽西反对,宾夕法尼亚赞成,特拉华赞成,马里兰代表赞成反对各半,弗吉尼亚赞成,北卡赞成,南卡赞成,佐治亚赞成。8 邦赞成,2 邦反对,1 邦代表赞成反对各半,会议同意把梅森上校的动议提交给 11 人委员会。

休会。

8月20日星期一　在制宪会议上

平克尼先生把他的下列主张提交会议，供详情委员会考虑。

“联邦议会两院分别制定自己的规则，有权监禁违反规则的议员，以示处罚；议会有权监禁下列人员：在议会内威胁议员的言论行动，侵犯议员，侵犯和拘捕议会传讯的证人，或议会下令到议会去的其他人，包括往返途中；议会有权监禁营救议会下令逮捕的人；

“议会两院和最高行政官，遇到重要法律问题和重大场合，有权了解最高法院的观点；

“在本政府治理下，人民充分享有获得人身保护令的特权和待遇；联邦议会不得立法中断人民的这种特权，即使遇到非常情况，联邦议会中断人身保护令的时间也不得超过____月；

“联邦议会不得侵犯出版自由；

“未经联邦议会同意，和平时期不得维持军队；

“军队永远从属于文官体制的权力之下，联邦议会对军队的拨款，期限不得超过一年；

“未经房主同意，士兵在和平时期不得进驻民宅；

“担任联邦总统、联邦最高法院法官、联邦外交、财政、海军陆战、战争等部部长职务的人，不得兼任联邦或某邦的其他受托、受薪职务；

“联邦官员的宣誓和就职，不得涉及宗教测验内容和资格；

“联邦作为一个机构，应永远被视为一个法人，在法律上，享有其他法人的特权和豁免权；

“联邦议会有权制作国玺，由总统保管，总统外出时，由参议院议长保管。此印称为联邦国玺，加盖于所有的法律上；

“一切委托任命文书，均以联邦名义；

“最高法院的司法范围，延伸到联邦与某一个邦之间的一切争端，或联邦与某邦公民的一切争端。”

会议没有讨论这些主张，交给详情委员会考虑。

古文诺·莫里斯先生提出下列主张，得到平克尼先生附议，同样提交给详情委员会考虑。

“为协助总统处理国务，设立政务会议，由下列人员组成：

“一、最高法院首席大法官，应不时对联邦法律的更改和增加提出建议，以利合理实现正义，促进教育和道德水准；总统外出期间，代理政务会议主席。

“二、总统认为必要时，可任命国内事务部长。他的职责，是负责全国的公安，管理农业和制造业，修筑道路，负责航运，便利联邦内的交通；不时对这些机构的建制和项目提出建议。

“三、总统认为必要时，可任命通商和财政部长。他的职责，是督导与财政有关的一切事务，准备岁入报告，管理开支，提出建议促进联邦贸易利益。

“四、总统认为必要时，可任命外交部长。他的职责是，与所有国家的外交部长联系，准备条约草案，考虑国外传来的消息；与外国打交道，为联邦争取利益。

“五、总统认为必要时，可任命战争部长。他的职责是，督导与战争部有关的一切事务，如军队的招募和配备，军用物资的储备，建立要塞、武库等，发生战争时，准备和推荐进攻和防御计划。

“六、总统认为必要时，可任命海军陆战部长。他的职责是，督导与海军陆战有关的一切事务，战舰、船坞、码头，海军物资储备和武库，发生战争时，准备和推荐进攻和防御的计划。

“总统还要任命一位政务秘书，兼任总统政务会议秘书。他的职责是准备总统将要签署的一切公文。

“总统可不时将任何问题交给政务会议讨论，要求其中的一位或几位成员写出书面意见，至于是否遵照这些意见，则由总统本人权衡；但是，上述官员开展本部门工作时，应遵从总统的意见。

“上述所有官员，若有渎职、贪污、受贿情事，可以经过弹劾予以罢免。”

格里先生提议：要求委员会报告担任总统的适当资格，报告最高法院审讯弹劾案的办法。

会议决定推迟讨论第七条第一款中关于民兵的分句，等待前天委任的 11 人委员会对此问题作出报告，然后再议。

梅森先生提议：对联邦议会的权力作一点补充，联邦议会有权制定“取缔挥霍浪费法”[357]。任何一个政府，若不取缔挥霍浪费，都不能维持长久。这种制裁权力，只有好处，没有坏处。对经商和贸易制定适当的管理规则，可以带来很大好处，最好作出明文规定。有人认为，取缔挥霍浪费，违反人的本性。这是一种庸俗的错误看法。的确，出人头地，是人的本性；但是，取缔挥霍浪费的目的，并不是要压制这种本性，而是要引导它走上正确轨道。

艾尔斯沃斯先生：校正风气的最佳办法，是强化征税和追讨债务。既然吃喝都要讲究规则，制定征税权的规则，就更有道理。

古文诺·莫里斯先生：取缔挥霍浪费，会促进形成土地贵族，使大土地所有者固定下来，使他们的子孙能继承他们现有的财产。

格里先生：适可而止，是最好的取缔挥霍浪费法。

是否同意梅森先生的动议？会议表决，新罕布什尔反对，马萨诸塞

---

[357] 取缔挥霍浪费法：sumptuary laws。

反对，康涅狄格反对，新泽西反对，宾夕法尼亚反对，特拉华赞成，马里兰赞成，弗吉尼亚反对，北卡反对，南卡反对，佐治亚赞成。3 邦赞成，8 邦反对，会议没有接受梅森先生的动议。

会议讨论第七条第一款第十八个分句，也是最后一个分句："为行使上述各项权力，以及宪法授予联邦政府、各部门和官员的一切权力，制定一切必要和适当的法律。"

麦迪逊和平克尼先生提议：改为"制定一切必要和适当的法律，设立一切必要和适当的部"。他们认为，不加上这个内容，容易受到挑剔指责。

古文诺·莫里斯先生、威尔逊先生、拉特里奇先生、艾尔斯沃斯先生：都认为没有必要。

是否增加"设立一切必要和适当的部"？会议表决，新罕布什尔反对，马萨诸塞赞成，康涅狄格反对，新泽西反对，宾夕法尼亚反对，特拉华反对，马里兰赞成，弗吉尼亚反对，北卡反对，南卡反对，佐治亚反对。2 邦赞成，9 邦反对，会议没有接受这项动议。

经过这些修改之后，会议一致通过了第七条第一款。

开始讨论第七条第二款：只有对联邦或其中的一邦进行战争，投靠联邦或其中一邦的敌人，才构成叛国罪。联邦议会有权宣布对叛国罪的处罚。除非两名证人作证，不得判处任何人犯叛国罪。对叛国罪的处罚，不得辱没血族，不得没收财产，除非本人依然在世。

麦迪逊先生：叛国罪的定义过于狭窄。还不如爱德华三世[358]的规定。他不明白，为什么给予联邦议会的权力幅度不能再宽一点。

梅森先生：主张采用爱德华三世的规定。

古文诺·莫里斯先生：主张联邦议会独享宣布叛国罪的权力。

伦道夫先生：这一款的毛病，在于仅仅使用"投靠"一词，英国的规定是"给予敌人援助和方便"，范围广些。

---

[358] 爱德华三世(Edward Ⅲ，1312—1377)：英格兰国王，1327—1377 年在位。

艾尔斯沃斯先生：这个定义，与英国的定义其实一样。

古文诺·莫里斯先生："投靠"的内容不如"给予援助和方便"广，后两个词有限定含义。

威尔逊先生："给予援助和方便"是解释性词语，不是操作性词语，删掉为好。

迪金森先生：没必要加"给予援助和方便"，也不妥当；词义模糊，外延太宽。他想了解"两名证人作证"是什么意思，是要他们证明同一明显行动，还是不同的明显行动。他认为，在这类案件中，证明同一明显行动，是起码要求。

约翰逊博士："给予援助和方便"是对"投靠"的解释。他认为，应该增加几个词，对明显行动作出定义。

麦迪逊先生：在"进行战争"和"投靠敌人"之间，应该加一个"或"字，否则，需要两种行动都有才能构成叛国罪。他认为，叛国罪应该只指背叛联邦，背叛各邦的叛国罪应该另定。

有人提议：把这一款交给 11 人委员会，重新拟定。会议表决，新罕布什尔反对，马萨诸塞反对，康涅狄格反对，新泽西赞成，宾夕法尼亚赞成，特拉华反对，马里兰赞成，弗吉尼亚赞成，北卡代表赞成反对各半，南卡反对，佐治亚赞成。5 邦赞成，5 邦反对，1 邦代表赞成反对各半，动议失落。

威尔逊先生和约翰逊博士提议：把背叛"联邦或其中一邦"改为背叛"联邦"，删掉"或其中一邦"，以免尴尬。会议一致同意。

麦迪逊先生：这并没有摆脱尴尬。按照这里的定义，背叛联邦和背叛某个邦一样。

艾尔斯沃斯先生：这对总体权威不会构成危险；因为联邦法律是最高法律。

约翰逊博士：仍旧认为不存在背叛某一个邦的叛国罪。即使按照邦联条款的规定，也不可能，因为，主权在联邦；在新体制下，就更不可能了。

梅森上校：只有联邦才有合格的主权。各邦可以保留部分主权。一项行动可能针对某一个邦，但不太针对联邦。他举了弗吉尼亚的培根[359]起义为例，说明这个问题。

约翰逊博士：这种案子可能上升为反对主权，反对联邦的最高主权。

金先生：叛国罪的争议，幅度差别可能不如假设的那么大；而且，议会还可以用其他罪名判处死刑。

古文诺·莫里斯和伦道夫先生提议：把第七条第二款修改如下，"对叛国罪作出精确和排他的定义，是保障公民自由的基本要求，为此，特作规定并宣布如下：如果有人在联邦领土范围内对联邦进行战争，或在联邦领土范围内投靠联邦的敌人，在联邦领土范围以内或以外给予敌人援助和方便，有可以证明的公开行动，即可被断定为犯有叛国罪。"

会议对此动议表决，新罕布什尔不在场，马萨诸塞反对，康涅狄格反对，新泽西赞成，宾夕法尼亚反对，特拉华反对，马里兰反对，弗吉尼亚赞成，北卡反对，南卡反对，佐治亚反对。2邦赞成，8邦反对，1邦不在场，会议没有接受这个提法。

有人提议：把"对联邦的叛国罪"改为"叛国罪"，删去"对联邦"这个限定词，改为泛指。

会议对这项动议表决，新罕布什尔不在场，马萨诸塞赞成，康涅狄格赞成，新泽西赞成，宾夕法尼亚赞成，特拉华赞成，马里兰赞成，弗吉尼亚反对，北卡反对，南卡赞成，佐治亚赞成。8邦赞成，2邦反对，1邦不在场，会议接受这一修改。

有人提议：把"两名证人作证"，改为"两名证人作证，证明同一明显

---

[359] 培根(Nathaniel Bacon，1647—1676)：殖民地时期弗吉尼亚的种植园主，在詹姆斯河畔置地两处，在英国总督伯克利的咨议会中任议员。他主张向西无限制扩张领土，英国担心殖民地扩张太快，超过殖民当局的控制能力，加以阻止。1676年，培根组织军队，征伐印第安人，夺取土地。伯克利宣布培根造反，培根回军攻打伯克利，一度控制弗吉尼亚全境。可是，他在胜利中突然死去，叛乱随即中止。

行动”。

富兰克林博士：希望采纳这项修改。对叛国罪的起诉一般都要求处以死刑；很容易用伪证迫害无辜。

威尔逊先生：这是个两难问题。叛国罪的犯罪方式，有时获取罪证极其困难，例如向敌方发送情报。

是否同意增加“证明同一明显行动”？会议表决，新罕布什尔赞成，马萨诸塞赞成，康涅狄格赞成，新泽西反对，宾夕法尼亚赞成，特拉华赞成，马里兰赞成，弗吉尼亚反对，北卡反对，南卡赞成，佐治亚赞成。8 邦赞成，3 邦反对，会议同意这一修改。

金先生提议：把“联邦有权宣布对叛国罪的处罚”改为“惟有联邦有权宣布对叛国罪的处罚”，授予联邦宣布叛国罪处罚的排他权力。

布鲁姆先生附议。

威尔逊先生：一般来说，叛国罪只能是反对联邦，因此，联邦应该拥有宣布叛国罪处罚的惟一权力。不过，在许多案件中，也有别的情况。这个问题错综复杂，他目前还没有把握。

金先生：原文“对联邦的叛国罪”，排除了对各邦的叛国罪，删去“对联邦的”，变成泛指。不过，对各邦的背叛，仍可用严重轻罪[360]处罚。

是否改为“惟有联邦有权宣布处罚”？会议表决，新罕布什尔赞成，马萨诸塞赞成，康涅狄格反对，新泽西反对，宾夕法尼亚赞成，特拉华赞成，马里兰反对，弗吉尼亚反对，北卡反对，南卡赞成，佐治亚反对。5 邦赞成，6 邦反对，会议没有接受这一修改。

威尔逊先生：现在变得模棱两可了。要么增加“惟有”一词，要么恢复“对联邦”这个限定语。

金先生：对联邦作战、投靠敌人，与对某邦作战、投靠敌人之间，无法划出界线，背叛一邦，也就是背叛联邦。

谢尔曼先生：抗拒联邦的法律，与抗拒某个邦的法律，情况不同。

---

[360] 严重轻罪：high misdemeanors。

艾尔斯沃斯先生：一方面，联邦是主权，有权定出自己的司法范围，另一方面，每个邦也有权定义各自的主权。

迪金森先生：对联邦中的一个邦作战或背叛，必然针对总体；在这个问题上，宪法必须明确。

会议一致同意再议这一款。

于是，威尔逊和艾尔斯沃斯先生提议：在“叛国罪”之前，恢复“对联邦的”这个限定语。

是否恢复？会议表决，新罕布什尔反对，马萨诸塞反对，康涅狄格赞成，新泽西赞成，宾夕法尼亚反对，特拉华反对，马里兰赞成，弗吉尼亚赞成，北卡赞成，南卡反对，佐治亚赞成。6 邦赞成，5 邦反对，会议同意恢复“对联邦的”这个限定语。

麦迪逊先生：对修改后的提法仍旧不满意。由于背叛联邦就是背叛某个具体的邦，反之亦然，这样，同一行为可能被不同的当局审问和处罚两次。

古文诺·莫里斯先生：想法相同。

有人提议，得到附议：把这个句子改为“对联邦的叛国罪，只限于对联邦作战，或投靠联邦的敌人”。会议同意这样修改。

梅森上校提议：增加“给敌人援助和方便”，限定“投靠联邦的敌人”。他认为，不加这样的说明，“投靠”的含义过于宽泛。

会议同意梅森上校的补充，只有特拉华和佐治亚投反对票。

路德·马丁先生提议：在“除非两名证人在公开的法庭上对同一明显行动作证”后，增加“或本人在公开法庭上承认”。[361]

持反对意见的邦认为，这些词语纯属多余。

是否同意马丁先生的动议？会议表决，新罕布什尔赞成，马萨诸塞

---

[361] 17 年后，第三任美国总统杰斐逊指控前副总统艾伦·伯尔犯叛国罪。伦道夫和路德·马丁出任伯尔的辩护律师，要求两名证人对同一明显行动作证，杰斐逊无法证明，他们把伯尔从叛国罪名中救出。

反对，康涅狄格赞成，新泽西赞成，宾夕法尼亚赞成，特拉华赞成，马里兰赞成，弗吉尼亚赞成，北卡代表赞成反对各半，南卡反对，佐治亚反对。7邦赞成，3邦反对，1邦代表赞成反对各半，会议同意马丁先生的补充意见。

经过这些修改以后，会议一致同意第七条第二款。

开始讨论第七条第三款：直接税按全体白人和其他自由公民和居民人数在各邦之间的比例分配，不论年龄、性别、条件，包括那些受契约约束需服劳役若干年的人，和五分之三前文没有描述的人（除去不交税的印第安人）；人口清点应在联邦议会第一次开会后六年内举行，此后每隔十年普查一次，办法由联邦议会制定。

会议一致同意，把"按全体白人和其他自由公民和居民人数"改为"按全体公民和居民人数"，认为"白人和其他"这几个字多余。

艾尔斯沃斯先生提议：把"联邦议会第一次开会后六年内"举行人口普查，改为"三年内"。

是否同意改为"三年内"？会议表决，新罕布什尔赞成，马萨诸塞赞成，康涅狄格赞成，新泽西赞成，宾夕法尼亚赞成，特拉华赞成，马里兰赞成，弗吉尼亚赞成，北卡赞成，南卡反对，佐治亚反对。9邦赞成，2邦反对，会议同意改为"三年内"。

金先生问：直接税的准确含义是什么？无人回答。

格里先生提议：第三款后面，增加以下内容，"从联邦议会第一次开会，到人口普查完成之间，国库的一切费用，按各邦在众议院的席位分配直接税。"

朗东先生：这会使新罕布什尔背上不合理的沉重负担，他必须反对。

卡乐尔先生：反对格里先生的动议。众议院的席位数，作为分配直接税的规则不够准确。

不待再提别的问题，即宣布休会。

8月21日星期二　在制宪会议上

新泽西邦长利文斯顿代表18日委任的11人委员会，针对各邦的债务问题和民兵问题，报告如下：

“联邦议会有权完成邦联议会从事的活动，偿还联邦债务和各邦在上次战争中为共同防御和普遍福利而欠下的债务。

“制定条款，组织民兵，配备武器，严明纪律，管理其中联邦召集服役的部分，把任命军官和按联邦制定的纪律训练民兵的权力，留给各邦。”

格里先生：只给联邦授权，不要求联邦承担债务，会使持有公债的人失去安全感[362]。他详细叙说这一阶层的德行，邦联议会许下的神圣诺

---

[362] 独立战争期间，北美政府的筹款办法，包括以联邦的名义向法国、西班牙等借债，各约一百万两白银，先以大陆会议名义，后以邦联议会名义以及各邦议会的名义发行公债。战争期间，农业荒芜，许多农户廉价抛售公债，有人趁机低价买进。由于现金紧缺，各邦议会先后采取发行纸币的权宜之计，造成通货大幅贬值。伦道夫战时认购公债一万四千元，到制宪会议召开时，这笔公债只值两角五分钱。格里是公债收购者之一。据罗西特研究，他手中所持公债，在制宪会议代表中居第四位。汉密尔顿担任财政部长后，在第一份财政计划中提出：由联邦承担各邦的公债债务，由联邦政府按票面价值归还，以恢复政府信用。这样，伦道夫手中的两角五分钱，又还原为一万四千元。汉密尔顿的政策，引起杰斐逊和麦迪逊坚决反对，认为肥了投机收购公债者，损了低价抛售公债的大量普通农户。可是，由于转买转卖多次，无法复原。杰斐逊和麦迪逊提不出恢复办法。汉密尔顿的政策，制造出美国第一批金融资产者。

言。如果现在提出的办法损害他们的利益，这个宪法方案将会遇到强烈的反对。他说，各邦议会都采取了不同程度的办法，减少它们的债务。那些还债最多的邦，如果现在又要它们分担还债最少的邦剩下的债务，它们就会大哗。

谢尔曼先生：这与邦联议会对待这个问题的做法一样。

会议一致通过利文斯顿代表11人委员会所作的报告。

会议再议第七条第三款。

迪金森先生提议：推迟讨论第七条第三款，回头讨论第四条第四款，各邦之间的席位分配问题。他要求减少大邦席位，但不能把小邦的席位减到不足一席。席位分配不当，会鼓励输入奴隶。

谢尔曼先生：同意再议第四条第四款，不过，没有必要推迟讨论第七条第三款。

迪金森先生收回自己的动议。

会议通过第七条第三款，10邦赞成，仅特拉华反对。

谢尔曼先生提议：第三款后增加以下内容：清点"各邦提供给联邦的物资，完成的兵役，交纳的钱财，联邦向各邦提供的一切，亦按同样的规则清点"。

古文诺·莫里斯先生附议。

戈汉姆先生：在宪法里加入这样的内容，是错误的。联邦议会无疑会把这些事情办好。目前，邦联议会有这样的权力，它们正在行使。

谢尔曼先生：若不对这些事情定出明确规则，到新体制下会弄得前账全消。

艾尔斯沃斯先生：虽然邦联议会订的合同都具有约束力，却无法向各邦兑现；因此，应该制定规则。

谢尔曼先生收回他的动议，让路给威廉森先生提出的意见，作为对第三款的补充："利用当初决定各邦配额的规则，结清上次战争的费用。"

卡乐尔先生：没有获得各邦一致同意以前，在宪法上把这个问题定下来，会引起很多困难。

会议一致同意推迟讨论威廉森先生的动议。

梅森上校：要求再议第六条第十二款，两院均有权发起提案问题。8月15日曾经讨论过这个问题，可是后来被推迟了。梅森上校想知道，伦道夫先生对钱财提案发起权所提的修改意见，如何决定，然后，他才能对别的问题表明态度。

转为再议格里先生昨天提出的动议，按各邦在众议院的席位分配直接税。格里先生主张，从联邦议会第一次开会起，到人口普查结束以前，按各邦在众议院的席位分配直接税税额。

艾尔斯沃斯先生：这个原则不合理。目前，各邦的人口数字，与各邦在众议院的席位还不成比例，差距较大。即使等到各邦在众议院的席位与它们的人口大体相当，众议院的席位依然不是计算人口的准确规则。某邦可能只有一名众议员，而它的居民人数已经足够产生一个半或更多的众议员，但议员不能采用分数。[363] 他提出动议："每次人口普查完成后，按上述原则，实行最后结算。"

麦迪逊先生：上次对众议院席位的分配，是推测性的，只是人口普查之前的临时规则。

里德先生：邦联议会对各邦的款项摊派，考虑了战争造成的破坏，也考虑了各地当时的环境。

威廉森先生：反对格里先生的动议。

朗东先生：给新罕布什尔分配三席时，他不在场。如果三席超过比例，他也不想要。

巴特勒先生：热烈支持格里先生的动议，认为合理。

会议一致同意艾尔斯沃斯先生的意见：人口普查完成后，再实行最

---

[363] 直到今天，联邦众议院席位在各邦之间的分配，依然只能做到大体每50万人口分配1席。90年代众议院席位的分配，以1990年人口普查为基础。阿拉斯加、特拉华、蒙大拿、北达科他、南达科他、佛蒙特、怀俄明都只分到1席，1990年，这些邦的人口，按以上顺序，分别是：55万，67万，80万，64万，70万，56万，45万。见 *The World Almanac* 2000，第384—385页。

后结算。

金先生：如果授权联邦议会征税，格里先生的动议就没必要了。

是否同意格里先生的动议？会议表决，新罕布什尔反对，马萨诸塞赞成，康涅狄格反对，新泽西反对，宾夕法尼亚反对，特拉华反对，马里兰反对，弗吉尼亚反对，北卡代表赞成反对各半，南卡赞成，佐治亚反对。2邦赞成，8邦反对，1邦代表赞成反对各半，会议没有接受格里先生的动议。

是否现在就议钱财提案发起权问题？会议表决，新罕布什尔赞成，马萨诸塞反对，康涅狄格赞成，新泽西反对，宾夕法尼亚反对，特拉华反对，马里兰赞成，弗吉尼亚赞成，北卡赞成，南卡反对，佐治亚反对。5邦赞成，6邦反对，会议没有接受梅森上校的动议。

路德·马丁先生：征税最容易引起公众批评。除非绝对必要，不要征直接税；即使征直接税，也应该由各邦去决定办法。他提议：在第三款后面，增加"每当联邦议会认为必须用直接税筹集岁入时，即按上述原则分配给各邦办理，各邦在规定时间内把它们应交的份额上交国库；若个别邦未能交纳配额，这时，而且只有这时，联邦议会才能通过提案，要求各邦交纳，并且授权各邦征收直接税"。

麦克亨利先生附议。

会议对马丁先生的动议没有展开讨论，直接举行表决，新罕布什尔反对，马萨诸塞不在场，康涅狄格反对，新泽西赞成，宾夕法尼亚反对，特拉华反对，马里兰代表赞成反对各半（杰尼弗和卡乐尔先生反对），弗吉尼亚反对，北卡反对，南卡反对，佐治亚反对。1邦赞成，8邦反对，1邦代表赞成反对各半，1邦不在场，会议没有接受马丁先生的动议。[364]

开始讨论第七条第四款：联邦议会不得对任何一邦的出口征收税金和关税；对各邦认为适宜的人口迁徙和输入，亦不得征收税金和关

---

[364] 关于直接税的起源，参见注释[204]和本书附录九中的宪法修正案第十六条。

税;不得禁止此类迁徙和输入。

朗东先生:有了这一款,各邦就可以自由征收出口税了。[365] 新罕布什尔和其他没有港口出口的邦,就要被转手出口它们产品的邦征税。这种规定通不过。作这种规定,看来是担心北部各邦会压迫南部的贸易。要防止北部压迫南部,可以规定:在贸易问题上立法,需两院三分之二或四分之三议员同意才能生效。

艾尔斯沃斯先生:还是原来的提法好。联邦议会管理邦际贸易的权力,可以保护各邦,彼此不伤害。如果还不奏效,一邦对过境出口的邻邦产品征税,会迫使各邦直接出口,结果大家失算。反对联邦议会征出口税,有切实的理由。一、出口税阻碍产业发展,就像进口税抑制奢侈品的消费一样。二、各邦产品千差万别,无法制定统一的出口税率;真正能够征得可观税金的产品也只有几种,如烟草、大米、靛蓝。如果仅仅对这几种产品征税,又不公平,不合理。三、征出口税,会引起无法克服的嫉妒。

威廉森先生:北卡罗来纳的一万二千桶烟草,通过弗吉尼业出口,都被征税。他绝不同意保留各邦的这种征税权。如果保留各邦征收出口税的权力,批准宪法的最后希望就会破灭。

古文诺·莫里斯先生:这些地方性的考虑,不应该阻碍整体利益。出口的邦,对没有出口渠道的邦征出口税,是个大问题。联邦管理宾夕法尼亚与新泽西之间贸易的权力,不可能阻止前者对后者征出口税。这种征税也不会促使新泽西直接出口。因为,通过现成的大港口运出,好处还是超过温和税金的坏处;大港口还是会保住它们的生意渠道。如果不对出口商品征税,就不能实行禁运,而禁运措施在战时极为重要。烟草、木材和畜牧业产品,是三大征税目标,通过征出口税,可以得

---

[365] 制宪会议期间,各邦政府的权力比现在大得多,反对联邦征收直接税,反对联邦征收出口税,目的是把这些权力留给各邦议会。拆除邦与邦之间的关税壁垒,是美国后来形成国内统一市场的过程。

到巨大好处。这些之外，或许还可以加上人参和各种栗果，装船外运，可以把税金的包袱转移到外国。

巴特勒先生：坚决反对联邦征出口税。这对南部各邦不公平，会引起大哗。

朗东先生：建议禁止各邦对经由它们港口出口的其他邦的产品征税。

迪金森先生：给予联邦议会征收出口税的权力，或许目前不方便；但从长远来看，可能对所有的产品都带来危险的后果。他觉得，还是把某些产品作为例外比较好。

谢尔曼先生：最好禁止联邦议会对进出口立法。各邦绝不会放弃它们管理贸易的权力。要列出例外的产品，既难办又令人讨厌，也不适宜。

麦迪逊先生：我们应该从国家和长远的观点来看问题，对出口征税，即使现在不好办，将来也是需要的。出于同样的目的，也要对进口实行管理。具体来说，就是要争取政府的岁入，促进国内的制造业，而且要从其他国家学会公平管理。禁运是绝对必须的，而且只有总体权威才能使禁运生效。对邦际贸易实行管理，最有效的办法，莫过于间接阻止各邦对自己的产品征收出口税；各邦可以授权它的公民，把他们的产品，运到为了吸引其他邦的货物而放弃征税的邻邦。至于担心出口较多的邦会承担不成比例的负担，那就应该指出，各方都已经同意，联邦的岁入主要来自对贸易征税，而且只许筹集必要的岁入，这样，联邦的岁入是否全部都从进口征收，就不那么重要了，或许，一半来自进口，一半来自出口。各邦的进口和出口，大体上是同等的，不同的邦之间，也大体相同。

艾尔斯沃斯先生：这一款并不禁止联邦议会实行禁运。

麦克亨利先生：禁运权包含在战争权里。

威尔逊先生：宾夕法尼亚出口马里兰、新泽西、特拉华的产品，随着特拉华河的通航，也将出口纽约的产品。为了利于管理出口的总体权力，他反对自己的邦的特殊利益。他说，有人攻击联邦议会征收出口税的权力，认为只对总体政府有利，认为是强迫而非授权。拒绝联邦议会征收出口税，就从总体政府拿走一半管理贸易的权力。他认为为了获得有益的贸易条约，管理出口比管理进口更有效。

格里先生：坚决反对授予联邦管理出口。这种权力可以用来迫使各邦服从总体政府的意志，会授予总体政府看来需要的任何新权力。我们给予总体政府的权力，已经超过了我们所知道的执行办法。这会使总体政府有能力压迫各邦，就像英国压迫爱尔兰一样。

费兹西蒙斯先生：反对立即对出口征税；主张在需要这项权力的适当时机授予。这当然是在美利坚变成一个制造业国家以后。他以英国对羊毛织品的征税为例，说明他的想法。

梅森上校：如果把各邦贬低到地方组织的水平，像有些人主张的那样，那他就同意把各邦的出口和进口都交给总体政府征税。他讲了一个大家经常提到、他本人也赞同的原则，“多数如果形成一致利益，就会压迫少数”。我们弗吉尼亚议会的行动，就证明了这个流行的公论。如果我们从这一角度比较各邦的观点，就可以发现，八个北部的邦，与五个南部的邦，利益不同。它们在众议院的席位，是三十六席比二十九席，在参议院的席位是八比五。因此，南部的怀疑有它的道理。出口与进口的情况不同。在整个联邦内，进口都一样，出口却不同。例如烟草，别的国家在抬高价格，弗吉尼亚也有能力这样做。弗吉尼亚的经验已经证明，对这种产品征税，政治上不明智。

克莱默先生：每个邦说起自己的特产，都有各自的理由，与南部一样。中部各邦可能觉得它们的小麦面粉受压，说起来更是头头是道，因为这些产品在国外市场上陷于竞争，烟草、大米则没有那么多竞争。中部各邦也可能感到，有必要联合起来反对东部和南部，正与南部感到需要联合起来对付东部和中部。他提议：应该限制联邦管理商业的权力，在第七条第四款的“联邦议会不得对任何一邦的出口征收税金和关税”后面，增加“为了政府岁入的目的”，可征收出口税，把岁入作为征收出口税的条件。

是否同意克莱默先生的动议？会议表决，新罕布什尔反对，马萨诸塞反对，康涅狄格反对，新泽西赞成，宾夕法尼亚赞成，特拉华赞成，马里兰反对，弗吉尼亚反对，北卡反对，南卡不在场，佐治亚反对。3 邦赞成，7 邦反对，1 邦不在场，会议没有接受克莱默先生的动议。

麦迪逊先生：为避免完全禁止联邦议会征收出口税，提议："需三分之二议员同意，才能（征收出口税）。"威尔逊先生附议。

会议对这项动议表决，新罕布什尔赞成，马萨诸塞赞成，康涅狄格反对，新泽西赞成，宾夕法尼亚赞成，特拉华赞成，马里兰反对，弗吉尼亚反对（梅森先生、伦道夫先生、布莱尔先生反对，华盛顿将军和麦迪逊先生赞成），北卡反对，南卡反对，佐治亚反对。5 邦赞成，6 邦反对。会议没有接受麦迪逊先生的动议。

会议对"联邦议会不得征收出口税"表决，结果，新罕布什尔反对，马萨诸塞赞成，康涅狄格赞成，新泽西反对，宾夕法尼亚反对，特拉华反对，马里兰赞成，弗吉尼亚赞成（华盛顿将军、麦迪逊先生反对），北卡赞成，南卡赞成，佐治亚赞成。7 邦赞成，4 邦反对，会议通过第七条第四款。

路德·马丁先生：提议修改第七条第四款后一分句，或禁止输入奴隶，或对输入奴隶征税。一、在众议院席位的分配规则中，五个奴隶算作三个自由人，这一分句会鼓励奴隶贸易。二、奴隶制使联邦的一部分变弱，而另一部分却受到约束要保护这一部分，因此，输入奴隶不合理。三、这种做法与革命的原则不合，把这样的特点保留在宪法中，使美利坚丢脸。

拉特里奇先生：看不出来这一款怎么会鼓励奴隶贸易。他不觉得有奴隶造反的危险，其他邦保护南部的责任，可以免去。宗教和人道，与奴隶问题无关。利益是支配国家的惟一原则。目前的真正问题，在于南部是否成为联邦的组成部分。如果北部各邦关心南部的利益，它们就没有必要反对增加奴隶，增加奴隶会增加产品，北部也会从中受益。

艾尔斯沃斯先生：就让这一款保留现状吧。让每个邦按其自身的喜好输入。奴隶制是否符合道德和智慧原则，属于各邦自己考虑的问题。使一方致富的现象，也会使整体致富，各邦才是它们自身利益的最佳判断者。过去邦联也没有介入这个问题，现在，他也看不出有什么更大的必要，在新体制中作出变更。

平克尼先生：如果宪法禁止奴隶贸易，南卡罗来纳绝不会接受宪法。每次提出扩充邦联议会权力，南卡罗来纳都公开而且认真地把输入奴隶问题排开。如果所有的邦在这个问题上都可以自由行事，南卡罗来纳或许会自愿采取逐渐的行动，就像弗吉尼亚和马里兰已经做过的那样。

休会。

8月22日星期三　在制宪会议上

再议第七条第四款：联邦议会不得对任何一邦的出口征收税金和关税；对各邦认为适当的人口迁徙和输入，亦不得征收税金和关税；不得禁止此类迁徙和输入。

谢尔曼先生：主张保持这一款的原文。他不赞成奴隶贸易；可是，既然现在这些邦拥有输入奴隶的权利，既然共同利益还不要求取消它们的这种权利，既然输入奴隶目前还有用，为了不引起对宪法的严重反对，他认为，最好是保持现状。看来，解放奴隶的事正在联邦内展开，一些邦的良知多半会逐渐完成解放奴隶的事。他促请制宪会议注意，应该赶快把制宪会议的任务完成。

梅森上校：输入奴隶的可恶做法，起源于英国商人的贪婪。英国政府屡次阻止弗吉尼亚停止输入奴隶的努力。现在的问题，不仅涉及输入奴隶的邦，而且涉及整个联邦。奴隶的害处，在上次战争中已经表现出来。如果英国人处理奴隶的办法得逞，奴隶就成了敌人手中的危险工具。不过，英国人在奴隶问题上的愚蠢做法，与托利党人[366]的愚蠢做法一样，也没有得逞。他提到希腊和西西里的奴隶造反；提到克伦威尔

---

[366] 托利党人(Tories)：美国初年亦用以指北美的保皇派、效忠(英王)派。

对他派到美洲来的特使的指示，如果别的镇压办法失败，就把武器发给这里的仆人和奴隶。他说，马里兰和弗吉尼亚已经公开宣布，不再输入奴隶，北卡罗来纳也采取了类似的措施。但是，如果南卡罗来纳和佐治亚继续自由输入奴隶，上述三个邦采取的措施也就枉然。西部地区的人们，已经在要求引入奴隶，去开发他们的新土地，如果他们能从南卡罗来纳和佐治亚引入奴隶，西部地区就会充满奴隶。奴隶制不利于艺术和制造业的发展。穷人也看不起奴隶的劳动。奴隶不利于白人向西部移民，而白人则真正会使西部富强。奴隶对风气造成极坏的影响。每个奴隶主都是天生的暴君。他们在这个国家里施行上苍的审判。国家不可能到来世再受惠或受罚，结局必在今世。由于不可避免的因果报应，上苍会惩罚国家的罪恶，使国家必遭大难。他指责我们东部的一些兄弟，由于贪婪，也从事输入奴隶的罪恶勾当。至于说到目前有权输入奴隶的邦，和许多其他权利一样，现在应该放弃了。他认为，不论从哪一个角度看，总体政府都应该有权制止奴隶制的增长，这是总体政府的起码权力。

艾尔斯沃斯先生：他从来不曾拥有一个奴隶，不能判断奴隶制的效果。不过，从道德的眼光来看，我们应该走得更远，解放本国已有的奴隶。弗吉尼亚和马里兰的奴隶正在成倍增长，因此，允许奴隶增长比输入奴隶便宜。那些疾病流传的水稻沼泽，或许还需要从外国输入奴隶。如果我们走得太远，可能会对南卡罗来纳和佐治亚显得不公平。我们还是不要插嘴吧。随着人口增长，贫穷的劳动力会大大增加，奴隶就没有用了。到时候，奴隶制就不再是我们国家的污点。康涅狄格已经制定条款，要废除奴隶制。马萨诸塞已经废除了奴隶制。至于说到外国人唆使奴隶造反的危险，正好成为善待奴隶的一种动机。

平克尼先生：要说奴隶制错了，全世界的例子都在证明奴隶制有理。他提到希腊、罗马和其他古代国家的例子；法国、英国、荷兰和其他现代国家，都承认奴隶制。古往今来，人类的一半，就是奴隶。如果对南部各邦放任不管，它们自己也可能会停止输入奴隶。作为南卡罗来纳的公民，他本人也赞成停止。可是，现在就企图提出废止这一权力，会引起对宪法的严重反对，而他却希望宪法得到批准。

平克尼将军严正宣布：如果要他本人和他的同事们在宪法上签名，并且运用他们个人的影响，促成批准宪法，那就必须取得他们的选民的赞同。南卡罗来纳和佐治亚没有奴隶不行。至于说到弗吉尼亚停止输入奴隶，他们其实反而占便宜。弗吉尼亚的奴隶会增值，而且，弗吉尼亚拥有的奴隶，超过它的需要。要南卡罗来纳和佐治亚按这种不平等的条件加入联邦，不公平。他说，革命以前，英国皇家从来没有不同意南卡罗来纳和弗吉尼亚输入奴隶。他坚持认为，输入奴隶符合整个联邦的利益。奴隶越多，生产越多，出口越多，消费也会越多，消费越多，国库的岁入越丰富。他承认，进口奴隶和进口其他物资一样，征进口税是合理的，但是需要考虑，如果拒绝这一款，就等于把南卡罗来纳排除出联邦。

鲍德温先生：过去一直认为制宪会议只考虑全国性的目标，现在也考虑起地方利益来。佐治亚在这个问题上的立场是明确的。佐治亚一直认为，是中部各邦在追求建立全国政府，它们希望对所有的事情都刮起一阵旋风。佐治亚距离遥远，注定得不到同样的好处。即使对全国利益让步，佐治亚再小心谨慎，也讨不到好。从这点出发，就可以理解，还要剥夺对佐治亚有利的一项特权，佐治亚会出现怎样的态度。如果让佐治亚自己选择，它也许会终止这项罪恶。他注意到，这一款是这个临时安排的一个基础。他认为，提出这项要求的，是一些值得尊敬的人物，他们的道德追求不仅是人人平等，还要把他们的人道要求推广到所有的造物。

威尔逊先生：倘若南卡罗来纳和佐治亚像他们自己说的那样，会自行决定不久即停止输入奴隶，他们就不会因为禁止输入奴隶而拒绝加入联邦。按现在这一款的规定，所有进口都要征税，只有奴隶免税。输入奴隶实际上成了这一条的额外施舍。

格里先生：在对待奴隶的问题上，我们与这些邦的做法无关，但是应该小心，不要给予嘉许。

迪金森先生：不论从荣誉还是安全的角度考虑，都不能承认这一款，宪法不能授权某些邦输入奴隶。真正的问题在于，输入奴隶到底是促进还是阻碍全国的幸福。这个问题应该由全国政府解决，不应该由具有特殊利益的邦决定。英国和法国承认奴隶制，但是，他们都从本国驱逐奴隶。希腊和罗马，都被他们的奴隶弄得以不幸收场。他不相信：南部各邦因此就会不加入联邦；况且，总体政府也不见得马上就会行使这一权力。

威廉森先生：阐述了北卡罗来纳在这个问题上的立法，北卡并没有直接禁止输入奴隶。它只是对每名从非洲输入的奴隶征税五元，对别处输入的奴隶每名征税十元，从已经解放奴隶的邦输入奴隶，每名征税五十元。他认为，如果取消输入奴隶的权利，南部各邦不可能加入联邦。强迫取消任何做法都是错误的，完全没有必要这样做，每个邦都会反对。

金先生：这个问题，只有从政治角度考虑才行。如果两个邦从某一角度不同意宪法，就需要照顾，那么，大多数邦从别的角度不同意，也应该照顾。他指出，奴隶进口免税，其他进口都要纳税，就不平等，不可避免会引起北部和中部从商业上打算盘。

朗东先生：坚决主张授予总体政府制止输入奴隶的权力。他认为，放手让那些邦为所欲为，是靠不住的，他们在这里过了继续输入奴隶的关口，不受任何限制，今后就不会停止输入奴隶。

平克尼将军：身受选民约束，他有责任明确宣布，他不认为南卡罗来纳会在短期内停止输入奴隶，只会像现在的做法这样，偶尔停止一下。他提议：对进口奴隶，像对进口其他货物一样，征同等的进口税，他认为，征税合理。他建议把这个问题提交委员会，让他们处置，就此移去这个已经开始出现的难题。

拉特里奇先生：如果制宪会议以为北卡罗来纳、南卡罗来纳和佐治亚会同意这套方案，除非保留它们进口奴隶的权利原封不动，否则只是徒劳。这几个邦的人绝不会傻到放弃如此重要的利益，他坚决反对取消这一款，支持平克尼将军的动议，把这个问题交给委员会处理。[367]

古文诺·莫里斯先生：希望把这整个题目交给委员会，包括出口征税和航运法问题。北部各邦与南部各邦之间，可以针对这些问题，展开讨价还价。

巴特勒先生宣布：他绝不同意授权联邦议会征收出口税。

谢尔曼先生：既然南部已经把输入奴隶作为加入联邦的死硬条件，与其与他们分手，不如让他们输入算了。他反对征收奴隶进口税，会把事情弄得更糟，因为，这就意味着奴隶是财产。他承认，如果把禁止输入奴隶的权力授予联邦议会，联邦议会是会兑现的。他认为，联邦议会兑现这一权力，是它的职责。

里德先生：主张设立委员会。解决出口征税问题，也应该设立一个委员会。

谢尔曼先生指出：出口征税问题已经达成一致，不用再交给委员会了。

伦道夫先生：还是赞成交给委员会，如果能找到中间道路，还是折中为好。他绝不同意这一款就保留现在这样的内容。为此，他宁可牺牲宪法。他谈到制宪会议现在所处的两难境地。同意这一款，就会激怒贵格教徒，长老会教徒，和许多不蓄奴的邦。不同意，联邦就可能失去两个邦。他说，我们还是试一试由委员会来解决的办法吧。

是否把第七条第四款、第五款的余下内容交给委员会处理？会议表决，新罕布什尔反对，马萨诸塞不在场，康涅狄格赞成，新泽西赞成，宾夕法尼亚反对，特拉华反对，马里兰赞成，弗吉尼亚赞成，北卡赞成，南卡赞成，佐治亚赞成。7 邦赞成，3 邦反对，1 邦不在场，会议同意把这

---

[367] 纽约美国中文电视 2000 年 5 月报道，南卡罗来纳议会直到 2000 年春天才通过决议：把象征奴隶主义的邦旗，从邦议会大厦的旗杆上取下来。但是，又决定把这面旗帜保存到另一个地方，作为纪念。非洲裔美国人正在继续展开斗争，反对后一种做法。

些问题交给委员会。

平克尼先生和朗东先生提议：设立委员会，处理第六款，是否两院三分之二同意才能通过航运法。

戈汉姆先生：这不适当，意味着需要大多数投票才能通过。他希望大家记住，东部各邦除了贸易问题外，再没有什么加入联邦的动机。它们有能力保护自己，不怕外来危险，不需要南部各邦援助。

威尔逊先生：寄希望于委员会，减少通过航海法所需要的投票比例。

艾尔斯沃斯先生：主张保持原文不动。把观点越扩越大，具有危险的一面。如果我们不能在这个中间和温和的立场上达成一致，他担心我们会失去两个邦，这两个邦一走，其他的邦也会各行其是，把方向和形态越弄越多，很可能会弄出好几个邦联，说不定还会流血。

是否由每邦一人组成委员会，讨论第六款以及航运法问题？会议表决结果，新罕布什尔赞成，马萨诸塞赞成，康涅狄格反对，新泽西反对，宾夕法尼亚赞成，特拉华赞成，马里兰赞成，弗吉尼亚赞成，北卡赞成，南卡赞成，佐治亚赞成。9 邦赞成，2 邦反对。会议通过。

委员会由以下成员组成：新罕布什尔的朗东先生，马萨诸塞的金先生，康涅狄格的约翰逊先生，新泽西的利文斯顿先生，宾夕法尼亚的克莱默先生，特拉华的迪金森先生，马里兰的路德·马丁先生，弗吉尼亚的麦迪逊先生，北卡罗来纳的威廉森先生，南卡罗来纳的平克尼将军，佐治亚的鲍德温先生。

会议把第七条第四款和第五款的遗留问题也交给这个委员会处理。

拉特里奇先生代表 18 日委任的 11 人委员会，就麦迪逊先生和平克尼先生提出的动议，报告如下。

委员会认为，应将下列各点补充到现有的方案中去：

在第七条第一款第一分句“联邦议会有权制定和征收税金、关税、进口税、营业税”之后，增加“以便支付联邦的债务和必要的开支，但两院均不得立法征收岁入，除非为了支付债务和贷款利息，在此情况下，也不得超过____年”。

在第七条第一款第二分句“联邦议会有权管理与外国的贸易，管理各邦之间的贸易”后面，增加“以及与任何一邦境内不受法律约束的印第安人贸易”。

在第七条第一款第十六分句“联邦议会有权召集民兵协助，执行联盟法律，执行条约，弹压暴动，抵御入侵”后面，增加“在必要情况下，管理和保护联邦的共同财产和普遍利益，以不干预各邦的内政为宜，不介入各邦自有能力处理的事务”。

在第十条第一款“联邦的行政权授予单独一人。他的职称为‘美利坚联邦总统’；他的称呼为‘阁下’。总统由议会书面投票产生。总统任期七年，但不得第二次当选”后面，增加“至少年满 35 岁，是联邦的公民，并且已经在联邦境内定居满 21 年”。

在第十条第二款后面，增加以下内容，作为第三款：“联邦总统将有一个枢密会议[368]，由参议院议长、众议院议长、最高法院首席大法官，以及各部首长组成，包括外交部、内政部、战争部、海军部、财政部，以及根据需要设立的其他部，[369]枢密会议的职责为：总统执行公务，认为适宜于提交这些人商讨时，他们应该提出建议；但他们的建议并不左右总统的决定，不影响总统采取措施时应负的责任。”

在第十一条第二款“最高法院和下级法院的法官，行为良好得继续任职。他们在规定时间领取服务报酬，继续任职期间，报酬不得减少”

---

[368] 枢密会议（a Privy-Council）：此词沿袭英国国王的枢密会议。

[369] 两百年来，联邦议会先后设立 14 个部：1789 年 7 月 27 日提议建立外交部，9 月 15 日通过，改名国务部；1789 年 9 月 2 日设立财政部；1789 年 9 月 12 日设立战争部，1798 年 4 月 30 日设立海军部，1947 年 9 月 18 日合并为国防部；1789 年 9 月 24 日设立总检察长办公室，1870 年 6 月 22 日改为司法部；1849 年 3 月 3 日设立内政部；1862 年 5 月 15 日设立农业部；1903 年 2 月 14 日设立商业和劳工部，1913 年 3 月 4 日分解为商业部和劳工部；1965 年 9 月 9 日设立住房与城市开发部；1966 年 10 月 15 日设立运输部；1977 年 8 月 4 日设立能源部；1953 年 4 月 11 日设立卫生、教育、福利部；1979 年 9 月 27 日，分解为卫生与人力资源部和教育部；1988 年 10 月 25 日设立退伍军人服务部。

后面，增加“最高法院法官，在众议院弹劾的情况下，由参议院审讯”。

在第十一条第三款中增加以下内容，把最高法院的司法范围，从延及“两邦或多邦之间的争端，一邦政府或其公民与外国、外国公民或臣民之间的争端”，扩展到“联邦与某个邦之间的争端，联邦与某一个人之间的争端”。

格里和平克尼先生提议：第二款后面，补充以下内容“联邦议会不得通过剥夺公权的立法，不得通过追究既往的立法”。格里先生强调设置这一禁令的必要。他说，禁止联邦议会作这类立法，比禁止邦议会作这类立法更重要，因为联邦议会议员少，更应该加以防范。

古文诺·莫里斯先生：禁止制定追究既往的立法这样的谨慎措施，实无必要；但是，有必要禁止制定剥夺公权的立法。

艾尔斯沃斯先生：任何律师、任何平民都不会承认追究既往法。因此，没必要禁止。

威尔逊先生：反对把禁止制定追究既往法一类的内容放到宪法里面去。这会给宪法蒙上一层色彩，好像我们对立法的基本原则纯然无知，或者正在构建一个会做这类事情的政府。

这项动议被分为两个部分。

会议一致同意第一部分，联邦议会不得通过剥夺公权[370]的立法。

第二部分，联邦议会不得制定追究既往的立法[371]。

卡乐尔先生：过去的经验，已经排除了其他的做法。事实证明，不论律师或者平民怎么说，过去各邦议会都通过了这些禁令，而且现在还

---

[370] 剥夺公权（attainder）：在英国法律中，某人因叛国罪或其他重罪被判死刑时，被宣布不再受法律保护，剥夺公权。剥夺公权最重要的后果，是没收财产和辱没血统。如果是叛国罪，没收罪犯的土地，归于国王。如果是重罪，土地没收后归国王一百零一天，再转归罪犯的领主，因为，重罪被视为对封建领主权利的冒犯。英国确立《大宪章》后，国王宣布放弃对重罪犯没收财产的权利。辱没血统，指某人被剥夺公权后，失去继承和转让财产的资格，其后裔亦不得继承他的头衔。19世纪后，除因叛国罪而剥夺财产外，其他形式的剥夺公权都取消了。

[371] 追究既往的立法（ex post facto law）：把行为发生时还不是犯罪的行为事后定义为犯罪行为，对已犯的罪行加重处罚，或改变罪行发生时的程序规定，使其不利于被告。大陆法系规定：对于法律没有规定处罚的行为，不处罚；在英美法系中，法官拒绝对法律作回溯性解释。

在生效。

威尔逊先生：如果这些禁令在各邦宪法中没有什么实际效用，放到联邦宪法里也没什么用。而且，各方都会同意这些原则，运用起来，则各有各的做法。

威廉森先生：北卡罗来纳宪法里有这项禁令。虽然也被违反过，但是在那里，这条禁令起过好作用，在这里，也可能起好作用，因为，法官会有法可依。

约翰逊博士：这个分句没有必要，其中暗含对联邦议会的不当怀疑。

拉特里奇先生：主张还是保留这个分句。

是否保留对追究既往法的禁令？会议表决，新罕布什尔赞成，马萨诸塞赞成，康涅狄格反对，新泽西反对，宾夕法尼亚反对，特拉华赞成，马里兰赞成，弗吉尼亚赞成，北卡代表赞成反对各半，南卡赞成，佐治亚赞成。7 邦赞成，3 邦反对，1 邦代表赞成反对各半，会议决定保留。

回到拉特里奇先生代表详情委员会所作的报告，决定推迟讨论，给每位代表提供一份报告全文。

继续讨论 11 人委员会提交的报告。

先讨论以下提法："联邦议会有权完成邦联议会从事的活动。"

艾尔斯沃斯先生：这个提法没有必要。邦联议会过去是联邦的代理人。从今以后，新的代理人将接替它们的任务。

伦道夫先生：这项规定还是必要的；联邦虽然继续存在，新政府如果没有得到授权，就没有权威。

麦迪逊先生：有必要授权，以免出现误解。他举出例子，过去有欠债的人向英国臣民说，在旧政府下签订的合同，都被革命宣布作废了，这会毁掉一个社会的政治身份。

格里先生：对这个问题作些明确的规定，至关重要，这样，要逃避政府过去的行为责任，就没有借口了。

古文诺·莫里斯先生提议："联邦议会将承担偿付债务，并完成邦联的举措。”

有人提议以“兑现债务”代替“偿付债务”，被否定了。

各邦一致同意古文诺·莫里斯先生的提法。

有人还想提出民兵的问题讨论，这时宣布休会。

8月23日星期四　在制宪会议上

再次讨论民兵问题。此前，8月21日，利文斯顿代表8月18日委任的11人委员会，提出了关于民兵的处理办法："联邦议会制定条款，组织民兵，配备武器，严明纪律，管理其中为联邦服役的部分，把任命军官和按联邦制定的纪律训练民兵的权力，留给各邦。"

谢尔曼先生提议：删掉"按联邦制定的纪律训练民兵"。他认为没必要。各邦若不放弃这些权力，当然就拥有这些权力。

艾尔斯沃斯先生：怀疑删掉这一段是否妥当。保留这些权力的理由，与保留任命军官的权力一样。他指出，制定纪律的含义太宽，可以解释为含有这个问题上的一切权力。

金先生解释：委员会用"组织"一词的含义，指向各邦摊派军官和士兵，"配备武器"的含义，指枪的类型和口径，"制定的纪律"指操练方式等。

谢尔曼先生收回他的动议。

格里先生：联邦的这项权力，经过这样解释后，实际上是把扳机捏在联邦手里。他宁可让马萨诸塞的公民解除武装，也不要他们听从联邦的指挥，使他们服从于联邦议会。这会被视为一种专制制度。

麦迪逊先生指出：这样解释"配备武器"，并不延伸到提供武器；"制定的纪律”也没有包括处罚条例和军事法庭的强制执行。

金先生对上述解释作出补充:“配备武器”不仅指对枪支提出统一要求,也包括授权规定枪支弹药和给养的提供方式,或由民兵自备,或由邦政府提供,或由国库提供。纪律也要用法律推行,包括处罚和执行处罚所需要的机构和规章。

戴顿先生提议:推迟讨论这一段,改为讨论以下提法:“建立这些邦的民兵的统一制度,制定法律,组织、武装、用纪律约束并管理民兵中为联邦服役的部分,把任命军官的权力留给各邦,把这里未作规定的其他权力留给联邦。”

是否同意戴顿先生的动议?会议表决,新罕布什尔反对,马萨诸塞反对,康涅狄格反对,新泽西赞成,宾夕法尼亚反对,特拉华反对,马里兰赞成,弗吉尼亚反对,北卡反对,南卡反对,佐治亚赞成。3邦赞成,8邦反对,会议没有接受戴顿先生的意见。

艾尔斯沃斯和谢尔曼先生提议:推迟讨论第二分句,改为讨论以下提法,“建立民兵的统一武装、操练、组织,并对应召为联邦服役的民兵实行管理”。

这一主张的目的,是把制订民兵计划的权力交给联邦政府,把执行计划的权力交给各邦政府。

朗东先生:无法理解某些先生表现出来的嫉妒心理。联邦政府和邦政府彼此并非敌人,而是为美利坚人民造福的不同机构。作为人民的一员,他会说,联邦政府是我的,邦政府也是我的。把权力从一个移交给另一个时,就像把左手用起来不方便的东西,交给用起来方便的右手一样。

格里先生:还是把军队从方便的右手交给不方便的左手好。公民的自由,是交给从整个大陆产生的八十到一百个人安全呢,还是交给每个邦产生的两三百人安全呢?

戴顿先生:反对绝对统一。有些邦应该多要骑兵,有些邦应该多要步兵。

平克尼将军：还是委员会报告中的提法好。他把原句的含义扩展到执行处罚等等。

麦迪逊先生：主要目的，在于对民兵实行有效的纪律约束。如果依然留在各邦手中，只怕办不好，就和以前向各邦摊派配额一样，容易落空。联邦现在忽略了对民兵的管理。各邦越是紧密联合为一个国家，每个邦为维护自身安全的负担越轻，民兵的准备任务越少。同样的道理，各个县越是独立管理民兵，邦政府对民兵的事就会忽略。对民兵实行纪律约束，归根结蒂，还是全国的共同利益，应该由全国宪法规定。

路德·马丁先生：相信各邦决不会交出民兵权力；即使交，联邦政府也不如各邦政府管得多。

伦道夫先生问：如果民兵各自开上战场，彼此残杀，会出现什么危险局面？兵权就其本质而言，不可滥用，否则整个部队就会成为乌合之众。他还是主张把这项责任交给总体政府，不管这有什么危险，除此以外别无他法。他说，这是一个根本观点；他指出，各邦对民兵都管理不善，各邦的议员过于重视讨好人心，不敢实行严格的纪律。把任命军官的事交给联邦，有利于保护人民，免得人民担心兵灾。

是否同意"建立民兵的统一武装、操练、组织，并对应召为联邦服役的民兵实行管理"？会议表决，新罕布什尔反对，马萨诸塞反对，康涅狄格赞成，新泽西反对，宾夕法尼亚反对，特拉华反对，马里兰反对，弗吉尼亚反对，北卡反对，南卡反对，佐治亚反对。1 邦赞成，10 邦反对，会议不同意艾尔斯沃斯先生和谢尔曼先生的动议。

有人提议再组织委员会处理这一款的第二分句，被会议否定。

是否同意这一款的第一部分：由联邦议会"制定条款，组织、武装、并用纪律约束民兵，管理民兵中为联邦服役的部分"？会议表决，新罕布什尔赞成，马萨诸塞赞成，康涅狄格反对，新泽西赞成，宾夕法尼亚赞成，特拉华赞成，马里兰反对，弗吉尼亚赞成，北卡赞成，南卡赞成，佐治亚赞成。9 邦赞成，2 邦反对，会议通过第一部分。

麦迪逊先生提议：把第二部分改为"把将军以下军官的委任留给

各邦”。

谢尔曼先生：这绝对通不过。就是人们都睡着了，也不会让联邦委任民兵中最有影响的军官，每个醒着的人都会发出警报，把睡着的人叫醒。

格里先生：我们还不如马上摧毁各邦政府，立一个终身制或世袭制的行政官，再建立一个适当的参议院，这样就可以把全部权力都给予联邦政府。可是，各邦政府还不会废除，企图授予名不副实权力，岂非咄咄怪事？他提醒制宪会议，不要把实验推得太远。有些人是不惜一切危险，也要建立一个生机勃勃的政府。另一些人则追求一个比较民主的政府，以同等的决心反对前者。这种冲突，有可能酿成一场内战。

麦迪逊先生：最大的危险，是联盟解体。因此，有必要防止出现这种局面，把足够的权力授予共同政府。公民自由的最大危险，来自大型的常备军，最好的办法，是避免大型常备军，制定有效的条款，建立一支良好的民兵队伍。

是否“把将军以下军官的委任留给各邦”？会议表决，新罕布什尔赞成，马萨诸塞反对，康涅狄格反对，新泽西反对，宾夕法尼亚反对，特拉华反对，马里兰反对，弗吉尼亚反对，北卡反对，南卡赞成，佐治亚赞成*。3 邦赞成，8 邦反对，会议不同意麦迪逊先生的动议。

是否“把委任军官的权力保留给各邦”？会议表决，结果一致通过。

是否“按联邦制定的纪律训练民兵”？会议表决，新罕布什尔赞成，马萨诸塞赞成，康涅狄格赞成，新泽西赞成，宾夕法尼亚赞成，特拉华反对，马里兰赞成，弗吉尼亚反对，北卡赞成，南卡反对，佐治亚反对。7 邦赞成，4 邦反对，会议通过。

讨论第七条第七款：联邦不得授予任何爵位。会议表决，结果一致通过。

平克尼先生：必须使联邦的驻外使节和其他官员独立于外国的影

---

* 麦迪逊注：在出版的《会议记录》中，佐治亚投反对票。

响。他提议：在第七条第七款后面，增加以下内容："未经联邦议会同意，联邦的任何受薪受托官员，不得接受外国国王、君主或外国的礼物、薪水、职务和头衔。"

会议一致同意平克尼先生的这项动议。

开始讨论第八条：联邦议会为实施这部宪法而制定的立法，联邦授权缔结的所有条约，为各邦及其公民和居民的最高法律；各邦法官判案时，受最高法律约束；各邦宪法和法律，不得违背最高法律。

拉特里奇先生提议，把这一款修改如下："宪法、联邦议会为实施宪法所制定的一切立法、联邦授权缔结的所有条约，为各邦及其公民和居民的最高法律；为此，各邦法官判案时，应受宪法、联邦议会立法中每一条款的约束，不得违反。"

会议一致通过拉特里奇先生的动议。

开始讨论第九条第一款：联邦参议院有权缔结条约，任命大使，任命最高法院法官。

古文诺·莫里斯先生：反对由参议院任命。他认为，就任命官员而论，参议院人数太多，容易串通搞鬼，缺乏个人负责精神。按照委员会的报告，如果法官犯法，由参议院审讯；法官既由参议院任命，又由参议院审讯，更是大错特错。

威尔逊先生：所见略同。

会议暂时搁下第九条，回到第七条第一款第十七个分句：联邦议会有权"召集民兵协助，执行联邦法律，执行条约，弹压暴动，抵御入侵"。

古文诺·莫里斯先生提议：删去"执行条约"，因为条约已经列入法律，这样提就重复了。

会议一致同意古文诺·莫里斯先生的意见。

古文诺·莫里斯先生提议，把这个分句改为：联邦议会有权"召集民兵，执行联邦法律，弹压暴动，抵御入侵"。会议一致通过。

经过这些修改，会议一致同意第七条第一款第十七个分句。

平克尼先生提议：给联邦议会补充一项授权，"两院三分之二议员同意，联邦议会有权否定他们认为违反联邦总体利益和联盟和谐的各邦立法”。他说，会议已经通过这条原则。他认为，这种谨慎是有必要的。由于参议院实行席位平等，大邦优势的问题已经解决。

布鲁姆先生附议。

谢尔曼先生：没有必要；现在修改的结果，联邦议会的立法，已经成为最高法律，压倒各邦立法。

麦迪逊先生：建议设立委员会讨论这个问题。他本人从一开始起，就赞同这一原则；不过，他觉得，在措辞上还可以修饰得更好。

梅森先生：希望了解这一权力如何实施。各邦通过的所有立法都要上交吗？未经联邦议会同意，就不能修路，不能架桥？联邦议会是否要长年累月开会，以便批准各邦立法？他说这些，并非指责这项原则，但他知道，这会引起严重的反对。

威廉森先生：这样做没有必要，而且已经作过决定，又把老问题翻出来，浪费时间。

威尔逊先生：要把我们现在建造的政府大厦支撑起来，这项原则是基石。有人提出，各邦政府必须有自我捍卫能力，联邦政府同样需要自我捍卫能力。法官本身坚定还不够，还需要法律坚定。一项不适当的立法，最好在通过之前否定，不要等到通过之后，再宣布它无效。

拉特里奇先生：不说别的，仅这一项，就会把宪法置于令人诅咒的地位。有哪一个邦会同意被这样地捆手绑脚？

艾尔斯沃斯先生：提出这种要求，只有两个办法才能实现，一是各邦议会通过的一切立法，生效之前都先交给联邦议会审批，联邦议会可予废止；二是各邦行政官由联邦政府任命，控制各邦议会立法。如果心里打的是后一种算盘，那就明说出来吧。

平克尼先生挑明：各邦行政官就是应该由联邦任命，并授权控制各邦议会立法。如果再开一次制宪会议，就会制定这样的条款。

古文诺·莫里斯先生：平克尼先生的主张没有用，也行不通。但他希望把这个问题提交委员会考虑。

朗东先生：赞同平克尼先生的主张。可以解决以下问题：具体运用全国宪法时，用得对还是不对，究竟是由联邦议会作出判断，还是由邦议会作出判断。

是否就平克尼先生的动议设立委员会？会议表决，新罕布什尔赞成，马萨诸塞反对，康涅狄格反对，新泽西反对，宾夕法尼亚赞成，特拉华赞成，马里兰赞成，弗吉尼亚赞成，北卡反对，南卡反对，佐治亚反对。5 邦赞成，6 邦反对，会议不同意就此问题设立委员会。

于是，平克尼先生收回他的主张。

第七条第一款经过修改以后，内容如下：联邦议会将完成邦联议会的工作，偿还联邦债务，有权制定和征收税金、关税、进口税和营业税。会议通过以上内容。

巴特勒先生：不满意这样修改，会让那些乘人之危、投机收购公债的吸血者发财，使那些为国战斗和流血的人吃亏。他说，他准备明天提出：对上述各种不同的人要区别对待；现在先提出再议请求。

会议回头讨论第九条：联邦参议院有权缔结条约，任命大使和最高法院法官。

麦迪逊先生：参议院仅仅代表各邦，由于这一原因，以及其他明显理由，建议由总统出面缔结条约。

古文诺·莫里斯先生：是否由参议院缔结条约，他还没有拿定主意。现在先提出一点修改，在"有权缔结条约"后面，增加"未经立法批准的条约，对联邦没有约束力"。

麦迪逊先生：为作战等等原因而缔结的加盟条约，要求立法部门批准，殊为不便。

戈汉姆先生：如果媾和和其他种种谈判性质的条约，都要经过立法批准，会带来许多不便。如果不能事先批准，驻外使节会感到无所适从，不知如何推进。倘若英国国王也要经过这种批准手续，不知会出现什么后果？美利坚的大使，将会开赴世界各国，届时将得不到议会的指示，却要经过议会批准一关。

古文诺·莫里斯先生：说起与外国结盟，外国政府就有责任派大使到这里来，这正是我们求之不得的事。如果他的动议成功，这种条约未经批准就无法缔结。总的来说，他不想寻求大量缔结条约，不想让签订条约太容易。他不希望再与英国缔结任何条约，直到英国陷入战争。到那时候，就可以与她讨价还价，谈出有利条件来。与其他外国谈判，也是如此。条约越难定，就越有价值。

威尔逊先生：英国国王遇到最重要的条约，也要取得议会最后批准，才能施行。英国国王面临的这副手铐脚镣，与古文诺·莫里斯先生想要加于参议院的一样。昨天通过的条款，连出口税也不许联邦议会征收。第九条的这项规定，如果不加修改，参议院一家就可以缔结条约，就可以要求南卡罗来纳把所有的大米都运到某个港口去。

迪金森先生：同意这项修改意见，非常安全妥当。他只是担心：这样对小邦不大有利；因为小邦本来可以在缔结条约方面享有平等的份额。

约翰逊博士：大使的全权来自参议院，又要依赖众议院的批准，总是有点儿悖理。英国国王的例子，在这里不适用。英国国王拥有全权。如果议会不采取适当的实施措施，条约就会被违反。

戈汉姆先生：回应古文诺·莫里斯先生提出的问题。现场谈判可不由我们一厢情愿，尤其是整个议会都要涉足条约的事。议会总是会受到两三个人的影响，外国驻这里的大使就会去收买他们。像我们这样的政府，有必要防止政府本身不要被拖下水。

伦道夫先生：差不多每个发言的人都对这个分句有反对意见。他提议：为进一步讨论这个问题，应该推迟讨论古文诺·莫里斯先生的动议。

是否同意伦道夫先生的动议？会议表决，新罕布什尔不在场，马萨诸塞反对，康涅狄格反对，新泽西赞成，宾夕法尼亚赞成，特拉华赞成，马里兰赞成，弗吉尼亚赞成，北卡反对，南卡反对，佐治亚反对。5 邦赞成，5 邦反对，1 邦不在场，伦道夫先生的动议失落。

是否同意"签订条约需得到联邦议会批准"？会议表决，新罕布什尔不在场，马萨诸塞反对，康涅狄格反对，新泽西反对，宾夕法尼亚赞成，特拉华反对，马里兰反对，弗吉尼亚反对，北卡代表赞成反对各半，南卡反对，佐治亚反对。1 邦赞成，8 邦反对，1 邦代表赞成反对各半，1 邦不在场，会议没有接受古文诺·莫里斯先生的动议。

会议同意：在参议院任命"大使"之后加上"和其他公使"。

会议决定：推迟讨论第九条第一款的其他分句。

麦迪逊先生：是否可对不同的条约作不同的处理。让总统和参议院制定事件性的条约和条件有限的结盟，其他条约则要求两院一致同意。

最后，会议一致同意：把第九条第一款提交五人委员会处理。

休会。

8月24日星期五　在制宪会议上

8月22日，会议委任11人委员会，处理第七条第四款的后两个分句和第七条第五款、第六款。

新泽西邦长利文斯顿先生代表11人委员会报告如下：

“把提交委员会的第七条第四款的大部分内容删除，增加以下内容：‘宜于承认若干邦现存的人口迁徙和输入，联邦议会在1800年前不得立法禁止，但对此类迁徙和输入应该征收税金或关税，税率不得超过进口税的平均税率。’第五款维持报告原来的提法：联邦议会‘除按今后人口普查结果的比例指示各邦征收人头税外，不得征收人头税’[372]。第六款：‘未经两院三分之二议员通过，不得通过航运法。’予以删除。”

巴特勒先生要求：明天再议第七条第一款第一分句，关于联邦议会承担过去债务的问题。他指出，代表们对公债问题的意见不同，不同类型的公债持有者，立场也不同。

---

[372] 联邦议会不得直接向各邦居民征税，如人头税；只能由各邦议会征收；各邦议会征收后，根据人口普查结果，按各邦人口所占比例，向联邦议会交纳份额。根据美国初年联邦政府岁入表（《美国历史统计 两百周年纪念版》第二册第1106页），联邦政府的收入中，并没有各邦政府上交份额这一栏目。本书脚注[89]指出：联邦政府的早期收入，绝大部分来自进口税。除此以外，少量来自营业税和出售公有土地。人头税、土地税，掌握在各邦政府手中。

平克尼将军附议。

伦道夫先生：希望再议，把表述方法再改进一步，就邦联议会对各邦债务的做法，提出解决办法。

是否同意巴特勒先生的动议？会议表决，新罕布什尔反对，马萨诸塞赞成，康涅狄格赞成，新泽西赞成，宾夕法尼亚不在场，特拉华赞成，马里兰反对，弗吉尼亚赞成，北卡不在场，南卡赞成，佐治亚赞成。7 邦赞成，2 邦反对，2 邦不在场，会议同意明天再议公债处理问题。

开始讨论第九条第二款和第三款。

第九条第二款：在司法管辖权和领土问题上，两邦或多邦目前存在和将来可能发生的一切争议和争端，参议院拥有下列权力。一邦议会、行政当局或邦的法律代理人，与另一邦发生争端时，应向参议院提交备忘录，陈述问题所在，申请举行听证；备忘录和申请书的副本，由参议院交给与之发生争端的另一邦的议会或行政当局。参议院指定一个日期，让双方代理人到参议院出庭。双方代理人在指定仲裁人或法官问题上取得一致，即组成法庭，听取问题所在，作出裁决。若双方代理人无法取得一致，由参议院从每邦提名三人，双方可依次从三人中剔除一人，到剩下十三人为止；在十三人到场的情况下，由参议院通过抽签提取不少于七人，不多于九人；这样提取的人，或其中任意五人，担任仲裁人或法官，听取争端，作出最后裁决；裁决由听取案件者的多数意见决定。若一方或双方忽略，不在指定日期出席，又不提出缺席的充分理由，或出庭而拒不答理，则参议院从每邦提名三人，由参议院职员代表缺席或不答理的一方。任何一方若拒不承认此种法庭的权威，或拒不出庭提出申诉，或不对理由作出辩护，此种法庭仍将开庭并将作出裁决。此裁决为最终裁决，具结案性质。开庭记录交参议院议长，为了有关各方的安全，存入公共档案。每名仲裁人在入席开始裁决之前，需宣读誓言，由裁决举行所在地的邦最高法院法官之一主持，誓词为："仔细认真听取问题所在，尽自己的最佳判断能力，不偏不袒，不图报答，作出裁决。"

第九条第三款：因两邦或多邦对同一土地颁发了不同的地契而引起的一切土地争端，各邦之间因颁发或调整地契而引起的司法管辖权争端，与上述各邦之间的其他争议和争端一样，应向参议院申请，尽量按上述办法作出最后解决。

拉特里奇先生：为解决各邦之间的争议，邦联条款当时作出这种规定是必要的。现在既然要建立全国司法体系，就不再必要了。他提议：删去这项规定。

约翰逊博士附议。谢尔曼先生和戴顿先生也赞同。

威廉森先生：主张推迟讨论这些规定，不同意删除。如果法官的利益与涉事一方相连，或与其中一方过于密切，或许还是保留这些规定为好。

戈汉姆先生：怀疑删除是否适当。法官们可能与涉事的邦有牵连。这些解决问题的模式，或许比交给法庭审理更能令人满意。

是否推迟讨论第九条第二款和第三款？会议表决，新罕布什尔赞成，马萨诸塞反对，康涅狄格反对，新泽西反对，宾夕法尼亚不在场，特拉华反对，马里兰反对，弗吉尼亚反对，北卡赞成，南卡反对，佐治亚赞成。3 邦赞成，7 邦反对，1 邦不在场，会议不同意推迟讨论。

威尔逊先生：应该删去。由司法部门解决更好。

是否删去第九条第二款和第三款？会议表决，新罕布什尔赞成，马萨诸塞赞成，康涅狄格赞成，新泽西赞成，宾夕法尼亚不在场，特拉华赞成，马里兰赞成，弗吉尼亚赞成，北卡反对，南卡赞成，佐治亚反对。8 邦赞成，2 邦反对，1 邦不在场，会议同意删去第九条第二款和第三款。

讨论第十条第一款：联邦行政权授予单独一人。职称为“美利坚联邦总统”；称呼为“阁下”。[373] 总统由联邦议会书面投票选举。任期七年，

---

[373] 阁下(His Excellency)：第一次总统选举揭晓后，先期到达临时首都纽约的副总统亚当斯，坚持美国开国总统应该具备欧洲君主的“朝仪”，想出各种百官称呼总统的名称，请华盛顿选择。华盛顿回答：就用“总统先生(Mr. President)吧”。这一称呼沿袭至今。但在华盛顿时代，联邦官员上班时穿贵族服饰，佩剑，戴假发，称华盛顿为“最高大人”(Your Highest)。直到崇尚简朴的杰斐逊时代，才去掉这一套。

但不得第二次当选。至少年满35岁，是联邦公民，并且已经在联邦境内定居21年。

会议一致同意由一人担任，一致同意以上职称和称呼。

拉特里奇先生提议：把“由联邦议会”改为“由两院联合”投票选举。这是最方便的选举办法。

谢尔曼先生：反对由两院联合投票。设立参议院的目的，就是各邦否决权平等。两院联合投票，会剥夺参议院的平等否决权。

戈汉姆先生：每到紧要关头，总是考虑参议院代表什么人的利益，这是错误的。共同利益，才是需要考虑的真正目标。如果两院分别投票，各院均有权否定另一院的选择，会造成极大的拖延和思想混乱。

戴顿先生：对参议院代表什么人的利益视而不见的人，当然不会考虑参议院的构成。如果同意两院联合投票，实际上是把选举总统的权力授予众议院。如果这样修改，他永远不会同意。毫无疑问，总统人选问题必须取得两院一致同意。这件事的重要性和必要性，会促使两院达成一致。

卡乐尔先生提议：删去“由联邦议会选举”，改为“由人民选举”。

威尔逊先生附议。

是否改为“由人民选举”？会议表决，新罕布什尔反对，马萨诸塞反对，康涅狄格反对，新泽西反对，宾夕法尼亚赞成，特拉华赞成，马里兰反对，弗吉尼亚反对，北卡反对，南卡反对，佐治亚反对。2邦赞成，9邦反对，会议不同意卡乐尔先生的动议。

布瑞利先生：反对“由两院联合”投票。不过，所谓小邦不会赞同大邦的说法，在这里用不上。

威尔逊先生：大邦应该在总统选举中占据较大的份额。两院意见不一致时，会造成拖延，这种说法有道理。就总统选举而言，两院联合投票，也给参议院一份特殊权力，可以制衡众议院的优势。

朗东先生：全国行政官应该由两院联合投票选举，听取普遍呼声。

新罕布什尔采取两院分别投票的方式，事实证明困难很大。参议院的否决，会伤害众议院推选出来的人的感情。虽然联合投票不利于作为小邦的新罕布什尔，他还是赞成联合投票。

威尔逊先生：联邦总统出缺时，将由参议院议长递补。如果实行分别投票，参议院故意拖延、从中作梗，就对自己有利。

麦迪逊先生：如果联合投票，最大的邦所投的票数，与最小的邦所投的票数，比例也不过是四比一，而最大的邦的人口，则是最小的邦的人口的十倍。总统既然是为人民服务，而不是为邦效劳，四比一也不过分。参议院议长有时也会代理联邦总统，只要他一个人否决，众议院就要凑足四分之三的选票，才能通过一项立法。这是参议院享受的另一优势。

是否同意两院"联合投票"选举总统？会议表决，新罕布什尔赞成，马萨诸塞赞成，康涅狄格赞成，新泽西反对，宾夕法尼亚赞成，特拉华赞成，马里兰赞成，弗吉尼亚赞成，北卡赞成，南卡赞成，佐治亚赞成。10邦赞成，1邦反对。会议同意两院"联合投票"选举总统。

戴顿先生提议：在两院"联合投票"后面，增加"每邦各投一票"。

布瑞利先生附议。

会议对此动议表决，新罕布什尔反对，马萨诸塞反对，康涅狄格赞成，新泽西赞成，宾夕法尼亚反对，特拉华赞成，马里兰赞成，弗吉尼亚反对，北卡反对，南卡反对，佐治亚赞成。5邦赞成，6邦反对，会议不同意戴顿先生的动议。

平克尼先生提议：在两院"联合投票"后面，增加"选举时，出席议员需过半数"。

会议对此动议表决，新罕布什尔赞成，马萨诸塞赞成，康涅狄格赞成，新泽西反对，宾夕法尼亚赞成，特拉华赞成，马里兰赞成，弗吉尼亚赞成，北卡赞成，南卡赞成，佐治亚赞成。10邦赞成，1邦反对，会议同意平克尼先生的动议。

里德先生提议："如果得票最多的两人票数相等，参议院议长可以补投一票。”

会议一致否定这个意见。

古文诺·莫里斯先生：反对由联邦议会选举总统。他认为会出现这样的危险：使行政官对维护自己的立场失去信心，导致议会虐政。如果议会把总统弄得依附于议会，那么，通过影响税收官员、其他官员、海军军官、陆军军官等等，支持他们篡夺权力的举动，议会就会大权在握，长久不变。拉帮结派、拉拢腐蚀，是议会选举方式固有的毛病，因此，才产生出不许连任的需求。一旦行政官需要讨好议员，到议会笼络人心，他就需要牺牲行政官的权力作为代价；这样，即使任期届满，他也可以再到议会去任职，到那里去享受当初播下人际关系的果实。他补充说，与总统竞争地位的人，势必会不断努力，设法把他赶下台。为了防止这些弊病，他提议：总统“由各邦人民选出的选举人选举”。

卡乐尔先生附议。

会议对此动议表决，新罕布什尔反对，马萨诸塞反对，康涅狄格赞成，新泽西赞成，宾夕法尼亚赞成，特拉华赞成，马里兰反对，弗吉尼亚赞成，北卡反对，南卡反对，佐治亚反对。5 邦赞成，6 邦反对，古文诺·莫里斯的动议没有通过。

戴顿先生提议：推迟讨论第十条第一款的这两个分句。

会议未经点票就把他的动议否定了。

布鲁姆先生提议：把这两个分句提交给一个委员会处理，由每邦推选一人组成。

是否同意布鲁姆先生的动议？会议表决，新罕布什尔反对，马萨诸塞反对，康涅狄格代表赞成反对各半，新泽西赞成，宾夕法尼亚赞成，特拉华赞成，马里兰赞成，弗吉尼亚赞成，北卡反对，南卡反对，佐治亚反对。5 邦赞成，5 邦反对，1 邦代表赞成反对各半，布鲁姆先生的动议失落。

是否同意“总统由选举人选举”的一般原则？会议表决，新罕布什尔反对，马萨诸塞不在场，康涅狄格代表赞成反对各半，新泽西赞成，宾夕法尼亚赞成，特拉华赞成，马里兰代表赞成反对各半，弗吉尼亚赞成，北卡反对，南卡反对，佐治亚反对。4 邦赞成，4 邦反对，2 邦代表赞成反对各半，1 邦不在场。古文诺·莫里斯先生动议的原则失落。

会议决定明天再议第十条第一款。

转为讨论第十条第二款：总统定期向联邦议会提供信息，提交联邦咨文；可向联邦议会建议他认为必要和可行的措施，供议会讨论；可在特殊情况下召集联邦议会开会。两院对开会时间看法不一时，总统可在他认为适宜的时间召集这种会议；总统负责联邦议会立法得到公正和忠实的执行：总统给联邦全体军官授衔，任命本宪法未另作规定的其他官员。总统接见大使，与各国最高行政官交流。总统有权暂缓死刑，颁布赦免；但总统的赦免权不得用于弹劾案。总统为联邦陆军、海军和各邦民兵的总司令。总统在规定时间内领取服务报酬，报酬在任期内不加不减。就职前，总统需先宣读以下誓言："我谨在此神圣宣誓，我将忠实执行美利坚联邦总统的职守。"经众议院提出弹劾，经最高法院确证犯有叛国、受贿、贪污罪，应将总统免职。若总统因上述原因被免职，或去世、辞职、丧失执行总统职权的能力，由参议院议长行使这些职权，直到选出另一位联邦总统，或总统丧失的能力得到恢复。

谢尔曼先生：反对由总统"任命本宪法未另作规定的其他官员"。他承认，行政部门的许多官员应该由总统任命，这样做是适宜的。但是，他坚持认为，也有许多官员不宜由总统任命，例如，和平时期军队的主要官员。大不列颠的腐化就因此而起。如果行政官能操纵军队，他就可能建立起绝对权力；到了一场战争收尾时，他就会利用他所建立的军队的优势。詹姆斯二世手下的军官不服从他，因为这些军官是他的前任任命的，不是他任命的。他提议：把这个提法改为，总统"任命本宪法或议会立法未另作规定的其他官员"。

根据麦迪逊先生的动议，把任命“官员”改为填充“职务”[374]，免得引起误解。因为，先要联邦议会设立“职务”，然后，总统才能任命“官员”。

是否同意总统只能任命“议会立法”以外的官员？会议表决，新罕布什尔反对，马萨诸塞反对，康涅狄格赞成，新泽西反对，宾夕法尼亚反对，特拉华反对，马里兰反对，弗吉尼亚反对，北卡不在场，南卡反对，佐治亚反对。1 邦赞成，9 邦反对，1 邦不在场，会议不同意谢尔曼先生的动议。

迪金森先生提议：把“任命本宪法未另作规定的其他官员”改为“任命本宪法所设立的所有职务，另作规定者例外，并任命今后由议会立法创设的职务”。

伦道夫先生：不论放在议会手里，还是放在行政官手里，任命都是令人生畏的权力。他表示，在某些情况下，不得把任命的事交由议会处理。

是否同意迪金森先生的动议？会议表决，新罕布什尔反对，马萨诸塞反对，康涅狄格赞成，新泽西赞成，宾夕法尼亚赞成，特拉华反对，马里兰赞成，弗吉尼亚赞成，北卡不在场，南卡反对，佐治亚赞成。6 邦赞成，4 邦反对，1 邦不在场，会议通过迪金森先生的动议。

迪金森先生再提动议：在他的修改之后，再增加“立法授予各邦议会和行政官任命的职务除外”。

伦道夫先生附议。

威尔逊先生：如果这条意见通过，各邦政府将会指示他们的议员，在把职务提交各邦议会之前，不得设立任何全国性职务。

谢尔曼先生：反对迪金森动议中“各邦议会”的提法。

提出动议和附议的两位先生同意收回他们的动议。

古文诺·莫里斯先生：这等于授权各邦开口：“你们是王，我们是王

[374] 官员：officers；职务：offices。

上之王。”

未经表决，会议即否定迪金森先生的这项意见。[375]

会议一致同意：取消下午四点散会的规定，从明天起，上午十点开会，下午三点散会。

休会。

---

[375] 法兰德注：麦克亨利的笔记可能是对的，正要表决这个问题时，就宣布休会了。因为，第二天会议又回到迪金森先生的动议，见8月25日的笔记，《汇编》第二卷第406页。

8月25日星期六　在制宪会议上

会议再次讨论第七条第一款。[376]

梅森上校：反对采用“shall”[377]，这要承担邦联议会欠下的全部债务和责任，这个提法太过强硬，可能没法兑现。对持有债券的人，应该分别对待。有些应该偿还，有些要适当考虑，这样，政府才有能力偿还所欠的债务。如果采用“shall”的语气强调，会激发投机行为，促成营私舞弊。购买原始公债的人，与后来从无知者和破产者手中收购公债的人，有区别。他的意思，并非把那些在公开市场上购买证券的人也算在内。这个问题，如何划清界线，他也感到棘手，不过，他也不想事先加以阻止这种还债的承诺。即使公平收购公债的人，用一块钱收购四元、五元、六元甚至八元公债，也不应该与购买原始公债的人享受同等待遇，不能指望他们不抱怨。这些人从公债中所得的利润，也等于他们购买时所花的本钱了。他特别希望能为购买证券的人保持开放的门户。他认

---

[376] 详情委员会报告第七条第一款的内容是：把哪些权力授予联邦议会？这一款共有18个分句，是宪法初稿准备授予联邦议会的18项权力。这一款的全文，见本书8月6日笔记前的“详情委员会报告”。法兰德注：关于宪法应该授予联邦议会哪些权力，参见本书8月18日，8月21—24日的相关辩论。

[377] “联邦议会有权”的原文是 The Legislature of the United States shall have power to，这里，shall 既是助动词，表示将来时间，又是情态动词，含“必将”的语气。

为，用“shall”的语气，会把门户封闭起来，要求政府按票面价值偿付公债，不符合公共利益。他还担心，用“shall”的语气，会把范围扩大到所有的大陆纸券。

朗东先生：希望采取更多的行动，不要让持有公债的人维持现状。

格里先生：这个问题，他没占什么便宜，持有公债所得的利息，还不够付税钱。他想指出，如果按票面价值向公众偿还公债，对某人也就不应该偏心。应该事先考虑的是：对士兵的舞弊行为。这些贫穷而又单纯的人，当时无路可走，只好卖掉公债。还有些持有公债的人，只怕会觉得上当受骗，连事先购买公债的本钱也收不回来。据他所知，这个问题，各邦利益也不一样，有的发行得多，有的发行的公债还不如发行的纸券多。由此，出现按什么尺度降低纸券币值的问题。如果要维持公信，他不反对重新核实公债，不要让那些上当受骗、可怜无知的人吃亏，恢复他们本来应有的钱。不过，对此，他自己也没把握。至于说到钻营股票的人，他看没必要遏止。这些人维持了纸券的币值。没有这种人，就没有市场了。

巴特勒先生：他的意见是，既不要使公债持有者手里的债券增值，也不要让公债作废。

伦道夫先生提议：推迟讨论原有提法，改为讨论以下提法：“邦联议会通过签约而欠的所有债务和责任，在此宪法之下，与在邦联条款下一样，由联邦承担。”

约翰逊博士：这些债务是美利坚联邦欠下的债务。更换政府，不能改变联邦的责任，这些债务自然转移到新政府名下。依他看来，这一点自不待言。如果要说，就像伦道夫提议的那样，明确宣布。

古文诺·莫里斯先生：他从来没有成为公债的持有者，或许能说点公道话：应该维持公信。他过去的做法一贯如此，将来也会坚持。他认为，“必将”这样的语气可取，态度明朗。至于说到“赎回”公债，既然当初已经说了要付利息，“必将”的语气就有必要。如果不付，这种权宜之计，不过是逃避责任的遁词。他可以肯定，新政府当然要受约束，希望在这里加上"必将"的语气，会为宪法争取到许多朋友。

是否同意伦道夫先生的动议？会议表决，新罕布什尔赞成，马萨诸塞赞成，新泽西赞成，宾夕法尼亚反对，特拉华赞成，马里兰赞成，弗吉尼亚赞成，北卡赞成，南卡赞成，佐治亚赞成。10 邦赞成，1 邦反对，会议通过伦道夫先生的动议，用宪法承担邦联议会在邦联条款下所欠的债务和责任。

谢尔曼先生：关于征税的分句，应该与偿还旧债的分句联系起来。他提议：在第七条第一款内增加："为了偿付上述债务，为了支付建设共同防御和提供普遍福利而出现的支出"而征收税金、关税。

会议表决，康涅狄格赞同，其他各邦都不同意这项动议。

接着讨论利文斯顿报告中关于输入奴隶的决定：宜于承认若干邦现存的人口迁徙和输入，联邦议会在 1800 年以前不得立法禁止，但对此类迁徙和输入，应征收税金和关税，税率不得超过进口税的平均税率。

平克尼将军提议：把" 1800 年"改为"1808 年"，因为这是限制奴隶输入的年限。

戈汉姆先生附议。

麦迪逊先生：自由进口奴隶 20 年，足以造成严重恶果。这么长的时间，对国家的名声不利，更不用说对宪法名声的影响。

是否同意平克尼将军的动议？会议表决，新罕布什尔赞成，马萨诸塞赞成，康涅狄格赞成，新泽西反对，宾夕法尼亚反对，特拉华反对，马里兰赞成，弗吉尼亚反对，北卡赞成，南卡赞成，佐治亚赞成。7 邦赞成，4 邦反对，会议通过了平克尼将军把奴隶进口延长八年的动议。

古文诺·莫里斯先生立刻提议：把这个分句读作"把奴隶输入北卡罗来纳、南卡罗来纳、佐治亚"不受禁止。他说，这样最公平，可以避免词义含糊，这样，把制定入籍条例的权力留给联邦，不至于受到损害。他希望让大家知道，宪法的这一部分，只是对这几个邦的让步。不过，如果这几个邦的代表反对这样改变文字，他也不勉强。

梅森上校：不反对点明“奴隶输入”，但不主张点出这些邦的名字，免得冒犯这些邦的人民。

谢尔曼先生：还是喜欢原来的描述，不喜欢现在这样点明。过去，邦联就拒绝使用“奴隶”这个词，让有些人不高兴。

克莱默先生：与谢尔曼先生有同感。

威廉森先生：不论是看法还是做法，他都反对奴隶制；不过，从宽容的观点来看，从全局来看，还是让南卡罗来纳和佐治亚按他们的条件办，不要把它们排除出联邦。

古文诺·莫里斯先生：收回他的动议。

迪金森先生：希望这个分句能限制还没有禁止进口奴隶的邦，建议把这个分句修改如下：“允许进口奴隶到这些邦，联邦议会在1808年以前不得立法禁止。”

经过表决，会议一致反对这个提法*。

于是，把措辞修改如下：“宜于允许若干邦现存的这种人[378]的迁徙和输入，联邦议会1808年以前不得立法禁止。”

是否同意以上措辞？会议表决，新罕布什尔赞成，马萨诸塞赞成，康涅狄格赞成，新泽西反对，宾夕法尼亚反对，特拉华反对，马里兰赞成，弗吉尼亚反对，北卡赞成，南卡赞成，佐治亚赞成。7邦赞成，4邦反对，会议同意上述措辞。

鲍德温先生：为了把“进口货物的平均税率”表述得更准确，改为“一般商品的普通税率”。

经过表决，会议一致同意鲍德温先生的修改意见。

谢尔曼先生：反对对进口奴隶征税。这等于承认人是货物，结果，是用货物的名义进口奴隶。

金先生和朗东先生：这是前一个分句的代价。

---

* 麦迪逊注：在出版的《会议记录》里，康涅狄格、弗吉尼亚、佐治亚投赞成票。

[378] “这种人”(such persons)：修改的结果，是用“这种人”暗指奴隶。

平克尼将军承认：的确如此。

梅森上校：若不对进口奴隶征税，等于鼓励进口奴隶。

戈汉姆先生：谢尔曼先生不要把这种征税看作默认奴隶是货物，应该视为对进口奴隶的抑止。

古文诺·莫里斯先生：按照现在的行文，联邦议会对自由人也可以征收进口税。

谢尔曼先生：（回应戈汉姆先生）征进口税只不过说明目的在于筹集岁入，并非抑止进口奴隶。

麦迪逊先生：在宪法里承认人是财产的观念，是错误的。奴隶与商品不同，不能消费，征进口税，理由站不住脚。

梅森上校：（回应莫里斯先生）这样行文可以点出认罪者，可以免去对他们作介绍了。[379]

最后，会议终于一致同意把后一分句修改如下："但是，对于这种输入，可以课征税金和关税，每输入一人，课税不得超过十元。"

接着讨论利文斯顿报告对第七条第五款和第六款的决定。

会议一致同意第五款维持原意：联邦议会不得征收人头税，只能按人口普查结果向各邦摊派份额。

第七条第六款：未经两院分别以三分之二通过，不得通过航运法。

会议决定：推迟讨论这一款。

麦迪逊先生提议：第八条规定，"联邦授权缔结的条约"为全国最高法律，宜改为"已经和将要缔结的条约"都是全国最高法律。古文诺·莫里斯先生附议。

会议一致同意。这样，进一步明确：不仅指过去已经缔结的条约，而且指未来将要缔结的条约。

卡乐尔先生和马丁先生：他们的选民会担心，联邦议会有了管理贸易的权力，会偏袒某些邦的港口，会要求其他邦的货物以那些港口为终

---

[379] 梅森上校的话，显然是在挖苦坚持进口奴隶的人。

点港或始发港，例如，要求原来应在巴尔的摩停靠的船只，到诺福克去停靠，诸如此类。他们提出以下动议："联邦议会不得要求公民或外国人的船只，不到它们原定停靠的港口清仓卸货，而要它们开到其他邦的港口去停靠、交纳税金和关税；联邦议会授予任何船只停靠和纳税的特权和豁免权时，不得在邦与邦之间厚此薄彼。"

戈汉姆先生：这么谨慎没有必要。如果船只沿江而上，驶经好几个不同的邦，可以沿途靠岸卖货，而不入港停靠、清仓、纳税，政府可能无法筹集岁入。

麦克亨利先生和平克尼将军提出以下两项主张：

"如果联邦议会认为各邦应该建立一个或几个港口，用于进港停靠和清仓纳税，联邦议会应该通知各邦行政当局，确定这类港口的必要数目；由各邦行政当局在联邦议会下次开会之前设立；联邦议会无权在某邦建立这种征税的港口，除非有关邦的行政当局收到联邦议会通知后失职，未能按规定设立。"

"联邦议会制定税金、关税、营业税、禁则或限则的立法时，在整个联邦境内应该整齐划一。"

会议决定把这些建议提交给一个由每邦一人组成的委员会，经过选举，委员会成员如下：

新罕布什尔的朗东先生，马萨诸塞的戈汉姆先生，康涅狄格的谢尔曼先生，新泽西的戴顿先生，宾夕法尼亚的费兹西蒙斯先生，特拉华的里德先生，马里兰的卡乐尔先生，弗吉尼亚的梅森先生，北卡罗来纳的威廉森先生，南卡罗来纳的巴特勒先生，佐治亚的费尤[380]先生。

---

[380] 威廉·费尤(William Few，1748—1828)是佐治亚代表，时年 39 岁。十七世纪八十年代，他的家庭从英国移民宾夕法尼亚。费尤出生于巴尔的摩附近的农场，幼时贫困失学，10 岁随父移居北卡。父兄与反对英国皇家总督的边民为伍，哥哥被绞死，农场被毁；家庭再次迁徙，到佐治亚落户。通过自学，1776 年获准开律师行。独立战争爆发，费尤从军，不久升为骑兵中校。1777 年和 1779 年，两次当选佐治亚邦议会议员，不久升为准将和印第安人事务委员。1780—1788 年为佐治亚派往邦联议会的代表。制宪会议期间，整个 7 月和 8 月的部分时间，费尤一直在纽约出席邦联议会。费尤协助宪法在邦联议会过第一关，支持佐治亚批（转下页）

会议回头讨论迪金森先生提出的问题。第十条第二款规定“总统任命宪法中未另作规定的其他官员”。有人建议由议会提名，迪金森先生昨天建议由各邦行政官提名。

是否同意由各邦行政官提名？会议表决，新罕布什尔反对，马萨诸塞反对，康涅狄格赞成，新泽西不在场，宾夕法尼亚反对，特拉华反对，马里兰代表赞成反对各半，弗吉尼亚赞成，北卡反对，南卡反对，佐治亚赞成。3 邦赞成，6 邦反对，1 邦代表赞成反对各半，1 邦不在场，会议不同意迪金森的动议。

有人对这一款提出修改动议：在总统“接见大使”后面，增加“以及其他公使”。

古文诺·莫里斯先生提议：总统“与各国最高行政官交流”的提法没有必要，这样提暗指他不得与其他人交流。

布鲁姆先生附议。

是否删去总统“与各国最高行政官交流”？会议表决，新罕布什尔赞成，马萨诸塞赞成，康涅狄格赞成，宾夕法尼亚赞成，特拉华赞成，马里兰反对，弗吉尼亚赞成，北卡赞成，南卡赞成，佐治亚赞成。9 邦赞成，1 邦反对，会议同意删去。

谢尔曼先生提议：把“总统有权暂缓死刑，宣布赦免”改为“暂缓死刑到参议院下次开会时，取得参议院同意后可宣布赦免”。

总统的暂缓权和赦免权是否应受参议院制约？会议表决，新罕布什尔反对，马萨诸塞反对，康涅狄格赞成，宾夕法尼亚反对，马里兰反对，弗吉尼亚反对，北卡反对，南卡反对，佐治亚反对。1 邦赞成，8 邦反对，会议没有接受这一动议。

(接上页)准宪法。他成为佐治亚第一任联邦参议员(1789—1793)，回乡后再次担任佐治亚议会议员。1796 年，被任命为佐治亚联邦巡回法庭法官。1799 年，52 岁时辞去法官，移居纽约市，担任纽约议员四年(1802—1805)，担任监狱巡查官八年(1802—1810)，市参议员二年(1813—1814)，还做过一年联邦贷款专员。1804—1814 年费尤担任曼哈顿银行董事，后来担任花旗银行总裁。费尤是虔诚的卫理公会教徒，慷慨于慈善事业，终年 80 岁。

会议一致同意：在“宣布赦免”后面，加上“弹劾案除外”。

有人提议：“律师不得向总统提出赦免请求。”

是否同意上述动议？会议表决，新罕布什尔赞成，马萨诸塞反对，康涅狄格反对，宾夕法尼亚反对，特拉华反对，马里兰赞成，弗吉尼亚反对，北卡赞成，南卡赞成，佐治亚反对。4 邦赞成，6 邦反对，会议没有接受这项动议。

休会。

8月27日星期一　在制宪会议上

会议继续讨论详情委员会报告第十条第二款：总统的权力和责任。

路德·马丁先生提议：把总统“有权暂缓死刑，宣布赦免”改为“有权暂缓已经确认的死刑，赦免已经确认的罪行”。

威尔逊先生：反对。确认前的罪行，或许也有必要赦免，以便取得协助办案的证词。这种情况在涉及外国人的案子里，特别有可能发生。

马丁先生：收回他的动议。

谢尔曼先生提议：赋予总统指挥民兵的权力，在“总统为联邦陆军、海军和各邦民兵的总司令”后面，增加“并指挥应召为联邦服现役的各邦民兵”。

是否赋予总统指挥民兵的权力？会议表决，新罕布什尔赞成，马萨诸塞不在场，康涅狄格赞成，新泽西不在场，宾夕法尼亚赞成，特拉华反对，马里兰赞成，弗吉尼亚赞成，北卡不在场，南卡反对，佐治亚赞成。6邦赞成，2邦反对，3邦不在场，会议通过谢尔曼先生的动议。

会议一致通过第二款内的以下内容：“经众议院提出弹劾，经最高法院确证，犯有叛国、受贿、贪污罪，应将总统免职。”惟有古文诺·莫里斯先生认为：由最高法院审理不恰当，尤其在首席法官又是枢密会议成员的情况下。

古文诺·莫里斯先生：还反对在总统缺位时由参议院议长代理总统职权，建议由最高法院首席大法官代理。

麦迪逊先生：反对参议院议长代理总统，还有一层理由。总统握有否决权，尤其是总统要否决参议院的提案时，参议院可能拖延对总统的选举。他建议，总统缺位时，由总统枢密会议全体成员代理。

威廉森先生：建议把指定临时继承人的权力授予联邦议会。他提议：推迟讨论第二款的收尾部分。

迪金森先生：同意推迟讨论。这一部分措辞过于含糊。总统“丧失能力”的期限是多久？谁来判断总统已经“丧失能力”？[381]

会议一致同意推迟讨论这个问题。

梅森上校和麦迪逊先生提议：在总统就职誓词“我谨在此神圣宣誓，我将忠实执行美利坚联邦总统的职守”后面，增加：“用我的最佳判断和最大能力，保持、保护、保卫[382]联邦宪法。”

威尔逊先生：就职誓词后面，还有条文说到职权，没必要再作这种补充。

是否同意梅森和麦迪逊的动议？会议表决，新罕布什尔赞成，马萨诸塞不在场，康涅狄格赞成，宾夕法尼亚赞成，特拉华反对，马里兰赞成，弗吉尼亚赞成，北卡不在场，南卡赞成，佐治亚赞成。7 邦赞成，1 邦反对，2 邦不在场，会议通过对总统就职誓词的补充。

开始讨论第十一条第一款：联邦的司法权，授予一所最高法院，以及联邦议会因时设立的下级法院。

约翰逊博士：司法权应该延展到衡平法，提议改为把“联邦在法律和衡平法两方面的司法权”，授予一所最高法院。

里德先生提议：反对把这些权力都授予同一所法院。

---

[381] 1881 年，第 20 任总统詹姆斯·加菲尔德遇刺，去世前痛苦挣扎 80 天，然后，副总统切斯特·阿瑟才宣誓继任总统。

[382] “保持、保护、保卫”：preserve，protect，and defend。

是否把衡平法的权力也授予联邦最高法院？会议表决，新罕布什尔赞成，马萨诸塞不在场，康涅狄格赞成，新泽西不在场，宾夕法尼亚赞成，特拉华反对，马里兰反对，弗吉尼亚赞成，北卡不在场，南卡赞成，佐治亚赞成。6 邦赞成，2 邦反对，3 邦不在场，会议通过。

是否同意经过修改后的第一款？会议表决，新罕布什尔赞成，马萨诸塞不在场，康涅狄格赞成，新泽西不在场，宾夕法尼亚赞成，特拉华反对，马里兰反对，弗吉尼亚赞成，北卡不在场，南卡赞成，佐治亚赞成。6 邦赞成，2 邦反对，3 邦不在场，会议通过。

讨论第十一条第二款：最高法院和下级法院的法官，行为良好得继续任职。他们在规定时间领取服务报酬，继续任职期间，报酬不得减少。

迪金森先生提议：在“行为良好得继续任职”后面，增加“但是，经参议院和众议院要求，总统可以将法官去职”。

格里先生附议。

古文诺·莫里斯先生：说法官行为良好得继续任职，又说不经审讯就可以去职，岂非自相矛盾？要法官服从如此任意的权威，是根本性的错误。

谢尔曼先生：他看不出来，设置法官时，宪法加上这么一条，有什么自相矛盾或不适宜。英国的法律条文里面就有一条类似的规定。

拉特里奇先生：如果最高法院要审理联邦与某个邦之间的纠纷，仅为此一点，上述动议就无法通过。

威尔逊先生：英国政府的这条规定，危害性不如在我们这里这么大，那里的贵族院和平民院在同一场合意见相同的情况比较少。首席大法官霍尔特，因为行为独立性强，就曾经遭到英国两院先后进犯。倘若这种进犯同时发生，他就会被去职。在我们的政府里，各种派别都可能在两院里一阵风似的得势，如果把法官置于议会的要求之下，法官的处境就糟糕了。

伦道夫先生：反对上述动议，对法官独立性的削弱太厉害。

迪金森先生：议会两院由不同的派别组成，各有自己不同的原则，还不至于仅仅为了让法官去职就不适当地联合起来。

经两院要求，总统是否可以将法官去职？会议表决，新罕布什尔反对，马萨诸塞不在场，康涅狄格赞成，新泽西不在场，宾夕法尼亚反对，特拉华反对，马里兰反对，弗吉尼亚反对，北卡不在场，南卡反对，佐治亚反对。1 邦赞成，7 邦反对，3 邦不在场，会议不同意迪金森先生的动议。

是否通过第十一条第二款？特拉华、马里兰反对，其余各邦都赞成。

麦迪逊先生和麦克亨利先生提议：关于法官报酬，把"不得减少"恢复为"不得增加或减少"。

古文诺·莫里斯先生：反对，理由前面已经说了。[383]

梅森上校：极力支持这项动议。币值变化之说，没有什么分量，因为，可以用加薪的办法，避免影响在职法官。而币值变化，似乎是反对"不得增加"的惟一理由。

平克尼将军：司法的重要性，要求第一流的人才担任法官。法官高薪，势不可免，要高到联邦初年付不起的程度。[384] 他不满意梅森先生提到的变通办法。这种办法效果不会好，新法官到任，薪水高于老法官，也不像样子。

古文诺·莫里斯先生：这种办法也可能会被人们回避过去，最后不了了之。法官也可能辞职，然后又加薪再次委任。

法官薪水是否从"不得减少"还原为"不增不减"？会议表决，新罕布什尔反对，康涅狄格反对，宾夕法尼亚反对，特拉华反对，马里兰代表赞成反对各半，弗吉尼亚赞成，南卡反对，佐治亚、马萨诸塞、新泽西、北

---

[383] 见古文诺·莫里斯先生6月18日关于法官报酬的发言。

[384] 从2000年1月1日起，联邦最高法院首席大法官年薪为18.14万美元，与副总统和众议院议长相同，其他八名大法官年薪17.36万美元，联邦上诉庭法官年薪15万美元，联邦地区法院法官年薪14.13万美元，与参议员、众议员相同。

卡不在场。1 邦赞成,5 邦反对,1 邦代表赞成反对各半,4 邦不在场,会议不同意。

伦道夫和麦迪逊先生又提议:第二款补充以下内容,"议会前一项立法到期三年以前,不得立法给法官增加年薪。"

是否同意这项动议?会议表决,新罕布什尔反对,康涅狄格反对,宾夕法尼亚反对,特拉华反对,马里兰赞成,弗吉尼亚赞成,南卡反对,佐治亚、马萨诸塞、新泽西、北卡不在场。2 邦赞成,5 邦反对,4 邦不在场,会议不同意。

讨论第十一条第三款:最高法院的司法范围,延伸到联邦议会立法引起的一切案件;涉及大使、公使、领事的一切案件;审理联邦官员的弹劾案件;一切海事案件;两邦或多邦之间的争端(但领土和司法管辖权争端除外);一邦政府与另一邦公民之间的争端,不同邦公民之间的争端,一邦政府或其公民与外国、外国公民或臣民之间的争端。对弹劾案件,对涉及大使、公使、领事的案件,对以一邦为一方的案件,最高法院享有初审权。对上述所有其他案件,最高法院享有对上诉案的审理权,例外情形,由联邦议会制定规则。联邦议会可将上述司法权的任何部分(对联邦总统的弹劾案件不在其中),按联邦议会认为适当的方式,在联邦议会认为适当的限度内,授予联邦议会因时设立的下级法院。

麦迪逊和古文诺·莫里斯先生提议:最高法院的司法范围,增加"以联邦为一方的争端"。

会议一致通过这项动议。[385]

约翰逊博士提议:把第一句改为"最高法院的司法范围,延伸到本宪法和联邦议会立法而引起的所有案件"。

麦迪逊先生:怀疑把司法权延伸到宪法引起的一切争端,是否走得

---

[385] 从后来的实践看,"联邦"一词仅指行政部门。司法部门(法院)不可能审理以司法部门(法院)为一方的争端;与议会的争端,属于"司法复决"范围,法院不能审理议会,只能判断立法违宪。

太远，是否应该把司法权限制在司法性质以内的案件。在并非司法性质的案件中，解释宪法的权力不应授予法官。

会议一致同意约翰逊博士的动议，认为授予的这种司法权，会限制在司法性质以内的案件。[386]

会议同意拉特里奇先生的动议：把"联邦议会立法"引起的一切争端，改为"联邦议会立法和联邦已经和将要缔结的所有条约"引起的一切争端。

古文诺·莫里斯先生：想弄明白，"最高法院享有对上诉案的审理权，例外情形，由联邦议会制定规则"是什么意思，是否延伸到既审理事实，又辨明法理，并且延伸到习惯法和民法。

威尔逊先生：他相信，详情委员会既指审理事实，又指辨明法理，而且延伸到习惯法和民法。他说，联邦上诉法院的司法权，就是按此设计的。[387]

会议一致同意迪金森先生的动议：把"最高法院享有对上诉案的审理权"，改为"享有对事实和法律两个方面上诉案的审理权"。

麦迪逊和古文诺·莫里斯先生提议：把第三款开头的"最高法院的司法范围"改为"司法权"。

会议一致同意。

有人提议：删去"上述案件以外的所有案件，司法权的实施办法，由联邦议会指定。"

会议表决，只有特拉华和弗吉尼亚反对，新罕布什尔、康涅狄格、宾

[386] 制宪代表相继去世后，他们对宪法的解释权也随之消逝。联邦宪法作为他们的集体政治遗嘱，获得越来越大的力量。宪法的解释权，终将落到活人口中。自第四任首席大法官约翰·马歇尔以来，宪法中每句话的含义是什么，解释权落到联邦最高法院大法官集体手中，虽然，美国司法界对宪法的解释权落入最高法院手中，一直有不同的意见，因为，议员和总统都由民选，惟有最高法院法官不是选举产生。

[387] 每当有代表要求对详情委员会报告的措辞作出解释时，威尔逊先生就立即出来解释。这说明法兰德的判断正确：威尔逊是详情委员会中最重要的成员，宪法初稿，主要出自他的手笔。

夕法尼亚、马里兰、南卡、佐治亚赞成。2 邦反对，6 邦赞成，会议同意删去。

出席会议的八个邦一致同意删去第三款最后一部分："联邦议会可将上述司法权的任何部分，按联邦议会认为适当的方式，在联邦议会认为适当的限度内，授予联邦议会因时设立的下级法院。"

谢尔曼先生提议：根据邦联条款第九条，在司法权延伸到"不同邦公民之间的争端"后面，增加"以及同一个邦内的公民之间因不同邦所颁发的地契而引起的争端"。会议一致同意。

休会。

8月28日星期二　在制宪会议上

8月25日，会议把邦际贸易、航运、设立港口征税等问题交给由每邦一人组成的11人委员会处理。

谢尔曼先生代表这个11人委员会把他们讨论的结论报告如下：

在第七条第四款后面，增加以下内容："制定通商规则和制定港口征税规则时，在各邦港口之间，不得厚此薄彼，不得要求从这个邦的港口始发或驶往这个邦的港口停靠的船只，到另一个邦的港口停靠、清仓、纳税，联邦议会制定吨位税、关税、进口税、营业税时，在整个联邦范围内，应该整齐划一。"

主席让谢尔曼先生把他的报告放到主席台上，以备咨询讨论。

会议继续讨论详情委员会报告第十一条第三款：司法权的延伸范围。

有人提议：把"它对上诉案享有审理权"改为"最高法院对上诉案享有审理权"，以免"它"字引起误解，明确指出最高法院。

会议表决，新罕布什尔赞成，马萨诸塞赞成，康涅狄格赞成，新泽西不在场，宾夕法尼亚赞成，特拉华赞成，马里兰反对，弗吉尼亚赞成，北卡赞成，南卡赞成，佐治亚赞成。9邦赞成，1邦反对，1邦不在场，会议同意上述更改。

会议开始讨论第十一条第四款：对所有刑事案（弹劾除外）的审讯，均应在案情发生的邦举行，由陪审团审理。

有人提议：增加“若案情不发生在任何一邦，则由联邦议会决定审讯地点。”这一补充的目的，是使发生在任何邦以外的案件，也能由陪审团审理。

平克尼先生：强调继续实行人身保护令[388]做法的必要。他提议：“不得暂停颁发人身保护令，除非情况危急，即使情况危急，暂停时间也要限制，不得超过十二个月。”

拉特里奇先生：主张宣布人身保护法不得违反。他认为，没有必要在同一时间，在所有的邦宣布暂停人身保护法。

古文诺·莫里斯先生提议：“申请人身保护令的特权不得暂停，除非有的地方出现叛乱和入侵，公共安全要求，方可暂停。”

威尔逊先生：怀疑是否有暂停人身保护法的必要，因为，现在颁发人身保护令的权力在法官手中，实际上，大多数都是收监，或允许保释。

会议一致同意古文诺·莫里斯动议的前一半：“申请人身保护令的特权不得暂停”。

对“除非”以后的部分表决，新罕布什尔赞成，马萨诸塞赞成，康涅狄格赞成，宾夕法尼亚赞成，特拉华赞成，马里兰赞成，弗吉尼亚赞成，北卡反对，南卡反对，佐治亚反对。7 邦赞成，3 邦反对，会议通过古文诺·莫里斯先生动议的后一半。

开始讨论第十一条第五款：对弹劾案的裁决，最多不超过免除职

---

[388] 人身保护令（Habeas Corpus）：1215 年颁布《大宪章》以前，英国已经出现各种形式的人身保护令，目的在于保护被囚禁者不致遭受迫害或杀害。亨利七世执政时期（1485—1509），英国枢密院用人身保护令保护被监禁者，制定下级法院和官员拘押人犯的正当程序，防止非法监禁。1679 年的《人身保护法》制定了有效维持人身权利的程序规则，规定法庭在休庭以前可以颁发人身保护令，拒绝执行者要受严厉惩罚。法国大革命时期，英国曾经暂停人身保护法。1861 年，林肯以总统行政命令宣布暂停人身保护程序，受到联邦最高法院首席大法官汤尼的厉声指责。事后确立：只有联邦议会才有这种权力，总统个人不得宣布暂停人身保护法。现在，美国有人在遇到逮捕或监禁时即申请人身保护令，希望免受警察或监狱的虐待或迫害。

务，取消继续享受联邦荣誉职务、委托或受薪职务的资格。对确证有罪者，可依法提交起诉、审讯、裁决、处罚。

会议一致同意这一款。*[389]

开始讨论第十二条：任何邦不得铸造钱币；不得颁发海上缉拿外国船只许可证和报复敌国的拘捕证；不得缔结条约、加入同盟、结成邦联；不得授予贵族爵位。

威尔逊先生和谢尔曼先生提议：在"不得铸造钱币"后面，增加"不得发行信用纸[390]，不得采用金币、银币以外的偿债办法"。对这些做法，应实行绝对禁止，而不是像第十三条规定的那样，"未经联邦议会同意，任何邦不得……"，留下一线可能。

戈汉姆先生：第十三条规定必须获得联邦议会批准，对第十二条是个保障，采用这种方式，不致激起反对；如果完全禁绝纸钱[391]，会使某些人绝望，以至坚决反对。

谢尔曼先生：目前的危机，正好有利于把纸钱一脚踩死。如果联邦议会同意就可以发行，喜欢纸钱的人就会千方百计钻进联邦议会，促其下令发行。

是否禁止"发行信用纸"？会议表决，新罕布什尔赞成，马萨诸塞赞成，康涅狄格赞成，宾夕法尼亚赞成，特拉华赞成，马里兰代表赞成反对各半，弗吉尼亚反对，北卡赞成，南卡赞成，佐治亚赞成。8 邦赞成，1 邦反对，1 邦代表赞成反对各半，会议通过威尔逊先生动议的前一半。

会议一致同意威尔逊先生动议的后一半和谢尔曼先生的意见：联

---

* 麦迪逊注：在出版的《会议记录》中，表决结果并非一致同意。这里的记述多半正确。

[389] 在法兰德编的《汇编》里，秘书杰克逊没有写出第 389 次表决所针对的问题。法兰德注："这次表决多半针对第十一条第五款"。其中，马萨诸塞栏空白，罗德岛投反对票，显然有误；此外，弗吉尼亚投反对票。

[390] 信用纸(bills of credit)；纸钱(paper money)：都不限于纸币，如开"白条"。

[391] 美国初年的金融危机，使多数制宪代表对美国纸钱恨之入骨，弃若敝屣，几欲禁绝。两百多年来，美国政府花了大力气来提高美国纸币的信用和声誉。现在，俄罗斯等国家的居民，把大量本国货币换成美元，压箱底，作为保值储蓄手段，使美国获得无息信贷，大受其惠。

邦议会不得批准各邦发行纸钱。

金先生提议：在联邦议会批准和组建新邦的条文[392]里，宜增加“各邦不得介入民间合同”一项。

古文诺·莫里斯先生：这项规定走得太远。影响合同的法律条文，可说是成百上千，都会引起限制合同的做法。联邦的司法权，在其司法范围以内的案件里，将构成一种保护；但在各邦范围内，还是应该实行多数决定的原则，哪怕多数的决定中出现错误。

谢尔曼先生：那么，何必要禁止信用纸呢？

威尔逊先生：喜欢金先生的动议。

麦迪逊先生：禁止各邦政府介入民间合同，可能引起困难，不过，总起来说，权衡一下，好处会超过缺点。单靠立法禁止各邦不得干涉民间合同，未必能保证效果。议会巧计甚多，善于别出心裁，只要不闻不问，就会让禁令湮灭。

梅森上校：禁止各邦政府介入民间合同，会把禁止的幅度拉得太宽。不可预见的情况，会逐渐发生，届时，政府介入会变得适宜，甚至必要。当初禁止开设来往账户，出现一些呆账以后，又禁止发行债券。他提出一个问题：遇到这类情况，把各邦议会的手捆起来，不让他们立法，是否适当？

威尔逊先生：对这些反对意见的回答，就是禁止用追究既往法干涉合同。

麦迪逊先生：其实，禁止各邦议会制定追究既往的立法，就可以解决这个问题。这项禁令可以使法官宣布，以追究既往的方式介入民间合同无效。

拉特里奇先生提议：在禁止各邦议会立法的范围内，加上各邦议会“不得制定剥夺公权和追究既往的立法”，取代金先生的动议。

---

[392] 联邦议会批准组建和创立新邦，是详情委员会报告第十七条的内容，这里出现跳动或穿插。

是否同意拉特里奇先生的动议？会议表决，新罕布什尔赞成，康涅狄格反对，新泽西赞成，宾夕法尼亚赞成，特拉华赞成，马里兰反对，弗吉尼亚反对，北卡赞成，南卡赞成，佐治亚赞成。7 邦赞成，3 邦反对，会议通过。

麦迪逊先生提议：第十二条各邦“不得颁发报复敌国的拘捕证”后面，增加各邦“不得禁运”。他强调，各邦没有必要采取这类行动，政治上不明智，也不正当。

谢尔曼先生：各邦政府应该保留这一权力，才能避免因为穷而受到的伤害。

梅森上校：这种修改不仅没有必要，而且会引起危险。全国议会不会一年到头开会，结果，各邦遇到特殊情况，会束手无策。遇到战争时，必须采取突然禁运，不许出口，特别是遇到封锁的时候。这些，使他进一步反对不许各邦禁运。

古文诺·莫里斯先生：这项规定没必要。已经授予联邦议会管理邦际贸易的权力，这就够了。

是否增加禁止各邦议会立法“禁运”？会议表决，新罕布什尔反对，马萨诸塞赞成，康涅狄格反对，新泽西反对，宾夕法尼亚反对，特拉华赞成，马里兰反对，弗吉尼亚反对，北卡反对，南卡赞成，佐治亚反对。3 邦赞成，8 邦反对，会议不同意麦迪逊先生的动议。

麦迪逊先生再提议：把第十三条各邦“不得征收进口税或关税”挪进第十二条。第十三条有“未经联邦议会同意”这个前提，有时可以网开一面；放进第十二条，成为绝对禁止。各邦政府对这项权力兴趣浓厚，借此权力，各邦政府就可以对经过他们市场的其他邦的货物征税。一旦他们在联邦议会形成多数，加以批准，各邦就会相互征税，新泽西、北卡罗来纳等邦就会受到伤害。

威廉森先生附议。

谢尔曼先生：把这项权力放在联邦议会手里，是安全的，可以放心。

梅森上校：有些邦可能希望对某些制成品征税，保护自己的自然优势，例如，弗吉尼亚可能想对其他邦的麻纺织品征税。

麦迪逊先生：为了鼓励制造业发展，不仅对外国产品直接征税，而且对联盟内其他邦的产品征税，那就会把过去发生过的种种错误做法一起复燃起来，使人们对总体政府管理贸易的希望落空。

是否绝对禁止各邦“征收进口税”？会议表决，新罕布什尔赞成，马萨诸塞反对，康涅狄格反对，新泽西赞成，宾夕法尼亚反对，特拉华赞成，马里兰反对，弗吉尼亚反对，北卡赞成，南卡反对，佐治亚反对。4 邦赞成，7 邦反对，会议不同意。

经过以上修改，会议一致通过第十二条。

开始讨论第十三条：未经联邦议会同意，任何邦不得发行信用券，不得用金币银币以外的票据偿还债务；不得征收进口税或关税；不得在和平时期维持陆军和战舰；不得与其他邦或外国缔结任何协议或契约；与联邦议会商量以前，不得从事战争，除非确已受到敌方入侵，或入侵迫在眉睫、刻不容缓。

金先生提议：把“不得征收进口税或关税”改为“不得征收进口和出口关税”。这样，就把对各邦政府的禁令，扩展到进、出口两个方面。

是否把对各邦议会的禁止扩展到出口方面？会议表决，新罕布什尔赞成，马萨诸塞赞成，康涅狄格反对，新泽西赞成，宾夕法尼亚赞成，特拉华赞成，马里兰反对，弗吉尼亚反对，北卡赞成，南卡反对，佐治亚反对。6 邦赞成，5 邦反对，会议同意金先生的修改意见。

谢尔曼先生提议：再补充一句，“即使获得联邦议会同意，征税所得也归联邦使用。”这样，各邦从进出口中所征得的税收，都归国库。

麦迪逊先生：喜欢这个主意，可以避免各邦相互征税。不过，他指责说，我们给贸易制度规定的名堂够复杂的。

古文诺·莫里斯先生：制定规则时应该注意，要避免大西洋沿岸各邦向西部的邦征税。应该促进它们的利益，以反对密西西比河通航，如果密西西比河通航，西部的邦就会落入英国人之手。

克莱默先生：鼓励西部的邦，老邦等于自己寻死。既然那些邦的利益迥然不同，如果让他们自己管理自己的贸易，必然与其他邦发生冲突。这就证明它们不适于(和我们)组成一个国家。

金先生：担心谢尔曼先生提出的规则，对各邦政策干预过多，影响它们的制造业，发展各邦自己的制造业，是必要的。他提醒会议，联邦议会征税的目的，是筹集岁入。

各邦议会征税所得，是否上交国库？会议表决，新罕布什尔赞成，马萨诸塞反对，康涅狄格赞成，新泽西赞成，宾夕法尼亚赞成，特拉华赞成，马里兰反对，弗吉尼亚赞成，北卡赞成，南卡赞成，佐治亚赞成。9 邦赞成，2 邦反对，会议通过谢尔曼先生的动议。

会议一致通过经过修改后的第十三条。

开始讨论第十四条：每邦公民有权享受其他各邦公民的特权和豁免权。

平克尼将军不满意这一条。他似乎希望加入一点有利于奴隶主的规定。

是否通过第十四条？会议表决，新罕布什尔赞成，马萨诸塞赞成，康涅狄格赞成，新泽西赞成，宾夕法尼亚赞成，特拉华赞成，马里兰赞成，弗吉尼亚赞成，北卡赞成，南卡反对，佐治亚代表赞成反对各半。9 邦赞成，1 邦反对，1 邦代表赞成反对各半，会议通过。

开始讨论第十五条：任何被指控犯有叛国罪、重罪、严重轻罪的个人，不论何邦，若逃离该邦法网，而在另一邦被捕获，根据原所在邦行政当局的要求，应递解到对其罪行拥有司法权的一邦。

会议决定删去“严重轻罪”，改成“其他罪行”[393]。

巴特勒先生和平克尼先生提议：“要求将逃跑的奴隶和用人作为罪犯送回。”

威尔逊先生：这等于使各邦行政首长承担责任，用公款去做这样的事情。

---

[393] 严重轻罪：high misdemeanor；其他罪行：other crime。

谢尔曼先生：要政府包围和捕捉奴隶和用人，像追马一样，实在不恰当。

巴特勒先生：收回他的主张，希望在这一条之外另外再提主张。

把“严重轻罪”改为“其他罪行”后，会议一致通过了第十五条。

休会。

8月29日星期三　在制宪会议上

开始讨论第十六条：每邦对其他各邦议会的立法、法庭和地方长官的档案和司法公文，应予充分信任。

威廉森先生：建议用邦联条款中与此对应的文字[394]取代。他还不能准确判明这一条的含义。

威尔逊先生和约翰逊博士：意思就是，一邦政府所作的判断，应该成为其他邦政府作出判断的基础，包括各邦议会的立法，例如破产法，等等。

平克尼先生提议："在破产问题上，以及在外汇兑换风险问题上，应制定整齐划一的立法。"他提议设立委员会处理这个问题。

戈汉姆先生：同意这一条，也同意设立委员会处理。

麦迪逊先生：主张把第十六条和平克尼先生的动议都交给委员会处理。他希望授权各邦议会，制定适当条款，贯彻执行其他各邦的判断。他认为，按照联盟的性质，这样做既安全，又合理。

伦道夫先生：从来没有一国法院执行另一国法院裁决的先例。他提出以下动议："任何邦采取任何行动，不论出于立法、行政，还是司法

---

[394] 参见本书附录二。

部门，均需加盖印章，其他各邦，应以印章为文件内容的证明。各邦所采取的行动，应在其管辖权限以内，不论什么情况，此类文件对其他各邦均具约束力。”

是否把第十六条和平克尼先生的动议提交委员会处理？会议表决，新罕布什尔反对，马萨诸塞反对，康涅狄格赞成，新泽西赞成，宾夕法尼亚赞成，特拉华赞成，马里兰赞成，弗吉尼亚赞成，北卡赞成，南卡赞成，佐治亚赞成。9 邦赞成，2 邦反对，会议通过。

会议一致同意把伦道夫先生的动议也提交委员会。

古文诺·莫里斯先生：建议把以下主张也提交委员会，“每邦应对其他各邦的公务行动、记录和司法程序给予充分信任；联邦议会应制定总体立法，决定这些法案、记录、程序的证明办法和效力。”

会议一致同意把莫里斯先生的主张也提交给委员会。

为此目的，会议委任以下五人组成委员会：拉特里奇先生，伦道夫先生，戈汉姆先生，威尔逊先生，约翰逊先生。

迪金森先生：查阅了布莱斯顿[395]的《英国法律述评》，他发现，不得“追究既往”的规定，只适用于刑法；因此，并不妨碍各邦在民法案件中采取回溯的做法。对这个问题，应该再作些规定。

会议回头讨论 8 月 24 日利文斯顿代表 11 人委员会作的报告。那个报告要求删去第七条第六款：联邦议会两院三分之二通过，才能制定航运法。

平克尼先生：建议推迟讨论报告中的这项内容，改为讨论以下内容，“未经两院三分之二议员同意，联邦议会不得就与外国贸易和各邦之间贸易的问题立法。”他指出，有五种不同的商业利益：一、渔业和与西印度群岛的贸易，属于新英格兰各邦；二、纽约在自由贸易方面的利

---

[395] 布莱斯顿（Sir William Blackstone，1723—1780）是与美国联邦制宪会议同时代的英国著名法学家，1753 年开始讲授英国习惯法，追溯英国法律的一般历史，开创英国法律的全面规划。他写的《英国法律述评》（*Commentaries*，1765—1769 年先后出版）是一部集大成的作品，在英美两国用作教材。

益；三、两个中部的邦在小麦和面粉方面的大宗贸易，新泽西和宾夕法尼亚；四、马里兰、弗吉尼亚和北卡罗来纳的一部分，大宗烟草贸易；五、南卡罗来纳和佐治亚在大米和靛青方面的大宗贸易。如果联邦议会仅过半数就能对贸易问题立法，势必会制定出压迫性的立法，为此，要加以制约。各邦为了争取自己的利益，其处心积虑，实不亚于个人。管理商业的权力，并非单纯向南部各邦让步的问题。目前，南部各邦并不需要北方的保护。

路德·马丁先生附议。

平克尼将军：南部的真正利益，是不要贸易规则；但是，考虑到革命给东部各邦造成的损失，考虑到东部对南卡罗来纳的慷慨行动*，以及当时微弱的南部与强大的东部联合而获得的利益，他认为，在贸易问题上，不应该再（由联邦议会）来增加桎梏；他的选民虽然对东部存有偏见，在这方面还是愿意折中。他说，来到这里之前，他本人对东部也存有偏见，不过要承认，他发现，东部的人观念很新，同样直率。

克莱默先生：商业利益的分歧，势必会滋生困难，没必要再用限制来增加麻烦。北部和中部各邦，如果没有能力捍卫自己，对付外国的规则[396]，就会毁灭。

谢尔曼先生：平克尼先生列举的各种商业利益，正说明需要采取安全措施，制止联邦议会滥用权力。他指出，各邦利益分歧本身，也是一种安全保障。要求大多数议员投票才能立法，总是会陷入尴尬，就像当初邦联议会需要九个邦同意才能作出决定一样。

平克尼先生：他所列举的，只是五种具体利益。重大的分歧，还在南北之间。

---

* 麦迪逊注：平克尼将军提到允许进口奴隶。在航运法和奴隶制两个问题上，联盟内的看法不同，引起对这些动议的投票不同；这些意见，还反映在平克尼将军和其他人的发言中。

[396] 从1381年起，英国先后通过一系列航海法案，主要在17—18世纪生效。这些法案规定从亚洲、非洲、美洲进口的货物，只能由英国船只运载，产品包括食糖、靛青、烟草，后来又包括大米和糖浆；又规定殖民地进口欧洲货物，必须从英国转口。英国航海法到1854年才完全废除。

古文诺·莫里斯先生：反对平克尼先生的动议，伤害性太大。对美国船只采取优惠，美国船只就会成倍增长，直到它们装运南部的货物比现在的成本低得多。就安全来说，建立一支海军是根本大计，特别是对南部，这只有通过航运法，鼓励美国运输和船家，才能实现。从这些角度考虑，为了南部的利益，也需要为航运法打开道路。他说，航运是最有风险而又最需要小心的产业，而且需要政府照顾生意。

威廉森先生：还是要求三分之二议员才能通航运法，比只要求过半数好，更能使南部人民满意。凡是有用的政策，都没有因为需要九票赞同而在邦联议会上搁浅。至于有人说南部弱些，他对这种危言耸听并不感到惊慌。他们那里的气候，入侵者容易染上疾病，南部不会成为侵犯目标。他承认，他考虑的倒不是要求三分之二同意，因为，如果北部凑足过半数，硬要把它们的规则强加于人，南部也会建造自己的船只。不过，他知道南部的人对这个问题有所了解，而且态度谨慎。

斯佩特先生：反对要求三分之二。南部随时可以建造船只，供自己使用，有能力顶住外来的压力。

巴特勒先生：上面几位先生反对三分之二，都是因为南部不愿意在这个问题上让步。他的想法不同。他认为，南部与东部的利益区别，就像俄国与土耳其的利益区别一样。虽然他很想让东部高兴，他还是要投票反对以上动议，不应该要求三分之二的议员赞同才能制定航运法，过半数就够了。

梅森上校：政府要想长治久安，就需要建立在人民的信任和喜爱之上，构建政府的时候，就应该考虑这些因素。过半数的议员，会受到人民利益的主宰。议会两院中，南部都占据过半数。人们预料，它们会把手脚凌驾于东部之上，发号施令，如克伦威尔所说："主把它们交到我们手中。"

威尔逊先生：注意到以上几种反对意见。他指出，如果每种特殊利益都要照顾，那就应该全体通过才能立法。届时，多数和少数一样，都不再受利益的驱使。实际结果，少数人的主张总是会多受一些束缚。

由于邦联条款要求九邦同意才能作出决定，在某些问题上，已经体会够了麻烦。

麦迪逊先生：力图全面看待这个问题。他指出：航运法对南部不利的方面，主要在于货运需求的暂时上升，解决办法是南部和北部运载能力的提高，北部的船员和机械人员向南部迁徙，消除现存的邦际彼此报复，减少伤害。我们对外国强权施行报复，他们对付我们的办法，是拉拢腐蚀，就航运法而言，要求两院三分之二同意才能立法，危险性小些。要想滥权，也要达到这些好的效果，才能奏效。他认为，有了第二院，滥权的可能性就小多了。由于参议院的独立，由于总统还有否决权，还有像康涅狄格和新泽西这样的邦，它们的主要利益在农业，而不在经商。即使以经商为主的邦，他们的内地，主要利益也在农业；再加上将要加入的西部新邦，它们的利益几乎也全在农业。随着我们海事能力的增强，总体安全也会增强，南部各邦会从中大受其惠。南部各邦都处在一种易受攻击的贫弱地位，弗吉尼亚尤其如此。海岸贸易的增加，海员人数的增加，对南部各邦也有利，会增加对它们产品的消费，如果东部的财富以更大的比例扩张，这份财富也会对公益作出贡献，有利于整个国家。

拉特里奇先生：反对平克尼先生的动议。这不符合授权过半数议员立法的规则，会被滥用。航运法定得再坏，单给南部带来坏处的可能性也很小。我们现在是在为一个大帝国奠定基础，看问题要有百年大计的眼光，不能拘泥眼前利益。他提醒制宪会议，有必要保住这个国家与西印度群岛的贸易。这是大目标，要想实现这个大目标，必须制定航运法。

伦道夫先生：按宪法现在这样的走势，已经掺杂了极其丑恶的特色。他怀疑：到时候自己是否还能同意这部宪法。否定平克尼先生的动议，会使整个体制残缺不全。他注意了只要过半数就能制定贸易立法的主张，说是如果要求三分之二的议员同意，会增加外国对付我们报复措施的机会。他看不出这种议论有多少分量。过半数与三分之二的差距，并不能给这种机会多少余地。外国影响更有可能施加于总统，只要总统否决，就需要两院四分之三的议员才能压倒。他的意思，并不想否定总统的否决权。他脑子里想的，只是为宣布他自己的态度铺平道路。如果可恶的成分继续累积，再过些时候，他或许不得不宣布：他无法同意这部宪法。

戈汉姆先生：如果给政府加上这么多手铐脚镣，或许东部就没有加盟的动机了，免得被捆住手脚，还不如按照自己的意思办事。东部各邦之所以愿意加盟，增强联盟力量，并非为了自己的安全。他不同意解散联盟，不愿看到那样的结果，如果发生，那也是因为南部，只有它们最有理由做那种梦。他强调，其他地方联合起来对付南部的可能性微乎其微，东部和中部的不同处境，是防止出现这种现象的安全保障。更加可以肯定的是，绝不会把外国的船只全部排除在外，尤其是与我们缔结了条约的国家。

是否推迟讨论原来的第七条第六款、改为讨论平克尼先生的动议？会议表决，新罕布什尔反对，马萨诸塞反对，康涅狄格反对，新泽西反对，宾夕法尼亚反对，特拉华反对，马里兰赞成，弗吉尼亚赞成，北卡赞成，南卡反对，佐治亚赞成。4 邦赞成，7 邦反对，会议不同意改为讨论平克尼先生的动议。

接着，会议一致同意删去要求两院三分之二议员同意才能制定航运法的第七条第六款。

会议回头讨论第十六条：各邦互相信任彼此的文书。

巴特勒先生提议：这一条后面，增加“任何受契约约束在联邦内的某一个邦服劳役的人，如果逃往另一邦，他或她不得就此解除劳役，不论他或她逃往的那个邦如何规定，均应递解到对他或她享有劳役权利的邦”。

会议一致同意巴特勒先生的动议。

开始讨论第十七条：联邦范围内合法组建和创立的新邦，经联邦议会批准，可加入本政府；这种批准，需得到两院出席议员三分之二的同意。若新邦出现于现存的任何一邦境内，还需取得原邦议会的同意。若被同意加入，新邦应按所有原邦同样条件加入。联邦议会可就当时所欠公债问题向新邦提出条件。

古文诺·莫里斯先生：提议删去“若被同意加入”之后的条件。他不希望联邦议会接受新邦时受这些条件的约束。

麦迪逊先生：不同意莫里斯先生的看法。如果联邦用降格的办法接纳西部新邦，它们不会也不应该接受。

梅森上校：如果有正当理由阻止移民向西迁徙，这倒不失为良策。可是，人们为了自己的利益纷纷向西迁徙，既然如此，最好的办法还是平等对待，使他们变成朋友，而非敌人。

古文诺·莫里斯先生：他的意思，并非阻止西部成长。他知道，这不可能。他只是不愿意到时候拱手把权力让给西部。

谢尔曼先生：反对莫里斯先生的动议，赞成由宪法规定新邦老邦平等。

朗东先生：赞同莫里斯先生的主张。他现在也不能预料，不过，有可能出现那样的情况，届时，以平等待遇接受新邦就显得不合时宜了。

威廉森先生：主张放手让联邦议会决定。现存的小邦已经享受了平等，正因为如此，才实行参议院每邦席位平等。这一理由不是也应该适用于西部的新邦吗？

是否删去同等对待新邦的词语？会议表决，新罕布什尔赞成，马萨诸塞赞成，康涅狄格赞成，新泽西赞成，宾夕法尼亚赞成，特拉华赞成，马里兰反对，弗吉尼亚反对，北卡赞成，南卡赞成，佐治亚赞成。9 邦赞成，2 邦反对，会议同意删去第十七条后面关于同等对待西部的两句。

路德·马丁先生和古文诺·莫里斯先生提议：删去“批准需得到两院出席议员三分之二的同意”。会议还来不及对这项动议发表意见，古文诺·莫里斯先生又补充一条建议：在第十七条内增加“联邦议会可批准新邦加入联盟；但是，未经现有的邦议会和联邦议会一致同意，不得在现有各邦范围内建立新邦”。

会议一致同意：删去批准新邦需出席议员三分之二的同意。

路德·马丁先生：反对莫里斯先生的补充建议。他说，再也没有什么比大邦声称拥有西部领土更令其他邦感到惊慌，在大邦的领土范围内建立新邦是必要的，有利于保障联邦。难道应该把佛蒙特取消，以满足声称拥有那片土地的邦[397]吗？富兰克兰和弗吉尼亚西部也处于同样的局面。[398]

是否限制从老邦内分出新邦？会议表决，新罕布什尔反对，马萨诸塞赞成，康涅狄格反对，新泽西反对，宾夕法尼亚赞成，特拉华反对，马里兰反对，弗吉尼亚赞成，北卡赞成，南卡赞成，佐治亚赞成。6邦赞成，5邦反对，会议同意古文诺·莫里斯先生的补充建议。

讨论修改后的第十七条。

谢尔曼先生：反对马丁先生的意见。认为没有必要。未经一邦同意，联邦不得肢解该邦。

朗东先生：马丁先生的意见很有道理。莫里斯先生的主张会激起反对宪法的危险。

古文诺·莫里斯先生：小邦会喜欢这项规定，因为这条规定坚持肢解大邦。

巴特勒先生：如果未经被肢解的原邦同意，就建立新邦，混乱会随之而起。每当向人民征税的时候，地方派系的头头就会煽动，企图建立新邦。

约翰逊博士：总的来说，同意谢尔曼先生的意见。不过担心，按现在这样的规定，佛蒙特只怕会落入纽约之手，与邦联议会许过的诺言相反。他认为，应该设法让佛蒙特加入联盟。

朗东先生：他之所以反对，也与佛蒙特有关联。如果不把它们吸纳

---

[397] 佛蒙特(Vermont)：制宪会议期间，纽约正想兼并佛蒙特。

[398] 富兰克兰(Frankland)：1861年，弗吉尼亚坚持奴隶制，加入南部邦联；1863年，弗吉尼亚西部的40个县脱离弗吉尼亚，单独建邦，加入联邦，成为今天的西弗吉尼亚。

进来，留在外面，免除税务，事实将证明，这对新罕布什尔和其他的邻邦是很大的伤害。

迪金森先生：希望这一条通不过。他认为，要小邦保障大邦对大片土地的要求，实在不恰当。

威尔逊先生：如果一个邦内过半数的议员希望分开，他们可以成功。依他看来，反对这一条的邦，目的是要总体政府怂恿少数，以此为手段，迫使不同意的邦肢解。

古文诺·莫里斯先生：如果迫使大邦肢解就是新体制的目标，并且用来针对一两个邦，他估计，这些先生当中的一位[399]很快就会离开我们。

休会。

---

[399] 法兰德注：麦迪逊原来写的是主席先生（乔治·华盛顿）。根据次日路德·马丁先生的发言，“这些先生当中的一位”(the gentleman from these)是泛指。

8月30日星期四　在制宪会议上

会议继续讨论古文诺·莫里斯先生对第十七条的补充建议：限制肢解老邦。

卡乐尔先生提议：删去要求本邦议会同意才能建立新邦的部分。他明白，这个先决要求的目的，是避免邦内出现分裂，但是，要考虑当初英国国王封地时给我们留下来的局面，要顾及马里兰在这个问题上的感情。[400] 现在，我们再度面临保卫临海的一面，如果没有人捍卫联邦的内地，是不行的。在与英国的和平条约中，英国放弃了对若干领土的要求，他提议，宪法不宜对这些领土作出规定，应该设立一个每邦一人组成的委员会，来处理英国放弃的领土。他提醒制宪会议，这是性质极其严肃的问题。这件事比任何事都重要，希望制宪会议采取的行动，能得到各邦一致赞同。如果忽略了这个问题，他相信，为数可观的少数，在尚未达成共识之前，就会铤而走险。

路德·马丁先生：同意设立委员会。

---

[400] 马里兰的感情：最初的十三个邦，只有马里兰的西部边境被弗吉尼亚和宾夕法尼亚阻隔，是惟一无法向西拓展领土的邦。因此，直到1781年，弗吉尼亚保证不向西部扩张领土，拖了三年的马里兰才在邦联条款上签字，使其生效。

拉特里奇先生：看来，有些邦未经它们自身同意就得割开。首先遇到的，多半是佛蒙特的问题。这种事，担心害怕也没用，弗吉尼亚和北卡罗来纳，会要求联邦让他们保留对山区的治理。[401]

威廉森先生：北卡罗来纳可以放弃她的西部土地，不过，强占并非联邦的上策。目前，他主张宪法不要涉足这个问题，让那里的整个局面保持现状。

威尔逊先生：反对设立委员会。取得全体一致的确非常重要，但不能用多数向少数让步来换取。他不反对让新邦保持原状。一个政治社会，未经它自身同意就拆散分开，他不知道还有什么比这更能引起人们合理警惕的事情。

是否就西部领土问题设立一个委员会？会议表决，新罕布什尔反对，马萨诸塞反对，康涅狄格反对，新泽西赞成，宾夕法尼亚反对，特拉华赞成，马里兰赞成，弗吉尼亚反对，北卡反对，南卡反对，佐治亚反对。3 邦赞成，8 邦反对，会议不同意就此问题设立委员会。

谢尔曼先生提议：推迟讨论昨天通过的第十七条，改为讨论以下提法，“联邦议会有权接纳其他的邦加入联盟，现在已经在联邦以内的邦，如果划分建立新邦，需征得联邦议会和该邦议会的同意”。第一句的目的，是安全接纳佛蒙特。

会议表决，新罕布什尔赞成，马萨诸塞赞成，康涅狄格赞成，新泽西反对，宾夕法尼亚赞成，特拉华反对，马里兰反对，弗吉尼亚反对，北卡反对，南卡赞成，佐治亚反对。5 邦赞成，6 邦反对，会议没有接受谢尔曼先生的动议。

约翰逊博士提议：把第十七条改为“未经现存的邦议会和今后形成的邦议会同意，并取得联邦议会同意，不得在现存各邦范围内建立新邦”。这样，可以更清楚地保护佛蒙特，把它作为“形成的邦”，免得佛蒙

---

[401] 英国放弃的领土：英国放弃了密西西比河以东、阿巴拉契亚山以西的领土，引起各邦保全现有领土并向西部扩展的愿望。卡乐尔希望制宪会议分清，多数代表主张将来再解决。

特申请加入时，还要依赖纽约的同意。

会议表决，特拉华和马里兰反对，其余各邦都赞成，会议通过。

古文诺·莫里斯先生提议：删去“范围”以内，改为“管辖领域”以内。这也是为了保护佛蒙特，它正在行使主权，但还在纽约声称的范围以内。

会议表决，新罕布什尔赞成，马萨诸塞赞成，康涅狄格赞成，新泽西反对，宾夕法尼亚赞成，特拉华赞成，马里兰赞成，弗吉尼亚赞成，北卡反对，南卡反对，佐治亚反对。7 邦赞成，4 邦反对，会议同意莫里斯先生的动议。

路德·马丁先生：要弗吉尼亚山地以西的人民，北卡罗来纳和佐治亚以西的人民，缅因的人民，继续生活在现在统治他们的邦之下，绝对没有道理，应该要那些邦同意他们单立。即使他们的人数过半，县的数量已经过半，像弗吉尼亚那样，还是想控制他们。过半数的人民，完全可以自己组织政府，实现自己的愿望，继续让那些邦享受总体政府的保障，用对付内部暴力的办法镇压他们，毫无道理。但愿威尔逊先生能早一点想到政治实体[402]的宝贵就好了。起先，小邦的权利成问题时，小邦就成了妖怪，成了意想中的实体。现在，大邦要受影响了，政治实体又具有神圣的性质了。他反复强调，要求小邦保证大邦对西部的领土要求，完全不合道理。昨天，古文诺·莫里斯先生说，如果未经大邦同意，就把它们拆散，大邦在这里的代表就要离开会场。如果要求小邦对它们的这种要求作出保证，结果就会发现，其他邦的代表，会以同样的坚定离开会场，让宪法留在桌上。

路德·马丁先生提议：推迟讨论莫里斯先生的意见，改为讨论以下提法：“联邦议会有权在现有各邦声称拥有的领土以内和以外建立新邦，接受新邦加入联盟，但本宪法不得被解释为影响上次和平条约中

---

[402] 法兰德注：麦迪逊划去“诸县”(counties)一词，改为“政治实体”。见《汇编》第二卷第464页。

（英国）让与联邦的空地。”

会议表决，只有新泽西、特拉华和马里兰赞成，其他邦都反对。[403]

现在，古文诺·莫里斯先生的动议被修改如下：“联邦议会可以接受新邦加入联盟，但是，未经现有各邦议会和联邦议会同意，不得在现有各邦管辖范围内组成和建立新邦。”

会议表决，新罕布什尔赞成，马萨诸塞赞成，康涅狄格赞成，新泽西反对，宾夕法尼亚赞成，特拉华反对，马里兰反对，弗吉尼亚赞成，北卡赞成，南卡赞成，佐治亚赞成。8 邦赞成，3 邦反对，会议同意这样修改。

迪金森先生提议：在这一条后面，增加“未经有关的邦议会同意和联邦议会同意，不得由现有的两邦或多邦或其组成部分联合建立新邦。”

未经点票，会议一致同意。

卡乐尔先生提议：再补充“但是，本宪法中的任何内容，不得被解释为影响上次和平条约中（英国）让与的空地，惟联邦拥有主权”。他说，这关系到现有各邦均未声称拥有主权的土地，不过，他也知道某些邦对某些土地的主权要求。

威尔逊先生：反对这项动议。宪法中没有任何内容影响到联邦对这些领土的主权，最好不要增加这样的内容，让一切可能引起法律争端的问题维持现状。

麦迪逊先生：联邦对领土的主权要求，等到联邦成为诉讼中涉事一方时，实际上会从联邦司法权中得到好处。他认为，最好的办法，还是在这个问题上不置一词。他并不认为卡乐尔先生的附则会带来危险，但为了保持中立和公平，应该再向前走一步，宣布：也不影响某些邦的土地诉求。

---

[403] 法兰德注：马丁对自己动议的记录，措辞相当不同；对表决结果的记录，也不一样，其中，新罕布什尔和康涅狄格都投赞成票。见《汇编》第三卷附录 A 第 158 件。空地指阿巴拉契亚山以西，密西西比河以东，以及新罕布什尔两侧。迪金森担心特拉华被兼并。

谢尔曼先生：既然麦迪逊先生特别赞成某些邦的土地诉求，这项附则更是有益无害。

鲍德温先生：并不指望佐治亚得到什么不正当的优势。他认为，既然有人提出补充，这项附则也就恰如其分。应该记住，如果说佐治亚从和平条约中获得（英国）让与的土地很多，那么，与佐治亚被占领期间承担的危险也相当。

拉特里奇先生：在本来无需保留的地方，或能处理的问题上，增加一条附则，是错误的。

卡乐尔先生：收回他的动议，改为提出以下动议："本宪法中的任何内容，不得解释为改变联邦或某些邦对西部领土的诉求，但所有这些诉求，都应由联邦最高法院审理和裁决。"

古文诺·莫里斯先生提议：推迟讨论卡乐尔先生的动议，改为讨论以下动议："联邦议会有权对属于联邦的领土和其他财产作出处置，制定必要的规章；本宪法不得解释为偏袒联邦或任何一邦的诉求。"

会议一致同意推迟讨论卡乐尔先生的动议，改为讨论莫里斯先生的动议。

路德·马丁先生提议：修改莫里斯先生的动议，补充"但由联邦最高法院考查并作出裁决"。

古文诺·莫里斯先生：这种补充没必要。因为已经决定，所有争端，包括以联邦为一方的争端，都由最高法院裁决。

路德·马丁先生：为了排除对这个问题的所有疑义，这项补充恰如其分。

是否同意马丁先生的补充？会议表决，新罕布什尔反对，马萨诸塞反对，康涅狄格反对，新泽西赞成，宾夕法尼亚反对，特拉华反对，马里兰赞成，弗吉尼亚反对，由于反对的邦数已经足够，没有再继续点票，会议否定马丁先生的动议。

于是，会议通过莫里斯先生的动议，只有马里兰持异议。

开始讨论第十八条：联邦向每邦保证建立一个共和政府；保护各邦

不受外来入侵;应各邦议会申请,肃清该邦内部暴力。

会议一致同意:删去“外来”一词,认为多余,“入侵”已经包含此义。

迪金森先生提议:删去“应邦议会申请”。保持联邦的安宁至关重要,不论出现什么情况,对内部暴力都应加以镇压,暴力可能起源于邦议会内部,或者议会与行政部门的争端。

戴顿先生:提到罗德岛的表现,说明在这个问题上需要确定联邦权力的宽度。

是否需要邦议会申请?会议表决,新罕布什尔反对,马萨诸塞反对,康涅狄格反对,新泽西赞成,宾夕法尼亚赞成,特拉华赞成,马里兰反对,弗吉尼亚反对,北卡反对,南卡反对,佐治亚反对。3邦赞成,8邦反对,会议不同意迪金森先生的动议。

有人提议:把“内部暴力”改为“动乱”。[404]

是否改为“动乱”?会议表决,新罕布什尔反对,马萨诸塞反对,康涅狄格反对,新泽西赞成,宾夕法尼亚反对,特拉华反对,马里兰反对,弗吉尼亚赞成,北卡赞成,南卡赞成,佐治亚赞成。5邦赞成,6邦反对,会议不同意改为“动乱”。

迪金森先生提议:把“应邦议会申请”改为“经邦议会或行政官申请”。他指出,有时局面会使得议会无法开会。

是否增加“邦行政官”?会议表决,新罕布什尔赞成,马萨诸塞反对,康涅狄格赞成,新泽西赞成,宾夕法尼亚赞成,特拉华赞成,马里兰代表赞成反对各半,弗吉尼亚反对,北卡赞成,南卡赞成,佐治亚赞成。8邦赞成,2邦反对,1邦代表赞成反对各半,会议接受迪金森先生的建议。

路德·马丁先生提议:再增加“议会休会期间”,可由邦行政官申请。

是否增加“议会休会期间”?会议表决,新罕布什尔反对,马萨诸塞

---

[404] 内部暴力:domestic violence;动乱:insurrections。

反对，康涅狄格反对，宾夕法尼亚反对，特拉华反对，马里兰赞成，弗吉尼亚反对，北卡反对，南卡反对，佐治亚反对。1 邦赞成，9 邦反对，会议不同意马丁先生的补充。

是否通过修改后的第十八条？会议表决，新罕布什尔赞成，马萨诸塞赞成，康涅狄格赞成，新泽西赞成，宾夕法尼亚赞成，特拉华反对，马里兰反对，弗吉尼亚赞成，北卡赞成，南卡赞成，佐治亚赞成。9 邦赞成，2 邦反对，会议通过修改后的第十八条。

开始讨论第十九条：根据联盟内三分之二的邦议会申请，要求对本宪法提出一项修正案，联邦议会应为此目的而召开制宪会议。

古文诺·莫里斯先生：应该允许联邦议会在他们认为必要的时候即召开制宪会议。

会议一致通过第十九条。

开始讨论第二十条：联邦和各邦的议员、行政官、法官，应受支持这部宪法的誓言约束。

会议同意在“誓言”后增加“或保证”[405]一词。

平克尼先生提议：这一条后面，增加“但是，不得要求把宗教测验作为担任联邦职务或公共信托的资格”。

谢尔曼先生：这没必要。普遍的开明，就是反对这种测验的足够保障。

古文诺·莫里斯先生和卡乐尔先生：赞同平克尼先生的动议。

会议一致同意平克尼先生的动议。

会议通过第二十条，只有北卡反对，马里兰代表赞成反对各半。

开始讨论第二十一条：____个邦的制宪会议批准，即足够按此宪法组织政府。

威尔逊先生提议：用七填空，超过现有邦数的一半，足以开始这项计划。

---

[405] 誓言(oath)：主动宣誓；保证(affirmation)：同意接受。

卡乐尔先生提议：推迟讨论这一条，以便听取8月24日委任的11人委员会提出报告。

是否推迟讨论？会议表决，新罕布什尔反对，马萨诸塞反对，康涅狄格反对，新泽西赞成，宾夕法尼亚反对，特拉华赞成，马里兰赞成，弗吉尼亚反对，北卡反对，南卡反对，佐治亚反对。3邦赞成，8邦反对，会议不同意推迟讨论。

古文诺·莫里斯先生：这个空白，应该从两种角度考虑。如果各邦制宪会议先后举行，那么，小一点的数字就行了；如果同时分散举行，就要求一个比较大的数字，才能组建政府。

谢尔曼先生：现在，各邦是通过邦联条款加盟的，邦联条款要求一致赞同，因此，他认为，至少需要十个邦批准。

伦道夫先生：主张用九填空，这是大家尊重的多数，也是已经熟悉的邦联条款的要求。

威尔逊先生：八比较合乎人意。

迪金森先生问：邦联议会的同意，是否建立新体制的基础？能否抛弃联盟中拒绝的邦？还有，要邦联议会同意，是否符合他们据以行动的邦联条款？

麦迪逊先生：如果用七、八或九填空，那么，即使批准宪法的人口不过半数，也要把这部宪法强加于全体人民。

威尔逊先生：按宪法现在的措辞，只有批准的邦才受约束。既然如此，我们只好诉诸结成社会的原始权力[406]，再顾忌常规权利，这个火烧眉毛的会议就会焚毁。

巴特勒先生：赞同要求九个邦批准。一两个邦就能限制其他邦的做法，他很恼火。

卡乐尔先生提议：用十三填空。当初一致同意建立起来的邦联，也要一致同意才能解散。

---

[406] 结成社会的原始权力：original powers of society。

金先生：这样修改有必要，否则，按宪法现在的措辞，部分批准，就要施行于全体。

休会。[407]

[407] 华盛顿善于掌握休会时机。

8月31日星期五　在制宪会议上

继续讨论详情委员会报告第二十一条：需要几个邦的制宪会议批准，才能按新宪法组建联邦政府？

金先生提议：改为“____个邦的制宪会议批准，即足以在批准的邦之间按宪法组建政府”，以限定新政府只在已经批准的邦之间运作。

是否只在批准的邦之间施行宪法？会议表决，新罕布什尔赞成，马萨诸塞赞成，康涅狄格赞成，新泽西赞成，宾夕法尼亚赞成，马里兰反对，弗吉尼亚赞成，北卡赞成，南卡赞成，佐治亚赞成。9邦赞成，1邦反对，会议接受金先生的动议。

麦迪逊先生提议：“任何七个或更多的邦批准，只要它们按第四条第三款分配的众议员人数加起来至少达到三十三席”，这样，批准的邦的个数和它们的人口总数都超过联邦半数。

谢尔曼先生：按现行邦联的性质，没有取得全体各邦同意，就要实施这部宪法，是否适宜？说不定所有的邦都会同意，按此假设，就没有必要违反邦联条款。

克莱默先生和卡乐尔先生提议：推迟讨论第二十一条，先听取11人委员会的报告。

是否先听取报告？会议表决，新罕布什尔赞成，马萨诸塞反对，康涅狄格代表赞成反对各半，新泽西反对，宾夕法尼亚赞成，特拉华赞成，马里兰赞成，弗吉尼亚反对，北卡反对，南卡反对，佐治亚赞成。5 邦赞成，5 邦反对，1 邦代表赞成反对各半，他们的动议失落。

古文诺·莫里斯先生提议：把这一条改为“____个邦批准，即可按此宪法组建政府”，删去各邦召开“制宪会议”的要求，让各邦自己决定它们的批准方式。

卡乐尔先生：马里兰更改邦宪法的方式是制宪会议，别的方式都行不通。

金先生：删去作为必要方式的“制宪会议”，等于全盘放弃。

只有制宪会议，才能避开各邦议会的复杂成分产生的一切阻力，才能成功；如果宪法不明确提出这种方式，宪法的敌人就会提出反对。

古文诺·莫里斯先生：他的意思，是让某些邦用议会批准的方式，使批准联邦宪法容易一些。

麦迪逊先生：最好还是要求各邦召开制宪会议。总体政府要想从各邦获得授权，各邦议会的意愿，不如各邦制宪会议的意愿；制宪会议至少还包含一些其他代表，这些代表即使不同意批准，也会想方设法促进，不会实心实意阻挠。马里兰的困难也不比其他的邦大，其他邦也没有提出改变批准的方式，而且所有官员都曾经宣誓支持宪法。其实，人民才是权力的源泉，只有诉诸人民，才能克服所有困难。人民可以按他们高兴的办法更改宪法。这是公民权利法案的原理，是可以求助的第一原理。

麦克亨利先生：马里兰的官员受到誓言约束，支持邦宪法规定的修改宪法方式。

戈汉姆先生：必须召开“制宪会议”。

平克尼先生：也主张召开“制宪会议”，理由前面已经说过。

路德·马丁先生：坚持交给各邦议会批准。诉诸人民，诉诸第一原理，有危险，政府可能站在一边，人民可能站在另一边。他估计，马里兰没有这个问题，政府和人民是站在一边的。马里兰的政府和人民都会反对这部宪法。他还反复说明马里兰宪法的古怪。

金先生：马萨诸塞宪法规定，要到1790年才能更改，也并未使他感到为难。各邦选派代表参加制宪会议前，应先在第一原理方面达成共识。

谢尔曼先生提议：推迟讨论第二十一条，改为讨论第二十二条。

是否推迟讨论？会议表决，新罕布什尔反对，马萨诸塞反对，康涅狄格赞成，新泽西反对，宾夕法尼亚赞成，特拉华赞成，马里兰赞成，弗吉尼亚赞成，北卡反对，南卡反对，佐治亚反对。5邦赞成，6邦反对，会议不同意改变议题。

是否删去对各邦召开"制宪会议"的要求？会议表决，新罕布什尔反对，马萨诸塞反对，康涅狄格赞成，新泽西反对，宾夕法尼亚赞成，特拉华反对，马里兰赞成，弗吉尼亚反对，南卡反对，佐治亚赞成。4邦赞成，6邦反对，会议不同意古文诺·莫里斯先生删去"制宪会议"的动议。

是否要求十三个邦批准才能按宪法组建联邦政府？会议表决，除马里兰以外都反对，会议不同意卡乐尔和马丁先生的动议。

谢尔曼先生和戴顿先生提议：要求十个邦批准。

威尔逊先生：支持麦迪逊先生的意见，要求批准的邦数和人口总数都过半。

克莱默先生：也支持麦迪逊先生的动议。

梅森上校：主张维持人民熟悉的想法。在邦联体制下，遇到重大问题，都需要九个邦同意，所以，还是要求九个邦好。

是否同意要求"十个邦"批准？会议表决，新罕布什尔反对，马萨诸塞反对，康涅狄格赞成，新泽西赞成，宾夕法尼亚反对，特拉华反对，马里兰赞成，弗吉尼亚反对，北卡反对，南卡反对，佐治亚赞成。4邦赞成，7邦反对，会议不同意要求"十邦"。

是否同意要求"九个邦"批准？会议表决，新罕布什尔赞成，马萨诸塞赞成，康涅狄格赞成，新泽西赞成，宾夕法尼亚赞成，特拉华赞成，马里兰赞成，弗吉尼亚反对，北卡反对，南卡反对，佐治亚赞成。8邦赞成，

3 邦反对，会议采纳“九个邦”这个数字。

会议通过修改后的第二十一条，仅马里兰投反对票，其中，杰尼弗先生赞成。

开始讨论第二十二条：这部宪法，将提交邦联议会认可；这次制宪会议认为，认可后应将这部宪法提交各邦制宪会议，代表由各邦议会推荐、由人民选出，以便接受这些制宪会议的批准。

古文诺·莫里斯先生和平克尼先生提议：删去“认可”一词。

是否删去“认可”？会议表决，新罕布什尔赞成，马萨诸塞反对，康涅狄格赞成，新泽西赞成*，宾夕法尼亚赞成，特拉华赞成，马里兰反对，弗吉尼亚赞成，北卡赞成，南卡赞成，佐治亚反对。8 邦赞成，3 邦反对，会议同意删去“认可”一词。

古文诺·莫里斯先生和平克尼先生又提议：再改如下，“这部宪法将提交邦联议会；这次制宪会议认为，然后提交给一次由各邦选出的制宪会议，以便接受这个制宪会议的批准；会议结束后，各邦议会应在形势许可范围内尽快在本邦分别召开制宪会议。”

古文诺·莫里斯先生：他的目的，是用强烈的语气说明各邦召开制宪会议的必要性，以免这部宪法的敌人乘虚而入。宪法初一提出，有这次制宪会议的推荐，人们会表示赞许。逐渐地，各邦官员，还有那些兴趣在邦政府的人，就会兴风作浪，操纵潮流，使人民反对宪法。

路德·马丁先生：相信古文诺·莫里斯先生说得对，稍过一阵，人们就会反对，不过反对的原因与莫里斯先生说的不同。他相信，除非突然以奇制胜，宪法就得不到人民的批准。

格里先生：把马丁先生意见中他同意的部分进一步发挥，把这部宪法说成充满弊病。他认为，未经所有各方同意，摧毁现存邦联的做法实为不妥。

是否同意莫里斯先生和平克尼先生的进一步修改？会议表决，新

* 麦迪逊注：在出版的《会议记录》里，新泽西投反对票。

罕布什尔赞成，马萨诸塞赞成，康涅狄格反对，新泽西反对，宾夕法尼亚赞成，特拉华赞成，马里兰反对，弗吉尼亚反对，北卡反对，南卡反对，佐治亚反对。4 邦赞成，7 邦反对，会议不同意他们的进一步修改。

格里先生提议：推迟讨论第二十二条。

梅森上校：支持格里先生的意见。他宣布：他宁可斩断自己的右手，也不愿举手赞成现在这个样子的宪法。他希望，把现在还没有决定的一些建议放进决议，最后再决定这一条。如果这些建议得不到妥善处理，那么，他的希望，就是把整个宪法提交给另一次制宪会议。

古文诺·莫里斯先生：愿意推迟讨论。他早就期待召开另一次制宪会议，有能力坚定地建立一个我们现在不敢建立的生气勃勃的政府。

伦道夫先生：表明了他的态度，如果宪法的最后形式使他无法同意，那就应该让各邦制宪会议毫无拘束地提出修改意见，交给另一次制宪会议，让第二次制宪会议作出判断：拒绝还是采纳这些修改。

是否推迟讨论这一条？会议表决，新罕布什尔反对，马萨诸塞反对，康涅狄格反对，新泽西赞成，宾夕法尼亚反对，特拉华反对，马里兰赞成，弗吉尼亚反对，北卡赞成，南卡反对，佐治亚反对。3 邦赞成，8 邦反对，会议不同意推迟讨论第二十二条。

是否同意第二十二条？会议表决，新罕布什尔赞成，马萨诸塞赞成，康涅狄格赞成，新泽西赞成，宾夕法尼亚赞成，特拉华赞成，马里兰反对，弗吉尼亚赞成，北卡赞成，南卡赞成，佐治亚赞成。10 邦赞成，1 邦反对，会议通过第二十二条。

开始讨论第二十三条：为了引进这个政府，这次制宪会议认为，每个赞成的邦制宪会议，应向邦联议会通知他们的赞成和批准；邦联议会收到____个邦的赞成和批准后，应尽早指定和公布一个日期，指定一个地点，开始执行这部宪法规定的程序；公布日期和地点后，各邦议会应选出联邦参议员，指导联邦众议员的选举工作；联邦议员应在邦联议会指定的时间地点开会，尽快选出联邦总统，开始执行这部宪法。

会议一致同意前面的部分，直到“指导众议员的选举工作”，其中的空白，自然用九填充。

有人提议推迟讨论最后一句，即有关总统选举的部分。

对此，会议表决，新罕布什尔反对，马萨诸塞赞成，康涅狄格反对，新泽西反对，宾夕法尼亚反对，特拉华赞成，马里兰反对，弗吉尼亚赞成，北卡赞成，南卡反对，佐治亚反对。4 邦赞成，7 邦反对，会议不同意推迟讨论最后一句。

于是，古文诺·莫里斯先生提议：删去“选出联邦总统”，因为总统的选举方式还没有最后决定。

对此，会议表决，新罕布什尔反对，马萨诸塞赞成，康涅狄格赞成，新泽西赞成，宾夕法尼亚赞成，特拉华赞成，马里兰代表赞成反对各半，弗吉尼亚赞成，北卡赞成*，南卡赞成，佐治亚赞成。9 邦赞成，1 邦反对，1 邦代表赞成反对各半，会议接受莫里斯先生的动议。

然后，会议一致同意经过修改后的第二十三条。

开始讨论谢尔曼先生代表 11 人委员会 8 月 28 日向会议提交的报告。

会议一致同意把以下内容纳入第七条第四款：“制定贸易规则和制定港口征税规则时，在各邦的港口之间，不得厚此薄彼。”

讨论“不得要求从这个邦的港口始发或驶往这个邦的港口停靠的船只，到另一个邦的港口停靠、清仓、纳税”。

麦迪逊先生：以特拉华河为例，如果不许要求船只到宾夕法尼亚领辖范围下[408]，去进入特拉华河，那就不方便。

费兹西蒙斯先生：承认这样做，或许不方便，但是要求开往费城的船只到宾夕法尼亚领辖范围内，去进入特拉华河，更不方便。

---

* 麦迪逊注：在出版的《会议记录》里，北卡罗来纳投反对票。

[408] 费城在特拉华河下游，大西洋的特拉华湾，左边是新泽西，右边是特拉华；大西洋通往内地的另外一个入口，是皮萨切克湾，左边是马里兰，右边是弗吉尼亚。这些，形成航运和港口之争。

戈汉姆先生和朗东先生：这项规定对政府的约束太过分，会抵消宪法的良好目的。他们提到马萨诸塞和新罕布什尔的贸易局面，提到新泽西境内的桑地胡克(Sandy Hook)，总体政府应该在那里采取措施，防止向纽约走私。

麦克亨利先生：这条规定并不能使一条船在甲板上安排一名探测正当入口的人。

卡乐尔先生：急切希望通过这一条。他提醒制宪会议，这是马里兰的敏感点。

杰尼弗先生：这条规定很有必要，理由与卡乐尔先生说的一样。

是否同意"在各邦港口之间，不得厚此薄彼"？会议表决，新罕布什尔反对，康涅狄格赞成，新泽西赞成，宾夕法尼亚赞成，特拉华赞成，马里兰赞成，弗吉尼亚赞成，北卡赞成，南卡反对，佐治亚赞成。8 邦赞成，2 邦反对，会议通过。

会议一致同意删去征收"吨位税"，因为已经包含在"关税"里了。

会议一致同意："联邦议会制定关税、进口税、营业税时，在整个联邦范围内，应该整齐划一。"

会议接受谢尔曼先生的动议，把开会过程中被推迟讨论的问题，以及各项报告中尚未讨论到的问题，交给一个委员会处理，由每邦一人组成。

书面投票，选出委员会，由以下成员组成：新罕布什尔的吉尔曼先生[409]，马萨诸塞的金先生，康涅狄格的谢尔曼先生，新泽西的布瑞利先

---

[409] 尼古拉斯·吉尔曼(Nicholas Gilman，1755—1814)是新罕布什尔代表，时年 32 岁。出生于新罕布什尔，在当地上过学，在父亲的店里干过活。独立战争爆发后，他参加大陆军，担任上尉，一直作战到战争结束。回乡后，又到父亲店里帮忙，开始投身政治。1786—1788 年，担任新罕布什尔派往邦联议会的代表，但不大出勤。7 月 23 日开始参加制宪会议，一直没有发言。制宪会议后，吉尔曼接连担任四届联邦众议员(1789—1807)，1793 年和 1797 年，两次担任总统选举人；1795 年，1802 年，1804 年，兼任新罕布什尔邦议会议员；1805—1808 年，1811—1814 年，两次担任新罕布什尔财政厅长。吉尔曼起初是一位积极的联邦党人，后来逐渐转向民主共和党。1802 年竞选联邦参议员失败后，杰斐逊总统任命他担任联邦破产专员，1804 年，49 岁的吉尔曼以民主共和党人身份竞选联邦参议员成功；一直担任参议员，直到 58 岁去世。

生，宾夕法尼亚的古文诺·莫里斯先生，特拉华的迪金森先生，马里兰的卡乐尔先生，弗吉尼亚的麦迪逊先生，北卡罗来纳的威廉森先生，南卡罗来纳的巴特勒先生，佐治亚的鲍德温先生。

休会。

9月 1日星期六　在制宪会议上

布瑞利先生代表昨天任命的11人委员会报告如下：在第六条第九款里，补充以下内容“两院议员当选后，不得担任任何联邦授权的文职官员，凡担任联邦文职官员者，在任期内不得担任议员”。

拉特里奇先生代表8月29日委任的5人委员会报告如下：

在第十六条内增加联邦议会有权“制定统一的破产法”。

在第十六条内增加“每邦对其他各邦的立法、文书和司法程序，应予充分信任，联邦议会应通过总体立法，制定证明这些立法、文书、司法程序的办法，以及一邦裁决在另一邦生效的措施”。

听取完这些报告之后，休会到下星期一上午十点。

9月3日星期一　在制宪会议上

讨论拉特里奇先生代表五人委员会作的报告。

古文诺·莫里斯先生提议：删去“一邦裁决在另一邦的生效”。

梅森上校：喜欢这项动议，特别是限制一邦裁决和司法程序的“有效”范围。

威尔逊先生：如果不许联邦议会宣布各邦裁决“有效”，这项规定就毫无意义，各邦之间的裁决，就像各个独立国家之间的裁决一样。

约翰逊博士：这样措辞，等于授权联邦议会宣布：一个邦的立法在另一个邦也有效。

伦道夫先生：这会加剧对宪法的普遍反对。对政府权力的定义太宽松，等于送机会给联邦议会，篡夺所有邦权。他主张，授权不要超过原来的范围，各邦信任其他邦“裁决”的效力。

是否删去“一邦裁决在另一邦的生效”？会议表决，马萨诸塞赞成，康涅狄格赞成，新泽西赞成，宾夕法尼亚赞成，马里兰反对，弗吉尼亚反对，北卡赞成，南卡赞成，佐治亚反对。6邦赞成，3邦反对，会议接受莫里斯先生的动议，同意删去。

未经点票，会议通过修改后的第十六条。

讨论联邦议会是否有权“制定统一的破产法”。

谢尔曼先生：按照英国法律，有的破产案要处死刑。他不想在美国授予这样的权力。

古文诺·莫里斯先生：这是个范围广泛而且非常敏感的问题。他倒是同意这样办，因为，他估计联邦议会不会滥用权力。

是否授权联邦议会“制定统一的破产法”？会议表决，新罕布什尔赞成，马萨诸塞赞成，康涅狄格反对，新泽西赞成，宾夕法尼亚赞成，马里兰赞成，弗吉尼亚赞成，北卡赞成，南卡赞成，佐治亚赞成。9邦赞成，1邦反对，会议同意联邦议会制定统一破产法。

平克尼先生提议：推迟讨论布瑞利报告中议员不得兼职的规定，改为讨论“两院议员不得担任联邦的授薪职务，接受官职，议员即应空出席位。”他坚决反对议员不得当官，因此坚持这项主张，使二者不可兼得。他认为，不许议员当官，类似罗马的做法，是把德行之塔作为通向声望之塔的道路。

是否允许议员当官？会议表决，新罕布什尔反对，马萨诸塞反对，康涅狄格反对，新泽西反对，宾夕法尼亚赞成，马里兰反对，弗吉尼亚反对，北卡赞成，南卡反对，佐治亚反对。2邦赞成，8邦反对，会议不同意平克尼先生的动议。

金先生提议：改为“议员不得担任任期内设立的官职”。这样，可以排除按宪法成立政府后的第一届联邦议员，因为，多数官职都会由第一届联邦议会设立。

威廉森先生：同意。他不明白，为什么不许议员担任任期内出现的空缺官职。

谢尔曼先生：主张彻底取消议员担任官职的一切机会。议员当官，对行政部门影响太大。至少，议员在任期以内，不得染指为自己加薪，不得为在职议员设立官职。如果允许变通，所有这些禁则都会落空，例如，先派一名官员担任一项工作，然后把这项工作变成一种官职，然后再拿一名议员去填充这个空出来的官职。

古文诺·莫里斯先生：允许议员做官，会削弱行政官的影响力。不许议员做官，行政官会任命他们的亲戚朋友，把议员留在议会里，为行政官的目的服务和投票。让议员做官，就剥夺了行政官的这种好处。

格里先生：允许议员做官，会为打击好官开辟战场，把好官赶走，把位置腾出来给议员。

戈汉姆先生：同意平克尼先生的意见。我们现在比各邦还要走得远，其实，比任何国家都走得远。各邦并没有不许议员做官的规定，证明这种规定没有必要。反之，可以做官，正好引导称职的人走向议会。

伦道夫先生：绝不同意用做官来诱惑人们当议员。

鲍德温先生：各邦的例子在这里不适用。各邦议员人数众多，排除议员，就找不到什么适合的人来担任官职了。总体政府的情况则不同。

梅森上校：不许议员做官，不会排除有德行的人，倒是可以排除腐败，排除追逐官位的人。

威尔逊先生：不许议员做官，会增加行政官的影响力，如古文诺·莫里斯先生所言。同时，也会削弱政府的普遍生机。用立法禁止议员做官，对本来不想做官的人来说，不会觉得可恶，但他们也不愿意看到当官如此带有负面色彩。

平克尼先生：第一届联邦议会将由最优秀的人物组成。各邦会找出这样的人物，让政府运作起来。如果同意委员会的提法，哪怕是经过修改以后的提法，那么，重要的官职，还有将要终身任职的法官，就要从其他的人当中选任，最能干的议员，却没有资格担任。

是否同意"议员不得担任任期内设立的官职"？会议表决，新罕布什尔赞成，马萨诸塞赞成，康涅狄格反对，新泽西反对，宾夕法尼亚赞成，马里兰反对，弗吉尼亚赞成，北卡赞成，南卡反对，佐治亚反对。5邦赞成，5邦反对，金先生的动议失落。

威廉森先生提议：改为"议员不得担任任期内加薪和新设的职务"。金先生附议。

是否同意威廉森先生的动议？会议表决，新罕布什尔赞成，马萨诸塞赞成，康涅狄格反对，新泽西反对，宾夕法尼亚赞成，马里兰反对，弗吉尼亚赞成，北卡赞成，南卡反对，佐治亚代表赞成反对各半。5 邦赞成，4 邦反对，1 邦代表赞成反对各半，会议接受威廉森先生的动议。

会议一致同意：议员担任官职后，他的议员席位出缺。

会议最后同意的内容如下：

“两院议员不得担任任期内设立或加薪的联邦官职；联邦官员任期内不得担任两院议员。”

休会。

9月4日星期二　在制宪会议上

布瑞利先生代表11人委员会，对被推迟讨论的问题，进一步报告如下：

“8月31日受托处理大量未决问题的委员会，经过讨论，决定向制宪会议提出以下补充和更改：

“1. 第七条第一款第一分句修改如下：‘联邦议会有权制定税则，征收税金、关税、进口税、营业税，以支付联邦债务、为联邦提供共同防御和普遍福利。’

“2. 第七条第一款第二分句，在‘联邦议会有权管理与外国的贸易和各邦之间的贸易’后，增加‘与印第安部落的贸易’。

“3. 第九条第一款，在‘联邦参议院有权缔结条约，任命大使，任命最高法院法官’后，增加‘有权审讯所有弹劾案；但是，未经出席议员三分之二同意，不得定罪’。

“4. 第十条第一款，在‘总统的称呼为阁下’后，增加‘总统与副总统一起当选相同的任期，任期四年，选举办法如下：由每邦议会指定一定数量的选举人，人数等于该邦有资格产生的联邦参议员和联邦众议员之和。选举人在各邦集合，书面投票选举二人，其中至少一人不是本邦居民；选举人制作一份表格，列出所有得票人的姓名，以及每人所得票数，选举人在选票上签名使其合格，加蜡上封，送到总体政府所在地，交给参议院议长。参议院议长在议会当众启封，然后点票。得票最多并且得票超过选举人总数半数者，当选总统；若得票过半数者不止一人，而且得票相等，则参议院立即开会，通过书面投票，从得票最多的五人中，选出一人为总统。总统选出后，不论出现什么情况，得票最多者为副总统；但是，剩下的人中，若仍有两人或多人得票相等，由参议院从中选举一人为副总统。联邦议会可指定选举人集会和选举的时间，选举人使选票合格的办法，以及送到参议院的办法。

"5. 第十条增设第二款：'生于联邦境内或采纳联邦宪法时已经是联邦公民的人，才能担任总统；年满三十五岁、已经成为联邦居民十四年者，才能担任总统。'

"6. 第十条增设第三款：'副总统为联邦参议院职务议长[410]，但参议院审理总统弹劾案时，由首席大法官主持；参议院选举一名候补议长，以备副总统代理总统或副总统缺席。副总统行使参议院议长职务时，无投票权，除非双方票数相等。'

"7. 第十条增设第四款：'总统咨询参议院并听取建议，有权缔结条约；总统咨询参议院并听取建议，提名和任命大使、公使、最高法院法官及宪法未作明文规定的所有其他官员。未经出席议员三分之二同意，不得缔结条约。'

"8. 第十条第二款内增设：'总统可要求各行政部门主管官员就他们分管的事务写出书面意见。'

第十条第二款后面的内容修改如下：

"9. '众议院提出弹劾、参议院审讯确认，若总统犯有叛国罪、受贿罪，则罢免总统职务，总统被罢免，或死亡、缺位、辞职，或失去执行总统职权的能力时，由副总统行使总统职权，直到选出新总统，或去职总统

[410] 职务议长：ex officio President of the Senate。

恢复能力。’”*

会议一致同意报告的第 1 点。

会议一致同意报告的第 2 点。

会议决定推迟讨论报告的第 3 点，以便先决定总统的选举办法。

会议开始讨论报告的第 4 点。

戈汉姆先生：不同意让参议院把一个得票不过半数的人弄成仅次于总统的第二号人物，即副总统。如果这条规定立住了，一个得票甚少的无名之辈，就可能当上副总统。[41]

谢尔曼先生：委员会的这一安排，目的在于摆脱不得连任。若由议会选举，则必须放弃连任，否则会使总统依附议会。由于总统将从得票最多的五人中选出，会把不出名的人物筛选掉。如果第一次选举无人过半数，他不反对按同样的方式选举副总统。

麦迪逊先生：他的理解是，要求总统和副总统都从得票最多的五人中选出，选举人的注意力将被转向推举候选人，而不是选出最后结果。如果实行这种办法，实际上是把选举完全委托给了参议院；同时产生的效果是，把候选人的提名权给了人口最多的几个邦。

古文诺·莫里斯先生：看法相同，并发挥麦迪逊先生的观点。

伦道夫先生和平克尼先生：要求对改变总统选举办法的理由作出解释，并加以讨论。

古文诺·莫里斯先生：他来解释一下委员会的理由和他自己的理由。一、如果由议会选举，就有拉邦结派、营私舞弊的危险；二、为摆脱议会选举的弊端，就要求不得连任，不得连任则不公平；三、难以设立弹劾总统的法庭，如果总统由议会选举，又要众议院担任提出弹劾的角色、参议院担任审讯角色，就都不合适了；四、由议会选举总统，没有人

---

* 麦迪逊注：这是一份准确抄件。出版的《会议记录》里的其他变体，有时融入了后来的修改。这一说明也适用于其他类似情况。

[41] 1789 年第一次选举总统，只有十个邦参加，选举人共 69 名，华盛顿得 69 票，亚当斯第二，得 34 票，杰伊第三，得 9 票，其他更少，第一位副总统得票数刚好不过半。

表示过满意；五、许多人甚至主张交给人民直接选举；六、让总统独立于议会，是绝对必需。由于选举人将在同一时间、在相隔十分遥远的不同地方投票，串通舞弊的巨大弊病就可以避免。要想拉拢腐蚀选举人也不可能。要参议院，而非最高法院，担任总统弹劾案的审讯，最终原因是，最高法院应该是总统被弹劾后的审讯者。

梅森上校：承认委员会的办法消除了一些容易引起反对的主要障碍，尤其是结党营私和拉拢腐蚀。不过，还是有一个容易引起攻击的缺点：按此办法，举行二十次选举，就会有十九次落到参议院手里，而参议院是个不宜于选举总统的机构。

巴特勒先生：这种办法虽然也逃不过攻击，可是比起由议会选举，还是好多了。由议会选举，就像选君主一样，结党分派、大打出手的做法，势必横行无忌。

平克尼先生：他对这个办法的反对意见有：一、整个选举实际上落到参议院手里；二、选举人会对某些候选人感到陌生，当然也就无法对他们的德行作出比较；三、这使行政官能够连任，而连任将危及公共安全；四、同一个机构，既在实际上选举总统，如果遇到弹劾，又担任审讯总统的法官角色。

威廉森先生：为了安排连任，弄得总统当选如此依赖参议院，前者的好处，能否抵消后者的坏处，的确值得怀疑。应该对参议院加以限制，至少，只能从得票最高的两人中选举总统。

古文诺·莫里斯先生：这种设计，希望达到的最大好处，是杜绝结党营私的弊病。按这种办法，或按照别的什么办法，需要的时候，总统就可以连任。这种办法的其他不足，或许也不比其他办法少。

鲍德温先生：这个办法，乍一听到，反对意见很多，仔细想想，反对意见会减少。随着各邦人民来往增加，重要人物不知名的情况会越来越少；参议院要把最终选举权抓在自己手里，可能性会越来越小。

威尔逊先生：这个问题在制宪会议内部就引出这么大的分歧，等到走出这个门，到民众中去，出现的分歧会更加剧烈。这的确是我们要解决的问题中最难的一个。他自己也从来没有想出过一个完全能使自己满意的办法。目前这个方案，与过去相比，是很有价值的改进。这个办法摆脱了一种最大的弊病，就是结党营私和拉拢腐蚀。随着我们合并为联邦，美洲大陆的杰出人物会成倍涌现，联邦内每个角落的选举人，都会知道和判断他们。这也为讨论连任的好处扫清了道路，议会选举似乎已把连任的门封死。不过，把最后选举的机会交给整个议会，比单独交给参议院好，把候选人的数字限定在五个以内。到最后选举，议会无法再搞拉邦结派，因为议会已经被限制在几个指定的目标以内，候选人此前已经得到各邦一定人数的支持；选举人选票公布后，若无人得票过半数，马上举行选举，这就完全避免了拉邦结派的危险。认为整个议会比参议院好的另一个理由，是众议员经常变化，不像参议员那么固定，帮派影响可以减少。

伦道夫先生：还是倾向原来的总统选举办法，如果要作这一变动，他希望了解，为什么把最后选举权交给参议院，不给整个议会？没必要给参议院，会有许多反对意见。他还可以预见，选举的最后优势，将会落到靠近首都的几个邦手里。

古文诺·莫里斯先生：之所以选中参议院，是事后可以对总统说“你当选多亏我们”的人少些。他想过，这样做，总统不至于那么依赖参议院，要想连任，需要更多依靠自己的良好行为。

会议推迟讨论这个问题，让每位代表得到一份这种办法的文字内容。

对11人委员会提出的下一项动议是：“准备并提出一份报告，说明这次制宪会议的开支。”

平克尼先生提议：设立一个分句，宣布“各院自行确定本院议员的特权”。

古文诺·莫里斯先生附议。

伦道夫先生和麦迪逊先生：怀疑授予这一权力是否适宜，要求推迟讨论。

古文诺·莫里斯先生：这个问题很明白，没必要推迟。

威尔逊先生：这项权力已经包含在内了，没必要明言挑出。可能招致对其他政府机构的怀疑，如法院等等。每所法院都是它自身特权的判断者。

麦迪逊先生：事先判断特权的权力，与正当建立规则不同；这项动议的效果，是使两院享有确定自身议员特权的自由。他建议，最好还是以立法方式建立规则，确定两院议员的特权，不要让两院自行其是。他还建议，应该考虑授予行政官某些特权。

休会。

9月5日星期三　在制宪会议上

布瑞利先生代表11人委员会，对被推迟讨论的问题，进一步报告如下：

1. 联邦议会有权"宣战"后，增加有权"颁发海上缉拿外国船只许可证和报复敌国的拘捕证"。

2. 联邦议会有权"招募军队、提供给养"后，增加有权"为此拨款，但数额不得超过两年"。

3. 第六条第十二款改为：一切筹集岁入的提案，由众议院发起并遵从参议院的更改和修正；但是，未经立法拨款，任何人不得从国库支钱。

4. 第七条第一款最后一个分句前，增添"由某些邦让与、联邦议会接受一片土地（面积不超过十平方英里），作为政府所在地，联邦议会对此地的一切事务享有排他的立法权；联邦议会购买若干地点，用于修建要塞、武库、兵工厂、船坞和其他必要建筑，在这些地点实行排他的立法权"。

5. "为奖励科学和有用技艺的进步，对于各自的作品和发明，授予作者和发明者有限时间以内的排他权利。"

会议开始讨论以上内容。

会议一致通过第 1 点。

讨论第 2 点。

格里先生：反对第 2 点，因为允许拨款两年军费，而非一年，他不明白原因何在。这就意味着将存在一支常备军。他曾痛击设立常备军的主张，认为常备军会危及人民的自由，即使像联邦这样幅员广大的国家，也用不着常备军。即使需要，也应该对常备军的人数和维持时间加以限制。目前不是这种创新的适合时机。人民承担不起。

谢尔曼先生：只是允许最多拨款两年，不是要求拨款两年。众议院每两年选举一次，要求只许拨款一年，不方便，换届期间，议会可能不开会更新拨款计划。他本人也希望对和平时期的军队人数和维持时间有个限制。

会议一致同意第 2 点。

讨论第 3 点，钱财提案决定权。

古文诺·莫里斯先生提议：推迟讨论第 3 点。在委员会内部，大家曾经以大妥协为基础达成一致，不过，他觉得自己还是有权保留不同意见。总的来说，如果不作部分改动，他还是不能满意。

平克尼先生附议。

谢尔曼先生：同意给那些把这一条看得很重的人一点机会，以便争取他们在其他问题上的合作。

是否推迟讨论钱财提案决定权？会议表决，新罕布什尔赞成，马萨诸塞反对，康涅狄格赞成，新泽西赞成，宾夕法尼亚赞成，特拉华赞成，马里兰赞成，弗吉尼亚反对，北卡赞成，南卡赞成，佐治亚赞成。9 邦赞成，2 邦反对，会议同意推迟讨论。

讨论第 4 点。

会议一致同意：联邦议会在首都拥有排他的立法权。

讨论联邦议会是否在军事重地拥有排他的立法权。

格里先生：授予这一权力，联邦议会在任何一邦购买了领土，就可以把它用作飞地，有了这些堡垒要塞，总体政府就有了迫使任何一邦服从的不当手段。

金先生：这一规定没有必要，这种权力已经隐含其中。不过，他愿意提议：在“购买”前，加上“经各邦议会同意”。这肯定会使这项权力安全一些。

古文诺·莫里斯先生附议。

会议一致同意金先生的修改意见。

会议一致通过第 5 点。

11 人委员会报告了以下决议和命令：

“决议：要求邦联议会同意并指示对这次制宪会议的秘书和其他官员支付报酬，补偿他们为服务而付出的时间，与对邦联议会的秘书和其他官员一样。”

“命令：秘书制作上述开销单一份，具体说明这次制宪会议的各项开支，提交联邦公库办公室。”

会议分别一致同意上述决议和命令。

格里先生提前告知，他将提出动议，要求再议第十九条、第二十条、第二十一条、第二十二条。

威廉森先生提前告知，他将要求再议众议员人数，他认为众议员人数太少。他还希望罗德岛不止一名众议员，以便符合它的估计人口，而且应该考虑它没有代表出席。

会议继续讨论昨天没有讨论完的总统选举办法。

平克尼先生：再次提出他的反对意见。一、选举人对称职的人不会有足够的了解，会各自忠于本邦的人选；因此，二、投票分散，会使选举总统的大权落入参议院手中，总统连任也会连带着依赖参议院，总统成为参议院的造物；三、总统会与参议院联手，反对众议院；四、这种改变选举方式，目的在于摆脱总统不得连任，结果，在参议院的赞助下，总统将会变成终身职。

格里先生：不反对这一选举总统的办法本身，但应该受到最后授予总统的权力的约束。

拉特里奇先生：对这种选举办法意见甚大。这会把整个权力给予参议院。他也反对连任。他提议推迟讨论这个办法，还是回到议会选举总统的原意，即，“总统由议会两院联合投票选出，投票时要求出席议员过半数；总统任期7年；不得连任。”

是否推迟讨论11人委员会提出的办法？会议表决，新罕布什尔代表赞成反对各半，马萨诸塞反对，康涅狄格反对，新泽西反对，宾夕法尼亚反对，特拉华反对，马里兰反对，弗吉尼亚反对，北卡赞成，南卡赞成，佐治亚反对。2邦赞成，8邦反对，1邦代表赞成反对各半，会议不同意推迟讨论。

梅森上校：承认对原定的议会选举办法有反对意见。他还没有拿定主意；不过愿意在此说出他对委员会办法的反对意见。一、实际上把选举总统的权力给了参议院，因为过半数选票落到一名候选人身上的可能性很小，由于现任总统总是会在得票最高的五人之列，他的连任当然就取决于参议院；二、考虑到总统和参议员们的权力，如果他们结成同盟，就有能力推翻宪法。如果夺去参议院的这种最后决定权，他的主要反对意见也就冰释。因此，他提议：得票最多者当选，删去“得票过半数”的要求。

威廉森先生：附议。不作这类修改，他无法同意这个办法。他宁可让虽然未得到半数票，但是得票最多的人当总统，也不愿让参议院到这件事里来做裁判。把选举总统的权力给予参议院，就为拉拢腐蚀和贵族政治奠定了基础。

古文诺·莫里斯先生：上述两方面的后果，都不如想象的那么严重。说不定半数以上的选票会落到同一个人身上。由于每个选举人可以投两票，超过四分之一的选举人如果同选一人，就可以超过半数[412]。由于每人至少选一名其他邦的人，只要这一票不被放弃，二分之一的选票就会落到突出而且普遍知名的人物身上。如果总统表现令人满意，

---

[412] 其实不行，因为不能把两票同时投给一人。

自然有一半以上的人再次选他，就用不着参议院介入了。如果总统不讨人喜欢，大家都不喜欢他，势必会联合起来，把他选掉。

梅森上校：认为第一次选举无人过半数也不会出问题的人，应该向担心出问题的人让步。

谢尔曼先生：结果是，提名候选人时，大邦占有优势，从五人中最后选举时，小邦占有优势。

是否得票最多者当选，不论是否过半数？会议表决，新罕布什尔反对，马萨诸塞反对，康涅狄格反对，新泽西反对，宾夕法尼亚反对，特拉华反对，马里兰赞成，弗吉尼亚反对，北卡赞成，南卡反对，佐治亚反对。2 邦赞成，9 邦反对，会议不同意梅森上校的修改。

威尔逊先生提议：删去“参议院”，改为“联邦议会”。

麦迪逊先生：主要反对意见在于：不能把最后决定权交给议会的任何一院。这项更改，把大邦的注意力过于引向候选人的提名，而不是实际选出行政官。既然大邦议员在联邦议会占压倒多数，他们应该具有对候选人的最后选择权。如果让小邦占据压倒优势的参议院作最后选择，大邦就会一致努力，通过初选作出决定性的选择。

伦道夫先生：我们正在宪法中进行某种革命，向君主制迈出大胆的一步。他指出，除了其他权力外，参议院又对选举总统获得了如此重大的影响力，真正把参议院转化成一个危险的贵族院。

迪金森先生：赞成把最后选择权给予整个议会，而非参议院。这给参议院追加的影响力实在太大。

是否由整个“联邦议会”最后选举总统？会议表决，新罕布什尔代表赞成反对各半，马萨诸塞反对，康涅狄格反对，新泽西反对，宾夕法尼亚赞成，特拉华反对，马里兰反对*，弗吉尼亚赞成，北卡反对，南卡赞成，佐治亚反对。3 邦赞成，7 邦反对，1 邦代表赞成反对各半，会议不同意威尔逊的意见。

---

* 麦迪逊注：在出版的《会议记录》里，马里兰投反对票。

麦迪逊先生和威廉森先生提议：删去初选得票“过半数”，改为初选得票超过“三分之一”，这样，如果选举人投的票落到一个人身上的不过半数，但是超过三分之一，就不用再作最后选择。

格里先生：反对。这会把权力给予三四个邦，让他们选择自己喜欢的人。

威廉森先生：有七个邦的人口加起来还不到联邦人口的三分之一。如果让参议院选，不到六分之一的人口就有权选举总统。

是否初选得票超过三分之一就当选总统，不再复选？会议表决，新罕布什尔反对，马萨诸塞反对，康涅狄格反对，新泽西反对，宾夕法尼亚反对，特拉华反对，马里兰反对，弗吉尼亚赞成，北卡赞成，南卡反对，佐治亚反对。2 邦赞成，9 邦反对，会议不同意麦迪逊和威廉森的意见。

格里先生：建议最后由六名参议员和七名众议员选举，这些人由参议院、众议院联合投票产生。

金先生：小邦在参议院的影响力，由于大邦在提名候选人方面占优势，已经大体平衡*，况且，在委员会里，小邦也赞同，把发起钱财提案的排他权力给予众议院。

梅森上校提议：把供参议院选举的范围，从初选中得票最多的“五人”改为“三人”。

格里先生附议。

谢尔曼先生：不如放弃这个方案。他倒是主张得票最多的七到十三人作为候选人。

是否同意改为“三人”？会议表决，新罕布什尔反对，马萨诸塞反对，康涅狄格反对，新泽西反对，宾夕法尼亚反对，（特拉华），马里兰反对，弗吉尼亚赞成，北卡赞成，南卡反对，佐治亚反对。2 邦赞成，8 邦反

---

* 麦迪逊注：这一妥协，可由古文诺·莫里斯先生、梅森上校、格里先生以及其他大邦代表前面的发言说明，他们如此看重发起钱财提案方面的特权。对此，小邦的代表，以及部分大邦的代表，希望建立一个好的政府，努力要把这个特权变成宪法有利于小邦的代价，并抬高政府。

对，会议不同意梅森的意见。

斯佩特先生和拉特里奇先生提议：把得票最多的“五人”改成得票最多的“十三人”。

对此，北卡赞成、南卡赞成，其余的邦都反对。

麦迪逊先生和威廉森先生提议：把“选举人”改为“投了票的选举人”，这样，没有投票的选举人不算在总数以内，在投了票的选举人总数中，得票过半的机会增加，或许就用不着参议院介入了。

是否改为“投了票的”选举人？会议表决，新罕布什尔反对，马萨诸塞反对，康涅狄格反对，新泽西反对，宾夕法尼亚赞成，特拉华反对，马里兰赞成，弗吉尼亚赞成，北卡赞成，南卡反对，佐治亚反对。4 邦赞成，7 邦反对，会议不同意麦迪逊和威廉森的意见。

迪金森先生提议：为了避免因“选举人”和“投了票的选举人”而发生纠纷，改为得票超过“被委任的选举人”的半数。

是否改为得票超过“被委任的选举人”的半数？会议表决，新罕布什尔赞成，马萨诸塞赞成，康涅狄格赞成，新泽西赞成，宾夕法尼亚赞成，马里兰赞成，弗吉尼亚反对，北卡反对，南卡赞成，佐治亚赞成。8 邦赞成，2 邦反对，会议接受迪金森先生的意见。

梅森上校：选举办法走到现在这一步，他忍不住要表达他的看法：这是完全不可接受的。他宁可出现一个普鲁士式的政府，也比这种把所有权力都集中到七八个人手里的政府好，固定一种贵族制，比绝对君主制更坏。

接受迪金森先生的建议后，会议同意把选举办法的最后部分改为“联邦议会可以规定选举人集合、选举和提交选票的时间”。

休会。

9月6日星期四　在制宪会议上

会议继续讨论总统产生的办法。

金先生和格里先生提议：增加“联邦议员和行政官员不得担任选举人”。

会议一致通过他们的动议。

格里先生：总统将由参议院从得票最多的五人中选出，到任期结束时，如果总统在第二次选举中得票不过半数，其他候选人得票也不过半数，最后选择应该由整个议会作出，这样，才能解决总统连任特别依赖参议院的问题。

金先生：喜欢这个想法，经过周密思考，满足了一些代表的要求，能促进大家达成一致；看起来能奏效，不过出现这种局面的次数不会多。

里德先生：不同意，如果个别代表恣意坚持作出更改，就要满足他们的多数要求，未免过分。

威廉森先生：赞扬这个想法，是合理的谨慎措施，可以对付参议院的不当影响。

谢尔曼先生：喜欢原来的安排，也不反对再作修改。如果由整个议会而不是由参议院作最后选择，那就应该按邦投票，有利于小邦，因为大邦在提名候选人方面已经占了优势。

古文诺·莫里斯先生：赞同格里先生的意见。要避免总统提名官员时屈从参议院的意志，如果那样，实际上把任命官员的权力也给了参议院。

威尔逊先生：仔细斟酌了委员会提出的总统选举办法，思考了如何修改宪法对总统的设计；把委员会的选举办法与宪法中的其他部分结合起来，使他不得不感到，这整个安排有导致贵族制的危险倾向；把危险的权力送到参议院手里。参议院实际上拥有指派总统的权力，使总统依附于参议院，参议院实际又拥有任命官员的权力；其中还包括法官。参议院还要缔结条约；他们还要审讯所有的弹劾案。让他们指派总统，任命法官，担任弹劾法院，缔结具有国家法律性质的条约，立法、行政、司法，三权实际已经熔于一炉，全在参议院手里。缔结条约的权力涉及提供津贴，又会增加一种弊病，外国影响也被拉扯进来。按现在这个规划，总统就不再是人民的人，像他应该的那样，而是参议院的宠儿和奴才。没有参议院的同意，总统连一个骑墙者也没法任命。他一直认为，就任命官员而言，参议院人数太多。参议院连续开会的可能性最大。他们将享受高薪。再加上所有这些权力，总统又在他们手中，他们将会抑制众议院，一步一步抬高自己的地位。更有过之，参议院将坐进举行教皇选举的密室，坚持要求各自邦里的候选人出线，挖空心思，分散选票，把总统选举最后包揽到自己手里。总的来说，他认为，这个选举总统的新办法，经过若干修改之后，会成为一个有价值的改进；不过，他绝不愿意用参议院最后选举作为代价，来购买这个方案，也不同意让参议院在其中扮演一个角色。

古文诺·莫里斯先生：对威尔逊先生的看法感到惊诧。威尔逊先生喜欢原来的办法[413]，胜过现在的修改[414]。现在，他对两种办法作一比

---

[413] 指详情委员会报告第十条第一款，由议会选举总统，威尔逊是详情委员会报告的主要起草人。

[414] 指布瑞利代表11人委员会9月4日向制宪会议提出的对第十条第一款的修改。

较，顺便分析威尔逊先生说法的性质。他看到，第一、从全体联邦公民当中选举总统，参议院有发言权，但是，只限于此前已经提名的五位候选人，其他候选人入围的机会，已被选举人用选票成功地阻挡在外。这里，显然不存在参议院权力上升。参议院要任命法官，但是，先得要总统把提名交给他们。他们与总统之间，在任命程序中没有任何经纪人。这里，显然也没有增加参议院的权力。按现在的规定，参议院要缔结条约，权力与原来的规定一模一样。如果参议院要审讯弹劾法官的案件，先得有人对法官提出弹劾，参议院才能审讯。如此看来，现在的修改，怎么会在参议院里造成贵族制的危险倾向呢？至于说到任命官员，制宪会议中的普遍情绪，是反对由总统一人任命；虽然他本人并不这样认为。如果参议院真的采取威尔逊怀疑的行为，故意误导各邦，让选举人分散选举总统的选票，参议员就要在各自有影响的邦里安排选举人，选择他们偏爱的目标，才能完全控制总统选举。

威廉森先生：（回答莫里斯先生）现在的改变，在于把最后选举权交给参议院，使总统依附参议院，贵族制的面貌由此而来。

克莱默先生：把任命官员的权力授予参议院，他绝不向这种贵族制的成分让步。

汉密尔顿先生：他一直抑制自己介入讨论，因为总的来说，他并不喜欢这套方案；但是，他还是支持把这套方案推荐出去，总比没有方案好。在此，他想说一点看法。他喜欢现在的修改，总的来说，比原来的好。在原来的方案里，总统是一个选出来任职七年的怪兽，此后就不得连任了；权力巨大，任命官员，由于宪法对连任的限制，总统就持续不断地处于诱惑之中，总想突破，就要滥权，想颠覆政府。让总统有连任机会是应该的，但是，如果仍旧由议会选举，总统还是会受到诱惑，搞拉拢腐蚀，争取继续任职。因此，特别令人期望的做法，似乎就是设计出不同的选举办法。考虑到不同的邦的不同观点，北部、中部、南部的地区差别，他同意以下看法：投票不宜于集中举行，按现在的办法，结果就是最后选举权转移到参议院。得到选举人提名，会使总统分量大增。其中会出现互相联系和相互影响，使总统任职长期化，总统和参议院双方的地位都会被抬高。那么，矫正办法何在呢？依他看来，最好的办法，就是让那些在初选中得票最多的人，不论是否过半数，自己投票，选出总统。对此会有什么反对意见？只是说最后参加选举的人太少。可是，如果按现在的修改方案办，参议院可以选举其中得票最少的人当总统。

斯佩特先生和威廉森先生提议：把总统任期从“四年”改为“七年”。

是否改为“七年”？会议表决，新罕布什尔赞成，马萨诸塞反对，康涅狄格反对，新泽西反对，宾夕法尼亚反对，特拉华反对，马里兰反对，弗吉尼亚赞成，北卡赞成，南卡反对，佐治亚反对。3 邦赞成，8 邦反对，会议不同意改为“七年”。

斯佩特先生和威廉森先生又提议：把“四年”改为“六年”。

是否改为“六年”？会议表决，新罕布什尔反对，马萨诸塞反对，康涅狄格反对，新泽西反对，宾夕法尼亚反对，特拉华反对，马里兰反对，弗吉尼亚反对，北卡赞成，南卡赞成，佐治亚反对。2 邦赞成，9 邦反对，会议不同意改为“六年”。

是否同意 11 人委员会提出的总统“任期四年”？会议表决，北卡反对，其余各邦都赞成。

是否同意 11 人委员会报告第 4 点的以下部分：“总统与副总统一起当选相同的任期，任期四年。选举办法如下：由每邦议会指定一定数量的选举人，人数等于该邦有资格产生的联邦参议员和联邦众议员人数之和。”会议表决，新罕布什尔赞成，马萨诸塞赞成，康涅狄格赞成，新泽西赞成，宾夕法尼亚赞成，特拉华赞成，马里兰赞成，弗吉尼亚赞成，北卡反对，南卡反对，佐治亚赞成。9 邦赞成，2 邦反对，会议通过这一部分。

再议以下部分：“选举人在各邦集合，书面投票选举二人，其中至少一人不在本邦定居；然后，选举人制作一份名单，列出所有得票人和每人所得票数，选举人在名单上签名使其合格，加蜡上封送到首都，交给参议院议长。”

斯佩特先生：他宁可让选举人聚到一起，不要参议院介入，由选举人一直选到最后。为此提议“选举人在首都集合”。威廉森先生附议。

是否“在首都选举”？会议表决，北卡赞成，其余的邦都反对。

有人提议：在得票人名单上加盖邦政府印章。会议表决结果，不同意。

再议以下部分：“参议院议长在议会当众开封，然后点票。得票最多并且超过选举人总数之半者为总统；若得票过半数者不止一人，而且票数相等，参议院立即开会，从得票最多的五人中，书面投票选出一人为总统。”

按昨天迪金森先生的动议，把“超过选举人总数之半”改为“超过指定选举人总数的半数”。

经过讨论，把“当众”改为“当参议员和众议员的面”；把“参议院开会选出”改为“参议院立即开会选出”。

有人提议：“在整个联邦范围内，选举应在同一天举行。”

是否同意“在同一天举行”？会议表决，新罕布什尔赞成，马萨诸塞反对，康涅狄格赞成，新泽西反对，宾夕法尼亚赞成，特拉华反对，马里兰赞成，弗吉尼亚赞成，北卡赞成，南卡赞成，佐治亚赞成。8 邦赞成，3 邦反对，会议通过：整个联邦在同一天举行总统选举。

是否同意“得票超过选举人总数之半为总统”？会议表决，新罕布什尔赞成，马萨诸塞赞成，康涅狄格赞成，新泽西赞成，宾夕法尼亚反对，特拉华赞成，马里兰赞成，弗吉尼亚反对，北卡反对，南卡赞成，佐治亚赞成。8 邦赞成，3 邦反对，会议同意：得票过半数者当选总统。

是否把最后选举权交给参议院？会议表决，新罕布什尔赞成，马萨诸塞赞成，康涅狄格赞成，新泽西赞成，宾夕法尼亚赞成，特拉华赞成，弗吉尼亚赞成，北卡反对，点票到这里停止。[415]

---

[415] 显然，华盛顿点票点到这里，发现已有 7 邦赞成，已经过半数，足够通过这一提法。

麦迪逊先生提议：选举总统时，要求至少三分之二参议员出席。

平克尼先生附议。

戈汉姆先生：任何情况下，要求比例超过过半数，都是错误原则。以此例而论，可以避免长时间的选举总统。

是否要求出席参议员达到三分之二？会议表决，新罕布什尔赞成，马萨诸塞不在场，康涅狄格反对，新泽西反对，宾夕法尼亚反对，特拉华反对，马里兰赞成，弗吉尼亚赞成，北卡赞成，南卡赞成，佐治亚赞成。6 邦赞成，4 邦反对，1 邦代表不在场。会议同意需要三分之二参议员出席。

威廉森先生：最后选举与其交给参议院，不如交给整个议会，按邦投票，不按人投票，这样更好。

谢尔曼先生：与其交给整个议会，不如交给众议院。他提议：把“参议院立即选出”，改为“众议院立即开会，选出总统，每邦各投一票。”

梅森上校：喜欢谢尔曼先生的办法，对削弱参议院的贵族制影响再好不过。

是否改为“由众议院立即开会，选出总统，每邦一票”？会议表决，新罕布什尔赞成，马萨诸塞赞成，康涅狄格赞成，新泽西赞成，宾夕法尼亚赞成，特拉华反对，马里兰赞成，弗吉尼亚赞成，北卡赞成，南卡赞成，佐治亚赞成。10 邦赞成，1 邦反对，会议通过谢尔曼先生的动议。

古文诺·莫里斯先生：有个想法，无论如何，在任总统不应该再从五名候选人中产生；至少要得票过半才能当选连任。这也是防止在任总统依靠议会连任的措施之一。

麦迪逊先生：议员过半数就构成众议院开会的合法人数。按谢尔曼先生的办法，把选举的权力给予邦的多数，说不定两个邦就能选出总统。倘若只有弗吉尼亚和宾夕法尼亚两个邦的议员出席，他们就能选出总统，因为他们有 18 席。

如果初选出现得票相等，是否由众议院从中选举总统？会议表决，新罕布什尔赞成，马萨诸塞赞成，康涅狄格赞成，新泽西反对，宾夕法尼亚赞成，特拉华反对，马里兰反对，弗吉尼亚赞成，北卡赞成，南卡赞成，佐治亚赞成。8 邦赞成，3 邦反对，会议通过。

金先生提议：在谢尔曼先生动议的基础上，增加"但为此目的而开会的合法人数，应为三分之二邦的一名或几名议员，而且出席议员人数超过全体议员半数"。

梅森上校：喜欢这个主意，澄清了麦迪逊先生提出的问题。

会议同意：众议院选举总统时，需要三分之二的邦出席。

是否要求出席议员超过全体众议员半数？会议表决，新罕布什尔反对，马萨诸塞赞成，康涅狄格赞成，新泽西反对，宾夕法尼亚赞成，特拉华反对，马里兰反对，弗吉尼亚赞成，北卡赞成，南卡反对，佐治亚反对。5 邦赞成，6 邦反对，这个意见没有通过。

11 人委员会提出的总统选举办法，现在修改如下：[416]

"总统任期四年，与副总统一起当选相同任期，选举办法如下。

"每邦按本邦议会决定的办法产生选举人，选举人人数等于各邦有资格在联邦议会分得的参议员和众议员人数之和。但联邦议员和行政官员不得担任选举人。

"选举人在各邦集合，每人书面选举二人，其中至少一人不在本邦定居；选举人一同制作一份名单，列出全体得票人和每人所得票数；选举人在名单上签名，使名单生效，加蜡上封，送到联邦政府所在地，交给参议院议长。参议院议长当参议员和众议员的面启封，然后点票。

"得票最多者，若得票超过全体指定选举人总数之半，为总统；若得票过半数者不止一人，而且票数相等，众议院立即书面投票，从中选出一人为总统，众议院选举时每邦一票。[417] 若无人得票过半数，众议院以

---

[416] 法兰德注：关于总统选举办法的辩论过程，见麦迪逊 6 月 1 日、2 日、9 日，7 月 17—26 日，8 月 24 日，9 月 4—5 日的记录。《汇编》第二卷第 528 页。

[417] 制宪会议设计总统选举的过程，可以归结为"负面排除法"：为了防止议会拉邦结派，操纵选举，采取选举人制，排除议员和行政官员；为了防止舞弊，排除首都作为选举地点；为了防止得票不过半数的人当选，考虑由参议院复选；为了防止参议院变成贵族制，排除参议院；为了防止众议院内大邦议员占优势，采取每邦一票。制宪会议以为可以建立一个无党无（转下页）

同样办法从得票最多的五人中选出一人为总统。众议院选举总统时，需三分之二的邦出席，才构成合法邦数（而且出席议员应超过全体议员半数*）。在以上所有情况下，选出总统后，得选举人票最多者为副总统；如果仍有二人或多人票数相等，由参议院从中选出副总统。

“联邦议会可以决定产生选举人的时间，选举人投票的时间，选举人使选票合格的办法，和转送得票人名单的办法。整个联邦的选举，应在同一天举行。”

休会。

(接上页)派的“贤人政府”，没有料到他们设计的政府内部会出现党派分裂。1800年，共和党人杰斐逊得73张选举人票，击败联邦党人、只得65票的在职总统亚当斯。共和党人把全部选票都投给本党候选人，伯尔也得73票。伯尔原来只打算支持杰斐逊，一见得票相等，就当仁不让。这时，联邦已有16个邦。从2月11日到16日，众议院投票32次，按邦计票，始终是8比8，形成死结。1804年，宪法修正案第十二条问世，实质是正式承认政党制，但条文中没有出现“政党”一词。参见本书附录九《联邦宪法修正案》。

* 麦迪逊注：这一点是9月7日提出的，见9月7日星期五的记录。

9月7日星期五　在制宪会议上

继续讨论总统产生办法。

伦道夫先生提议：在昨天的决定里，应该补充"联邦议会应通过立法宣布，若总统去世、辞职、失去能力，应该由联邦的哪位官员行使总统职权；这位官员行使这种职权，直到下次举行选举为止"。*

麦迪逊先生：这样措辞，可以避免为填补空缺而中途举行选举。他提议，改为"直到失去的能力得到恢复，或直到选出新总统"。古文诺·莫里斯先生附议。

有些代表认为，根据已经确立的总统选举办法，要在规定的时间以外选举总统，相当困难；另一些代表认为，议会任命临时"官员"的权力已经受到限制；他们提出，也可以任命其他官员代理总统。

是否同意伦道夫和麦迪逊提出的总统出缺时的递补办法？会议表决，新罕布什尔代表赞成反对各半，马萨诸塞反对，康涅狄格反对，新泽西赞成，宾夕法尼亚赞成，特拉华反对，马里兰赞成，弗吉尼亚赞成，北卡反对，南卡赞成，佐治亚赞成。6邦赞成，4邦反对，1邦代表赞成反对各半，会议通过。

---

* 麦迪逊注：在秘书的《会议记录》中，这一点被并入伦道夫先生的动议。

格里先生提议："众议院选举总统时，出席议员不足三人的邦不得投票，众议员不足三人的邦，可由该邦参议员参加；得票超过邦的半数，才能当选总统。"不这样规定，说不定五个人就能决定谁当总统，三分之二的邦出席，五个人就能过半数。[418] 麦迪逊先生附议。

里德先生：只有一名众议员的邦处境危险，只要众议员或参议员有一人生病或缺席，就投不成票了。

麦迪逊先生：如果只许众议员投票，只有一名众议员的邦还是会面临这种危险。无论如何，授权这么少的人选举总统，总是一种弊病，给拉拢腐蚀大开方便之门。这种模式还会受到更有力的攻击，指责代表人口少数的众议员，会扭转多数邦和多数人的选择。他希望找出治疗办法。

格里先生：收回自己动议的前一半，把后一半改为"要求三分之二的邦的一名或几名众议员出席，得票超过邦的半数，才能当选总统"。

会议一致同意格里先生的建议。

讨论 11 人委员会提出的第十条第二款：出生于联邦本土或已经成为公民十四年、年满三十五岁，才能当选总统。

会议一致同意委员会提出的第十条第二款。

讨论 11 人委员会提出的第十条第三款：副总统为参议院职务议长。

格里先生：反对这个规定。我们只怕会让总统本人担任议会的头。总统副总统关系紧密，仅此一点，副总统就绝不能当参议院议长。他从根上反对设立什么副总统。[419]

古文诺·莫里斯先生：副总统就是从来不爱父亲的第一继承人。如

---

[418] 格里假定：只有九个邦出席，每邦仅一名众议员到场。美国初年，当选议员不到会议事，从联邦制宪会议的出勤可见一斑：当选代表 74 人，先后露面 55 人，基本自始至终参加的仅 29 人。

[419] 26 年后，1813 年，格里接受麦迪逊的邀请，出任共和党副总统候选人，二人双双当选；次年，副总统格里在去参议院的途中，突然中风，不治去世。

果不设副总统，参议院议长就会成为临时继承人，到头来还是一回事。

谢尔曼先生：这样安排没什么危险。如果副总统不做参议院议长，他就失业了，而且，当议长的人，必然被剥夺投票权，除非正好碰上双方票数相等，这种情况很少发生。

伦道夫先生：也反对设立副总统。

威廉森先生：副总统这样的职务并非主观需要。想出副总统这么一个职务，只不过是为了设计一种有价值的选举模式，而这种模式要求同时选举两个人。

梅森上校：让副总统担任参议院议长，是对参议院的侵权，大大混淆行政与立法。行政与立法，就像司法与立法一样，应该尽量分开。他借此机会表明态度，任何想要任命议会两院官员的做法，他一律反对。另一方面，他也反对把如此危险的权力集于总统一身。为避免这两种倾向，他建议，在总统身边设立一个枢密会议，由六人组成；由参议院选出，任期六年，东部二人，中部二人，南部二人；实行轮流制，每隔两年二人离任；惟任命大使、缔结条约，需取得参议院同意，这两件事，更具立法性质。这样，就可以避免参议院经常开会。参议院经常开会，是件危险的事。这样，就可以把立法、司法尽量分开，各执己任。这样，也可以省下参议院经常开会的开支。他总认为，让参议院任命官员过于笨重，过于费事，尤其是小官员。他还没有把这些想法写下来，如果会议觉得可取，要写不难。

是否让副总统担任参议院的职务议长？会议表决，新罕布什尔赞成，马萨诸塞赞成，康涅狄格赞成，新泽西反对，宾夕法尼亚赞成，特拉华赞成，马里兰反对，弗吉尼亚赞成，北卡不在场，南卡赞成，佐治亚赞成。8邦赞成，2邦反对，1邦不在场，会议同意让副总统担任参议院职务议长。

会议通过了第十条第三款的余下部分："参议院审讯弹劾总统的案件时，由首席大法官主持；参议院应选举一名候补议长，以备副总统代理总统或副总统缺席。副总统主持参议院会议时，没有投票权，除非双方票数相等。"

讨论11人委员会提出的第十条第四款第一分句：总统咨询参议院并听取建议后有权缔结条约。

威尔逊先生提议：把咨询"参议院"改为咨询"参议院和众议院"。条约具有法律地位，应该由议会立法批准。惟一的反对理由，是说条约事涉机密；保密与议会讨论有矛盾，权衡之下，议会讨论批准还是更为重要。

谢尔曼先生：惟一的问题，是把权力托付给参议院是否安全。他认为安全；条约的保密性质，不宜交给整个议会讨论。

费兹西蒙斯先生：赞同威尔逊先生的意见。

缔结条约是否需要交给两院讨论批准？会议表决，新罕布什尔反对，马萨诸塞反对，康涅狄格反对，新泽西反对，宾夕法尼亚赞成，特拉华反对，马里兰反对，弗吉尼亚反对，北卡反对，南卡反对，佐治亚反对。1邦赞成，10邦反对，会议不同意威尔逊增加众议院的要求。

讨论11人委员会提出的第十条第四款第二分句：总统咨询参议院并听取建议，提名和任命[420]驻外大使、公使、最高法院法官，以及宪法未作明文规定的其他官员。但是未经三分之二参议员同意，总统不得缔结条约。

威尔逊先生：不同意这种任命方式，混淆行政与立法。没有一个好行政官，好立法也得不到好效果；如果不能任命有责任心的官员执行，就谈不上好行政官。让参议院掺杂进来，就把责任心给剿灭了。他宁可接受梅森上校提出的枢密会议，条件是，枢密顾问可以提出建议，但总统没有责任采纳。

平克尼先生：反对参议院参与任命官员，驻外大使除外，大使不应该由总统任命。

古文诺·莫里斯先生：要求总统提名，就有责任，要求参议院认可，就有安全保障。像邦联议会现在这样任命官员，无责任可言。

格里先生：说提名就有责任，不过是异想天开。总统不可能了解所

---

[420] 提名和任命是分开的：总统提名——参议院拒绝或批准——批准则任命。并不"咨询"。

有的人物，总是可以说所知有限，以此开脱。

金先生：梅森上校提出枢密会议，得到威尔逊先生支持，他愿在此指出，大家指责参议院可能带来的弊病，放到枢密会议身上，可以说是一模一样。有人说参议院会经常开会，他的看法不同。他不认为所有的芝麻官都要参议院认可，或什么别的机构认可，部会首长将任命他们的下级。他还认为，人们不希望再搞什么新机构，增加政府的开支和势力，这样做会引起大哗。

会议一致同意：总统咨询参议院并听取建议，提名和任命大使、公使，但把“法官”改为“最高法院枢密法官”。[421]

是否同意总统任命“宪法未作明文规定的其他官员”？会议表决，新罕布什尔赞成，马萨诸塞赞成，康涅狄格赞成，新泽西赞成，宾夕法尼亚反对，特拉华赞成，马里兰赞成，弗吉尼亚赞成，北卡赞成，南卡反对，佐治亚赞成。9邦赞成，2邦反对，会议通过。

斯佩特先生提议：“参议院休会期间，总统有权委任专员，填补各种职位出现的空缺，任期到下次参议院开会为止。”

会议一致通过斯佩特先生的建议。

讨论第十条第四款最后一个分句：未经出席参议员三分之二同意，总统不得缔结条约。

威尔逊先生：要求参议院三分之二会招致反对，会把权力交到少数手里，控制多数的意志。

金先生：反对要求三分之二；现在总统参与其事，有一种制约，邦联议会要求三分之二同意时，不存在这种制约。

麦迪逊先生提议：“授权参议院，三分之二议员同意可以缔结和平条约，无需总统同意。”总统没有必要得到这么多权力，遇到战争状态这样的重大时刻，如果授权，总统可能受到诱惑，阻止媾和。

巴特勒先生附议。

---

[421] 枢密法官：Consuls Judges。最高法院法官实际称为“大法官”(Justice)。

戈汉姆先生：这么谨慎，没有必要，继续战争的手段，不在总统手里，而在议会手里。

古文诺·莫里斯先生：授权总统媾和，没有害处；未经总统同意不应该媾和，总统是国家利益的总体捍卫者。

巴特勒先生：坚决支持麦迪逊的动议，对节制雄心勃勃、贪赃枉法的总统，是必要的安全阀。他提到荷兰行政官的背信弃义；还有马尔波罗公爵故意拉长战争的做法，因为他参与策划战争。

格里先生：对媾和条约，应该要求比其他条约多得多的赞成票。缔结媾和条约时，大量的利益掺杂其中，渔业问题，领土问题，等等等等。缔结媾和条约时，美洲的边远部分危险更大，更容易被放弃牺牲。

威廉森先生：媾和条约应该受到保护，要求的票数，至少不得低于其他条约。

缔结和约，是否无需总统同意？会议表决，新罕布什尔反对，马萨诸塞反对，康涅狄格反对，新泽西反对，宾夕法尼亚反对，特拉华反对，马里兰赞成，弗吉尼亚反对，北卡反对，南卡赞成，佐治亚赞成。3 邦赞成，8 邦反对，会议否定这个意见。

是否把“缔结和平条约”作为例外？会议表决，新罕布什尔赞成，马萨诸塞赞成，康涅狄格赞成，新泽西反对，宾夕法尼亚反对，特拉华赞成，马里兰赞成，弗吉尼亚赞成，北卡赞成，南卡赞成，佐治亚反对。8 邦赞成，3 邦反对，会议同意。

讨论 11 人委员会对第十条第二款的补充：总统可要求行政部门主管就其分管的事务提出书面意见。

梅森上校*：拒绝在总统身边设立枢密会议，我们就在从事一项试验，即使最为专制的政府，也从未冒过这种风险。即使西格诺大帝，也还有个御前会议。他提议，推迟讨论这个问题，改为讨论以下内容：“指示委员会准备一个或几个分句，设立一个行政会议，作为联邦总统的政

* 麦迪逊注：出版的《会议记录》把这项动议错误地安到麦迪逊身上。

务会议，由六人组成，东部二人，中部二人，南部二人，轮流办法和任期同参议院；政务会议成员由议会或参议院选举。”

富兰克林博士：附议。我们对议会选举官员担心过多，总以为有人舞弊搞鬼，对个人任命官员则信心太足。经验表明，任性无常、拉邦结派、裙带关系等等，在君主制下最为盛行，特别表现在人事任命的滥用职权。他提到英国当年派了许多差劲的总督到殖民地来。他想，设立顾问会议，不仅可以制约一个坏总统，也可以使一个好总统轻松一些。

古文诺·莫里斯先生：设立顾问会议的事委员会讨论过，大家认为，总统可能劝说顾问赞同他的错误政策，然后拿顾问做错误政策的挡箭牌或替罪羊。

威尔逊先生：同意设立顾问会议，比参议院参与任命官员好。

迪金森先生：支持设立顾问会议。如果总统提出政策之前无人商量，那就成了他一个人的事了。

麦迪逊先生：赞成梅森上校给委员会提出的指示。

是否接受梅森上校的动议？会议表决，新罕布什尔反对，马萨诸塞反对，康涅狄格反对，新泽西反对，宾夕法尼亚反对，特拉华反对，马里兰赞成，弗吉尼亚反对[422]，北卡反对，南卡赞成，佐治亚赞成。3 邦赞成，8 邦反对，会议不同意设立顾问会议。

会议通过：授权总统，可要求各部会主管官员提出书面意见。仅新罕布什尔反对。

威廉森先生和斯佩特先生提议："未经出席参议员三分之二同意，不得缔结影响领土的媾和条约。"

金先生：如果确立这一原则，那么，还有一些别的权利也要给予保障。他建议把这条动议扩展到"联邦所有的现有权利"。

休会。

---

[422] 法兰德注：麦迪逊抄错秘书的《会议记录》，应为弗吉尼亚赞成，南卡反对。见《汇编》第二卷第 542 页。

9月8日星期六　在制宪会议上

继续昨天的辩论。

金先生提议：出席参议员三分之二同意，才能缔结条约。删去后面的“媾和条约除外”。

威尔逊先生：干脆把三分之二也删去。如果过半数不可信，那就如戈汉姆先生说的一样，证明我们还不宜于结成一个社会。

会议同意再议这个问题。

古文诺·莫里斯先生：反对删去“媾和条约除外”。如果三分之二议员同意才能媾和，议会考虑到这一层，就不愿意为了渔业，为了密西西比河，去开战了，以上，就是联邦的两大目标。如果过半数议员同意就可以媾和，达不到目的，他们就会以更不如人愿的办法去实现目的，否定军需拨款。

威廉森先生：参议院代表的邦数可能过半，代表的人口可能不过半。十四名参议员就构成合法议事人数，八名参议员就过了半数，可以决策。所以，参议院不应该掌握决定媾和条件的大权。边界暴露在外的邦，如南卡罗来纳和佐治亚，为了西部的土地，可能敦促不适当的战争。

威尔逊先生：如果要三分之二同意才能媾和，少数可能违背多数意愿，把战争一直打下去。

格里先生：把联邦生命攸关的问题，交到参议院过半数这么少的人手里，实在危险，他们代表的人口或许还不到五分之一。参议院也可能被外国势力拉拢腐蚀。

谢尔曼先生：许多权利是与英国缔结和约时奠定的，不能交给参议院。他提议增加一条附则："未经联邦议会批准，这些权利一律不得割让。"

古文诺·莫里斯先生：支持谢尔曼先生的观点。

麦迪逊先生：即使要求九个邦的同意，邦联议会过去缔结条约还是过于容易。

是否同意删去"媾和除外"？会议表决，新罕布什尔赞成，马萨诸塞赞成，康涅狄格赞成，新泽西反对，宾夕法尼亚赞成，特拉华反对，马里兰反对，弗吉尼亚赞成，北卡赞成，南卡赞成，佐治亚赞成。8 邦赞成，3 邦反对，会议同意删掉"媾和除外"。

威尔逊先生和戴顿先生提议：删去缔结条约要求"三分之二"的提法。

是否删去"三分之二"？会议表决，新罕布什尔反对，马萨诸塞反对，康涅狄格代表赞成反对各半，新泽西反对，宾夕法尼亚反对，特拉华赞成，马里兰反对，弗吉尼亚反对，北卡反对，南卡反对，佐治亚反对。1 邦赞成，9 邦反对，1 邦代表赞成反对各半，会议不同意删去"三分之二"。

拉特里奇先生和格里先生提议："未经参议院全体议员三分之二同意，不得缔结条约。"这是目前邦联议会的做法。

戈汉姆先生：情况不同了，在新政府中，还要征得总统同意。

是否要求"全体参议员三分之二同意"？会议表决，新罕布什尔反对，马萨诸塞反对（格里赞成），康涅狄格反对，新泽西反对，宾夕法尼亚反对，特拉华反对，马里兰反对，弗吉尼亚反对，北卡赞成，南卡赞成，佐治亚赞成。3 邦赞成，8 邦反对，会议不同意按全体议员三分之二计算。

谢尔曼先生提议："未经全体参议员过半数同意，不得缔结条约。"

格里先生：附议。

威廉森先生：这没有三分之二安全。

谢尔曼先生：这样可以减少尴尬。

是否"全体参议员过半数"同意，即可缔结条约？会议表决，新罕布什尔反对，马萨诸塞赞成，康涅狄格赞成，新泽西反对，宾夕法尼亚反对，特拉华赞成，马里兰反对，弗吉尼亚反对，北卡反对，南卡赞成，佐治亚赞成。5 邦赞成，6 邦反对，会议不同意。

麦迪逊先生提议："参议院的合法议事人数，为全体参议员的三分之二。"

古文诺·莫里斯先生：这会把权力交给不到会就无法开会的那一个人手里。

麦迪逊先生：不论对合法议事人数如何规定，总会有一个这样的人。

参议院议事是否要求三分之二出席？会议表决，新罕布什尔反对，马萨诸塞反对，康涅狄格反对，新泽西反对，宾夕法尼亚反对，特拉华反对，马里兰赞成，弗吉尼亚赞成，北卡赞成，南卡赞成，佐治亚赞成。5 邦赞成，6 邦反对，会议不同意三分之二参议员出席才能议事。

威廉森先生和格里先生提议："事先未通知议员，并给予合理的讨论时间，不得缔结条约。"

会议表决，北卡赞成，南卡赞成，佐治亚赞成，其余的邦都反对，会议不同意。

是否同意 11 人委员会提出的参议院出席议员三分之二同意，才能缔结条约？

会议表决，新泽西反对，宾夕法尼亚反对，佐治亚反对，其余的邦都赞成，会议通过。

格里先生提议："除按宪法和联邦议会立法外，不得任命任何官员。"

会议对此表决，新罕布什尔反对，马萨诸塞赞成，康涅狄格赞成，新泽西赞成，宾夕法尼亚反对，特拉华反对，马里兰反对，弗吉尼亚反对，北卡赞成，南卡反对，佐治亚赞成。5 邦赞成，6 邦反对，会议不同意这个意见。

讨论 11 人委员会提出的弹劾和罢免办法：经众议院提出弹劾，参议院审讯确认，若总统犯有叛国罪、受贿罪，则罢免他的职务；若总统被罢免或去世、缺席、辞职或失去行使总统职权的能力，由副总统行使总统职权，直到选出另一位总统，或去职总统恢复能力为止。

梅森上校：为什么弹劾原因只限于叛国罪和受贿罪？按宪法对叛国罪的定义，除非有许多重大而且危险的违反举动，才能判罪。仓促草率构不成叛国罪。按上面的定义，只怕推翻宪法也算不上叛国罪。禁止剥夺公权法案曾经挽救过英国宪法，更有必要扩大弹劾的范围。他提议，在“受贿罪”后面，加上“行政渎职”[423]。格里先生附议。

麦迪逊先生：如此模糊的概念，就像“参议院喜欢，就一直任职”一样。

古文诺·莫里斯先生：处罚“行政渎职”实际上办不到，无济于事。每隔四年选举一次，就能避免行政渎职。

梅森上校：收回“行政渎职”，改为“其他重罪和轻罪”。[424]

是否同意改为“其他重罪和轻罪”？会议表决，新罕布什尔赞成，马萨诸塞赞成，康涅狄格赞成，新泽西反对，宾夕法尼亚反对，特拉华反对，马里兰赞成，弗吉尼亚赞成，北卡赞成，南卡赞成*，佐治亚赞成。8 邦赞成，3 邦反对，会议通过。

麦迪逊先生：反对由参议院审讯总统，在弹劾由众议院提出的情况下，尤其如此，而且，罪名不过是任何可以称之为“轻罪”的名目。把总

---

[423] 行政渎职：maladministration。“误诊误医”英文为 malpractice。

[424] 其他重罪和轻罪：other high crimes and misdemeanors。

* 麦迪逊注：在秘书的《会议记录》里，南卡罗来纳投反对票。

统置于这种处境下，是要他不适当地依附于人。他宁可要最高法院来审讯，或者，建立一个法庭，让最高法院法官成为其中的组成部分。

古文诺·莫里斯先生：再没有什么法庭比参议院更可靠。最高法院人数太少，可能为私利扭曲，或被拉拢腐蚀。他反对行政官依附于议会，认为议会虐政是可能发生的最大危险；但是，要参议员昧着良心宣誓说总统有罪或举出事实，不可能，尤其是，四年时间就可以要总统下台。

平克尼先生：不同意让参议院担任审讯总统的法院，这使总统过于依附议会。如果总统反对某一项立法，两院会联手攻击总统，在议会的炙热气氛之下，再加分帮分派，就会把总统扔出去。

威廉森先生：对总统过于宽大为怀，比对总统从严要求的危险更大，想想看，参议院与总统联手的情况，会多于牛毛。

谢尔曼先生：要最高法院审讯总统不适当，因为法官就是总统任命的。

不由参议院审讯总统弹劾案？会议表决，新罕布什尔反对，马萨诸塞反对，康涅狄格反对，新泽西反对，宾夕法尼亚赞成，特拉华反对，马里兰反对，弗吉尼亚赞成，北卡反对，南卡反对，佐治亚反对。2 邦赞成，9 邦反对，会议不同意麦迪逊先生的意见。

为避免词义含糊，把梅森上校动议中的“重罪和其他轻罪”，改为“针对联邦的重罪和其他轻罪”。会议一致同意上述修改。

是否通过经过修改后的弹劾款全文？会议表决，新罕布什尔赞成，马萨诸塞赞成，康涅狄格赞成，新泽西赞成，宾夕法尼亚反对，特拉华赞成，马里兰赞成，弗吉尼亚赞成，北卡赞成，南卡赞成，佐治亚赞成。10 邦赞成，1 邦反对，会议通过这一款。

有人提议：补充“经弹劾和确证，若副总统和联邦其他行政官员犯有上述罪行，应予罢免”。

会议同意上述补充。

讨论 11 人委员会 9 月 5 日提出的第三点：一切筹集岁入的提案，

由众议院发起并遵从参议院的更改和修正。未经立法拨款，任何人不得从国库支钱。

有人提议：把"遵从参议院的更改和修正"，按马萨诸塞宪法的措辞，改为"与对其他提案一样，参议院可通过提出修正案的方式合作"。会议一致同意这样修改。

会议再对第一部分表决：是否同意"一切筹集岁入的提案，均由众议院发起"？新罕布什尔赞成，马萨诸塞赞成，康涅狄格赞成，新泽西赞成，宾夕法尼亚赞成，特拉华反对，马里兰反对，弗吉尼亚赞成，北卡赞成，南卡赞成，佐治亚赞成。9邦赞成，2邦反对，会议通过第一部分。*

古文诺·莫里斯先生再次回到弹劾款，提议：审讯弹劾案时，"每名参议员都要宣誓"。

会议同意莫里斯先生的建议。

经过修改后，提法如下："参议院有权审讯所有的弹劾案；未经出席议员三分之二同意，不得定罪；每名参议员参加审讯前应宣誓。"

会议再次对弹劾款全句表决，新罕布什尔赞成，马萨诸塞赞成，康涅狄格赞成，新泽西赞成，宾夕法尼亚反对，特拉华赞成，马里兰赞成，弗吉尼亚反对，北卡赞成，南卡赞成，佐治亚赞成。9邦赞成，2邦反对，会议通过弹劾款全句。

格里先生重复提出他今天提过的动议："联邦议会独享设立宪法未规定职务的权力。"

这项动议再度被否定，只有马萨诸塞、康涅狄格和佐治亚赞成。

麦克亨利先生：宪法中还没有条文提到总统可以召集参议院开会。他提议：把第十条第二款中的"遇到特殊情况，总统可以召集联邦议会开会"，改为"遇到特殊情况，总统可以召集两院或其中任何一院开会"。他的补充提法，包括联邦议会会期内参议院正在开会期间。

威尔逊先生：他要投票反对这项动议，因为这意味着：即使议会不

* 麦迪逊注：这是一次和解性的表决，"大妥协"的条件终于放弃。

处于会期，参议院却可以开会。他认为，这不适当。

是否同意麦克亨利的动议？会议表决，新罕布什尔赞成，马萨诸塞反对，康涅狄格赞成，新泽西赞成，宾夕法尼亚反对，特拉华赞成，马里兰赞成，弗吉尼亚反对，北卡赞成，南卡反对，佐治亚赞成。7邦赞成，4邦反对，会议通过麦克亨利的意见。

会议通过书面投票选举一个委员会，负责校订制宪会议已经通过的条款，形成文字风格和排列顺序。

当选的五名委员是：约翰逊先生，汉密尔顿先生，古文诺·莫里斯先生，麦迪逊先生，金先生。

威廉森先生提议：委员会开始工作以前，应该再议一下众议院的人数。他认为应该增加众议员人数。

麦迪逊先生附议。

谢尔曼先生：反对再增加。众议院的人数已经足够有余。

汉密尔顿上校：极其赞同这项动议，期待增加众议员。他承认，自己主张建立一个生机勃勃的政府，同时也要宣布，众议院应该具有广泛的基础。他严肃指出，众议院人数如此稀少，真是危险，人民会抱怨自己的自由权利太少。他指出，总统和参议院联手，拉拢腐蚀，倾向于使总统一直当下去。从这一考虑出发，应该使众议院具有更广泛的代表性。

是否同意威廉森先生的要求？会议表决，新罕布什尔反对，马萨诸塞反对，康涅狄格反对，新泽西反对，宾夕法尼亚赞成，特拉华赞成，马里兰赞成，弗吉尼亚赞成，北卡赞成，南卡反对，佐治亚反对。5邦赞成，6邦反对，威廉森先生的意见未能通过。

休会。

9月 10日星期一　在制宪会议上

格里先生提议：再议详情委员会报告第十九条，“联盟内三分之二的邦议会申请，对本宪法提出一项修正案，联邦议会应为此目的而召开制宪会议”。他说，联邦宪法高于各邦宪法，因此，根据这一条，三分之二的邦就可以赢得一次制宪会议，会上，过半数就可以使联盟接受创新条文的约束，而这些创新条文，有可能搅乱各邦的宪法。他问：出现这种局面，是否妥当?

汉密尔顿先生：这个问题提得好。不过，他考虑的角度与格里先生相反。如果出现格里先生所说的那种后果，他并不反对。两害相权取其轻，与其要人民服从邦，不如要人民服从联邦的主流。许多人一直希望，而且殷切期待，寻找一种模式，比较容易修正错误，不要像邦联条款那样，弄得难以修正。现在，人们同样期待，制定一种模式，比较容易修正新体制多半也会出现的毛病。方案中提出的这种模式，还不够容易。各邦议会不会提出更改联邦宪法的要求，他们眼睛里盯着的，是如何增强他们的权力。只有联邦议会，才会首先意识到修正的必要，才会敏感地提出修正，因此，应该授权联邦议会，任何时候，如果两院中任何一院三分之二的议员形成一致意见，就应该召开制宪会议。授予这种权力，不会带来危险，因为，是否采纳修正案，最后的决定权，还在人民手里。

麦迪逊先生："为此目的而召开制宪会议"含义模糊，仅此一点，就有必要再考虑这一条。一次制宪会议如何形成？按什么规则作出决定？制宪会议提出的修正案具备什么力量？

是否同意格里先生的再议要求？会议表决，新罕布什尔代表赞成反对各半，马萨诸塞赞成，康涅狄格赞成，新泽西反对，宾夕法尼亚赞成，特拉华赞成，马里兰赞成，弗吉尼亚赞成，北卡赞成，南卡赞成，佐治亚赞成。9邦赞成，1邦反对，1邦代表赞成反对各半，会议同意再议第十九条。

谢尔曼先生提议：在这一条内补充"联邦议会可提出修正案，交各邦批准，但各邦同意之前，任何修正案都不具备约束力"。格里先生附议。

威尔逊先生提议：把"各邦同意"改为"三分之二的邦同意"。

是否同意威尔逊先生的修改？会议表决，新罕布什尔赞成，马萨诸塞反对，康涅狄格反对，新泽西反对，宾夕法尼亚赞成，特拉华赞成，马里兰赞成，弗吉尼亚赞成，北卡反对，南卡反对，佐治亚反对。5邦赞成，6邦反对，会议不同意。[425]

威尔逊先生再提议：改为"四分之三的邦同意"。

会议一致通过。

麦迪逊先生提议：推迟讨论谢尔曼先生的意见，改为讨论以下提法，"不论何时，联邦议会两院三分之二的议员，或三分之二的邦议会，认为宜于对宪法提出修正案，即可召开制宪会议，提出的修正案，如果得到至少四分之三的邦议会批准，或四分之三的邦制宪会议批准，修正案的目的和内容，即成为联邦宪法的组成部分，上述两种批准办法中采取哪一种，由联邦议会决定"。

汉密尔顿先生附议。

---

[425] 法兰德注：麦迪逊手稿原来的记录，马萨诸塞和新泽西赞成，这样，威尔逊先生的动议通过；后来，麦迪逊按秘书的《会议记录》修改，变成通不过。《汇编》第二卷第559页。

拉特里奇先生：他绝不同意授权对奴隶这种财产没有利益而且怀有偏见的邦，提出有关奴隶条款的修正案。为了落实这种反对意见，特补充如下规定："但是，在1808年以前，不得提出任何形式的修正案，影响第七条第四款和第五款。"

是否同意麦迪逊先生的动议？会议表决，新罕布什尔代表赞成反对各半，马萨诸塞赞成，康涅狄格赞成，新泽西赞成，宾夕法尼亚赞成，特拉华反对，马里兰赞成，弗吉尼亚赞成，北卡赞成，南卡赞成，佐治亚赞成。9邦赞成，1邦反对，1邦代表赞成反对各半，会议通过。

格里先生提议：再议第二十一条和第二十二条。第二十二条规定，这部宪法"送交邦联议会认可"，后来删掉了。不经邦联议会认可，就直接改变政府，他不同意这种做法，不适宜，徒然使邦联议会不快。他反复重申他的反对意见：不加说明，毫无正式手续，就此废除邦联，实为不妥。

汉密尔顿先生：与格里先生有同感。不要求邦联议会认可，不合礼仪，是不体面的行为。他认为这是政权移交过程中的一个必要程序。像第二十一条规定的那样，只要九个邦同意，就可以在现存联盟的废墟上建立新政府，是错误的。他希望把这两条修改一下，方案应该送往邦联议会，以便他们批准，与各邦议会沟通，通过各邦议会把宪法提交各邦制宪会议；每邦议会应该宣布，如果各邦制宪会议认为，九个邦批准宪法就在批准的邦之间生效，那么，九邦批准，宪法就生效。

戈汉姆先生：有的邦会说，九个邦就够了；另一些邦会说，要所有的邦同意才行。各邦说法不同，再提出各种批准条件，整个方案就会断送。

汉密尔顿先生：凡是相信宪法必要的邦制宪会议，就不会拒绝九邦批准足以使宪法生效的主张。他认为，比起第二十二条的规定，这种模式引起的反对会少些，达到的目的相同。

费兹西蒙斯先生：删去"邦联议会认可"，目的是救出邦联议会，免得要他们通过一项违背邦联条款的提案，而邦联条款则是邦联议会的办事规则。

伦道夫先生宣布：如果不改动这一部分，他有责任表明他对整个宪法的异议。他说，从一开始起，他就坚信，对联盟体制必须作激进改革。出于这种信念，他提出了一套共和主张作为基础，勾画出一套改革方案。令他感到遗憾的是，这些共和主张，在他看来，由于广泛的改动，已经出现不可调和的背离。事情既然到了这一步，他想，他应该提议：各邦制宪会议，应该不受约束，自由提出他们对这套方案的修正意见，提交第二次总体制宪会议，授以全权，最后决定宪法。他并不指望这项主张取得成功，只是要解脱他自己，不再参与这种企图，使自己复归心灵的平静。

威尔逊先生：上面所提的任何理由，都不能使他同意再修改以上条文。

金先生：把方案交给邦联议会，对邦联议会更为尊重；现在这样，明言非要他们同意，不好。他认为九个邦同意是足够了；最好把这项规定列为宪法的组成部分，不另外附加文字推荐。

谢尔曼先生：赞同金先生把方案整个交给邦联议会的想法。他认为，九个邦应该够了，不过最好另外通过一项单独的提案，或汉密尔顿上校建议的形式，不要把这项规定列为宪法的组成部分。

是否同意再议第二十一条和第二十二条？会议表决，新罕布什尔代表赞成反对各半，马萨诸塞反对，康涅狄格赞成，新泽西赞成，宾夕法尼亚反对，特拉华赞成，马里兰赞成，弗吉尼亚赞成，北卡赞成，南卡反对，佐治亚赞成。[426] 7邦赞成，3邦反对，1邦代表赞成反对各半，会议同意再议。

汉密尔顿上校提议：推迟讨论第二十一条，改为讨论以下提法："决

---

[426] 法兰德注：马萨诸塞、宾夕法尼亚和南卡罗来纳的"赞成"被改为"反对"。对南卡罗来纳的改动，可能是后来，对马萨诸塞和宾夕法尼亚的改动，可能不是后来。见《汇编》第二卷第561页。

议：兹将宪法的上述方案提交邦联议会，以便取得他们同意并与各邦议会沟通，让各邦议会把方案提交由人民选出的各邦制宪会议讨论，建议各邦议会在各自组织制宪会议的法案中宣布，如果一个邦的制宪会议批准宪法，该邦即受宪法约束，并进一步宣布，一个邦的制宪会议同意九邦批准即可在批准的邦之间施行宪法，该邦即受此约束，上述宪法即在批准的邦之间生效。"格里先生附议。

威尔逊先生：这一动议已经有人附议，现在应该可以自由发言了。他以强烈的措辞，反对上述意见中的内容，尤其是把制宪会议的方案悬在邦联议会等待批准。他宣布：这比集合起来依赖罗德岛的邦联议会代表到会批准更糟。邦联条款为了得到十三个邦的一致同意，一直等待马里兰的批准。[427] 在这个制宪会议上，纽约已经很长时间没有代表了。其他邦的代表，也说了许多个人对这套方案的反对意见。在此情况下，一定要邦联议会认可，是否安全？花了四五个月的时光，付出大量劳动，费尽心血，完成为我们的国家设计政府的重任，现在，我们却准备动手自己设置无法逾越的障碍，阻碍宪法取得成功。

克莱默先生：汉密尔顿先生提议的模式，会绑住邦联议会手脚，把他们弄得尴尬，也不比原来的模式强，因为，这两种模式都要把邦联条款牵扯进来。

金先生：同意克莱默先生的意见。倘若邦联议会能向汉密尔顿先生的模式让步，他们也就能向另一种模式让步。倘若一定要取得邦联议会的认可，而他们又不能认可，各邦议会就不会把方案提交各邦制宪会议；倘若各邦自己规定九个邦批准就足以让宪法生效，这种规定也无人理睬，结果，一切都会陷入混乱，而我们的所有劳动，也就前功尽弃。

拉特里奇先生：完全同意金先生的看法。

是否同意汉密尔顿先生的动议？会议表决，新罕布什尔反对，马萨

---

[427] 《邦联条款》等待大陆会议十三个邦的代表同意，花了一年零四个月；等待十三个邦的议会批准，又花了三年零四个月。参见本书脚注⑮，㊾和附录二。

诸塞反对，康涅狄格赞成，新泽西反对，宾夕法尼亚反对，特拉华反对，马里兰反对，弗吉尼亚反对，北卡反对，南卡反对，佐治亚反对。1 邦赞成，10 邦反对，会议否定汉密尔顿的意见。

汉密尔顿先生：收回他的动议，承认这一目的已被刚才的表决击败。

威廉森先生和格里先生提议：恢复第二十二条中的“提交邦联议会认可”。

会议一致反对。

伦道夫先生借此机会陈述他对这个体制的反对意见：参议院被弄成审讯总统的弹劾法庭；要求两院四分之三的议员反对，才能压倒总统的否决，而不是三分之二；众议员人数太少；对常备军没有限制；联邦议会有权制定一切他们认为必要和适当的立法；对通过航运法不加适当限制；不授予出口征税权；各邦行政官申请，联邦议会就有权介入各邦内政；联邦议会与各邦议会的权力没有明确界线；联邦法院与各邦法院的权力没有明确界线；总统没有资格赦免叛国罪；对议会自己立法决定议员报酬，不加限制。脑子里有这么多难点，他问，他该选择什么路线？难道要他去推销一项他坚信会以虐政告终的方案？他说，他不愿意阻碍制宪会议的希望和判断，但他必须解放自己，如果有幸能在自己邦里的制宪会议中占据一席之地，他一定会按他自己的判断行事。惟一能使他摆脱尴尬的模式，就是把这项方案提交邦联议会，通过邦联议会提交各邦议会，再由各邦议会提交各邦制宪会议，只有各邦制宪会议才有权采纳、拒绝或提出修正；最后提交下一次总体制宪会议，委以全权，决定采纳或者拒绝各邦制宪会议提出的更改，最后再建立政府。为实现这一目的，他提出一项动议。

富兰克林博士附议。

梅森上校：要求把这些主张存疑，保留一两天，再讨论伦道夫先生对这套方案提出的反对意见，看看应该采取什么步骤。

平克尼先生提议：“指示文字排列和风格委员会准备一份告人民

书，伴随这份宪法，一起提交邦联议会。”*

会议一致同意：把这项动议本身也交给委员会。

伦道夫先生提议：把一项关于赦免叛国罪的动议也交给委员会。*

会议一致同意。

休会。

---

* 麦迪逊注：出版的《会议记录》里没有这两项动议。

第三阶段辩论小结[428]

我们新罕布什尔、马萨诸塞、罗德岛和普罗维登斯种植地、康涅狄格、纽约、新泽西、宾夕法尼亚、特拉华、马里兰、弗吉尼亚、北卡罗来纳、南卡罗来纳和佐治亚邦的人民，特为我们自己和我们的子孙后代制定、宣布和树立以下建立政府的宪法。

第一条 这个政府的名称叫“美利坚联邦”。

第二条 这个政府由最高立法、行政、司法权力组成。

第三条 立法权授予联邦议会，由两个分开和各有特点的机构组成，一个众议院和一个参议院。联邦议会每年至少开会一次，于十二月第一个星期一开始，除非联邦议会立法另订日期。

第四条

第一款 众议院议员每两年选举一次，由加入本联盟的各邦人民选举。选民资格，与各邦选举邦议会中人多一院议员的选民资格相同，随时间而变化。

第二款 众议员至少年满二十五岁；当选前至少已成为联邦公民

---

[428] 这份第三阶段辩论小结，由马克斯·法兰德编写，原名《提交给文字排列和风格委员会的制宪会议辩论结果》，载《汇编》第二卷第565—580页。

七年；当选时应在被选出的邦定居。

第三款　众议院第一次形成时，按后文所述方法清点出公民和定居者人数前，由六十五席组成，其中新罕布什尔三席，马萨诸塞八席，罗德岛和普罗维登斯种植地一席，康涅狄格五席，纽约六席，新泽西四席，宾夕法尼亚八席，特拉华一席，马里兰六席，弗吉尼亚十席，北卡罗来纳五席，南卡罗来纳五席，佐治亚三席。

第四款　由于各邦之间的人口比例将随着时间而变化，由于某些邦今后可能分出新邦，由于另一些邦可能因获得领土而扩大，由于两邦或多邦可能联合，由于联邦范围内可能建立新邦，联邦议会应针对以上每种情况，按定居者人数制定议员席位分配规则，定居者人数的清点办法，见后文所定征收直接税规则，每四万人产生的议员不得超过一席。但每邦至少得产生一名议员。

第六款[429]　众议院独享弹劾权。众议院选举自己的议长和其他官员。

第七款　众议员出缺时，由出缺议员的邦的行政当局下令补选。

第五条

第一款　联邦参议员由各邦议会推选。每邦议会选出两名联邦参议员。因拒绝出任、辞职或其他原因造成联邦参议员出缺，由出缺的邦的议会派人补齐，或由该邦行政官派人补齐，直到邦议会下次开会补选。每名联邦参议员各有一票表决权。

第二款　联邦参议员任期六年；第一届参议员选出后，应立即抽签分为三组，人数尽量相等，分成第一组、第二组、第三组。第一组参议员的席位应在第二年任期届满时空出，第二组的席位应在第四年任期届满时空出，第三组的席位应在第六年任期届满时空出，以便此后每两年改选三分之一的参议员。

第三款　参议员至少年满三十岁；当选前至少为联邦公民九年；当

---

[429] 原定第五款为众议院独享发起钱财提案的权力，被删除。

选时应在被选出的邦定居。

第四款　参议院选举自己的议长和其他官员。

第六条

第一款　选举各院议员的时间、地点和办法，由各邦议会分别预订；但联邦议会可随时制定或改变各邦议会的规定。

第三款[430]　各院议员过半数构成合法议事人数；不足合法议事人数，可逐日休会，并可按各院自定办法敦促缺席议员出席，对缺席者予以处罚。

第四款　各院自己审查本院议员的选举过程、结果、是否合乎资格。

第五款　联邦议会内的发言和辩论自由，不受法院或议会以外任何地方的弹劾和盘诘；各院议员除因叛国、重罪、妨碍治安外，在联邦议会开会期间和往返途中，享有不受逮捕的特权。

第六款　各院决定自己的开会程序规则；处罚自身成员不守规则的行为；经三分之二议员同意，有权开除议员。

第七款　众议院和参议院行使立法权时，应对议事过程作出记录，定期公布，他们判断需要保密者例外；两院表决任何问题，经出席议员五分之一的人要求，应将全体议员所投的赞成票或反对票记录在案。

第八款　一院未经另一院同意，休会不得超过三天，不得在两院会堂之外的其他地方开会。

第九款　联邦议员不得担任任期内设立或加薪的行政职务；联邦行政官员任期内不得担任议员。

第十款　各院议员因服务而领取报酬，由国库支付，由立法确定。

第十一款　联邦立法的抬头，应为“联邦议会开会期间，兹由参议院和众议院确立”。

第十二款　所有钱财提案，均由众议院发起，但与其他提案一样，

---

[430] 原定第二款为设立议员当选的财产资格，被删除。

参议院可以修正办法合作。

第十三款　每项提案，需经众议院和参议院通过，成为法律之前，应呈交联邦总统复审：复审后，若总统同意，应签名以示批准；复审后，若总统认为此案不宜成为法律，应将提案退还发起该案的一院，署明反对理由，该院应将总统反对理由全文记录在案，开会再议。再议后，若该院四分之三议员不顾总统反对，仍旧同意该案，则连同总统的反对理由，提交给另一院，另一院以同样方式再议，若另一院亦以四分之三多数批准，提案即成为法律。凡出现这种情况，两院均用逐一问明议员赞成还是反对的方式决定；赞成和反对该案的议员姓名，应由各院分别记录在案。任何提案，提交总统十天（周日除外）内，若不退还，提案即成为法律，除非联邦议会休会，总统无法退还；后一种情况，提案不能成为法律。

第十四款　每项命令、决议或表决（关于休会问题与后文另作规定问题的表决除外），凡经参议院和众议院赞同的，应呈交总统复审；总统批准，方可施行，总统不批准，需由参议院和众议院再议，按上述程序和限制，再次通过，方可施行。

第七条

第一款　联邦议会有权

制定和征收税金、关税、进口税和营业税，以支付联邦债务，为联邦提供共同防御和普遍福利；

管理与外国的贸易、各邦之间的贸易和与印第安部落之间的贸易；

制定统一的联邦入籍规则；

铸造钱币；

管理外币价值；

设定度量衡；

设立邮局，修筑邮路；

以联邦的信用借钱；

通过联合投票，任命国库的司库；

设立最高法院的下级法院；

制定陆地和海上俘获物的处理规则；

定义和处罚海盗罪和公海上的重罪，处罚伪造联邦证券、钱币、违反国际法的行为；

作战；颁发海上缉拿敌船的许可证和报复敌国的拘捕证；

招募军队，提供给养；但为此目的而拨的款项不得超过两年的限度；

建立和维持一支海军；

制定规则，统领和管理地面和海上武装；

制定规则，召集民兵执行联盟的法律，弹压动乱，抵御入侵；

制定法律，组织、武装和用纪律约束民兵，管理其中为联邦服役的部分，把任命军官的权力和按照联邦制定的纪律训练民兵的权力保留给各邦；

制定统一的联邦破产法；

在首都（不超过10平方英里）范围内实行排他的立法权，首都的土地由有关的邦让与、由联邦接受，成为联邦政府所在地；在有关的邦议会同意下，联邦购买他们的若干地点，修建要塞、武库、兵工厂、船坞和其他必要建筑，联邦在这些地点实行排他的立法权。

为促进科学和有用技艺的进步，授予作者和发明者对作品和发明在有限时间内的排他权利。

为行使上述各项权力，行使宪法授予联邦政府、下属部门、部门官员的权力，制定一切必要和适当的立法。

邦联通过合同欠下的债务、承担的责任，在本宪法下与在邦联条款下同样有效，由联邦承担。[431]

第二款　只有对联邦进行战争、投靠联邦的敌人、予以协助和方

---

[431] 法兰德注：这一条的正确位置不易确定；因为与“联邦议会的权力”一起讨论，故放在这里。见《汇编》第二卷第571页。

便，才构成叛国罪。联邦议会有权宣布对叛国罪的处罚。除非在公开法庭上，由两名证人对同一显然行为作证，或本人承认，不得判任何人犯叛国罪。剥夺叛国者的权利时，不得辱没血族，不得没收财产，除非被剥夺者本人依然在世。联邦议会不得制定剥夺公权的立法，不得制定追究既往的立法。

第三款　直接税在各邦之间的分配，应按全体自由公民和定居者人数制定，不论年龄、性别、条件，包括受契约约束需服劳役若干年的人，五分之三前文没有描述的人（除去不交税的印第安人）；人口清点应在联邦议会第一次开会后三年内举行，此后每隔十年普查一次，办法由联邦议会制定。

第四款　联邦议会不得对任何一邦的出口货物征收税金和关税；1808 年以前，联邦议会不得立法禁止若干邦现存并以为宜的人口迁徙和进口，但对这类输入可以征收税金和关税，每输入一人征税不得超过十元。联邦议会制定任何贸易规则和筹集岁入的规则，不得在各邦之间厚此薄彼，不得要求从某邦港口始发或到某邦港口停靠的船只，从另一邦港口始发，或到另一邦港口停靠、清仓、纳税。

联邦议会制定关税、进口税、营业税规则时，应在整个联邦范围内整齐划一。

第五款　除前文规定按人口普查结果向各邦分配税额外，联邦议会不得征收人头税。

第七款[432]　联邦不得授予任何贵族爵位。凡联邦受薪受托官员，未经联邦议会同意，不得接受任何国王、君主、外国给予的礼物、俸禄、官职或爵位。

第八条　宪法和联邦议会为实行宪法而制定的立法，联邦授权已签订和将签订的所有条约，为各邦及其公民和定居者的最高法律；各邦法官判案时受最高法律约束；各邦宪法和法律，不得违背最高法律。

---

[432] 原定第六款为“未经两院分别以三分之二的多数议员认可，不得通过航运法”，被删除。

第九条

第一款　联邦参议院有权审讯所有弹劾案，每名参议员参与审讯前需宣誓，未经出席议员三分之二的同意，不得给任何人定罪。

第十条

第一款　联邦行政权授予单独一人。他的职称为“美利坚联邦总统”；他的称呼为“阁下”。任期四年，总统与副总统一起当选相同的任期，选举办法如下。

各邦按邦议会制定的办法产生选举人，选举人人数等于该邦按宪法享受的联邦众议员和联邦参议员人数之和。但联邦议员和联邦行政官员不得担任选举人。

选举人在各邦集合，每位选举人书面投票选举二人，其中至少一人不是本邦公民。选举人制作一份名单，列出所有得票人和每人所得票数，签名使名单生效，蜡封后送往首都，交给参议院议长。

参议院议长当参议院和众议院的面启封，然后点票。

得票最多者（且得票超过指定选举人总数之半）为总统；若得票过半数者不止一人，而且票数相等，众议院立即书面投票，从中选出一人为总统，每邦众议员合投一票。若无人得票过半数，众议院用同样办法从得票最多的五人中选出一人为总统。众议院选举总统时，需三分之二的邦有一名或几名议员出席，才能构成合法邦数。不论出现哪种情况，总统选出后，得票最多者为副总统；如果剩下的人中还有两人或数人得票相等，由参议院从中选出一人为副总统。

联邦议会应决定选举人产生的时间和转送得票名单的办法，但整个联邦内，选举应在同一天举行。

联邦议会应立法宣布，若总统和副总统去世、辞职或失去能力，由联邦的哪位官员代理总统；这位官员代理到总统恢复能力或新总统选出为止。

第二款　只有本土出生的公民，或本宪法采纳时已经是联邦公民的人，才能担任总统；年龄未满三十五岁、成为联邦公民不足十四年者，不得当选总统。

第三款　副总统为参议院职务议长，但参议院审讯总统弹劾案时由首席大法官主持，参议院应选出一名候补议长，以备副总统代理总统或副总统缺席。副总统主持参议院会议，但没有表决权，除非双方票数相等。

第四款　总统咨询参议院并听取建议，有权缔结条约；总统提名官员，咨询参议院并听取建议，任命驻外大使、公使、领事、最高法院法官，和本宪法未作规定的其他官员。但是，未经出席参议员三分之二同意，不得缔结条约。

第二款[433]　总统定期向联邦议会提交联邦咨文；可向议会建议他认为必要和可行的措施，供议会讨论；遇到特殊情况，总统可以召集议会两院或其中任何一院开会，两院对开会时间看法不一时，总统可在他认为适宜的时间召集会议；总统负责使联邦的立法得到公正和忠实的贯彻；总统为全体联邦军官授衔；总统任命宪法规定以及今后通过立法设立的官职，另作规定者例外；总统接见大使、公使和领事；总统有权暂缓死刑，颁布赦免，但他的赦免权不得用于弹劾案；总统为联邦陆军、海军、各邦民兵总司令；总统在规定的时间领取服务报酬，任期内报酬不增不减。总统就职前需先宣读以下誓言或保证："我谨在此神圣宣誓（或保证），我将忠实执行美利坚联邦总统的职守。用我的最佳判断和能力，保持、保护和保卫联邦宪法。"经众议院弹劾、参议院确证，若总统犯有叛国、受贿或反对联邦的重罪和其他轻罪，应予罢免；经弹劾和确证，若副总统或联邦其他官员犯有上述罪行，亦应罢免；若总统被罢免或去世、辞职、失去行使总统职权的能力，由副总统行使总统职权，直到另一位联邦总统当选，或总统恢复能力。

第十一条

第一款　联邦的法律和衡平两方面的司法权，授予一所最高法院

---

[433] 原序排为第二款，以上第二、第三、第四款为后来补入。

和联邦议会因时设立的下级法院。

第二款　最高法院和下级法院的法官，行为良好得继续任职。他们在规定时间领取服务报酬，任职期间，报酬不得减少。

第三款　司法权延及宪法、联邦议会立法、联邦授权已定和将定条约引起的所有案件；涉及大使、公使、领事的所有案件；所有海事案件；以联邦为一方的争端，两邦或多邦之间的争端（但领土和司法管辖权的争端除外），一邦政府与另一邦公民之间的争端，不同邦公民之间的争端，一邦政府或其公民与外国、外国公民或臣民之间的争端。对涉及大使、公使、领事的案件，对以一邦为一方的案件，最高法院享有初审权。对上述所有其他案件，最高法院享有对上诉案的审理权，包括法律和事实两个方面，例外情形和规则，将由联邦议会制定。

第四款　对所有罪行（弹劾除外）的审讯，均应由陪审团在案情发生的邦举行；若不发生在任何一邦以内，则由联邦议会决定审理地点。

不得中断申请人身保护令的特权；但遇到叛变和入侵、公共安全需要时例外。

第五款　对弹劾案的裁决，最多不超过免除职务，取消继续享受联邦荣誉职务、委托职务和酬劳的资格。但是，对确证有罪者，可依法提交起诉、审讯、裁决、处罚。

第十二条　任何邦不得铸造钱币，不得发行信用纸券，只能用金币银币偿还债务；不得通过剥夺公权的立法；不得通过追究既往的立法；不得颁发海上缉拿外国船只许可证和报复敌国的拘捕证；不得缔结条约、加入同盟、结成邦联；不得授予贵族爵位。

第十三条　未经联邦议会同意，任何邦不得对进口货物和出口货物征收进口税或关税；不得在和平时期维持陆军和战舰；不得与其他邦或外国签订任何协议或契约；征得联邦议会同意以前，不得从事战争，除非确已受到敌方入侵，或入侵迫在眉睫、刻不容缓。

第十四条　每邦公民有权享受其他各邦公民的特权和豁免权。

第十五条　任何在一邦被指控犯有叛国罪、重罪、严重轻罪的个人，若逃离该邦法网，而在另一邦被擒获，根据原所在邦行政官的要求，应递解到对其罪行拥有司法权的一邦。

在联邦内任何一邦受到约束应服劳役的人，若逃到另一邦，不论他或她逃往的邦实行何种规则，都不得解除他或她的劳役责任；应将他或她递解给正当申诉拥有他们的劳役权力的人。

第十六条 每邦对其他各邦议会的立法、法庭和地方长官的档案和司法公文，应予充分信任，联邦议会可立法说明证明这些法案、档案和公文并使其生效的一般办法。

第十七条 联邦议会可批准新邦加入本联盟；但是，未经该邦议会和联邦议会同意，不得在现已存在或今后形成和设立的邦内另立新邦。未经原邦议会和联邦议会同意，两邦或多邦或其组成部分，不得结合为新邦。

联邦议会有权分配领土和联邦的其他财产，制定必要规则；本宪法的任何内容不得解释为偏袒联邦的诉求或任何一邦的诉求。

第十八条 联邦向每邦保证建立一个共和政府；保护各邦不受入侵；应各邦议会或行政官申请，肃清内部暴力。

第十九条 不论何时，联邦议会两院三分之二的议员，或三分之二的邦议会，认为宜于对宪法提出修正案，即应召开制宪会议，提出的修正案，如果得到至少四分之三的邦议会批准，或四分之三的邦制宪会议批准，修正案的目的和内容，即成为联邦宪法的组成部分，上述两种办法中采取哪一种，由联邦议会选择；但是，1808 年以前，任何修正案不得以任何方式影响第七条第四款和第五款。

第二十条 联邦和各邦议员、行政官员和司法官员，应受支持这部宪法的誓言约束。

第二十一条 九个邦的制宪会议批准，即足够按此宪法在批准的邦之间组织政府。

第二十二条 这部宪法将提交邦联议会；这次制宪会议认为，应将这部宪法提交给各邦制宪会议，代表由各邦议会推荐、由人民选出，以便接受这种制宪会议的批准。

第二十三条 为了引进这个政府，这次制宪会议认为，每个赞成的邦制宪会议，应将它们的赞成和批准通知邦联议会；邦联议会收到九个邦制宪会议的赞成和批准后，应尽早指定和公布一个日期，指定一个地点，开始执行这部宪法规定的程序；公布日期和地点后，各邦议会应选出联邦参议员，指导联邦众议员的选举工作；联邦议员应在邦联议会指定的时间地点开会，尽快选出联邦总统，开始执行这部宪法。

指示委员会准备一封告人民书，伴随这部宪法，一起提交邦联议会。

伦道夫先生提出动议：把一项关于赦免叛国罪的动议交给委员会。会议一致同意。[434]

---

[434] 法兰德注：以上两项为9月10日会议临近结束时采取的行动。

第四阶段

1787 年 9 月 11 日至
9 月 17 日
检查与通过文字排列和
风格委员会报告

文字排列和风格委员会报告[435]
（宪法成稿）

我们，联邦人民，

为建立一个更加完美的联邦、树立正义、保障内部安宁、建立共同防御、促进公共福利、保证我们自己和子孙后代的自由和幸福，特为美利坚联邦设立和奠定这部宪法。

第一条

第一款　本宪法所授予的全部立法权寓于联邦议会，由参议院和众议院组成。

第二款　联邦众议院由各邦人民每两年选出的众议员组成；各邦选举人应具备选举本邦议会中人多一院议员的选举人所需具备的资格。

---

[435] 法兰德注：麦迪逊手中的这份报告，是一份大幅印张，与其他印刷件一起，保存在《麦迪逊文集》第十五卷里。这份印刷件上有麦迪逊亲笔作的补充、更改和写在行间的意见，这些，在本文中用三角括号括出。麦迪逊还在部分内容下用鹅毛笔划线加以着重。在这份印刷件的顶端，麦迪逊写道："9 月 12 日文字排列和风格委员会报告，委员会由约翰逊先生、汉密尔顿先生、莫里斯先生、麦迪逊先生、金先生组成。"见《汇编》第二卷第 590 页。

〈(a)〉　年龄未满二十五岁、成为联邦公民不足七年、当选时不在该邦定居者，不得担任众议员。

〈(b)〉　众议员席位和直接税金额，在加入联邦的各邦之间按人口比例分配；各邦人口总数，为自由人人数之和，包括按契约服劳役一定年限的人，不算未被征税的印第安人，所有其他人的五分之三。联邦议会第一次开会后三年内实行人口清点，此后每十年普查一次，办法由联邦议会立法制定。每四万人选出的众议员不得超过一名，但每邦至少应有一名众议员；清点人口以前，新罕布什尔有权选出众议员三名，马萨诸塞八名，罗德岛和普罗维登斯种植地一名，康涅狄格五名，纽约六名，新泽西四名，宾夕法尼亚八名，特拉华一名，马里兰六名，弗吉尼亚十名，北卡罗来纳五名，南卡罗来纳五名，佐治亚三名。

〈(c)〉　任何邦的众议员出缺时，由该邦行政当局下令选举，补齐缺额。

〈(d)〉　众议院自选议长和其他官员；众议院独享发起弹劾之权。

第三款　联邦参议院由每邦二名议员组成，由各邦议会推选，任期六年，每名参议员各有一票表决权。

〈(a)〉　第一批参议员选出聚齐后，立即〈(通过抽签)*〉分成人数尽量相等的三组。第一组议员的席位在第二年届满时空出，第二组议员的席位在第四年届满时空出，第三组议员的席位在第六年届满时空出，以便此后每二年改选三分之一；若参议员因辞职或其他原因出缺发生在邦议会休会期间，该邦行政官得任命临时参议员代理，直到邦议会下次开会。

〈(b)〉　年龄未满三十岁、成为联邦公民不足九年、当选时不在该邦定居者，不得担任参议员。

---

* 麦迪逊注：“通过抽签”在印出的报告里没有；手稿中注明为印刷遗漏，源于交给文字排列和风格委员会的辩论小结中遗漏此点。

〈(c)〉 联邦副总统为参议院职务[436]议长;但没有表决权,除非赞成票和反对票票数相等。

〈(d)〉 参议院自选本院其他官员和一名候补议长,以备副总统缺席或副总统行使总统职权。

〈(e)〉 参议院独享审讯所有弹劾案的权力。为审讯弹劾案而开庭时,参议员需宣誓。联邦总统受审时,由最高法院首席大法官主持;未经出席议员三分之二同意,不得定罪。

〈(f)〉 对弹劾案的裁决,不得超过罢免职务、取消担任或享受联邦荣誉职务、受托职务、受薪职务的资格;但是,对确证有罪者仍可依法起诉、审讯、裁决和处罚。

第四款 选举联邦参议员和众议员的时间、地点、办法,由各邦议会预先规定;联邦议会可以随时通过立法制定和更改这些规定。

〈(a)〉 联邦议会每年至少开会一次,从十二月第一个星期一开始,除非联邦议会立法另定日期。

第五款 各院分别审查本院议员的选举、当选和资格;各院议员过半数构成议事的法定人数;不足法定人数时,得逐日休会,各院可规定敦促缺席议员到会的办法和处罚规则。

〈(a)〉 各院制定本院议事规则;处罚议员不守规则的行为,经三分之二议员同意可将议员开除。

〈(b)〉 各院应有议事记录,定期公布,各院判断需要保密的内容除外;经出席议员五分之一的人要求,应将全体议员对任何问题所投的赞成票或反对票记录在案。

〈(c)〉 联邦议会开会期间,未经另一院同意,一院中途休会不得超过三天;不得在各院会堂以外开会。

第六款 议员领取服务报酬,由立法保障,由国库支付。议员享有以下特权:议会开会期间和往返途中,除因叛国、重罪、妨碍治安

---

[436] 法兰德注:“职务”一词被麦迪逊划掉。见《汇编》第二卷第592页。

外，不受逮捕；议员在议会的发言和辩论，在议会外不受盘诘。

〈(a)〉 联邦议员不得担任任期内设立和加薪的文官职务；联邦文官任期内不得担任议员。

第七款 制定立法的抬头为“联邦议会开会期间，参议院和众议院兹立法如下”。

〈(a)〉 一切筹集岁入的提案由众议院发起，但与其他提案一样，参议院可以修正方式合作。

〈(b)〉 每项通过众议院和参议院的提案，成为立法以前，需呈交联邦总统。若总统同意，应签署使其成为立法；若总统认为该案不宜成为法律，应将该案连同总统的反对理由退还提出该案的一院，该院应将总统反对理由全文记录在案，开会再议。再议后，若三分之二议员同意通过该案，应将该案连同总统的反对理由提交另一院，另一院以同样方式再议，若得到另一院三分之二议员批准，该案即成为立法。遇到这种情况，两院应以逐一问明议员赞成还是反对的方式作出决定，并将投赞成票和反对票的议员姓名分别记录在案。总统收到提案十天后(周日除外)，若不退还，则视同总统已经签署，提案成为立法，除非联邦议会休会、总统无法退还，后一情况，提案不能成为立法。[437]

〈(c)〉 凡需参议院、众议院同意的命令、决议、表决，均需呈交联邦总统，与处理提案的方法一样，受同样规则限制，总统批准方可生效，总统不批准，需参议院众议院复议，以四分之三*多数再

---

[437] 法兰德注：这一段造成很大混乱。8月6日，详情委员会报告规定：两院三分之二议员可以压倒总统否决。8月15日，三分之二被改成四分之三。风格委员会在这一段里还原为三分之二，但在下一段里仍保留为四分之三。实际情形是，在9月12日的会议上，才又还原为三分之二。

* 麦迪逊注：(在出版的《会议记录》里，用“三分之二”取代了“四分之三”。[438]这一更改是在报告之后作出的。)[439]

[438] 法兰德注：麦迪逊错了。秘书《会议记录》里的记录，与他的一模一样。

[439] 法兰德注：麦迪逊的这一句话，写在行间。见《汇编》第二卷第594页。

次通过，才能成为法律。

第八款　联邦议会通过联合投票选出一名司库。联邦议会有权

〈(a)〉　制定和征收税金、关税、进口税、营业税；以偿还联邦债务，为联邦提供共同防御和普遍福利；但在联邦范围以内，关税、进口税、营业税应整齐划一。

〈(b)〉　以联邦的信用借钱。

〈(c)〉　制定对外贸易、各邦之间贸易、与印第安人贸易的规则。

〈(d)〉　建立联邦内统一的入籍归化法和统一的破产法。

〈(e)〉　铸造钱币，管理本国货币和外国货币的币值，统一度量衡。

〈(f)〉　制定规则，处罚伪造联邦证券和货币的行为。

〈(g)〉　设立邮政，修筑邮路。

〈(i)〉[440]　促进科学和有用技艺的进步，保障作者对作品、发明者对发明在有限时间内的排他权利。

〈(j)〉　设立最高法院以下的法院。

〈(k)〉　定义和处罚海盗罪和公海上的重罪，和〈(处罚)〉*违反国际法的行为。

〈(l)〉　宣战，颁发海上缉拿敌船许可证、报复敌国的拘捕证，制定处理陆战海战俘获处理办法。

〈(m)〉　招募军队，提供给养，但对此项用途的拨款不得超过两年。

〈(n)〉　建立和维持一支海军。

〈(o)〉　制定管理陆海军的工作条例。

〈(p)〉　征召民兵，执行联盟法律，镇压叛乱，击退入侵。

〈(q)〉　制定规则，组织、武装并以纪律约束民兵，管理为联邦服役的那一部分民兵，把任命军官、按联邦议会制定的纪律训练民兵的权力保留给各邦。

---

[440]　麦迪逊没有设立 h 项。

*　麦迪逊注：〈处罚〉为印刷中的遗漏。

〈(r)〉 设立特区，由某些邦让与土地、联邦议会接受，作为联邦政府所在地(面积不超过十平方英里)，联邦对特区享有排他的立法权；经所在邦议会同意，联邦从各邦购买若干地点，建立要塞、武库、兵工厂、造船厂及其他必要设施，联邦对这些地点同样享有排他的立法权。

〈(s)〉 为行使上述各项权力，行使宪法授予联邦政府、各部门及其官员的各项权力，制定一切必要而且适当的立法。

第九款 若干邦现存并认为宜于承认的人口迁徙和人口输入，在1808年以前，联邦议会不得立法禁止，但对输入之人口，可征收税金或关税，每输入一人征税不超过十元。

〈(a)〉 不得中止申请人身保护令的特权，发生叛乱或入侵、公共安全需要时例外。

〈(b)〉 不得通过褫夺公权的立法和追究既往的立法。

〈(c)〉 不得征收人头税，如前所述，只能按人口普查结果向各邦摊派。

〈(d)〉 对任何一邦的出口，不得征收税金和关税。〈制定贸易和征税规则时，不得在各邦口岸之间厚此薄彼，不得要求从一邦港口始发或到一邦港口停靠的船只，从另一邦港口始发或到另一邦港口停靠，以便入关、清仓、征税。〉[41]

〈(e)〉 未经联邦议会立法拨款，不得从国库支钱。

〈(f)〉 联邦不得授予爵位。所有联邦受薪受托官员，未经联邦议会同意，不得从任何国王、君主或外国接受任何礼物、俸禄、官职、爵位。

第十款 各邦不得铸造钱币，不得发行信用纸券，不得以金币银币以外的方式偿还债务；不得通过剥夺公权的立法、追究既往的立法、废止合同义务的立法；不得颁发海上缉拿敌国船只许可证

---

[41] 法兰德注：三角括弧内为麦迪逊划线着重的部分。

和报复敌国的拘捕证;不得签订条约、加入同盟、结成联盟;不得授予爵位。

〈(a)〉 未经联邦议会同意,各邦不得对进口和出口征收关税,未经联邦议会同意不得使用国库钱财[442];未经联邦议会许可,各邦在和平时期不得维持军队和战舰,不得与别的邦和外国缔结协定或盟约;不得从事战争,除非敌人确已入侵,或危险迫在眉睫,不容拖延。

第二条

第一款 行政权寓于美利坚联邦的一位总统。总统任期四年,与副总统一起当选相同任期,选举办法如下:

〈(a)〉 每邦按本邦议会所定办法产生选举人,选举人人数等于该邦所分得的联邦参议员和众议员人数之和;但联邦议员、联邦受薪受托官员不得担任选举人。

〈(b)〉 选举人在本邦集合,投票选举两人,其中至少一人不在本邦定居。选举人制作一份名单,列出全体得票人和每人所得票数,签名使名单合格,密封送往联邦政府所在地,交给参议院议长。参议院议长当参议员和众议员面启封合格名单,然后点票。得票最多并且超过指定选举人半数者为总统;若得票过半数者不止一人,且得票相等,众议院立即书面投票从中选出一人为总统;若无人得票过半数,众议院书面投票从得票最多的五人中选出一人为总统。选举总统时,按邦计票,不按人计票[443],每邦议员合投一票;选举总统时,需有三分之二的邦的一名或几名议员在场、出席议员超过全体众议员半数,才能构成

---

[442] 法兰德注:麦迪逊在这里写下边注:"但是,不得限制各邦为下述目的而征收费用,其目的完全在于抵消交政府管理时用于检查、包装、仓储和防止损失方面的费用。但是,所有这类规定都要接受联邦议会的检查和控制,以免滥权。"见《汇编》第二卷第 597 页。

[443] 法兰德注:麦迪逊划去"不按人计票"。见《汇编》第二卷第 598 页。

合法人数。在上述各种情况下，由众议员[444]选出总统后，得选举人票最多者为副总统。若还剩两人或多人票数相等，由参议院投票选出副总统。

〈(c)〉 联邦议会决定产生选举人的时间和选举人集合投票的时间[445]，整个联邦内，投票应在同一天举行。

〈(d)〉 本土出生的公民，或宪法批准时已是联邦公民的人，才有资格担任总统；年龄不满三十五岁、在联邦居住不足十四年者，不得担任总统。

〈(e)〉 总统若被罢免、去世、辞职、失去行使总统职权的能力，由副总统行使总统职权；联邦议会应立法规定，在总统、副总统两人均被罢免、去世、辞职、失去行使总统职权能力的情况下，宣布由哪位官员代理到总统恢复能力，何时选举另一位总统。[446]

〈(f)〉 总统在规定时间领取服务报酬，任期内报酬不增不减。

〈(g)〉 总统就职前需宣读以下誓词或(保证)："我庄严宣誓：我将忠实履行联邦总统职责，尽我的最佳判断和能力，保持、保护、保卫联邦宪法。"

第二款 总统为联邦陆军、海军、[447]各邦民兵总司令；总统可要求应召正在为联邦服役的[447]各行政部门主管对所负职责内的事务写出书面意见；总统有权宣布缓刑和赦免反对联邦的罪行，但弹劾案不在此列。

〈(a)〉 总统咨询参议院并得到出席参议员三分之二同意，有权缔结条约；总统提名大使、公使、领事、最高法院法官、宪法未作规定的其他联邦官员，经参议院咨询认可，方可任命。

---

[444] 法兰德注：麦迪逊划去"由众议员"。出处同[443]。

[445] 法兰德注：麦迪逊划去"时间"，改为"日期"。出处同[443]。

[446] 法兰德注：麦迪逊划去"何时选举另一位总统"，改为"选出另一位总统"。见《汇编》第二卷第599页。

[447] 法兰德注：麦迪逊用记号标出，"应召正在为联邦服役的"应挪到"各邦民兵"之前。出处同[446]。

〈(b)〉 总统有权任命专员填补参议院休会期间出现的各种职务空缺，任期到参议院下次开会为止。

第三款 总统定期向联邦议会提交联邦咨文，向议会推荐他认为必要和可行的措施；情况非常时，总统可召集两院或其中一院开会，若两院对会期意见不一，总统可在他认为适宜的时间召集会议；总统接见大使和其他公使；总统负责各项法律得到忠实贯彻；总统给全体联邦军官授衔。

第四款 总统、副总统和全体联邦文官，若因叛国、贪污、其他重罪或严重轻罪而被弹劾并被确认，应予罢免。

第三条

第一款 联邦的司法权，法律和衡平，寓于一所最高法院和联邦议会因时设立的下级法院。最高法院和下级法院法官，行为端正得继续任职，在规定时间领取服务报酬，任职期间，报酬不减。

第二款 司法权，法律和衡平，延伸到宪法引起的所有案件、联邦立法引起的所有案件、联邦授权已经缔结和将要缔结的条约引起的所有案件；涉及大使、公使和领事的所有案件；所有海事案件；以联邦为一方的诉讼；两邦或多邦之间的诉讼；一邦与另一邦公民之间的诉讼；不同邦公民之间的诉讼；同一邦公民因持有不同邦颁发的地契而引起的土地诉讼；一邦或其公民与外国、外国公民、外国臣民之间的诉讼。对涉及大使、公使和领事的案件，以一邦为一方的案件，最高法院具有初审权。对上述所有其他案件，最高法院具有对上诉案的审理权，包括法律和事实，但联邦议会可通过立法制定例外条例和审理规则。所有犯罪，除弹劾案外，均由陪审团审讯；审讯应在犯罪发生的邦举行；若不发生在任何一邦，由联邦议会决定审讯地点。

第三款 反对联邦的叛国罪，只限于对联邦作战，叛投联邦的敌人，给敌人提供援助和方便。除非在公开法庭上，两人对同一明显事实作证，或本人认罪，不得判处任何人叛国罪。联邦议会有权宣布对叛国罪的处罚，但是，若剥夺叛国者的公权，不得辱没血族、没收财产，除非被剥夺公权者依然在世。

第四条

第一款　各邦应对其他邦的立法、档案和司法裁决给予充分信任和尊重。联邦议会可通过立法，制定通用规则，说明各邦证明上述文件和使其生效的办法。

第二款　每邦公民享有其他各邦公民享有的一切特权和豁免权。被任何一邦指控叛国、重罪或其他罪行者，若逃离法网，而在另一邦被捕获，应他所逃离的邦的行政当局要求，应予引渡，送交对该罪行享有司法权的邦。在一邦按该邦法律被执服劳役者，若逃往另一邦，不得按另一邦的法律和规则解除劳役，应原主要求，应将其送还依法享有其劳役的一方。

第三款　联邦议会可接纳新邦加入联盟；但未经原邦议会和联邦议会同意，任何一邦的管辖范围内不得形成或创立新邦；两邦、多邦或其组成部分，不得合并为新邦。联邦议会有权分配属于联邦的领土和其他产权，制定必要的规则；但是，本宪法内的任何条文，不得被解释为偏袒联邦的诉求或任何一邦的诉求。

第四款　联邦向联盟内的每一个邦保证建立一个共和形式的政府，保护任何一邦不受侵犯，应邦议会或邦行政官的要求，平定内乱。

第五条

每逢两院三分之二议员认为必要或三分之二[448]的邦议会提出申请，要求对本宪法提出修正，联邦议会应召开制宪会议，以便提出；在这两

[448] “邦议会”之前的“三分之二”先被麦迪逊划掉，然后又加进去。

种情况下，若得到至少四分之三的[449]邦议会[450]批准或四分之三的邦制宪会议批准，所提修正案的内容和目的即构成本宪法的有效部分，以上两种批准办法，由联邦议会选择其一；但是，1808 年以前，任何修正案不得以任何方式影响第____[451]条第____款和第____款[452]的规定。

第六条

采纳本宪法前欠下的债务和承担的责任，在宪法下，与在邦联条款下同样有效，由联邦承担。

这部宪法、联邦为实现这部宪法而制定的各项立法、由联邦授权已缔结和将要缔结的条约，为联邦的最高法律；各邦宪法和立法与联邦最高法律抵触时，各邦法官受最高法律约束。

联邦和各邦参议员众议员、联邦和各邦行政官员和司法官员，受支持宪法的誓言或保证约束；但是，绝不可以宗教考查作为担任联邦内任何职务或公共信托的资格要求。

第七条

九个邦的制宪会议批准，即构成足够数目，在批准宪法的邦之间树立这部宪法。

---

[449] “至少四分之三的”被麦迪逊划掉。

[450] 麦迪逊加上的“四分之三”。

[451] 麦迪逊用“第一”填空。

[452] 麦迪逊改为“第九款第一项和第四项”。

9月 11 日星期二　在制宪会议上

文字排列和风格委员会的报告尚未完成,需要等待。

休会。

9月12日星期三　在制宪会议上

文字排列和风格委员会主席约翰逊博士向会议作了摘要报告，发给每位代表一份报告印刷件。[453]

他还报告说，委员会起草了一封随同方案给邦联议会的信。[454]

威廉森先生提议：再议两院议员四分之三才能压倒总统否决的问题。他建议，把四分之三还原成三分之二。他说，把三分之二改成四分之三，原来也是他提出来的；不过，后来他被说服，还是三分之二好。要求四分之三，把太多的权力放到了总统一边。

谢尔曼先生：有同感；他补充说，各邦不会乐于见到权力集中在这么少的人手里，总统一个人就可以压倒普遍呼声。立法要顾及人民的感情，受约束的是他们。与议会比，一个人更容易误断和辜负人民的感觉。

古文诺·莫里斯先生：按第一届议员人数算，四分之三与三分之二差别也不大，增加一两个参议员，四五个众议员就够了。[455] 遥远的邦会

---

[453] 麦迪逊的报告印刷件汉语译文，移到9月11日记录之前。

[454] 制宪会议伴随宪法致邦联议会的信，见本书附录七。

[455] 第一届联邦议会参议员二十六人，十四人过半数，可以通过提案，代表54%的邦的意志，可能出错；增加四人，十八人构成三分之二，可以试图压倒总统否决；四分之三则需再（转下页）

觉得四分之三对自己有利，因为他们缺席的可能性最大，需要总统出面制约。令人发愁的，倒不是立法不足，而是立法太多。纽约的经验表明，只要求三分之二还不够。

汉密尔顿先生：纽约一遇到流行观点，或者议会内帮派作怪，只要求三分之二就可以制约，达不到目的。他补充了一些实例。

格里先生：也要考虑另一方面的危险。三分之二已经够多，或许正好安全适度。要求四分之三，把太多权力放到少数人手里。总统的复审制约，主要目的不是保护普遍利益，而是捍卫行政部门。如果要求四分之三，几名参议员和总统联合起来，就可以阻碍适当的立法。把副总统设为参议院议长，危险更大。

威廉森先生：不怕立法少，只怕太多。要求四分之三才能压倒总统否决，他最担心的是，要废止坏立法太难。

梅森上校：总认为这是体制中最容易招致反对的部分之一。古文诺·莫里斯先生提到的数字比例，并不需要多少算术知识，不论议会议员多少，四分之三总是大于三分之二。纽约的例子，要看那些立法是否真好。举例的先生，无疑也是在宣扬自己的观点。或许其他人还有相反的观点，能把另一种滥权说得同样有声有色。他的主导看法是，不要把废止不良立法的阻力弄得太大。

古文诺·莫里斯先生：立法不稳，危及公众利益，最需防止。否定权的危险不大。如果总统该同意时不同意，过四年就可以把他换掉。四年任期，对公平试验来说，不算太长。许多好立法，没有足够的时间试验，证明不出优越性。新法代替老法，往往如此。弗吉尼亚和马里兰的检查法，现在大家都说好，当初却是备受批评。

平克尼先生：坚决反对四分之三，把太多的权力放到总统为首的少

(接上页)加二人，共二十人；众议院六十五人，三十三人过半数，可以通过提案，代表51%的人的意志，可能出错；增加十一人，四十四人构成三分之二，减少出错的可能性，与参议院的三分之二一起，错误可能性更少，可以压倒总统否决；四分之三则需再加五人，共四十九人，才能压倒总统的否决。

数参议员手里。

麦迪逊先生：当初同意四分之三的时候，总统还是由议会选举，任期七年。现在，总统由人民选举，任期改为四年。总统复审权有双重目的。一、捍卫行政权；二、避免随风倒、一拥而上，避免派性鼓噪作怪，造成偏颇立法。联邦宪法和各邦宪法都设立了制约这个重要原则，就是防止议会乱立法，防止议会侵蚀行政权。各邦的经验证明，这种制约机制还不够有力。三分之二太弱，四分之三太强，我们应该权衡。他认为，两相比较，三分之二危险更大。至于说到坏立法难以废除，情况多半是：对新政出现怀疑时，就限制新政的持续时间，用别的政策代替，而不是废止旧的立法。

是否同意把"四分之三"还原为"三分之二"？会议表决，新罕布什尔代表赞成反对各半，马萨诸塞反对，康涅狄格赞成，新泽西赞成，宾夕法尼亚反对，特拉华反对，马里兰赞成（麦克亨利反对），弗吉尼亚反对（华盛顿将军、布莱尔先生、麦迪逊先生反对，梅森上校、伦道夫先生赞成），北卡赞成，南卡赞成，佐治亚赞成。6 邦赞成，4 邦反对，1 邦代表赞成反对各半，会议通过还原为三分之二。

威廉森先生：还没有制定条款，规定由陪审团审讯民事案件。这点很有必要。

戈汉姆先生：要把衡平案件与陪审团审讯的案件区别开来，很难。这种事情还是交给民众代表去办，比较放心。

格里先生：必须设立陪审团，防止赃官枉法。他提议，由文字风格委员会起草一个保障由陪审团审讯的条款。

梅森上校：理解戈汉姆先生说的难处。无法具体规定，哪些案件该由陪审团审讯。不过，现在已经建立起一个一般原则，再增加一些规定就够了。他希望，宪法之前有一份公民权利法案，如果有人提议，他就附议。这会给人民带来极大的安宁；有各邦的权利宣言作为借鉴，几小时就可以把法案拟好。

格里先生：赞同这个想法。他提议：设立一个委员会，起草权利法案。

梅森上校附议。

谢尔曼先生：主张在必要的文件中保障人民的权利。各邦的权利宣言，并不因这部宪法而废止；只要继续生效就行了。许多案例都宜于由陪审团审讯，但无法一一分辨。这事可以放心委托给议会去办。

梅森上校：可是，联邦立法是最高法律，高于各邦权利宣言。

是否设立一个委员会，起草权利法案？会议表决，新罕布什尔反对，马萨诸塞不在场，康涅狄格反对，新泽西反对，宾夕法尼亚反对，特拉华反对，马里兰反对，弗吉尼亚反对，北卡反对，南卡反对，佐治亚反对。0 邦赞成，10 邦反对，1 邦不在场。起草权利法案的动议被否定。

应梅森上校的要求，再议关于出口征税问题。

梅森上校：限制征收出口税，会妨碍产品检查和产品安全储存所需要的关税，对大宗出口的邦，会带来毁灭性的影响，他常把南部的五个邦称为大宗出口邦。他提议："但是，这一款的内容，不得理解为禁止任何邦对出口产品征收的下列税金：单纯为抵消货物出口前为检查、包装、仓储、损失赔偿、政府管理等等费用。"他已预料到一种反对意见，说各邦自己可以用其他办法征税，支付这些费用，他的回答是，在实际运抵出口之前，要求种植场主交税，很不方便。

麦迪逊先生：附议。这至少没有坏处，而且可能产生好的结果，免得各邦为此目的而征收实质性的税金，干脆明确说出这些税的实际用途；联邦政府管辖邦际贸易的权力，是防止各邦滥权的最佳保障，也是联邦政府对邦际交易的管理权。

古文诺·莫里斯先生：这没有什么可反对的。例如，对弗吉尼亚出口的烟草每桶收费一块钱，他从来不认为是出口税，因为，政府对弗吉尼亚烟草中供国际消费的部分并未征税。

戴顿先生：担心有了这条附则，宾夕法尼亚会以检查货物为名向新泽西征税，而且由宾夕法尼亚一方面说了算。

戈汉姆和朗东先生：有些邦要通过其他的邦出口，如果通过这项附则，过境的邦对通过它们出口的邦施加压迫，就没办法对付了。如果为此目的而征的税，超过实际用度，到哪里去告状？

麦迪逊[456]先生：与其他案件一样，会有同样的保障。最高法院的司法，应该是谋求公道的源泉。迄今为止，宪法还只制定了条款，防止各邦议会胡乱立法。他本人认为，这还不够。只要授予联邦否定各邦立

---

[456] 詹姆斯·麦迪逊(James Madison，1751—1836)：是弗吉尼亚代表，时年36岁。美国史家认为他是弗吉尼亚方案的起草人，加上他在制宪会议中扮演的角色，称他为"联邦宪法之父"。麦迪逊后来担任联邦的第四位总统，是迄今为止四十多位总统中最矮小的一个，身高5英尺4英寸(一米六)，体重一百英磅(九十四市斤)。头发棕色，眼睛蓝色，面容黄色；戴一顶七又四分之一号的帽子，几乎总是穿一套黑色衣服。麦迪逊从小体弱，但一辈子看上去总是比他的实际年龄小。他的先人约翰·麦迪逊是船上的木匠，1653年从英格兰移民弗吉尼亚。按当时的人头制，他运来一批移民，为酬劳他的运费，授予他六百英亩土地。约翰继续运人来，到1664年，已获得两千英亩土地。他的父亲老詹姆斯独立战争期间当副县长，从事土地开发，大大扩展继承的土地面积，成为橙县最大的土地业主。麦迪逊十九岁毕业于新泽西学院(现为普林斯顿大学)，毕业后自学法律，但从未获得律师执照。独立战争爆发，1775年10月，麦迪逊被委以橙县民兵上校头衔，可是他体弱不胜操练、射击，也没有能耐招募兵员。1776—1779年，开始担任弗吉尼亚邦议会议员，1780—1783年，为弗吉尼亚派往邦联议会的代表，1784—1786年，又回到弗吉尼亚议会，并以此资格参加制宪会议。美国建国的一批领导人，先后经历三次大分化。第一次，如何争取独立，对英国求和，还是主战，打出独立？求和的一派退出历史舞台。麦迪逊主战，但那时还没有进入权力核心。第二次，制宪会议前后，十三个邦是联合，还是分治？麦迪逊主张联合，方法上，开始主张国家主义，会议结束时，与邦权主义妥协，变成联邦主义。"反联邦主义者"暂时退出历史舞台。新政府建立时，最初希望建立全民政府，贤人政府，不分党派。麦迪逊连续担任第一届至第四届联邦众议员八年，深得华盛顿赏识，在建国的最初几届议会中，为后来的美国定下许多规章制度，如通过立法设立财政部、外交部(后更名国务部，被译为国务院)、战争部，参与制定宪法修正案前十条。第三次，华盛顿政府内部分裂，以国务卿杰斐逊为首的一派，发展成民主共和党，反对杰斐逊党的人，集结到财政部长汉密尔顿周围，成为联邦党人。这一次，麦迪逊变为反联邦党的坚定分子，担任杰斐逊组建民主共和党的亲密战友，团结许多过去的"反联邦主义者"。第二位总统、联邦党人亚当斯执政期间，联邦党人控制的议会通过所谓"煽动叛乱法"，打压民主共和党人。杰斐逊回乡，麦迪逊赋闲。1798年，麦迪逊起草《弗吉尼亚决议》，与他在制宪会议期间表现相反，那时，他主张中央集权，联邦利益压倒各邦利益，现在，他主张联合地方力量，取代联邦政府。较量结果，民主共和党人通过选举夺权，杰斐逊成为第三位总统，连任八年，麦迪逊也连任八年国务卿，并顺利接班，当选第四位总统。麦迪逊担任总统八年，他的国务卿门罗又当选第五位总统，再任八年，共和党巩固了对白宫和联邦议会的控制，联邦党人只剩约翰·马歇尔长期坚守联邦最高法院，最高法院在压迫下独立。麦迪逊与华盛顿一样，娶了一位生过两个孩子的寡妇(多莉·裴因)，与华盛顿一样，没有让妻子为自己生过子女。在出席过联邦制宪会议的55名代表中，麦迪逊最后去世，终年86岁。他的这份《联邦制宪会议记录》手稿，他去世后由联邦议会用三万美元从他的遗孀手中购买，参见本书书前《联邦制宪会议记录的解密和成书》一文。

法的权力，这些问题都可以迎刃而解。可是，这项建议已经遭到会议的否定。

费兹西蒙斯先生：对烟叶和面粉征收上述性质的关税，从来没有，也不可能被视为出口税。

迪金森先生：遇到这种情况，谁也救不了新罕布什尔、新泽西、特拉华，保护它们不受邻邦压迫，惟一的办法，就是要求联邦议会对征税实行检查。他提议：授权联邦议会对各邦征税实行检查。

巴特勒先生附议。

休会。

9月13日星期四　在制宪会议上

梅森上校：他曾经提议授权联邦议会制定节俭法，可是未能取得会议同意。他并没有忘记这个题目。他详细述评了我们生活方式中的铺张浪费，对舶来奢侈品的消费过量，对此应该节制，不论从节俭还是从共和的角度考虑，都应该如此。他提议设立一个委员会，提出报告，借用制宪会议代表的影响，以身作则，提出忠告，鼓励生活简朴，多用美国自己制造的产品。

约翰逊博士：附议。会议未加辩论，一致同意，并且选任了一个委员会，委员有梅森上校、富兰克林博士、迪金森先生、约翰逊博士、利文斯顿先生。[457]*

梅森上校：昨天，他提议制定检查法，现在，再次提议由联邦议会制定检查法，控制各地滥用权力。他提议："不得禁止各邦对从该邦出口的产品征收常规关税，其惟一目的，是抵消政府保管期间因检查、包装、仓储、防止损耗等方面的费用；为避免这个过程中出现滥权，宜由联邦

---

[457] 节俭委员会的五名成员，都是会议中的长者。他们出席会议时的年龄是：梅森62岁，富兰克林81岁，迪金森55岁，约翰逊60岁，利文斯顿64岁。

* 麦迪逊注：出版的《会议记录》没有记载这项动议和这个委员会。这个委员会没有提出报告。

议会加以检查和控制。”会议对此未加辩论，直接表决，新罕布什尔赞成，马萨诸塞赞成，康涅狄格赞成，宾夕法尼亚反对，特拉华反对，马里兰赞成，弗吉尼亚赞成，北卡赞成，南卡反对，佐治亚赞成。7 邦赞成，3 邦反对，会议通过。

开始检查文字排列和风格委员会报告，与会议第三阶段辩论小结对照比较，以便制宪会议最后更正和同意。

伦道夫先生提议：把第一条第二款“包括按契约服劳役一定年限的人”中“劳役”一词从 servitude 改为 service，前一个词会使人联想到对奴隶的劳役，后一个词则含有自由人的义务。会议一致同意。

迪金森先生和威尔逊先生提议：第一条第二款第三项开头为“众议员席位和直接税金额”按人口比例分配，建议删去“直接税金额”，因为这一条只涉及众议院，把“直接税金额”放在这里不恰当。

古文诺·莫里斯先生：把“直接税金额”嵌在这里，本来是通过这一项时连带出来的；当时是为了消除一种印象：按人口分配众议员时，把黑人也计算在内。现在把“直接税金额”嵌在这里，是说明直接税金额与众议院席位分配的联系。

是否删去“直接税金额”？会议表决，新罕布什尔反对，马萨诸塞反对，康涅狄格反对，新泽西赞成，宾夕法尼亚反对，特拉华赞成，马里兰赞成，弗吉尼亚反对，北卡反对，南卡反对，佐治亚反对。3 邦赞成，8 邦反对，会议决定不删。

麦迪逊先生提议：第一条第七款说“总统收到提案十天内”，建议改为“总统收到提案之日十天内”，免生疑义：收到之日是否也算在十天内。

伦道夫先生附议。

古文诺·莫里斯先生：没有必要。法律知道，天是不按分数计算的。

好多代表显得不耐烦，要求立即点票。

会议对此表决，新罕布什尔反对，马萨诸塞反对，康涅狄格反对，新泽西反对，宾夕法尼亚赞成，特拉华反对，马里兰赞成，弗吉尼亚赞成，北卡反对，南卡反对，佐治亚反对。3 邦赞成，8 邦反对，会议不同意麦迪逊先生的修改。

约翰逊博士继续代表文字排列和风格委员会报告，提出以下决议，取代详情委员会报告的第二十二条和第二十三条。

“决议：上述宪法提交给邦联议会，这次制宪会议认为，以后邦联议会应将宪法提交各邦代表组成的制宪会议，代表由各邦人民选举，由各邦议会推荐，以便宪法接受这些制宪会议的同意和批准；同意和批准这部宪法的邦制宪会议，应把它们的同意和批准通知邦联议会。”

“决议：这次制宪会议认为，一旦九个邦的制宪会议批准这部宪法，邦联议会即应指定一天，供已经批准的邦产生选举人；再指定一天，供选举人集合选举总统；并指定开始执行这部宪法的时间和地点。邦联议会公布之后，即产生选举人，选出参议员和众议员。选举人应在指定日期集合，选举总统，把他们签过名的合格名单密封，像宪法要求的那样，再送交邦联议会秘书；参议员和众议员应在指定的时间地点开会；参议员应选出一名议长，目的仅在接受、启封和清点总统选举选票，总统选出之后，联邦议会和总统一起，应毫不拖延地执行这部宪法。”[458]

休会。

[458] 法兰德注：通过这些决议的过程，秘书和麦迪逊均未记载；在 1787 年 9 月 28 日给邦联议会的报告里，这两份决议的落款日期是 9 月 17 日。见《汇编》第二卷第 609 页。

9月 14 日星期五　在制宪会议上

会议继续检查文字排列和风格委员会报告。

威廉森先生提议：再议增加众议员人数问题。他的目的，是把现在分配给各邦的席位普遍增加一半，最小的邦则分配二席。

会议对此表决，新罕布什尔反对，马萨诸塞反对，康涅狄格反对，新泽西反对，宾夕法尼亚赞成，特拉华赞成，马里兰赞成，弗吉尼亚赞成，北卡赞成，南卡反对，佐治亚反对。5 邦赞成，6 邦反对，威廉森先生的动议未能通过。

麦迪逊先生提议：删去第一条第三款中“通过抽签”把参议员分成三组的办法，轮换制还是应该建立一定的规则，免得把同一个邦的两名参议员同时换掉。

会议一致同意。

会议一致同意把副总统担任“参议院职务议长”中的“职务”一词删去。

会议一致同意：在总统的就职誓词中，“宣誓”一词后增加“或保证”。

拉特里奇先生和古文诺·莫里斯先生提议：“应暂停被弹劾者的职务，直到审讯后被宣布无过失时为止。”

麦迪逊先生：总统已经被弄得过分依赖议会，众议院可以提出弹劾，参议院可以审讯弹劾。这种弹劾过程中的停职，会把总统扔进一院的权力以内。如果众议院想物色另一个人来推行他们的政策，随时可以投票提出弹劾，叫在职总统靠边站。

金先生：同意麦迪逊的意见，不同意上述动议。

是否暂停被弹劾者的职务？会议表决，新罕布什尔反对，马萨诸塞反对，康涅狄格赞成，新泽西反对，宾夕法尼亚反对，特拉华反对，马里兰反对，弗吉尼亚反对，北卡反对，南卡赞成，佐治亚赞成。3 邦赞成，8 邦反对，这项动议没有通过。

会议同意：第一条第四款“联邦议会可以随时立法规定和更改各邦所定选举联邦议员的时间、地点和办法”后，补充“但选举参议员的地方不得更改”，以免联邦议会的权力，影响到邦议会的所在地。

梅森上校和格里先生提议：第一条第五款规定“各院应有议事记录，定期公布，各院判断需要保密的内容例外”，建议这种保密只限于参议院，众议院的议事记录，应该全部公布。

反对意见认为：两院都可能出现需要保密的内容。例如，宣战之前的准备措施，众议院就要参与。

众议院议事记录是否应该全部公布？会议表决，新罕布什尔反对，马萨诸塞反对，康涅狄格反对，新泽西反对，宾夕法尼亚赞成，特拉华反对，马里兰赞成，弗吉尼亚反对，北卡赞成，南卡代表赞成反对各半，佐治亚反对。3 邦赞成，7 邦反对，1 邦代表赞成反对各半，会议不同意全部公布。

鲍德温先生：第一条第六款规定“联邦议员不得担任任期内设立和加薪的官职”，这一条不能延伸到按宪法将要设立的官职；第一届联邦议会将要设立这些职务，但不会立法“加薪”。到时候，第一届联邦议员就可能违背宪法。

他的意见无人附议，也无人反对，会议也未对这项意见作出反应。[459]

---

[459] 虽然有代表在发言中提到要设立财政部、外交部、战争部、内政部等等，并议论过（转下页）

拉特里奇先生提议：删掉第一条第八款中"联邦议会两院联合投票选出国库司库"。让司库(财政部长)采取宪法中对其他行政官员的任命方式。

戈汉姆先生和金先生：如果同意这项动议，会带来一种误导趋势。人们已经习惯于这种选举司库的办法，而且已成定格，采取这种创新，会招来更多反对。

古文诺·莫里斯先生：如果司库不由联邦议会两院联合选举，对他的监视会更严密，对他提出弹劾的可能也更大。

谢尔曼先生：既然拨款要由两院决定，最好还是由议会决定管钱的官员，而且在拨款的时候任命，不搞联合投票，而是拨一次款，选一个人。

平克尼将军：南卡罗来纳是两院投票选举司库。结果任人不当，指责议会选的人，他们听不进。

是否删掉"司库由两院联合选举"？会议表决，新罕布什尔赞成，马萨诸塞反对，康涅狄格赞成，新泽西赞成，宾夕法尼亚反对，特拉华赞成，马里兰赞成，弗吉尼亚反对，北卡赞成，南卡赞成，佐治亚赞成。8邦赞成，3邦反对，会议决定删去司库由两院联合选举。

会议一致同意：把第一条第八款"在联邦范围内，关税、进口税、营业税应该整齐划一"放到联邦议会的征税权里去，让文字连贯起来。

古文诺·莫里斯先生提议：把第一条第八款中"定义和处罚海盗罪、公海上的重罪，处罚违反国际法的行为"里的第二个"处罚"删掉，这样，对违反国际法的行为，既可以定义，又可以处罚。

威尔逊先生：希望不要改。国际法的决定，取决于世界上所有文明国家的授权，摆出一副要去定义国际法的样子，徒然显得傲慢自大，会

(接上页)任命部长的问题，但是，宪法只对总统副总统作了规定。因此，第一届联邦议会不可避免地要立法设立最必要的部并讨论如何任命部长，可否在任期内撤换部长等等。第一届议会设立各部后，势必产生议员是否可以兼任部长，或辞去议员担任部长等问题。鲍德温提前发问，会议不理，是留待第一届议会处理。

使我们显得荒诞可笑。

古文诺·莫里斯先生："定义""违反的行为"还是恰当的；国际法往往措辞过于含糊、残缺不全，不足以用作规则。

是否删去"处罚"一词，把"定义"的范围延伸到"违反国际法的行为"？会议表决，新罕布什尔赞成，马萨诸塞反对，康涅狄格赞成，新泽西赞成，宾夕法尼亚反对，特拉华赞成，马里兰反对，弗吉尼亚反对，北卡赞成，南卡赞成，佐治亚反对。6 邦赞成，5 邦反对，会议同意删去"处罚"。[460]

富兰克林博士提议*："修筑邮路"后面，增加联邦议会有权"在需要的地方开掘运河"。

威尔逊先生：附议。

谢尔曼先生：反对。这样一来，开支都落到联邦头上，好处则落到开掘运河的地方。

威尔逊先生：或许不是联邦的负担，反倒是联邦的岁入来源。

麦迪逊先生：建议扩展这项动议，授权联邦议会"在联邦利益需要、各邦立法力所不及的地方，颁发章程，组建法人机构[461]"。他的主要目的，是促进各邦之间的沟通。目前的局面，似乎正在召唤这种自由来往。政治障碍一旦拆除，自然障碍的拆除也就接踵而至。

伦道夫先生：附议。

金先生：这项授权没有必要。

---

[460] 法兰德注：秘书《会议记录》中第 532 次投票结果，是同意再议这个分句。见《汇编》第二卷第 615 页。译者：联邦宪法誊清稿把"处罚"一词删去了。

* 麦迪逊注：出版的《会议记录》，像对另一些动议一样，没有记载富兰克林博士的这项动议。

[461] "颁发章程，组建法人机构"(grant charters of incorporation)："法人机构"可以是政府，也可以是公司。当初的十三个殖民地政府，是根据英国国王颁发的章程组建的"法人机构"；独立过程中，他们按各自的邦宪法建立起法人机构邦政府；根据《联邦宪法》，联邦也成为一个"法人"，所以，最高法院有权审讯"以联邦为涉事一方的诉讼"。纽约市和其他"县""乡"政府组建时，都按自己拟定的 charters(章程或宪章)组成"法人机构"。铁路公司和运河公司，都按章程组建为"法人"。

威尔逊先生：有必要，防止一个邦阻碍全体的好处。

金先生：各邦之间会彼此嫉妒，闹得分成几派。费城和纽约将用建立银行的办法解决这类问题，这一直是那些城市的争辩主题。其他地方，会交给商业垄断机构去经营。

威尔逊先生：运河打开通往西部的通道，与西部新开辟的地区沟通，十分重要。对于设立银行，他的想法与金先生有些不一样。金先生认为授权联邦议会，会激起各邦彼此嫉妒，分成几派，他认为不会。至于商业垄断组织，已经包含在联邦议会对贸易的管辖权限以内。

梅森上校：主张授权只限于开掘运河这一个方面。不论哪种垄断，他都感到担心，他不像威尔逊先生那么自信，以为宪法已经隐含了控制垄断的权力。

经过修改之后，这项动议的范围只限于运河。

是否授权联邦议会在需要的地方开掘运河？会议表决，新罕布什尔反对，马萨诸塞反对，康涅狄格反对，新泽西反对，宾夕法尼亚赞成，特拉华反对，马里兰反对，弗吉尼亚赞成，北卡反对，南卡反对，佐治亚赞成。3 邦赞成，8 邦反对，会议不同意。

麦迪逊先生要求扩充的权力当然也通不过，因为这项权力已被整个否定。

麦迪逊先生和平克尼先生提议：在列举联邦议会的权力名单[462]里，再加一项，联邦议会有权“设立一所大学，在这所大学里，不允许任何宗教受到偏爱或独树一帜”。

威尔逊先生：支持这项动议。

古文诺·莫里斯先生：这没必要，联邦议会享有在首都的排他立法权，可以实现这个目标。

是否增加联邦议会有权在首都设立一所大学？会议表决，新罕布什尔反对，马萨诸塞反对，康涅狄格代表赞成反对各半（约翰逊博士赞

---

[462] 宪法定稿列举了对联邦议会的授权，共十八项，参见《联邦宪法》第一条第八款。

成，谢尔曼先生反对），新泽西反对，宾夕法尼亚赞成，特拉华反对，马里兰反对，弗吉尼亚赞成，北卡赞成，南卡赞成，佐治亚反对。4 邦赞成，6 邦反对，1 邦代表赞成反对各半，会议不同意增加。

梅森上校：恐怕和平时期绝对禁止常备军也不安全，因此，想在宪法里加点什么内容，指出常备军的危险，加点防范措施。他提议，第一条第八款"制定规则，组织、武装并用纪律约束民兵"之前，加上"为了有效保障人民自由，不受和平时期常备军的危害"。伦道夫先生附议。

麦迪逊先生：喜欢这个提法。这样，不限制联邦议会在和平时期感到必要时建立一支军队；和平时期允许养兵，不论如何，总是一个祸害，宪法对此指出危害很有必要，同时，把这项基本权力捏在联邦议会手里。

古文诺·莫里斯先生：反对，这会把以军职为荣的公民弄得灰头土脸。

平克尼先生和贝德福德先生：同意莫里斯先生的反对意见。

会议表决，新罕布什尔反对，马萨诸塞反对，康涅狄格反对，新泽西反对，宾夕法尼亚反对，特拉华反对，马里兰反对，弗吉尼亚赞成，北卡反对，南卡反对，佐治亚赞成。2 邦赞成，9 邦反对，会议没有接受梅森上校的动议。

梅森上校提议：删掉[463]第一条第九款[464]里的"不得制定追究既往的立法"。他认为，这个提法不够清楚，这项禁令是否只限于针对刑法；在民法里，任何议会从来也没有完全避免这种做法。

格里先生：附议。不过，他的意见是，把这项禁令的范围也扩展到民法，他认为这是应该做的事情。

是否删掉这一条？会议表决，所有的邦都反对。

---

[463] 法兰德注：秘书《会议记录》中第 537 次投票针对的问题是："是否再议"不得制定追究既往的立法，这与接下去格里先生的发言比较吻合。见《汇编》第二卷第 691 页。

[464] 《联邦宪法》第一条第九款，列举禁止联邦议会施行的各项权力。

平克尼先生和格里先生提议：增加一项宣示："出版自由应一无例外地受到尊重。"[465]谢尔曼先生：这不必要。联邦议会的权力，并不延伸到出版。

是否增加这项宣示？会议表决，新罕布什尔反对*，马萨诸塞赞成，康涅狄格反对，新泽西反对，宾夕法尼亚反对，特拉华反对，马里兰赞成，弗吉尼亚赞成，北卡反对，南卡赞成，佐治亚反对。4 邦赞成，7 邦反对，[466]会议没有接受这项宣示。

第一条第九款：联邦议会"不得征收人头税"。

里德先生提议：在"人头税"后面，再加上"或其他直接税"。他担心，联邦议会又会像过去的邦联议会那样，用反复调整配额的办法给各邦加码。这样修改，也可以使前面的"不得征收人头税"更清楚。

威廉森先生：附议。

会议通过这项动议。

梅森上校提议："普查"后面加上"或清点"[467]，以便解释"普查"的含义。

会议表决结果，接受梅森上校的动议，反对的只有南卡罗来纳。

根据____月____日的表决[468]，会议同意：在联邦议会不得"对任何一邦的出口征收关税"后面，加上"制定贸易和岁入规则时，在各邦港口之间不得厚此薄彼，不得要求从一邦港口始发或停靠的船只从另一邦的港口始发或停靠，办理入关、清仓、缴税手续"。

梅森上校提议：增加一个分句，"应逐年公布公款支出"。格里先生

---

[465] 法兰德注：参见平克尼先生 8 月 20 日提出的一系列主张。见《汇编》第二卷第 617 页。

* 麦迪逊注：在出版的《会议记录》里，新罕布什尔投赞成票。

[466] 法兰德注：麦克亨利先生的笔记，与秘书对第 538 次投票的记载一致，投票结果为 5 邦赞成，6 邦反对。

[467] 普查：census；清点：enumeration；译者参加 2000 年纽约市人口普查时发现，许多美国人不知道 census 这个词是什么意思。

[468] 法兰德注：这一段多半是后来补写的，如果是，即抄自出版的《会议记录》。见《汇编》第二卷第 619 页。

附议。

古文诺·莫里斯先生：这在很多情况下无法办到。

金先生：支出一词可以延伸到每一分钱。这样要求不切实际。联邦议会只怕真要每月公布账目，不过光是泛泛说明，只怕不能令人满意。

麦迪逊先生：建议把“逐年”改为“定期”[469]，这样，免去频繁公布的责任，给联邦议会留下一些余地。要求过高，难度太大，结果会养成干脆不做的习惯。邦联条款要求半年公布一次，结果如何？一丝不苟地遵守，常常办不到，倒把一项好的做法完全中断。

威尔逊先生：附议。财政上的许多做法，某些时候就是不宜公布。

平克尼先生：支持这项动议。

费兹西蒙斯先生：要想公布全部明细账目，绝对办不到。

谢尔曼先生：最好还是采用“定期”这个词。

会议表决结果，同意用“定期”取代“逐年”。

梅森上校的动议，经过一番修改，会议最后一致同意采取下列提法：在“未经联邦议会立法拨款，不得从国库支钱”后面，加上“一切公款往来，均应有常规说明和账目，定期公布”。会议同意：把第一条第十款[470]第一项改为“任何一邦不得缔结条约、加入同盟、结成联盟；不得颁发海上缉拿敌船许可证和报复敌国的拘捕证；不得铸造钱币；不得发行信用纸券；不得用金币银币以外的办法偿付债务；不得通过剥夺公权的立法、追究既往的立法、废止合同责任的立法，不得授予爵位”。

格里先生：重申公信的重要，禁止各邦议会废止合同责任的做法适宜。他认为，同样应该禁止联邦议会废止合同义务。为此，他提出一项动议，可是，无人附议。

休会。

---

[469] 定期：from time to time。

[470] 《联邦宪法》第一条第十款，列举禁止各邦议会施行的各项权力。

9月15日星期六　在制宪会议上

卡乐尔先生：提醒制宪会议，还没有准备一份告人民书。他认为这件事很重要，应该有一封告人民书伴随宪法。人民已经习惯，遇到重大事件，总期待有这么一封信。他提议：设立一个委员会，专门起草告人民书。

拉特里奇先生：反对。一、延误时间；二、还不了解邦联议会是否批准和支持，先向人民呼吁也不恰当。邦联议会如果认为适宜，也会写得很好。制宪会议的代表，可以分别向自己的选民解释，制宪会议把宪法做成这样的成因。

谢尔曼先生：同意拉特里奇先生的意见，告人民书既不必要，也不妥当。

是否同意卡乐尔先生的动议？会议表决，新罕布什尔反对，马萨诸塞反对，康涅狄格反对，新泽西反对，宾夕法尼亚赞成，特拉华赞成，马里兰赞成，弗吉尼亚赞成，北卡不在场，南卡反对*，佐治亚反对。4邦赞成，6邦反对，1邦代表不在场，会议决定不起草告人民书。

朗东先生：会议不同意增加众议员名额，有些先生总觉得很不舒

---

*　麦迪逊注：在出版的《会议记录》上，北卡投反对票，没有南卡的投票。

服。有人尤其认为，应该给北卡罗来纳再加一席。他认为，给北卡和罗德岛各加一席，是正当的。他提议：大家再考虑考虑。

谢尔曼先生：11人委员会报告席位分配办法时，认为北卡五席适宜。后来说起北卡的情况，似乎也并不证明北卡有资格多得一席。

是否再议增加众议员问题？会议表决，新罕布什尔赞成，马萨诸塞反对，康涅狄格赞成，新泽西反对，宾夕法尼亚代表赞成反对各半，特拉华赞成，马里兰赞成，弗吉尼亚赞成，北卡赞成，南卡赞成，佐治亚赞成。8邦赞成，2邦反对，1邦代表赞成反对各半，会议接受朗东先生再议的要求。

朗东先生提议：给北卡罗来纳和罗德岛各加一席。

金先生：反对再作任何改动，会给拖延会议打开门户。迄今为止，也没有正式证明，说北卡的人口比原来估计的多些。如果给罗德岛两席，等于马萨诸塞四分之一的人口分得的席位，肯定不公平，他绝不在宪法上签名。

平克尼先生：敦促给北卡罗来纳加一席，这才恰当。

贝德福德先生：坚持给罗德岛加一席，特拉华也应该加一席。

是否给罗德岛两席？会议表决，新罕布什尔赞成，马萨诸塞反对，康涅狄格反对，新泽西反对，宾夕法尼亚反对，特拉华赞成，马里兰赞成，弗吉尼亚反对，北卡赞成，南卡反对，佐治亚赞成。5邦赞成，6邦反对，会议不同意给罗德岛加一席。

是否给北卡六席？会议表决，新罕布什尔反对，马萨诸塞反对，康涅狄格反对，新泽西反对，宾夕法尼亚反对，特拉华反对，马里兰赞成，弗吉尼亚赞成，北卡赞成，南卡赞成，佐治亚赞成。5邦赞成，6邦反对，会议不同意给北卡加一席。[471]

第一条第十款第二项："未经联邦议会同意，任何一邦不得对进口

---

[471] 提出给北卡加一席的，原是新罕布什尔的朗东先生，可是投票时，新罕布什尔投反对票；结果是，除特拉华，南部各邦全部赞成，北部各邦全部反对。

和出口征收进口税和关税；未经联邦议会同意，不得动用联邦公库。”根据梅森上校提出的附则和会议9月13日达成的协议，这一项改为：“未经联邦议会同意，任何一邦不得对进口和出口征收进口税和关税，但为实施检查法所绝对必须的费用除外；各邦为此对进口和出口征收的进口税和关税，如果出现净收入，归联邦公库使用；所有这类立法，由联邦议会审查和控制。”有人提议：删去“所有这类立法，由联邦议会审查和控制”。是否删去？会议表决，新罕布什尔反对，马萨诸塞反对，康涅狄格反对，新泽西反对，宾夕法尼亚代表赞成反对各半，特拉华反对，马里兰反对，弗吉尼亚赞成，北卡赞成，南卡反对，* 佐治亚赞成。3邦赞成，7邦反对，1邦代表赞成反对各半，会议不同意删去。

是否同意修改后的第二项？会议表决，结果通过〈只有弗吉尼亚投反对票〉。[472]

第一条第十款最后一项：“和平时期，任何一邦不得保持军队和战舰，不得与其他邦或外国缔结协定或盟约。未征得联邦议会同意，不得从事战争，除非敌人确已入侵，或危险迫在眉睫，不容迟缓。”

麦克亨利和卡乐尔先生提议：“不得禁止任何一邦为清理港口和建造灯塔而征收吨位税。”梅森上校：支持。例如皮萨切克湾，就特别需要这类开支。

古文诺·莫里斯先生：宪法现在的规定，并没有限制各邦征收吨位税。提出这种例外，会引出反面效果，会使各邦处境更加艰难，而不是像梅森上校希望的那样。

麦迪逊先生：是否现在就限制各邦征收吨位税，取决于联邦议会“管理贸易”的权力有多大。这一款含义笼统，但是，看来已经排除了各邦管理贸易的权力。各邦肯定还受到不得缔结条约的限制。他说，吨

---

* 麦迪逊注：在出版的《会议记录》上，北卡投反对票，没有南卡的投票。

[472] 法兰德注：麦迪逊抄的是秘书《会议记录》中第545次表决结果。〈〉号里的更正值得怀疑。见《汇编》第二卷第624页。

位税还有别的目的，例如，用来招募、培训船员等。他越来越相信，从性质上来说，管理贸易是不可分割的权力，应该由一个权威统管。[473]

谢尔曼先生：联邦管理贸易的权力，作为最高权力，可以控制各邦介入商业管理，如果发生冲突，各邦应该服从联邦；这样，就不必担心出现双重管辖的危险。

朗东先生：管理吨位税的权力，是管理贸易的基本权力之一，各邦对此不应插足。

是否同意“未经联邦议会同意，各邦不得征收吨位税”？会议表决，新罕布什尔赞成，马萨诸塞赞成，康涅狄格代表赞成反对各半，新泽西赞成，宾夕法尼亚反对，特拉华赞成，马里兰赞成，弗吉尼亚反对，北卡反对，南卡赞成，佐治亚反对。6 邦赞成，4 邦反对，1 邦代表赞成反对各半，会议通过。

经过修改，会议同意把第一条第十款第三项更改如下：“未经联邦议会同意，任何一邦不得征收吨位税，在和平时期，不得保持军队和战舰，不得与另一邦或外国缔结协定或盟约，不得从事战争，除非确已遭到入侵，或危险迫在眉睫，不容迟缓。”

检查第二条第一款。根据____月____日表决结果，决定修改第六段，把代理总统的期限，从联邦议会应立法制定规则，宣布“何时选举另一位总统”，改为代理到“选出另一位总统”为止。

拉特里奇先生和富兰克林博士提议：在第七段后面，加上“总统在职期间不得从联邦或任何一邦取得其他报酬”。是否同意这项动议？会议表决，新罕布什尔赞成，马萨诸塞赞成，康涅狄格反对，新泽西反对，宾夕法尼亚赞成，特拉华反对，马里兰赞成，弗吉尼亚赞成，北卡反对，南卡赞成，佐治亚赞成。7 邦赞成，4 邦反对，会议通过。

---

[473] 宪法授予联邦议会管理邦际贸易的权力，对拆除各邦之间的关税壁垒、形成统一的美国国内市场，起了巨大促进作用。联邦法院根据宪法对大量邦际贸易诉讼的裁决，记录了美国商业法形成过程中的一个重要方面。

检查第二条第二款："总统有权颁布缓刑和赦免反对联邦的违法行为等。"伦道夫先生提议："叛国罪除外。"把赦免叛国罪的权力授予总统，是信任过分了。总统本人也可能难辞其咎。叛徒可能就是总统的工具。

梅森上校：支持这一动议。

古文诺·莫里斯先生：与其不许赦免叛国罪，不如把这项权力授予联邦议会。

威尔逊先生：应该允许赦免叛国罪，而且最好放在行政官手里。如果总统本人也是涉案的一方，可以对他弹劾和起诉。

金先生：把这项特权交到议会手里，不符合行政、立法分权的立宪原则。议会根本不宜于处理赦免。议员太容易受当时激情的左右。在马萨诸塞，议会先是要把所有起义的人都绞死[474]；后来，又把他们全都赦免。他建议，赦免问题，让参议院用颁布特赦法令的办法处理。

麦迪逊先生：反对由议会颁布特赦，有道理，但总统处理也会棘手，他觉得，与其交给议会，不如留在总统手里。最好是总统和参议院合作，先征求参议院意见，再由总统决定。

伦道夫先生：不同意参议院插手。公民权力的头号危险，就是总统与参议院联手。

梅森上校：参议院的权力已经太多了。议会大发慈悲，颁布赦免，是最危险不过的事，参议院势必合作，总统会进而得到两院三分之二的同意。

是否同意伦道夫先生的动议？会议表决，新罕布什尔反对，马萨诸塞反对，康涅狄格代表赞成反对各半，新泽西反对，宾夕法尼亚反对，特拉华反对，马里兰反对，弗吉尼亚赞成，北卡反对，南卡反对，佐治亚赞成。2 邦赞成，8 邦反对，1 邦代表赞成反对各半，会议不同意。

---

[474] 指马萨诸塞议会对谢斯起义的处理过程。

检查第二条第二款第二段：总统任命官员的权力。

古文诺·莫里斯提议：增加“联邦议会可通过立法，把议会认为适当的各种下级官员的任命权，分别授予总统一人、授予法院、授予各部部长”。谢尔曼先生：附议。

麦迪逊先生：如果有这种必要，就应该更进一步。部长以下的高级官员，应该有权任命下级官员。

古文诺·莫里斯先生：没这个必要。会出现空白任命状。

是否同意莫里斯先生的动议？会议表决，新罕布什尔赞成，马萨诸塞反对，康涅狄格赞成，新泽西赞成，宾夕法尼亚赞成，特拉华反对，马里兰代表赞成反对各半，弗吉尼亚反对，北卡赞成，南卡反对，佐治亚反对。5 邦赞成，5 邦反对，1 邦代表赞成反对各半，莫里斯先生的动议失落。

有人敦促再表决一次，认为这类规定实在必要，不能空着。

第二次表决，会议一致通过。

〈第二条第一款第二段，“众议院选举总统时，按邦投票，不按人投票”，删去“不按人投票”，因为多余；“由众议员选出总统后”，删去“由众议员”，因为前面已经说明由众议院选举。

第二条第二款第二段，在总统“任命宪法未作规定的其他联邦官员”后面，补充“和将由立法设立的官员”。〉

检查第三条第二款第三段：一切罪行均由陪审团审讯。

平克尼先生和格里先生提议：补充“在民事案件中，也应把陪审团审讯保持为常规”。戈汉姆先生：各邦组成陪审团的办法不同，至于审讯本身，在各邦都已经成为各种案件的常规。

金先生：加强戈汉姆先生的反对意见。

平克尼将军：也反对。在宪法里设立这样的规定，会孕育尴尬。

会议表决，一致否定这项动议。

检查第四条第二款第三段：把“在一邦合法服劳役者”，改成“按该邦法律服劳役者”。有些代表认为，“合法”一词可以有许多解释，说奴隶制合法是一种道德观念。

检查第四条第三款。格里先生提议:“两邦、多邦或其组成部分,不得合并为新邦”后补充“一邦或一邦的组成部分”。多数邦反对,认为含义已经足够明确,会议没有接受他的动议。

〈检查第四条第四款:联邦“应邦议会或邦行政官的要求,平定内乱”,在“邦行政官”后补充“邦议会无法开会时”。〉[475]

检查第五条,修正宪法的手续。

谢尔曼先生:担心四分之三的邦会做出叫某些邦致命的事,干脆把某些邦废止,或者剥夺它们在参议院的平等权利。他认为,应该把照顾奴隶制的附则扩展,规定不得影响各邦内政,不得剥夺各邦在参议院的平等权利。

梅森上校:这种修正宪法的安排,会招来反对,而且危险。这两种办法,要提出修正案,按第一条路走,立刻就要过联邦议会一关,按第二条路走,最终还是要依赖联邦议会,如果政府变成一个压迫老百姓的政府,他坚信一定会变成那样,人民将永远得不到适当修正宪法的机会。[476]

古文诺·莫里斯先生和格里先生提议:改为三分之二的邦提出,就应该召开制宪会议。

麦迪逊先生:看不出来,当三分之二的邦提出要求召开制宪会议时,联邦议会怎么会不感到有责任提出同样的修正案。不过,他不反对制定规则,以便提出修正案,召开制宪会议,只是采取的形式和要求的最低比例,总会变成难点,宪法中的规则,应该尽量避免难点。

---

[475] 法兰德注:〈〉号以内的内容,麦迪逊按出版的《会议记录》第 383 页补写。见《汇编》第二卷第 628,629 页。

[476] 在发给他的一份文字排列和风格委员会报告的边沿上,梅森写道:“第五条:设立这一条,将来任何时候,只有联邦议会有权对宪法提出修正案,一旦联邦议会被证明压迫性质十足,全体美国人民便无法更改宪法,连提议更改也没有门路;这条原则公然压制人民的根本权利和自由。”出处同[475]第 629 页。

会议一致同意莫里斯先生和格里先生的动议(见最后定稿第五款第一部分)。[477]

谢尔曼先生提议：删去要求邦议会和邦制宪会议的“四分之三”才能批准，今后的制宪会议，也和这次一样，根据形势需要举行。

是否同意谢尔曼先生的动议？会议表决，新罕布什尔代表赞成反对各半，马萨诸塞赞成，康涅狄格赞成，新泽西赞成，宾夕法尼亚反对，特拉华反对，马里兰反对，弗吉尼亚反对，北卡反对，南卡反对，佐治亚反对。3邦赞成，7邦反对，1邦代表赞成反对各半，会议不同意。

格里先生提议：删去要求“四分之三的邦制宪会议”才能批准。

是否同意格里先生的动议？会议表决，新罕布什尔反对，马萨诸塞赞成，康涅狄格反对，新泽西反对，宾夕法尼亚反对，特拉华反对，马里兰反对，弗吉尼亚反对，北卡反对，南卡反对，佐治亚反对。1邦赞成，10邦反对，会议不同意。

谢尔曼先生提议：根据他上面提出的想法，在这一条后面增加一个附则，“未经一邦同意，不得干涉它的内政，不得剥夺它在参议院的平等权利”。

麦迪逊先生：从这些附则开始，每个邦就会各行其是，自定疆界，自征出口税，等等。

是否同意谢尔曼先生的动议？会议表决，新罕布什尔反对，马萨诸塞反对，康涅狄格赞成，新泽西赞成，宾夕法尼亚反对，特拉华赞成，马里兰反对，弗吉尼亚反对，北卡反对，南卡反对，佐治亚反对。3邦赞成，8邦反对，会议不同意。

于是，谢尔曼先生提议：干脆删掉第五条。

布瑞利先生：附议。

是否同意谢尔曼先生的动议？会议表决，新罕布什尔反对，马萨诸

---

[477] 这项动议并未提出什么修改，只是没有提到“联邦议会两院三分之二议员”可以提出修正案。

塞反对，康涅狄格赞成，新泽西赞成，宾夕法尼亚反对，特拉华代表赞成反对各半，马里兰反对，弗吉尼亚反对，北卡反对，南卡反对，佐治亚反对。2 邦赞成，8 邦反对，1 邦代表赞成反对各半，会议不同意。

古文诺·莫里斯先生提议：补充一项附则，“未经一邦同意，不得剥夺它在参议院的平等权利”。这项动议由小邦代表们相传形成。会议没有辩论，予以同意，无人反对，也没有人说不。

梅森上校：不满意联邦议会过半数议员就能通过航运法。航运法不仅促进货运，关于这点，他没有多说，而且会使费城、纽约、波士顿的少数富商垄断南部的大宗出口产品，使这些产品价值降低约一半。他提出一条附则：“1808 年以前，未经两院三分之二议员同意，联邦议会不得通过航运性质的立法。”是否同意梅森上校的动议？会议表决，新罕布什尔反对，马萨诸塞反对，康涅狄格反对，新泽西反对，宾夕法尼亚反对，特拉华反对，马里兰赞成，弗吉尼亚赞成，北卡不在场，南卡反对，佐治亚反对。2 邦赞成，8 邦反对，1 邦不在场，会议不同意。

伦道夫先生：指责宪法授予联邦议会不加限制的危险权力，表达自己与会议分歧而感到的痛苦，在会议即将结束耕耘这个伟大而又可怕的题目之前，殷切期望找出一些妥协办法，使自己能从尴尬之中解脱出来，提议：接受“各邦制宪会议对这份方案提出的修正意见，提交下一次总体制宪会议最后决定”。如果这项主张被置而不顾，他说，他无法在文件上签名。至于会后是否反对，还不能决定，只是不愿意剥夺在自己的邦里这样做的自由，如果他的最后判断使他觉得这样做确有必要。

梅森上校：附议。接着伦道夫先生，指责政府的危险权力和结构，结论：政府会以君主制或贵族制的虐政告终；最后会是哪一种，现在还说不准，但他可以肯定，二者必居其一。这部宪法，是在不了解人民想法的情况下制作的。再开一次制宪会议，会更了解人民的感觉，能提出一套更符合人民感觉的体制。对人民说：要么接受这个，要么一无所有，是不对的。宪法弄成现在这样，他既不能在这里给予支持，回到弗吉尼亚，也不能投票赞成；在这里不能签名，到那里也不能支持。如果按提议的那样，再开一次制宪会议，他可以签名。

平克尼先生：会议即将结束的重要时刻，如此受人尊敬的先生们，提出这种宣言，使人感到此刻特别庄严神圣。他长篇大论，若要不同的邦来对建立政府的事展开详细讨论，提出修正，不知会造成怎样的后果。这种试验，除了引起思想混乱、矛盾重重，将一事无成。每邦各提方案，绝不可能达成一致。即使第二次制宪会议的代表聚拢来，在各自选民的冲突影响之下，也绝不可能达成一致。制宪会议是严肃的事，不应该重复。他和其他人一样，对方案也不是没有反对意见。他就不同意把行政官弄得势弱、依附议会。他也反对联邦议会只要过半数就能通过贸易立法。但是，考虑到思想普遍混乱的危险，考虑到最后用剑来收拾残局的危险，他愿意支持这个方案。

格里先生：说明自己不在宪法上签名的反对理由。一、参议员任期太长，而且可以连任；二、众议院有权保密会议记录；三、联邦议会有权决定选举地点；四、联邦议会决定议员报酬的权力不受限制；五、马萨诸塞的众议员名额名不副实；六、五分之三的黑人将拥有产生众议员的资格，好像自由人；七、在联邦议会管理贸易的权力下，可能形成垄断；八、副总统成了参议院议长。他说，这些问题都可让步，可是公民权利也得不到保障，一、授予联邦议会那么多权力，他们可以把自己随心所欲的任何措施都变成“必要而且适当的立法”；二、对招募军队和拨款不加限制；三、设立不要陪审团的法庭，会成为民事审讯中的星法院[478]。从这个角度来看宪法，他能想出的最好办法，就只有再开一次总体制宪会议。

是否同意伦道夫先生的主张？所有各邦都说否。

是否同意经过修改后的宪法？所有各邦都说是。

于是命令把宪法誊清。

制宪会议休会。[479]

---

[478] 星法院（a Star-chamber）：英国历史上曾经存在的法院，以残暴著称。

[479] 法兰德注：这天的会议一直开到下午六点。见《汇编》第二卷第633页。

梅森对宪法的反对意见[480]

没有公民权利宣言，总体政府的法律，高于各邦的法律和宪法，分散在各邦宪法里的公民权利宣言，没有保障。人民没有保障，连习惯法的好处也享受不到。〈习惯法在这里，除各邦制定宪法时通过各自的法案采纳之外，没有别的基础。〉众议院并无代议实质，不过代议阴影罢了；阴影永远不能在议会里产生适当信息，激发不起人民信心；于是，立法将由一些毫不关心人民也不了解立法效果和后果的人制定。〈这个反对意见，早已提出，频频遭到反对，最后终于擦掉原文，誊清时，在第一条第二款第三项里，把每四万人改成每三万人产生一名众议员，反对意见因此减缓。〉

参议院有权更改钱财提案，有权发起拨款提案，有权决定他们任命的官员的报酬，只要总统配合，然而，参议员并不是人民选出的代表，人民也没法更换他们。

这些权力，加上其他大权，如任命大使和行政官员的权力，缔结条约的权力，审讯弹劾案的权力，以及由此产生的与总统的联系和对总统的影响，使参议院成为议会中完整的一院，任期长，经常存在，不断开会，将摧毁政府中的一切平衡，使他们能随心所愿地篡权，剥夺人民的权利和自由。

联邦司法结构和权力的广泛，吞没和摧毁各邦司法；把法律弄得繁琐、复杂、昂贵，不像英国那样，社会多数都能得到正义，而是赐予富人权力，压迫和毁掉穷人。

联邦总统没有宪法顾问，这在一切安全、正常的政府里，前所未见。因此，总统得不到适当信息和忠告，总是受到奴才和宠臣指使；要么成为参议院的工具，要么从部长中间产生一个政务会议；一个自由国家，

---

[480] 法兰德注：这些文字，梅森写在发给他的《文字排列和风格委员会报告》的空白页上。梅森以不同形式把这篇文字给了一些人，最后印成小册子。〈〉号里的内容是付印前的修改补充。这里印出的文字，取自梅森孙女凯特·梅森·罗兰德的著作《乔治·梅森生平》第二册第387—390页。见《汇编》第二卷第637—640页。

组成这种会议，部长是最坏最危险的成分；〈因为部长受到诱惑，会与任何危险或压迫性的措施同流合污，厕身其中，免得自己职务中的毛病被人调查。反之，如果（接受建议）建立一个宪政会议，由六人组成，东部两人，中部两人，南部两人，由众议院按邦投票选出，任期和轮换办法与参议院一样，总统就能得到安全适当的信息和忠告；这个会议的议长，可以担任联邦副总统，总统出现空缺或失去能力时，临时代理总统；这就可以避免参议院不断开会。〉由于这一致命缺陷，产生出参议院任命行政官员的不当权力，并出现参议院和总统之间令人惊恐的依赖和联系。

由此产生既不必要〈而又危险〉的副总统一职，由于无事可干，只好把他弄成参议院议长，从而危险地把立法和行政权搅浑，而且不断使某一个邦毫无必要地、不公平地凌驾于其他各邦。

联邦总统拥有不受限制的颁布缓刑和赦免的权力，有时会使他私下授意犯罪的人不受处罚，从而把他自己的罪行掩饰过去。

宣布条约为全国最高法律，在许多情况下，总统和参议院就有了排他的立法权；把条约适当分类，要求众议院同意才能通过，增加安全，可以避免这种排他的立法权。

南部五邦的产品和环境，与北部和中部的八邦迥然不同，只要求议员过半数就能制定一切贸易和航运立法，可能毁灭南部，因为，北部和中部的商人，可能要求制定严厉而且长久的规则，不仅包揽货运，而且垄断产品的购买价格，经年累月，会大大伤害经营土地者的利益，阻挠人民改善生活；由于一方的获取与另一方的损失正好成比例，危险将与日俱增。如果要求两院出席议员三分之二同意才能通过这类立法，就可以产生相互让步，促进普遍利益，消除对这个政府的不可克服的反对意见。

宪法列举的联邦议会权力，最后一条含义广泛，会被议会自己加以解释，用以制定章程，促成贸易和通商的垄断，造成新的犯罪，刺激出寻常不见的严厉处罚，联邦议会则会把权力延伸到他们认为适宜的一切领域；现在授予各邦议会的权力，本来意在保留各种邦权，届时，将不再有保障，人民的权力，也就荡然无存。

不以任何形式宣布出版自由，维护陪审团对民事案件的审讯；也不限制常备军在和平时期的危害。

各邦政府受到限制，不能对自己的产品征收出口税。

联邦议会和各邦议会都被禁止通过追究既往的立法；过去从来没有这样的议会，到必要的时候，当公共安全需要的时候，议会应该而且势必制定这种立法；届时，就会违反联盟内所有各邦的宪法，并为其他标新立异树立先例。

这个政府将从温和的贵族制开始〈发端〉：目前还不能预见，在其运作过程中，是变成君主制，还是腐败的、虐政的〈压迫的〉贵族制；它多半会在二者之间摇摆若干年，然后，以这种或那种形态告终。

总体议会受到限制，二十年内不得禁止继续输入奴隶；这种输入将使联邦变得虚弱，更经不起打击，更没有自卫能力。

9月17日星期一　在制宪会议上

先把誊清的宪法朗读了一遍。

富兰克林博士拿着一份讲稿站起来，为了方便，他已书写成文，由威尔逊先生代读，全文[481]如下：

“先生，我承认，这部宪法中的若干部分，我现在还不能同意，但我没有把握说，我将来永不同意这些部分。活了这么大的年纪，我已经历过许多场合，由于获得更佳信息，或经过更周密的思考，责任心驱使我改变原来的观点，哪怕是在重大问题上，原来以为自己正确，后来恰恰相反。因此，年纪越大，越倾向于怀疑自己的判断，更尊重别人的判断。的确，大多数的人，也和宗教里的大多数教派一样，以为他们自己拥有全部真理，凡是别人的观点与他们不同，就认定是谬误。新教徒斯蒂尔在一篇献词中告诉教皇，‘我们两家教会’都对自己的教义确信不疑，彼此之间的惟一区别，是表述的方式不同：‘罗马天主教一贯正确，英格兰国教从未错过。’虽然许多平民都认为自己一贯正确，自信程度之高，就

---

[481] 法兰德注：富兰克林似乎把自己手抄的这篇讲话给了几位朋友，其中一份很快就印了出来，见卡瑞(Carey)《美国博物馆》第二卷第558—559页。比较几种版本后，看来，麦迪逊的这一份多半代表了在会上宣读的那一种。其他版本都包含了日后的修饰。见《汇编》第二卷第641页。

和他们所属的教派一样，但是，很少有人表达得像一位法国太太那么自然，她与妹妹发生争执时说，‘我也不明白这是怎么回事，妹妹，可是我从来没有遇到一个永远正确的人，除了我自己。’

“先生，从这种感觉出发，我同意这部宪法，连同它所有的瑕疵，如果它们确是瑕疵；因为，我认定我们需要一个总体政府，而现在还没有政府的形式，可是人民如能得到良好治理，或许是他们的福音。我进而相信，这一次可能治理得好若干年，不过最后还是会以专制收场，和以前的一些共和形式结局一样，人们一旦过于腐化，就需要专制政府，没有能力建成其他形式。我也怀疑，不论再开多少制宪会议，未必就能制定一部更好的宪法。因为，等你再召集一批人来，发挥他们的联合智慧，不可避免，也会把他们的偏见、他们的激情、他们的错误观念、他们的地方利益、他们的私人之见，连人一起召集拢来。从这样的会议里，能指望产生完美无缺的成果吗？先生，令我感到惊诧的是，现在制定的这套制度，如此接近完美；我认为，这部宪法也会使我们的敌人感到惊诧，他们正满怀自信地等着，以为我们开会，也会和巴比伦人建造通天塔一样，每次总是劳而无功；以为我们各邦正处在分崩离析的边缘，此后每次见面开会，只不过是为了掐断彼此的喉咙。先生，为此，我同意这部宪法，因为我不指望还能更好，因为我也没有把握说，现在这部宪法就不是最好的。为了公益，我牺牲我认为宪法中还有谬误的私人之见。

“我从未在外面窃窃私语。在此四壁之内，我的话语诞生，也在这里消失。如果我们每个回到选民那里去的人，都向他们报告自己对宪法的反对意见，力图获得一帮一派的支持，我们或许要避免大家采取这种做法，免得我们的崇高努力前功尽弃，我们真实或表面的全体一致，自然会在世界各国和我们自己人中间产生出高尚效果和巨大益处。任何政府，为了获得和保障人民的幸福，大部分的力量和效能，取决于印象，取决于民众对政府的良好印象，取决于对治理者的智慧和人格完整的良好印象。为此，我希望，作为人民的组成部分，为了我们自己，为了子孙后代，我们采取全心全意、全体一致的行动，尽我们力所能及，推荐这部宪法(如果得到邦联议会的认可和各邦制宪会议的批准),把我们未来的思想和努力,转向治国安邦。

"先生,总的来说,我禁不住想要表达一种愿望:'制宪会议中每位对宪法或许还有异议的代表和我一起,就此机会,略微怀疑一下自己的一贯正确,宣布我们取得一致,在此文件上签上他的名字。'"

然后,他提议,请代表们签名,并提供了下面一种方便的形式:"公元一七八七年九月十七日,经出席各邦一致同意,完成这部宪法。我们谨在此签名作证。"这个语义笼统的表格,由古文诺·莫里斯拟定,想要争取尚有异议的代表,交到富兰克林手中,希望增加成功机会。

戈汉姆先生:如果现在提出修改还不迟,他希望把"每四万人"改成"每三万人"产生的众议员不超过一名。这个分句已经讨论多次,为了减少对宪法的反对,是否再斟酌一下。他说,这样做,并非树立一项绝对规则,只是让联邦议会代表的面更广,免得人们觉得不合理。

金先生和卡乐尔先生:附议,支持戈汉姆先生的意见。

主席起立,谈起这个问题。他说,他的处境限制了他,此前,对会中悬而未决的问题,一直没有表述过自己的情绪。现在,或许有人依然认为,他应该缄口不言,不过,他禁不住要表达他的愿望:应该采纳刚才这个建议。大家都急切期望,我们推荐的这个方案,遇到的反对越少越好。制宪会议的许多代表,都提到过众议员人数太少,不足以保障人民的权利和利益。他承认,他一直觉得,这是宪法中易于引起反对的部分之一;迟至此刻,他才支持这项修改意见,认为意义重大,看到它被采纳,会带来许多满意。*

无人反对戈汉姆先生的主张,于是,会议一致通过。

是否同意在誊清的宪法上签名?各邦一致同意,都回答"是"。

这时,伦道夫先生起立,接过富兰克林博士的话,对自己拒绝在宪法上签名表示抱歉,尽管这么多德高望重的姓名,都对宪法的智慧和价

---

* 麦迪逊注:主席介入制宪会议讨论,这是惟一的一次。

值给予嘉许；他说，他拒绝签名，并不意味着他出门去要反对宪法。

他只是想把握自己，让自己受责任心的支配，等待未来的判断。他拒绝签名，因为他认为，若向人民陈述另外一种替代方案，制宪会议的目标就会挫败。不会有九个邦批准这个方案，混乱势必接踵而至。从这种观点出发，他不应该、不能够盟誓支持这部宪法，限制他采取自认为最符合公益的步骤。

古文诺·莫里斯先生：他也有反对意见，可是考虑到这份方案是目前所能达到的最佳方案，他应该连同它的瑕疵一起接受。大多数人已经决心赞同，他应受此决心的约束。从这份方案走出门的时刻起，其他考虑就应该扔到一边。最大的问题还是：要一个全国政府，还是不要？结论是要，否则，就会出现普遍的无政府状态。他指出，在提出的表格上签名，只是表明一个事实：出席各邦一致同意。

威廉森先生：签名应该限制在随宪法附给邦联议会的信上，或许效果接近，但可以使某些不大喜欢这部宪法的代表满意*。他本人认为，不能再指望一部更好的宪法，他对签名没有疑虑。

汉密尔顿先生：表示焦虑，认为代表应该人人签名。几位有影响的人物反对，甚至拒绝签名，可能引起无穷后患，燃起潜在火花；拥护宪法的热忱可能很快就会消失；拒绝签名犹如釜底抽薪。大家知道，再没有一位代表，比他的思想离宪法更远；可是，一边是无政府状态和动乱，另一边是指望这部宪法引出良好转机，除此以外，别无选择。

布朗特[482]先生：他曾经宣布过他不会签名，不愿以誓词支持这个方

---

* 麦迪逊注：他暗指的人中，有一个是布朗特先生。

[482] 威廉·布朗特（William Blount，1749—1800）是北卡罗来纳代表，时年 37 岁。英国最早移民的后裔。受过良好教育。独立战争刚一开始，就加入北卡军队，担任军需官。1780—1784 年，布朗特当选北卡罗来纳邦议会议员，曾经担任议长；1782—1783 年和 1786—1787 年，两度担任北卡罗来纳驻邦联议会代表；第二次适逢联邦制宪会议。从 7 月到 8 月，与佐治亚的费尤一起，离开费城制宪会议，前往纽约出席邦联议会。麦迪逊没有记录布朗特的发言。回到北卡以后，在这个一度拒绝批准宪法的邦里，布朗特支持批准宪法。1788—1790 年担任北卡罗来纳邦议会参议员，可是竞争北卡第一届联邦参议员失败。1790 年，华盛顿任命他为俄亥俄河以南领地总督（Governor），开始推动跨越阿巴拉契亚山脉的西进运动。布朗特在（转下页）

案，不过，现在提出的这种表格，打消了他的疑虑，他不想使自己妨碍这个事实：这项方案，是制宪会议上各邦的一致行动。

富兰克林博士：对伦道夫先生说的话表示担心，对自己今天上午的书面发言感到迷茫。他说明，起草这份讲话时，没料到真的会有代表拒绝在宪法上签名，而且希望得到这样的理解。他表明心迹，对伦道夫先生率先提出宪法草案，进展过程中又提供帮助，深表敬意，希望他把反对意见放到一边，和自己的兄弟们采取一致行动，免得由于他拒绝签名而引起巨大麻烦。

伦道夫先生：在这份表格上签名，和在宪法上签名是一回事。因此，表格的变化对他并无区别。他再一次说明，拒绝在宪法上签名，或许是他一生中走的最糟的一步，但却是受他的良知驱使，他不可能再犹豫，再改变。他重复了他的劝告，把这份方案加上一份最后的不同方案，交给人民，让人民决定，是全盘接受，还是全盘拒绝，真的会产生无政府状态或国内大乱，这就是几位拒绝签名的人的想法。

格里先生：表述了他在此情此境下的痛苦感觉。他站起来，对已经作出最后决定的问题，再作进一步的讨论，实在尴尬。这项方案悬而未决时，他曾经以这项方案值得的全部自由加入讨论。现在，由于制宪会议采取的行动，等他再想表示意见时，觉得自己已经受到约束。他希望，借此场合再来宣布他的担心，不至于构成违反，但他确实担心，目前联邦的危机可能导致内战。在马萨诸塞，他尤其看到这种大灾难的危险。那个邦有两派，一派致力于民主，他认为这是所有政治罪孽中最糟

（接上页）那里展开大量土地投机买卖，并代表北卡罗来纳与印第安人交易。他在后来被称为田纳西的地方定居，建立起自己的官邸。1796 年，他主持当地的制宪会议，把这片领地的一部分变成田纳西邦，1796—1797 年，成为田纳西的第一届联邦参议员。1797 年，布朗特在西部的土地投机使他陷入财政困境。这年他参与一项计划，利用印第安人、西部边民和英国海军，为英国人去攻打西班牙人，企图夺取佛罗里达和路易斯安那。他的一封信落到亚当斯总统手里，1797 年 7 月 3 日，这封信被转交给参议院。五天后，参议院以二十五票对一票开除布朗特。众议院提出弹劾，1799 年，参议院撤销对他的弹劾，决定除开除外不再追究。这件事并未影响布朗特在田纳西的政治前途，1798 年，就在被弹劾期间，他当选田纳西邦参议院议员，并被推举为议长。两年后，51 岁的布朗特去世。

糕的，另一派处于另一极端，同样暴烈。在反对和拒绝宪法中，两派对闯，混乱值得深忧。由于诸如此类的理由，他曾经想过，有必要把这项方案以比较调停的形式提出，以便双方降温。按制宪会议现在通过的形式，他相信会产生相反的效果。因此，他不能在宪法上签名，以此作为他在任何情况下都支持宪法的誓言。现在提出的这份表格，对他并无区别。如果还有什么不那么显眼的办法，他绝不会想到拒绝签名的办法。他说，至于富兰克林博士所说的话，他认为，只能是针对他和其他表示要拒绝签名的先生。

平克尼将军：看来，即使通过这份措辞笼统的表格，我们也得不到更多的人赞同。他认为，还是保持直率为好，让表格表达实质。如果签名者的意图弄得存疑，富兰克林先生的目的也达不到。他将签署宪法，内心支持，全力维护，愿意立下誓言。

富兰克林博士：时间真快，我们立下誓言之后，邦联议会和我们的选民不久就要批准这项方案。

英格索尔[483]先生：签名并非仅仅见证这一事实，宣誓也并不表示在任何情况下都支持这部宪法，而是推荐，说明所有讨论过的内容，都是最佳选择。

是否同意富兰克林博士的动议？点票结果，新罕布什尔赞成，马萨

---

[483] 贾雷德·英格索尔（Jared Ingersoll，1749—1822）是宾夕法尼亚代表，时年37岁。父亲老贾雷德是英国派往殖民地的官员，后来成为有名的保（英）王派。英格索尔生于纽黑文，17岁毕业于耶鲁，然后帮迁徙到费城的父亲理财。父子都没有分享美国独立战争时期的狂热和激情。1773年，英格索尔遵父嘱前往伦敦，在中寺研习法律。1776年完成学业，独立战争方兴未艾，他到欧洲游历两年。回费城后加入律师行业。1780年投身政治，当选宾夕法尼亚驻邦联议会代表一年。虽然英格索尔早已期待修改邦联条款，本人自始至终出席会议，作为律师，能言善辩，但在制宪会议上极少发言。制宪会议后，他先后担任费城市议员（1789），宾夕法尼亚总检察长（1790—1799，1811—1817），宾夕法尼亚联邦地区检察长（1800—1801），费城联邦地区法院主持法官（1821—1822）。1799年，布朗特被弹劾时，英格索尔是他的辩护律师。前纽约邦邦长乔治·克林顿曾经阻挠制宪会议，反对建立全国政府，派雅茨和兰辛为纽约代表，雅茨和兰辛以制宪会议越权为由，于7月10日提前离开会议，以示抵制；二十五年后，1812年，乔治·克林顿成为联邦党的总统候选人，英格索尔担任副总统候选人，与民主共和党总统候选人麦迪逊、副总统候选人格里竞选，结果败北。作为律师，英格索尔在一系列大案中的辩护词，为他在美国法律史上留下姓名。

诸塞赞成，康涅狄格赞成，新泽西赞成，宾夕法尼亚赞成，特拉华赞成，马里兰赞成，弗吉尼亚赞成，北卡赞成，南卡代表赞成反对各半*，佐治亚赞成。10邦赞成，0邦反对，1邦代表赞成反对各半。

金先生提议：制宪会议的记录，要么销毁，要么由会议主席负责保管。他想，万一走漏，那些反对采纳宪法的人，可能会加以滥用。

威尔逊先生：偏向第二种。他也曾认为第一种是上策；可是，谬种流传四起，届时便无可对证了。

是否同意把制宪会议的记录和其他文件交给会议主席保管？会议表决，新罕布什尔赞成，马萨诸塞赞成，康涅狄格赞成，新泽西赞成，宾夕法尼亚赞成，特拉华赞成，马里兰反对**，弗吉尼亚赞成，北卡赞成，南卡赞成，佐治亚赞成。10邦赞成，1邦反对。[484]

主席问：制宪会议的意图，该如何处置这些文件，如果有代表要求，是否允许抄录？会议一致决定："由他保持记录和其他文件，如果能按宪法组成联邦议会，就服从议会的命令。"[485]于是，代表们开始签名。

等到最后几名代表签名时，富兰克林博士望过会议主席的椅子，椅子后背上正好是一幅日出图案。

他对身边的几位代表说，画家们发现，很难使自己画的旭日区别于落日。他说，在会议进行途中，我是反复地注视主席身后的这幅图案，我对这个问题的希望和担心，反复翻腾，无法断定，图案中的太阳，究竟是在升起，还是在落下；现在我终于有幸知道，这个太阳是在升起，而不是落下。

代表们都在宪法上签了名，只有伦道夫先生、梅森先生、格里先生拒绝赐予他们的姓名，制宪会议就此结束。

---

* 麦迪逊注：平克尼将军和巴特勒先生不喜欢这种含义笼统的签名形式，因此投反对票。

** 麦迪逊注：马里兰的反对，是由于该邦对代表团有指示，要求他们回到马里兰后，报告会议进程。

[484] 在会议秘书杰克逊的表决记录簿上，这是制宪会议的最后一次表决，编号第569次。

[485] 1796年，华盛顿担任第二次总统接近届满时，把制宪会议秘书的记录和其他文件交给国务院。详情参见本书《联邦制宪会议记录的解密和成书》一文。

（这些《辩论》中的少数更动和更正，不是我的手迹，是我口授，由约翰·裴因先生[486]当着我的面笔录的。

詹姆斯·麦迪逊）

麦克亨利9月17日笔记[487]

派遣会议秘书杰克逊少校把宪法送往邦联议会。会议解除保密禁令。发给每个代表一份印刷的宪法。

制宪会议结束，代表们在城市饭店共进晚餐。

---

[486] 约翰·裴因(John C. Payne)是麦迪逊的妻子多莉·裴因·麦迪逊的兄弟。

[487] 麦克亨利的笔记载法兰德编《汇编》第二卷第650页。

附　　录

附录一

独立宣言

托马斯·杰斐逊

1776年7月2日

在人类的历史的进程中，当一个民族必须解除与另一个民族之间的政治纽带，依照自然法则和自然上帝的授权，自立于世界之林，成为一个分开和平等的成员时，对人类公意的尊重，要求他们宣布促使他们分开的理由。

我们认为以下真理不证自明：人人生而平等，造物主赋予他们一些不可转让的权利，其中包括生存、自由和追求幸福。为了保障这些权利，人们之间才组建政府，治人者的正当权利，来自被治者的同意。不论何时，不论何种政府形式，一旦违背这些目标，人们就有权变革政府，或废止旧政府、组建新政府，按人民觉得最能保障他们安全和幸福的办法，奠定政府的基本原则，组建政府的形式。诚然，审慎之心使人觉得：长期建立起来的政府，不宜因轻微短暂的理由而更改；过去所有的经历表明：人类往往趋于忍耐，只要邪恶还能忍得下去，直到迫不得已，才自我授权，废除他们已经习惯的政府形式。若一个政府长期篡权滥用，处心积虑，实行独裁专制，抛弃这样的政府，为自己未来的安全提供新的卫士，就是人民的权利，人民的责任。这些殖民地，就一直这样地忍耐着；这，就是促使这些殖民地必须改变他们的旧政府体制的原因。大不列颠当今国王的历史，就是反复伤人和篡权[1]的历史。他所有的行为，直接目标，都指向在这些邦里建立独裁暴政。为了证明此点，且让事实诉诸世人公听。

他[2]拒绝批准立法，而立法权最能促进公共利益，是现实公共利益的必需。

他禁止他的总督批准刻不容缓和至关紧要的立法，要不就把这些立法束之高阁，等他批准，而在搁置期间，他根本无心过问。

他拒绝批准有利于广大地区人民的其他立法，除非这些地方的人民放弃议会中的席位，而获得代议的权利，对人民来说，无比珍贵，唯有暴君，才对此畏惧。

他把各邦立法机构召集到违反常规、极其难受、远离公务档案的地方开会，目的无非是使代表们疲于奔命，束手就范，听凭他摆布。

他反复解散殖民地的代表会议，因为这些会议坚决反对他侵犯人民的权利。

他解散这些代表会议后，又长期禁止人民选举新议会，使不可剥夺的立法之权，无法回到人民手中，使形势处于外来入侵和内部骚乱的危机之中。

他极力阻挠各邦增加人口，拖延批准外国人入籍法，拒绝批准其他鼓励移民的措施，抬高占用土地的费用。

他阻挠司法的执行，拒不批准建立司法权的立法。

他控制法官任期，随意改变法官薪水，使法官依附于他的个人意志。

---

① 篡权(usurpations = the unlawful seisure of power)：北美独立运动的根本目标，是自己当家做主，由北美人民自己为自己立法，不再服从英国议会的立法。从这个角度看，英国把自己的立法，强加于北美，即为“篡权”。

② 杰斐逊《独立宣言》的矛头，只指向英国国王乔治三世。

他大肆设职封官,派来的官员蜂拥成群,骚扰民众,侵吞民脂民膏。

他未经我们议会的同意,竟在和平时期,把常备军派驻到我们民间。

他使军权独立,凌驾于民权之上。

他与其他人联手,在我们这里推行违背我们的宪法、推行我们的法律不承认的司法制度;

他批准以下的虚伪立法行为:

派出大量军队,驻扎在我们民间;

用虚伪审讯庇护他的军队,不惩罚他们杀害这些邦的居民的罪行;

切断我们与世界各地的贸易;

未经同意向我们强行征税;

在许多案件中剥夺我们由陪审团审讯的好处;

以莫须有的罪名将我们押到海外审讯;

在一个邻省废除英国法律的自由制度,在那里建立专制政府,扩大边界,炮制先例,用作样板,意图在我们这些殖民地里推行同样的统治;

取消过去颁发给我们的特许证书,废除我们最有价值的法律,从根本上改变我们的政府形式;

搁置我们自己的议会,宣布他们有权在一切事务上代替我们立法。③

他们夺去政府的权力,宣布我们不再受他的保护,向我们宣战。

他侵入我们的领海,骚扰我们的海岸,烧毁我们的城池,杀害我们的百姓。

此刻,他在调度大批的外国雇佣军,制造死亡与荒凉,他的暴虐已变得连最野蛮的时代也莫能相比,残酷、卑劣,完全不配做文明国家的首脑。

---

③ 代替我们立法(make laws):"法律"一词用复数。指议会制定的各项规则。立法权就是自主权。

他在公海上大肆掳掠，囚禁我们的同胞，迫使他们拿起武器反对自己的祖国，杀戮自己的朋友兄弟，或死于自己的朋友兄弟的刀下。

他在我们中间煽动内乱，唆使无情的印第安蛮人，杀害我们边疆的居民，而印第安蛮人所知道的作战规则，就是不分男女老幼，不论青红皂白，一律斩尽杀绝。

在遭受这些压迫的每一个阶段，我们总是言辞谦恭、反复请愿，祈求他改正，我们一次一次地请愿，得到的回报，是反复的凌辱。

一个君主，每一言每一行都显现出，他的本性实为暴君，不配治理自由人民。

我们并非不想提请我们的英国兄弟④注意。我们一次又一次地警告他们，不要企图利用他们的立法权，把毫无根据的治权，强加到我们头上。我们提醒他们，我们已移民到此，生根结果。我们向他们内心的正义和高尚情怀发出呼吁，我们企望他们顾念同文同种之情，翻然悔悟，放弃这种篡权行为，因为这样做，势必会切断我们的联系和往来。同样，他们对这种正义之声、同宗之情也充耳不闻。既然如此，我们迫不得已，只有奋而宣布独立，像对待世界各国一样对待他们：战则为敌，和则为友。

为此，美利坚联盟的代表，趁此代表大会召开之际，向世界最高裁决者申述我们的正义目的，以这些殖民地善良人民的名义，得到他们的授权，庄严宣布：它们⑤从此放弃对大不列颠国王的一切效忠，与大不列颠国家⑥的一切政治联系，从此而且理应一刀两断；作为自由独立的国家⑦，它们拥有宣战、媾和、结盟、通商，以及一切独立国家⑧享有的立法和行事的全权。我们坚信神明上苍的保佑，彼此盟誓，以生命、财产

---

④ 我们的英国兄弟：指英国议会，语气较缓和，留有余地。

⑤ 它们：英语用复数代词，指十三个即将独立的殖民地。还没有联合为一个“民族国家”。

⑥ 大不列颠国家：英语原文中，“国家”用 State。

⑦ 作为自由独立的国家：“国家”一词原文为 State。说明：起草《独立宣言》时，十三个“邦”自视为“自由独立的国家”。

⑧ 一切独立国家：其中的“国家”一词，英文也是 State。

和神圣的荣誉支持这一誓言。

约翰·汉考克
萨缪尔·亚当斯
艾尔布里奇·格里
罗杰·谢尔曼
奥立维·瓦科特
菲利普·利文斯顿
理查德·斯托克顿
约翰·哈特
本杰明·鲁斯
乔治·克莱默
詹姆斯·威尔逊
乔治·里德
威廉·巴卡
乔治·韦思
本杰明·哈里森
卡特·布莱斯顿
约翰·宾
托马斯·林奇
科曼·霍尔

约西亚·巴特列特
约翰·亚当斯
史蒂芬·霍普金斯
萨缪尔·杭丁顿
马修·托姆顿
弗朗斯·刘易斯
杰诺·韦瑟斯普
阿伯拉罕·克拉克
本杰明·富兰克林
詹姆斯·史密斯
乔治·罗斯
托马斯·麦克凯恩
托马斯·斯通
理查德·亨利·李
托马斯·尼尔逊
威廉·胡普尔
爱德华·拉特里奇
亚瑟·米德尔顿
乔治·瓦尔顿

威廉·韦普尔
罗伯特·裴因
威廉·埃勒瑞
威廉·威廉斯
威廉·弗洛伊德
刘易斯·莫里斯
弗·霍普金斯
罗伯特·莫里斯
约翰·莫顿
乔治·泰勒
凯撒·罗德尼
萨缪尔·蔡斯
查尔斯·卡乐尔
托马斯·杰斐逊
小弗朗西斯·李
约瑟夫·休斯
托马斯·西瓦德
巴腾·格维尼特

附录二

邦联条款

第二届大陆会议 1777 年 11 月 15 日通过

1781 年 3 月 1 日生效

新罕布什尔、马萨诸塞湾、罗德岛和普罗维登斯种植地、康涅狄格、纽约、新泽西、宾夕法尼亚、特拉华、马里兰、弗吉尼亚、北卡罗来纳、南卡罗来纳和佐治亚之邦联及永久联盟条款。

第一条 本同盟①的名称②为"美利坚联邦"③。

第二条 各邦保留自己的主权、自由和独立、每项权力、管辖范围和权利，邦联议会召开期间通过这项结盟明确授予联邦者例外。④

---

① 同盟(confederacy = a league or alliance)。

② 名称(stile = style)。

③ 美利坚联邦(United States of America)。

④ 各邦保留自己的主权、自由和独立、每项权力、管辖范围和权利，邦联议会召开期间通过这项结盟明确授予联邦者例外。(Each state retains its sovereignty, freedom and independence, and every power, jurisdiction and right, which is not by this confederation expressly delegated to the United States, in Congress assembled.)《邦联条款》起草委员会主席约翰·迪金森向第二届大陆会议提交《邦联条款》初稿的日期是 1776 年 7 月 11 日，大陆会议从次日开始讨论，拖了 1 年零 4 个月才批准，主要原因之一，是各邦领袖不愿交出《独立宣言》赋予各邦的主权。最后的解决办法，是采取结成同盟的方式，实行主权分割，通过《邦联条款》中各项条款明 (转下页)

第三条 上述各邦就此分别[5]加入一个牢固的、彼此友好的同盟[6]，以增强它们的国防，保障它们的公民权利[7]，促进它们相互和共同的福利，彼此约束，互相支援，共同对付以宗教、主权、贸易或其他任何借口对联邦或其中一邦提出的威胁或攻击。

第四条

第一款 为保障和维系各邦之间的友谊和交往，除乞丐、流氓和逃犯外，各邦自由居民有权享受其他各邦自由公民的一切特权和豁免权；各邦人民可自由进出[8]其他任何邦，享受一切贸易与通商特权，所课税金、所受限制，与所在邦居民一视同仁，不得限制财产所有者将迁入该邦之财产，转移到自己所居住的邦去；任何邦不得对联邦的财产和其他邦的财产征税或加以限制。

第二款 在一邦犯有叛国罪、重罪、严重轻罪，或被指控犯有上述罪行者，若逃往其他邦，应原邦行政长官或行政部门的要求，应将其引渡至原邦。

第三款 各邦彼此之间，对其他邦法院和行政长官的档案、法案、司法程序应予充分信任和尊重。

第五条

第一款 为便于安排联邦的共同利益，各邦按本邦议会认为适当的方式，逐年派出代表，于每年 11 月第一个星期一举行邦联议会，各邦保留在年内召回部分或全部代表、委派其他代表顶替的权力。

第二款 每邦派往邦联议会的代表，不得少于 2 人，不得多于 7

（接上页）确授予联邦的各项主权，归联邦，未明确授予联邦的其余主权，各邦自己保留。这就使《独立宣言》宣布的 13 个拥有全部主权的国家，变成拥有部分主权、自由和独立的“准国家”，译为“邦”。

⑤ 分别（severally = separately, distinctly, respectively, individually）：具有分开、各自、分别、独自等涵义。

⑥ 同盟（league = an alliance or association）：具有同盟、联盟等涵义。

⑦ 公民权利（Liberties）。

⑧ 自由进出（free ingress and regress to and from）：免去签证和出入境检查。

人；任何人在6年中担任代表不得超过3年，任何担任代表的人，不得在联邦担任由本人领取或他人代领薪水、津贴和报酬的职务。

第三款　每邦需在邦际会议⑨中保留代表，代表在会议工作期间，在决定联邦事务时，每邦各有一票表决权。

第四款　代表在邦联议会中的言论自由和辩论自由不受干涉，在邦联议会以外的任何地方，任何法庭不得对其盘问，叛国罪、重罪或妨害治安罪例外，代表在前往开会和返回住处途中，不受逮捕和拘禁。

第六条

第一款　未经联邦在邦联议会召开期间同意⑩，任何邦不得派出或接受使馆，不得与任何国王、君主或国家举行会议、达成协议、结成同盟、缔结条约⑪；在联邦或任何一邦内担任受薪受托职务的人，不得接受任何国王、君主和任何外国的礼物、报酬、职务或头衔；联邦和任何一邦不得授予贵族头衔。

第二款　未经联邦在邦联议会开会期间同意，任何两邦或多邦之间不得缔约、结盟、同盟，不得具体规定这类缔约结盟的目的和持续的时间。

第三款　任何邦都不得征收进口税和关税，以免影响邦联议会与任何国王、君主或国家缔约之款项，不得设法与法国和西班牙朝廷缔约，影响邦联议会已向他们提出的缔约条款。

第四款　任何邦不得在和平时期保留战舰，除非邦联议会召开期间联邦认为该邦之战舰数量是保护该邦或其贸易所必需的；任何邦在和平时期不得保持任何武装部队，除非邦联议会召开期间联邦判断所保留的要塞警卫人员数量是保护该邦所必需的；但每邦应随时保留一

---

⑨　邦际会议(a meeting of the states)。

⑩　联邦在邦联议会召开期间同意(without the consent of the United States in Congress assembled)：邦联的组织方式是联合国的雏形，它的权力在一年一度的大会，邦不论大小，各有平等的一票。《邦联条款》其实应该译为《同盟条款》，邦联议会(congress)其实应该译为“联邦大会”。译者对这两个译法，采取从众的做法。

⑪　邦联集中几乎所有的外交权，包括邦与邦之间的签订条约和结成联盟的权利。

支管理良好、遵守纪律、武器装备足够的民兵，在公共武库保存一定数量的军需、帐篷，数量适当的武器弹药，营房器材，随时听候调用。⑫

第五款　未在邦联议会开会期间得到联邦的同意，任何邦不得开战，除非该邦受到敌人实际入侵，或得到情报，表明某个印第安人国家已决定侵入该邦，危险迫在眉睫，不容迟缓，来不及等待听取邦联议会召开期间联邦的决定；在邦联议会召开期间联邦决定宣战之前，任何邦不得向任何船只和战舰发布命令，不得颁发海上缉拿外国船只许可证和报复敌国的拘捕证，只能与邦联议会召开期间联邦已经与之宣战的王国、国家及其臣民作战，并遵守邦联议会召开期间制定的规则，除非该邦受到海盗大肆入侵，在此情况下，可派战舰出击，作战时间以危险依然存在为限，或作战到邦联议会召开期间联邦决定的时间。

第七条　任何邦为共同国防而招募的陆军，所有上校和上校以下军官，由招募这些军队的各邦议会任命，或按各邦所定办法任命，军官出现空缺时，由原来任命该军官的邦任命继任者。

第八条　一切战争费用，一切为建立共同国防和提供普遍福利而出现的其他费用，以及邦联议会召开期间联邦同意支出的费用，均从共同财库中支取，财库来源，由各邦按其全部土地价值分摊，包括授予和测量后分给任何个人的土地，邦联议会召开期间联邦将定期制订办法，任命人员，对土地、房屋和改良增值作出估价。各邦为交纳自己应承担的份额，可由各邦议会制定税则、征收税金，时间应在邦联议会召开期间联邦同意的时间范围以内。⑬

第九条

第一款　邦联议会召开期间的联邦，独享决定战争与和平的全权，

---

⑫　邦联集中宣战权、军事协调权、缔和权，但募兵的责任和委任将军以下军官的权力归邦政府。

⑬　邦联没有直接向人民纳税的权力，只能通过向各邦摊派款项的办法筹款。各邦坚决保留财权，独立战争一旦结束，各邦拒绝交纳、少交或拖欠邦联摊派的款项，邦联立刻处于财政极其困难的状况，包括无力偿还战时向法国和西班牙借的外债，无钱兑现战时大量发行的国内公债。

第六条所述情况例外，独享派出和接受大使、缔结条约和加入盟约的全权，但所缔结的商业条约，不得限制各邦的立法权力[14]，按向本邦居民征税的办法，向外国人征收进口税和关税，不得禁止各邦出口和进口任何货物和商品，不得禁止各邦制定各种情形下的规则，不得决定陆上或水上的俘获物是否合法[15]，不得制定规则规定陆军和海军在为联邦服役时所获战利品如何瓜分或分配，不得在和平时期颁发海上缉拿外国船只许可证和对敌国的拘捕证，不得设立法庭[16]审讯公海上的海盗罪和重罪，不得设立法庭接受和审理一切有关俘获物的最后上诉，除非上述法庭的法官中没有邦联议会任命的人担任。

第二款　两邦或多邦之间，因领土、管辖范围和其他任何事务，目前存在或将来出现的争议和分歧，应在邦联议会开会期间由联邦对上诉作出最后决定，具体办法如下。一邦议会、行政当局或其法律代理人，与另一邦发生争议时，应向邦联议会提出诉求，陈述问题所在，申请举行听证会；邦联议会应将诉求交给与之发生争议的另一邦的议会或行政当局，指定一个日期，让双方法律代理人出庭，双方代理人一致同意后，指定仲裁人或法官组成法庭，听取问题所在，并作裁决。若双方代理人无法取得一致，由邦联议会从联邦内每邦提名三人，双方可依次从三人中剔除一人，由提出诉求的一方先剔除，直到剩下十三人；从这十三人中，由邦联议会通过抽签提取不少于七人，不多于九人；这样提取出来的人或其中任意五人，担任仲裁或法官，听取争议，并作出最后裁决；裁决由听取案件者的多数意见决定。若一方玩忽，不在指定日期出席，又不提出邦联议会认为充分的缺席理由，或出庭而拒不答理，则由邦联议会从每邦提名三人，

---

⑭　邦联负责建立对外贸易关系，征收进口税的财权由各邦保留。

⑮　战争期间，缉私船是作战的一种形式，有生命危险，缴获不是归公，而是冒生命危险获取资财的一种手段。制宪会议全体委员会主席戈汉姆，靠参加缉私恢复其被英军毁家而造成的大部分损失。

⑯　邦联议会没有设立法庭的权力。各邦议会通过立法制定本邦的法律。

由邦联议会秘书代表缺席或不答理的一方剔除；按上述方法组成的法庭所作的判断和裁决，具终审和决定性质。任何一方，若拒不承认此种法庭的权威，或拒不出庭提出申诉，或不对理由作出辩护，此种法庭仍将开庭并将作出裁决，裁决具终审和结案性质。判断、裁决和程序记录均提交邦联议会，为有关各方安全计，存入公共档案。每名仲裁人在入席开始裁决之前，需宣读誓言，由裁决举行地点的邦最高法院法官之一主持，誓词为："仔细认真听取问题所在，尽自己最佳判断能力，不偏不倚，不图报答，作出裁决。"此外，不得为联邦的利益而剥夺任何一邦的领土。[17]

第三款　一切土地私有权的争端，因两邦或多邦均认为这些土地在自己的管辖范围内、颁发了不同的地契而引起，或因这些邦颁发地契之后又对管辖范围作了调整而引起，这些地契或其中的一种声称按原有管辖范围拥有原始地契，这类争端均由一方向邦联议会中的联邦提出诉求，尽量按上述处理各邦之间管辖范围领土争议的方法作出最后裁决。

第四款　邦联议会召开期间的联邦，拥有单独和排他的权利和权力，根据联邦得到的授权，或根据各邦的授权，规范货币的铸造和币值[18]，在邦联内统一度量衡，规范与不属于任何邦成员的印第安人的贸易和各项事务，但不得侵犯和违反各邦在其限度以内的立法权利，建立和管理联邦全境内邦与邦之间的邮局，从联邦全境内的邮件提取邮费，支付邮局的开销，任命为联邦服役的全体陆军军官，团级军官例外，任命全体海军军官，授予全体为联邦服役的军官的军衔，制定管理陆海军条例，指挥作战。[19]

第五款　邦联议会召开期间的联邦，有权指定一个委员会，在邦联

---

⑰ 邦联议会对邦与邦之间的纠纷，只有如上所述的复杂仲裁组织权。

⑱ 后来，各邦分别发行本邦的纸币，造成货币混乱和恶性通货膨胀。

⑲ 参见本文注⑫。

议会休会期间履行职责，取名“邦际委员会”[20]，由每邦的一名代表组成；有权任命其他委员会[21]和文职官员，按联邦的指示处理联邦的日常事务；任命其中一人主持，但在任何三年内，任何人不得主持工作超过一年[22]；保证为联邦的服役筹集必需的款项，为公共支出拨款和提供给养；以联邦的信用筹借贷款，发行货币，每半年将贷款和发行所得向各邦呈交账目；建立和装备一支海军；协商陆军人数；按各邦白人[23]居民人数，向各邦分配兵员名额；此项兵员分配具约束性，由各邦议会任命团级军官，招募兵员，按士兵规格提供服装、武器、装备，把按此规格配备服装、武器、装备的军官和士兵，在邦联议会召开期间联邦协商的时间以内，开拔到指定地点；但若邦联议会召开期间，联邦审时度势，认为有的邦不需要招募兵员，或招募的兵员可低于其配额，而其他邦招募的兵员需高于配额，仍应按配额招募这些超额兵员，配备军官、服装、武器、装备，除非该邦议会认为无法提供如此数量的兵员，在此情况下，由该邦议会视情况尽量[24]招募配额规定的超额兵员，配备军官服装、武器、装备。把按规格配备服装、武器、装备的军官和士兵，在邦联议会召开期间联邦协商的时间以内，开拔到指定地点。[25]

第六款　除非九个邦[26]一致同意，邦联议会召开期间，联邦不得从事战争，不得在和平时期颁发海上缉拿外国船只许可证和报复敌国拘捕证，不得缔约结盟，不得铸造钱币，不得管理币值，不得为联邦或其中任何一邦的防务和福利而筹款拨款，不得以邦联的信用发行货币、筹借

---

⑳　邦际委员会(a Committee of the States)：同盟大会休会期间的行政部门，参见表二《制宪会议召开以前和召开期间的美国政府》。

㉑　其他委员会(other committees)：“部”的前身。关于财政委员会，参见本书注④罗伯特·莫里斯和注㊾艾尔布里奇·格里；关于战争委员会，参见本书注⑦托马斯·米弗林。

㉒　委员会主席实行轮换制。

㉓　服役作战，是白人的特权，黑人不得参加，印第安人则是敌人的一部分。

㉔　各邦议会是否服从邦联的款项摊派和兵员摊派，有很大的自愿性和自主权。

㉕　参见本文注⑫。

㉖　9个邦超过13个邦的三分之二。任何决议需征得超过三分之二的邦同意，是对邦权的凸显。上述所有“通过这项结盟明确授予联邦者”，如果得不到9个邦的赞同，或5个邦的反对，即为一纸具文。

贷款，不得拨款，不得在建造和购买的战舰数目、招募的陆、海军人数方面达成协议，不得委任陆军或海军总司令；除非在邦联议会召开期间由联邦中的多数邦通过表决作出决定，除决定逐日休会外，不得对其他任何问题作出决定。

第七款　邦联议会内的联邦有权在年内的任何时间开会，选择联邦内的任何地点[27]，但休会期间不得长于六个月，并按月公布邦联议会的议事记录[28]，但邦联议会认为需要保密的有关缔约、结盟、军事行动的部分，不在此例；各邦代表在每个问题上所投的赞成票或反对票，只要有一名代表要求，即须记录在案；一个邦的代表们，或其中任意一人，若提出要求，即应给予一份上述记录之复写件，以便提交各邦议会，上述保密内容除外。

第十条　邦联议会休会期间，授权邦际委员会，或任何九个邦，执行邦联议会召开期间联邦的权力，取得九个邦的同意，每隔一段时间可以考虑必需的授权[29]；但是，未经邦联议会召开期间联邦内九个邦的同意，不得授权上述委员会执行邦联条款规定的任何权力。

第十一条　若加拿大申请加入邦联，加入联邦采取的各项措施，应予批准，并授予联邦的一切好处；但是，除非九个邦一致批准，不得授予其他殖民地同等待遇。[30]

第十二条　联邦成立之前，为建立目前的联邦，由邦联议会授权或由邦联议会签订合同而发行的信用券、借的贷款、欠的债务，均视为联邦债务，由联邦负责偿还，谨在此以公共信用庄严担保。

第十三条　每一个邦，对这项结盟提交给他们的所有问题，受到邦联议会召开期间联邦所作各项决定的约束。各邦应严格遵守邦联条

---

[27] 邦联没有固定的首都。参见表二《制宪会议召开以前和召开期间的美国政府》。

[28] 邦联强调决策过程的公开和透明，接受各邦的监督。

[29] 每隔一段时间可以考虑补充授权，自然隐含可以考虑收回部分授权。《邦联条款》完全是一个战时同盟的权宜之计，而不像它开头说的那样，是一个“永久联盟”。

[30] 缔结同盟时，对其他可能出现的新邦持关门态度，请比较《弗吉尼亚方案》第10条。

款，不得违反，联盟将永世长存[31]；从今以后，除非取得联邦大会[32]同意，并在事后得到每个邦议会的确认，任何时候不得作任何更改。

我等得到世界最高主宰之欢悦，得到我们各自代表的邦议会的诚心，批准和授权我们在代表大会上承认上述邦联条款和永久同盟。上帝见证：我等在下面签名的代表，根据授予我们的权力，在此聚会，谨代表各自的选民并以他们的名义，在此全权批准和确证邦联条款中的每条每款和永久同盟，以及其中所包含的所有和每项事务；我们进而以各邦选民之名义庄严盟誓，他们将受邦联议会召开期间联邦所作各项决定的约束，包括这项结盟所提交给他们的所有问题。我们在此会议上举手为证。

本条款于我主一千七百七十八年——美利坚独立第三年七月九日在宾夕法尼亚之费城完成。

我们特此签名作证

新罕布什尔	约西亚·巴特列特	
	约翰·文特沃思 1778.8.8	
马萨诸塞湾	约翰·汉考克	萨缪尔·亚当斯
	艾尔布里奇·格里	弗朗西斯·达纳
	詹姆斯·罗维尔	萨缪尔·霍顿
罗德岛和普罗维登斯种植地		
	威廉·艾勒里	亨利·马昌德
	约翰·科林斯	
康涅狄格	罗杰·谢尔曼	萨缪尔·杭丁顿
	奥立维·沃尔科特	蒂度斯·霍斯默

---

[31] 各项条款后来实际屡遭违反，参见本书6月19日麦迪逊长篇发言。

[32] 联邦大会：Congress of the United States；比较 United Stetes in Congress Assembled。

说明：译者已找到杰斐逊《独立宣言》的原稿和大陆会议修改稿的复制件，但找不到迪金森起草的《邦联条款》原件。本文按罗西特《1787年制宪盛会》附录译出，只有这份附录有签名者和部分签名日期。

	安德鲁·亚当斯	
纽约	约瑟夫·杜安	弗朗西斯·刘易斯
	威廉·杜尔	古文诺·莫里斯
新泽西 1778.11.28		约翰·韦瑟斯奔
	纳撒尼尔·斯库德	
宾夕法尼亚	罗伯特·莫里斯	丹尼尔·罗伯狄欧
	约翰·贝雅德·史密斯	威廉·克林根
	约瑟夫·里德 1778.7.22	
特拉华	托马斯·麦克凯恩 1779.2.12	
	约翰·迪金森 1779.5.5	
	尼古拉斯·凡·杜克	
马里兰	约翰·汉森·马奇 1781.3.1	
	丹尼尔·卡乐尔	
弗吉尼亚	理查德·亨利·李	约翰·巴尼斯特
	托马斯·亚当斯	约翰·哈维
	弗朗西斯·莱托夫·李	
北卡罗来纳	约翰·宾 1778.7.21	科恩·哈涅特
	约翰·威廉斯	
南卡罗来纳	亨利·劳伦斯	威廉·亨得·德雷顿
	约翰·马休斯	理查德·哈特森
	托马斯·海伍德	
佐治亚	约翰·瓦尔顿 1778.7.24	爱德华·特尔菲尔
	爱德华·朗沃斯	

附录三

平克尼制宪方案

1787年5月29日,伦道夫向制宪会议提出弗吉尼亚方案之后,“查尔斯·平克尼先生向会议提出他准备的一份联邦政府草案,希望得到美利坚自由各邦赞同。会议决定把平克尼先生的方案也提交将要讨论美利坚联邦现状的全体委员会”[①]。此后,记录中再也没有提到这份方案,直到7月24日,全体委员会正式决定不再讨论这份方案,但是把它提交给了负责起草宪法初稿的详情委员会。

1818年,当约翰·昆西·亚当斯负责编辑《会议记录,制宪会议的行动和过程》一书时,在制宪会议秘书杰克逊的记录中没有发现“平克尼制宪方案”,致函平克尼,请他提供这份遗失的文件。

亨特编的《麦迪逊文集》第三卷,把平克尼制宪方案作为5月29日笔记的脚注,并附有平克尼先生给约翰·昆西·亚当斯的两封信。译出如下。

---

① 见麦迪逊5月29日记录的末尾。

查尔斯·平克尼给约翰·昆西·亚当斯的信

查尔斯顿附近的温莎 1818 年 12 月 12 日

先生：

我刚刚荣幸地收到你的来信。眼下，我离开了查尔斯顿，到我在这一带的农场上来照顾我的利益。收到你的来信后，我将大幅缩短我在这里的逗留时间，回城去尽快完成你委托我办的事情——检查一下我过去的旧文件。不久以前，我知道这些文件还在那里，因此，达到你的要求不过举手之劳。等我一回到我在查尔斯顿的住处，就会再给你写信，以免耽误你的工作。

我发言时提出的制宪草案，分为若干条，相当详尽，伦道夫先生提出的决议，据我的记忆，不过是一些总体主张。这两份方案都提交给了同一个委员会。

此致敬礼

原注：资料来源于国务院所存信函。

三个星期以后，查尔斯·平克尼又给约翰·昆西·亚当斯写了一封信。

先生：

我按答应你的那样，回到了这个城市，仔细检查了我保留的关于制宪会议的大量笔记和文件，从中发现几份我在制宪会议上提出的草案。虽然这几份草案在措辞和条文的先后安排方面有些不同，不过，它们的实质内容是一样的。这些草案都是出于一个想法，就是抛弃对邦联条款修修补补的念头（当时，这是一些代表非常热衷的念头），进而创新，建立一个分权的政府，分成立法、行政、司法部门，使政府能直接管理人民，而不必通过各邦政府。我的方案，在后来的进程中，除参议院的安排外，得到会议实质性的接受，不过，后来授予行政官的权力，比我想要授予的更多。在制宪会议过程中，小邦和中等邦所掌握的票数，使我们无法在两院中都争取到按比例分配席位的目的，而后来授予总统的巨大权力，在制宪会议的耐心而且冷静的讨论过程中，从未想过要授予那么多。这个会议的过程，差不多长达五个月，到最后的一周或十天，关于行政部门的文字，几乎全部改动了。我可以向你保证一个事实，在五个月内的四个半月多的时间里，不论在全体委员会上，还是在大会上，经过无数次的辩论和商讨，缔结条约、任命大使和任命最高法院法官的独有权力，一直是授予参议院的。这一点，我不仅可以断言，而且可以用我手边的印刷文件证明。倘若我有幸与你见面，并就此问题交谈，我会向你说明与此相关的一些事情，或许会使你觉得新鲜，甚至吃惊。制宪会议的秘密面纱正在被联邦议会揭开，但还活着的代表中，很少有人现在还会像以前那样来揭露制宪会议过程中的不当行动和情景。在我所保存的笔记及大量字条和备忘录的帮助下，我现在有能力来提供一幅图景，展现制宪会议所遇到的难以克服的困难，代表们之间互相冲突的观点。我相信，若我没有误解麦迪逊先生的意图，他是想要提供这幅图景的，我也有这样的意图。我相信，只有他一个人拥有和保留了比我更多的会议笔记和各种资料。先生，如果你能给我一份荣幸，直接寄给我，或请总统指示寄给我一本《会议记录》，并寄给我一份《联邦议会保密记录》，我将感谢你，因为，由我自己来提这种要求不大合适。

我已经告诉你，我有几份我在制宪会议上提出的草案，这几份草案的内容实质是一样的，区别只在措辞和条文的先后安排。事隔差不多已经三十二年，我现在没法判断：我手中的这四五份草稿中，哪一份是当初提出的那一份，不过，我给你寄来的这份，我相信就是。不过，我要再说一遍，这几份草案的内容实质是一样的，出入只在形式和非本质的内容方面。或许有必要指出，会议结束后不久，我改变了自己的以下观点，并且诚实地承认了。我原来的观点是：授权联邦议会在某些情况下复审各邦的法律，把宣战权单独授予参议院，后来改为：干脆取消第一点，而把宣战权授予联邦议会，更为安全。

收到信后请写几行字告诉我，特此致谢。

此致敬礼。

你忠实的仆人

查尔斯·平克尼

1818年12月30日　于查尔斯顿

约翰·昆西·亚当斯1819年1月6日收到。

内附平克尼所寄他在联邦制宪会议上提出的制宪草案一份。

平克尼制宪方案

我们新罕布什尔、马萨诸塞、罗德岛和普罗维登斯种植地、康涅狄格、纽约、新泽西、宾夕法尼亚、特拉华、马里兰、弗吉尼亚、北卡罗来纳、南卡罗来纳和佐治亚的人民，在此树立、宣布如下宪法，为我们自己和我们的子孙后代建立政府。

第一条

这个政府的名称是美利坚联邦，这个政府由最高立法、行政、司法权力组成。

第二条

立法权寓于联邦议会(Congress)，由分开的两院组成，一个叫众议院(House of Delegates)，另一个叫参议院(Senate)，议员于每年____月____日开始开会。

第三条

众议院议员每隔____年由各邦人民选举，选民资格同各邦选举议员的选民资格。议员需要已经成为联邦公民____年；年龄至少满____岁，并且是他所当选的邦的居民。在后文所规定的人口普查完成之前，各邦的席位按比例分配如下，新罕布什尔____席，马萨诸塞____席，罗德岛____席，康涅狄格____席，纽约____席，新泽西____席，宾夕法尼亚

____席，特拉华____席，马里兰____席，弗吉尼亚____席，北卡罗来纳____席，南卡罗来纳____席，佐治亚____席。人口普查以后，议会(the Legislature)将制定规则，由每____千人口选出一名议员，在各邦之间按比例分配席位。凡涉及钱财的提案都由众议院发起，参议院不得修改。众议院独享弹劾权，选出自己的官员，众议员出缺，由该议员产生的邦的行政当局提供。

第四条

参议院由众议院议员选举。众议院选出后，立即通过书面投票选举参议员，从新罕布什尔的公民和居民中选出____名，从马萨诸塞的公民和居民中选出____名，从罗德岛的公民和居民中选出____名，从康涅狄格的公民和居民中选出____名，从纽约的公民和居民中选出____名，从新泽西的公民和居民中选出____名，从宾夕法尼亚的公民和居民中选出____名，从特拉华的公民和居民中选出____名，从马里兰的公民和居民中选出____名，从弗吉尼亚的公民和居民中选出____名，从北卡罗来纳的公民和居民中选出____名，从南卡罗来纳的公民和居民中选出____名，从佐治亚的公民和居民中选出____名。

新罕布什尔、马萨诸塞、罗德岛和康涅狄格的参议员为第一组，纽约、新泽西、宾夕法尼亚、特拉华的参议员为第二组，马里兰、弗吉尼亚、北卡罗来纳、南卡罗来纳、佐治亚的参议员为第三组。

众议院用抽签办法把这些组取名为第一组，第二组，第三组，固定参议员的任职时间，第一组参议员任职____年，第二组参议员任职____年，第三组参议员任职____年，到他们任期届满时，众议院通过选举填补各组参议员，他们将填补因死亡和辞职引起的空缺，任期为议员死亡和辞职剩下的任期。

参议员年龄至少满____岁，当选前已经是联邦公民四年，并且应该是选出他的邦的居民。参议院选举自己的官员。

第五条

每邦自己预先制定众议员的选举时间和方式，众议院自己审查选举结果和议员资格。

议员人数过半就可以开会议事，两院一样。议员在议会内的自由言论和自由辩论不受弹劾，在议会以外不受盘问。除了叛国罪、重罪、违反治安罪，两院议员在他们开会期间、在前往开会和返回途中不受逮捕。两院均应保持会议记录，除秘密以外，定期出版，出席议员中有一人要求，得将全体议员所投的赞成票和反对票记录在案。未经另一院同意，任何一院不得休会____天，不得在他们的议会场地以外的任何地方开会。

两院议员当选任职期间不得担任联邦官员，参议员任期届满后一年以内不得担任联邦官员。

两院议员的薪水，由他们所代表的邦支付。

议会通过的一切提案，都要交给联邦总统复审，总统若批准，即签署，若不批准，应写明反对意见，退还发起该提案的一院，若该院出席议员的三分之二，不顾总统反对，同意批准，即将该提案送另一院，并附总统的反对意见，若另一院出席议员的三分之二也同意通过，这项提案即成为法律。所有提交给总统的提案，若总统在____日内不归还，提案即成为法律，若议会休会，总统无法归还，则不能成为法律。

第六条

联邦议会有权

制定税则，征收关税、进口税、营业税；

管理与各国的通商和各邦之间的通商；

借贷和发行信用券；

建立邮局；

招募军队；

建立和装备舰队；

通过立法，武装、组织、管理联邦民兵；

应一邦议会的申请，平息该邦叛乱；

铸造钱币，规范币值，确定度量衡；

提供船坞、武库，建立要塞，以供联邦之需要，在上述地点实行联邦的排他管辖权；

通过选举委任财政部长；

设立低于最高法院的下级法院；

修建邮政和军用道路；

在联邦政府所在地建立一所国立大学，并提供办学经费；

制定统一的入籍规则；

提供经费建立联邦首都，面积不超过____平方英里，由联邦在首都实行排他管辖权；

制定处理俘获物的规则；

宣布法律和处罚规则，处罚海上的海盗罪、重罪、伪造钱币和违反国际法的行为；

召唤民兵，执行联邦法律，执行条约，镇压暴动，抵御入侵；

制定一切必要的法律，把上述权力付诸执行；

联邦议会有权宣布对叛国罪的处罚，只有对联邦或其中的一邦展开战争，或者投靠他们的敌人，才构成叛国罪，除非有两人作证，不得判任何人叛国罪；

直接税的比例按全体居民人数计算，联邦议会第一次开会后____年以内，每隔____年对各类居民数字开展一次普查，普查办法由议会制定；

对各邦出口的货物不得征税，除根据人口普查结果按规定比例征税外，不得征收人头税；

一切关于通商的立法，都需要两院三分之二的议员分别通过；

联邦不授予任何贵族头衔；联邦议会不得通过关于宗教的立法，不得触碰和剥夺公民的出版自由，不得褫夺人身保护法特权，只有在出现叛乱和入侵时才可以暂时搁置；

为维护宪法和联邦授权订立的一切条约，联邦议会所通过的一切法案，为国土上的最高法律，全体法官断案时均受这些法律的约束；

第七条

参议院独享宣战权、缔结条约权、任命驻外大使和使节权、委任最高法院大法官。

参议院独享裁决邦与邦之间在管辖范围和领土方面现存的或将来可能发生的争执的权力。

第八条

联邦的行政权寓于美利坚联邦的一名总统（a President），总统是他的头衔，他的称呼为阁下（His Excellency），总统每____年选举一次，可以连选连任。

总统每隔一段时间向联邦议会提出国情咨文，推荐他认为必要的各项措施，供联邦议会讨论；总统负责联邦的立法得到忠实贯彻；总统给联邦的全体军官授衔，但大使、其他使节、最高法院法官，由总统提名，征得参议院认可，才能任命；总统接受外国公使，与各国行政官交往；总统享有特赦权，可下令暂缓死刑，但弹劾案不在赦免之列；总统为联邦陆军、海军和各邦民兵总司令；总统领取报酬，报酬在任期内不增不减；总统就职时需宣誓忠实执行联邦总统的职责；经众议院提出弹劾，经最高法院确认，若总统犯有叛国罪、受贿或贪污，即予罢免；总统被罢免、去世、辞职或丧失工作能力，由参议院议长代行总统职责，直到选出另一位总统；若遇参议院议长去世，由众议院议长代行总统职责。

第九条

联邦议会有权有责根据需要设立衡平法法院和海事法院；这些法院的法官行为良好得继续任职，领取报酬，报酬在任期内不增不减；这些法院之一将称为最高法院，最高法院的司法范围延伸到由联邦法律引起的一切案件，有关大使、其他公使和领事的一切案件。最高法院行使对联邦官员弹劾案的审理。行使对海事与海运法的一切案件的审理。对涉及大使和其他公使的弹劾案，享有初审权；对所有其他案件享有上诉案的审理权。

所有刑事犯罪（弹劾案除外），由案发地点的邦法院审理；审案应公开进行，并有陪审团在场。

第十条

对联邦人口实行第一次普查之后，众议院立即依各邦每____名公民和居民选出之众议院议员人数，按每____名众议员产生1名参议员的办法，分配参议院的人数并选出各邦参议员，但每邦至少选出1名参议员。

第十一条

任何邦不得颁发海上缉拿外国船只的许可证和报复敌国的拘捕证，不得缔结条约、加入同盟、结成邦联；不得授予贵族爵位；未经联邦议会同意，不得对进口货物征收进口税；在和平时期，不得保持军队和战船；不得缔结与他邦或外国的契约；不得颁发信用券；除使用金币、银币、铜币外，不得以其他任何货币偿还债务；不得从事战争，除非实际受到入侵，或危险迫在眉睫、不容迟缓，必须自卫，否则，需听候联邦政府的决定。为使这些禁令行之有效，联邦议会有权复审各邦议会通过的立法，以防这些立法可能侵蚀宪法专门授予联邦议会的权力，有权否定这类立法或使其失效。

第十二条

每邦公民享有各邦公民同等的特权和豁免权。任何邦的任何个人被指控犯罪，若逃往他邦，应其所逃出的邦的行政官的要求，应予引渡，交还对该罪行享有司法权的邦。

第十三条

每邦彼此之间，对其他邦议会的立法、其他邦法院和行政官的文书和司法程序，应予充分信任。

第十四条

联邦议会有权批准新邦加入联邦，条件与原邦相同，需由两院三分之二议员出席和同意。

第十五条

应一邦议会之申请，联邦将保护该邦不受内部暴动之侵扰。

第十六条

若三分之二的邦议会提出相同要求，或联邦议会两院三分之二的议员提出相同要求，联邦议会得召开制宪会议，对宪法进行修正；联邦议会两院三分之二议员同意，便足以将修正案纳入宪法，作为组成部分。

____个邦批准宪法，即足以按此宪法组织政府。

据法兰德说，1819年，约翰·昆西·亚当斯编的《会议记录》出版时，参加制宪会议还活着的代表已只剩几位。但鲁弗斯·金和詹姆斯·麦迪逊都私下表示：他们肯定，印在《会议记录》中的这份平克尼方案，与平克尼1787年5月29日的发言内容有出入。麦迪逊给鲍尔丁的三封信、给斯帕克斯的一封信和麦迪逊的《评平克尼方案》一文，收入法兰德的《汇编》第三卷，作为附件第391,392,393,394,395号。亨特编的《麦迪逊文集》第三卷、第四卷，没有收录这些内容。

附录四

汉密尔顿制宪方案

1787 年在费城举行的制宪会议快要结束时，汉密尔顿上校交给詹姆斯·麦迪逊一份文稿的抄件。汉密尔顿说，这份文稿详细说明了他在制宪会议上提出的那个草稿。

汉密尔顿在制宪会议上所作的长篇发言和提出的制宪草稿，见本书麦迪逊 6 月 18 日的笔记。

制宪方案

美利坚联邦人民，在此谨为他们自己和他们的子孙后代树立和奠定这部宪法，以建立政府。

第一条

第一款　立法权寓于两批不同的人组成的机构，一个叫众议院(Assembly)，一个叫参议院(Senate)，他们通过的立法，受到后文所述否定的制约。

第二款　行政权寓于联邦的一位总统(a President)，总统需要具备的资格，在后文中具体说明。

第三款　最高司法权威，除本宪法在其他条文中另作规定者，寓于一所名叫最高法院(Supreme Court)的法院,最高法院的法官,不得少于6人,不得多于12人。

第二条

第一款　众议院由称为众议员(representatives)的人组成,除第一届众议院外,众议员由加入联邦(Union)的各邦的男性自由公民和居民选举,选民需年满21岁,每人各有平等的一票。

第二款　第一届众议院将按最后一条所定办法选举,由100名议员组成,其中,新罕布什尔5名,马萨诸塞13名,罗德岛2名,康涅狄格7名,纽约9名,新泽西6名,宾夕法尼亚12名,特拉华2名,马里兰8名,弗吉尼亚16名,北卡罗来纳8名,南卡罗来纳8名,佐治亚4名。

第三款　议会(The Legislature)将制定今后众议员的选举办法,在各邦之间分配众议员的名额,每隔一段时间调整一次,尽量与第七条第四款规定的人数一致,使众议院的人数永远不少于100名,不多于____百名。为此,在众议院第一次开会以后的三年以内举行人口普查,此后,每10年举行一次。每次选举众议员之间的年数间隔,由议会决定,但不得超过三年。至少每隔三年举行一次普选,每届众议院的议员,应于同一天开始就职(补缺者例外),并且永远于同一天结束任期。

第四款　40名议员到会,众议院便可开会议事;议会可以提高对这一数字的要求,但绝不要要求达到全体议员的半数以上。

第五款　众议院将选举自己的议长(President)和其他官员,审查众议员的当选资格,处罚他们处于众议员职位上的不当行为,但不得伤害生命和肢体;众议院独享对联邦总统以外官员的弹劾权;众议院三分之二议员出席,方可弹劾参议员。

第六款　众议员可以请人代为投票;但每名出席的众议员,最多只能代理一名缺席的众议员投票。

第七款　筹集岁入的提案,为支持舰队和陆军的拨款提案,为发放政府官员薪水的拨款提案,由众议院发起;但参议院可以更改和提出修正。

第八款　众议员若接受联邦政府的行政职务，他在众议院的席位即成为空缺。

第三条

第一款　除第一届参议院外，参议院由加入联邦的各邦公民和居民为此目的而选出的选举人选出，选民需在自己名下或妻子名下拥有土地资产，或终身拥有，或拥有权在选举后的十四年内不会过期。

第二款　第一届参议院的选举办法见最后一条，由 40 名参议员组成，其中，新罕布什尔____名，马萨诸塞____名，罗德岛____名，康涅狄格____名，纽约____名，新泽西____名，宾夕法尼亚____名，特拉华____名，马里兰____名，弗吉尼亚____名，北卡罗来纳____名，南卡罗来纳____名，佐治亚____名。

第三款　议会将制定今后参议员（Senators）的选举办法，为此，拥有一名以上参议员的各邦，将按参议员人数，划分为若干方便的参议员选区。只有一名参议员的邦自行构成选区。若参议员去世、辞职或被罢免，由产生这名参议员的选区补选。每次选举，一个选区选出的选举人，不得少于 6 名，不得多于 12 名。

第四款　参议员的人数，永远不得少于 40 名，任何邦只要今后不分开成为一个以上的邦，则分配给它的参议员人数，永远不得少于本条第二款的规定；议会可以增设参议员的总数，增设的参议员人数，按参议员与众议员人数之间的比例，保持为 40 比 100；新增设的参议员人数，按各邦之间众议员人数的比例分配。

第五款　如果一邦分开成为一个以上的邦、两邦或多邦之间的边界出现新的安排（在分邦和边界出现新的安排之后），参照第七条第四款对人口的表述，根据因这些变化引起的合格选民人数的变化，由议会重新分配各邦参议员的名额。

第六款　参议员行为良好得继续任职，只有受到弹劾并经确证犯有罪行（crime）或轻罪（misdemeanor）才能罢免。参议员在受到弹劾，但尚未确证犯有罪行或轻罪以前，继续任职。16 名参议员到场，即可开会议事；议会可以提高对到场人数的要求，但绝不要要求超过全体参议员的半数。参议员可以请人代理投票，一名出席的参议员，最多只能代理两名缺席的参议员投票。

第七款　参议院选举自己的议长（President）和其他官员；审查当选参议员的资格，处罚他们处在参议员职位上的不当行为；处罚不得伤害人身和肢体；不得开除参议员的资格。议长缺席时，参议员可选举一名代理议长。只有参议院内出现双方票数相等时，议长才能投票。

第八款　参议院独享宣战权。未经参议院的建议和认可，不得签订任何条约；除本宪法另有条款规定的情况，所有官员的任命，均需得到参议院的建议和认可。

第四条

第一款　美利坚联邦总统（除第一届外）将按以下方式选举：在总统职位出缺 60 天内，最高法院法官需将出缺一事公开通知各邦，指定三个日期，办成以下三件事情。第一个日期，用于开始为后文规定的目的选出选举人，当选者称为初选选举人。从公开通知各邦之日算起，第一个日期不得早于 40 天，不得迟于 60 天。第二个日期，供选举人开会。从选出初选选举人之日算起，不得早于 40 天，不得迟于 90 天。第三个日期，初选选举人开会，为后文规定的目的，选出选举人，当选者称为复选选举人。从选出初选选举人之日算起，不得早于 40 天，不得迟于 60 天。

第二款　公开通知各邦出缺一事后，各邦按上述办法选出一定数量的初选选举人，人数等于该邦在美利坚联邦议会的参议员和众议员人数之和；各邦参加选举初选选举人的公民资格，为拥有足够三人生活的土地，或拥有目前时价相当于西班牙铸造的美元一千元的固定资产。

第三款　初选选举人于指定时间指定地点在各邦集合；书面投票选举一名总统，但不得选举初选选举人以内的成员，除非经过试验后由议会另作规定。要为初选选举人制作两份名单，供他们填写他们选举的一人或多人的姓名，初选选举人或其中多数，需在名单上签名，使其合格。然后，他们在其他选举人在场的情况下，依次公开提名 2 人为复选选举人，从被提名者中得票最多的 4 人中，再通过书面投票，从中选出 2 人为复选选举人，将上述名单交给每位当选的复选选举人各一份。这些复选选举人不得被选为总统。再将上述初选名单按原样照抄一份，按上述方式签名使其合格，装在用漆封口的信封里，由初选选举人送到联邦政府所在地，交给众议院议长。这份名单，在复选选举人开完会后，再开封由参众两院查验。

第四款　复选选举人应在一个指定的准确日期，而非别的日期，在一个地方集合。最高法院首席大法官到场主持，但不投票，若没有首席大法官，则由最高法院第一法官主持，若没有第一法官，则由其他法官或其中多数从最高法院法官中选举一人主持。全体选举人三分之二到场，构成足够多数，开始执行对他们的委托。在这个会议上，把交给各位复选选举人的名单开封并查验，在初选选举人所提名的名单中，若有 1 人得票超过半数，即当选为美利坚联邦总统；若无人得票超过半数，集合在场的复选选举人即开始投票，从初选名单得票最多的 3 人中，书面投票选举 1 人，在复选选举人集合的这一天，不论是第一轮投票还是后续的投票，若有 1 人获得全体复选选举人投票的半数以上，即当选为总统。若在指定的集合日期，由于复选选举人没有出席，或他们选不出 1 名得票超过半数的人，或由于任何其他原因，作不出选择，则在初选选举提名中得票最多者当选为总统。

第五款　若最高法院首席大法官或其他法官未能准时出席，则复选选举人在法官不在场的情况下自行完成对他们的委托。

第六款　若法官渎职，未按本条第一款的要求，在规定的时间内通告总统缺位，他们可以事后通告；但若他们的渎职出于故意，特在此宣布为违法，应受弹劾，若确证为故意，将按对其他弹劾案中被确证违法者的办法，予以处罚。

第七款　议会将通过一些稳定的立法，制定所需的进一步规则，使选举总统的程序更为有序，但不得违背上述条款的基本内容。

第八款　总统就职之前，需宣读誓词(oath)或证词(affirmation)，保证认真履行总统职责，用自己的最佳判断和权力，保护人民的权利，维护宪法不被违反。宣读誓词或证词时，由当时在任的参议院议长主持，议会两院议员均应在场。

第九款　在指定的复选选举人集合日期，参议院和众议院应该举行会议，继续到总统宣读完誓词或证词。总统行为良好得继续任职，惟有因某种罪行或轻罪受到弹劾并确证属实，才能罢免。

第十款　一旦议会准备好开始议事，每次会议开始时，总统应在参议院开会地点和他们一起开会，与他们沟通所有需要他们了解或需要他们商讨的事务。会议期间，总统可发布信息，与他们商讨所有他认为适宜的事务。每当总统认为公务需要时，可召集参议院、众议院或其中一院开会商讨，每次休会期，不得超过 40 天；若议员们对开会的时间意见不一致，总统可按自己认为适当的时间召集会议。总统有权否定两院准备通过成为法律的所有提案(bill)、决议和法案(act)。总统负责法律得到忠实贯彻。总统为联邦陆军、海军、各邦民兵的总司令，战争一旦开始，总统有权指挥战争，但未征得参议院和众议院的同意，总统不得亲临前线具体指挥任何一支军队。总统根据参议院的建议、取得参议院的同意，与外国签订一切条约、举行会谈、签订协议。总统任命战争部、海军部、财政部、外交部的部长或首席军官；总统提名所有其他官员，经参议院同意，以联邦的名义，予以任命；本宪法另有条文规定的官员任命，不在此列；但是，此点不得被解释为不允许议会以它们立法的名义、任命专人完成它们立法所创设的特定委托，不得解释为不允许议会任命在职议员担任仅仅代理性的部会首长。参议院休会期间，总统可以任命官员代理出缺的职务，代理期限到下次参议院开会结束之日为止。总统为全体军官授衔。总统有权赦免叛国罪以外的违法行为，对叛国罪总统只能颁布死缓，直到参众两院复会；若两院一致同意，总统可赦免叛国罪。

第十一款　总统因其服务领取固定报酬，在规定的时间支付，总统任职期间，报酬不增不减。

第十二款　未经参众两院同意，若总统离开美国，即被废黜。

第十三款　议会两院可因任何罪行或轻罪对总统提出弹劾，若两院三分之二议员一致同意，并确证有罪，即予罢免。事后，可按普通法律对他审讯和处罚。总统受到弹劾期间，暂停行使职权，直到作出决定为止。

第十四款　参议院议长为联邦副总统。总统去世、辞职、受到弹劾、被罢免或离开美国期间，副总统行使宪法赋予总统的一切权力，直到新总统产生为止，如果总统离开美国得到参众两院同意，则到总统回到美国为止。

第五条

第一款　最高法院设首席大法官一名，与其他大法官一样，行为良好得继续任职，惟有受到弹劾并确证犯有罪行或轻罪者，方可罢免。每名大法官领取充足的年薪，按规定时间支付，年薪在大法官继续任职期间不得减少。

第二款　最高法院对下述案件拥有初审权：联邦为涉事一方的所有案件，联邦与某个邦发生争执的所有案件，两邦或多邦之间发生争执的所有案件，裁定方式见第六条；涉及外国大使、领事和代理人的所有案件。对下述案件在法律和事实两个方面拥有对上诉案的审理权：涉及外国公民的所有案件，不同邦的公民之间的所有问题，涉及本宪法所规定的基本权利的所有案件；例外情况见本宪法的另外规定，并按议会所制定的规则处理。议会可能设置的所有法院的法官，行为良好同样得继续任职，惟有受到弹劾并确证犯有罪行或轻罪者，方可罢免；法官领取充足的年薪，按规定的时间支付，法官继续任职期间年薪不得减少；但此文不得解释为不许议会废止这类法院。一切罪行，除弹劾案，均由 12 名男子组成的陪审团审理；罪行在某邦发生，即在该邦审理；由本宪法引起的所有民事诉讼，凡各邦采用陪审团审理的类似案件，亦按类似办法由陪审团审理；议会认为宜于制定不同条款处理的特殊案件例外，但这些不同条款，需议会两院三分之二议员认为必需，方可生效。

第四条第十款所述的弹劾联邦总统、副总统、参议院议员、各邦邦长或主席、各部部长或主要军官，大使或类似的公使、最高法院大法官、陆军和海军将军，将由一个由最高法院的大法官们、各邦最高法院的首席大法官或第一法官组成的法庭审理，这些人中有12人出席即可组成法庭。出庭法官中半数以上人的意见可以定罪。对其他人的弹劾案，由最高法院的大法官们和通过抽签选出的6名参议员组成合议庭，他们当中半数以上人的意见可以定罪。提出弹劾时，需清楚列出所犯的违法行为，按此事由对当事人进行审理，经审理确证有罪者，处罚或为仅仅罢免职务，或为罢免职务后从此取消再担任官员或授予委托的资格；但对弹劾的判决不妨碍按普通法律程序起诉和处罚；只是被确证有罪的法官，不得再担任法官。议会可将受到弹劾后被确证丧失能力或资格者(disabilities)罢免。

第六条

联邦与某些邦关于领土权利的争议，由按如下办法组成的法庭处理。声称与联邦意见对立的某个邦或某些邦，作为涉事一方，提名一定数量的人，人数等于当时最高法院在职大法官人数的一倍，这些人都不是涉事一方的邦出生的公民，被提名时也不是这个或这些邦的居民，其中，不得有两人以上实际居住在同一个邦。参议院从这些被提名的人中选出一半，与最高法院的大法官们一起组成合议庭，他们当中三分之二的人即可以组成合议庭听取案情，按组庭人员中多数人的意见作出裁决。涉事的邦若自行选择仅由最高法院对他(们)提出的要求作出裁决，遇此情况，法庭的全体法官，在听取案情之前，需作出保持中立的誓言，按照他们的最佳判断和良心，听取争议并作出裁决。

第七条

第一款　联邦议会有权通过他们判断为联邦的共同防务和普遍福利所必需的一切立法；任何提案、决议、法案，在取得联邦总统同意或代行总统权力的副总统同意之前，都不具备法律效力；如果这些提案、决议、法案为征求同意而提交总统之后，十天之内还得不到答复，这些提案、决议、法案即成为法律。没有得到同意的提案、决议、法案，不得在议会的同一次会期内再次复议。凸显总统同意的方式，是在提案、决议、法案上签名，并将经过签名的原件交还议会两院中的一院。

第二款　树立一项立法，开头的用语是“兹由美利坚联邦的人民树立”。

第三项　联邦不得通过褫夺公权的提案，不得通过追究既往的提案；联邦和各邦不得授予贵族爵位；未经议会许可，任何人不得担任联邦名下的官职或受托职务，不得收受外国君主或国家的礼物、受薪职务或头衔。法律不得规定官员就职时接受任何宗教条文、命名或宗教测试。

第四款　对土地、房屋和其他不动产的征税和人头税，将按每邦全体自由人数的比例征收，不计不予征税的印第安人，其他人按五分之三计。

第五款　议会两院可通过联合投票任命一位联邦财政部长。议会两院开会期间，未征得另一院同意，一次休会不得超过三天。参议员和众议员从家中前往开会和返回途中，享有不受逮捕的特权，犯罪和妨碍治安除外。开会地点永远只能在政府所在地，政府所在地通过立法决定。

第六款　联邦的法律、以邦联名义签订的条约、按此宪法将要签订的条约，为本土的最高法律，各邦法院审案时应遵循最高法律。

第七款　议会每年至少开会一次，开始开会的日期为 12 月的第一个星期一，除非议会立法另作规定。

第八款　议会两院议员应该因其服务而领取合理报酬，由联邦国库支付，并通过立法予以肯定。制定这些条款的立法，将由第一届众议院协商通过，并延伸到今后各届众议院；今后，任何一届众议院不得改动这些条款，以增加他们自己的报酬；但总应该有一项制定这种条款的现行法则。

第八条

第一款　各邦邦长或主席将以联邦的名义任命，有权否定他担任邦长或主席的邦的议会即将通过的法律，但这种否定要遵循联邦议会将要制定的条件和规则。各邦行政官还享有各邦宪法赋予和将要赋予邦长或主席的其他方面的权力，但不得任命民兵军官。

第二款　一个邦的邦长或主席将任职到下一届邦长或主席被任命为止，除非出现死亡、辞职或受到弹劾并被确证有罪罢免。参议院休会期间，不得任命邦长或主席。本宪法获得批准时，在任的各邦邦长和主席继续任职，就像他们是按照本条第一款任命的一样，按同样的方式办事，具有同样的权力。各邦民兵军官，将以联邦的名义任命；议会可授权各邦邦长或主席按议会认为适当的限制办法任命民兵军官。

第九条

第一款　只有现在是联邦公民，今后则要求是出生于联邦的公民，才能担任联邦总统职务。

第二款　只有当选时是当选的邦的公民和居民的人，才能担任参议员和众议员；但若是临时离开他的邦，则不得取消他的资格。

第三款　本宪法授予资格可以选举和当选联邦总统、联邦议会参议员和众议员的人，除非经过确证违反了事前制定的法律中规定罚以取消选举或被选举资格的行为，不得取消他的资格。但议会可以通过立法，规定哪些人合于担任联邦官员的资格，哪些人不合于担任众议员和参议员的资格，哪些人应暂停担任参议员。

第四款　未经议会许可，凡在联邦担任官员和受托职务者，不得接受外国君主和国家的礼物、受薪职务或头衔。

第五款　每邦公民享受其他各邦公民享有的同等权利、特权和豁免权；各邦对于其他邦的法案、文书和司法程序，应该给予充分的信任和信用。

第六款　逃离一邦法网的逃犯，若在另一邦被抓获，应原邦的要求，应予引渡。

第七款　未经联邦议会和涉事的邦一致同意，一邦之内不得另立新邦，两邦或多邦不得合为一邦。联邦议会可以批准新邦加入联邦。

第八款　联邦在此郑重宣布，受到约束，保证在每个邦建立一个共和形式的政府，保护各邦平安，不受内部暴力和外国入侵的骚扰。

第九款　按邦联条款和永久同盟签订的美利坚联邦的一切条约、契约、债务，在本宪法下具有同等效力。

第十款　未经联邦同意，任何邦不得与别的邦或外国缔结条约、加入同盟、签订契约。

第十一款　联邦议会和各邦议会的议员，各邦的行政官员和司法官员需宣读誓词或证词，支持联邦宪法。

第十二款　由联邦议会两院三分之二议员同时提出，由组成联邦的三分之二的邦的议会或为此目的而由人民选出的代表大会批准，可以更改和修正本宪法。

第十条

本宪法将提交在各邦议会的指导之下、由人民选出代表组成的制宪会议讨论批准。批准宪法的每个邦的制宪会议，根据上述____条____款的规则，选出本邦的第一届联邦众议员和联邦参议员。按此办法选出的议员任期仅一年。每邦制宪会议批准宪法后即通知邦联议会，同时呈交选出的众议员和参议员名单。待宪法获得正当批准之时，邦联议会将通知一个日期和地点，供各邦的众议员和参议员开会。这些议员或其中的多数，按邦联议会的通知集合时，他们将举行联合投票，通过其中多数人的投票，选出联邦总统。按此办法组织的宪法即开始生效。

马克斯·法兰德在《汇编》第三卷第611页指出：汉密尔顿制宪方案，在不同的制宪代表手中有几份不同的抄件，例如，在佩特森和布瑞利的文存中都有，这些抄件中的第四条、第七条、第八条、第九条，文字上有出入。汉密尔顿本人存留的手稿上，有事后修改的痕迹。因此，无法确定这些异体抄件中，哪一份最符合汉密尔顿当时实际提出的方案。根据比较，法兰德倾向于认为：麦迪逊手中的这一份，准确性最值得信赖。这里，译者按麦迪逊保存的一份译出。

※本方案第五条第二款中“第四条第十款所述的弹劾联邦总统、参议院议员……”一段，其原文如此。涉及弹劾的条款应为第四条第十三款(见同页)。

附录五

对制宪会议代表的性格描述

威廉·皮尔斯[①]

新罕布什尔代表

约翰·朗东,尼古拉斯·吉尔曼

朗东先生是一位有相当财产的人,思想开明,善于理解,表达直率。

---

① 威廉·皮尔斯(William Pierce,1740—1789):生于弗吉尼亚或佐治亚,出身寒微,所受教育不多,为人能干,先后担任过沙利文将军和格林将军的副官,作战英勇,获得邦联议会授予佩剑一把。回到佐治亚的萨文纳后,从事进出口生意。1786年欧洲米价波动,皮尔斯负债累累地坐在邦联议会里做佐治亚代表。1787年出席制宪会议,家中生意又出现严重困难,他于7月1日离开会议,没有再回来。他在给朋友圣乔治·塔克的信中说,"我同意宪法的主要原则,如果我在场,会全心全意地签名。"

1787年9月26—28日,邦联议会33名代表讨论是否将宪法提交各邦讨论批准。33人中,三分之一是制宪会议代表,他们的发言和投票,使宪法轻松地过了批准的第一关。威廉·皮尔斯是这33名代表之一。

1789年,皮尔斯希望在萨文纳谋得一个联邦职务,从破产中挣扎出来,当年12月去世,终年约50岁。

皮尔斯的这篇制宪会议代表性格描述,是现存的出自目击者笔下的惟一这类资料,被美国的史学家和传记作家无数次地援引。他描述了55名出席代表中的53人,只缺新泽西代表豪斯顿和马里兰代表默塞。据罗西特说,豪斯顿出席会议仅一周便因病回家,第二年死于肺病。默塞8月6日才到会,与皮尔斯在会中并无一面之缘。朗东和吉尔曼7月26日才到会,皮尔斯对此二人的描述可能根据过去的印象。

他大约40岁。

吉尔曼先生是一位谦逊、有教养、通情达理的人。他没有什么才华横溢、特别动人之处，但人格中却有值得尊重之处。他大约30岁。

马萨诸塞代表

鲁弗斯·金，纳撒尼尔·戈汉姆，艾尔布里奇·格里，卡立巴·斯特朗

金先生口才出众，富有议会才干。他在马萨诸塞受的教育，据说希腊罗马古典知识和法律知识根底良好。他在邦联议会服务3年，成绩斐然，受到称赞，此时信心正高，甚受他的国人器重。这位先生大约33岁，身高5英尺10英寸，身材适中，仪表堂堂，眼睛特别能传情达意，声调高昂圆润。他在公众中演说，有一种奇特的力量，语汇丰富，条理清晰，发起议论来，说话很快，口若悬河，有时有一种不可抗拒的力量，能说服人心，不过，他并不能时时刻刻保持平衡。他的举动自然，喜欢游泳，斯文大方，不过，有时也伴随一些粗鲁作风。但是，就其总体而言，他的气质足以名列当代俊彦之士。

戈汉姆先生是波士顿的一位商人，声望高，备受他的国人尊重。他的感觉非常敏锐，但受教育不多。在公开辩论中，他说话晓畅明白，不过风格谈不上斯文雅致，说话的全部目的就是说服别人，有时未能奏效，绝非因为听众没有明白他的意思，因为，再也没有人比他说话更明白易懂，而且内容完整。他刚刚当过邦联议会主席，在那个机构里服务了3年。戈汉姆先生大约46岁，强壮有力，精神饱满，善于处人，方式令人愉快。

格里先生的性格特点，是直言不讳，不屈不挠。他是一个翻来覆去、说话费劲的演讲者；说话时信心十足，话题广延，无所不及，不讲究文采，不挑选字眼。他的思想连贯，议论有时明晰，悟性良好，而他的第一品德，则是热爱自己的国家。格里先生就其原则和风度而言，是一位很好的绅士。他一直经商，家产殷实。他大约37岁。

斯特朗先生是位颇有名气的律师，受的是开明教育，人缘良好，得到推荐。作为演说者，显得软弱无力，缺乏信心。这位先生大约35岁，在他的同事们之间颇受尊重。

康涅狄格代表

威廉·萨缪尔·约翰逊，罗杰·谢尔曼，奥立维·艾尔斯沃斯

约翰逊博士是一位法律知识受到广泛称赞的人物；据说他是美国第一流的希腊罗马古典学者之一，具有启蒙性的理解力自不待言。

就演说而言，依我之见，在他身上丝毫看不出那名声远播的公开演说才华。他说话的音调里有点什么不悦耳的成分；不过，他说起话来晓畅明白，总是充满知识和教益。他曾担任康涅狄格邦驻英国的代理人，在英国下院陈述康涅狄格对某些土地的主权要求；他履行这一职责十分体面，展现出他的足智多谋，奠定了他的名声，这名声或许会比他的生命更为长久。约翰逊博士大约60岁，绅士风度十足，态度温文尔雅，甚得人心，与人交往，细心周到，非常有礼貌。

谢尔曼先生显示出一种我前所未遇的极为奇特的性格。他相貌难看，面孔呆板，没表情，举止怪异，难以尽述。但是，他的思路却透出一种有规可循、入木三分、融会贯通；不过，他的谈吐的古怪，公开演说时伴随的粗俗用语，还有新英格兰的那些黑话切口，不论公开发言还是私下交谈，总不离口，使得他讲的一切事情都显得怪异奇特，有趣好笑。然而，他却值得无限赞扬，再无一人有他那样的好心肠和清楚的头脑。如果说他不善于把思想润色，他却能把思想表述得聪明有用。他是一个能干的政客，不论达成什么特定的目标，都是技巧非凡。据说，他很少失算。有人告诉我，他在康涅狄格担任法官，完成司法职务，总是特别正确。青年时代，他曾做过鞋匠；尽管阶层低下，他却能变成年鉴的编者和出版发行人，而且迅速登上法官职位。他在邦联议会服务数年，履行职务之佳，为他赢得荣誉和信用，而且为他所代表的邦获得好处。他大约60岁。

艾尔斯沃斯先生是康涅狄格最高法院的一名大法官。这位先生对事物的理解明晰、深沉，思路开阔宽广；演说流畅，辩论时前后连贯；对自己的责任专心致志。他回答问题时轻松愉快，善于从对手的议论中选取词语和句子，经他一点，给人印象特别强烈。他的目的是使对方的话语逊色，承认他立论的力量。艾尔斯沃斯先生大约 37 岁，他的直率令人尊重，他的才能令人敬仰。

纽约代表

亚历山大·汉密尔顿，罗伯特·雅茨，约翰·兰欣

汉密尔顿上校的才能受到器重，可谓当之无愧。他是一名开业律师，享有学识渊博的名声。他把想象的光华和清澈有力的判断熔于一炉。他的能干，善于说服，侃侃而谈，心脑并用，令人心悦诚服。不过，他的声音微弱，抵不上他的言语激流；依我之见，与其说他是喜欢说服的演讲者，不如说他是以言词的光彩照人。汉密尔顿上校需要时间思索，他的发言烛照主体的方方面面，寻求其中哲理，当他起而立言时，对各种有趣的事物已经成竹在胸，从不在主题上撒什么花里胡哨的浇头，直接深入底层，探求基础何在。他的语言并不总是同样精彩，有时发人深省，如波林布鲁克[②]，余则轻描淡写如斯特恩[③]。他的讲话不搞折中调和，绝非插科打诨，但也是适可而止，引起重视即可。他大约 33 岁，身材瘦小。他的风度是倔犟有劲，有时讲究虚荣，这点很不受赞同。

雅茨先生据说是位能干的法官。他是极具法律能力的人，不过口才并不出众。他的敌手中有些人说他是一个反对联邦的人，不过我在他身上并没有发现这种倾向。他大约 45 岁，健康状况极好。

兰欣先生在奥本尼执律师业，是奥本尼的市长。他说起话来有些

② 波林布鲁克(Bolingbroke，1678—1751)：英国托利党政治家。

③ 斯特恩(Stern)原文未写出名字，姓斯特恩者甚多，无可考。

口吃，这使他无法成为受人称赞的演说家；有人告诉我他的法律知识并不精湛，受过的教育也谈不上好。不过，他是一个通情达理的人，作风直率，与人结交真心诚意。他大约32岁。

新泽西代表

威廉·利文斯顿，戴维·布瑞利，威廉·佩特森，乔纳森·戴顿

利文斯顿邦长的才能，是公认的第一流水平，不过他给我的感觉，是一个喜欢逗乐打趣的人，而不在于思想的力量。他各方面都很均衡，从所受的教育到本人的天才，样样俱全。他的文章充满纵情而又风格严谨。不过他不是演说家，而且对于政治的诡谲似乎所知不多。他大约60岁，身体很好。

布瑞利先生是一个由良好而非出众的材料组成的人。他是新泽西最高法院的大法官，在人民中很受尊重。演说方面，他没有什么值得恭维的，但是作为人，他的德行值得推崇。布瑞利先生大约40岁。

佩特森先生是那种力量会溅到你身上、引起你好奇和吃惊的人物。他为人极谦逊，外表却叙说着他的超凡才能。他精通希腊罗马古典之学，是一位律师，又善于演说。他的禀赋有助于他的脱颖而出，人人都禁不住赞扬。他在选择切入辩论的时机和方式上，真是炉火纯青，不到把握主题，绝不轻易开口。这位先生大约34岁，个子非常矮。（佩特森身高不到一米六。——译者）

戴顿上尉是位颇具才干的先生，雄心勃勃，正欲施展。他受过良好教育，读了不少书；善于说话，看来急于提高自己的演说技巧。他的脾气急躁，看来，这点对他不利；不过，他为人诚实正直，使他成为团体中的宝贵成员，并且使他得到所有好人的尊重。他大约30岁，1779年在向西远征时，曾经和我一起在沙利文将军手下做过副官。

宾夕法尼亚代表

本杰明·富兰克林，托马斯·米弗林，罗伯特·莫里斯，乔治·克

莱默，托马斯·费兹西蒙斯，贾雷德·英格索尔，詹姆斯·威尔逊，古文诺·莫里斯

富兰克林博士是当今众所周知的最伟大的哲学家；大自然的一切运行，他似乎都能理解——连上苍也服从他，云彩散开，让他把天上的闪电给抓下来。至于他对政治的贡献，将由子孙后代来评价。他在公共会议上并不闪光，这点可以肯定。他不是一个演说家，似乎也不让政治占据他的注意力。不过，他是一位非凡的人物，他讲故事的那种风格，那么投入，是我从未听过的。让他的传记作家来完成对他的性格描述吧。他今年82岁，思想的活跃，还像一个25岁的小伙子。

米弗林将军以其思想活跃和才华横溢而著称。他信息灵通，说话斯文雅致。这位将军大约40岁，仪表堂堂，非常潇洒。

罗伯特·莫里斯是位商人，名声显赫，富甲天下；他是能干的理财家，又是受人尊崇的爱国者。他对所有的公共事务都了如指掌，想象力的旺盛，很少有人超越。虽然算不上有学问的人，但与有学问的人在一起，毫不逊色。有人告诉我，他在宾夕法尼亚议会演说，盖倒群雄。但在制宪会议上，他一言不发，原因何在，我不知道，但他确实是从来没有发过言。这位先生大约50岁。

克莱默先生是颇有才华的律师；他是受人尊重的人物，口碑甚佳。克莱默先生大约40岁。

费兹西蒙斯先生是一个颇有才干的商人。有人告诉我，在宾夕法尼亚的议会里，他很善于演说。他大约40岁。

英格索尔先生是一位非常能干的律师，对法律事务头脑清晰。他受过良好教育，精通希腊罗马古典之学，博览群书。英格索尔先生善于演说，把握主题十分准确。他的性格中有一种谦逊美德，使他能守口不言。他大约36岁。

威尔逊先生的法律知识和政治学问非常突出。即使在这一群杰出人物中，也能显示他的出众才华。他通达人性，对影响人的各种激情把握透彻。政府论看来是他的专长，古往今来，世界上所有的政治制度，

他都能如数家珍，早至希腊城邦，晚至当今世界，他能叙说每场革命的前因后果。威尔逊先生思路清晰，材料丰富，综观全局，无人能及。不过，他不是一个好演说家。他之引人注目，靠的不是口才迷人，而是推理有力。他大约 45 岁。

古文诺·莫里斯先生是那样的一种天才，种种才华集于一身：在公共辩论中，他口若悬河，词藻华美，在自己身旁四周造成一种氛围，使所有听他演说的人，被他吸引，被他捕捉，感情随之而去。他的想象力简直没有限度，讲到纵深之处，无所不涉，使他的推理处处流畅喜人。可惜，虽然有这么多的长处，他讲的内容却是反复多变，前后不能连贯。他从来不能沿着一条思路前进，也从无规则可寻。他演讲的时候，旁征博引，显得门门学科，样样精通。再没有人的机智能超过他，也没有人能像莫里斯先生那样吸引人们的注意力。他受的教育，原本是法律，不过有人告诉我，他不喜欢这个专业，转而从商。他和与他同姓的罗伯特·莫里斯一起从事一些大宗买卖。这位先生大约 38 岁，青年时代因为所乘的马车翻车，不幸失去一条腿，右臂上的肌肉也都除去。

特拉华代表

约翰·迪金森，冈宁·贝德福德，乔治·里德，理查德·巴塞特，雅可布·布鲁姆

自从发表《宾夕法尼亚一个农场主的来信》以来，迪金森先生誉满全美。他是一位学者，据说知识非常广博。所以，我在制宪会议上见到他时，每次他讲话，我最为注意。过去，我常听说他是一位了不得的演说家，但我发现，他说起话来，不过平平常常。他说话有一种智慧流露的喜人气氛，费很大的劲来说一些小事细节。他的语言无规则，不正确，他的华丽词藻（他时时有意如此）像快要熄灭的火焰，亮了一会儿，随即消逝，并不留下痕迹，也不引起欢呼或者激发生机。不过，他是一位好作家，并且会永远被视为联邦最重要的人物之一。他大约 55 岁，从小就是贵格派教徒。

贝德福德先生所受的教育是当律师。有人告诉我，他在律师本行声望很好。他发言大胆，但是有点紧张，而且说话方式非常武断，给人印象深刻。他为人热情，脾气急躁，作出的判断令人感到突然。贝德福德先生大约 32 岁，外形十分肥胖。

里德先生是位律师和法官。他的法律能力据说是很了不起，但他说起话来有气无力，令人疲倦至极。他的声音微弱，发出来的声音难听，没什么人有耐心听他讲话。他是个很好的人，认识他的人都说他和蔼可亲。里德先生大约 50 岁，个子矮，身体弱。

巴塞特先生是位热心宗教的人物，近来改宗，信奉了卫理公会教派（Methodist）。他为国家服务，因为这是人民的意志，他理当如此。他是感觉质朴的人，为人谦虚，在制宪会议上缄口不言。他的绅士风度十足，在卫理公会信徒中颇孚众望。巴塞特先生大约 36 岁。

布鲁姆先生是质朴的好人，有些才能，不过在公众之间，则没有什么使他出众。他在公共场合沉默寡言，私下交往时谈笑风生，易于相处。

马里兰代表

路德·马丁，詹姆斯·麦克亨利，圣托马斯·杰尼弗的丹尼尔，丹尼尔·卡乐尔

马丁先生受的教育是当律师。他是马里兰的检察总长。这位先生了解大量信息，可是演说起来，糟糕透顶，冗长啰嗦，每次发言，无不使听他讲话的人累到极点。他大约 34 岁。

麦克亨利先生原来学医，后来从军，担任华盛顿将军和拉斐德侯爵的副官。他是一位特别有才的人，只是没有天赋加以发挥。作为政客，他身上没有什么突出之处，说话也谈不上高雅斯文。不过，他是一位非常受到器重的年轻人，对于他的祖国给予他的荣誉，当之无愧。麦克亨利先生大约 32 岁。

杰尼弗先生是马里兰的一位有钱人；他说话永远充满幽默，从不会

使与他相处的人不愉快。他默不作声地坐在（马里兰）参议院里，似乎对于自己并非政客颇有自知之明。他长期过着独身生活，无疑是决心保持贞洁和禁欲。不过，谈起女人来，他还是温暖有情。杰尼弗先生大约 55 岁，一度曾在李将军帐下做过副官。

卡乐尔先生有大宗家产，在他的邦里颇具影响。为人平实，通情达理，受到自己本国人的推崇。

弗吉尼亚代表

乔治·华盛顿将军，乔治·韦思，乔治·梅森，詹姆斯·麦迪逊，约翰·布莱尔，爱德蒙·伦道夫，詹姆斯·麦克朗

乔治·华盛顿将军是大家都熟悉的人物，他是美军原来的总司令。过去，他领导这些邦取得了独立与和平；现在，他又出面来协助设计一个政府，使人民幸福。像古斯塔夫·瓦萨[④]一样，他可以说是这个国家的催生者；与彼得大帝一样，他是政治家兼国务活动家；和辛辛纳图斯[⑤]一样，在赢得邦联的最高荣誉之后，他回到自己的农庄，做一个普通的公民，怡然自得。现在，他只想以自己的道德和服务，寻求他国人的肯定。这位将军被代表们一致投票选为制宪会议主席。他现年 52 岁。

韦思先生是威廉玛丽大学的著名法律教授。大家公认，他是当代法律学问最好的人物。由于他勤奋治学，博览群书，精通已经死去的语言[⑥]和各门学科。他以生活简朴著称，因为做事奉行原则，受到普遍赞

---

④ 古斯塔夫·瓦萨（Gustavus Vasa）：瑞典与波兰王朝的创始人，1521 年任瑞典摄政，1523 年成为国王古斯塔夫一世。

⑤ 辛辛纳图斯（Lucius Quinctius Cincinnatus，公元前 519？—？）：据历史传说，公元前 458 年，辛辛纳图斯被罗马城居民推举为独裁官，请他去援助被埃魁人围困于阿尔基多斯山上的由执政官率领的罗马军队。他接到这项任命时，正在自己的小农庄里耕作。据说，他率众只花一天时间就打败敌军，回到罗马，举行凯旋仪式。辛辛纳图斯限定自己只在临危时受命，功成立即身退，回到农庄继续耕作。独立战争胜利后，华盛顿极力想为自己营造辛辛纳图斯的功成身退形象，对是否出席制宪会议，踌躇过一段。后在麦迪逊等人的极力劝说下，决定一试。

⑥ 死去的语言（dead languages）：这里主要指拉丁语。

誉。据说，再也没有人比韦思更熟悉各种政府的历史；他对所有社会易于发生的动荡变化的了解，据说也无人可及。不过，他把人看得太好，所以当不了大政治家。他说话有条理，令人爱听；他还是一位正确而且能干的著作者。韦思先生大约 55 岁。[7]

梅森先生是位能力出众的绅士，看事明了透彻。他善于辩论，说服力强，立论坚定，坚持原则，无疑是美国最好的政治家之一。梅森先生大约 60 岁，体格魁梧，身板结实。

麦迪逊先生是长期处于公共生活之中的人物。他的了不起，似乎在座者人人知道，这点非常明显。他把政治家的深谋远虑与学者的博闻强记集于一身。每当处理一个重大问题，他在制宪会议中总是处于引导地位。他虽然称不上是演说家，但说话流畅，说服力强，能取得别人的同意。在辩论的任何关头，他总是作为一个最了解情况的人，走在前面，展现出他深明事理而又善于运用的突出特点。在联邦范围内，大概数他最能正确了解联邦的各种事务。他两次担任邦联议会代表，一贯被认为是邦联议会中最能干的人物之一。麦迪逊先生大约 37 岁，是位极其谦逊的绅士，脾气特别逗人喜欢。在熟人之间，他很随便，说话无所保留，聊天的风格，特别使人容易接受。

布莱尔先生是弗吉尼亚最受尊重的人物之一，既因为他的出身门第，也因为他的财富。他是弗吉尼亚最高法院的大法官之一，公认具有广博的法律知识。布莱尔先生并不擅长演说，可是，他的洞明世情，坚持原则，弥补了其他方面的不足。他大约 50 岁。

伦道夫先生是弗吉尼亚邦长，是位年轻绅士，他把学者和国务活动家的所有优点都结合到自己身上。他来到制宪会议上，提出一套主张，或者说一套最初原则，给会议提供一个讨论基础，他以强有力的演说和推理支持这套原则，给他带来极大荣誉。他的声调极其和谐，仪表堂

---

⑦ 韦思因为喝了有毒的咖啡，中毒而死。毒药据说是他的侄孙子放的，是有意还是无心，则不得而知。

堂，风采动人。他大约32岁。

麦克朗先生是一位有学识的医生，但此前从未在公共生活中露面，人们对他作为政治家的品格，还不了解。他有一两次试图发言，都不大成功。他显然有学问根底，如果他愿意发挥，肯定能树立受人高度尊重的形象。这位医士大约38岁，是位极负责任的先生，具有洁白无瑕的性格。

北卡罗来纳代表

威廉·布朗特，理查德·多布斯·斯佩特，休·威廉森，威廉·戴维，亚历山大·马丁

布朗特先生是位人格完整、富有荣誉的先生。他在邦联议会担任过两次代表，在那个职务上，他展现能力，讲究信用。他不是发言人，也没有那些使人显出光彩的才华。他为人质朴、诚实、认真。布朗特先生大约36岁。

斯佩特先生是位值得注意的人物，有些才能和财产。不过，没有那种使他出众的天资，他能完成他的国家委托给他的公务。他大约31岁。

威廉森先生是一位受过教育的饱学之士。他密切注意辩论中的每一个问题，在公共辩论中，自由地对多数问题发表意见，不过他并不善于言词。他的性格中充满幽默和快乐；他的风度也是绅士味儿十足。他大约48岁。

戴维在北卡罗来纳是颇有名气的律师。据说他受过很好的古典教育，而且具有相当的文学才能。他在制宪会议中沉默不言，不过他的看法总是很受重视。戴维先生大约30岁。

亚历山大·马丁先生是北卡罗来纳的前任邦长。他在任中的表现深受赞扬。他是一个通达世故的人，无疑是一位好政治家，不过，他天生不是在公共辩论中闪光的人物，没有说什么话。马丁曾在美军中担任上校，不过，他被证明不适合于上战场。他大约40岁。

南卡罗来纳代表

约翰·拉特里奇，查尔斯·科茨沃斯·平克尼，查尔斯·平克尼，皮尔斯·巴特勒

拉特里奇先生是革命一开始时就登上高位的人物之一；他在第一届大陆会议上的声望，就使他名列美利坚最值得尊重的人物之列。他受的教育是法律，现在是南卡罗来纳的法官之一。这位先生在他自己的邦里是非常出名的演说家，不过，依我之见，他在公开讲话时速度太快，影响到他说的内容被接受的程度。他无疑是有才华的人，是有名声有财产的绅士，曾经担任过南卡罗来纳的邦长。他大约 48 岁。

查尔斯·科茨沃斯·平克尼先生出生绅士家庭，在南卡罗来纳颇有家产。受过良好的高等教育，法律知识非常渊博。辩论激烈时，他有时讲得很精彩，不过，一般说来，他的口才平平。平克尼先生是美军中的高阶层将领，在战争期间表现卓越。他现在大约 40 岁。

查尔斯·平克尼先生是前途未可限量的年轻人。他大约 24 岁，知识已经是非常广博。他最喜欢的，是政府论、法律、历史和哲学。他对各种上流社会的礼仪很熟悉，善于运用，讲求实效。他发言条理清晰，论述每个问题都很充分，绝不冗长啰嗦。他是邦联议会代表，在那里服务期间显现出才华，赢得喝彩。

巴特勒先生因其具备的许多德行而受到尊重。不过，他的才具算不得政治家和演说家。他是有财产的绅士，在南卡罗来纳算得上第一流。他曾经担任邦联议会代表，现在是南卡罗来纳议会议员。巴特勒先生大约 40 岁，出生于爱尔兰。

佐治亚代表

威廉·费尤，阿伯拉罕·鲍德温，威廉·皮尔斯，威廉·豪斯通

费尤先生具有很强的天赋，通过实际运用，获得了一些法律知识；他在佐治亚当律师；在邦议会里发言还过得去。他担任邦联议会代表两次，在那里的服务使他的邦很放心，也为自己赢得了荣誉。费尤先生

大约35岁。

鲍德温先生是才气出众的人物，投入公共辩论很有技巧，口齿伶俐。他在哈佛学院打下良好基础，深通希腊罗马古典之学，学起其他学科来，也是触类旁通。他谈起各类书籍人物，如同故友，遇事时能灵活运用，这使别人对他产生信心，也有助于他了解别人。他是佐治亚的开业律师，两次担任邦联议会代表。鲍德温先生大约38岁。

豪斯通先生是位律师，曾担任佐治亚驻邦联议会代表。他出身名门，在英格兰受的教育。不过在法律和政治知识方面，没有什么过人之处。大自然似乎赋予他的身体优势胜过智力优势。他的身材外表给人印象很深，不过他的思维似乎开拓不足，缺乏实用的特点和雅致的语言。他没有辞令家所需要的才具，在公共辩论中发言使人混乱，摸不着规律。豪斯通先生大约30岁，为人和蔼可亲，性格令人喜欢，有良好和值得尊重的原则。

至于我自己的性格，我不打算描述，留给那些或许有兴趣的人去推测，随他们的幻想或想象去描写。我在上次革命中完成了军人的职责，不负荣誉，表现得体；我在邦联议会和在制宪会议中的表现，目的都是为佐治亚谋取最大利益，也为邦联谋取普遍福利。我有雄心抱负，正因为此，朋友们对我的一些嘉许，使我能出席世界上最富有智慧的这个会议，给我机会简略地描述组成这次会议的人物。

译者说明：亨特所编《麦迪逊文集》第三卷、第四卷，把皮尔斯这篇人物性格描述拆散，打乱顺序，把皮尔斯对每个代表的描述，作为脚注，注释先后出场的制宪会议代表。他的用意，与许多美国史学家和传记作家一样，强调同时代人的目击印象，强调第一手资料的原真性。

译者把这些脚注译出后，集中起来，恢复原来的顺序，与马克斯·法兰德编《汇编》中所收的按皮尔斯手稿排印的文字核对一遍，二者一致。法兰德把这篇文字收为附录第119件，载第三卷第87—97页。

法兰德原注：原载《美国历史评论》第三卷第325—334页。无法确定这些描述写作的确切日期。

附录六

联邦制宪会议决议[①]

1787年9月17日在制宪会议上

出席的邦

新罕布什尔，马萨诸塞，康涅狄格，纽约的汉密尔顿先生，新泽西，宾夕法尼亚，特拉华，马里兰，弗吉尼亚，北卡罗来纳，南卡罗来纳，佐治亚。

决议：

现将前述宪法呈交邦联议会。这次制宪会议认为，随后应将这部宪法交给各邦代表大会，代表由各邦议会推荐，由各邦人民选出，以便他们接受和批准这部宪法；每个同意和批准这部宪法的邦制宪会议，应将他们的接受和批准报告邦联议会。

决议：

这次制宪会议认为，一旦九个邦的制宪会议批准这部宪法，邦联议会即应指定一天，由已经批准宪法的各邦，产生出他们的选举人，再指定一天，这些选举人集合选举总统，并指定开始宪法程序的时间和地

① 《联邦制宪会议决议》载法兰德编《汇编》第二卷第665—666页。

点。公布上述事宜后，选举人即应产生，参议员和众议员应该选出。选举人应在指定选举总统的一天集合，按宪法规定，在他们的选票上签名使其合格，密封，送给邦联议会秘书。参议员和众议员应在指定时间地点聚齐；参议员们选出一位参议院议长，惟一目的，是接受、启封和清点选举总统的选票；总统选出后，应与联邦议会一起，毫不迟疑地前进，执行这部宪法。

制宪会议一致通过

呈：华盛顿主席

秘书：威·杰克逊

附录七

致邦联议会的信[①]

1787 年 9 月 17 日在制宪会议上

先生：

我们现在有幸向邦联议会呈交我们认为最值得推荐的宪法文本。我们主张建国的朋友们，长期以来，一直观察和期待，希望把宣战、媾和、签订条约的权力，征税收钱和管理商业的权力，相应的行政和司法权威，充分有效地赋予联盟的共同政府。把如此广泛的权力信托给一个单一的机构，显然不宜。由此，产生出另建政府的需要。

由各邦组成的联邦政府，若把全部独立主权交给每一个邦，要求各邦为整体提供利益和安全，显然不合实际。个体加入团体，必须交出部分权利：以保障其余权利。牺牲的幅度，取决于形势和环境，取决于希望达成的目标。古往今来，要在应该交出的权利和应该保留的权利之间，画出一条精确的界线，从来不容易。目前局面，由于各邦的处境、幅

① 致邦联议会的信，载法兰德《汇编》第二卷第 666—667 页，排在宪法后面。现将这两件译文印在《联邦宪法》前面。法兰德注明，这封信是华盛顿总统 1796 年交给国务卿的制宪会议文件之一。信是古文诺·莫里斯的笔迹。信的反面写有："草稿，制宪会议致邦联议会的信，以伴随宪法。"最后成文时，只增加了致敬用语和会议主席落款。

员、习惯和特殊利益各不相同，使这一困难更形加剧。

我们仔细探讨这个问题，始终牢记每个真正美国人的最大利益。巩固我们的联盟，关系到我们的繁荣、幸福、安全，甚至国家的存亡。这一重要看法，在我们的意识里，严肃而且深刻，引导参加会议的各邦，不像某些人期待的那样，没有在次要问题上固执己见。因此，我们现在所呈交的宪法，是友好精神的结果，承认区别而又互谅互让，鉴于我们目前所处的独特政治形势，这种精神必不可少。

或许不能期待每一个邦都完全彻底赞同。但是每一个邦无疑都会想到，如果单独考虑本邦的利益，实际结果，可能得不到其他各邦的一致赞同，甚或引起反对。我们希望并相信，出现少数例外，是在合理预期的范围之内。这部宪法如能促进我们如此亲爱的国家的永久福利，保障她的自由和幸福，是我们最热烈的希望。

我等有幸，向先生致最大敬意

您最忠顺谦恭的仆人

会议主席　乔治·华盛顿

经制宪会议一致同意

致邦联议会主席阁下

附录八

美利坚联邦宪法[①]

我们联邦人民，为建立一个更加完美的联盟、树立正义、保障内部安宁、建立共同防御、促进普遍福利、保证我们自己和子孙后代的自由和幸福，特此为美利坚联邦设立和奠定这部宪法。[②]

第一条

第一款　本宪法所授予的所有立法权[③]，寓于联邦议会，由参议院和众议院组成。

第二款

一[④]联邦众议院由各邦人民每两年选举产生的众议员组成；各邦选举人应具备选举本邦议会中人多一院议员的选举人所需具备的资格[⑤]。

---

① 《联邦宪法》载法兰德《汇编》第二卷第 651—665 页。法兰德注：宪法誊清在四张羊皮纸(23.5 英寸×27.5 英寸)上。这里的一份，力图准确印出原件。

② 爱德华·科温在《宪法和它今天的含义》(普林斯顿大学出版社，1978 年第 14 版)第 1 页说：严格来说，《前言》不是宪法的组成部分，无论政府还是个人，都不能以《前言》为依据申述自己的权力。

③ 宪法授予联邦议会的所有立法权，共十八项，列举在第一条第八款。

④ 款以下的项目编号，系译者根据美国课本中宪法的排印办法增加。

⑤ 各邦选民资格的趋同和逐渐放宽，参见宪法修正案第十四、十五、十九、二十四、二十六条。

二　年龄未满二十五岁、成为联邦公民不足七年、当选时不在本邦定居者，不得担任众议员。

三　众议员席位和直接税金额，在加入联盟的各邦之间按人口比例分配⑥；各邦人口总数，为自由人人数之和，包括按契约服劳役一定年限的人，不算未被征税的印第安人，所有其他人的五分之三⑦。联邦议会第一次开会后三年内实行人口清点，此后每十年普查一次，办法由联邦议会立法制定。每三万⑧人选出的众议员不得超过一名，但每邦至少应产生一名众议员；统计人口以前，新罕布什尔有权选出众议员三名，马萨诸塞八名，罗德岛和普罗维登斯种植地一名，康涅狄格五名，纽约六名，新泽西四名，宾夕法尼亚八名，特拉华一名，马里兰六名，弗吉尼亚十名，北卡罗来纳五名，南卡罗来纳五名，佐治亚三名。⑨

四　任何邦的联邦众议员出缺时，由该邦行政当局下令选举，补齐缺额。

五　联邦众议员选出本院议长和其他官员；众议院独享发起弹劾之权。

第三款

一　联邦参议院由每邦二名⑩参议员组成，由各邦议会⑪选出，任

---

⑥　随着人口增长和疆域扩展，联邦众议员人数越来越多，从最初的65人，到1790年的106人，到1850年的237人，到1900年的391人；1911年，联邦议会通过决议，把众议院人数定在435人的水平上，不再增加，只增加每名众议员代表的人口数；1790年，每名众议员代表3 300人，1850年代表9 300人，1900年1.94万人，1950年3.45万人（《美国历史统计》，第二卷第1085页《众议员的分配》），1990年约5万人；七个人口不足或超过5万人的邦，各产生一名众议员。

⑦　修改宪法，用修正案的办法，附于宪法之后，并不修改原文。宪法原文保留它的历史污点：保留体现奴隶制的原文，是其中一例。奴隶制问题的变化，参见修正案第十三、十四、十五、十九、二十四、二十六条。

⑧　法兰德注：这里有一个擦去重写的痕迹。把原来的每“四万”改成“三万”。

⑨　1999年，最初十三个邦的众议员席位变为：新罕布什尔两名，马萨诸塞十名，罗德岛二名，康涅狄格六名，纽约二十三名，新泽西十三名，宾夕法尼亚二十一名，特拉华一名，马里兰八名，弗吉尼亚十一名，北卡罗来纳十二名，南卡罗来纳六名，佐治亚十一名。（新泽西：《世界年鉴2000》第80—87页。）

⑩　随着邦数增加，参议员从最初十三个邦的26人，增加到1800年的34人，1850年66人，1900年94人，1960年100人，此后，保持为100人。

⑪　1913年起，参议员改由各邦人民选举，见修正案第十七条。

期六年，每名参议员各有一票表决权。

二　第一批参议员选出聚齐后，立即分成人数尽量相等的三组。第一组议员的席位在第二年届满时空出，第二组议员的席位在第四年届满时空出，第三组议员的席位在第六年届满时空出，以便此后每二年改选三分之一；若参议员因辞职或其他原因出缺发生在邦议会休会期间，由该邦行政官任命临时参议员代理，到邦议会下次开会选出新议员止。

三　年龄未满三十岁、成为联邦公民不足九年、当选时不在本邦定居者，不得担任参议员。

四　联邦副总统为参议院议长，但没有表决权，除非赞成票和反对票票数相等。

五　参议员选出本院其他官员和一名临时议长，以备副总统缺席或副总统行使总统职权。

六　参议院独享审讯所有弹劾案的权力。为审讯弹劾案而开庭时，参议员需宣誓。联邦总统受审时，由最高法院首席大法官主持；未经出席议员三分之二同意，不得定罪。

七　对弹劾案的裁决，不得超过罢免职务、取消担任或享受联邦荣誉职务、受托职务、受薪职务的资格；但是，对确证有罪者仍可依法起诉、审讯、裁决、处罚。

第四款

一　选举联邦参议员和众议员的时间⑫、地点、办法，由各邦议会预先规定；联邦议会可随时通过立法制定和更改这些规定，选举参议员的地点除外。

二　联邦议会每年至少开会一次，从十二月的第一个星期一开始，除非联邦议会立法另定日期。⑬

---

⑫　联邦议会两年一届，现在每逢双年 11 月 5 日，改选全体众议员和三分之一的参议员。目前，有些邦已对邦参议员和众议员的连任次数作出限制，但迄今尚未限制联邦议员的连任次数。

⑬　从 1933 年起，联邦议会开会时间改为从 1 月 3 日起，见修正案第二十条。

第五款

一　各院分别审查本院议员的选举过程、结果和当选资格；各院议员过半数构成议事的法定人数；不足法定人数时，得逐日休会，各院可规定敦促缺席议员到会的办法和处罚规则。

二　各院制定本院议事规则，处罚议员不守规则的行为，经三分之二议员同意可将议员开除。

三　各院应有议事记录，定期公布，他们判断需要保密的内容除外；经出席议员五分之一的人要求，应将全体议员对任何问题所投的赞成票或反对票记录在案。

四　联邦议会开会期间，未经另一院同意，一院中途休会不得超过三天；不得在各院会堂以外开会。

第六款

一　议员领取服务报酬[14]，由立法保障，由国库支付。议员享有以下特权：议会开会期间和往返途中，除因叛国、重罪、妨碍治安外，不受逮捕；议员在议会的发言和辩论，在议会外不受盘诘。

二　议员不得担任任期内设立或加薪的联邦文官职务；联邦官员在任期内不得担任议员。

第七款

一　一切筹集岁入的提案由众议院发起，与对其他提案一样，参议院可以修改方式合作。[15]

每项通过众议院和参议院的提案，成为立法之前，需呈交联邦总统；若总统同意，应签署使其成为立法，若不同意，应写出书面反对理

⑭　第一届联邦议会开会时，会期没有现在这么长，最初提议：途中和开会时，每天贴补众议员6美元，参议员8美元，经过辩论，统一为7美元。现在议员已成为一份全职工作。1995年，联邦参、众议员、联邦地区法院法官年薪相同，为133 600美元，部长148 400美元（新泽西编《1996年世界年鉴》第82、84、93、78页）；2000年1月起，联邦众、参议员、联邦地区法官年薪增加到141 300元，部长增加到157 000美元（新泽西编《2000年世界年鉴》第80、81、92、75页）。

⑮　关于联邦预算制定过程，参见本书脚注㉟。

由，连同提案一起退还提出该案的一院，该院应将总统反对理由全文记录在案，开会再议，若三分之二议员再次通过，则将该案连同总统的反对理由提交另一院以同样方式再议，若另一院三分之二议员再次通过，该案即成为法律。再议时，各院均采取点票方式决定，逐一问明每名议员赞成还是反对，各院应分别把赞成和反对的议员姓名记录在案。总统收到提案后十天(周日除外)内，若不将提案退还，则视同总统已经签名，该案成为立法，联邦议会休会、总统无法退还提案时例外，后一情况，提案不能成为立法。

三　每项需要参议院、众议院一致通过的命令、决议、表决，需呈交联邦总统，与处理提案的方法一样，受同样规则限制，总统批准方可生效，总统不批准，需参议院、众议院复议，三分之二议员再次通过，才能生效。

第八款

一　联邦议会有权[16]制定和征收税金、关税、进口税、营业税，用于偿还国债、为联邦提供共同防御和普遍福利；但在联邦范围内，关税、进口税、营业税应整齐划一。

二　用联邦的信用借钱。

三　制定对外贸易、邦际贸易、与印第安人贸易的规则。

四　制定联邦内的统一入籍归化法和统一破产法。

五　铸造钱币，管理本国货币和外国货币的币值，统一度量衡。

六　制定规则，处罚伪造联邦证券和货币的行为。

七　设立邮政，修筑邮路。

八　为促进科学和有用技艺的进步，保障作者对作品、发明者对发明在有限时间内的排他权利。

九　设立最高法院以下的法院。

---

⑯　第一条第八款列举制宪会议期间各邦代表同意通过宪法授予联邦的所有立法权，共十八项，因此，联邦政府被称为“有限政府”。

十　定义和处罚公海上的海盗罪和重罪、违反国际法的行为。

十一　宣战，颁发海上缉拿敌船许可证和报复敌国的拘捕证，制定陆战海战俘获处理条例。

十二　招募军队，提供给养，但对这项用途的拨款不得超过两年。

十三　建立和维持一支海军。

十四　制定陆军和海军的统辖和管理条例。

十五　制定规则，征召民兵，执行联邦法律，镇压叛乱，击退入侵。

十六　制定规则，组织、武装并以纪律约束民兵，统辖民兵中应召为联邦服役的部分，把任命军官和按联邦议会制定的纪律训练民兵的权力保留给各邦。

十七　设立一个特区，由某些邦割让、联邦议会接受，作为联邦政府所在地（面积不超过十平方英里），联邦议会在特区内享有一切事务的排他立法权；经所在邦议会同意，联邦议会向各邦购买若干地点，建立要塞、武库、兵工厂、造船厂，及其他必要设施，享有对这些地点的排他立法权。

十八　为行使上述所有权力，行使宪法授予联邦政府、授予各部门及其他官员的权力，制定必要和适当的立法。

第九款[17]

一　联邦议会不得在 1808 年以前立法禁止任何一邦现存并认为宜于承认的人口迁徙和人口输入，但对输入的人口，可征收税金或关税，每输入一人征税不得超过十元。[18]

二　不得中止申请人身保护令的特权，发生叛乱或入侵、公共安全需要时例外。

---

⑰　第一条第九款列出制宪会议期间各邦代表禁止授予联邦的立法权，共八项，以“不得”开头。

⑱　为了废除《联邦宪法》对奴隶制的容忍，1861—1865 年联邦经历了一场内战，北方有 2 213 363 人上前线，战死 140 414 人，其他死亡 224 097 人，伤 281 881 人。南方仅 1863—1866 年先后估计有 60 万人上前线，战死 74 524 人，其他死亡 59 297 人（新泽西编《世界年鉴 1997》第 184 页）。战后制定宪法修正案第十三、十四、十五条。

三　不得通过剥夺公权的立法和追究既往的立法。

四　不得征收人头税和其他直接税，如前所述，只能按人口普查结果向各邦摊派。[19]

五　不得对任何一邦的出口物品征收税金和关税。

六　制定贸易和征税规则，不得在各邦口岸之间厚此薄彼，不得要求从一个邦的港口始发或驶到该港停靠的船只，到另一个邦的港口始发或停靠，办理出关入关、清仓、纳税手续。

七　未经立法拨款，不得从国库支钱；一切公款往来，应有常规说明和往来账目，定期公布。

八　联邦不得授予贵族爵位；任何联邦受薪受托官员，未经联邦议会同意，不得接受任何国王、君主、外国的任何礼物、俸禄、官职、爵位。

第十款[20]

一　任何一邦不得缔结条约、加入同盟或彼此结盟；不得颁发海上缉拿外国船只许可证和报复敌国的拘捕证；不得铸造钱币；不得发行信用纸券；不得使用金币银币以外的方式偿债；不得通过剥夺公权的立法、追究既往的立法、废止合同义务的立法，不得授予任何贵族爵位。

二　未经联邦议会同意，任何一邦不得对进、出口征收进口税或关税，为执行该邦检查法所绝对必需的税金除外；但任何一邦对进、出口所征的关税和进口税，其净收入应上交联邦公库使用；所有这类检查法，应受联邦议会检查和控制。

三　未经联邦议会同意，任何一邦不得设立吨位税，不得在和平时期维持军队和战舰，不得与其他邦和外国缔结协定或盟约；不得从事战

---

[19] 1913年，联邦议会开始取得向居民直接征收所得税的权力，见宪法修正案第十六条。

[20] 第一条第十款列出制宪会议期间各邦代表禁止授予各邦议会的权力，均以“不得”开头，共三项，其中第一项为“绝禁”，第二、三项得到“联邦议会同意”可以开禁。

争，除非遇到实际入侵，或危险迫在眉睫，不容迟缓。

第二条

第一款

一　行政权寓于美利坚联邦的一位总统。总统任期四年，与副总统一起当选相同的任期。总统、副总统的选举办法如下：

二　每邦按本邦议会所定办法产生若干选举人，人数等于该邦按宪法有资格分得的联邦参议员和联邦众议员人数之和；但联邦议员和联邦受托受薪官员不得担任选举人。

三　选举人在本邦集合，投票选举两人[21]，其中至少一人不在本邦定居。选举人制作一份得票人名单，列出全体得票人和每人所得票数；签名使名单合格，密封送往联邦政府所在地，交给参议院议长。参议院议长当参议员和众议员面开启有效名单，然后点票。得选举人票最多且超过指定选举人半数即为总统；若得票过半数者不止一人且得票相等，众议院立即书面投票从中选出一人为总统；若无人得票过半数，众议院立即投票，从得票最多的五人中选出一人为总统。众议院选举总统时，按邦计票，每邦议员合投一票；选举总统时，需有三分之二的邦的一名或几名众议员出席，人数超过全体众议员半数，才能构成法定选举人数。在上述各种情况下，选出总统后，剩下的人中得选举人票最多者为副总统。若剩下的人中仍有两人或多人得票相等，参议院按上述办法从中选出副总统。[22]

四　联邦议会决定各邦产生选举人的时间和选举人集合投票的日

㉑　1789 年，选举人为实质选举人，同一个邦的选举人可以选举不同的人；1824 年开始公民直选，逐渐演变为候选人在一邦获得多数选民票即囊括该邦全体选举人票，选举人变为形式选举人，需按本邦公民意志把票投给同一个候选人；如候选人赢得特拉华，得三票，赢得纽约，得三十三票；这种办法迫使候选人到各邦竞选，争取民心，尤其关注在人口多的大邦取胜；1960 年，肯尼迪得公民投票 34 227 096 张，赢得 22 个邦，但得选举人票共 303 张，过半数；尼克松虽赢得 26 个邦，但只得 219 张选举人票，结果，肯尼迪当选。

㉒　总统、副总统选举办法的修改，参见宪法修正案第十二、二十、二十二、二十五条。

期，投票日期在联邦内应为同一天。[23]

五　非本土出生的人，本宪法批准时不是联邦公民的人，没有资格担任总统；年龄不满三十五岁、在联邦居住不足十四年者，没有资格担任总统。

六　若总统被罢免、去世、辞职、失去行使总统职权的能力，应将总统职权移交给副总统；联邦议会应立法宣布，若总统和副总统都被罢免或去世、辞职、失去行使职权的能力，由联邦的哪位官员代理[24]，直到他们恢复能力，或选出新总统为止。

七　总统在规定时间领取服务报酬[25]，任期内报酬不增不减，任期内总统不得从联邦或其中任何一邦领取其他报酬。总统就职前需宣读以下誓词或保证："我谨在此庄严宣誓（或保证）：我将忠实履行联邦总统职责，尽自己的最佳判断和能力，保持、保护、保卫联邦宪法。"

第二款

一　总统为联邦陆军、海军、应召正为联邦服役的各邦民兵的总司令；总统可要求各部门首长就所负责任内的事务写出书面意见；总统有权颁布缓刑和赦免反对联邦的行为，弹劾案除外。

二　总统咨询参议院并取得出席议员三分之二同意，有权缔结条约；总统有权提名大使、其他公使、领事、最高法院法官和宪法未作规定、将由联邦议会立法设立的所有其他联邦官员，经参议院同意，方可任命；联邦议会可将他们认为适宜的下级官员，通过立法授权总统一

㉓　现在定为每隔四年的11月15日。夹在其中的一次联邦议员选举，被称为"中期选举"。

㉔　1792年，联邦议会立法宣布，总统的继承顺序为：副总统，众议院议长，参议院候补议长。

㉕　第一届联邦议会给华盛顿定的总统年薪是25 000元，不能低的原因有二，一是国家的象征；二是抵御外国收买的诱惑，因为总统不同于国王，整个王国都是他的利益。两百多年来，总统年薪增长比其他职业都慢。1960年，联邦议会把总统年薪从10万调到20万，肯尼迪是第一个受惠者。2000年，联邦议会把总统年薪从20万调到40万，小布什是第一个受惠者。调高总统年薪，不完全是因总统本人，而是总统的年薪盖住了部长、议员、法官的年薪；目前，意见最大的还是法官，因为部长、议员不是终身职，有了资历后，可到民营企业赚取高薪和酬金，法官是终身职，薪水是终身的主要收入来源。

人、授权法院、授权部门首长分别任命。

三　总统有权填补参议院休会期间出现的空缺职务，任期到联邦议会下次会议结束为止。

第三款　总统定期向联邦议会提交联邦咨文，向议会推荐他认为必要和可行的措施，供议会讨论；情况非常时，总统可召集两院或其中任何一院开会，若两院对休会时间意见不一，总统可在自己认为适当的时间宣布休会；总统接见大使和其他公使；总统负责联邦的各项立法得到忠实贯彻；总统给全体联邦军官授衔。

第四款　联邦总统、副总统、全体文官，如因叛国、贪污、其他重罪或严重轻罪被弹劾并被确认有罪，应予罢免。

第三条

第一款　联邦的司法权寓于一所最高法院和联邦议会因时设立的下级法院。最高法院和下级法院法官，行为端正得继续任职，在规定时间领取服务报酬，在职期间的报酬不减。

第二款

一　司法权的适用范围，延伸到宪法、联邦立法、已经缔结和将要缔结的条约引起的一切案件，包括法律案件和衡平案件；涉及大使、其他公使、领事的所有案件；所有海事案件；以联邦为一方的诉讼；两邦或多邦之间的诉讼；一邦与另一邦公民之间的诉讼[26]；不同邦公民之间的诉讼；同一邦公民因持有不同邦颁发的地契而引起的土地纠纷；一邦或其公民与外国、外国公民、外国臣民之间的诉讼。

二　对涉及大使、其他公使和领事的案件，以一邦为一方的案件，最高法院具有初审权。对上述所有其他案件，最高法院具有对上诉案的审理权，法律和事实两方面，但联邦议会可通过立法制定例外条例，制定审理规则。

三　所有犯罪，除弹劾案外，均由陪审团审讯；审讯应在犯罪发生

㉖　见宪法修正案第十一条。

的邦进行；若不发生在任何一邦，由联邦议会决定审讯地点。

第三款

一　对联邦的叛国罪，只限于对联邦作战、叛投联邦的敌人、给敌人提供援助和方便。除非在公开法庭上，有两人对同一明显事实作证，或本人认罪，不得判处任何人叛国罪。

二　联邦议会有权宣布对叛国罪的处罚，但是，若剥夺公权，不得辱没血族，不得没收财产，除非被剥夺者依然在世。

第四条

第一款　各邦应充分尊重和信任其他邦的立法、档案、司法裁决。联邦议会应立法制定通用规则，说明各邦证明上述文件和使其生效的办法。

第二款

一　每邦公民享有其他各邦公民所享有的一切特权和豁免权。[27]

二　被任何一邦指控叛国、重罪或其他罪行者，若逃离法网，而在另一邦被捕获，应他所逃离的邦的行政当局要求，应予引渡，送交对该罪行享有司法权的邦。

三　在一邦按该邦法律服役者，若逃往另一邦，不得按另一邦的法律和规则而解除劳役，应原主要求，将其送还依法享有其劳役的一方。[28]

第三款

一　联邦议会可接纳新邦加入联邦；但未经原邦议会和联邦议会同意，任何一邦的管辖范围以内不得形成或创立新邦，两邦、多邦或其组成部分不得并为新邦。

二　联邦议会有权分配属于联邦的领土和其他产权，制定必要的

㉗　邦联条款制定这一款时，强调拆除邦际界线，各邦公民平等。宪法上这一项的含义，有待公民权利法案充实，参见宪法修正案前十条。

㉘　参见宪法修正案第十三条和第十四条。

规则；但是，宪法中的任何条文，不得被解释为偏袒联邦的诉求或任何一邦的诉求。[29]

第四款　联邦向联邦内的每一个邦保证建立一个共和形式的政府，保护任何一邦不受侵犯，应邦议会或邦行政官（邦议会无法开会时）申请，平定内乱。

第五条

每逢两院三分之二议员认为必要，或三分之二的邦议会提出申请，要求对本宪法提出修正，联邦议会即应召开制宪会议，以便提出修正案；在这两种情况下，若得到四分之三的邦议会批准，或四分之三的邦民意大会批准，所提修正案的内容和目的，即构成本宪法的有效部分，以上两种批准办法，由联邦议会选择采取哪一种；但是，1808 年以前，任何修正案不得以任何方式影响第一条第九款第一项和第四项[30]；未经一邦同意，不得剥夺该邦在参议院的平等表决权。

第六条

一　采纳本宪法前欠下的债务和承担的责任，在宪法下与在联盟条款下同样有效，由联邦承担。

二　宪法、为实现宪法而制定的联邦立法、根据联邦授权已经缔结和将要缔结的条约，为联邦最高法律；各邦宪法和立法若与联邦最高法律抵触，各邦法官应受最高法律约束。

三　联邦和各邦议会议员、联邦和各邦的全体行政官员和司法官员，应受支持本宪法的誓言或保证的约束；但绝不可以宗教考查作为担

---

[29] 1783 年，亚当斯、富兰克林、杰伊等与英国在巴黎谈判和平条约时，突破联盟议会给他们的指示，赢得比原来预料的更多谈判成果，英国放弃了密西西比河以东的地区。当时联盟的有效控制还只达到阿巴拉契亚山，中间的广大地区还有法国和西班牙的势力，这一地区也成为联邦和各邦之间的诉求争议；后来，这个地区变成若干新邦。

[30] 南卡罗来纳代表拉特里奇和平克尼将军坚决要求并且得到的，是第一条第九款的第一项和第五项；不是第四项；第一项是 1808 年前联邦不得禁止输入奴隶，第五项是联邦不得向任何一邦征收出口税。

南卡罗来纳代表巴特勒坚决要求并且得到的，是第四条第二款第三项。见宪法修正案第十三、十四、十五条。

任联邦官员或接受公共信托的资格要求。

第七条

九个邦的民意代表大会批准，即构成足够数目，在批准的邦之间树立这部宪法。

这部宪法于美利坚联邦独立后第十二年，我主第一千七百八十七年九月十七日，由出席各邦一致同意完成。我们谨在此签名作证。[31]

主席和弗吉尼亚代表	乔治・华盛顿	
新罕布什尔	约翰・朗东	尼古拉斯・吉尔曼
马萨诸塞	纳撒尼尔・戈汉姆	鲁弗斯・金
康涅狄格	威廉・萨缪尔・约翰逊	罗杰・谢尔曼
纽约	亚历山大・汉密尔顿	
新泽西	威廉・利文斯顿	威廉・佩特森
	戴维・布瑞利	乔纳森・戴顿
宾夕法尼亚	本杰明・富兰克林	托马斯・费兹西蒙斯
	托马斯・米弗林	贾雷德・英格索尔
	罗伯特・莫里斯	詹姆斯・威尔逊
	乔治・克莱默	古文诺・莫里斯

㉛ 出席制宪会议但没有签名的代表有：马萨诸塞的卡立巴・斯特朗（同意宪法，但提前离会），艾尔布里奇・格里（对宪法有不同意见，不愿意签名）；康涅狄格的奥立维・艾尔斯沃斯（同意宪法，但提前离开会议）；纽约的罗伯特・雅茨和约翰・兰欣（认为联邦制宪会议超越授权，7月10日离开会议，以示抵制）；新泽西的威廉・豪斯顿（出席会议仅两周，因病退会）；特拉华的约翰・迪金森因病在会议结束前不久离会，请乔治・里德代替签名；马里兰的路德・马丁和约翰・弗朗西斯・默塞（两人都预言宪法会失败，都提前离开会议，都在马里兰反对批准《联邦宪法》，但事过以后，都在马里兰政府继续任职）；弗吉尼亚的乔治・韦思（妻子生病，6月初请假离开会议，后正式辞去代表职务），詹姆斯・麦克朗（本是医生，被伦道夫拉来顶替拒绝出任代表的帕特里克・亨利，对政治兴趣不那么浓厚，赞成宪法，但提前离开会议），爱德蒙・伦道夫（从提出宪法草案到最后不同意宪法成稿，拒绝签名），乔治・梅森（不同意宪法，拒绝签名）；北卡罗来纳的亚历山大・马丁和威廉・理查德・戴维（两人同意宪法，但提前离开会议）；佐治亚的威廉・皮尔斯和豪斯通（两人同意宪法，但提前离开会议）。参见附录十《制宪会议代表的出勤情况》和索引《介绍13个邦和55名制宪会议代表情况的脚注编号》。

特拉华	乔治·里德	理查德·巴塞特
	冈宁·贝德福德	雅可布·布鲁姆
		约翰·迪金森
马里兰	詹姆斯·麦克亨利	丹尼尔·卡乐尔
	圣托马斯·杰尼弗的丹尼尔	
弗吉尼亚	约翰·布莱尔	詹姆斯·麦迪逊
北卡罗来纳	威廉·布朗特	休·威廉森
	理查德·多布斯·斯佩特	
南卡罗来纳	约翰·拉特里奇	查尔斯·平克尼
	查尔斯·科茨沃斯·平克尼	皮尔斯·巴特勒
佐治亚	威廉·费尤	阿伯拉罕·鲍德温

附录九

联邦宪法修正案①

公民权利法案　1791年12月15日成为宪法的组成部分②

---

① 《联邦宪法修正案》按新泽西出版的《世界年鉴2000》(*The World Almanac* 2000, pp. 534—546)译出,该书收齐了2000年前批准的全部宪法修正案。英文名词amendment源于动词amend,原意"修补",例如"修鞋"、"补衣服"。

② 乔治·梅森在联邦制宪会议上提议起草公民权利法案,列入宪法,被会议否定。梅森采取了几项行动,一、拒绝在宪法上签名;二、把自己的反对意见公布于社会;三、在弗吉尼亚邦的民意代表大会上据理力争,结果,会议要求补充公民权利法案,作为批准《联邦宪法》的前提条件;弗吉尼亚邦民意代表大会后,其他一些邦的民意代表大会也提出类似的前提要求,作为批准《联邦宪法》的条件。

1789年9月25日,第一届联邦议会通过决议,序言说:"一系列邦的民意代表大会在批准宪法的同时,表达了急切愿望,要求进一步增加宣言式和限制性的条款,以增强公众对政府的信心,避免政府误解和滥用宪法授予的权力,为政府实现民众幸福提供最佳保障。"为此,联邦议会通过公民权利法案十二条,提交各邦议会批准。

十二条中,后十条得到足够的邦议会批准,日期如下:新泽西,1789. 11. 20;马里兰,1789. 12. 19;北卡罗来纳,1789. 12. 22;南卡罗来纳,1790. 1. 19;新罕布什尔,1790. 1. 25;特拉华,1790. 1. 28;纽约,1790. 2. 27;宾夕法尼亚,1790. 3. 10;罗德岛,1790. 6. 7;佛蒙特,1791. 11. 3;弗吉尼亚,1791. 12. 15;马萨诸塞,1939. 9. 2;佐治亚,1939. 3. 18;康涅狄格,1939. 4. 19。弗吉尼亚使批准的邦达到十一个,超过十四个邦的四分之三,公民权利法案开始生效。

第一届联邦众议员麦迪逊提议把宪法打散,把前十条编进宪法正文,众议员谢尔曼等不同意,折中结果,采取对宪法"修补"的办法,列为宪法修正案前十条,与宪法享有同等法律效力。

十二条中,前二条批准的邦数不够;第一条涉及众议员的选举办法;1992年,明尼苏达批准第二点,使批准的邦达到四分之三,原第二条成为宪法修正案第二十七条。

修正案第一条 联邦议会不得立法建立宗教，不得立法禁止宗教活动自由；不得立法剥夺言论自由和出版自由；不得剥夺人民和平集会、向政府请愿、表达不满、要求申冤的权利。

修正案第二条 保障一个邦的自由，必须有一支管理良好的民兵，不得干涉人民持有、携带武器的权利。

修正案第三条 未经屋主同意，军人在和平时期不得进驻民宅，战时进驻，需按法律所定办法。

修正案第四条 人民的人身、住宅、文件、财产权利受到保护，不得侵犯，不得无理搜查或缉拿；签发搜捕证，要先宣誓或保证有适当理由，具体说明搜查地点、需缉拿的人或物。

修正案第五条 未经大陪审团在场和起诉，不得拘押和询问任何可判死刑、即使不判死刑也会导致身败名裂的罪行，除非战时或公务危急时，对现役陆军、海军和民兵可以例外；不得因同一罪行使任何人的生命或肢体两次受困；在刑事案件中，不得迫使任何人作证控告自己，没有正当法律程序，不得剥夺任何人的生命、自由和财产；未经公平补偿，不得将私人财产充作公用。

修正案第六条 在一切刑事诉讼中，被告享有以下权利：在犯罪发生的邦或地区，由中立的陪审团尽快举行公开审讯，应通知被告他被指控的性质和事由；被告有权与指控他的证人对质；应有必备程序使被告获得有利于他的证人，获得为他辩护的律师协助。邦与地区的司法范围，由联邦议会立法划分。

修正案第七条 在共同法诉讼中，若索赔价值超过二十美元，即应保留案件由陪审团审讯的权利，陪审团审过的事实，在联邦的任何法庭上，不得以不同于共同法的规则重审。

修正案第八条 不得要求过量的保释金额；不得课以过量的罚款；不得采取酷刑或异常的惩罚。

修正案第九条 宪法列举的若干明确权利，不得被解释为否认或蔑视人民所保留的其他权利。[3]

修正案第十条 宪法未授予联邦的权力,宪法未禁止给予各邦的权力,保留给各邦,或保留给人民。

修正案第十一条 1795 年 2 月 7 日成为宪法的组成部分[4]

联邦的司法权,不得被解释为可延伸到以下法律和衡平案件:由另一邦公民、外国公民或臣民对联邦内的一个邦发起或起诉的案件。

修正案第十二条 1804 年 6 月 15 日成为《联邦宪法》的组成

---

③ 制宪会议致联盟议会的信说:"个体加入团体,必须交出部分权利,以保障其余权利,古往今来,要在应该交出的权利和应该保留的权利之间,划出一条精确的界线,从来不容易。"麦迪逊说,权力和权利,含义本来相同,只是使用场合不同;在民者,为权利;在政府者,为权力。整个制宪会议,就是一个划分权力的过程,重点是划分邦和联邦的权力:经过反复辩论,各邦代表同意授予联邦政府十八项"明确权力",列举在第一条第八款;十八项以外,均属"未明确授予联邦的权力";经过反复辩论,各邦代表"明确禁止"联邦政府施行八项权力,列举在第一条第九款;八项以外,都属"未明确禁止"的权力;宪法"明确禁止"各邦行使四项权力,列举在第一条第十款,其他都属"未明确禁止"各邦施行的权力。宪法说"每邦公民享有其他各邦公民享有的一切特权和豁免权",可是没有列举,显得空洞,宪法修正案前八条列举出联邦政府不得侵犯的八项公民权利,就实在了。但是这个过程并未完结。两百年来,联邦议会和邦议会的每项立法,都在沿两个方向扩展权力,一是扩展政府的权力;一是扩展人民的权利,如果受到宪法限制,也可以通过修正案扩展。例如,通过宪法修正案第十六条,联邦获得向居民直接征税的权力;通过含有民权性质的修正案,如修正案第十三、十四、十五条,扩展人民的权利。制宪会议把"宪法引起的所有案件,联邦立法引起的所有案件,条约引起的所有案件",列为最高法院的司法范围,法律和衡平两个方面,这就使最高法院担任继续划分"联邦的权力"、"邦的权力"和"人民的权利"的裁判。例如,"隐私权"就从未列举而变为公认。最高法院的断案史,累积为记载分权过程的联邦法律史进程,至今仍在继续。

④ 南卡罗来纳公民奇索姆负责执行他朋友的遗嘱,发现他的朋友生前曾在独立战争期间向佐治亚提供军需,佐治亚尚未归还欠款。奇索姆向联邦法院提出索赔起诉。1793 年,联邦最高法院在《奇索姆诉佐治亚》(*Chisholm v. Georgia*)上诉案中最后判奇索姆胜诉,引起各邦政府大哗,担心此案会在各邦引起连锁反应。1794 年 3 月 4 日,第三届联邦议会提出修正案第十一条,禁止其他邦公民或外国公民起诉邦政府。1798 年 1 月 5 日,国务卿皮克林通知总统约翰·亚当斯,已收到十二个邦的批准证书,达到十六个邦的四分之三。据国务院后来研究,这个日期应该提前到 1795 年 2 月 7 日,因为那一天,已有十二个邦批准。1796 年 6 月 1 日,田纳西被批准加入联邦。由于费城流行黄热病,首都暂时迁到新泽西的特伦敦办公,皮克林直到 1797 年 10 月 16 日才写信通知田纳西,田纳西对此没有采取行动。各邦批准日期如下:纽约,1794. 3. 27;罗德岛,1794. 3. 21;康涅狄格,1794. 5. 8;新罕布什尔,1794. 6. 16;马萨诸塞,1794. 6. 26;佛蒙特,1794. 10. 9 与 11. 9 之间;弗吉尼亚,1794. 11. 18;佐治亚,1794. 11. 29;肯塔基,1794. 12. 7;马里兰,1794. 12. 26;特拉华,1795. 1. 23;北卡罗来纳,1795. 2. 7。除需要的十二个邦外,南卡罗来纳于 1797. 12. 4 批准;新泽西和宾夕法尼亚没有批准。

部分[5]

选举人在各邦集合，投票选举总统和副总统，其中至少一人不在本邦定居；选举人在一张选票上写明他要选的总统的姓名，在另一张选票上写明他要选的副总统的姓名，分别列出两份名单，一份列出所有得总统选票的人，一份列出所有得副总统选票的人，注明每人所得票数；签名使名单合格，密封送往联邦政府所在地，交给参议院议长当参议员和众议员面开启合格名单，然后点票。得总统选票最多且超过指定选举人半数者为总统；若无人获得总统选票过半数，众议院立即书面投票，从得总统选票最多的三人内选出总统。总统选举按邦计票，每邦议员合投一票；选举总统的法定邦数为三分之二，每邦一名至数名众议员出席，需获得所有邦中的过半数票，方能当选总统。每当选举权转移到众议院，若众议院到次年 3 月 4 日仍不能选出总统，由副总统代理总统，按宪法规定的总统去世或失去行使总统职权能力办法办理。得副总统票最多且超过指定选举人半数者，为副总统。若无人得票过半数，参议院从得票最多的二人中选出一人为副总统。选举副总统的法定人数，为全体参议员的三分之二，得票超过全体参议员半数才能当选。宪法规定不合格担任联邦总统者，亦不得担任副总统。

修正案第十三条 1865 年 12 月 6 日成为《联邦宪法》的组成部分[6]

---

⑤ 宪法修正案第十二条产生的背景，参见本书脚注㊼。1803 年 12 月 9 日，第八届联邦议会提出修正案第十二条；1804 年 6 月 15 日，获得足够的邦议会批准。第十二条修正案的实质，是使政府内部的政党现象合法化。就像宪法要容忍奴隶制，却不在宪法中出现“奴隶”字样，第十二条修正案中，也没有出现“政党”字样。把总统选举和副总统选举分开，避免同一政党的两名候选人得票相等，为政党提名制铺平道路，相互竞争的政党，开始同时提名总统候选人，和与之搭档的副总统候选人。参见修正案第二十条。

⑥ 宪法修正案第十三、十四、十五条，合称“重建修正案”。内战结束后，南卡罗来纳、佐治亚、密西西比等南部的邦，由邦议会通过各种立法，企图用改换名目的方法，使奴隶制永远存在下去。取得联邦议会多数的共和党人，起草修正案第十三、十四、十五条，推行他们重建南部的政策。

1864 年 4 月 8 日，联邦参议院以 38 比 6 票，通过取消奴隶制的决议；6 月 15 日，联邦众议院表决，结果为 95 比 66，赞成票不足三分之二；1865 年 1 月 31 日，众议院再议，以 119 比 56 票通过，作为宪法修正案提出。1865 年 2 月 1 日，林肯总统批准这项决议；但是，早在 1789 年，最高法院就宣布：总统不应介入修正宪法事宜，应不参与提出、不参与批准。这项修正案于 1865 年 12 月 6 日获得足够的邦批准。

一　不论奴隶制还是非自愿劳役，除非作为对已通过正当程序判刑的罪犯的处罚，不得存在于联邦境内及其管辖的任何地方。

二　联邦议会有权通过适当立法贯彻此条。

修正案第十四条　1868年7月9日成为《联邦宪法》的组成部分[7]

一　凡出生或归化联邦、遵守联邦法律的人，就是联邦公民，也是他们所居住的邦的公民。任何一邦不得制定和实施剥夺联邦公民特权和豁免权的立法；未经正当法律程序，任何一邦不得剥夺任何人的生命、自由和财产；在该邦的司法范围内，不得否认任何人得到法律平等保护的权利。

二　联邦众议员的名额，在各邦之间按人口比例分配，普查时应清点每邦全部人口，不计长时期未被征税的印第安人[8]。但是，年满二十一岁的男性[9]公民，若无权选举总统副总统选举人、联邦众议员、邦行政与司法官员、邦议员，若因参与叛乱和其他罪行而被剥夺选举权，应从各邦年满二十一岁的男性公民总数中减去，根据减去后的人数，在各邦之间按人口比例分配。

三　曾经宣誓拥护《联邦宪法》、担任过联邦议员、联邦官员、邦议员、邦行政或司法官员的人，若后来反对宪法，参加暴动或叛乱，向联邦的敌人提供援助和方便，不得再担任联邦议员、总统和副总统选举人、联邦或邦的文职或军职官员。联邦议会两院三分之二议员批准，可予豁免。

四　联邦议会授权的公债，包括平定暴动和叛乱中的服役者的养

---

⑦　1868年6月13日，第三十九届联邦议会向各邦议会提交宪法修正案第十四条，被北卡罗来纳、南卡罗来纳、佐治亚议会拒绝。国务卿西沃德发表声明。这份声明对俄亥俄和新泽西的批准是否发生影响，有不同的说法，但声明显然影响了北卡罗来纳和南卡罗来纳。1868年7月4日和9日，新改选的北卡罗来纳和南卡罗来纳邦议会批准了这条修正案，达到足够邦数。1868年7月21日，联邦议会通过决议，宣布修正案第十四条成为《联邦宪法》的组成部分，指示国务卿发表声明，西沃德一直等到新改选的佐治亚议会把原来的拒绝改为批准，才于1868年7月28日发表声明，宣布批准。

⑧　消除种族歧视，见修正案第十五条，消除对不纳税者的歧视，见宪法修正案第二十四条。

⑨　消除性别歧视，见修正案第十九条，改变对年龄的限制，见宪法修正案第二十六条。

老金和奖金，有效性不容置疑。联邦和各邦不承担、不支付因援助针对联邦的暴动和叛乱而引起的债务和责任，不承担、不支付因失去奴隶、解放奴隶而提出的索赔要求；所有这类债务、责任、索赔要求，应视为非法和作废。

五　联邦议会有权通过适当立法贯彻执行此条。

修正案第十五条　1870 年 2 月 3 日成为《联邦宪法》的组成部分[⑩]

一　联邦公民的选举权，联邦或任何一邦不得因种族、肤色或过去曾服役而予否认或剥夺。

二　联邦议会有权通过适当立法贯彻执行此条。

修正案第十六条　1913 年 2 月 3 日成为《联邦宪法》的组成部分[⑪]

联邦议会有权制定和征收所得税，不论何种来源，不按邦分摊，与人口普查或清点无关。

---

⑩　1869 年 2 月 26 日，第四十届联邦议会提出这条修正案，1870 年 2 月 3 日获得足够的邦批准。

⑪　《联邦宪法》第一条第九款第四项规定：联邦议会"不得征收人头税和其他直接税，只能依前述规则按人口普查结果在各邦之间分配税额"。出席联邦制宪会议的各邦代表，沿袭《联盟条款》旧例，虽然赋予联邦议会十八项权力，却限制它的财权，不许联邦政府向各邦居民直接征税，把征收直接税（人头税、土地税、房屋税等）的权力保留给各邦议会，由邦政府征收，然后按人口比例上交份额；制宪会议只开了两个缺口：允许联邦议会征收进口税和国内营业税或称国产税。《美国历史统计两百周年纪念版》第二卷第 1106 页，列出联邦政府 1789 年到 1939 年的岁入总数和分类，分为四项，主要为关税收入，次国内税，再次出售公地，再次"其他"，1861 年以前，"其他"数字低微，一般不足 5%。1861 年，内战开始，联邦政府没钱武装军队，联邦议会通过决议开征所得税，比例为 1%，家庭年收入 2 000 美元以下者免征。靠了这个 1%和其他收入，北方武装 220 万人，对付南方的约 100 万军队，取得内战胜利。1895 年 4 月 8 日，在《波洛克诉农场主贷款信托公司》一案中，联邦最高法院九名大法官中杰克逊缺席，裁决以四比四作出：所得税不是直接税，符合宪法；5 月 20 日重审此案，杰克逊到场，结果以五比四裁决；所得税是直接税，违反宪法。1909 年 7 月 12 日，第一百一十一届联邦议会提出宪法修正案第十六条，1913 年 2 月 3 日获得足够的邦批准。联邦取得征收所得税的权力后，开始变得比较有钱，但把所得税比例增加到对家庭年收入 10 万以上的部分征收 98%，是罗斯福执政以后在第二次世界大战时采取的措施。1999 年，联邦的岁入为 18 273 亿元，占 1998 年国内生产总值 85 110 亿元的 21.5%。个人所得税 8 794 亿元，占联邦岁入的 49%，公司所得税 1 847 亿元，占联邦岁入的 10%。1999 年，联邦总支出 17 045 亿元，第一是社会安全，4 198 亿元，发放退休金等；第二医疗保险，3 901 亿元；第三偿还国债利息，3 139 亿元；第四军费，2 614 亿元。（新泽西编《世界年鉴 2000》第 108、109、113 页。）

修正案第十七条　1913年4月8日成为《联邦宪法》的组成部分⑫

一　联邦参议院由每邦人民选出的两名参议员组成，任期六年；每名参议员各有一票表决权。每邦选举人应具备选举本邦议会中人多一院议员所需具备的资格。

二　任何一邦在参议院的代表出缺，由邦行政当局下令选举补齐缺额；各邦议会可授权邦行政当局委派临时参议员，代理到当选参议员补齐缺额为止。

三　本修正案生效成为宪法组成部分以前，不得被解释为影响已选出的参议员的当选和任期。

修正案第十八条　1916年1月16日成为《联邦宪法》的组成部分⑬

一　这条修正案批准一年后，禁止在联邦境内及其管辖的领地内制造、出售、运输会致醉、用作饮料的酒类，亦不得进口和出口。

二　联邦和各邦议会有权合作通过适当立法贯彻此条。

三　按宪法规定，联邦议会把这条修正案提交各邦议会，从提交之日起七年内，若各邦批准此条成为宪法修正案，方可施行。

修正案第十九条　1920年8月18日成为《联邦宪法》的组成部分⑭

一　联邦公民的选举权，联邦和任何一邦不得以性别为由加以否认或剥夺。

二　联邦议会有权通过适当立法贯彻执行此条。

修正案第二十条　1933年1月23日成为《联邦宪法》的组成

---

⑫　1912年5月13日，联邦议会提出这条修正案，1913年4月8日得到足够的邦批准。

⑬　1917年12月18日，联邦议会提出，各邦议会讨论时，投赞成票的邦参议员共1 310人，反对的只有237人，赞成禁酒的邦参议员占84.6%；投赞成票的邦众议员共3 782人，反对的只有1 035人，赞成禁酒的邦众议员占78.5%；可见联邦当年禁酒信念的普及程度。除康涅狄格和罗德岛，其余的邦都批准了这项修正案，1919年1月16日生效。

⑭　1919年6月4日，由联邦议会提出，1920年8月18日获得足够的邦批准。

部分[15]

一　总统和副总统的任期到原定终止之年1月20日正午结束，联邦参议员和众议员的任期到原定终止之年1月3日正午结束；继任者的任期，同时开始。

二　联邦议会每年至少开会一次，开会日期从1月3日正午开始，除非联邦议会立法另定日期。

三　若当选总统在规定的任期开始以前去世，当选副总统成为总统。在规定的总统任期开始时，若总统尚未选出，或当选总统不符资格，由当选副总统代理总统，直到产生一名合格总统为止；联邦议会有权立法决定当选总统和当选副总统是否不符资格，宣布由何人代理总统或选举某人代理总统，直到产生一名合格总统或副总统为止。

四　不论何时，当选举总统的权力转移到众议院、选举副总统的权力转移到参议院时，在众议院可选为总统的候选人、参议院可选为副总统的候选人中，若出现死亡，联邦议会有权立法提供解决办法。

五　以上第一款、第二款从本条批准后的10月15日起生效。

六　这一条从呈交之日起七年内，需得到四分之三的邦议会批准成为宪法修正案，方可施行。

修正案第二十一条　1933年12月5日生效，从《联邦宪法》中废止修正案第十八条[16]

一　《联邦宪法》修正案第十八条就此作废。

二　向联邦内的任何邦、领地、属地运送和进口供销售和使用的会致醉的酒类，凡违背当地立法的，就此予以禁止。

三　从联邦议会把这一条提交各邦之日起七年内，若各邦按宪法规定举行民意代表大会批准这一条为宪法修正案，方可施行。

---

[15] 1932年3月2日，由联邦议会提出，1933年1月23日获得足够的邦批准。

[16] 1933年2月20日，由联邦议会提出，1933年12月5日获得足够的邦民意代表大会批准。

修正案第二十二条　1951年2月27日成为《联邦宪法》的组成部分[17]

一　任何人当选总统不得超过两次，在当选总统任期内接任总统或代理总统两年以上者，再次当选不得超过一次。这一条在联邦议会提出时不适用于现任总统，施行时不妨碍正在担任继任总统或代理总统的人完成剩余任期。[18]

二　从联邦议会把这一条提交各邦之日起七年内，四分之三的邦议会批准，方可施行。

---

⑰　为消除终身制和世袭制的弊端，在相当长的一段辩论期间，制宪会议无法从总统任期七年、不得连任的构想中走出来。为提供连任机会，鼓励总统表现良好，制宪会议想方设法改变总统选举办法，并把任期缩短为四年。但是，宪法并没有规定总统连任届数。华盛顿担任总统四年后就要退出，由于没有其他公认领袖，为避免政府分裂，他连任一次；此后，同样的原因使许多人希望他继续连任下去。华盛顿决定让出位置，相信自有人来填补，为美国树立总统当选不得超过两届的不成文制度，后世称颂，也成为历史学家的研究课题。从现在掌握的资料看，华盛顿退出的原因包括：一、身体不好，八年任期内共请病假108天；二、调停新政府内出现的两党竞争，深感力不从心；三、非常重视自己的个人名节，不愿为美国历史留下恶劣先例。从此，即使表现比较好的总统，有再次当选的机会，连任也只限一届。1932年以前，先后出现三十一位总统，只有十一人连任一次，依序为：华盛顿、杰斐逊、麦迪逊、门罗、杰克逊、林肯、格兰特、克利夫兰（中间下台四年）、西奥多·罗斯福、威尔逊、柯立芝。1932年，美国遇到历史上最大的经济萧条，全国惊慌茫然，罗斯福能保持镇静，逐渐带领美国走出萧条，得到信任。1941年他第二次任期届满时，美国适逢第二次世界大战，促成他第三次当选，美国在二战中的成绩，又促成他第四次当选。罗斯福1945年4月12日死于第四次任期第二年的上半年。罗斯福去世后，历史学家和心理学家依然发现罗斯福有揽权和恋栈情结，在生命的最后阶段，实际失去行使总统职权的能力。为避免这种错误制度化，1947年5月24日，联邦议会及时提出这条修正案，1951年2月27日得到足够的邦批准，明文规定总统当选不得超过两届。

⑱　设计出副总统，原是为了避免每邦公民选举总统时只选本邦公民，利于大邦，小邦可能吃亏，于是要求每人选举一位不在本邦定居的人。古文诺·莫里斯曾笑称副总统就是"那个从来不爱父亲的第一继承人"。意为：希望父亲早死，自己好继位。结果，副总统成为总统缺位时制度化的接班人。以副总统身份接任总统的先后八人，依序为：哈利森1841年3月4日就职，4月4日去世，副总统梯勒(Tylor)6日接任；泰勒(Taylor)1850年7月9日去世，菲立摩10日接任；林肯1865年4月14日遇刺，约翰逊15日接任；加菲尔德1881年7月2日遇刺，9月19日去世，亚瑟20日接任，中间出现70多天总统失去行使职权能力的空白期；麦金莱1901年9月6日遇刺，14日去世，西奥多·罗斯福14日接任；哈定1923年8月2日去世，柯立芝3日接任，这前六个人中，仅西奥多·罗斯福和柯立芝通过自己的努力，争取到再次当选，连任一次。杜鲁门实际只再当选一次；1963年11月22日，约翰逊继任时，肯尼迪的四年任期已经过半，1964年约翰逊自己竞选成功一次。按这条修正案，他1968年还可竞选一次，可是越南战争的失败，迫使约翰逊放弃机会。福特继任第一位辞职总统尼克松后，任期超过两年，他只能竞选一次；他竞选了，但是没有成功。

修正案第二十三条　1961 年 3 月 29 日成为《联邦宪法》的组成部分[19]

一　联邦议会决定对联邦政府所在地的特区作如下安排：特区可选出一定数量的总统和副总统选举人，名额等于这个特区若成为一邦所应分得的联邦参议员和众议员人数之和，但是，不论如何，名额不得超过人口最少的邦；这些选举人应被加进各邦委派的选举人，他们作为选举总统和副总统的选举人，应与各邦委托的选举人一视同仁；他们在特区集合，履行第十二条修正案规定的职责。

二　联邦议会有权通过适当立法贯彻这一条。

修正案第二十四条　1964 年 1 月 23 日成为《联邦宪法》的组成部分[20]

一　在初选和其他选举中，联邦公民选举总统和副总统的权利，选举总统、副总统选举人的权利，选举联邦参议员和众议员的权利，联邦和各邦不得以未交人头税和其他税为由，予以否认或剥夺。

二　联邦议会有权通过适当的立法贯彻这一条。

修正案第二十五条　1967 年 2 月 10 日成为《联邦宪法》的组成部分[21]

一　在总统被免职、去世、辞职的情况下，副总统成为总统。

二　副总统职位出缺时[22]，由总统提名副总统，经联邦议会两院过半数批准后任职。

三　每当总统向参议院候补议长和众议院议长提交书面申明，表明自己无力行使总统职权时，其职权由副总统代理，到他向上述两人提交说明情况已经好转的书面申明为止。

四　每当副总统和行政部门或联邦议会规定的机构的过半数主管

---

⑲　1960 年 6 月 16 日，由联邦议会提出，1961 年 3 月 29 日得到足够的邦批准生效。

⑳　1962 年 8 月 27 日，由联邦议会提出，1964 年 1 月 23 日得到足够的邦批准生效。

㉑　1965 年 7 月 6 日，由联邦议会提出，1967 年 2 月 10 日得到足够的邦批准生效。

㉒　约翰逊接替遇刺的林肯后，副总统一直缺位；阿格纽下台后，尼克松提名福特继任副总统。

一起，向参议院候补议长和众议院议长提交他们的书面申明，说总统无力行使总统职权时，副总统应立即以代理总统名义行使总统职权。在此以后，若总统向参议院候补议长和众议院议长提交书面申明，表明其无力行使职权之说不符事实，则他将重掌总统职权，除非副总统和半数以上部长在四天以内向参议院候补议长和众议院议长提交书面申明，说明总统无力行使总统职权；在此情况下，应由联邦议会解决这一问题：若联邦议会正在开会期间，应于四十八小时内召开专门会议；若适逢联邦议会休会，应在收到后一书面申请的二十一天内召开专门会议，由两院三分之二议员的票数，决定总统是否无力行使职权，副总统是否仍以代理总统身份行使总统职权；否则，总统将继续行使他的职权。㉓

修正案第二十六条　1971 年 7 月 1 日成为《联邦宪法》的组成部分㉔

一　年满十八岁和十八岁以上公民的选举权，联邦和任何一邦不得以年龄为由加以否认或剥夺。

二　联邦议会有权通过适当的立法贯彻执行这一条。

修正案第二十七条　1992 年 5 月 7 日成为《联邦宪法》的组成部分。㉕ 变动联邦参议员、众议员报酬的立法，在下届众议院选出之前不得生效。

㉓　这一条防止总统失去能力（如病重）时拒绝交权，迄今尚未用过。

㉔　1971 年 3 月 23 日，由联邦议会提出，1971 年 7 月 1 日得到足够的邦批准生效。

㉕　1789 年 9 月 25 日，由第一届联邦议会提出，1992 年 5 月 7 日获得明尼苏达批准，这条由麦迪逊在两百多年前提出的修正案，才得到四分之三的邦批准生效。

附录十

制宪会议代表的出勤情况[①]

新罕布什尔

约翰·朗东	7月23日到会,此后基本出席
尼古拉斯·吉尔曼	7月23日到会,此后基本出席

马萨诸塞

纳撒尼尔·戈汉姆	5月28日到会,此后基本出席
艾尔布里奇·格里	5月29日到会,此后基本出席
鲁弗斯·金	5月21日到会,此后基本出席
卡立巴·斯特朗	5月28日到会,8月15日在场,8月27日以前离开会议

康涅狄格

奥立维·艾尔斯沃斯	5月28日到会,8月23日在场,8月27日在纽黑文

① 资料来源:一、马克斯·法兰德编《制宪会议代表出勤情况》(载《汇编》第三卷第586—590页);二、克林顿·罗西特著《1787年制宪盛会》;三、罗伯特·费里斯和詹姆斯·查尔顿合编《宪法的签名者》。

威廉·萨缪尔·约翰逊	6月2日到会,此后一直出席
罗杰·谢尔曼	5月30日到会,此后一直出席
纽约	
罗伯特·雅茨	5月18日到会,7月10日因反对而离开会议
约翰·兰欣	5月25日可能已到费城,6月2日第一次出席,7月10日因反对而离开会议
亚历山大·汉密尔顿	5月18日到会,6月29日离开,7月2日以后在纽约,7月13日在费城,8月13日出席,8月20日至9月2日在纽约,出席会议的最后阶段
新泽西	
威廉·利文斯顿	6月5日到会,6月28日、7月3日至19日不在场,此后不详
威廉·佩特森	5月25日到会,一直出席到7月23日,此后情况不详
戴维·布瑞利	5月25日到会,此后基本出席
乔纳森·戴顿	6月21日到会,缺席过几个星期
威廉·豪斯顿	5月25日到会,6月6日病退,次年因肺病去世
宾夕法尼亚	
本杰明·富兰克林	5月28日到会,此后基本出席
詹姆斯·威尔逊	5月25日到会,此后一直出席
古文诺·莫里斯	5月25日到会,几天后离开一段,7月2日返回,此后一直出席
罗伯特·莫里斯	5月25日到会,此后基本出席
托马斯·米弗林	5月28日到会,此后基本出席
贾雷德·英格索尔	5月28日到会,此后基本出席

乔治·克莱默	5月28日到会,此后基本出席
托马斯·费兹西蒙斯	5月25日到会,此后基本出席

特拉华

约翰·迪金森	5月29日到会,7月25日发言提到此前短期缺席,9月15日因病缺席,委托乔治·里德替他在宪法上签名
乔治·里德	5月19日到会,此后基本出席
冈宁·贝德福德	5月28日到会,此后基本出席
理查德·巴塞特	5月21日到会,此后基本出席
雅可布·布鲁姆	5月21日到会,此后基本出席

马里兰

圣托马斯·杰尼弗的丹尼尔	6月2日到会,此后基本出席
詹姆斯·麦克亨利	5月28日到会,6月1日因兄弟病重离会,8月6日返回,直到结束
路德·马丁	6月9日到会,8月7—12日缺席,9月4日离开会议,反对宪法
丹尼尔·卡乐尔	7月9日到会,此后基本出席
约翰·弗朗西斯·默塞	8月6日到会,记录在会的最后一天为8月17日,反对宪法

弗吉尼亚

乔治·华盛顿	5月14日到会,此后一直出席
乔治·梅森	5月17日到会,此后一直出席,拒绝签名
爱德蒙·伦道夫	5月15日到会,此后一直出席,拒绝签名
詹姆斯·麦迪逊	5月14日到会,此后一直出席
乔治·韦思	5月15日到会,6月4日因妻子生病回家,6月16日正式辞去代表职务
约翰·布莱尔	5月15日到会,此后一直出席

詹姆斯·麦克朗	5月15日到会,8月5日左右离开会议

北卡罗来纳

亚历山大·马丁	5月25日到会,8月下旬离开会议
休·威廉森	5月25日到会,此后一直出席
理查德·多布斯·斯佩特	5月19日到会,此后一直出席
威廉·布朗特	6月20日至7月2日出席,7月4日至8月3日在纽约出席邦联议会,8月7日返回,此后一直出席
威廉·理查德·戴维	5月22日或23日到会,8月13日离开会议

南卡罗来纳

约翰·拉特里奇	5月17日到会,此后一直出席
皮尔斯·巴特勒	5月25日到会,此后一直出席
查尔斯·科茨沃斯·平克尼	5月25日到会,此后一直出席
查尔斯·平克尼	5月17日到会,此后一直出席

佐治亚

威廉·费尤	5月19日到会,7月4日至8月3日在纽约出席邦联议会,约8月6日返回,此后一直出席
阿伯拉罕·鲍德温	6月11日到会,此后可能一直出席
威廉·皮尔斯	5月31日到会,因生意出现危机,7月1日离开会议
威廉·豪斯通	6月1日到会,可能一直出席到7月23日,可能于7月26日离开,也可能是等费尤返回后才离开会议

附　　表

表一　从开始殖民，到制定邦宪法建立邦政府，到批准联邦宪法加入联邦的过程

	殖民类型	开始殖民年代	批准邦宪法 建立邦政府的日期	批准联邦 宪法加入联邦的日期	批准联邦宪法时的表决结果 赞成票　反对票
新罕布什尔			1776. 1. 5	1788. 8. 21	57 : 47
马萨诸塞	公司殖民地	1630	1780. 6. 16	1788. 2. 6	187 : 168
罗德岛	契约殖民地	1636	1776. 5	1790. 5. 29	34 : 32
康涅狄格	契约殖民地	1639	1776. 10	1788. 1. 9	128 : 40
纽约	领主殖民地	1664	1777. 4. 20	1788. 7. 26	30 : 27
新泽西	领主殖民地	1664	1776. 7. 2	1787. 12. 18	38 : 0
宾夕法尼亚	领主殖民地	1681	1776. 9. 28	1787. 12. 12	46 : 23
特拉华	领主殖民地	1701	1776. 9. 21	1787. 12. 7	30 : 0
马里兰	领主殖民地	1632	1776. 11. 8	1788. 4. 28	63 : 11
弗吉尼亚	公司殖民地	1607	1776. 6. 29	1788. 6. 25	89 : 79
北卡罗来纳	领主殖民地	1662	1776. 12. 18	1789. 11. 21	194 : 77*
南卡罗来纳	领主殖民地	1662	1776. 3. 26	1788. 5. 23	149 : 73
佐治亚	领主殖民地	1732	1777. 2. 5	1788. 1. 2	26 : 0

资料来源：

一、殖民类型和开始殖民年代：凯里和哈比森合著《美国宪法：其渊源与发展》第一章和第二章。

二、批准邦宪法、建立邦政府的日期：理查德·伯恩斯坦《我们要成为一个国家吗?》书末年表。

三、各邦批准联邦宪法、加入联邦的日期，各邦制宪会议批准联邦宪法时的表决结果，赞成票和反对票的票数：哈德格雷夫主编的大学教科书《美国政府》教师用注释本，第 57 页。Robert L. Hardgrave, Jr., *American Government*, *Annotated Teacher's Edition*, New York, 1986.

*　1788 年 8 月 4 日，北卡罗来纳的第一次制宪会议以 184 票反对，84 票赞成，拒绝批准联邦宪法。1789 年 11 月 21 日，北卡罗来纳举行第二次联邦宪法讨论批准大会，才以 194 票赞成，批准宪法。

表二　联邦制宪会议召开以前和召开期间的北美临时政府

持续时间	主席当选日期	主席(president)	工作地点
第一届大陆会议(First Continental Congress)			
1774. 9. 5—1774. 10. 26	1774. 9. 25	佩顿·伦道夫(弗吉尼亚)	宾夕法尼亚费城
	1774. 12. 22	亨利·米德尔顿(南卡罗来纳)	
第二届大陆会议(Second Continental Congress)			
1775. 5. 10—1776. 12. 12	1775. 5. 10	佩顿·伦道夫(弗吉尼亚)[1]	宾夕法尼亚费城
	1775. 5. 24	约翰·汉考克(马萨诸塞)	宾夕法尼亚费城
1776. 12. 20—1777. 5. 4		约翰·汉考克(马萨诸塞)	马里兰巴尔的摩
1777. 5. 15—1777. 9. 18		约翰·汉考克(马萨诸塞)	宾夕法尼亚费城
1777. 9. 27(仅开一天)		约翰·汉考克(马萨诸塞)	宾夕法尼亚兰开斯特
1777. 9. 30—1778. 6. 27		约翰·汉考克(马萨诸塞)	宾夕法尼亚约克
1779. 7. 2—1783. 6. 21	1777. 11. 2[2]	亨利·劳伦斯(南卡罗来纳)	宾夕法尼亚费城
	1778. 12. 10	约翰·杰伊(纽约)	宾夕法尼亚费城
	1779. 9. 28	萨缪尔·亨丁顿(康涅狄格)	宾夕法尼亚费城
邦联议会(Congress)			
	1787. 7. 13	托马斯·麦金(德拉瓦)	宾夕法尼亚费城
	1781. 11. 5	约翰·汉森(马里兰)[3]	宾夕法尼亚费城
	1782. 11. 4	伊利亚斯·鲍蒂诺(新泽西)	宾夕法尼亚费城

续表

持续时间	主席当选日期	主席(president)	工作地点
1783.6.30—1783.11.4	1783.11.3	托马斯·米弗林(宾夕法尼亚)	新泽西普林斯顿
1783.11.26—1784.6.3		托马斯·米弗林(宾夕法尼亚)	马里兰安纳波利斯
1784.11.1—1784.12.24	1784.11.30	理查德·亨利·李(弗吉尼亚)	新泽西特伦顿
1785.1.11—1785.11.4		理查德·亨利·李(弗吉尼亚)	纽约纽约市
1785.11.7—1786.11.3	1785.11.23	约翰·汉考克(马萨诸塞)[4]	纽约纽约市
		纳撒尼尔·戈汉姆(马萨诸塞)	纽约纽约市
1786.11.7—1787.10.30	1787.2.2	亚瑟·圣克莱尔(宾夕法尼亚)	纽约纽约市
1787.11.5—1788.10.21	1788.2.2	塞鲁斯·格里芬(弗吉尼亚)	纽约纽约市
1788.11.3—1789.3.2		塞鲁斯·格里芬(弗吉尼亚)	纽约纽约市

〔1〕佩顿·伦道夫于1774年10月22日辞职；补选亨利·米德尔顿。1775年5月第二次当选后，54岁的佩顿·伦道夫突然中风，10月22日去世。伦道夫中风后，会议补选约翰·汉考克为会议主席。

〔2〕1777年11月15日，大陆会议批准《邦联条款》，交各邦讨论批准。因各邦意见分歧，批准过程持续三年多。1781年3月1日，马里兰在13个邦中最后批准，《邦联条款》开始生效。

〔3〕约翰·汉森的头衔是President of the United States in Congress Assembled。因此，有人认为他是联邦的第一任总统。其实，他不过主持会议，行政工作由各个委员会分别担任；他是政府首脑，但不是国家首脑。若以为《独立宣言》是宣布“一个国家”独立，华盛顿则是第24位总统。

〔4〕约翰·汉考克于1786年5月29日因病辞职。

资料来源：新泽西出版的《1997年世界年鉴》，第511页。

说明：制宪会议代表们发言时频频使用Congress一词。本书根据说话人所指时间，分别译为“第一届大陆会议”、“第二届大陆会议”、“邦联议会”；若说话人指联邦宪法中所设计的那个Congress，则译为“联邦议会”。大陆会议和邦联议会都没有固定首都。

表三　制宪会议前后各邦的人口、土地面积、众议员席位与 1990 年的比较

	1780 年 人口 单位：千	1790 年 人口 单位：千	1790 年 土地面积 平方公里	1790 年 众议员 席位	1990 年 人口 单位：千	1990 年 土地面积 平方公里	1990 年 众议员 席位
新罕布什尔	88	142	23 300	3	1 109	23 231	2
马萨诸塞	267	379	20 746	8	6 016	20 300	10
罗德岛	53	69	2 753	1	1 003	2 707	2
康涅狄格	207	238	12 435	5	3 287	12 550	6
纽约	211	340	122 942	6	17 991	122 310	31
新泽西	140	184	19 386	4	7 730	19 215	13
宾夕法尼亚	327	434	115 667	8	11 883	116 083	21
特拉华	45	59	5 070	1	666	5 062	1
马里兰	246	320	25 797	6	4 781	25 316	8
弗吉尼亚	538	748	165 852	10	6 189	102 558	11
北卡罗来纳	270	394	125 749	5	6 632	126 180	12
南卡罗来纳	180	249	78 677	5	3 486	77 998	6
佐治亚	56	83	374 606	3	6 478	150 010	11
总计	2 628	3 639	1 092 980	65	77 251	803 520	134

资料来源：一、1780 年各殖民地人口估计，《美国历史统计，1970》，第二卷第 1168 页。
二、1790 年各邦人口统计数字，密苏里编《1996 年宇宙年鉴》，第 290 页。
三、1790 年各邦土地面积，《美国历史统计，1970》第一卷第 38 页，原为平方英里。
四、1790 年各邦众议员席位，《联邦宪法》第一条第二款第三项。
五、1990 年各邦人口、土地面积（不包括水域）、众议员席位，《美国统计摘要 1996》。

说明：一、1790 年的弗吉尼亚，包括现在的西弗吉尼亚；1790 年的佐治亚，包括现在亚拉巴马和佛罗里达的大部分土地。

二、从 1774 年 9—10 月在费城召开的第一届大陆会议，到 1787 年 5—9 月在费城举行的联邦制宪会议，代表们对 13 个邦的人口和土地面积始终只有粗略估计，没有准确统计。1787 年联邦制宪会议召开期间，13 个邦的人口数字，应在 1780 年估计数字和 1790 年第一次人口统计数字之间。

三、第一届大陆会议在需要联合对付英帝国的紧迫形势下，大邦让步，同意在联席会议上每邦各投一票。这一做法被《邦联条款》第五条用文字固定下来。制宪会议发起者麦迪逊等人想要建立"全国""最高"政府，首要问题是席位分配。麦迪逊、威尔逊等人先排除了部分代表要求按土地面积或按各邦上交的财政收入，作为全国议会席位的分配标准；他们代表大邦弗吉尼亚、宾夕法尼亚坚持：众议院和参议院的席位，都应按各邦人口比例分配，佩特森、贝德福德等人代表小邦新泽西、特拉华坚决反对，认为大邦的意图就是想吞噬小邦，扬言宁可投靠外国。会议从激烈争论，转为尴尬的胶着、僵持，几乎停顿。在中等邦康涅狄格代表艾尔斯沃斯、谢尔曼等人调停下，7 月中旬，会议终于达成"伟大的妥协"：众议院实行国内法原则，按各邦人口比例分配席位，照顾大邦；参议院实行国际法原则，邦不论大小，一律 2 席，照顾小邦，尤其是特拉华和罗德岛。"联邦"从联盟的名称，变成一种新型的国家体制。会议决定展开人口普查，普查后，每 3 万名自由人产生一名众议员。随着人口增加，众议员人数越来越多。1911 年，国会通过立法，把众议员人数固定为 435 名，不再增加，每隔 10 年人口普查后，按各邦人口数的相对变化，重新分配各邦的众议员席位。到 1990 年，约每 50 万人口才能产生一名联邦众议员。

表四　1790 年 13 个邦的人口、奴隶人数、奴隶在人口中的比例

	人口总数 单位：个	自由人数 单位：个	奴隶人数 单位：个	奴隶在各邦人口中的百分比
新罕布什尔	141 885	141 727	158	0.1%
马萨诸塞	378 787	378 787		0.0%
罗德岛	68 825	67 877	948	1.4%
康涅狄格	237 946	235 182	2 764	1.2%
纽约	340 120	318 796	21 324	6.3%
新泽西	184 139	172 716	11 423	6.2%
宾夕法尼亚	434 373	430 636	3 737	0.9%
北部小计	1 786 075	1 745 721	40 354	
特拉华	59 096	50 209	8 887	15.0%
马里兰	319 728	216 692	103 036	32.2%
弗吉尼亚	747 610	454 983	292 627	39.1%
北卡罗来纳	393 751	293 179	100 572	25.5%
南卡罗来纳	249 073	141 979	107 094	43.0%
佐治亚	82 548	53 284	29 264	35.5%
南部小计	1 851 806	1 210 326	641 480	
总计	3 637 881	2 956 047	681 834	18.7%

资料来源：克林顿·罗西特《1787 年制宪盛会》。

新罕布什尔 第 81 页；马萨诸塞 第 83 页；罗德岛 第 87 页；康涅狄格 第 89 页；纽约 第 93 页；新泽西 第 97 页；宾夕法尼亚 第 101 页；特拉华 第 109 页；马里兰 第 113 页；弗吉尼亚 第 118 页；北卡罗来纳 第 126 页；南卡罗来纳 第 130 页；佐治亚 第 134 页。

罗西特的资料来源：《美国历史统计，1960》，第 7—14 页。

说明："伟大的妥协"解决了大邦、小邦之间在议会席位分配问题上的争执。

如麦迪逊所料，真正的冲突，在北部与南部之间。制宪会议代表并不知道上表所列的具体数字，但他们有大体的估计。若按总人口计，北部南部大体相当，若按"自由白人"计，北部数字明显高于南部。若按总人口分配席位，南部略强，若按"自由白人"数分配席位，北部占明显优势。北部代表，例如格里，坚持奴隶如同牛马，是财产，不是人，不应授予选举权；南部的奴隶主虽然更不把奴隶当人，却坚持奴隶（主要是黑人）要有选举权，这样，一名拥有 20 名奴隶的农奴主实际可多得 20 份选举权。结果，会议实行第二次大妥协，这一次是北部向南部让步：一、奴隶每人按 3/5 个人计算，增加南部选举权的比例，但要纳税；二、1808 年前，联邦议会不禁止输入人口，对输入奴隶实行 30 年容忍。美国的这项历史耻辱，后来虽然被修正，并没有从宪法正文中抹掉，仍旧作为历史的污点保存。

1861—1865 年，这个问题最后用南北战争解决。北军死 140 414 人，南军死 74 524 人（新泽西编《世界年鉴 1997》第 184 页），换取了宪法修正案第十三，十四，十五条。

林肯葛底斯堡演说的关键，是宣布双方阵亡将士都是"烈士"：他们的死，证明了联邦不能分裂，"我们……把这个战场上的一块土地，奉献给那些在此地为了这个国家的长存而牺牲了自己生命的人"。

索　引

介绍 13 个邦和 55 名制宪会议代表情况的脚注编号

13 个邦按从北到南的顺序排列。方括号内的数字为脚注编号。

新罕布什尔 [231]

约翰·朗东 [346]

尼古拉斯·吉尔曼 [409]

马萨诸塞 [43]

纳撒尼尔·戈汉姆 [36]

艾尔布里奇·格里 [59]

鲁弗斯·金 [121]

卡立巴·斯特朗 [176]

罗德岛 [11]

未派代表

康涅狄格 [44]

奥立维·艾尔斯沃斯 [123]

威廉·萨缪尔·约翰逊 [129]

罗杰·谢尔曼 [61]

纽约 [39]

罗伯特·雅茨 [40]

约翰·兰欣 [107]

亚历山大·汉密尔顿 [109]

新泽西 [48]

威廉·利文斯顿 [69]

威廉·佩特森 [103]

戴维·布瑞利 [87]

乔纳森·戴顿 [153]

威廉·豪斯顿 [218]

宾夕法尼亚 [47]

本杰明·富兰克林 [5]

詹姆斯·威尔逊 [46]
古文诺·莫里斯 [175]
罗伯特·莫里斯 [4]
托马斯·米弗林 [7]
贾雷德·英格索尔 [483]
乔治·克莱默 [355]
托马斯·费兹西蒙斯 [310]

特拉华 [55]
约翰·迪金森 [54]
乔治·里德 [41]
冈宁·贝德福德 [85]
理查德·巴塞特 [86]
雅可布·布鲁姆 [142]

马里兰 [49]
圣托马斯·杰尼弗的丹尼尔 [93]
詹姆斯·麦克亨利 [334]
路德·马丁 [148]
丹尼尔·卡乐尔 [189]
约翰·弗朗西斯·默塞 [313]

弗吉尼亚 [13]
乔治·华盛顿 [3]
乔治·梅森 [64]
爱德蒙·伦道夫 [12]
詹姆斯·麦迪逊 [456]
乔治·韦思 [8]
约翰·布莱尔 [56]
詹姆斯·麦克朗 [57]

北卡罗来纳 [75]
亚历山大·马丁 [195]
休·威廉森 [84]
理查德·多布斯·斯佩特 [98]
威廉·布朗特 [482]
威廉·理查德·戴维 [170]

南卡罗来纳 [76]
约翰·拉特里奇 [78]
皮尔斯·巴特勒 [67]
查尔斯·科茨沃斯·平克尼 [79]
查尔斯·平克尼 [34]

佐治亚 [88]
威廉·费尤 [380]
阿伯拉罕·鲍德温 [163]
威廉·皮尔斯 [161]
威廉·豪斯通 [173]

译者简介

尹宣　祖籍湖南邵阳,1942 年 5 月生于广西桂林。1963 年毕业于华中师范学院(现华中师范大学)外语系俄语专业,同年起于武汉市第一中学教授俄语,后自学英语并一直任英语教师。1981 年,译出伊丽莎白·布什著《现代美国文学简介(1919—1980)》。1982—1984 年,译出麦克米伦版《美国文学选读》四卷。1988 年初,赴美留学,主修社会学。1991 年,毕业于芝加哥伊利诺伊大学社会学系,获社会学硕士学位。2001 年回国定居。1998—2000 年,译出麦迪逊著《辩论:美国制宪会议记录》。2007—2008 年,译出汉密尔顿、麦迪逊、杰伊合著《联邦论:美国宪法述评》。2009 年元月,心脏病突发,病逝于武汉。

图书在版编目（CIP）数据

辩论：美国制宪会议记录／（美）麦迪逊（Madison, J.）著；尹宣译．—南京：译林出版社，2014.7（2025.4重印）

书名原文：Journal of the Federal Convention

ISBN 978-7-5447-4737-0

Ⅰ.①辩… Ⅱ.①麦… ②尹… Ⅲ.①宪法－法制史－美国－1787－史料 Ⅳ.①D971.21

中国版本图书馆CIP数据核字（2014）第017980号

辩论：美国制宪会议记录［美国］詹姆斯·麦迪逊／著 尹 宣／译

责任编辑 张远帆 刘 静
装帧设计 韦 枫
责任印制 董 虎

出版发行 译林出版社
地 址 南京市湖南路1号A楼
邮 箱 yilin@yilin.com
网 址 www.yilin.com
市场热线 025-86633278
排 版 南京展望文化发展有限公司
印 刷 南京爱德印刷有限公司
开 本 718毫米×1000毫米 1/16
印 张 53.25
插 页 4
版 次 2014年7月第1版
印 次 2025年4月第16次印刷
书 号 ISBN 978-7-5447-4737-0
定 价 （精装）158.00元